La dictadura de los datos

La dictadura de los datos

La verdadera historia desde dentro de Cambridge Analytica y de cómo el Big Data, Trump y Facebook rompieron la democracia y cómo puede volver a pasar

BRITTANY KAISER

HarperCollins *Español*

Con objeto de proteger la privacidad de algunos personajes, sus nombres han sido cambiados.

Los libros de HarperCollins Español pueden ser adquiridos para propósitos educativos, empresariales o promocionales. Para más información, envíe un correo electrónico a SPsales@harpercollins.com.

Título original: *Targeted* © 2019 Brittany Kaiser
Publicado por HarperCollins Publishers

primera edición

Editor: Edward Benitez
Traducción: Carlos Ramos Malavé

Este libro ha sido debidamente catalogado en la Biblioteca del Congreso de los Estados Unidos.

ISBN 978-0-06-299436-3

20 21 22 23 24 lsc 10 9 8 7 6 5 4 3 2 1

A la verdad,
que nos hará libres

Índice

Prólogo

No hay nada como un viaje en coche con agentes federales para hacerte dudar de las decisiones que has tomado en la vida. Ahí fue justo donde me encontré la mañana del 18 de julio de 2018, recorriendo las calles de Washington D. C. de camino a una entrevista con los investigadores del fiscal especial Robert Mueller.

Mi viaje aquella mañana consistió en dos trayectos en coche; de hecho, el primero me llevó hasta una cafetería que había elegido al azar el Departamento de Justicia. Estas eran las instrucciones del conductor cuando me monté en el asiento trasero: habían elegido un lugar de forma inesperada, sin planearlo y sin decírselo a nadie de antemano. Después, cuando estuviéramos de camino, debía pedir por radio nuestro lugar de destino. En la cafetería me esperaba el segundo conductor. Al igual que el primero, llevaba un traje y gafas oscuras, pero iba acompañado de un segundo hombre. Desde el segundo coche —con ventanas polarizadas igual que el primero—, observaba los monumentos de la ciudad, brillantes y muy blancos, pasar ante mis ojos como los flashes de una cámara.

Acomodada en el asiento trasero entre mis dos abogados, resultaba difícil no preguntarme cómo había acabado allí, de camino a hablar con fiscales federales sobre mi implicación en la ya infame empresa de comunicación política Cambridge Analytica. Cómo una situación en la que me había metido con la mejor de las intenciones para mí y para mi familia había terminado de forma tan retorcida. Cómo, al querer aprender a utilizar los datos para hacer el bien, y mientras ayudaba a mis padres en un momento económico complicado, había terminado poniendo en riesgo mis valores políticos y personales. Cómo una mezcla de ingenuidad y ambición habían acabado situándome sin remedio en el lado equivocado de la historia.

Algo más de tres años y medio antes, había empezado a trabajar en la empresa matriz de Cambridge Analytica, SCL Group —concretamente en su rama humanitaria, SCL Social— para colaborar en proyectos bajo la supervisión del director ejecutivo de la empresa, un hombre llamado Alexander Nix. En los tres años transcurridos desde aquel salto de fe, nada había salido como lo había planeado. Siendo demócrata de toda la vida y activista devota que había trabajado durante años apoyando causas progresistas, había empezado mi trabajo en Cambridge Analytica con el pretexto de que me encontraría al margen de los clientes republicanos de la empresa. Sin embargo, no tardé en alejarme de mis principios debido a la dificultad de asegurar financiación para proyectos humanitarios y al atractivo del éxito en el otro lado. En Cambridge Analytica existía la promesa de ganar dinero de verdad por primera vez en mi carrera laboral, y era una manera de convencerme de que estaba ayudando a construir una revolucionaria empresa de comunicación política desde sus cimientos.

En el proceso, me había visto expuesta a los intensos esfuerzos de Cambridge por adquirir datos sobre todos los ciudadanos estadounidenses que les fuera posible y utilizar esos datos para influir en el comportamiento electoral de los estadounidenses. También había visto cómo las negligentes políticas de privacidad de Facebook y la falta total de supervisión del Gobierno federal sobre los datos personales habían posibilitado todos los esfuerzos de Cambridge. Pero, sobre todo, entendía cómo Cambridge se había aprovechado de todas esas fuerzas para ayudar a elegir a Donald Trump como presidente.

A medida que el coche avanzaba, mis abogados y yo guardábamos silencio, preparados cada uno de nosotros para lo que estaba por venir. Todos sabíamos que yo compartiría cualquier parte de mi historia en su totalidad; la pregunta ahora era qué deseaban saber los demás. En general, la gente parecía querer respuestas, tanto profesionales como personales, a la pregunta de cómo podía ocurrir algo así. Existían varias razones por las que había permitido que mis valores se desvirtuaran tanto, desde la situación económica de mi familia hasta la falacia de que Hillary ganaría sin importar mis esfuerzos ni los de la empresa para la que trabajaba. Pero esas cosas solo eran parte de la historia. Quizá la razón más verdadera de todas fuera el hecho de que, en algún momento del camino, había perdido el norte, y después me había perdido yo. Había comenzado ese trabajo con el convencimiento de que era una profesional que sabía lo cínico y complejo que era el negocio de la política, y una y otra vez había descubierto lo ingenua que era al pensar así.

Y ahora dependía de mí enmendar las cosas.

El coche recorría con suavidad las calles de la capital y empecé a notar que nos acercábamos a nuestro destino. El equipo del fiscal especial me había advertido de que no debía asustarme ni sorprenderme si, al llegar al edificio donde me interrogarían, había mucha prensa esperándome. Se decía que la ubicación ya no era segura. Los periodistas se habían enterado de que el lugar estaba siendo utilizado para entrevistar a los testigos.

El conductor dijo que había una reportera escondida detrás de un buzón. La había reconocido: era de CNN. La había visto deambulando alrededor del edificio durante ocho horas seguidas.

Con tacones, para colmo, dijo. «¡Lo que pueden llegar a hacer!», exclamó.

Cuando nos acercamos al lugar y doblamos en la esquina para entrar a un garaje situado en la parte de atrás, el conductor me indicó que apartara la cara de las ventanillas, aunque estuvieran polarizadas. Me habían pedido que despejara mi agenda aquel día de cara a mi conversación con el asesor especial. Por completo. Me habían dicho que nadie sabía durante cuánto tiempo testificaría ni cuánto duraría el interrogatorio posterior. Durase lo que durase, estaba preparada. Al fin y al cabo, me lo había buscado.

Un año antes, había tomado la decisión de decir la verdad, de arrojar luz sobre los lugares oscuros que había llegado a conocer y de convertirme en una denunciante. Lo hice porque, al enfrentarme cara a cara con la realidad de lo que había hecho Cambridge Analytica, me di cuenta con total claridad de lo mucho que me había equivocado. Lo hice porque era la única manera de intentar compensar aquello de lo que había formado parte. Pero, más que nada, lo hice porque contar mi historia a quien quisiera escucharme era la única manera de que pudiéramos aprender y con suerte prepararnos para lo que viene después. Esa era mi misión: sonar la alarma, explicar cómo había funcionado Cambridge Analytica e informarles sobre el peligro del *Big Data* a los próximos votantes, tanto de derecha como de izquierda, para que entendieran los riesgos de las guerras de datos a las que se enfrenta nuestra democracia.

El conductor se adentraba cada vez más en el interior del estacionamiento, bajando en espiral hacia sus profundidades.

«¿Por qué adentrarse tanto?», me pregunté. Pero, claro, ya lo sabía: la privacidad es algo difícil de encontrar hoy en día.

1

Una comida tardía

PRINCIPIOS DE 2014

La primera vez que vi a Alexander Nix fue a través de un cristal, la mejor manera, quizá, de observar a un hombre como él.

Había llegado tarde a una comida de negocios organizada a toda prisa por mi gran amigo Chester Freeman, quien, como de costumbre, era mi ángel de la guarda. Allí me reuniría con tres socios de Chester, dos hombres a los que conocía y uno al que no, todos ellos en busca de talento para unificar política y redes sociales. Para mí aquello formaba parte de mi experiencia en la política, pues había trabajado en la campaña de Obama en 2008; aunque seguía ocupada documentándome para la tesis de mi doctorado, también buscaba un trabajo bien pagado. Se lo había ocultado a casi todo el mundo salvo a Chester, pero necesitaba urgentemente una fuente estable de ingresos para cuidar de mí misma y ayudar a mi familia en Chicago. Aquella comida era una manera de obtener a corto plazo una consultoría lucrativa, y estaba muy agradecida a Chester por su ayuda tan oportuna.

Sin embargo, cuando llegué, la comida ya casi había terminado. Había tenido citas aquella mañana y, aunque había corrido para llegar allí, llegaba tarde, y me encontré a Chester y a los dos amigos a quienes ya conocía apiñados afuera en el frío, frente al restaurante japonés de sushi de Mayfair, fumando cigarrillos después de comer, contemplando las mansiones georgianas, los hoteles señoriales y las carísimas tiendas del vecindario. Los otros dos hombres eran de un país de Asia central y, al igual que Chester, también estaban de paso en Londres por negocios. Habían acudido a él para que los ayudara a contactar con alguien que los asesorase con la comunicación digital (campañas por correos electrónicos y redes sociales) para unas elecciones inminentes que tendrían lugar en su país. Aunque no conocía bien a ninguno de los dos, ambos eran hombres poderosos a los que ya había visto antes y me caían bien, y al reunirnos allí para comer, Chester solo pretendía hacernos un favor a todos.

A modo de bienvenida, me enroló un cigarrillo y se inclinó para prendérmelo. Chester, sus dos amigos y yo nos pusimos al día, platicando alegremente mientras nos protegíamos de la fuerza creciente del viento. Viendo a Chester a la luz de aquella tarde, feliz y con las mejillas sonrojadas, no pude evitar sentirme impresionada por su trayectoria. Había sido recientemente nombrado diplomático en relaciones empresariales y comerciales por el primer ministro de una pequeña nación insular, pero cuando lo conocí en la Convención Nacional Demócrata de 2008, era un muchacho idealista y desgreñado de diecinueve años que vestía un *dashiki* de color azul. Aquel año la convención se celebró en Denver, y Chester y yo habíamos estado haciendo cola frente al estadio de los Broncos, esperando para ver a Hillary Clinton respaldar a Barack Obama como candidato del partido, cuando nos topamos el uno con el otro y comenzamos a hablar.

Habíamos recorrido un largo camino desde entonces y ahora ambos teníamos una mezcolanza de experiencia política a nuestras espaldas. Siempre habíamos compartido el sueño de llegar a trabajar en la diplomacia de la política internacional, y hacía poco me había enviado con orgullo una foto del certificado que había recibido tras su nombramiento como diplomático. Y, aunque el Chester que se encontraba ahora ante mí, a la salida del restaurante, parecía un diplomático recién nombrado, aún reconocía a aquel genio parlanchín que había conocido desde el principio, tan cercano como un hermano.

Mientras fumábamos, Chester se disculpó por haber organizado la comida tan precipitadamente. Y, para mostrarme el grupo tan variopinto que había reunido allí, señaló hacia la cristalera del ventanal, a través del cual divisé a la tercera persona a la que había invitado, el hombre que seguía sentado allí dentro: el que cambiaría mi vida y, después, el mundo.

El tipo parecía el típico hombre de negocios de Mayfair, con el teléfono celular pegado a la oreja, pero Chester me explicó que no era un empresario cualquiera. Se llamaba Alexander Nix y era el director ejecutivo de una empresa electoral establecida en Gran Bretaña. Según Chester, se llamaba SCL Group: Strategic Communications Laboratories (Laboratorios de Comunicaciones Estratégicas), el cual me pareció la clase de nombre que una junta directiva pondría a una empresa publicitaria glorificada si quisiera que sonara vagamente científica. De hecho, me dijo Chester, SCL era una empresa de muchísimo éxito. A lo largo de veinticinco años, había logrado contratos de defensa por todo el mundo y había organizado elecciones en muchos países. Me contó que su función principal era llevar al poder a presidentes y primeros ministros y, en muchos casos, asegurarse de que se mantuvieran allí. Recientemente, SCL Group había estado trabajando en la campaña de reelección del primer ministro para el que Chester trabajaba ahora, y supuse que fue así como mi amigo llegó a conocer a ese tal Nix.

Tardé unos instantes en digerir todo aquello. La intención de Chester al reunirnos allí a todos aquella tarde era un enredo de posibles conflictos de intereses. Yo estaba allí para ofrecer mis servicios a los dos amigos, pero ahora parecía claro que el director ejecutivo de la empresa electoral había acudido a hacer lo mismo. Y se me ocurrió que, además de mi retraso, mi juventud y mi falta de experiencia significarían que, en su lugar, el director ejecutivo ya habría llegado al acuerdo al que quería llegar yo con los amigos de Chester.

Observé al hombre a través del cristal. Ya no me pareció el típico hombre de negocios. Con el teléfono aún pegado a la oreja, me pareció de pronto terriblemente serio y muy profesional. Era evidente que me había superado. Me sentí decepcionada, pero intenté por todos los medios que no se me notara.

—Pensé que te gustaría conocerlo —me dijo Chester—. Ya sabes —continuó—, es un buen contacto y, pues, podría darte un trabajo renumerado en el futuro… O podría servirte, como mínimo, de relleno para tu tesis.

Yo asentí. Probablemente tuviera razón. Por muy decepcionada que estuviera ante lo que imaginaba que era ya una oportunidad de negocio perdida, sentía curiosidad académica. ¿A qué se dedicaba realmente el director ejecutivo de una empresa así? Nunca había oído hablar de una empresa electoral.

Gracias al tiempo que había pasado en la campaña de Obama y a mi trabajo reciente como voluntaria en Londres en la organización expatriada del Partido Demócrata, Democrats Abroad, y con el comité de acción política Ready for Hillary, mi experiencia era que los jefes de campaña las dirigían, trabajando en su propio país con ayuda de un pequeño pero selecto grupo de expertos muy bien pagados y un ejército de empleados mal pagados y becarios que no cobraban, como había sido mi caso. Después de la campaña de Obama en 2008, había conocido a algunas personas que luego se convirtieron en consultores de campaña profesionales, como David Axelrod, que había sido jefe de estrategia de Obama y después había pasado a ser consejero del Partido Laborista Británico, y Jim Messina, llamado en otra época «la persona más poderosa de Washington de la que jamás habrás oído hablar»,[1] que había dirigido la campaña de Obama en 2012, había sido jefe de gabinete de la Casa Blanca de Obama y después había pasado a asesorar a líderes extranjeros tan variopintos como David Cameron y Theresa May. Aun así, nunca se me había ocurrido que pudieran existir en el extranjero empresas enteras dedicadas a lograr la victoria electoral de determinadas personalidades.

Contemplé al hombre sentado al otro lado del ventanal del restaurante con una mezcla de curiosidad y desconcierto. Chester tenía razón. Tal vez no consiguiera trabajo en aquel momento, pero quizá sí en el futuro. Y, sin duda, podría usar aquella tarde como oportunidad de documentación.

El restaurante era bastante agradable, con una buena iluminación cenital, suelos de madera clara y paredes color crema, junto con obras de arte japonesas colgadas ordenadamente. Al acercarme a la mesa, evalué al hombre al que había estado observando desde fuera. Había terminado de hablar por teléfono y Chester nos presentó.

Viéndolo de cerca, me di cuenta de que Nix no era, en absoluto, el típico hombre de negocios de Mayfair. Era lo que los británicos llaman *posh*: inmaculado y tradicional, vestido con un traje azul marino hecho a medida y una corbata de seda anudada al cuello de una camisa almidonada. Era un modelo de al marca Savile Row junto con sus recién abrillantados zapatos; tenía un maletín de cuero muy gastado con una antigua cerradura de latón que podría haber pertenecido a su abuelo. A pesar de ser estadounidense, yo había vivido en el Reino Unido desde que terminé el instituto y sabía reconocer a un miembro de la alta sociedad británica cuando lo veía.

Sin embargo, Alexander Nix pertenecía a lo que llamaría la altísima sociedad. Era guapo al estilo de los internados británicos —Eton, en este caso—, con una barbilla afilada y la complexión ligeramente huesuda de alguien que no pasa nada de tiempo en el gimnasio. Sus ojos eran de un sorprendente color azul brillante y opaco y tenía un cutis suave y sin arrugas, como si nunca hubiera tenido que preocuparse por nada en la vida. En otras palabras, era la viva imagen del privilegio absoluto. Al plantarme frente a él en aquel restaurante del West End londinense, no me costó imaginármelo galopando a lomos de un caballo de polo, con el casco en la cabeza y en la mano un mazo de madera hecho a medida.

Traté de adivinar su edad. Si tenía tanto éxito como había asegurado Chester, probablemente fuese al menos diez años mayor que yo, y su actitud, estirada y segura de sí misma a partes iguales, pero al mismo tiempo relajada, sugería una vida de mediana edad anticipada, una vida aristocrática con una pizca de meritocracia. Parecía haber venido al mundo con ventaja y, si Chester estaba en lo cierto, habría utilizado esa ventaja para hacerse un nombre por sí mismo.

Nix me saludó con amabilidad, como si fuera una vieja amiga, y me estrechó la mano con energía. Al ocupar nuestros asientos a la mesa, apartada del resto de mesas del restaurante, Nix devolvió la atención inmediatamente, aunque con educación, a los otros dos amigos de Chester y retomó sin esfuerzo el hilo de la conversación que debían de estar manteniendo antes de mi llegada.

Con pocos preámbulos, Nix empezó a venderse. Me di cuenta de lo que hacía porque yo también sabía hacerlo. Para mantenerme durante mis estudios, había aprendido a venderme a los clientes para lograr trabajos de consultoría, aunque veía que a Nix se le daba muy bien. Yo carecía de su encanto y de su experiencia, y desde luego no tenía su elegancia. Su discurso fue tan brillante como sus carísimos zapatos.

Escuché mientras contaba la larga historia de la empresa para la que trabajaba. SCL Group había sido fundada en 1993. Desde entonces, había organizado más de doscientas elecciones y había desarrollado proyectos de defensa, políticos y humanitarios en unos cincuenta países de todo el mundo; cuando Nix los enumeró, pareció la lista de países de un subcomité de las Naciones Unidas: Afganistán, Colombia, India, Indonesia, Kenia, Letonia, Libia, Nigeria, Paquistán, Filipinas, Trinidad y Tobago, entre otros. El propio Nix llevaba por aquel entonces once años trabajando para SCL.

El cúmulo de experiencias y el volumen de su trabajo me resultaban sorprendentes e intimidantes. No pude evitar pensar que tenía seis años cuando se fundó SCL, y en el periodo de tiempo que yo pasé en el jardín de infancia, el colegio y el instituto, Nix había contribuido a construir un imperio pequeño pero poderoso. Aunque, comparado con mis compañeros, mi currículum estaba bastante bien —había realizado mucho trabajo internacional viviendo en el extranjero y desde mis prácticas en la campaña de Obama—, no podía competir con Nix.

—Así que ahora estamos en los Estados Unidos —estaba diciendo Nix con un entusiasmo apenas disimulado.

Recientemente, SCL había establecido una presencia emergente allí, y el objetivo de Nix a corto plazo era dirigir todas las campañas posibles en las elecciones de mitad de legislatura que se celebrarían en noviembre de 2014, y después monopolizar por completo el negocio de las elecciones en los Estados Unidos, incluyendo una campaña presidencial si podía echarle el guante.

Era una idea bastante atrevida. Pero ya había asegurado las campañas de mitad de legislatura de algunos candidatos y causas bastante notables. Había fichado a gente como un congresista de Arkansas llamado Tom Cotton, un prodigio de Harvard y veterano de la guerra de Irak que se presentaba para ocupar un escaño en el Senado. Había fichado a toda la lista de candidatos republicanos en el estado de Carolina del Norte. Y se había hecho con el negocio de un poderoso y adinerado comité de acción política propiedad del embajador de las Naciones Unidas John Bolton, una figura muy controvertida de la derecha con quien estaba demasiado familiarizada.

Había vivido durante años en el Reino Unido, pero conocía al menos a algunos de los representantes neoconservadores estadounidenses como Bolton. Era la clase de persona difícil de ignorar: un imán extremista que, junto a una multitud de neoconservadores, resultaba ser el cerebro y el dinero detrás de una organización turbia llamada Groundswell, cuya intención, entre otras cosas, era desprestigiar la presidencia de Obama y alimentar la controversia de Hillary Clinton en Bengasi,[2] el último asunto que me resultaba familiar personalmente. Había trabajado en Libia y había conocido al embajador Christopher Stevens, que murió allí debido, en parte, a la pésima toma de decisiones del Departamento de Estado de los Estados Unidos, según mi opinión.

Mientras me tomaba el té, prestaba atención a la lista de clientes de Nix. A primera vista, podían parecerse a muchos otros republicanos, pero la política de cada uno se alejaba tanto de mis propias creencias que conformaban una auténtica galería de archienemigos para la mayoría de mis héroes, como Obama y Hillary. Las personas a las que se refería Nix eran, en mi opinión, parias políticos; o mejor aún, pirañas, peces en cuyo estanque jamás me habría imaginado bañándome con total tranquilidad.

Por no mencionar que los grupos de interés especial para los que trabajaba Nix, con causas que iban desde los derechos de las armas hasta la defensa provida, eran anatema para mí. Durante toda mi vida había defendido causas más inclinadas hacia la izquierda.

Nix estaba encantado consigo mismo, con su empresa y con las personas y grupos a los que había logrado echar el lazo. Se le notaba en la mirada. Estaba terriblemente ocupado, dijo, tan ocupado y tan esperanzado con el futuro que SCL Group había tenido que crear una nueva empresa solo para gestionar el trabajo en los Estados Unidos.

Esa nueva empresa se llamaba Cambridge Analytica.

Llevaba en activo menos de un año, pero el mundo debía prestarle atención, dijo Nix. Cambridge Analytica estaba a punto de provocar una revolución.

La revolución que Nix tenía en mente estaba relacionada con el *Big Data* y el análisis de datos.

En la era digital, los datos eran «el nuevo petróleo». La recopilación de datos era una «carrera armamentística», aseguró. Cambridge Analytica había amasado un arsenal de datos sobre el público estadounidense con un alcance y un tamaño sin precedentes, el mayor arsenal que nadie había logrado reunir jamás. Las inmensas bases de datos de la empresa poseían entre dos mil y cinco mil puntos de datos individuales (porciones de información personal) sobre cada individuo de los Estados Unidos con más de dieciocho años de edad. Eso ascendía a unos doscientos cuarenta millones de personas.

Nix hizo una pausa y nos miró a los amigos de Chester y a mí, como si quisiera darnos tiempo para asimilar aquella cifra.

Pero tener el *Big Data* sin más no era la solución, nos dijo. La clave era saber qué hacer con esos datos. Eso suponía maneras más científicas y precisas de colocar a la gente dentro de categorías: «demócrata», «ecologista», «optimista», «activista» y cosas por el estilo. SCL Group, la empresa matriz de Cambridge Analytica, llevaba años identificando y clasificando a la gente utilizando el método más sofisticado en psicología conductual, lo que le otorgaba la capacidad de convertir en una mina de oro algo que, de otro modo, no sería más que una montaña de información sobre el pueblo estadounidense.

Nix nos habló de su ejército de científicos y psicólogos de datos, que habían aprendido a distinguir a quién querían enviar el mensaje, qué mensaje enviar y dónde alcanzarlos. Había contratado a los científicos de datos más brillantes del mundo, personas que podían centrarse en individuos concretos allí donde pudieran encontrarlos (en sus teléfonos celulares, computadoras, tabletas o televisores) y a través de cualquier medio que pudiera imaginarse (desde el audio hasta las redes sociales), empleando la «microfocalización». Cambridge Analytica podía aislar a individuos y, literalmente, hacerles pensar, votar y actuar de manera diferente a la que lo habían hecho antes. Invertía el dinero de sus clientes en comunicaciones que funcionaban de verdad, con resultados que podían medirse, dijo Nix.

Nos aseguró que así era como Cambridge Analytica iba a ganar elecciones en los Estados Unidos.

Mientras Nix hablaba, miré a Chester con la esperanza de poder establecer contacto visual y saber qué opinión le merecía Nix, pero no logré captar su atención. En cuanto a los amigos de Chester, me di cuenta por sus caras de que estaban realmente asombrados mientras Nix seguía hablando sobre su empresa estadounidense.

Cambridge Analytica llenaba un importante nicho en el mercado. Se había creado para satisfacer una demanda acumulada. Los demócratas de Obama habían prevalecido en los medios de comunicación digitales desde 2007. Los republicanos iban atrasados en cuanto a la innovación tecnológica. Tras su aplastante derrota en 2012, Cambridge Analytica había surgido para allanar el terreno en una democracia representativa, ofreciendo a los republicanos la tecnología que les faltaba.

En cuanto a lo que podía hacer Nix por los amigos de Chester, cuyo país carecía de *Big Data* debido a una falta de impacto de internet, SCL podía proporcionárselo y podía usar las redes sociales para extender su mensaje. Mientras tanto, también podría hacer campaña de un modo más tradicional, cualquier cosa desde redactar programas electorales y manifiestos políticos hasta recabar votos puerta por puerta, pasando por analizar al público objetivo.

Los hombres elogiaron a Nix. Sin embargo, yo los conocía lo suficiente ya como para saber que su discurso los había abrumado. Sabía que su país no tenía la infraestructura para llevar a cabo lo que Nix planeaba hacer en los Estados Unidos, y su estrategia no parecía muy factible, ni siquiera para dos hombres razonablemente ricos.

En cuanto a mí, lo que había contado Nix me había sorprendido; de hecho, me había dejado perpleja. Jamás había oído nada semejante. Había hablado nada menos que de utilizar la información personal de los ciudadanos para influir sobre ellos y, por tanto, cambiar las economías y los sistemas políticos de todo el mundo. Había hecho que pareciera fácil influir en los votantes para que tomaran decisiones irreversibles no en contra de su voluntad, pero sí, al menos, en contra de sus prácticas habituales, y para que cambiaran su comportamiento.

Al mismo tiempo, tuve que admitir que me asombraban las capacidades de su empresa. Desde que empecé mi andadura en campañas políticas, había desarrollado un interés especial por el tema de los análisis de *Big Data*. No era desarrolladora ni científica de datos, pero, al igual que otros *millennials*, había adoptado desde muy temprano todo tipo de tecnologías y había llevado desde joven una vida digital. Estaba predispuesta a ver los datos como una parte integral de mi mundo, como algo dado, que en el peor de los casos podía ser benigno y funcional y, en el mejor, capaz de generar una transformación.

Yo misma había utilizado los datos, si bien de forma rudimentaria, en elecciones. Además de trabajar como becaria en el equipo de redes sociales de Obama, había sido voluntaria en la carrera a las primarias de Howard Dean cuatro años antes, y también en la campaña presidencial de John Kerry, además de trabajar para el Comité Nacional Demócrata y en la carrera a senador de Obama. Incluso la utilización más básica de los datos para enviar correos electrónicos a votantes indecisos sobre los temas que los preocupaban se consideraba algo «revolucionario» en su momento. La campaña de Howard Dean batió todos los récords de recaudación al contactar con los votantes en línea por primera vez.

A mi interés por los datos se sumaba mi experiencia de primera mano en las revoluciones. Había sido un ratón de biblioteca y me había pasado la vida estudiando, pero siempre me había involucrado con el mundo en su conjunto. De hecho, creía que era imperativo que los académicos encontraran la manera de trenzar los hilos de las grandes ideas teóricas para fabricar un tejido real que fuese práctico para los demás.

Aunque supuso una transferencia pacífica de poder, podría decirse que la elección de Obama fue mi primera experiencia en una revolución. Había formado parte de las alegres celebraciones en Chicago la noche en que Obama ganó sus primeras elecciones presidenciales, y aquella fiesta callejera había sido como una revolución política.

También había tenido el privilegio, y a veces también había experimentado el peligro, de encontrarme en países en los que las revoluciones sucedían en silencio, o acababan de estallar, o estaban a punto de hacerlo. Antes de licenciarme, estudié durante un año en Hong Kong, donde trabajé como voluntaria con activistas que trasladaban a los refugiados de Corea del Norte a través de un ferrocarril subterráneo por China hasta un lugar seguro. Nada más terminar la universidad, pasé un tiempo en zonas de Sudáfrica, donde colaboré en proyectos con antiguos estrategas de guerrilla que habían ayudado a acabar con la segregación racial. Después de la Primavera Árabe, trabajé en la Libia posterior a Gadafi y, desde entonces, he seguido involucrada en la diplomacia independiente de ese país. Supongo que podría decirse que tenía la sorprendente habilidad de aparecer en los lugares en sus épocas más turbulentas.

También había estudiado cómo utilizar los datos para hacer el bien, fijándome en personas fortalecidas por ellos que los habían utilizado para buscar justicia social, en algunos casos para destapar corrupción y malas prácticas. En 2011, había escrito la tesis de mi maestría utilizando datos gubernamentales filtrados por WikiLeaks como material de referencia principal. Los datos mostraban lo que había sucedido durante la guerra de Irak, y destapaban numerosos casos de crímenes contra la humanidad.

De 2010 en adelante, el «hacktivista» (a saber, activista jáquer) Julian Assange, fundador de la organización, había declarado la guerra virtual a aquellos que habían librado la guerra literal contra la humanidad diseminando por todo el mundo archivos clasificados y secretos que resultaron dañinos para el Gobierno estadounidense y su ejército. El volcado de datos, llamado «Los archivos de la guerra de Irak», dio pie a un discurso público sobre la protección de las libertades civiles y los derechos humanos internacionales frente a los abusos de poder.

Ahora, como parte de mi tesis doctoral en diplomacia preventiva y derechos humanos, y continuando con mi trabajo anterior, iba a combinar mi interés por el *Big Data* con mi experiencia en turbulencias políticas, investigando cómo los datos podrían salvar vidas. Me interesaba especialmente una cosa llamada «diplomacia preventiva». Las Naciones Unidas y organizaciones no gubernamentales (ONG) de todo el mundo estaban buscando maneras de utilizar los datos en tiempo real para prevenir atrocidades como el genocidio ocurrido en Ruanda en 1994, donde podrían haberse tomado medidas con antelación si los responsables de la toma de decisiones hubieran tenido acceso a los datos. El seguimiento «preventivo» de los datos —desde el precio del pan hasta el incremento de los insultos racistas en Twitter— podría proporcionar a las organizaciones de paz la información necesaria para identificar, monitorizar e intervenir pacíficamente en sociedades de alto riesgo antes de que explotaran los conflictos. La recopilación y el análisis adecuado de los datos podría evitar violaciones de derechos humanos, crímenes de guerra e incluso la propia guerra.

Sobra decir que entendía bien las consecuencias de las capacidades que, según Nix, poseía SCL Group. Su discurso sobre los datos, combinado con sus palabras sobre revoluciones, me hicieron desconfiar de sus intenciones y pensar en los riesgos que podrían plantear sus métodos. Eso me hizo mostrarme reacia a compartir lo que sabía sobre datos o sobre mi experiencia con ellos, y aquel día en Londres me sentí aliviada al ver que ya estaba terminando de hablar con los amigos de Chester y se preparaba para marcharse.

Por suerte, Nix no me había prestado mucha atención. Cuando no hablaba de su empresa, habíamos charlado en general sobre mi trabajo en diversas campañas, pero agradecí que no me preguntara mi opinión sobre nada específico que tuviera que ver con la campaña de redes sociales de Obama ni sobre mi trabajo en la prevención y denuncia de crímenes de guerra y justicia criminal, o mi pasión por el uso de datos en la diplomacia preventiva. Veía a Nix como lo que era: alguien que utilizaba los datos como un medio para alcanzar un fin y que trabajaba, eso estaba claro, para muchas personas en los Estados Unidos a las que yo consideraba mi oposición. Parecía que me había librado de una buena.

Pensaba que los amigos de Chester no elegirían trabajar con Nix. Su presencia y su presentación eran demasiado extravagantes e imponentes para ellos y para la estancia. Su entusiasmo había sido encantador y persuasivo; incluso había templado su desvergüenza con unos modales británicos exquisitos, pero su jactancia y su ambición eran desproporcionadas con las necesidades de los otros. Sin embargo, Nix parecía ajeno a las reservas de los dos hombres. Mientras recogía sus cosas para abandonar el restaurante, siguió hablando de lo mucho que podría ayudarlos con públicos especialmente segmentados.

Cuando se levantó de la mesa, me di cuenta de que aún tendría tiempo para hablar con los amigos de Chester. Cuando Nix saliera por la puerta, yo los abordaría en privado con una propuesta sencilla y modesta. Pero, cuando Nix se disponía a marcharse, Chester me hizo un gesto para reunirme con él y despedirme en condiciones.

Una vez fuera, bajo la luz menguante del atardecer, Chester y yo nos quedamos con Nix durante unos segundos de silencio incómodo. Pero conocía a Chester desde hacía mucho tiempo y sabía que nunca había podido tolerar los silencios, fuera cual fuera su duración.

—¡Oye, amiga consultora demócrata, deberías pasar más tiempo con mi amigo consultor republicano! —dijo de pronto.

Nix le dirigió una mirada extraña, una combinación de desconcierto y fastidio. Era evidente que no le gustaba que lo pillaran con la guardia baja o le dijeran lo que tenía que hacer. Aun así, se metió la mano en el bolsillo de la chaqueta y sacó un desordenado taco de tarjetas de presentación que comenzó a revisar. Estaba claro que las tarjetas que había sacado no eran suyas. Tenían distintos tamaños y colores, lo más probable es que pertenecieran a otros empresarios y clientes en potencia, como los amigos de Chester, hombres a los que ya habría cantado sus alabanzas en cualquier otra velada similar en Mayfair.

Por fin sacó una de sus propias tarjetas, me la entregó con gran ostentación y esperó a que la aceptara.

«Alexander James Ashburner Nix», ponía en la tarjeta. A juzgar por el peso del papel en el que estaba impresa y la tipografía serigrafiada, parecía una tarjeta digna de la realeza.

—Deja que te emborrache y te robe tus secretos —me dijo Alexander Nix con una carcajada, pese a lo cual me di cuenta de que lo decía un poco en serio.

2

Cambiar de bando

OCTUBRE – DICIEMBRE DE 2014

Los meses posteriores a conocer a Alexander Nix, seguía sin poder asegurar ningún trabajo que mejorase de manera sustancial la situación económica de mi familia. En octubre de 2014, recurrí de nuevo a Chester para que me ayudara a encontrar un trabajo a media jornada, y respondió organizándome un encuentro con su primer ministro.

Para mí resultaba una oportunidad única poder ofrecer estrategia digital y de redes sociales al líder de una nación. El primer ministro había encadenado varias legislaturas y ahora se presentaba a la reelección, pero esta vez se enfrentaba a una fuerte oposición en su país y le preocupaba perder. Chester quería presentarnos para ver si yo podía serle de ayuda.

Así fue como, sin pretenderlo, me encontré con Alexander Nix una segunda vez.

Me encontraba una mañana en la sala de espera de un hangar privado en el aeropuerto de Gatwick, esperando a mi reunión con el primer ministro, cuando la puerta se abrió de pronto y entró

Nix. Yo había llegado a la reunión antes de tiempo; la suya era la primera del día y, por supuesto, estaba programada antes que mi cita. Mala suerte la mía.

—¿Qué estás haciendo aquí? —me preguntó con expresión paradójicamente amenazada y amenazadora. Se llevó el maletín al pecho y retrocedió fingiendo estar horrorizado—. ¿Estás acosándome?

Me reí.

Cuando le dije lo que estaba haciendo allí, me contó que había trabajado con el primer ministro en las últimas elecciones. Le fascinó saber que yo estaba allí «con la esperanza» de poder hacer lo mismo.

Charlamos sobre temas insustanciales. Y, cuando lo llamaron para que entrara a la reunión, me lanzó una invitación por encima del hombro.

—Deberías pasarte algún día por las oficinas de SCL para informarte más sobre lo que hacemos —me dijo antes de desaparecer.

Aunque todavía desconfiaba de él, decidí visitar a Alexander Nix en las oficinas de SCL. Pocos días después de nuestro encuentro fortuito en Gatwick, Chester me llamó para decirme que «Alexander» se había puesto en contacto y quería saber si podríamos reunirnos los tres y tal vez charlar sobre lo que pensábamos todos sobre las inminentes elecciones del primer ministro.

Me sentí agradablemente sorprendida por la idea. Algo debía de haberle llamado la atención a Alexander al encontrarse conmigo en el hangar. Tal vez no estuviese acostumbrado al descaro en alguien de mi edad y de mi género. Fuera cual fuese su razón, la reunión que proponía era para trabajar juntos, que me pareció mucho más positivo que la idea de trabajar uno contra el otro, dado que era evidente que él llevaba ventaja y, sobre todo, porque yo necesitaba trabajo.

A mediados de octubre, Chester y yo fuimos juntos a visitar las oficinas de SCL. Se encontraban a un lado de Green Park, cerca de Shepherd Market, tras atravesar un callejón y llegar a una calle llamada Yarmouth Place, y ocupaban un edificio destartalado que no parecía haber sido rehabilitado desde los años sesenta. El edificio estaba lleno de oficinas de pequeñas empresas emergentes desconocidas, como una empresa de vitaminas bebibles con la que SCL compartía pasillo. Unas cajas de madera llenas de botellitas casi nos impedían acceder a la sala de conferencias de la planta baja, que compartían todos los inquilinos y que había que alquilar por horas; no era precisamente lo que me esperaba de un grupo de consultores políticos de aparente éxito.

Pero fue la sala en la que Chester y yo nos reunimos con Alexander y con Kieran Ward, a quien Alexander nos presentó como su director de comunicaciones. Alexander dijo que Kieran había estado sobre el terreno trabajando para SCL en muchas elecciones extranjeras; parecía tener treinta y tantos años, pero la expresión de sus ojos me indicaba que había visto muchas cosas.

Había mucho en juego en la elección del primer ministro, según nos dijo Alexander. El primer ministro tenía «un ego desproporcionado», añadió. Chester asintió. Aquella era la quinta vez que el primer ministro se presentaba a la reelección y, entre muestras de insatisfacción, su pueblo le pedía que se retirase. En su encuentro con él en Gatwick, Alexander le había advertido de que, si «no bajaba las escotillas», sin duda perdería, pero no quedaba mucho tiempo. Las elecciones serían en pocos meses, justo después de Año Nuevo.

Lo que SCL esperaba poder hacer, comenzó Alexander, pero entonces se detuvo. Nos miró a Chester y a mí. «Pero si ni siquiera saben a qué nos dedicamos, ¿verdad?», y, casi sin darnos cuenta, salió por la puerta y al poco tiempo volvió a entrar, portátil en mano. Apagó las luces y abrió una presentación en PowerPoint que proyectó en una enorme pantalla situada en la pared.

—Nuestros hijos —empezó diciendo con el mando en la mano— no vivirán en un mundo de «publicidad genérica» —dijo, en referencia a los mensajes destinados a un público general y enviados de forma masiva—. La publicidad genérica es demasiado imprecisa.

Proyectó una diapositiva en la que se leía: «La publicidad tradicional construye marcas y proporciona pruebas sociales, pero no cambia el comportamiento». En la parte izquierda de la imagen aparecía un anuncio de los grandes almacenes Harrods que rezaba: REBAJAS DEL 50 %, en letras grandes. A la derecha figuraban los logos de McDonald's y Burger King, arcos y una corona.

Esa clase de anuncios, nos explicó, eran simplemente informativos o, si acaso funcionaban, se limitaban a «demostrar» la lealtad ya existente de un consumidor hacia una marca. El enfoque estaba anticuado.

—SCL Group ofrece mensajes construidos para el mundo del siglo XXI —dijo Alexander. El marketing tradicional como el de esos anuncios nunca funcionaría.

Si un cliente deseaba llegar a nuevos consumidores, «lo que hay que hacer», explicó, no era limitarse a llegar hasta ellos, sino convertirlos. «¿Cómo va a conseguir McDonald's que alguien coma una de sus hamburguesas si nunca antes las ha probado?».

Se encogió de hombros y puso la siguiente diapositiva.

—El Santo Grial de la comunicación —nos dijo— es cuando puedes empezar a cambiar la conducta.

En la siguiente diapositiva se leía: *Comunicación conductual*. A la izquierda aparecía la imagen de una playa con un cartel cuadrado y blanco en el que ponía: LA PLAYA PÚBLICA TERMINA AQUÍ. A la derecha se veía un cartel amarillo y triangular parecido a las señales de un cruce ferroviario. En él se leía: CUIDADO. ZONA DE TIBURONES.

¿Cuál de los dos resultaba más efectivo? La diferencia era casi cómica.

—Utilizando el miedo de la gente a ser devorada por un tiburón, sabes que el segundo impediría que las personas nadaran en tu trozo de mar —explicó Alexander. «¿Tu trozo de mar?», pensé yo. «Supongo que está acostumbrado a hablar con clientes que tienen su propio trozo de mar».

Continuó sin pausa: SCL no era una agencia publicitaria. Era una «agencia de cambio conductual», explicó.

En las elecciones, las campañas perdían miles de millones de dólares utilizando mensajes como el del cartel de la playa privada, mensajes que en realidad no funcionaban.

En la siguiente diapositiva aparecía un vídeo incrustado y una imagen, ambos anuncios de campaña. El vídeo estaba compuesto por una serie de instantáneas de la cara de Mitt Romney y clips con público aplaudiendo con un discurso de Romney a modo de banda sonora. Concluía con la frase «Un liderazgo fuerte y nuevo». En la imagen aparecía un jardín reseco lleno de carteles donde se veían impresos nombres de candidatos. Romney, Santorum, Gingrich... casi daba igual de quién se tratara. Estaba claro lo estáticos que resultaban los carteles, lo fácil que era ignorarlos.

Alexander soltó una risita. Nos dijo que ninguno de aquellos anuncios «convertía» a nadie. Estiró entonces los brazos. «Si eres demócrata y ves un cartel de Romney en un jardín, no vas a sufrir de pronto una conversión y vas a cambiar de partido».

Nos reímos.

Yo estaba asombrada. Llevaba muchos años dedicada a la comunicación y nunca se me había ocurrido examinar los mensajes de esa forma. Jamás había oído a nadie hablar de la inutilidad de la publicidad contemporánea. Hasta aquel momento, había visto la campaña de redes sociales de Obama en 2008, para la que había trabajado como becaria, como algo sofisticado e ingenioso.

Aquella campaña había sido la primera en utilizar las redes sociales para comunicarse con los votantes. Habíamos promocionado al senador Obama en Myspace, YouTube, Pinterest y Flickr. Incluso yo misma había creado la primera página de Facebook del por entonces senador, y guardaba con cariño el recuerdo del día en que Obama se pasó por la oficina de Chicago, señaló su foto de perfil en mi pantalla y exclamó: «¡Pero si soy yo!».

Ahora me daba cuenta de que, por muy innovador que hubiera resultado en su momento, usando los términos de Alexander, habíamos creado mensajes con demasiada información, repetitivos e insignificantes. No habíamos convertido a nadie. Casi todo nuestro público consistía en autodenominados defensores de Obama. Nos habían enviado su información de contacto o la habíamos recopilado nosotros con su permiso cuando colgaban mensajes en nuestras páginas. No habíamos llegado hasta ellos; ellos habían llegado hasta nosotros.

Nuestros anuncios se habían basado en las «pruebas sociales», explicó Alexander; no hacían más que reforzar la lealtad ya existente hacia una «marca». Habíamos publicado incesantemente en redes sociales contenido sobre Obama igual que el cartel de la playa privada, el vídeo repetitivo de Romney y los carteles del jardín; anuncios que no provocaban un «cambio de conducta», sino que ofrecían «demasiada información» y proporcionaban «pruebas sociales» de que a nuestro público le gustaba Barack Obama. Y, cuando captábamos la atención de los seguidores de Obama, les enviábamos mensajes más detallados aún y con mayor cantidad de información. Quizá nuestra intención fuese mantener su interés o asegurarnos de que votaran, pero, según el paradigma de Alexander, nos habíamos limitado a inundarlos con datos que no necesitaban.

«Querido fulanito», recordaba haber escrito, «muchas gracias por escribir al senador Obama. Barack se encuentra ahora mismo en campaña. Yo soy Brittany y le respondo en su nombre. Aquí tiene algunos enlaces de política sobre bla, bla, bla».

Por muy entusiastas que fuéramos —y nuestro equipo de redes sociales estaba compuesto por cientos de personas y la campaña ocupaba dos plantas de un rascacielos del centro de Chicago aquel verano—, ahora me daba cuenta de que nuestros mensajes eran simples, incluso vulgares.

Alexander proyectó otra diapositiva con gráficos y tablas que mostraban que su compañía hacía algo más que crear mensajes efectivos. Enviaba esos mensajes a las personas adecuadas basándose en métodos científicos. Antes si quiera de que comenzaran las campañas, SCL llevaba a cabo investigaciones y contrataba a científicos de datos para analizar esos datos e identificar con precisión al público objetivo del cliente. El énfasis aquí, por supuesto, estaba en la heterogeneidad del público.

Me había sentido particularmente orgullosa de que la campaña de Obama fuese famosa por su manera de segmentar al público, separando a los votantes en función de los temas que les interesaban, el estado en el que vivían o si eran hombres o mujeres. Pero habían pasado siete años desde entonces. La empresa de Alexander ahora iba mucho más allá de la demografía tradicional.

Nos mostró otra diapositiva en la que se leía: *La focalización del público está cambiando.* A la izquierda aparecía una foto del actor Jon Hamm caracterizado como Don Draper, el publicista de Madison Avenue en los años sesenta de la serie de AMC *Mad Men.*

—La publicidad tradicional de los sesenta —dijo Alexander— es solo un montón de gente lista como nosotros, sentada a una mesa como esta, teniendo ideas como «Coca-Cola, destapa la felicidad» y gastándose todo el dinero de nuestros clientes en enviar ese mensaje al mundo con la esperanza de que funcione.

Pero, mientras que la comunicación de los años sesenta era «de arriba abajo», la publicidad de 2014 era «de abajo arriba». Con todos los avances en ciencia de datos y en análisis predictivos, podíamos saber mucho más sobre la gente de lo que habríamos imaginado, y la empresa de Alexander se fijaba en las personas para determinar qué necesitaban oír para dejarse influir en la dirección que tú, el cliente, querías que fueran.

Puso otra diapositiva más. Decía: *Análisis de datos, ciencias sociales, conducta y psicología.*

Cambridge Analytica había salido de SCL Group, que a su vez había evolucionado a partir de algo llamado Behavioural Dynamics Institute (Instituto de dinámica conductual), o BDI, un consorcio de sesenta y tantas instituciones académicas y cientos de psicólogos. Cambridge Analytica empleaba ahora a psicólogos residentes que diseñaban encuestas políticas y utilizaban los resultados para segmentar a la gente. Utilizaban los análisis «psicográficos» para entender la personalidad de la gente y diseñar formas de provocar su conducta.

Después, mediante el «modelado de los datos», los gurús de los datos del equipo creaban algoritmos capaces de predecir con exactitud el comportamiento de esas personas cuando recibieran determinados mensajes que habían sido especialmente diseñados para ellas.

—¿Qué mensaje tiene que oír Brittany? —me preguntó Alexander, pulsó el botón del mando y en la pantalla apareció otra diapositiva—. Tenemos que crear anuncios solo para Brittany —continuó, mirándome de nuevo con una sonrisa—. Solo de cosas que le importan y nada más.

Al final de su presentación, proyectó una imagen de Nelson Mandela.

Mandela estaba en mi panteón de superhéroes. Había trabajado con uno de sus mejores amigos en Sudáfrica, alguien que había estado encarcelado con él en Robben Island. Incluso había ayudado a organizar un evento el Día de la Mujer en Sudáfrica para su compañera de toda la vida, Winnie, pero jamás tuve la oportunidad de estrecharle la mano. Y ahora estaba ahí, justo delante de mí.

Alexander dijo que, en 1994, el trabajo que SCL realizó con Mandela y con el Congreso Nacional Africano frenó la violencia en las elecciones. Eso afectó al resultado de una de las elecciones más importantes en la historia de Sudáfrica. En pantalla aparecía el apoyo del propio Mandela.

¿Cómo no iba a estar impresionada?

Alexander tuvo que ausentarse abruptamente de la reunión —había surgido algún imprevisto—, pero nos dejó en manos de Kieran Ward, quien siguió explicándonos las actividades de SCL.

Había empezado llevando elecciones en Sudáfrica y ahora se encargaba de nueve o diez elecciones al año en lugares como Kenia, San Cristóbal, Santa Lucía y Trinidad y Tobago. Kieran había estado sobre el terreno en algunos de esos países.

En 1998, SCL se había expandido al mundo corporativo y comercial y, tras el 11 de septiembre de 2001, había comenzado a trabajar en defensa con el Departamento de Seguridad Nacional de los Estados Unidos, la OTAN, la CIA, el FBI y el Departamento de Estado. La empresa también había enviado expertos al Pentágono para enseñar sus técnicas a los demás.

SCL tenía también una división social. Proporcionaba comunicación sobre salud pública, y nos puso ejemplos en los que habían convencido a los habitantes de países africanos para usar preservativos y a los habitantes de la India para beber agua limpia. Había firmado contratos con agencias de la ONU y con ministerios de sanidad de todo el mundo.

Cuanto más descubría sobre SCL, más cautivada me sentía. Y, cuando nos reagrupamos y nos reunimos con Alexander para cenar en un restaurante cercano, supe más de él y se ganó mi simpatía.

Tenía una visión mucho más amplia del mundo de lo que había imaginado en un principio. Estaba licenciado en Historia del Arte por la Universidad de Manchester. Tras licenciarse, había trabajado en finanzas en un banco comercial de México, país que a mí me encantaba. También había trabajado en Argentina, después regresó a Inglaterra pensando que podría convertir SCL Group en algo mejor de lo que era; más bien un puñado de proyectos sueltos que una empresa. Lo había convertido casi desde cero en un pequeño imperio en poco más de una década.

Alexander había disfrutado con las elecciones en el Caribe y en Kenia. Y, cuando mencionó que había supervisado el trabajo de la empresa en África occidental, me conmovió. En Ghana, SCL había llevado a cabo el mayor proyecto de investigación sobre sanidad en el país y, dado que mi trabajo más reciente había girado en torno a la reforma sanitaria en África del norte, descubrimos que teníamos cosas en común.

Le conté en qué había estado trabajando y le hablé de mi trabajo en Sudáfrica, Hong Kong, La Haya, el Parlamento europeo y para ONG tales como Amnistía Internacional. Seguí sin mencionar mi trabajo en campaña y supongo que eso quedó suspendido entre nosotros, pero no me sentía preparada. Cambridge Analytica trabajaba para la oposición.

Aun así, disfruté de la conversación y, a mi lado, Chester se pasó la velada elogiando mis logros hasta tal punto que parecía una carta de recomendación andante y parlante.

—Bueno —dijo Alexander tras escuchar todo lo que había hecho—. Una persona como tú no se queda parada esperando nuevas oportunidades, ¿verdad?

Me sorprendió solo a medias cuando Chester me llamó a la mañana siguiente y me dijo que Alexander se había puesto en contacto con él y le había preguntado si pensaba que yo estaría dispuesta a volver para una entrevista formal. Sabía que probablemente Alexander no tuviese muchas ocasiones de conocer a una joven como yo, no porque fuese única en mi especie, sino por el mundo en el que él vivía.

Yo era una estadounidense de veintiséis años que no parecía tener miedo a entrar en un mundo de alto riesgo desbordado de testosterona. Él venía de una sociedad elitista de hombres jóvenes y privilegiados destinados a relacionarse en un mundo con otras personas parecidas a él.

Sin embargo, tenía sentimientos encontrados ante la posibilidad de trabajar en Cambridge Analytica.

Era emocionante comprender cómo una empresa tan pequeña en Gran Bretaña podía mostrarse tan descarada y tener tanto impacto en los sistemas políticos, las culturas y las economías. Me intrigaba la tecnología sofisticada y su potencial para hacer el bien social. Pero me preocupaban los clientes actuales de la empresa en los Estados Unidos. ¿Cómo no preocuparme? Yo era lo que era: una demócrata acérrima.

Pero necesitaba un trabajo. Era emprendedora y no me asustaba hacer cosas que me pudieran reportar dinero, aunque no fueran mi primera opción. Había salido de mi zona de confort a una edad temprana, ofreciéndome como voluntaria para la campaña de Howard Dean a la presidencia en 2003, y después para la campaña de John Kerry con tan solo quince años. Para mantener el trabajo no remunerado que me apasionaba durante mis estudios universitarios en el Reino Unido, había aceptado todo tipo de trabajos, como sumiller y camarera; cuando estaba más necesitada de dinero, había trabajado incluso en barra y en turnos de limpieza, recogiendo el vómito del suelo de *pubs* mugrientos de la zona.

Cuando comencé los estudios de posgrado en 2012, di el salto a actividades más empresariales. Fundé una empresa de eventos que pretendía entablar diálogo entre agentes y empresas gubernamentales y los libios, para ver cómo podían ayudar a estabilizar el país tras la Primavera Árabe. Después pasé a trabajar a media jornada como directora de operaciones de una asociación de comercio e inversión en el Reino Unido especializada en promover las relaciones entre el Reino Unido y naciones, como Etiopía, en las que era difícil hacer negocios o establecer vínculos diplomáticos con facilidad.

A comienzos de 2014, cuando aún seguía trabajando en mi doctorado, había aspirado a encontrar un buen trabajo en el comité de acción política Ready for Hillary y con la propia campaña presidencial de Hillary Clinton, haciendo uso de todos los contactos que había cultivado durante mis años en el Comité Nacional Demócrata y, más recientemente, en Democrats Abroad en Londres. Pero ninguno de mis esfuerzos por trabajar con los demócratas o con causas liberales o humanitarias me había proporcionado oportunidades que me ayudaran a pagar las facturas. Todos los puestos (mal pagados) en el comité de acción política Ready for Hillary ya estaban ocupados, y la campaña de Hillary todavía no se había puesto en marcha.

Después intenté encontrar mi empleo soñado trabajando para mi amigo John Jones, consejero de la reina, abogado en Doughty Street Chambers y uno de los letrados de derechos humanos más destacados del mundo. (En su equipo estaba la también formidable Amal Clooney, de soltera Alamuddin).

John era un incansable defensor de las libertades civiles en todo el mundo. Había defendido a algunos de los personajes más controvertidos del mundo, desde Saif al Islam Gadafi, segundo hijo de Muamar Gadafi, hasta el presidente de Liberia Charles Taylor. En tribunales de la antigua Yugoslavia y en Ruanda, Sierra Leona, Líbano y Camboya, había abordado temas espinosos como el antiterrorismo, los crímenes de guerra y las extradiciones, e hizo todo ello ratificando la ley internacional de derechos humanos. Más recientemente, había aceptado el caso del fundador de WikiLeaks (y fuente de material de una de mis tesis) Julian Assange, que estaba evitando ser extraditado a Suecia y había buscado asilo en la embajada ecuatoriana de Londres.

John y yo nos habíamos hecho amigos. Hablamos sobre nuestro admirado e infame soplón y bromeamos sobre la rivalidad entre las escuelas privadas a las que habíamos asistido; él era británico, pero había estudiado en la Academia Phillips Exeter, la escuela rival de la mía, la Academia Phillips Andover, fundadas a finales del siglo xviii por dos miembros de la familia Phillips. Aún no tenía mis credenciales como abogada, pero John había visto en mí el interés y el potencial para realizar un buen trabajo y había estado intentando encontrar financiación para un puesto que quería que ocupara en La Haya, donde pretendía abrir una nueva filial de Doughty Street llamada Doughty Street International.

Pero el dinero no había llegado aún. Y aunque así fuera, no habría sido la clase de dinero que ganan los abogados comerciales. Así era el trabajo de los derechos humanos. John y su pequeña familia se sacrificaron por su confianza en la ley, viviendo de un modo mucho más modesto que otros abogados mundialmente famosos, pues John trabajaba sin cobrar la mayoría del tiempo. Era un vegetariano sencillo, por principios y por una cuestión práctica, que iba a todas partes en su bicicleta.

Si bien yo había imaginado poder tener algún día una vida cercana a la verdad y moralmente auténtica como la de John, aquel no parecía mi destino en esos momentos. En casa, mis padres estaban al borde de la pobreza, la culminación de una serie de acontecimientos que comenzaron más de diez años antes.

Durante muchos años, la familia de mi padre tuvo fincas comerciales y una cadena de *spas* y gimnasios de lujo; mi madre había podido quedarse en casa para criar a sus hijas; mi hermana pequeña, Natalie, y yo habíamos crecido en un hogar privilegiado de clase media alta, disfrutando de colegios privados, clases de baile y de música y viajes familiares a Disney World y a las playas del Caribe.

Pero, con la crisis de los préstamos hipotecarios de 2008, los negocios de la familia de mi padre se resintieron. Sucedieron más problemas que también escapaban al control de mis padres. Al poco tiempo ya no nos quedaban ahorros. Años atrás, mi madre había trabajado en Enron y, cuando aquel castillo de naipes de Houston se colapsó en 2001, perdió todo el dinero de su jubilación.

Mi padre ahora estaba sin trabajo; mi madre, que llevaba veintiséis años sin trabajar, tuvo que volver a formarse para regresar a la población activa. Mientras tanto, tuvieron que refinanciar nuestra casa y vender sus activos hasta que, cuando el banco llamó a la puerta, no les quedaba nada salvo las pertenencias de nuestra vivienda.

Durante todos aquellos acontecimientos, algo preocupante tuvo lugar en la mente de mi padre. Parecía no tener emociones. Cuando intentábamos hablar con él sobre lo que sucedía, era como si no estuviera del todo allí. Tenía la mirada ausente. Se pasaba los días en la cama o delante de la televisión y, si alguien le preguntaba cómo iban las cosas, respondía sin emoción y decía que las cosas iban bien. Dimos por hecho que sufría depresión clínica, pero se negaba a ir a terapia o a tomar medicación. Se negaba incluso a dejar que lo viera un médico. Queríamos zarandearlo, despertarlo, pero nos sentíamos incapaces de comunicarnos con él.

Para cuando Alexander Nix llamó a Chester para invitarme a realizar una entrevista de trabajo en SCL, en octubre de 2014, mi madre había encontrado trabajo como auxiliar de vuelo. Había tenido que trasladarse a Ohio, donde estaba la sede de la aerolínea, y vivía en hoteles con sus compañeros. En casa, mi padre sobrevivía a base de cupones de comida. Mi madre, que había crecido con recursos limitados en bases militares de los Estados Unidos, nunca pensó que volvería a pasar estrecheces. Pero allí estábamos.

Aunque yo tenía mis reservas sobre SCL, no podía permitirme ser exigente. Intentaría compaginar mi doctorado con un trabajo como consultora. Necesitaba un trabajo que ayudara a mantenerme a mí y a mi familia. No pensaba solo en el presente, sino también en el futuro.

Alexander pertenecía a la aristocracia rural. En el siglo XVIII, su familia formaba parte de la famosa Compañía de las Indias Orientales. Estaba casado con una heredera noruega de una empresa naviera.

Aunque yo había crecido con bastantes privilegios, ya no quedaba nada a lo que recurrir. Ahora era una estudiante pobre con tendencia a dejar al descubierto mi exigua cuenta bancaria, sin posibilidad de ahorrar. Mi casa era un cuchitril al este de Londres.

Tenía bastante experiencia laboral, pero sabía que, si quería trabajar con Alexander, debía ponerme al día.

Investigué sobre las novedades en campañas digitales y análisis de datos. Me puse al día con el marketing sin ánimo de lucro y las técnicas de campaña. Después me vestí con mi mejor traje, heredado de mi madre, de cuando trabajaba en Enron.

Cuando llegué a la entrevista, Alexander estaba en mitad de una llamada urgente. Me puso en las manos un documento enorme, de casi sesenta páginas, y me dijo que lo leyera mientras esperaba. Era el bosquejo de un nuevo folleto de SCL, y era una auténtica enciclopedia. Lo hojeé, sabiendo que leería el resto más tarde, pero me fijé en una sección sobre cómo la empresa utilizaba *psyops* en campañas humanitarias y de defensa.

Estaba familiarizada con el término y, más que inquietarme, me intrigaba. Era la abreviatura de «operaciones psicológicas», (*psychological operations* en inglés), que era un eufemismo para decir «guerra psicológica». Las *psyops* pueden usarse en la guerra, pero sus aplicaciones para mantener la paz me resultaban atractivas. Influir en el público «hostil» puede parecer algo terrorífico, pero las *psyops* también pueden utilizarse, por ejemplo, para ayudar a evitar que los jóvenes de naciones islámicas se unan a Al Qaeda o para disminuir el conflicto entre facciones tribales en día de elecciones.

Estaba aún asimilando la información del folleto cuando Alexander me invitó a pasar a su despacho. Me había imaginado el santuario de un hombre sofisticado que diese fe del universo en el que vivía, pero la estancia era poco más que una caja de cristal sin adornos. No había fotos personales, ni recuerdos. El mobiliario consistía en un escritorio, dos sillas, una pantalla de computadora y una estrecha estantería de libros.

Alexander se recostó en su silla y juntó los dedos de las manos. Me preguntó por qué estaba interesada en trabajar para SCL Group.

Bromeé diciendo que era él quien me había pedido que acudiese a verlo.

Se rio. Pero insistió con suavidad.

Le dije que acababa de organizar una importante conferencia de sanidad internacional con el Gobierno británico, MENA Health, y sabía que en breve tendría lugar otra, esta sobre seguridad. Por muy emocionante que fuera el trabajo, también resultaba agotador.

Mientras hablaba, él me escuchaba con atención y, cuando me habló un poco más de la empresa, a mí me pareció más interesante aún. En un momento dado, lancé una ojeada a su librería y, cuando me pilló haciéndolo, empezó a reírse.

—Esa es mi colección de literatura fascista —me dijo, y agitó una mano en el aire para restarle importancia. No estaba segura de a qué se refería, así que me reí también. Era evidente que había algo en esa librería que le avergonzaba, y me tranquilizó saber que algunos de esos títulos conservadores que había visto, y evitado, tal vez no fueran tampoco de su interés.

Hablamos un rato más y, cuando llegamos a mi trabajo en sanidad pública en África oriental, se levantó de un brinco y dijo:

—Hay gente aquí a la que tienes que conocer. —Me llevó entonces a un despacho mayor y me presentó a tres mujeres, cada una más interesante y vibrante que la anterior.

Una de ellas había trabajado durante más de una década en diplomacia preventiva para la Secretaría de la Commonwealth, protegiendo a gente de Kenia y Somalia atrapada en disputas tribales mediante la negociación con los caudillos militares. Se llamaba Sabhita Raju. Había desempeñado el trabajo de mis sueños y ahora estaba en SCL.

Otro miembro del personal había sido antigua directora de operaciones del Comité de Rescate Internacional (IRC) y había estado dedicada a salvar vidas durante más de quince años. Era Ceris Bailes.

Y la tercera había ganado premios de Naciones Unidas por su trabajo con el medio ambiente. En su Lituania natal, había trabajado para el partido político liberal. Se llamaba Laura Hanning-Scarborough.

Me cayeron bien las tres y me alegró saber que tenían un pasado sólido en labores humanitarias y aun así trabajaban en SCL. Era evidente que debía de haber una buena razón para que hubieran escogido esa empresa.

Parecían tan interesadas en mi trabajo como yo lo estaba en el suyo. Les hablé del tiempo que había pasado en Sudáfrica oriental, cuando llevé a setenta y seis voluntarios a Pienaar, un municipio golpeado por la pobreza, para trabajar en una organización benéfica llamada Tenteleni, enseñando matemáticas, ciencias e inglés a los niños. También les hablé de un proyecto de presión que había llevado a cabo en el Parlamento europeo, cuando tuve el privilegio de informar a los miembros sobre cómo presionar a los países europeos para que incluyeran a Corea del Norte en sus prioridades en política exterior. Y expresé mi profundo interés por el trabajo en el África «posébola», especialmente en Sierra Leona y Liberia.

Parecieron emocionadas ante la posibilidad de que aportase a SCL esa clase de proyectos.

Poco después de la entrevista, Alexander me llamó y me hizo una oferta. Podía trabajar para la empresa como consultora, como deseaba.

Me preguntó si no sería genial que SCL Group se hiciera cargo de la logística y de los gastos para mis proyectos. Contrataba a personas listas y eficientes; utilizaba tecnología y metodología innovadoras; y poseía una infraestructura de apoyo, por no mencionar que me ofrecería la oportunidad de saber más sobre cómo utilizar las comunicaciones basadas en datos para aplicaciones prácticas como la diplomacia preventiva. Vería de cerca cómo funcionaba y qué mejoras eran necesarias, y todo eso me permitiría escribir mi tesis y terminar el doctorado.

Y el trabajo era un puesto especializado. Podría usarlo como trampolín para cumplir muchos de mis sueños: ser diplomática, activista por los derechos humanos internacionales, asesora política como David Axelrod o Jim Messina.

Era tentador, pero seguía teniendo mis reservas.

No deseaba trabajar para los republicanos. Cambridge Analytica acababa de conseguir la campaña de Ted Cruz y Alexander había dejado muy claro que se proponía conquistar el Partido Republicano en los Estados Unidos.

Además, por mucho que necesitara el dinero, no quería comprometerme con Cambridge Analytica para siempre. Deseaba mejorar a buen ritmo como consultora, pero también tener la posibilidad de dedicarme a otra cosa cuando quisiera.

Alexander debió de leerme el pensamiento. Me dijo que mi trabajo en la empresa solo sería para SCL Group. No sería necesario trabajar para el sector estadounidense, me dijo.

Me ofreció una asesoría a media jornada y lo que en su momento me pareció un sueldo decente, con la promesa de algo más si desarrollaba bien mi trabajo.

—Salgamos durante un tiempo antes de casarnos, ¿eh? —me sugirió—. Bueno, ¿qué quieres hacer?

En los inicios de mi vida laboral, me había rodeado de personas que se parecían a mí y pensaban como yo, activistas jóvenes y progresistas con un presupuesto muy ajustado. La primera vez que conocí a gente que no se parecía a mí fue cuando empecé a trabajar en derechos humanos. En ese campo, conocí a miembros del Parlamento, grandes líderes del pensamiento y empresarios de éxito por todo el mundo. Algunos eran ricos, pero todos tenían poder. Estaba frente a frente con aquellos que estaban en «el otro lado» y siempre me mostré ambivalente con respecto a lo que sentía y lo que significaba relacionarme con ellos.

Recuerdo el momento en que me di cuenta de que debía encontrar la manera de reconciliar mis principios con la eficacia del mundo en su conjunto. Fue el 20 de abril de 2009. Me hallaba frente al edificio de las Naciones Unidas en Ginebra. Había ido allí con más gente para protestar por la aparición de Mahmoud Ahmadinejad, el por entonces presidente de Irán. Había sido invitado para dar el discurso inaugural de la Segunda Conferencia Mundial de la ONU contra el racismo y la intolerancia.

Ahmadinejad, un intransigente religioso, llevaba casi cuatro años en el poder y, por aquel entonces, había quebrantado las libertades civiles y violado los derechos humanos. Entre otras cosas, había castigado a las mujeres que aparecían en público con lo que consideraba un «hiyab inapropiado». En su opinión, y bajo su mandato, la homosexualidad simplemente no «existía»; el virus del VIH había sido creado por los occidentales para afectar a naciones en desarrollo como la suya; el Estado de Israel debía desaparecer del mapa; y el Holocausto era una invención sionista.

En resumen, era un hombre al que yo, y gran parte del mundo culto, había llegado a odiar.

Aquel día, frente al edificio de las Naciones Unidas junto a otros miembros de una organización llamada UN Watch, viendo a un hombre tras otro, embajadores y príncipes, reyes y empresarios, atravesar sus puertas, me puse a pensar en esos hombres: estuvieran o no de acuerdo con él, tenían el poder y la influencia para estar en la misma sala que Ahmadinejad, para oírlo hablar y establecer entre ellos un diálogo al respecto.

Miré a la multitud de manifestantes de la que formaba parte. Muchos se parecían a mí; algunos eran estudiantes de posgrado, jóvenes, con vaqueros rotos, deportivas desgastadas y botas resistentes. Respetaba a esas personas, creía en lo que hacían y creía en mí misma.

Pero aquel día bajé el cartel con el que me manifestaba y me colé por las puertas de cristal sin que nadie se diera cuenta. Al llegar al mostrador de inscripción, conseguí una insignia, de las que dan a los estudiantes para que puedan usar la biblioteca del edificio: blanca, con una raya azul en la parte superior, pero casi idéntica a las que llevaban los diplomáticos en sus solapas.

Y, vestida con mi mejor traje de segunda mano, luciendo aquella insignia, me dirigí hacia el auditorio sin que nadie me preguntara nada.

Cuando Ahmadinejad comenzó su diatriba antiisraelí, vi que la canciller alemana Angela Merkel y otros líderes europeos abandonaban la sala. Eran personas poderosas y su acto de protesta copó los titulares aquel día. Aquel gesto sirvió para presionar a las

Naciones Unidas para que reconsiderasen la posición de Irán en el escenario mundial. Mis amigos de fuera y su manifestación habían pasado casi inadvertidos. Parecía que, para marcar la diferencia, debías encontrarte en el interior, sin importar lo comprometido que pudiera resultar, y no podías tener miedo a compartir estancia con personas que no estaban de acuerdo con tus creencias o que incluso te ofendían.

Durante casi toda mi vida había sido una activista acérrima, intensa e incluso furiosa que se negaba a relacionarse con quienes no estuviesen de acuerdo conmigo o a quienes considerase corruptos de un modo u otro. Ahora era más pragmática. Había llegado a darme cuenta de que podría hacer mucho más bien al mundo si dejaba de estar enfadada con el otro lado. Empecé a descubrir aquello cuando Barack Obama, al comienzo de su primera legislatura, anunció que se sentaría a la mesa con cualquiera que estuviera dispuesto a reunirse con él. No era necesaria ninguna condición, ni siquiera para aquellos que eran considerados «líderes corruptos». Y, según fui creciendo, fui comprendiendo por qué había dicho aquello.

Sabía que trabajar para Cambridge Analytica iba a suponer un cambio radical en mi vida. En su momento, creía que lo que estaba a punto de hacer me daría la oportunidad de ver de cerca cómo funcionaba el otro lado, de tener más compasión por la gente, y la capacidad de trabajar con aquellos con quienes no estaba de acuerdo.

Eso era lo que me rondaba por la cabeza cuando le dije que sí a Alexander Nix. Esas eran mis esperanzas cuando me pasé al otro lado para investigarlo de cerca.

3

Poder en Nigeria

DICIEMBRE DE 2014

SCL estaba compuesta por entre diez y quince empleados a jornada completa —algunos británicos, algunos canadienses, un australiano, tres lituanos y un israelí entre ellos— y fui presentándome para conocer un poco más sobre cada uno. Todos tenían mi edad o un poco más, la mayoría con un máster, aunque también había varios con doctorado. Todos ellos habían acumulado ya una gran experiencia trabajando en organizaciones con y sin ánimo de lucro, en todo tipo de campos, desde la banca hasta la alta tecnología, pasando por la industria petrolera y los programas humanitarios de África.

Habían entrado en la empresa porque les ofrecía la oportunidad única de trabajar en un lugar de Europa que recordaba a una empresa emergente de Silicon Valley. Eran muy serios y trabajadores. Tenían un tono sumiso y profesional, con una sensación de urgencia latente que, aunque discreta, parecía más típicamente neoyorquina que londinense. Trabajaban muchas horas extra y daban el doscientos por ciento de sí mismos. Algunos de ellos habían participado en las campañas de las recientes elecciones estadounidenses y acababan de regresar a la oficina de Londres como auténticos héroes. Habían estado un año viviendo en oficinas de Oregón, Carolina del Norte y Colorado, donde se habían disputado los duelos más reñidos. Los que se habían quedado en Londres habían trabajado igual de duro, como expertos en los países donde SCL Group también hacía negocio.

Cada uno de mis compañeros poseía una serie de capacitaciones altamente especializadas que les otorgaban puestos muy específicos dentro de la empresa.

Kieran, el director de comunicaciones, a quien había conocido durante la entrevista, se encargaba de todo, desde el desarrollo de marca de los partidos políticos hasta la estrategia global de comunicación. Su lista de premios de publicidad era impresionante y su trabajo en gestión de marcas corporativas era mejor que la mayoría de los que yo había visto. Después de Alexander, era el que más tiempo llevaba en la empresa y me mostró una estantería con treinta manifiestos y programas de partidos políticos escritos por SCL y diseñados por él.

Aunque llevaba en la empresa solo unos pocos años, Peregrine Willoughby-Brown —abreviado Pere; pronunciado «Perry»—, canadiense, ya había trabajado en múltiples países gestionando elecciones, dirigiendo grupos de sondeo y recopilando datos. Recientemente había estado en Ghana, donde había trabajado en ese importante proyecto de sanidad pública del que me había hablado Alexander. Pere ayudó a hacerme una idea de lo que era estar trabajando en campañas extranjeras en lugares que no fueran los Estados Unidos. En las naciones en desarrollo, la logística podía ser una pesadilla. Incluso tener acceso a ciertas regiones podía ser difícil; las carreteras podían desaparecer o no existir. Pero casi todos los problemas, según me informó con una sonrisa, eran con la gente, como cuando los encuestadores y los solicitadores de votos locales no se presentaban o simplemente dejaban el trabajo después de la primera nómina.

Jordan Kleiner era un británico jovial con un enorme pavo real tatuado en el pecho. Su trabajo era encontrarle sentido a las investigaciones de la empresa y servir de vínculo entre el equipo de investigación y los equipos de comunicación y de operaciones. También actuaba como una especie de puente entre la gente de datos y los creativos, y sabía traducir la investigación en textos e imágenes efectivos.

Para una persona recién llegada, el equipo estaba compuesto por grandes pensadores y personas capaces de solucionar problemas que eran políticamente liberales y que, a principios del invierno de 2014, no parecían preocupadas por el hecho de que la empresa hubiera aceptado clientes conservadores; en parte, creo, porque todavía no estaban demasiado metidos. Las elecciones estadounidenses de mitad de legislatura les habían hecho conocer a personas intransigentes y excéntricas, pero es posible que las vieran como una excepción, y además la empresa todavía estaba empezando a asegurar contratos para las primarias republicanas.

En su momento, había buen ambiente en la oficina, reinaba la camaradería y los miembros del equipo no competían los unos contra los otros, porque eran muy pocos y sus trabajos no se solapaban con demasiada frecuencia.

El personal de SCL y de Cambridge Analytica se veía reforzado por la visión de Alexander. La oportunidad que se les había brindado era el equivalente de eso en Facebook durante sus primeros días, y Facebook no había tardado muchos años en empezar a cotizar en bolsa con una valoración que rondaba los dieciocho mil millones de dólares. Alexander quería un resultado similar y, como *millennials* que eran, los empleados veían la creación de Mark Zuckerberg como un modelo de innovación en espacios que a nadie se le había ocurrido ocupar hasta que llegó la empresa.

Cambridge Analytica se basaba en la misma visión idealista de «conectividad» y «compromiso» que impulsaba a Facebook. La razón de ser de la empresa era potenciar el compromiso en un territorio inexplorado, y los que trabajaban allí creían, igual que los que habían trabajado en Facebook, que estaban construyendo algo real de lo que el mundo aún no sabía que no podría prescindir.

Alexander ocupaba un cubículo de cristal en la parte delantera de la oficina y los científicos de datos ocupaban otro en la parte de atrás. El de ellos estaba lleno de computadoras a cuyas pantallas se quedaban pegados los del pequeño equipo de científicos de le empresa.

Algunos eran excéntricos y no hablaban mucho. Uno, un rumano de ojos marrón oscuro, levantaba la mirada de su trabajo solo de vez en cuando. Su especialidad era el diseño de investigación; podía descomponer un país en regiones y realizar muestras estadísticas precisas de población que otros pudieran utilizar para identificar al público objetivo. Otro lituano, que vestía como un británico pijo y con frecuencia venía a trabajar con batín, estaba especializado en la estrategia y recolección de datos.

Los dos codirectores del análisis de datos eran el doctor Alexander Tayler, un australiano taciturno y pelirrojo, y el doctor Jack

Gillett, un inglés amable y de pelo oscuro. Tayler y Gillett habían sido compañeros de clase en la Universidad de Cambridge y, tras graduarse, cada uno de ellos había pasado algunos años como eslabón en la cadena de organizaciones más grandes; Gillett en el Royal Bank de Escocia y Tayler en Schlumberger, una compañía petrolera y de servicios de campo. Ambos habían entrado en SCL por la oportunidad de diseñar programas de datos innovadores y poder dirigir su propio negocio.

Tayler y Gillett tenían a su disposición una base de datos robusta pero flexible, que daba una gran ventaja a la empresa siempre que tenía que desarrollar una nueva campaña política. Por lo general, siempre que comienza una campaña, los encargados de los datos deben construir una base de datos desde cero o comprar una base de datos a un comerciante. La base de datos de SCL era suya y podía comprar más y más paquetes de datos y modelar esos puntos de datos con más precisión con cada nuevo proyecto. Aunque más tarde descubriría el verdadero costo de esa «ventaja» y las disputas legales necesarias para convencer a los clientes de que compartieran sus datos con nosotros de forma permanente, por el momento me parecía una herramienta muy benigna y poderosa.

Durante la primera campaña de Obama, no habíamos contado con ningún análisis predictivo avanzado. En los seis años transcurridos desde entonces, las cosas habían cambiado mucho. Alexander decía que los datos eran un «recurso natural» increíble. Era el «nuevo petróleo», disponible en grandes cantidades, y Cambridge Analytica iba camino de convertirse en la empresa de datos y análisis más grande e influyente del planeta. Suponía una oportunidad sin precedentes para aquellos que tenían un espíritu aventurero y empresarial. Había mucho terreno que ocupar, muchos datos por extraer. Y era una luna de miel en una industria totalmente nueva. Según decía Alexander, era el equivalente al «Salvaje Oeste».

Alexander no solía pasar mucho tiempo en la oficina. La empresa acababa de lograr una increíble victoria política en los Estados Unidos al ganar treinta y tres de las cuarenta y cuatro carreras electorales en las elecciones de mitad de legislatura. Un éxito del setenta y cinco por ciento para una agencia de comunicación procedente de fuera era algo asombroso, y Alexander no paraba de ir de un lado para otro utilizando el éxito de la empresa para conseguir más contratos. Yo entendía que tuviese que volar de aquí a allá para reunirse con Bill Gates y otros como él cuando estaba en los Estados Unidos y, cuando se encontraba en Londres, se dedicaba a entretener a multimillonarios británicos como *sir* Martin Sorrell.

La oficina de SCL no era la clase de sitio al que uno llevaba a empresarios importantes o líderes de estado. El espacio en sí era bastante cochambroso, carecía de ventanas y apenas tenía luz, ni siquiera a mediodía. La moqueta era de un gris industrial gastado, los techos tenían marcas, eran desiguales y parecían estar curiosamente manchados. Con excepción de los dos cubículos de cristal, uno para Alexander y otro para los científicos de datos, consistía en una única estancia de unos noventa metros cuadrados donde se apelotonaba el personal, apiñado en dos hileras de escritorios. El único espacio privado de reuniones era una salita de unos dos por tres metros, con una mesa, un par de sillas y sin ventilación; la llamábamos «la Caja del Sudor». Mientras sus empleados se apretaban en la Caja del Sudor como sardinas en lata, Alexander prefería reunirse con sus clientes potenciales en algún bar o restaurante de moda de la zona.

Cuando por fin tuve oportunidad de sentarme con él en su despacho la segunda semana de diciembre, hablamos sobre varios proyectos de los que podría encargarme. Dejó claro que, si quería dedicarme a proyectos sociales o humanitarios, debería conseguir dinero para financiarlos. Me dio su bendición para continuar con mi trabajo en el África posébola, un proyecto que me interesaba llevar a cabo con la Organización Mundial de la Salud y los gobiernos de Liberia y Sierra Leona. Con la ayuda de Chester y con su asombrosa agenda de contactos, abordaría a cada uno de ellos para ver si podía contar con su aprobación.

Alexander también sugirió que echara un vistazo a las elecciones inminentes. Me pidió que me pusiera en contacto con el primer ministro de Chester y con los hombres de Asia central a los que había lanzado su discurso en aquel restaurante de sushi donde lo conocí. Estuvimos pensando también en otros clientes en potencia. Algunos eran míos y algunos eran contactos que tenía a través de Chester y de otros amigos de todo el mundo.

Para contactar con los clientes, era necesario determinar tres cosas cuanto antes, me dijo Alexander. La primera era: «¿Existe una necesidad?», refiriéndose a si existía un proyecto. La segunda era: «¿Tienes presupuesto?». Y la tercera, tan importante como la segunda, era: «¿Tienes una fecha límite?». Si alguien no tenía una fecha límite, no era urgente seguir adelante con el proyecto y, por mucho dinero que tuviera el cliente, el contrato probablemente no llegase a ninguna parte.

Alexander me dijo que necesitaba un título, algo que «sonara impresionante, pero que no sea demasiado pomposo». No significaría nada dentro de la oficina, me explicó, sería solo una especie de etiqueta con la que poder identificarme al tratar con los clientes.

Le sugerí «asesora especial», lo que a Alexander le gustó porque reflejaba condición de trabajadora a jornada parcial y resultaba suficientemente impreciso. A mí me gustaba porque era el título que recibían los enviados de la ONU cuyos trabajos envidiaba, como el de «asesor especial sobre Derechos Humanos».

Ahora lo único que tenía que hacer era ganármelo.

En mis comienzos como recaudadora de fondos a pie de calle en Chicago, cuando tenía solo sesenta segundos para convencer a alguien para que me entregara la información de su tarjeta de crédito e hiciera donaciones mensuales a una organización benéfica de la que nunca habían oído hablar, me había acostumbrado al rechazo y no me daba miedo abordar a desconocidos. Y, en mi trabajo más reciente, había llamado por teléfono a embajadores y demás dignatarios y empresarios extranjeros y me había pasado varios días a la semana en la Cámara de los Comunes y en la de los Lores. Era capaz de hablar con un empresario que hubiera nacido bajo el Imperio británico en la India o con un primer ministro que dirigiera cualquier nación, grande o pequeña.

Con ese descaro contacté en diciembre de 2014 con el príncipe Idris bin al Senussi, de Libia, un país que había llegado a conocer de cerca, cara a cara. Un amigo nos había presentado. El príncipe tenía unos amigos que necesitaban nuestra ayuda. Las elecciones presidenciales de Nigeria serían en pocos meses, según dijo el príncipe, y los hombres, multimillonarios nigerianos de la industria petrolera aliados del actual presidente, temían que su candidato pudiera perder. «Esos hombres son muy religiosos», me dijo el príncipe Idris. «Temen por sus vidas y por las vidas de sus familiares si el presidente no continúa en el poder», me dijo.

Le respondí al príncipe que SCL había llevado elecciones en Nigeria en 2007. Eso le entusiasmó. Quiso presentarnos de inmediato. ¿Podríamos viajar Alexander y yo a Madrid para conocer a los nigerianos?

Alexander se apuntó sin dudar, aunque se mostraba escéptico con mi destreza de principiante. Tenía una pequeña incompatibilidad de agenda y no podía acudir a Madrid de inmediato. Yo tendría que leer todos los casos posibles, elaborar una propuesta para los nigerianos y después volar a Madrid sola. Él llegaría al día siguiente, en cuyo momento les haría la propuesta de manera más formal. ¿Estaba preparada para aceptar el desafío de hacer todo lo demás antes de que él llegara?

Me aterrorizaba y me emocionaba a partes iguales. Sería la primera vez que representaría a la empresa y todavía me quedaba mucho por aprender y por comprender. Llevaba trabajando allí poco más de dos semanas. Además, apenas sabía nada sobre Nigeria, salvo que era uno de los países más poblados de África, con ciento noventa millones de personas. Sabía lo básico sobre su historia y sobre el estado actual de su política, por no mencionar los asuntos y factores en juego en las inminentes elecciones presidenciales. Aun así, pese a ser el comienzo, parecía estar ante un contrato viable que, según me había dicho Alexander, podría valer millones. Las perspectivas de los nigerianos cumplían todos los criterios: era un proyecto concreto, los clientes tenían dinero y el plazo era urgente. Le dije a Alexander que sí, iría a Madrid.

Antes de la reunión, recorrí la oficina de SCL buscando cualquier información que pudiera encontrar sobre la campaña nigeriana de 2007; no encontré gran cosa, así que revisé documentos y casos prácticos de otros proyectos. Me tiré toda la noche en vela y redacté una propuesta con un ayudante del personal. Era suficiente como inicio, sobre todo dada la precipitación, pero, con las elecciones programadas para el 14 de febrero de 2015, teníamos tan poco tiempo que ni siquiera esperábamos lograr el contrato; aunque eso no me disuadió en lo más mínimo.

La situación en Nigeria era compleja. Los clientes potenciales respaldaban a un hombre llamado Goodluck Jonathan, el presidente en funciones. Jonathan era cristiano y progresista, según me informó mi amigo abogado John Jones, un líder que había aportado reformas sustanciales a la Federación de Nigeria desde que llegara al Gobierno en 2010. Algunos lo veían como un defensor de los jóvenes y de los desfavorecidos; había trabajado para limpiar los desastres medioambientales, incluyendo la intoxicación por plomo que había matado a unos cuatrocientos niños en una región empobrecida del país; y se había esforzado por estabilizar el sector energético de la nación mediante la privatización de toda la red eléctrica. Pero su administración estaba corrupta, y Jonathan se había vuelto muy impopular recientemente al fallar a su país de diversas formas, entre otras por su incapacidad para devolver a casa a doscientas estudiantes que habían sido secuestradas por el grupo militante Boko Haram. Poco antes, había sido acusado de organizar un bombardeo terrorista. Pero, como me informó mi amigo John Jones, en las elecciones, Jonathan era el mal menor.

La alternativa era Muhamadu Buhari.

En tres décadas, Buhari había estado involucrado en dos golpes militares. En el primero, fue nombrado gobernador provincial y, en el segundo, consiguió la presidencia. Bajo su mandato represivo, apoyó la *sharía* y oprimió a los académicos y a los periodistas.

Diversos grupos habían presentado quejas contra él ante la Corte Penal Internacional, acusándolo de abusos de los derechos humanos y de crímenes contra la humanidad (que Buhari negó y, al final, el tribunal internacional desestimó las quejas).[1] De hecho, según el derecho internacional, si las acusaciones eran ciertas, debería haber sido ilegal que se presentara a la presidencia. John estaba de acuerdo con el príncipe y con sus amigos del petróleo en que, si Buhari ganaba, el país podría sumirse en la violencia.[2] Sin mucho tiempo antes de las elecciones, resultaba una situación imperfecta, moralmente turbia, pero, como activista por los derechos humanos, estaba segura de que al menos SCL estaría del lado de los buenos.

Alexander organizó mi reunión con los nigerianos en un lujoso hotel y me pidió que los agasajara con una comida fastuosa. Nunca me habían dado tanta responsabilidad cuando había tanto en juego.

Al llegar a Madrid, encontré al príncipe Idris esperando solo con un nigeriano, y ni siquiera era el que yo había esperado. Según parecía, los clientes habían enviado a un representante para acudir a la reunión. Era un hombre alto, amenazante y fornido de mediana edad, pero me di cuenta de que estaba muy nervioso, lo cual me hizo sentir mejor.

Superé aquel primer día, le mostré a nuestro cliente potencial la propuesta y hablé de los aspectos básicos de lo que entendía que SCL podría hacer por su jefe. La empresa ofrecía servicios como encuestas de opinión, investigación de castas y tribus, investigación de la oposición e incluso «inteligencia competitiva»; es decir, recopilación de información de última generación que pudiera usarse para investigar el pasado personal y financiero de los candidatos, además de explorar acuerdos pasados entre partidos o «actividades ocultas». No era tan ingenua como para no darme cuenta de que aquello era hacer campaña negativa, pero sabía que, llegados a ese punto, tal vez fuera necesario mostrar resultados con rapidez.

No había tiempo para hacer lo que SCL llamaba «auditoría de partido», un censo para recopilar detalles de los miembros, incluyendo su local de votación y su afiliación política. Tampoco podríamos identificar con claridad a los votantes indecisos. Pero sí podríamos hacer un esfuerzo por conseguir votos en regiones donde ya existía un gran apoyo a Goodluck Jonathan. Y, si lográbamos un margen suficientemente amplio, eso serviría para apaciguar la desconfianza en los resultados y tal vez evitar la violencia en el periodo poselectoral.

Me sentí aliviada cuando Alexander llegó al día siguiente para realizar la propuesta formal. Verle dar su discurso era algo innegablemente hermoso. Era la elocuencia y la elegancia personificadas. Se mostraba seguro de sí mismo y hablaba sin parar; un hombre atractivo con su traje azul marino y su corbata de seda, más carismático que la mayoría de caballeros a los que podría conocer. Lo miraba con atención y cierto grado de admiración que hasta entonces no se me había ocurrido que pudiera sentir por él.

El comienzo de su discurso incluía gran parte del material que nos mostró a Chester y a mí cuando visitamos la oficina de SCL en octubre; las mismas diapositivas con imágenes de playas y carteles de tiburones, los mismos comentarios sobre *Mad Men*, los mismos argumentos sobre creatividad de arriba abajo y creatividad de abajo arriba, y sobre la publicidad genérica y la publicidad focalizada basada en investigaciones científicas y psicológicas, pero ahora parecía más fluido, teatral y persuasivo.

Era como si le saliera sin esfuerzo, tan ensayado y coreografiado como la mejor charla TED. Con el pequeño mando a distancia en la mano, parecía tener el dedo puesto sobre un botón con el potencial para controlar el mundo.

El representante de los multimillonarios estaba cautivado, inclinado hacia delante, igual que el príncipe, y asentía de vez en cuando con actitud de aprobación. Cuando Alexander llegó a la parte de la presentación que trataba sobre la capacidad de la empresa para, en sus propias palabras, «dirigirse a pueblos individuales o bloques de apartamentos, incluso centrarse en personas específicas», los otros dos se quedaron con los ojos muy abiertos.

La habilidad para lograr eso era lo que distinguía a SCL del resto de empresas mundiales dedicadas a las elecciones. No era una agencia de publicidad, como decía Alexander, sino una empresa de comunicaciones psicológicamente astuta y científicamente precisa.

—El mayor error que cometen las campañas políticas y las campañas de comunicación es empezar donde están y no donde desean estar —dijo Alexander—. Tienden a comenzar con una idea preconcebida de lo que se necesita. Y eso suele estar basado en el tema de discusión.

Dijo que, con frecuencia, SCL se encontraba con situaciones en las que los clientes intentaban decirle lo que debía hacer. Normalmente, la idea del cliente era que necesitaban pósteres por todas partes y anuncios de televisión, explicó Alexander.

—Bueno —preguntó—, ¿cómo saben que eso es lo correcto?

El cliente alzó las cejas.

—Porque no nos interesa el presidente, ni el partido, ni el cliente —contestó Alexander—. Nos interesa el público. —Hizo una pausa durante un segundo para causar efecto y proyectó una diapositiva. En ella aparecía la fotografía de una audiencia en el cine mirando la pantalla—. La manera de ilustrar esto —dijo señalando la diapositiva— es que uno quiere vender más Coca-Cola en un cine, ¿verdad?

El cliente asintió.

—Le preguntas entonces a una agencia de publicidad cuál es su plan, y te dirán: «Necesitas más Coca-Cola en el punto de venta, necesitas desarrollar la marca, necesitas un anuncio de Coca-Cola antes de la película». —Alexander negó con la cabeza—. Y todo gira en torno a la Coca-Cola —dijo. Ese era el problema con las campañas políticas—. Pero —continuó con otra diapositiva: en esta aparecían imágenes por la izquierda, por la derecha y por el centro, todas ellas anuncios y logos de Coca-Cola, provocando una sensación avasalladora—, si te detienes, miras al público objetivo y le haces preguntas como «¿En qué circunstancias bebería más Coca-Cola?», y entonces los estudias, tal vez descubras que la gente es más susceptible de beberse una Coca-Cola cuando tiene sed.

Volvió a detenerse.

—Así que lo que hay que hacer —dijo mientras ponía otra diapositiva— no es más que subir la temperatura… en el auditorio.

La imagen de la diapositiva era un termómetro como de dibujo animado, con el mercurio en rojo, casi a punto de explotar.

La solución, según Alexander, no está en el anuncio.

—La solución está en el público. —Se detuvo de nuevo para asegurase de que aquello quedaba claro.

«La solución está en el público», pensé. Nunca se me había ocurrido pensar así.

Fue un momento sorprendente, tan revelador para mí como lo que nos había dicho a Chester y a mí en su presentación inicial sobre la futilidad de la publicidad genérica. Se trataba de un concepto brillante: para hacer que la gente actuara, creabas las condiciones según las cuales se mostrarían más propensos a hacer lo que querías que hicieran. La simplicidad del concepto me resultaba asombrosa.

Alexander dijo que SCL había hecho aquello una y otra vez en todo el mundo.

En Trinidad y Tobago en 2010, dijo, proyectando diapositivas, la empresa se había dirigido a la «etnia mixta» de aquella nación. (La mitad de la nación era india y la otra mitad afrocaribeña).

—Los líderes políticos de un grupo de allí —dijo— tenían problemas para hacer llegar sus mensajes a quienes no formaban parte del grupo. —Por lo tanto, SCL diseñó un ambicioso programa de grafitis políticos que diseminó como mensajes de campaña. Y el voto joven se multiplicó.

«Brillante», pensé. Conseguir el voto joven era muy difícil durante las elecciones.

En Bogotá, Colombia, en 2011, SCL había descubierto que, en un país de corrupción desenfrenada, la población general desconfiaba de todos los candidatos que se presentaban, de modo que SCL «contrató a otros» para que respaldaran en su lugar a los candidatos. Tener a gente de la localidad defendiendo al candidato fue muy efectivo, sin rastro de la cara del candidato en sí.

El representante quiso saber cuánto tardarían los nigerianos en ver resultados si SCL trabajara en las próximas elecciones.

Yo sabía lo que iba a decir Alexander, porque lo había leído en los folletos de SCL: los servicios de SCL estaban «orientados a los resultados». La empresa siempre trabajaba con sus clientes para asegurarse de que los efectos de sus servicios fueran «identificables y medibles».

El representante pareció quedar satisfecho.

Después de la presentación, Alexander y yo cenamos juntos. Hablamos sobre la campaña nigeriana y las demás campañas que había desarrollado a lo largo de los años, y me di cuenta de que Alexander Nix bien podría ser el consultor electoral más experimentado del mundo. Comencé a verlo como un mentor importante. Y, aunque había sido difícil llegar a conocerlo durante las primeras semanas de trabajo, ahora me invitó a conocer a su familia o a ir a verlo jugar en un partido de polo. Me sorprendió darme cuenta de que ambas sugerencias me resultaban bastante agradables.

Entonces, el día que volábamos de vuelta a Londres, tuvimos un momento cómplice que casi me hizo sentir que era igual que él. Para mantener la tradición frugal de SCL, teníamos billetes en clase turista, pero, antes de embarcar, me invitó a la sala de espera de la clase preferente, donde brindamos por nuestro futuro éxito y tomamos una copa de champán gratis. «Salud», dijimos, «por el futuro».

De vuelta en Londres, se aproximaban las Navidades. En la fiesta navideña de la empresa, un evento con temática de la Ley Seca, me puse un vestido *flapper* con unos guantes largos y blancos que le había pedido prestados a una buena amiga que trabajaba en vestuario. Me relacioné con todo el que pude: Pere; Sabhita; y Harris McCloud, un canadiense experto en comunicación política, rubio y de ojos azules. Hablé con algunos de los científicos de datos, incluyendo al doctor Eyal Kazin y a Tadas Jucikas, las manos izquierda y derecha de Alex Tayler. Yo no formaba parte del equipo todavía; era nueva, una curiosidad, y me resultaba muy difícil presentarme en un acontecimiento tan ruidoso. Aun así, me relacioné y charlé con toda la gente que pude. Alexander no estaba; se encontraba en Ghana con Ceris para ver si podía retomar el diálogo con el presidente de aquel país. Me daba envidia que tuviera trabajo para ocupar su mente.

De pronto, uno de los científicos de datos al que aún no conocía se acercó para saludarme.

—¿Cómo te va en el negocio de las elecciones amañadas? —me preguntó.

No supe cómo responder. Me quedé allí parada unos segundos, mirándolo, contemplando la copa que tenía en la mano: un martini expreso recién agitado y frío como el hielo. Yo estaba bebiendo lo mismo; la copa estaba demasiado fría como para poder sujetarla sin los guantes blancos. Pese a las bebidas heladas, recuerdo que sentí que la temperatura de la sala había aumentado de manera notable.

No recuerdo cómo respondí; probablemente con algo desenfadado. Al fin y al cabo, ¿qué se suponía que debía responder a un comentario así? ¿Y qué se suponía que significaba ese comentario?

En la época en la que comencé mi trabajo como consultora en SCL, había empezado a salir con un simpático escocés llamado Tim. Era diferente del resto de hombres con los que había salido y en cierto modo me recordaba a Alexander. Tim también había ido a internados y venía de una familia con dinero. Al igual que Alexander en mi vida profesional, Tim era más conservador que la mayoría de la gente en mi vida personal. Trabajaba en desarrollo empresarial, como acababa de empezar a hacer yo. Era una persona sociable, el más alegre y llamativo de cualquier evento. Vestía de manera formal, con trajes de tweed de tres piezas, y era tan guapo como cualquiera de los modelos de la portada de *GQ*.

No le conté a mi familia mucho sobre él, de momento. No había tenido muy buena experiencia al contarles mis noticias más recientes. Al fin y el cabo, cuando le hablé a mi madre de mi nuevo trabajo, empezó a preocuparse.

—Oh, no —respondió, y me dijo que esperaba que no renunciase a mi doctorado. Le aseguré que no tenía intención de hacerlo.

En realidad no tenía una casa a la que regresar aquellas Navidades. Mi familia ya había empezado a hacer cajas para abandonar nuestro hogar. La idea siquiera de intentarlo me daba demasiado miedo. Así que, en su lugar, me volqué en mi trabajo en SCL, como si en esos escasos días entre Navidad y Año Nuevo pudiera evitar que las cosas que sucedían tan lejos se desmoronasen. Seguí al tanto de los avances con los nigerianos. Tal vez aquel proyecto saliera adelante. Quería que así fuera; quería que algo saliera bien. Deseaba poder seguir trabajando durante las fiestas, para mantener la cabeza alejada de asuntos personales, pero la oficina solo estaba abierta hasta Navidad.

Al final, Tim me invitó a casa de su familia en Escocia. Irme de viaje me pareció una buena manera de distraerme. Los padres de Tim vivían en dos casitas de campo adosadas de finales de siglo rodeadas por un jardín perfectamente cuidado. Eran un grupo cariñoso y acogedor, y me distraje el día de Navidad charlando y bebiendo té y vino, entre conversaciones y risas. Me hicieron sentir como en casa. Aunque, dado lo que estaba sucediendo con mi familia —algo que no hablé con la familia de Tim y ni siquiera con él—, aquello me hizo sentir muy contenta y, al mismo tiempo, melancólica.

La casa estaba tan aislada en mitad del campo que apenas había cobertura. Les había pedido permiso a los padres de Tim para dar su número de casa, en caso de emergencia. Había compartido el número solo con mi madre, con Alexander, con el príncipe Idris y con los nigerianos. Alexander había dicho que, si las cosas iban bien en Madrid, posiblemente recibiríamos noticias del príncipe o del representante nigeriano durante las fiestas.

—Es ahora o nunca —me había dicho antes de irse a Ghana y posteriormente de vacaciones con su familia. Quedaba poco más de mes y medio para las elecciones.

Una noche sonó el teléfono. El hermano de Tim corrió a contestar. Yo escuché desde la otra habitación.

—¡No nos interesa lo que sea que venda! —le oí decir con su voz ronca. La madre de Tim estaba por allí y oí que se peleaba con él para quitarle el auricular. Ella sabía que estaba esperando llamadas importantes. Cuando terminó la riña, el hermano de Tim regresó ruborizado a la habitación donde me encontraba.

—Eh, Brittany, es para ti. —Hizo una pausa—. Es... ¿un príncipe? —dijo encogiéndose de hombros.

El príncipe Idris. Me recompuse deprisa y descolgué el teléfono.

—Buenas noches, alteza —dije.

Tenía muy buenas noticias. Ya había llamado a Alexander para decírselo y ahora me llamaba a mí. Los nigerianos querían seguir con el proyecto... de inmediato. Y querían hablar de la propuesta en persona. Estaban en D. C.

El príncipe me dijo que Alexander estaba de vacaciones y no podía escaparse.

—Debe prepararse para ir a conocerlos cuanto antes —me dijo el príncipe Idris.

Tras colgar el teléfono, apenas podía respirar. SCL no me enviaría a mí. Tenían gente con más experiencia que yo a la que asignar el proyecto. Yo no era más que una estudiante de posgrado que llevaba solo tres semanas y media trabajando allí a media jornada.

De pronto volvió a sonar el teléfono. Esta vez era Alexander. Antes de que pudiera decirle algo más que «hola», empezó a hablar.

—Muy bien, Brits —me dijo utilizando un apodo que ni él ni nadie había usado jamás—. ¿Estás preparada para demostrar tu valía? Estos tipos dicen que están dispuestos a seguir, pero quieren sellar el trato en persona. Siempre en persona.

Yo seguía escuchando.

Alexander me dijo que todos los demás estaban de vacaciones o ilocalizables.

—¡Eso nos deja contigo, querida!

No tenía idea de si podría hacerlo realmente.

—Si de verdad lo quieres y no crees que nos estén tomando el pelo, entonces es ahora o nunca —continuó—. Si cerramos el trato, estaré en deuda contigo.

4

Davos

ENERO – ABRIL DE 2015

El viaje a D. C. fue mejor de lo que habría podido imaginar; mejor de lo que nadie habría podido imaginar.

Justo después de Navidad, abandoné la casa de la familia de Tim en Escocia y me reuní con uno de los multimillonarios nigerianos que estaban detrás de todo aquello. Para cuando llegué, ya se había reunido con agentes del Gobierno y empresarios de los que esperaba obtener una protesta generalizada contra el rival Muhamadu Buhari, pero no había tenido mucho éxito y estaba interesado en un contrato con SCL.

Era un hombre grande y físicamente poderoso, imponente, serio y rico; aquello último se encargó de dejármelo bien claro. Me resultaba intimidatorio. No estaba acostumbrado a hacer negocios con mujeres, mucho menos con una joven estadounidense, y me daba la impresión de que no le hacía mucha gracia que Alexander me hubiera enviado a mí en vez de acudir él mismo.

Llevaba mi propuesta encima e hice lo posible por dejar claro lo que Alexander creía que SCL sería capaz de hacer con solo seis semanas hasta las elecciones presidenciales en Nigeria.

Nigeria estaba dividida entre los dos partidos políticos más poderosos del país: el Partido Democrático del Pueblo (PDP) de Goodluck Jonathan y el partido que apoyaba a Buhari. No había tiempo de captar a los votantes indecisos. Nuestro trabajo consistiría en movilizar a los seguidores de Jonathan para que aumentara la participación y, lo más importante, asegurar un margen de victoria amplio para evitar una elección no impugnada y, por lo tanto, impedir que se desatara la violencia después de ese día.

Utilizaríamos la radio, uno de los medios de comunicación más fiables en las zonas rurales del país, como medio principal, inundando las ondas con anuncios, entrevistas pagadas y testimonios del pueblo. Haríamos algo de televisión, además de anuncios en la prensa escrita. Dado que solo el diez por ciento de los hogares tenía internet, nuestra campaña digital se vería limitada a las áreas urbanas, donde pondríamos publicaciones en Facebook, tuits, contenido en YouTube y anuncios. Además recurriríamos a las vallas publicitarias en zonas seleccionadas, pues no había suficientes datos para hacer microfocalización de ningún tipo, ni tiempo suficiente para modelar, un modo científico de analizar los datos para predecir el comportamiento de los individuos, ni siquiera aunque los datos lo hubieran permitido.

Le dije al multimillonario nigeriano que, incluso con todas esas estrategias, SCL no podía garantizar la victoria para Goodluck Jonathan. Pero le dije lo mismo que Alexander le había dicho a su representante en Madrid: que, llegados a ese punto, éramos la mejor opción que tenía.

El hombre asintió. Quiso saber cuánto le costaría.

Alexander había dicho que harían falta al menos tres millones de dólares.

El hombre se opuso y me ofreció un millón ochocientos mil. También me preguntó si me importaría que llenase un avión privado de dinero en efectivo y nos lo enviase. O, si eso no resultaba apropiado, podrían forrar el interior de las paredes de un coche con el dinero en efectivo, enviarlo a un lugar secreto acordado de antemano, donde le quitarían las puertas y rajarían los neumáticos para que nadie más pudiera robarlo, añadió. Me dijo que así era como se sellaban los tratos en su país. Sorprendida y sin saber qué hacer, llamé desesperadamente a Alexander.

Cuando lo localicé, me explicó que no aceptábamos dinero en efectivo, como si le ofrecieran con frecuencia esa opción, y exigió una transferencia bancaria. No hubo ningún problema; para cuando aterricé de nuevo en Inglaterra, el 2 de enero, el dinero ya estaba en la cuenta cuyo número había proporcionado Alexander. Estaba encantado. El trato de un millón ochocientos mil dólares era el mayor logrado por SCL en tan poco tiempo. Dijo que sabía que yo continuaría mostrándole cosas asombrosas. Estaba convencido de que el acuerdo con los nigerianos no había sido producto de la suerte del principiante.

También yo estaba encantada. Di por hecho que me llevaría una generosa comisión o una parte de los beneficios, quizá incluso lo suficiente para salvar la casa de mis padres de los bancos y que pudieran vivir con comodidad durante un tiempo. Llamé a mi hermana para darle la buena noticia.

Pero Alexander tenía otros planes. No habíamos hablado sobre ninguna comisión para mí, y el príncipe Idris también esperaba una, dado que él había hecho las presentaciones. Además, era Alexander quien había decidido que el equipo trabajara sobre el terreno y había establecido el presupuesto, que iba a ser caro.

Me quedé hecha polvo. Había llegado a un acuerdo importantísimo para la empresa y la única compensación que recibiría era mi sueldo normal. No me parecía justo.

Llamé a Chester para desahogarme.

No sé exactamente en qué punto de nuestra amistad me había dado cuenta de que Chester era mucho más privilegiado de lo que yo podría imaginar llegar a ser. Sabía que había ido a un internado en Suiza. Sabía que había viajado por todas partes; pero entonces supe que, parte del tiempo, había viajado en avión privado. No tenía acceso a los fondos de su familia, así que tuvo que trabajar para ganar su propio dinero y vivir con ello, pero, como la familia de la que provenía era un colchón con el que poder contar si algo salía mal, era evidente que pertenecía a otra clase distinta.

Aun así, de vez en cuando, decía o hacía algo que me recordaba el estrato del que formaba parte, las experiencias que había tenido, y de pronto me daba cuenta de lo diferentes que éramos. Sentado al otro lado de la línea, escuchándome mientras me lamentaba, coincidió conmigo en que lo que había hecho para SCL era algo admirable, en que me merecía algo mejor que eso. Y fue entonces cuando me dijo que tenía una idea para hacer más contactos aún y, posiblemente, fomentar negocios adicionales para mí que tendrían como resultado una comisión real por parte de SCL: juntos podríamos ir a Davos para asistir a la conferencia anual del Foro Económico Mundial, programada para finales de enero, en muy pocas semanas.

Solo el hecho de que sugiriera que acudiéramos a Davos fue una de esas cosas que me hizo darme cuenta de forma más profunda de la cantidad de contactos interesantes que poseía. Sabía que había asistido antes a la conferencia, pero no tenía ni idea de lo que eso significaba. Sin duda había leído sobre «Davos». Desde 1971, aquel pueblo turístico de montaña de los Alpes suizos había albergado la conferencia internacional mundialmente conocida del Foro Económico Mundial (WEF, por sus siglas en inglés), una organización sin ánimo de lucro cuyos miembros eran los multimillonarios del mundo y los ejecutivos de las empresas más valiosas de todo el planeta. Junto a los ultra ricos, asistían anualmente a la conferencia intelectuales, periodistas y jefes de estado de las setenta naciones con el PIB más elevado. Acudían para «dar forma a las agendas globales, regionales y de industria»[1], en sesiones centradas en todo tipo de temas, desde la inteligencia artificial hasta la resolución de crisis económicas. Los asistentes a Davos aquel año incluirían a Angela Merkel en representación de Alemania; el primer ministro chino, Li Keqiang; el secretario de Estado estadounidense John Kerry; y líderes empresariales de algunas de las doscientas empresas con mayores fortunas del mundo.[2]

Pese a sus buenas intenciones, en los últimos años Davos se había hecho famoso por su decadencia; las fiestas, las travesuras, los pretenciosos y las estrellas de cine que habían empezado a invadirlo. En 2011 en Davos, Anthony Scaramucci, que después pasaría a ser el portavoz de Donald Trump durante el periodo de tiempo más breve de la historia, celebró una cata de vinos que acabó en un «caos etílico», como escribió un reportero. Se rumoreaba que se organizaban orgías, pero Chester dijo que eso era ridículo, pues nadie se arriesgaría a dañar su reputación de ese modo en la escena internacional.[3]

Me aseguró que no. Davos era, en general, un lugar donde la gente hacía en una semana los negocios de un año entero, y era importante pasar lo más desapercibido posible.

¿Cómo no iba a ir?, preguntó Chester. Aunque en realidad no era una pregunta.

Pero «estate preparada», me dijo. «Esas personas son buitres. No dejes que se aprovechen de ti. No bebas demasiado y no hables con gente con la que no sea necesario hablar».

¿Su último consejo? Me advirtió que no serviría de nada ponerme tacones. Davos estaba en lo alto de las montañas y las calles del pueblo eran empinadas. Chester dijo que los suizos eran tan puntillosos con sus suelos de madera que se negaban a echar sal en las aceras y, en enero, el terreno estaba tan resbaladizo que se había convertido en un pasatiempo para los residentes y los asistentes al foro ver a los transeúntes, desde presidentes hasta primeros ministros, caerse de culo.

Nadie deseaba eso, me dijo Chester. Sería mejor ir preparada.

Alexander había escogido a su equipo para Nigeria en los primeros días de enero. Incluía a Pere, Harris y James Greeley, el comodín de SCL. Alexander había pensado en enviarme a mí, pero, como había desempeñado tan bien mi trabajo al cerrar el contrato, consideró que sería mejor que me quedara y buscara otros proyectos. Tienes mano para las ventas, solía decir, haciéndome la pelota para que me olvidara de mi interés por trabajar en la campaña desde el propio país.

Pero, ¿mano para las ventas? A mí no me parecía, aunque sí era cierto que poco a poco empezaba a entender el funcionamiento.

—Quédate conmigo —me dijo—. Aquí tienes futuro. Puede incluso que algún día te conviertas en directora ejecutiva.

Al principio pensé que estaba bromeando, pero me lo dijo tantas veces que empecé a creer que de verdad veía esa clase de potencial en mí.

Codirigiendo el equipo de Nigeria estaban Ceris y un hombre al que no había visto antes. Alexander me dijo que se llamaba Sam Patten. Consejero sénior de SCL Group, era uno de los consultores más experimentados de nuestro listado global a la hora de hacer campañas en países extranjeros. Sam había trabajado en las elecciones parlamentarias de Irak en 2014, y en 2012 había desempeñado un papel fundamental en la elección del gobierno de oposición en la antigua república soviética de Georgia. También había sido consejero sénior del presidente George W. Bush.[4] Por desgracia, aunque en 2015 no podíamos saberlo, Sam Patten se convertiría en un personaje infame en la investigación de Robert Mueller sobre la injerencia rusa en las elecciones presidenciales de los Estados Unidos en 2016. Su socio empresarial, un ucraniano llamado Konstantin Kilimnik, sería una persona de interés para Mueller con respecto a los contactos de Donald Trump con los rusos, y sería acusado de espiar en los Estados Unidos de parte de los servicios de inteligencia rusa.

Sin embargo, cuando lo conocí, Sam me pareció un profesional consumado, serio y de confianza, la clase de persona que te miraba a los ojos y te decía las cosas tal como eran. Llegó a la oficina de Mayfair el 3 de enero de 2015, vestido con traje, pero con un polo y un maletín gastado para el portátil que dejaba claro que era estadounidense y que probablemente hubiera llevado ese maletín por el mundo durante años.

Puse a Sam al día sobre mi limitada experiencia con los nigerianos y después le cedí el control. El plan era básicamente comunicaciones de crisis: sacar todo el material que fuera posible, todo lo rápido que fuera posible para causar el mayor impacto posible. Yo había dado a la campaña el nombre de «Adelante Nigeria», y di por hecho que, en las pocas semanas que nos quedaban, libraríamos una dura batalla para apoyar a Goodluck Jonathan. Me imaginé los anuncios de radio, los vídeos y, por supuesto, los mítines; celebrados en la parte trasera de un camión que se desplegaba para formar un escenario, que según me habían dicho empleaban para los eventos de campaña organizados en Kenia por SCL.

Tan solo dos semanas después, la escena en Nigeria había cambiado de manera significativa. Nos llegó la noticia de que la Comisión Electoral estaba planeando posponer las elecciones del 14 de febrero hasta finales de marzo. Los insurgentes de Boko Haram, en el norte, estaban alterados y amenazaban con imposibilitar la votación. Era difícil distribuir tarjetas de identificación entre los votantes y los lectores de tarjetas biométricas no funcionaban, según informó la Comisión. Las nuevas elecciones estaban convocadas para el 29 de marzo. Aunque eso debería haber sido una buena noticia, pues significaba que el equipo tendría más tiempo para lograr sus objetivos, el retraso, junto con otros factores, llevaría a una situación con los nigerianos que sería más complicada aún.

Hubo una protesta internacional contra el aplazamiento, incluyendo al secretario de Estado John Kerry, que insistió en que las elecciones se celebraran cuando estaba previsto, y advirtió al Gobierno nigeriano contra el uso de las «preocupaciones por la seguridad como pretexto para impedir el proceso democrático».[5]

El Congreso de Todos los Progresistas (APC, por sus siglas en inglés), partido del rival Buhari, dijo que aquel gesto era «altamente provocador» y un «importante revés para la democracia».[6] Y el secretario general de la ONU, Ban Ki-moon, «instó a los agentes a tomar todas las medidas necesarias para permitir votar a los nigerianos "a tiempo"».[7]

El proyecto y el contrato solo eran válidos hasta el 14 de febrero, día en el que estaban fijadas las elecciones originalmente. Nuestro equipo había esperado poder salir de Abuja el día antes, para evitar cualquier problema. Por lo tanto nos pusimos en contacto con los clientes para hacerles saber que, si querían prolongar el contrato y que el equipo de SCL se quedara más tiempo, tendrían que proporcionar más fondos, probablemente tanto o más de lo que ya habían dado. El equipo parecía encantado de quedarse más tiempo, según los comentarios que yo oía por la oficina; de día trabajaban en la «sala de guerra» del Hilton de Abuja, de noche bebían con el equipo de David Axelrod, consultor de la oposición, y nunca nos llegaron quejas a las oficinas centrales.

Personalmente, estaba emocionada con la idea. Si sellaba otro trato con los nigerianos, tendría la oportunidad de ganar esa comisión que había esperado lograr en un primer momento. Pero los nigerianos mostraron dudas sobre la prolongación del contrato. No habían visto aún suficientes progresos para garantizarlo. Quizá nuestro equipo estuviera trabajando incansablemente sobre el terreno, pero ¿dónde estaban los resultados?

No sabía cómo responderles. Tenía suficiente experiencia electoral como para saber que se necesita tiempo para ver resultados y, en el caso de la campaña nigeriana, las pruebas se verían en los propios resultados de las elecciones. Pero los nigerianos dijeron que necesitaban ver lo que había hecho realmente el equipo. ¿Dónde estaban las vallas publicitarias? ¿Dónde estaban los anuncios radiofónicos? ¿Dónde había ido a parar su dinero? Yo sabía que hacían falta al menos dos semanas para organizarlo todo y poner en marcha la maquinaria, pero también sabía que debían de estar en curso.

Para tranquilizar a los nigerianos, Alexander pidió a Ceris que escribiera un informe que detallara todo lo que se había hecho en el proyecto hasta la fecha. En cuanto a mí, llamé a Chester para pedirle consejo sobre lo que podía hacer.

Su idea: invitemos a los nigerianos a Davos; y también a Alexander, para que pueda verlos y tranquilizarlos. Pregunté si podía invitar a mi amigo John Jones, el abogado de derechos humanos. Le dije que sería perfecto, porque su experiencia podría ayudar a los nigerianos a emplear Davos como plataforma para manifestarse contra Buhari y lograr la protesta internacional que buscaban.

Me parecía algo brillante.

Pero siempre hay alguna traba.

Una de las cosas que Chester tenía en su lista de cosas para hacer en Davos era dar una fiesta una de las noches; y no una fiesta cualquiera, sino una muy extraña. Sería para un consorcio de multimillonarios que habían formado una empresa dedicada a extraer metales preciosos del espacio, de asteroides, según me explicó Chester.

¿Asteroides?

Sí, me dijo. La idea era que los multimillonarios lanzaran cohetes para que aterrizaran en los asteroides y montar minas allí.

No lo habían hecho aún, pero querían reunirse en Davos. Le habían pedido a Chester que los ayudara a organizar una fiesta como evento para poder reunirse. Chester me dijo que, si yo iba a Davos, podría ayudarlo. La empresa de minería en asteroides nos pagaría generosamente.

Suponía ganar más dinero en un día del que podría haber ganado en SCL durante aquel mes entero. No sabía nada sobre cómo dar una fiesta en Davos, pero me apunté.

Llegué una semana antes para preparar diversas reuniones del más alto nivel y, por supuesto, la fiesta, y menos mal que lo hice. Había mucho que hacer y la logística de la celebración era muy complicada en ese pueblo y en esa ajetreada época del año. Chester había alquilado un apartamento en mitad de una zona de alta seguridad, justo frente al Centro de Congresos de Davos, el lugar donde se celebrarían las sesiones más importantes del Foro Económico Mundial, y no era fácil meter y sacar cosas en esa zona. Habría servicios de *catering*, camareros, camionetas llenas de alcohol, comida, muebles y demás suministros; y era casi tan difícil acceder a la zona que rodeaba el lugar como entrar en Fort Knox.

La temperatura la noche de la fiesta era muy baja, como suele suceder en enero en Davos, pero todo estaba preparado. Instalamos calefactores en la amplia terraza de la azotea del edificio de apartamentos, donde estaba situado el bar y donde habían montado sillas y taburetes que brillaban en la oscuridad y que otorgaban al espacio un aire sobrenatural para mantener la temática del espacio exterior.

Y esparcimos sal para evitar que los invitados resbalaran.

Dentro, colgué pancartas y ayudé a colocar la comida. Dejé algunas tarjetas mías y folletos de SCL aquí y allá.

Alexander y John Jones llegaban pronto. Estaban encantados de estar allí. Ninguno de los dos había estado antes en Davos.

Me situé en la puerta y fui recibiendo a los invitados. Cada uno era más famoso que el anterior: el empresario Richard Branson, Ross Perot padre e hijo, miembros de la familia real holandesa y al menos cien personas más. Se distribuyeron por la terraza, donde observaron a los camareros hacer trucos de magia, mezclar cócteles y hacer malabares con fuego. Dentro, en mitad del salón, contemplaron la muestra que habían instalado los aspirantes a mineros espaciales: la maqueta de un asteroide sobre el que se hallaba un aparato parecido a un trípode que se suponía que debía parecer una plataforma petrolífera.

Deambulando entre los invitados, John Jones parecía feliz. Aunque era evidente que Alexander sentía que SCL era una empresa mucho menor que los demás negocios representados en la sala, le entusiasmaba tener la oportunidad de ampliar su red de contactos, y se alegró especialmente de ver a Eric Schmidt, el director ejecutivo de Google. Antes de acercarse a él, me confesó que Sophie Schmidt, la hija de Eric, había sido en parte responsable de inspirar la creación de Cambridge Analytica.

La fiesta iba como la seda hasta que vibró mi celular: los nigerianos habían llegado y estaban abajo, frente al edificio de apartamentos.

Les habíamos preparado una bienvenida literalmente ostentosa. Cuando aterrizaron en el aeropuerto de Zúrich, los estaba esperando una limusina y, de camino al pueblo, fueron acompañados por coches de policía con las sirenas y las luces encendidas, anunciando la llegada de unos visitantes de gran importancia.

Pero, cuando los nigerianos me llamaron por teléfono, no parecían muy contentos.

Tenían hambre. ¿Dónde estaba su cena?

Los había invitado a la fiesta; les dije que allí había mucha comida. Chester y yo nos habíamos gastado cientos de dólares del presupuesto en la fiesta.

Me dijeron que no, que estaban cansados. Querían comer, retirarse a sus alojamientos e irse a la cama. No les interesaba asistir a una fiesta. No habían comido en el avión —un vuelo de doce horas— y dijeron que querían pollo frito. Tendría que encontrarlo en alguna parte y llevárselo.

No me quedó más remedio que calzarme las botas, ponerme el abrigo y bajar a recibirlos a la calle gélida. Estaban frente al edificio, donde la gente aún hacía cola para entrar a la fiesta. Los cinco hombres repitieron que no podían subir a la fiesta y exigieron comida, pollo, a poder ser.

Les expliqué que no podríamos conducir a ninguna parte para conseguirlo; a la limusina no se le permitía entrar en la zona central. Caminar era la única opción, de modo que los guie por las calles bajo el frío.

No iban preparados para el clima. No llevaban ni botas ni abrigos. Vestían camisas finas y mocasines planos. Resbalamos y nos deslizamos, yendo de un restaurante cerrado a otro, y sin encontrar, por supuesto, pollo frito en un pueblo suizo de montaña, y tampoco mucho más. Por fin me topé con un restaurante que servía pasta sobre la que el cocinero accedió a servir algo de pollo a la parrilla. Con los recipientes para llevar en la mano, conduje a los nigerianos de vuelta a las calles resbaladizas, y me siguieron, congelados, sin poder apenas mantenerse erguidos. Llevé la pila de recipientes de pollo con pasta hasta sus alojamientos, donde me aseguré de que quedaran instalados cómodamente y les di las buenas noches. Tenían hambre y frío, y parecían mucho más descontentos conmigo de lo que me habría gustado.

Me ausenté de la fiesta durante casi dos horas. Al regresar, eran las dos de la mañana y la fiesta seguía en pleno auge.

A Chester no lo veía por ninguna parte. No había nadie en la puerta que recibiera a los invitados. Nadie al cargo. Los camareros se habían quedado sin alcohol. La comida se había acabado. Poco antes de que regresara, los invitados habían empezado a alborotar y una princesa borracha se había caído fuera y, aunque no se había hecho daño, estaba montando un alboroto ebrio que había hecho saltar las alarmas.

Por segunda vez aquella noche, el aire se llenó con el sonido de las sirenas y los flashes de las luces. La policía suiza iba de camino a detener la fiesta. Con ayuda del hijo del jefe de policía, logramos convencerlos para que no arrestaran a nadie, pero no para que no detuvieran la fiesta.

Cuando terminó el episodio, me quedé de pie en mitad de la sala vacía. Me moría de hambre. Al igual que los nigerianos, hacía horas que no comía.

Alexander estaba tan encantado con los resultados de Davos como lo estaba con el acuerdo al que había llegado con los nigerianos. La fiesta le había parecido divertida. Había conocido a gente a la que, de otro modo, no habría podido conocer y, por supuesto, SCL había acabado con un montón de tarjetas de algunas de las personas más adineradas e influyentes del mundo.

Lo que no sabía aún era lo desastrosa que había sido la velada para nuestra relación con los clientes nigerianos, ni lo mucho que se enfadaron al día siguiente cuando se despertaron y descubrieron que Alexander había vuelto a Londres sin molestarse en saludarlos.

Cuando supieron que se había marchado, exigieron que fuera a verlos de inmediato. No querían salir. Hacía demasiado frío.

Así que recorrí las calles resbaladizas con mis botas inapropiadas, temblorosa.

Nunca antes me había gritado un multimillonario africano. Los otros nigerianos y él no entendían por qué no se los trataba mejor. Eran VIP, dijeron, tan importantes como los demás VIP de la conferencia. ¿Por qué no se había organizado una recepción especialmente para ellos? ¿Por qué el director ejecutivo de mi empresa, a la que acababan de pagar casi dos millones de dólares, no se había quedado a saludarlos? Tampoco estaban satisfechos con el trabajo que estábamos haciendo en Nigeria. ¿Dónde estaban los anuncios radiofónicos? ¿Dónde estaban las vallas publicitarias? ¿En qué se está invirtiendo nuestro dinero?, querían saber.

No sabía cómo razonar con ellos. Nunca antes habían invertido en unas elecciones. No sabían qué podían esperar. Tal vez pensaban ver un mitin gigante montado en la parte trasera de un camión con pantallas led y megáfonos a todo volumen. No habían formado parte del plan del equipo. Medir el impacto del trabajo electoral es una tarea complicada y, al llevar en la empresa poco más de un mes, no supe explicarles en ese momento por qué las labores de SCL hasta entonces no resultaban más evidentes a simple vista. Los frutos del trabajo de SCL podrían verse el día de las elecciones, en marzo, y debían tener paciencia.

Pero no me hacían caso. No era solo que fuese joven, sino que además era mujer. Esa actitud quedaba clara y me hizo sentir muy incómoda. Incluso amenazada. Eran hombres poderosos y adinerados a los que no les importaba llenar un avión con naira, la moneda nigeriana. ¿De qué serían capaces si no quedaban satisfechos con la manera en que se había gastado ese dinero?

Cuando los puse en conferencia telefónica con Alexander, se calmaron y se mostraron más respetuosos. No gritaron, pero tampoco se quedaron aliviados. Aun así, Alexander parecía ajeno a la gravedad de la situación.

Pedí a John Jones que viniera a visitarlos. Quizá lograran encontrar una manera de trabajar juntos. Hablaron de estrategias para exponer a Buhari ante la prensa y dar a conocer sus presuntos crímenes de guerra, pero, cuando lo dejé con los nigerianos para volver a nuestro apartamento, tuve la impresión de que no habría un segundo contrato más allá del 14 de febrero. Los nigerianos no lo habían dicho con palabras, pero la manera en que me habían tratado resultaba humillante. ¿Cómo iba a volver a contactar con ellos para cerrar otro contrato? Las cosas iban por mal camino y, peor aún, mientras me ocupaba de todo aquello, no había tenido tiempo de centrarme en ningún otro posible proyecto para SCL, de modo que el viaje no tendría como resultado ningún nuevo negocio.

Como si todo aquello no fuera suficiente, esa mañana la página web Business Insider publicó un reportaje sobre la noche anterior: *Cancelada una fiesta en Davos después de que los camareros acabaron con el alcohol de la noche siguiente*, rezaba el titular.[8]

Cuando sonó el teléfono, era Alexander. Tal vez hubiese visto el artículo. Aunque mi nombre no apareciera en el texto, podía dar una mala imagen de SCL. Tal vez los nigerianos le hubieran llamado para darle su opinión.

Pero estaba contento. Parecía que no había sucedido ninguna de esas cosas.

—Brittany —me dijo—. Lo de Davos ha sido maravilloso. ¡Gracias a Chester y a ti por ser unos anfitriones excelentes! Llamo para decirte que quiero ofrecerte el puesto permanente en SCL que estabas esperando —me informó, y probablemente me guiñó un ojo a través del teléfono—. Se acabó la consultoría. Vas a ser miembro del equipo.

Añadió que recibiría un bonus: diez mil dólares más al año; un salario fijo, beneficios; una tarjeta de crédito de la empresa. Podría dedicarme a la clase de proyectos que me gustaba, siempre y cuando aportaran el mismo dinero que la campaña nigeriana. Era un listón alto, pero había sido un comienzo prometedor.

—Bienvenida a bordo —me dijo.

5

Términos y condiciones

FEBRERO – JULIO DE 2015

El empleo a jornada completa en SCL no tardó en permitirme acceso a los más altos escalafones de la empresa. En un correo electrónico con solo un puñado de personas en copia —Pere, Kieran, Sabhita, Alex Tayler y yo—, empleados a los que Nix consideraba importantes y «divertidos», según decía, nos invitaba a comer un fin de semana a su casa del centro de Londres.

Ubicada en Holland Park, era una casa señorial en la ciudad —tenía también una casa de campo—, una mansión de piedra de cuatro plantas, cuyo interior se parecía a un club privado solo para miembros o a las habitaciones que una encontraría en el palacio de Buckingham, salvo que las obras de arte que colgaban del techo al suelo no eran de los grandes maestros, sino provocativamente modernas.

Comenzamos a mediodía tomando champán añejo en la sala de recepciones y continuamos en la mesa del comedor durante horas, en las que no paró de correr el champán. Alexander y los demás contaron historias de guerra sobre el tiempo que habían pasado juntos en África. En 2012, por ejemplo, Alexander había trasladado a Kenia a un equipo de SCL y a toda su familia para poder llevar él mismo las elecciones del país en 2013. En su momento no tenía muchos empleados y había resultado difícil. La investigación se limitaba a las encuestas puerta por puerta, y los mensajes se transmitían mediante espectáculos itinerantes en uno de esos camiones escenario que ya he mencionado antes.

—Por eso lo que estamos haciendo en los Estados Unidos es tan emocionante —dijo Alexander—. Ahora llamar a las puertas no es la única manera de recopilar datos. Los datos están por todas partes. Y todas las decisiones actualmente están basadas en los datos.

Nos quedamos en su casa hasta la hora de la cena, y entonces, mareados y algo atontados, nos fuimos todos a un bar a tomar cócteles, y después a cenar a otro sitio, y luego a otro bar, donde terminamos la noche.

Fue la clase de evento memorable que resulta difícil recordar en su totalidad al día siguiente, aunque en la oficina empecé a darme cuenta de que el entusiasmo de Alexander por los Estados Unidos era algo más que una simple cháchara entre copas.

De hecho, mientras yo seguía centrada en proyectos globales, mis compañeros de SCL estaban cada vez más centrados en los Estados Unidos, y su trabajo ya no se veía limitado a la Caja del Sudor. Mantenían a diario conversaciones que yo oía sobre su cliente Ted Cruz. Nos había elegido a finales de 2014, con un contrato pequeño, pero que ahora ascendía a casi cinco millones de dólares en servicios. Kieran y los demás creativos producían montones de contenido para el senador de Texas. Se apiñaban en torno a una computadora de escritorio y elaboraban anuncios y vídeos, que a veces mostraban al resto.

Entretanto, Alexander también estaba centrado por completo en los Estados Unidos. La campaña de Cruz había accedido a firmar un contrato sin una cláusula de exclusividad, de modo que Alexander podía llevar también las campañas de otros candidatos republicanos. Poco después ya había fichado al doctor Ben Carson. Luego, comenzó a lanzar sus discursos al resto de los diecisiete contendientes republicanos. Durante un tiempo, Jeb Bush se planteó la posibilidad de contratar a la empresa; Alexander dijo que Jeb llegó incluso a viajar a Londres para reunirse con él. Sin embargo, al final no quiso saber nada de una empresa que consideraría la posibilidad de trabajar al mismo tiempo para sus competidores. Los Bush eran la clase de familia que exigía lealtad absoluta de aquellos con quienes trabajaban.

El equipo de datos de Cambridge Analytica estaba preparándose para las elecciones presidenciales estadounidenses de 2016 mediante la interpretación de los resultados de las elecciones de mitad de legislatura de 2014. En su cubículo de cristal, redactaban informes con casos prácticos de la exitosa operación del comité de acción política de John Bolton, de la campaña del senador Thom Tillis y de todas las carreras de Carolina del Norte. Para mostrar el éxito de Cambridge Analytica, elaboraron un paquete que explicaba cómo habían segmentado al público objetivo en «Republicanos de corazón», «Republicanos de confianza», «Objetivos de participación», «Persuasiones prioritarias» y «Comodines», y cómo les habían enviado mensajes diferentes sobre temas que iban desde la seguridad nacional hasta la economía y la inmigración.

Además, en el laboratorio de análisis de datos, el doctor Jack

Gillett producía visualizaciones de datos de las elecciones de mitad de legislatura: tablas, mapas y gráficos multicolor para añadir a los nuevos discursos y pases de diapositivas. Y el doctor Alexander Tayler estaba siempre al teléfono en busca de nuevos datos de comerciantes de todo los Estados Unidos.

Yo seguía centrada en proyectos de SCL en el extranjero, pero, a medida que Cambridge Analytica (CA) se preparaba para 2016, empecé a estar al tanto, si bien de manera accidental, de información confidencial, como por ejemplo los casos prácticos, los vídeos, los anuncios y las conversaciones que tenían lugar a mi alrededor. En aquella época nunca me ponían en copia en los correos de CA, pero se oían cosas y se veían imágenes en las pantallas de las computadoras cercanas.

Aquello suponía un dilema ético. El verano anterior, cuando Allida Black, fundadora del comité de acción política Ready for Hillary, vino a la ciudad, me informaron plenamente de los planes del Partido Demócrata para las elecciones. Ahora recibía un salario de una empresa que trabajaba para el Partido Republicano. No me sentía a gusto con eso y sabía que otros tampoco se sentirían a gusto.

Nadie me lo pidió, pero empecé a cortar lazos con los demócratas, aunque me daba demasiada vergüenza contar el motivo a cualquier demócrata. No quería incluir a SCL Group en mi LinkedIn ni en mi página de Facebook. No quería que ninguno de los militantes demócratas a los que conocía se preocupara porque yo pudiese utilizar en su contra la información de la que disponía. Al final dejé de responder a los correos del comité de acción política Ready for Hillary y de Democrats Abroad, y me aseguré de que, al escribir personalmente a mis amigos demócratas, nunca incluyera el nombre de SCL en ninguno de mis mensajes. Para los equipos de Clinton, debió de parecer que simplemente había desaparecido del mapa. No me resultó fácil hacerlo. Estaba tentada de leer todo lo que recibía, noticias sobre reuniones y planes. Así que, pasado un tiempo, dejé que los mensajes se acumularan en mi bandeja de entrada, sin abrir, como reliquias de mi pasado.

Tampoco quería que mis compañeros de Cambridge Analytica o los clientes republicanos de la empresa tuvieran que preocuparse por lo mismo. Al fin y al cabo, era una demócrata que trabajaba en una empresa que daba servicio exclusivamente a republicanos en los Estados Unidos. Eliminé la campaña de Obama y el Comité Nacional Demócrata de mi perfil de LinkedIn (mi currículum público) y borré cualquier otra referencia pública que hubiera hecho al Partido Demócrata o a mi implicación en él. Fue doloroso, cuanto menos. También dejé de utilizar mi cuenta de Twitter, @EqualWrights, un catálogo de años de proclamas como activista de izquierdas. Por muy doloroso que fuera cerrar esas puertas y ocultar aspectos tan importantes de mí misma, sabía que era necesario para convertirme en una consultora profesional de tecnología política. Y algún día, tal vez pudiera reabrir esas cuentas y esa parte de mí misma.

Mi cambio de identidad no solo se produjo en línea. En Londres, abrí una caja enorme que mi madre me había enviado por FedEx; como trabajaba para la aerolínea, gozaba de privilegios de envío internacional gratuito. Me había enviado trajes de su antiguo vestuario: preciosos diseños de Chanel, prendas de St. John y atuendos especiales de Bergdorf Goodman; lo que se ponía años atrás, cuando trabajaba para Enron. Me la imaginaba con esa ropa puesta cuando se marchaba al trabajo por las mañanas en

Houston. Siempre iba impecable, salía corriendo por la puerta con unos zapatos de tacón altísimo, esos trajes tan caros y el maquillaje perfecto. Ahora esos trajes los había heredado yo. Los colgué en el armario del nuevo piso que había alquilado en Mayfair.

El piso era diminuto, una sola habitación con cocina americana, un fogón eléctrico y un cuarto de baño al final del pasillo, pero había escogido el lugar estratégicamente. Estaba cerca del trabajo y, lo más importante, en el barrio adecuado y en Upper Berkeley Street. Si algún cliente me preguntaba, de esa forma tan presuntuosa que tienen los británicos, «¿Dónde te alojas actualmente?» —refiriéndose a dónde vivía y a qué clase social tenía—, podría decir sin dudar que vivía en Mayfair. Si en su imaginación me asignaban un piso enorme con vistas, mucho mejor. De hecho, mi piso era tan pequeño que casi había recorrido la mitad nada más entrar por la puerta; y, cuando me plantaba en medio, podía estirar los brazos y tocar las paredes de ambos extremos.

Sin embargo, mantuve esos detalles en secreto y cada mañana salía de mi apartamento en Mayfair con un bonito traje usado de mi madre sabiendo que nadie notaría la diferencia entre una mujer adinerada dueña de la mitad del vecindario y yo.

—Quiero que aprendas a vender —me dijo Alexander un día. Yo llevaba meses hablando con los clientes sobre la empresa, pero, al final, siempre eran Alexander o Alex Tayler los que tenían que ir a cerrar el trato, así que se refería a que quería que aprendiese a vender bien, con la misma seguridad y destreza que él.

Aunque era el director ejecutivo, Alexander seguía siendo el único vendedor real de la empresa, y su tiempo estaba cada vez más solicitado. Dijo que me necesitaba sobre el terreno. Nunca me había plantado frente a un cliente para hacer una presentación en PowerPoint. Alexander dijo que era un arte y que sería mi mentor.

Me dijo que lo más importante era aprender a venderme y que lo cautivara. Podía escoger cualquiera de los discursos que le había visto dar: el de SCL o el de Cambridge Analytica.

En su momento, dada la poca suerte que estaba teniendo a la hora de cerrar contratos para SCL tras el acuerdo con los nigerianos, se me ocurrió que tal vez tuviera que repensar las cosas. Además, cada vez me sentía más incómoda con ciertos aspectos del trabajo de SCL en África. Muchos de los hombres africanos con los que me reunía no me respetaban ni escuchaban porque era joven y era mujer. Además, tenía escrúpulos éticos, pues algunos tratos potenciales a veces carecían de transparencia o incluso rozaban la ilegalidad, o eso me parecía. Por ejemplo, nadie quería nunca que hubiera rastro de documentos, lo que significaba que, con frecuencia, no existían contratos escritos. En el caso de que los hubiera, los contratos no incluían nombres reales o los nombres de empresas reconocibles. Siempre había confusiones, ambigüedades o terceras partes dudosas. Esos acuerdos me inquietaban por razones éticas y también egoístas: cada vez que un trato no resultaba ser limpio y directo, eso disminuía mis posibilidades de defender lo que se me debía en comisiones.

Cada día descubría en SCL nuevas prácticas supuestamente comunes en política internacional. Nada era directo. Cuando estábamos en conversaciones para cerrar un trabajo electoral *freelance* con los contratistas para una empresa de defensa e inteligencia israelí, oí a los contratistas alardear de que su empresa hacía de todo, desde advertir con antelación sobre posibles ataques a las campañas de sus clientes hasta destapar material que podría resultar de utilidad para enviar mensajes de desacreditación. Al principio me pareció bastante benigno, incluso algo útil e ingenioso. La empresa de los contratistas buscaba clientes similares a los de SCL Group, algunos incluso se solapaban, y además habían trabajado casi en tantas elecciones como Alexander. Aunque SCL no tenía capacidad para realizar contraoperaciones, su trabajo seguía pareciendo propio de una guerrilla. Cuanto más descubría de la estrategia de cada empresa, más dispuestas parecían ambas a hacer lo que fuera necesario para ganar, y esa zona incierta empezaba a inquietarme. Yo misma había sugerido que SCL trabajara con esa empresa, pues di por supuesto que dos empresas que trabajaran juntas producirían un mayor impacto en los clientes, pero enseguida dejé de estar en copia, como tenía por costumbre Alexander, y nadie me mantuvo al tanto de lo que estaba sucediendo para alcanzar dichos resultados.

En un intento por demostrar mi valía y cerrar mi primer acuerdo, había presentado a la empresa israelí a los nigerianos. No sé qué pretendía sacar de todo aquello, más allá de aparentar tener más experiencia de la que en realidad tenía, pero los resultados no fueron los que imaginaba que serían. Los clientes nigerianos acabaron contratando a los agentes israelíes para trabajar al margen de SCL y, como me dijeron más tarde, pretendían infiltrarse en la campaña de Muhamadu Buhari y obtener información privilegiada. Tuvieron éxito en su misión y después le pasaron la información a SCL. El mensaje resultante logró desacreditar a Buhari e incitar miedo, algo de lo que yo no estaba al corriente en su momento, mientras Sam Patten dirigía el asunto desde el terreno. Al final, los contratistas y la propia SCL no fueron lo suficientemente efectivos para alterar el resultado de las elecciones en favor de Goodluck Jonathan. Hay que admitir que la campaña ni siquiera había durado un mes, pero aun así perdió de manera espectacular frente a Buhari; por dos millones y medio de votos. Las elecciones serían famosas porque era la primera vez que un presidente nigeriano en funciones era derrocado y también porque fue la campaña más cara en la historia del continente africano.

Pero lo que más me preocupaba en su momento, en términos éticos, era dónde había terminado el dinero de los nigerianos. Según supe gracias a Ceris, del millón ochocientos mil dólares que el multimillonario del petróleo nigeriano había pagado a SCL, durante el escaso tiempo que trabajó para él, el equipo solo se gastó ochocientos mil, lo que significaba que el margen de beneficios para SCL había sido escandaloso.

El resto del dinero que yo había aportado a la empresa, un millón de dólares, acabó siento beneficio exclusivo para Alexander Nix. Dado que el incremento de precios habitual en los proyectos era del quince o veinte por ciento, se trataba de una cifra increíblemente alta y, en mi opinión, muy lejos de los estándares de la industria. Me hizo desconfiar de la elaboración de presupuestos para clientes en zonas del mundo donde los candidatos estaban desesperados por ganar a toda costa. Aunque obtener beneficios elevados es legal, por supuesto, resultaba muy poco ético cuando Alexander había dicho a los clientes que se habían quedado sin dinero y necesitarían más para que el equipo pudiera mantenerse allí hasta la nueva fecha convocada para las elecciones. Estaba segura de que teníamos más recursos, pero aun así me daba miedo contarle a Alexander que conocía el incremento del precio, y el hecho de no haberme enfrentado a él por ese tema me atormentaba.

Francamente, incluso algunos de los contratos europeos de SCL parecían algo turbios cuando al fin presté atención a los detalles. En un contrato que SCL tenía para las elecciones municipales de Vilna, Lituania, alguien de nuestra empresa había falsificado la firma de Alexander para acelerar el cierre del acuerdo. Después descubrí que era probable que hubiéramos logrado el acuerdo incumpliendo una ley nacional que exigía que los trabajos electorales salieran a concurso público y que ya habíamos recibido la notificación de que habíamos «ganado» el concurso antes de que finalizara el plazo durante el cual las empresas públicas podrían concursar por el contrato.

Cuando Alexander descubrió que habían falsificado su firma y que el contrato no era enteramente legítimo, me pidió que despidiera a la persona responsable, aunque fuera la esposa de uno de sus amigos de Eton. Hice lo que me pidió. Después quedaría claro que, aunque parecía estar castigando a la empleada por su comportamiento, lo que más le enfadaba no eran los trapicheos del acuerdo, sino el hecho de que la empleada no hubiese cobrado el pago final de SCL por parte del partido político en cuestión. Me obligó a luchar por el dinero y me dijo que me olvidara de Sam en Nigeria: que me concentrara en nuestra próxima nómina.

Todo aquello había empezado a abrumarme y temía estar hasta el cuello al mando de los proyectos globales de SCL. Empecé a buscar proyectos sociales dentro de la empresa en los que pudiera emplear mi experiencia. Tenía mucho que dar y mucho que aprender sobre datos, y no iba a permitir que unos clientes corruptos acabaran con mi fuerza de voluntad y me disuadieran de terminar la investigación de mi doctorado.

Por otro lado, estaba descubriendo que las innovaciones más

emocionantes tenían lugar en los Estados Unidos y que había muchas oportunidades allí, la mayoría de las cuales, por suerte, no tenían nada que ver con el Partido Republicano. En Europa, África y muchas naciones del mundo, SCL veía limitada su capacidad para utilizar los datos porque las infraestructuras de datos de la mayoría de países estaban subdesarrolladas. En SCL no había podido trabajar en contratos que utilizaran nuestras herramientas más innovadoras y emocionantes y que implicaran nuestras mejores prácticas.

Recientemente Alexander había alardeado de haber estado a punto de cerrar un trato con la mayor organización benéfica de los Estados Unidos, así que me dispuse a ayudarle a cerrarlo. El trabajo suponía ayudar a la organización a identificar a nuevos donantes, algo que me interesaba enormemente, pues había pasado tantos años recaudando fondos para organizaciones benéficas que estaba deseando aprender un enfoque basado en los datos para ayudar a nuevas causas. Por el lado político, SCL estaba vendiendo iniciativas electorales a favor de la construcción de embalses y trenes de alta velocidad, proyectos de obras públicas que podrían cambiar realmente la vida de la gente. La empresa incluso había entrado en el mundo de la publicidad comercial, vendiendo de todo, desde periódicos hasta productos innovadores para la salud, un campo al que podría acceder si lo deseaba, según me dijo Alexander.

Deseaba aprender el funcionamiento de los análisis de datos, y deseaba hacerlo donde pudiéramos ver y medir nuestros logros, y donde la gente trabajara con transparencia y honestidad. Recordaba mi trabajo con hombres como Barack Obama. Había sido un hombre honrado y muy ético, al igual que la gente que lo rodeaba. Su manera de hacer campaña era ética, sin grandes donantes, y

Barack había insistido además en no hacer campaña negativa. No quiso atacar a sus rivales demócratas en las primarias ni desacreditar a los republicanos. Yo tenía nostalgia de una época en la que había experimentado unas elecciones que se regían no solo según las normas y las leyes, sino también por la ética y los principios morales.

Me parecía que mi futuro en la empresa, de tener alguno, estaría en los Estados Unidos.

Le dije a Alexander que quería aprender el discurso de Cambridge Analytica. Y, al elegir hacer eso, estaba eligiendo unirme a esa empresa, con toda la parafernalia que ello incluía.

No podría cautivar a Alexander con mi propio discurso sin reunirme primero con el doctor Alex Tayler para aprender sobre el análisis de datos que se escondía tras el éxito de Cambridge Analytica. El discurso de Tayler era mucho más técnico y tenía más que ver con el engranaje mismo del proceso de análisis, pero me mostró que la supuesta salsa secreta de Cambridge Analytica no era una única cosa secreta en particular, sino muchas cosas que distinguían a CA de sus competidores. Como solía decir Alexander Nix, la salsa secreta era más bien una receta con varios ingredientes. Los ingredientes se horneaban en una especie de «pastel», decía.

Quizá lo primero y más importante que diferenciaba a CA de cualquier otra empresa de comunicaciones fuese el tamaño de nuestra base de datos. Tayler me explicó que dicha base de datos era un prodigio sin precedentes, tanto en su amplitud como en su profundidad, que crecía día a día. Lo habíamos logrado comprando y adquiriendo la licencia de toda la información personal existente sobre cada ciudadano estadounidense. Comprábamos datos a cualquier comerciante al que pudiéramos permitirnos pagar; desde Experian hasta Axiom e Infogroup. Comprábamos datos sobre la economía de los estadounidenses, dónde compraban cosas, cuánto pagaban por ellas, dónde iban de vacaciones, qué leían.

Contrastábamos esos datos con su información política (sus hábitos electorales, que eran públicos) y después volvíamos a contrastar todo eso con sus datos de Facebook (qué temas les habían «gustado»). Solo a través de Facebook, teníamos unos quinientos setenta puntos de datos individuales sobre los usuarios, y así, al combinar todo eso obteníamos unos cinco mil puntos de datos sobre cada estadounidense de más de dieciocho años; unos doscientos cuarenta millones de personas.

Sin embargo, el rasgo especial de la base de datos, según me dijo Tayler, era que teníamos acceso a Facebook para enviar mensajes. Utilizábamos la plataforma de Facebook para dirigirnos a las mismas personas de las que habíamos recabado tantos datos.

Lo que me contó Alex me ayudó a entender dos acontecimientos que había experimentado durante el tiempo que había pasado en SCL Group, el primero nada más llegar. Un día de diciembre de 2014, uno de nuestros científicos de datos, Suraj Gosai, me había pedido que me acercara a su computadora, donde estaba sentado con uno de nuestros doctores de investigación y uno de nuestros psicólogos residentes.

Me explicó que entre los tres habían desarrollado un test de personalidad llamado la Brújula Sexual, que me pareció un nombre gracioso. En teoría su objetivo era determinar la «personalidad sexual» de una persona mediante una serie de preguntas íntimas sobre preferencias sexuales como la postura favorita en la cama. La encuesta no solo era divertida para el usuario. Según pude entender, era un medio para recopilar puntos de datos a través de las respuestas que daba la gente sobre sí misma, lo que llevaba a la determinación de su «personalidad sexual» y a una manera oculta mediante la cual SCL podía recabar datos sobre los usuarios y sobre todos sus «amigos», además de obtener puntos de datos muy útiles sobre personalidad y comportamiento.

Lo mismo sucedía con otra encuesta que había pasado por mi mesa. Se llamaba la Morsa Musical. Una pequeña caricatura de una morsa hacía al usuario una serie de preguntas aparentemente inocuas para determinar la «verdadera identidad musical» de esa persona. También recopilaba puntos de datos e información sobre la personalidad.

Y luego estaban otras actividades en línea que, como me explicó Tayler, eran una manera de acceder tanto a los quinientos setenta puntos de datos que Facebook ya poseía sobre los usuarios como a los quinientos setenta puntos de datos que poseía sobre cada uno de los amigos de Facebook de dicho usuario. Cuando una persona se apuntaba a jugar a juegos como Candy Crush en Facebook, y pinchaba «sí» en las condiciones de servicio de esa aplicación de una tercera persona, estaba eligiendo dar sus datos y los datos de todos sus amigos, gratis, a los desarrolladores de la aplicación y después, sin saberlo, a cualquiera con el que el desarrollador de la aplicación hubiera decidido compartir la información. Facebook permitía ese acceso mediante lo que se ha dado en llamar la API de los Amigos, un famoso portal de datos que incumplía las leyes de datos de todo el mundo, pues en ningún marco legal de los Estados Unidos ni de ningún otro país es legal que alguien dé su consentimiento en nombre de otros adultos en plenas facultades. Como es de imaginar, el uso de la API de los Amigos se convirtió en algo prolífico, aportando grandes ingresos a Facebook. Y permitía a más de cuarenta mil desarrolladores, incluyendo Cambridge Analytica, aprovecharse de aquel vacío legal y recabar datos sobre los ingenuos usuarios de Facebook.

Cambridge Analytica siempre estaba recopilando y actualizando sus datos, siempre al corriente de las preocupaciones de la gente en cada momento. Complementaba los paquetes de datos comprando más y más cada día sobre el público estadounidense, datos que los ciudadanos regalaban cada vez que pinchaban en el «sí» y aceptaban las *cookies* electrónicas o «aceptaban» las «condiciones del servicio» de cualquier página, no solo de Facebook o aplicaciones de terceros.

Cambridge Analytica compraba esos datos a empresas como Experian, que han seguido a la gente durante toda su vida digital, en todos sus movimientos y sus compras, recopilando todo lo que le fuera posible para, supuestamente, proporcionar capacidades crediticias, pero también para sacar beneficio con la venta de dicha información. Otros vendedores de datos, como Axiom, Magellan y Labels and Lists (también conocida como L2) hacían lo mismo. No es necesario que los usuarios elijan un proceso mediante el cual aceptan la recopilación de datos, normalmente mediante unos larguísimos términos y condiciones diseñados para que su lectura genere rechazo; de modo que, con una simple casilla, la recopilación de datos es un proceso aún más sencillo para esas empresas. Los usuarios se ven obligados a pinchar de todos modos, o no podrán acceder al juego, a la plataforma o al servicio que estén intentando activar.

Lo más sorprendente que Alexander Tayler me contó sobre los datos era el lugar del que procedían. Lamento decírtelo, pero, al comprar este libro (quizá incluso al leerlo, si has descargado la versión electrónica o el audiolibro), has producido paquetes de datos significativos sobre ti mismo que ya han sido comprados y vendidos por todo el mundo para que los anunciantes controlen tu vida digital.

Si compraste este libro en línea, tus datos de búsqueda, tu historial de transacciones y el tiempo que pasaste navegando por cada página durante la compra fueron grabados por las plataformas que usaste y las *cookies* de seguimiento que permitiste acceder a tu computadora, instalando una herramienta de rastreo para recopilar tus datos digitales.

Hablando de *cookies,* ¿alguna vez te has preguntado qué te están solicitando las páginas web cuando te piden que «aceptes las *cookies*»? Se supone que es una versión socialmente aceptable del *spyware,* y tú das tu consentimiento todos los días. Te llega en forma de una palabra bonita, pero es un truco muy elaborado utilizado sobre los ciudadanos y consumidores ingenuos.

Las *cookies* rastrean todo lo que haces en tu computadora o tu teléfono. Puedes comprobar cualquier extensión de navegación como Lightbeam de Mozilla (antes Collusion), Ghostery de Cliqz International o Privacy Badger de Electronic Frontier Foundation para ver cuántas empresas rastrean tu actividad en línea. Podrías encontrar más de cincuenta. La primera vez que utilicé Lightbeam para ver cuántas empresas me rastreaban, descubrí que, solo con haber visitado dos páginas de noticias en un minuto, había permitido que mis datos se conectaran con ciento setenta y cuatro páginas de terceras personas. Esas páginas venden datos a otros «recopiladores de *Big Data*» mayores como Rocket Fuel y Lotame, donde tus datos son la gasolina que mantiene en marcha su maquinaria publicitaria. Todo aquel que toca tus datos durante ese proceso obtiene algún beneficio.

Si estás leyendo este libro en tu Kindle de Amazon, en tu iPad, en Google Books o en tu Nook de Barnes and Noble, estás produciendo paquetes de datos precisos que van desde el tiempo que tardaste en leer cada página, hasta los puntos en los que dejaste de leer y te tomaste un descanso y qué pasajes señalaste o marcaste como favoritos. Combinada con los términos de búsqueda que empleaste para encontrar el libro en un primer momento, la información ofrece a las empresas dueñas del aparato los datos necesarios para venderte nuevos productos. Esos minoristas quieren que te involucres, y hasta el más mínimo indicio de lo que podría interesarte es suficiente para darles la delantera. Y todo eso sucede sin que hayas sido debidamente informado o hayas dado tu consentimiento, en el sentido tradicional del término «consentimiento».

Ahora bien, si compraste este libro en una tienda física, y dando por hecho que tengas un *smartphone* con el GPS activado —cuando utilizas Google Maps, eso genera datos de ubicación muy valiosos que se venden a empresas como NinthDecimal—, tu teléfono grabó todo el trayecto hasta la librería y, al llegar, registró el tiempo que pasaste allí, cuánto tiempo empleaste en mirar cada artículo, e incluso quizá qué artículos eran, antes de escoger este libro por encima de otros. Al comprar el libro, si usaste tarjeta de crédito o de débito, tu compra quedó registrada en tu historial de transacciones. Desde ahí, tu banco o la empresa de tu tarjeta vendieron esa información a recopiladores y vendedores de *Big Data*, quienes a su vez pasaron a revenderla lo antes posible.

Y bien, si estás en casa leyendo esto, tu robot aspiradora, si es que tienes uno, está grabando la ubicación del sillón o del sofá en el que estás sentado. Si tienes un «asistente» de voz Alexa, Siri o Cortana cerca de ti, registrará cuándo ríes o lloras al leer las revelaciones que esconden estas páginas. Puede incluso que tengas un pequeño frigorífico o una cafetera que registren cuánto café y cuánta leche consumes mientras lees.

Todos estos paquetes de datos se conocen como «datos de conducta», y con estos datos los recopiladores pueden elaborar una imagen de ti que resulta increíblemente precisa y de gran utilidad. Las empresas pueden entonces modificar sus productos para que se adapten a tus actividades diarias. Los políticos utilizan tus datos de conducta para mostrarte información y que su mensaje te parezca verdadero, y te llegue en el momento justo. Piensa en esos anuncios sobre educación que justo suenan en la radio en el preciso momento en que estás dejando a tus hijos en el colegio. No estás paranoico. Está todo orquestado.

Y lo que también es importante entender es que, cuando las empresas compran tus datos, el coste que les supone no es nada en comparación con lo que valen los datos cuando venden a los anunciantes el acceso a ti. Tus datos permiten a cualquiera, en cualquier parte, adquirir publicidad digital focalizada en ti para cualquier propósito —comercial, político, sincero, perverso o benévolo— en la plataforma adecuada, con el mensaje adecuado, en el momento adecuado.

Pero ¿cómo podrías resistirte? Lo haces todo de manera electrónica porque resulta conveniente. Entretanto, el precio de tu conveniencia es elevado: estás ofreciendo gratis uno de tus activos más preciados mientras que otros sacan beneficio de ello. Otros ganan millones de dólares con algo que no eres consciente de estar regalando a cada momento. Tus datos son increíblemente valiosos y CA lo sabía mejor que tú o que la mayoría de nuestros clientes.

Cuando Alexander Tayler me mostró lo que Cambridge Analytica podía hacer, descubrí que, además de comprar datos a los vendedores de *Big Data,* teníamos acceso a los datos privados de nuestros clientes, es decir, datos que ellos mismos producían y que no podían comprarse en el mercado libre. En función de nuestros acuerdos con ellos, esos datos podrían seguir siendo suyos o podrían pasar a formar parte de nuestra propiedad intelectual, lo que significa que podríamos quedarnos con sus datos privados para usarlos, venderlos o modificarlos como si fueran nuestros.

Era una oportunidad exclusivamente estadounidense. La ley de datos en países como el Reino Unido, Alemania y Francia no permite tales libertades. Por eso los Estados Unidos era un terreno tan fértil para Cambridge Analytica, y por eso Alexander había denominado el mercado de datos de los Estados Unidos un auténtico «Salvaje Oeste».

Cuando Cambridge Analytica actualizaba los datos, es decir, cuando incorporaba nuevos puntos de datos a la base de datos, llegaba a diversos acuerdos con clientes y vendedores. En función de esos acuerdos, los paquetes de datos podían costar millones de dólares o nada, pues en ocasiones Cambridge alcanzaba acuerdos de reparto de datos según los cuales compartíamos nuestros datos privados con otras empresas a cambio de los suyos. No había dinero que cambiara de manos. Un claro ejemplo de esto se halla en la empresa Infogroup, que tiene una cooperación de reparto de datos que las organizaciones sin ánimo de lucro utilizan para identificar a sus donantes. Cuando una organización no lucrativa comparte con Infogroup su lista de donantes, y cuánto dinero donaron, recibe a cambio los mismos datos sobre otros donantes, sus costumbres, sus categorías de donaciones fiscales y sus principales preferencias filantrópicas.

A partir de la inmensa base de datos que Cambridge había recopilado gracias a todas esas fuentes distintas, pasó entonces a hacer algo más que la diferenciaba de sus competidores. Empezó a mezclar la masa del «pastel» metafórico del que había hablado Alexander. Mientras que los paquetes de datos que poseíamos eran los cimientos, lo que convertía el trabajo de Cambridge en algo preciso y efectivo era lo que hacíamos con ellos, el uso que dábamos a lo que denominábamos «psicográficos».

El término «psicográficos» se creó para describir el proceso mediante el cual tomábamos las clasificaciones de personalidad internas y las aplicábamos a nuestra inmensa base de datos. Utilizando herramientas de análisis para entender la compleja personalidad de los individuos, los psicólogos determinaban entonces qué motivaba a dichos individuos para actuar. Después el equipo creativo diseñaba mensajes específicos para esos tipos de personalidad mediante un proceso llamado «microfocalización de conducta».

Con la microfocalización de conducta, un término registrado por Cambridge, podían centrarse en individuos que compartieran rasgos de personalidad y preocupaciones comunes y enviarles mensajes una y otra vez, afinando y modificando esos mensajes hasta obtener los resultados precisos que buscábamos. En el caso de las elecciones, queríamos que la gente donase dinero, que aprendiera sobre nuestro candidato y los temas implicados en la carrera electoral, que saliese a votar y que votase por nuestro candidato. Del mismo modo, y de forma alarmante, algunas campañas también pretendían «disuadir» a la gente de acudir a las urnas.

Según me explicó Tayler, Cambridge tomaba los datos del usuario de Facebook que había recopilado mediante entretenidos tests de personalidad como la Brújula Sexual o la Morsa Musical, que él había creado mediante desarrolladores de aplicaciones de terceras personas, y los contrastaba con los datos de vendedores externos tales como Experian. Entonces otorgábamos a millones de individuos puntuaciones «OCEAN», determinadas a partir de los miles de puntos de datos sobre ellos.

Las puntuaciones OCEAN surgían de la psicología conductista y social. Cambridge utilizaba las puntuaciones OCEAN para determinar la construcción de la personalidad de la gente. Examinando las personalidades y contrastando puntos de datos, CA descubrió que era posible determinar hasta qué punto un individuo era «abierto» (*open* en inglés), «concienzudo» (C), «extravertido» (E), «afable» (A), o «neurótico» (N). Cuando CA ya tenía modelos de estos diferentes tipos de personalidad, podía emparejar a un individuo en concreto con individuos cuyos datos ya figuraban en la base de datos, y agrupar en consecuencia a las personas. Así era como CA podía determinar qué individuo de entre los millones y millones de personas cuyos puntos de datos ya teníamos era O, C, E, A, N, o incluso una combinación de varios de esos rasgos.

OCEAN era lo que permitía llevar a cabo el enfoque de cinco puntos de Cambridge.

Primero, CA podía segmentar a todas las personas cuya información tenía en grupos aún más sofisticados y matizados que cualquier otra empresa de comunicación. (Sí, otras empresas también eran capaces de segmentar grupos de personas más allá de su demografía básica como el género y la raza, pero esas empresas, cuando determinaban características avanzadas tales como la afinidad a un partido o la preocupación por según qué tema, con frecuencia utilizaban encuestas en bruto para determinar cuál era la opinión general de las personas). Las puntuaciones OCEAN eran complejas y matizadas, lo que permitía a Cambridge entender a la gente de manera continua en cada categoría. Algunas personas eran predominantemente «abiertas» y «afables». Otras eran «neuróticas» y «extravertidas». Luego había otras que eran «concienzudas» y «abiertas». Había treinta y dos agrupaciones principales en total. La puntuación de la «apertura» de una persona indicaba si disfrutaba de nuevas experiencias o si confiaba más en la tradición. La puntuación de lo «concienzuda» que era una persona indicaba si prefería la planificación a la espontaneidad. La puntuación de la «extraversión» revelaba hasta qué punto a alguien le gustaba hablar con otras personas y formar parte de una comunidad. La «afabilidad» indicaba si una persona anteponía las necesidades de los otros a las suyas propias. Y la «neurosis» indicaba qué probabilidad tenía una persona de dejarse llevar por el miedo a la hora de tomar decisiones.

Dependiendo de las diversas subcategorías en las que podía separarse a la gente, CA añadía después los temas sobre los que ya habían mostrado interés (gracias a sus «Me gusta» de Facebook) y segmentaba a cada grupo con más precisión. Por ejemplo, era demasiado simplista ver a dos mujeres blancas, de treinta y cuatro años y que compraban en Macy's como si fueran la misma persona. En vez de eso, al hacer el perfil psicográfico y añadirle después los datos del estilo de vida de las mujeres y sus hábitos electorales, pasando por sus «Me gusta» en Facebook y su capacidad crediticia, los científicos de datos de CA podían empezar a ver a cada mujer de manera muy distinta a la otra. Las personas que se parecían no eran necesariamente parecidas en absoluto. Por lo tanto no se les podía enviar el mismo mensaje. Aunque esto parece evidente —se suponía que era un concepto que ya había calado en la industria publicitaria cuando apareció Cambridge Analytica—, casi ninguna consultora política sabía cómo llevarlo a cabo o si acaso era posible. Sería para ellas una revelación y un medio para alcanzar la victoria.

Segundo, CA proporcionaba a sus clientes, políticos y comerciales, un beneficio que distinguía a la empresa de las demás: la precisión de sus algoritmos predictivos. El doctor Alex Tayler, el doctor Jack Gillett y otros científicos de datos de CA estaban siempre creando nuevos algoritmos, produciendo mucho más que simples puntuaciones psicográficas. Producían puntuaciones sobre cada persona de los Estados Unidos, prediciendo en una escala del cero al cien por cien la probabilidad, por ejemplo, de que cada una de esas personas fuese a votar; la probabilidad de que perteneciesen a un partido político en concreto; o qué pasta de dientes era probable que prefirieran. CA sabía si tendrías más probabilidad de querer donar dinero a una causa al pinchar en un botón rojo o en uno azul, o qué probabilidad tenías de querer saber más sobre política medioambiental o sobre los derechos a tener armas de fuego. Tras dividir a la gente en grupos utilizando sus puntuaciones predictivas, los estrategas digitales y los científicos de datos de CA se pasaban gran parte de su tiempo probando esos «modelos», o agrupaciones de usuarios llamadas «audiencias», y refinándolas para alcanzar un mayor grado de precisión, con hasta un noventa y cinco por ciento de confianza en esas puntuaciones.

Tercero, CA tomaba entonces lo que había aprendido de esos algoritmos y utilizaba plataformas como Twitter, Facebook, Pandora (música en internet) y YouTube para averiguar dónde pasaba más tiempo interactivo la gente a la que deseaba enviar mensajes. ¿Cuál era el mejor lugar para alcanzar a una persona? Quizá fuese a través de algo tan físico y básico como el correo ordinario en papel enviado a un buzón de verdad. O podría ser en forma de anuncio televisivo, o lo que fuera que apareciera encima del motor de búsqueda de Google de esa persona. Al comprar listas de palabras clave de Google, CA era capaz de llegar a los usuarios cuando escribían esas palabras en sus buscadores. Cada vez que lo hacían, se encontraban con materiales (anuncios, artículos, etcétera) que CA había diseñado especialmente para ellos.

En el cuarto paso del proceso, otro ingrediente de «la receta del pastel», uno que situaba a CA por encima de la competencia, por encima de cualquier otra empresa de consultoría política del mundo. Encontramos maneras de llegar hasta nuestro público objetivo y de medir la eficacia de ese mensaje mediante herramientas para hablar con el cliente tales como la que CA diseñó para su propio uso. Llamada Ripon, este software de petición de voto para quienes iban de puerta en puerta o solicitaban el voto por teléfono permitía a sus usuarios acceder a tus datos mientras se acercaban a tu puerta o te llamaban por teléfono. Las herramientas de visualización de datos también les ayudaban a decidir su estrategia antes incluso de que hubieras abierto la puerta o descolgado el teléfono.

Entonces las campañas se diseñaban en base al contenido

compuesto por nuestro equipo interno. Y el quinto y último paso, la estrategia de microfocalización, permitía que los vídeos, los audios y los anuncios impresos llegaran hasta su público objetivo. Utilizando un sistema automatizado que perfeccionaba el contenido una y otra vez, podíamos entender qué era lo que hacía que los usuarios individuales se implicaran por fin con el contenido de un modo significativo. Podríamos descubrir que hacían falta veinte o treinta variaciones de un mismo anuncio enviado a la misma persona en treinta ocasiones diferentes y situado en diferentes partes de sus redes sociales para que al fin pinchara sobre él. Y sabiendo eso, nuestros creativos, que producían nuevo contenido a todas horas, sabían cómo llegar a esas mismas personas la próxima vez que CA enviara cualquier mensaje.

Los sofisticados paneles de datos que CA elaboraba en las «salas de guerra» de campaña proporcionaban a los directores de campaña mediciones en tiempo real, ofreciéndoles lecturas inmediatas sobre la aceptación de un contenido en particular y cuántas impresiones y clics lograba ese contenido por dólar gastado. Justo delante de sus ojos podían ver lo que funcionaba y lo que no, si obtenían los resultados que deseaban y cómo ajustar su estrategia para hacerlo mejor. Con esas herramientas, quienes observaban los paneles de datos podían en cualquier momento monitorizar hasta diez mil «campañas dentro de una misma campaña» que habíamos elaborado para ellos.

Lo que hacía CA estaba basado en las pruebas. Podía dar a los clientes una imagen clara de lo que había hecho, de a quién había llegado y, mediante el encuestado científico de una muestra representativa, qué porcentaje del público objetivo actuaba como resultado de esos mensajes especialmente diseñados.

Era algo revolucionario.

Cuando Alex Tayler me contó todas esas cosas, me quedé perpleja, pero también fascinada. No tenía ni idea del alcance de la recopilación de datos en los Estados Unidos y, aunque aquello me hizo pensar en las advertencias de Edward Snowden sobre la vigilancia masiva, Tayler me lo explicó todo de manera tan natural que asumí que «así era como se hacían las cosas».

Era todo muy práctico; no había nada turbio ni inquietante. Imaginé que así era como funcionaba la economía de los datos. Pronto entendí que había sido una ingenua al pensar que podría lograr mis objetivos sin una enorme base de datos. ¿No quería hacerme oír? ¿No quería ser efectiva? Sí, quería. En aquel momento, no había nada que pudiera querer más.

Por muy exitoso que hubiera sido aquel enfoque de cinco puntos, en 2015 supe que aquello estaba a punto de cambiar, cuando Facebook anunció que, a partir del 30 de abril, tras muchos años de apertura, bloquearía el acceso a los datos de sus usuarios por parte de desarrolladores de «aplicaciones de terceras personas», empresas como CA. En ese momento, según el doctor Tayler, una de las principales herramientas de recolección de datos de CA se vería en peligro. Tayler ya no podría recopilar libremente datos de Facebook mediante la API de los Amigos.

Ya no podría usar la Brújula Sexual ni la Morsa Musical.

Tenía muy poco tiempo para recopilar todos los datos que pudiera antes de que se cerrara la ventana, según me dijo el doctor Tayler.

Y CA no estaba sola. En el resto del mundo a todos les habían entrado las prisas. Facebook iba a convertirse en un jardín amurallado. Tayler me dijo que, a partir del 30 de abril, la red social permitiría que las empresas de recopilación de datos utilizaran los datos que ya habían recopilado y que se publicitara en su plataforma y usara sus análisis, pero las empresas ya no podrían recopilar nuevos datos.

Tayler me mostró listas con miles de categorías de datos de usuario que aún estaban disponibles, si no a través de Facebook directamente, entonces a través de uno de sus desarrolladores. De alguna manera, otros desarrolladores de aplicaciones estaban vendiendo datos que habían sacado de Facebook, así que, incluso aunque CA no pudiera acceder a ellos directamente, sí podría comprárselos fácilmente a otras fuentes. Con tanta facilidad, según me dijo, que no me atreví a ponerlo en duda.

Y había mucho entre lo que elegir. Había grupos de personas según sus actitudes sobre un sinfín de cosas, desde la marca de comida que preferían hasta su elección a la hora de vestirse, pasando por lo que creían o no creían sobre el cambio climático. Toda esa información estaba disponible.

Miré la lista y marqué los grupos que me resultaban más interesantes, basándome en los clientes que imaginaba que podríamos tener en el futuro. Tayler dio las mismas listas a otros empleados de CA y les pidió que eligieran grupos también.

Cuantos más, mejor, decía.

Ahora sé que eso iba en contra de las políticas de Facebook, pero una de las últimas compras de datos de Facebook realizadas por Tayler tendría lugar el 6 de mayo de 2015, una semana después de que Facebook dijera que eso ya no era posible. Me pareció extraño. ¿Cómo conseguíamos los datos si la API ya estaba cerrada?

Tras pasar mucho tiempo con el doctor Tayler, me senté a componer mi discurso para Cambridge Analytica, tomando prestados elementos de Tayler y de Alexander, usando algunas de sus diapositivas, pero también adaptándolas y creando otras nuevas para sentirme más cómoda con mi manera de vender la empresa a futuros clientes.

En la Caja del Sudor, una tarde, por fin le expuse el discurso a Alexander. Cuando terminé, me dijo que había hecho un trabajo muy bueno, pero que tenía que prestar especial atención a algunos detalles para proyectar más claridad y más confianza.

—Lo más importante es que te vendas a ti misma —me recordó. Me dijo que la venta de datos se produciría de forma natural cuando los clientes me quisieran, y me envió a dar el discurso a todos los de la oficina. De ese modo aprendí más cosas sobre la empresa y además conocí mejor a mis compañeros.

Krystyna Zawal, una directora de proyectos polaca nueva en la empresa, que aceptaba chocolatinas como moneda de cambio, me ayudó a afinar la parte de mi presentación que utilizaba casos prácticos sacados del comité de acción política de John Bolton y de las elecciones de mitad de legislatura de Carolina del Norte.

Bianca Independente, una psicóloga italiana de la empresa, me ayudó a entender mejor el amplio contexto del modelo OCEAN, explicándome que la experiencia de CA procedía de la misma organización no lucrativa de la que había salido SCL: el centro de investigaciones académicas de la Universidad de Cambridge llamado Instituto de Dinámica Conductual, o BDI, por sus siglas en inglés. Según me explicó Bianca, el BDI se había afiliado con más de sesenta instituciones académicas, y eso era lo que había proporcionado a SCL Group su experiencia académica. Ella trabajaba diligentemente para aumentar el cúmulo de conocimiento mediante experimentos.

De Harris McCloud y Sebastian Richards, un experto en información y un creativo respectivamente, aprendí nuevas formas de explicar conceptos técnicos complejos a aquellos que fuesen profanos en la materia. Y Jordan, que trabajaba en investigación, me proporcionó elementos visuales que me ayudarían a explicar mejor esos conceptos en una presentación de diapositivas. Kieran me ayudó a bosquejar las nuevas ilustraciones.

Mis compañeros me ofrecieron su experiencia, que era mucha. Me aclararon muchos aspectos y, cuando volví a reunirme con Alexander para darle mi discurso en la Caja del Sudor, me sentía preparada.

Me aseguré de ir vestida a la perfección, como si se tratara de un cliente de verdad. Me pinté los labios de rojo. Bajé las luces y empecé.

—Buenas tardes.

En la pared figuraba el logo de Cambridge Analytica, un dibujo abstracto del cerebro humano y del córtex cerebral, compuesto no de materia gris, sino de segmentos matemáticos sencillos impresos en blanco sobre fondo carmesí.

—Cambridge Analytica es la empresa más novedosa y avanzada en el espacio político dentro de los Estados Unidos —anuncié—. Estamos especializados en lo que llamamos la ciencia de la comunicación del cambio conductual. Eso significa que hemos... —proyecté otra diapositiva en la que aparecían dos piezas de puzle de igual tamaño que encajaban a la perfección— utilizado la psicología conductista, clínica y experimental y la hemos combinado con el análisis de datos de primera categoría.

Puse otra diapositiva.

—Trabajamos con algunos de los mejores científicos de datos y doctorados en este campo, así como con psicólogos que elaboran estrategias basadas en los datos. Eso significa que su estrategia de comunicación ya no será azarosa. Su comunicación estará basada en la ciencia —aseguré.

Después comenté que la publicidad informativa y genérica era inservible y que SCL Group se había alejado de la vieja manera de hacer publicidad al estilo de *Mad Men*.

Proyecté una diapositiva con un publicitario de los años sesenta bebiendo un martini.

Dije que trabajábamos de «abajo arriba» y no de «arriba abajo», y mostré una diapositiva que explicaba el funcionamiento de las encuestas y las puntuaciones OCEAN.

Expliqué que no intentábamos asignar categorías a las personas en función de su apariencia o de cualquier otra suposición preconcebida que pudiéramos tener sobre ellas, sino de acuerdo a sus motivaciones subyacentes y a sus «palancas de persuasión».

Le dije que nuestro objetivo era ser más precisos en nuestra probabilidad de participación (si una persona iría a votar o no) y también nuestra predicción del partidismo (si la gente demócrata o republicana de nuestra base de datos era fácil de persuadir). Eso nos ayudaría a focalizar a los votantes indecisos, le expliqué. Y centraríamos nuestro trabajo principalmente en esos votantes.

Fui proyectando una diapositiva tras otra, clasificando como «influenciables» a los individuos categorizados por puntuaciones OCEAN y cientos de algoritmos más. Y, con aquellos que eran influenciables, le mostré cómo segmentarlos más aún y seguir probando nuestros algoritmos hasta que el modelo alcanzase una precisión del noventa y cinco por ciento, o más.

El ejemplo que Alexander me dio para explicar el proceso era una iniciativa electoral sobre los derechos de tenencia de armas.

Comencé diciendo que, si teníamos una base de datos de 3,25 millones de posibles votantes, podíamos ver que, por ejemplo, 1,5 millones de personas votarían sin duda en contra de la iniciativa; un millón votaría a favor; y 750 000 personas se considerarían votantes indecisos. Le mostré entonces cómo, tras categorizar psicográficamente a esos votantes, podíamos elegir el mensaje idóneo para convencerlos.

La más poderosa de mis diapositivas comparaba a los votantes indecisos. Un grupo de esos votantes era «Cerrado y Afable». Esas personas recibían un anuncio sobre armas que utilizaba un lenguaje y unas imágenes que reforzaban los valores de tradición y familia.

Proyecté la imagen de un hombre y un niño, a contraluz, cazando patos al atardecer. El texto decía: *De padres a hijos... desde el nacimiento de nuestra nación*. Enfatizaba que las armas a veces podían mostrarse como algo que la gente compartía con sus seres queridos. Por ejemplo, mi abuelo me enseñó a disparar cuando era niña.

Otra imagen mostraba a un público muy distinto: el votante indeciso «Extravertido y No Afable». En la diapositiva se veía a una mujer.

—La votante «Extravertida y No Afable» necesita un mensaje que hable de su habilidad para reivindicar sus derechos —expliqué—. Este tipo de votante quiere que se oiga su voz. Sobre cualquier tema —aseguré—. Sabe lo que es mejor para ella. Tiene una fuerte sensación de control y no soporta que le digan lo que tiene que hacer, y menos el Gobierno.

La mujer de la diapositiva empuñaba un arma de fuego y lucía una expresión feroz. El texto de debajo decía: *No cuestiones mi derecho a tener una pistola y yo no cuestionaré tu estupidez por no tenerla.* Aunque yo nunca había tenido pistola, una parte de mí se veía reflejada en la mujer de la diapositiva.

Ese era mi plato fuerte.

Después me dispuse a concluir el discurso. Miré a Alexander a los ojos y dije:

—Lo que Cambridge Analytica ofrece es el mensaje adecuado para el público adecuado a través de la fuente adecuada en el canal adecuado y en el momento adecuado. Y así es como se gana.

Me quedé ahí, a la espera de su respuesta.

Alexander se recostó en su silla y guardó silencio.

Lo miré y no pude evitar reflexionar sobre mi trayectoria durante el breve periodo de tiempo que llevaba allí y lo importante que resultaba su respuesta para mi futuro. Ansiaba complacerlo.

A lo largo de las últimas semanas, me había quedado trabajando hasta tarde en la oficina y conectando más profundamente con mis compañeros. Tras terminar de trabajar, muchas veces después de ponerse el sol, salíamos a cenar y a bares y nos quedábamos hasta muy tarde.

Mi vida estaba cambiando. Me había convertido en parte de un mundo nuevo, un mundo profesional que celebraba los logros con tanta intensidad que me hacía olvidar las largas horas de trabajo, y reiniciaba nuestra mente cada noche. No sé si era solo la mentalidad de «trabajar duro, jugar duro», pero Alexander nos animaba en eso; quería que fuéramos amigos.

Alexander venía de un mundo en el que su comportamiento no tenía consecuencias. Tenía alcohol en el frigorífico del despacho y, en ocasiones, si había una buena noticia que compartir, como por ejemplo un nuevo acuerdo, salía disparado de su silla como el corcho del champán y abría una botella para que pudiéramos celebrarlo todos juntos. Por las mañanas, llegábamos al trabajo con resaca y Alexander bromeaba decidiendo quién tenía peor aspecto. Él siempre parecía recuperarse mejor que los demás, aunque a veces, después de una noche de fiesta, había mañanas en las que tenía reuniones «fuera de la oficina» y no regresaba hasta la tarde. El resto no podíamos permitirnos el lujo de hacer eso, de modo que trabajábamos todo el día, salíamos de fiesta por las noches y a la mañana siguiente repetíamos el proceso.

El champán, caro y de buena cosecha, corría libremente también en los partidos de polo a los que Alexander invitaba a nuestro pequeño grupo de élite. A medida que el tiempo fue mejorando y llegó la temporada de polo, nos acostumbramos a pasar los fines de semana en el campo de polo de la reina, el Guards Polo Club, del que Alexander era miembro y donde lo veíamos jugar algún partido.

Yo no sabía bien en qué consistía el juego, pero sí sabía que llevaba toda la vida jugando y que su equipo era formidable en cuanto a habilidad y linaje. Entre sus compañeros de equipo había miembros de la aristocracia británica y jugadores de renombre venidos desde Argentina y otros países. No entendía muchos de los detalles del juego, salvo que las entradas, o cuartos, se denominaban *chukkas,* pero, en vez de aprender los distintos matices del juego, me dedicaba a disfrutar de la experiencia de hallarme en las gradas, o de deleitarme con alguna comida en la sede del club mientras veía a Alexander cabalgar a lomos de un caballo musculoso por el campo verde, golpeando una pelota con un palo. Y luego, durante los descansos, se acercaba galopando a por una copa de champán, que yo le servía y que se bebía sin bajarse del animal, como si fuera un príncipe.

Por las noches, nos íbamos a su casita de campo, que, al igual que la casa de Londres, estaba adornada con arte moderno y llena de alcohol. En mitad de todo aquello, entre tantas noches de alcohol y bailes, contando historias absurdas, sin apenas dormir y sin parar de reír, llegué a creerme que aquel era un mundo del que deseaba formar parte. Un mundo de éxito y privilegios que deseaba más de lo que había deseado nunca nada; y estaba decidida a conseguirlo.

Aquel día, en la Caja del Sudor, me pregunté si Alexander brindaría por mí y por mi presentación. ¿Abriría una botella de champán para celebrarlo?

Por fin, se inclinó hacia delante y pronunció aquellas palabras trascendentales:

—Fantástico, Brittany. Lo has logrado —me dijo—. Bravo. Al fin estás preparada para venir conmigo a los Estados Unidos.

6

Encuentros y reuniones

JUNIO DE 2015

La historia de la creación de Cambridge Analytica no implicaba a Facebook. No, fue otro gigante de internet el que dio a luz a la criatura de Alexander.

En 2013, una joven llamada Sophie Schmidt consiguió una beca con Alexander en SCL.[1] Sophie era graduada en Princeton y su padre, como ya he mencionado, resultó ser Eric Schmidt, el director ejecutivo de Google. Durante su beca, Sophie obsequió a Alexander con las novedades de la empresa de su padre. Él le pedía siempre que podía que le mostrase algunas de esas novedades, y ella accedía a los paneles de datos y le explicaba la importancia de todas las mediciones. Alexander tomaba notas en privado, absorbiendo las innovaciones que parecían encajar a la perfección con su actual modelo empresarial.

En particular, se mostró entusiasmado con los nuevos desarrollos de Google Analytics. Todo se basaba cada vez más en los datos, y Google Analytics se utilizaba ahora para recopilar y analizar los datos de los visitantes a casi la mitad de las páginas web con más rendimiento del planeta. Al instalar *cookies* de seguimiento en los aparatos de la gente de todo el mundo, Google Analytics estaba amasando datos de conducta de un inmenso número de personas por todo el planeta, lo que permitía a Google ofrecer a los clientes visualización de datos y medidas de seguimiento de la efectividad de una página web determinada. Los clientes podían ver dónde pinchaba la gente, las cosas que descargaba, lo que leía y veía, cuánto tiempo pasaba haciendo esas cosas. Literalmente podían ver los mecanismos que llamaban la atención de la gente y así lograr que los individuos se involucraran más.

Los avances de Google en análisis de datos no acababan en el rendimiento de las páginas web; la empresa tenía innovadores anuncios de seguimiento y había habilitado a Google Search para clasificar el contenido y situar los materiales de mayor rendimiento en lo alto de las búsquedas. Cuanto mejor rendimiento tuviera un contenido, más arriba aparecería en los resultados de búsqueda.

En cuanto Sophie Schmidt terminó su beca, Alexander se dispuso ávidamente a fundar una empresa que utilizara los mismos análisis predictivos e innovadores que tenía Google. Tenía mucho sentido integrar el análisis de datos avanzado y predictivo en aquello que SCL llevaba dos décadas haciendo por todo el mundo. Eso permitiría a SCL remodelar y replantear sus servicios basados en los datos.

SCL llevaba reinventándose desde el principio. En 1989, los hermanos Nigel y Alex Oakes, amigos del padre de Alexander, fundaron el centro de investigaciones sin ánimo de lucro del que el propio Nigel me había hablado: el Instituto de Dinámica Conductual. El BDI comenzó a buscar formas para poder entender el comportamiento humano y después influir en él mediante la comunicación. De esa investigación, el BDI extrajo hallazgos significativos y útiles para frenar la violencia y empezó a realizar labores de consultoría en la industria de defensa. Cuando los hermanos Oakes desarrollaron una campaña de defensa para frenar la violencia electoral en Sudáfrica en 1994, ayudaron a lograr la elección pacífica de Nelson Mandela. Como me había mostrado Alexander la primera vez que visité las oficinas de SCL, el propio Mandela había respaldado a la empresa.

La primera época dorada de la empresa comenzó tras el 11 de septiembre de 2001, cuando SCL se convirtió en un socio fundamental de los gobiernos, incluyendo el Reino Unido, en la lucha contra el terrorismo. Era una parte integral para ayudar a combatir los mensajes de Al Qaeda. Desarrolló programas de entrenamiento para los ejércitos de todo el mundo y se ganó los elogios de la OTAN. Nigel jamás habría podido imaginar que, cuando el gasto en defensa se estancara de nuevo en la segunda década del siglo XXI, existía otra manera para que SCL siguiera siendo rentable y relevante en la era digital.

En aquellos trabajos posteriores al 11 de septiembre, SCL utilizaba la psicología social y conductista desarrollada en el BDI para interpretar los datos. Por aquel entonces, no había muchos datos que comprar, el tamaño de las muestras era reducido y poco concreto y el proceso de recolección de datos era muy genérico, casi siempre en forma de grupos de sondeo, encuestas puerta por puerta y llamadas telefónicas. SCL podía cotejar cierta información que tenía sobre la gente con los censos o los datos de la ONU, pero lo más que era capaz de hacer con ello era identificar temas comunes y realizar una segmentación básica entre grupos grandes.

Lo que pretendía Alexander al crear Cambridge Analytica era llevar el poder de la predictibilidad conductual al negocio de las elecciones. Necesitaba amasar todos los datos que le fuera posible mediante una variedad de fuentes y poder «higienizarlos» con más minuciosidad que ninguna otra empresa. La «higienización» es el proceso mediante el cual los ingenieros de datos comparan los datos nuevos con los antiguos y solucionan errores. En Cambridge Analytica, lo que solía hacerse en la primera etapa era algo tan rudimentario como asegurar que el nombre y el apellido de un individuo fuera correcto en ambos paquetes de datos, con cosas básicas tales como el código postal y la fecha de nacimiento. Luego existían «limpiezas» más específicas. Cuanto más limpios estuvieran los datos más precisos serían los algoritmos y, por lo tanto, mejor sería la predictibilidad. El análisis de datos podría utilizar el trabajo de SCL y hacerlo más preciso y científico.

El lugar para lanzar un negocio como ese era los Estados Unidos. Porque allí no existían regulaciones fundamentales sobre la privacidad de los datos y los individuos accedían de manera automática a que recopilaran sus datos sin mayor consentimiento más allá de estar en el país; y la compraventa de los datos tenía lugar sin que existiese apenas supervisión gubernamental. En los Estados Unidos, los datos estaban por todas partes; lo mismo sucede en la actualidad.

Mientras Alexander buscaba en los Estados Unidos clientes a los que poder vender sus nuevos productos basados en datos, empezó a centrarse con rapidez en los republicanos. Aquel giro hacia la derecha tenía poco que ver con sus convicciones personales. La orientación política de Alexander era más conservadora de centro.

Era un tory a quien le gustaba creerse por encima de algunas de las ideas antediluvianas de la extrema derecha, conservador en el terreno fiscal, aunque liberal en asuntos sociales como el matrimonio igualitario. Si el mercado estadounidense hubiera estado plagado de clientes demócratas, los habría perseguido con el mismo ahínco. El problema era que el mercado ya estaba saturado.

Tras las campañas de Obama en 2008 y 2012, habían surgido muchas empresas para cubrir las necesidades de datos de los candidatos liberales. Las cinco más importantes eran Blue State Digital, BlueLabs, NGP VAN, Civis Analytics y HaystaqDNA. BlueLabs era la creación de un compañero mío de Andover, Chris Wegrzyn, con quien había trabajado en la campaña de Obama. La estrategia de redes sociales del equipo de Obama había dado pie a una nueva era de gurús digitales que competían por el trabajo de comunicación para clientes políticos.

Tras trabajar como jefe de estrategia digital de Obama en las campañas de 2008 y 2012, Joe Rospars fundó Blue State Digital. Rospars y su equipo de Blue State se describían como pioneros que entendían que «la gente no solo vota el día de las elecciones; votan cada día con sus billeteras, con su tiempo, con sus clics, sus publicaciones y sus tuits».[2] Otros miembros con más experiencia en el equipo de análisis de Obama for America fundaron BlueLabs en 2013.[3] Daniel Porter había sido director de diseño estadístico en la campaña de 2012, «la primera en la historia de la política presidencial en utilizar modelos de persuasión» para identificar a los votantes indecisos.

Eric, el padre de Sophie Schmidt, fundó Civis en 2013, el mismo año en el que Sophie fue becaria en CA. El objetivo de Civis era «democratizar la ciencia de los datos para que las organizaciones puedan dejar de hacer suposiciones y tomar decisiones basadas en números y hechos científicos». Curiosamente, uno de los pilares de su declaración de intenciones era «Nada de gilip***as».[4]

Con el panorama de las redes sociales abarrotado ya en la izquierda, los clientes potenciales de Alexander tendrían que ser de la derecha; era la única oportunidad de llevar la ciencia de los datos a la política. Fue una decisión empresarial, simple y llanamente.

Para obtener ideas y dinero para invertir, Alexander recurrió a los conservadores más importantes de los Estados Unidos, muchos de los cuales estaban conectados. En su primer viaje a los Estados Unidos, visitó a la figura mediática conservadora Steve Bannon. Cuando me subí a bordo de SCL Group, e incluso después de conocer a Bannon, no tenía ni idea de quién era. Poco sabía entonces, pero era un ávido productor de medios conservadores: audiovisuales, impresos y en internet. Breitbart News, la empresa que Bannon comenzó a dirigir tras la muerte de su fundador, Andrew Breitbart, pronto se convertiría en la cuarta agencia de medios más popular del país. Y la empresa de Steve Glittering Steel producía todo tipo de contenidos, desde películas antiClinton de larga duración hasta anuncios digitales para los comités de acción política.

Lo más importante es que Alexander también se puso en contacto con Robert Mercer y su hija Rebekah.

Al parecer, Steve Bannon dijo en una ocasión que Bob y Bekah, quien se encargaba del desembolso de fondos del amplio imperio de Bob, eran «personas realmente increíbles... Nunca piden nada». Según Steve, los Mercer eran gente con «valores de clase media» que lograron su «gran riqueza a una edad muy tardía». Para cuando Alexander contactó con los Mercer, eran multimillonarios y donaban dinero a causas conservadoras.

Es cierto que Bob Mercer había empezado de forma muy humilde. Había sido científico de datos para IBM y sus primeros trabajos estuvieron centrados sobre todo en la inteligencia artificial. Elaboró los primeros algoritmos que permitieron a las computadoras entender el habla humana, y fue autor y coautor de muchos de los primeros trabajos de IBM sobre «Watson», su famoso sistema de computación.

Bob dejó IBM y se convirtió después en la primera persona en utilizar el modelo predictivo en el mercado de valores, lo que dio pie a su condición de barón de los fondos de cobertura. Su fondo, Renaissance Technologies, con base en Long Island, era y sigue siendo el fondo de cobertura con más éxito del mundo, con unos activos de más de vienticinco mil millones de dólares.[5] Bekah, una de las tres hijas de Bob con su esposa, Susan, era la más activa políticamente y llevaba el control de las estrategias de donativos conservadores de la familia.

¿Qué más podría desear una familia de donantes conservadores más allá de un barón de los medios de comunicación que produjese mensajes y una empresa dedicada a la ciencia de los datos que orientase dichos mensajes hacia su público objetivo? Steve Bannon se convertiría, en muchos aspectos, en el Obi-Wan Kenobi de los Mercer.

Steve, Bob, Bekah y Alexander tenían que conocerse, y fue gracias al político republicano de Wisconsin Mark Block. En 2013, Block iba en un avión cuando conoció por casualidad a un experto en ciberterrorismo de las Fuerzas Aéreas de los Estados Unidos que cantó las alabanzas de SCL. Block buscó entonces a Alexander. Estaba al corriente del análisis de datos empleado en la campaña de Obama, pero, tras conocer a Alexander, se dio cuenta de que la visión de Nix iba «años luz por delante» de la que tenían los demócratas.[6]

Block convenció a todos para que se subieran a bordo... literalmente. Como le describió en una ocasión a un periodista el encuentro entre Nix, Bannon y los Mercer, Alexander y él habían llegado a un «cochambroso bar de deportes» junto al río Hudson, donde les habían dicho que se reunirían con los Mercer. Block y Alexander no entendían por qué el multimillonario y su hija habrían elegido un lugar así para el encuentro. «Pero ¿qué coj*nes?», recordaba haber dicho Block. Después de que Bekah Mercer escribiera un mensaje diciendo que su padre llegaría enseguida, apareció «en el muelle de detrás del bar» el Sea Owl, el «yate de doscientos tres pies de eslora de la familia Mercer, valorado en setenta y cinco millones de dólares». Steve Bannon ya se encontraba a bordo con Bob y con Bekah.[7] Block y Alexander se subieron también, y el resto ya es historia.

No fue ninguna casualidad que Bob Mercer invirtiera en una empresa dedicada a la nueva ciencia de los datos. Una de sus frases favoritas era «No hay datos como los datos nuevos».[8] Y su inclinación a la derecha política era evidente: sus creencias políticas eran superconservadoras y libertarias. Las ideas extremas de Mercer, de ser ciertas, han generado mucha prensa. Se ha dicho que cree, entre otras cosas, que la aprobación de la Ley de Derechos Civiles de 1964 fue un terrible error, cosa que yo no sabía en su momento.

Alexander nunca me habló directamente de la cantidad de dinero que Bob Mercer invirtió en Cambridge Analytica, pero sí dijo que, nada más terminar su discurso —un discurso que incluía desde cómo utilizar los datos para focalizar a la gente hasta cómo saber si alguien era un verdadero defensor y, de no ser así, cómo lograr que lo fuera—, Bob Mercer se subió a bordo. La generosidad de los Mercer con las causas conservadoras es de sobra conocida, pero Bob vio en Alexander la unión perfecta entre su amor por la ciencia de los datos y sus motivaciones políticas. Alexander decía que la reacción de Bob había sido algo así como: «¿Cuánto dinero quieres y dónde te lo envío?».

A partir de ahí, Steve, Bekah y Bob formaron un triunvirato que constituía la junta directiva de la nueva empresa conocida como Cambridge Analytica, con Alexander Nix a la cabeza. Alexander ya había contratado por entonces a algunos científicos de datos, pero siguió contratando a más y empezó a ordenar a algunos empleados de SCL Group que dividieran su tiempo entre el trabajo internacional y la construcción del negocio estadounidense. Los científicos de datos empezaron a comprar tantos datos como podían y, en cuestión de meses, Cambridge Analytica ya había despegado.

Conocí a Bekah Mercer en junio de 2015, cuando Alexander me llevó a los Estados Unidos por primera vez. Lo había dejado «asombrado» en Londres y aquello era muy especial para mí. Aunque había viajado a los Estados Unidos muchas veces durante la universidad y el posgrado, la realidad era que llevaba diez años viviendo en el extranjero, casi todos ellos como estudiante, y no había podido permitirme volar a casa con mucha frecuencia. A veces me pasaba dos años seguidos sin poner un pie en suelo estadounidense.

Estar allí me hacía sentir bien. Odiaba admitir que, por mucho que me hubiese visto a mí misma viviendo en Inglaterra para siempre, el Reino Unido había empezado a resultarme aburrido a la hora de hacer negocios, y no solo negocios con SCL. Los británicos son educados hasta el exceso, lo que significaba que nunca sabías si realmente les caías bien o si tenían intención real de hacer negocios contigo.

Lo que me encantaba de los Estados Unidos, y de la ciudad de Nueva York en particular, que era donde Alexander y yo fuimos a reunirnos con Bekah, era que, igual que en Londres, todos allí estaban tan metidos en sus importantes vidas que no tenían tiempo de pararse y hablar. Esa clase de egocentrismo podría haber molestado a otras personas, pero para mí, Nueva York y Londres compartían esa sensación de urgencia que tanto me gustaba.

Antes de aquello apenas había pasado tiempo en Nueva York —solo algunos fines de semana sueltos cuando iba al instituto y mis amigos y yo tomábamos el tren para ir a la ciudad—, pero ahora recordaba cómo funcionaba la ciudad: la gente corría, absorta en sus propios asuntos, sin mirar a los ojos a los desconocidos que iban en el autobús o en el tren.

Al mismo tiempo, a la hora de hacer negocios, los estadounidenses en general eran muy directos. Si no le caías bien a alguien o no tenía dinero para trabajar contigo, no tardabas en averiguarlo. Y siempre sabías si te estaban mintiendo. Al menos, eso era lo que pensaba entonces.

Y al menos así me pareció con Bekah Mercer. Con ella, lo que veías era lo que había. No tenía mucho tiempo para dedicarnos aquel 15 de junio, cuando entramos en su despacho, pero se mostró directa y amable, agradable y alegre. Nos miró a los ojos. Vestida con un bonito traje formal y zapatos de tacón, parecía alta y en forma, con la melena pelirroja, la piel clara y una frente regia. Llevaba gafas oscuras decoradas con piedras brillantes. Tenía unas manos delicadas, pero su apretón fue fuerte y decidido, apropiado para una mujer poderosa e influyente como ella.

Yo no sabía todas esas cosas sobre ella en aquel momento, salvo que era poderosa. Había oído su voz en conferencias telefónicas; era firme y sus declaraciones sonaban directas. Pronto descubriría que tenía una doble licenciatura en Biología y Matemáticas, además de un máster en investigación operativa e ingeniería de sistemas económicos. Había trabajado como agente para una empresa financiera de Nueva York.[9] Se decía que era el «animal político» más feroz de la familia Mercer.[10]

Bekah sabía lo que quería y ahora yo formaba parte del equipo que se lo daría. En cuanto a Alexander, llamaba a Bekah su «esposa del trabajo», un título sobre el que no dio apenas explicación, salvo para decir que tenía más en común con Bekah que con su propia esposa, Olympia. Entre las colecciones de arte y los partidos de polo, Alexander parecía pasar con Bekah y con su familia mucho tiempo más allá de Cambridge Analytica. De hecho, cuanto más descubría, más me parecía que estaba más unido a los Mercer que a su propia familia.

Cuando conocí a Bekah, acababa de enterarme de que era ella la que había puesto en contacto a Alexander y Cambridge Analytica con la campaña de Cruz en 2014. La historia cuenta que, después de que el senador Cruz conociera a Alexander y a Steve Bannon en D. C. en el otoño de 2014, poco antes de que yo empezara a trabajar en SCL, los Mercer invirtieron once millones de dólares en apoyar al senador Cruz.

Por aquel entonces, Cambridge tenía montones de carreras electorales más pequeñas. Alexander había imaginado que, para su primera vez en los Estados Unidos, podría conseguir, como mucho, una carrera senatorial, o gubernamental si tenía mucha suerte. Pero eso no era suficiente para los Mercer.

Como se dijo en la prensa, la visión de Bekah y Bob era encontrar a un candidato presidencial que desafiara a los demócratas en 2016, alguien que tuviera un perfil de alborotador y que llegara a Washington para cambiar su funcionamiento. Bob y Bekah serían conocidos como los «multimillonarios que lo volaban todo por los aires».[11] Se decía que se sentían atraídos por las ideas y el discurso del futuro de Washington ofrecido por un agente político llamado Pat Caddell. Caddell opinaba que lo que necesitaba la política estadounidense era una figura como el señor Smith, el personaje de James Stewart en la película de 1947 *El señor Smith va a Washington*. Caddell quería «identificar una nueva clase de liderazgo para la política, los negocios y la vida estadounidense», y se propuso encontrar esa figura; inicialmente, llamó a su misión «Buscando a Smith desesperadamente».

Bob y Bekah se sentían atraídos por la idea y también buscaban a un hombre corriente, alguien «que fuera a Washington, acabara con la corrupción y se guiara por sus principios».[12]

Que los Mercer eligieran al senador Ted Cruz resultó interesante. Cruz tenía muy mala fama en las urnas, apenas reconocían su nombre y aquellos que lo conocían parecían despreciarlo. El senador Lindsey Graham dijo una vez que, si alguien disparase a Ted Cruz en mitad del Senado, nadie se molestaría en pedir una ambulancia. Bekah y Bob eran conscientes de las desventajas de Cruz, pero les gustaba mucho aquello que representaba y contaban con Cambridge Analytica para que lo impulsara hasta la Casa Blanca.

Poco a poco, los esfuerzos de Cambridge fueron dando sus

frutos. En las pruebas iniciales, Alexander alardeaba de haber conseguido un aumento de más del treinta por ciento en la eficacia de los mensajes de campaña de Cruz. Cada vez más gente reconocía al candidato y, al final, muchas de esas personas empezaron a cambiar de opinión. Hacían clic, se unían a la campaña y donaban dinero en masa. La viabilidad de Cruz como el candidato republicano empezó a hacerse realidad y la gente del mundo de la política comenzó a fijarse en Cambridge Analytica.

Aunque Bekah y Bob estaban detrás de CA, a ambos les gustaba pasar desapercibidos. Había quienes los tachaban de antisemitas, antiinmigrantes promotores de discursos de odio y tribalismo. Otros decían de Bekah que era «muy lista para la política sin haber sido nunca una obrera». Algunos la veían como un genio malvado, imagen que ella aborrecía.[13] En una página de opinión del *Wall Street Journal* en 2018, Bekah escribió que su «*reticencia natural a hablar con los reporteros me ha hecho vulnerable a las fantasías sensacionalistas de los medios de comunicación*». Se describió a sí misma como alguien comprometida con la investigación y el método científico; con el gobierno pequeño y localizado; y, entre otras cosas, con «*la lucha contra la corrupción arraigada a ambos lados de la política*».[14]

En Nueva York en junio de 2015, Alexander me presentó a Bekah en su despacho situado en la vigésimo primera planta del Newscorp Building casi al anochecer. Le dijo amablemente a Bekah que yo era la «nueva genio del equipo», que ya había tenido bastante éxito en SCL y que dirigiría el desarrollo de todos los negocios de Cambridge a partir de ese momento.

Bekah me saludó amistosamente y me dio la bienvenida al equipo.

Dijo que tenía que marcharse pronto, porque era ya el final de la jornada. (Sabía que tenía cuatro hijos). Pero esperaba que volviéramos a vernos.

Yo también lo esperaba.

Alexander tenía un motivo oculto para concertar la cita a última hora de la jornada de trabajo. Le caía bien Bekah, pero no había ido a verla a ella. Su propósito era visitar a Brandon Muir, el director ejecutivo de la organización no lucrativa financiada por Bekah. Alexander no era muy partidario del proyecto de Bekah. Llamado Reclaim New York, había sido creado supuestamente para aumentar la transparencia gubernamental en el estado de Nueva York. Lo había fundado Steve Bannon con unos tres millones de dólares del dinero de la fundación Mercer, pero Alexander creía que era una pérdida de energía para Bekah. Lo único que hacía la organización era rellenar solicitudes de la Ley de Libertad de Información para averiguar qué empresas podrían haber concursado de manera corrupta para reparar los baches de la carretera o quién había comprado libros de texto públicos por toda la ciudad, pero nunca había llegado a pagar por ellos.

Alexander deseaba la atención de Bekah y su tiempo. Quería sus contactos y su ayuda para pescar clientes que fueran peces gordos. Incluso aunque esos clientes no pudieran permitirse pagar a Cambridge, Bekah apoyaría la causa, haría una donación estratégica al cliente y Cambridge tendría mucho trabajo.

De modo que el plan de Alexander aquella tarde no era pasar tiempo con Bekah. Era atraer al director ejecutivo de Reclaim New York para que se alejara del proyecto de Bekah y que este colapsara.

En aquel momento, Brandon Muir llevaba un año en Reclaim New York. Tenía amplia experiencia en elecciones de Sudamérica, era un republicano acérrimo y hablaba muy bien el español. Podría ser una incorporación perfecta a CA si se expandía a Sudamérica, donde aún estaba por determinar la frontera de los datos.

Como yo nunca había tenido la oportunidad de dar un discurso de venta real, el plan de Alexander era que practicara mi discurso con Brandon, un empleado en potencia para CA, y me presentó no como la nueva genio de la empresa, sino como su única «demócrata sucia».

Alexander había escogido un momento histórico para nuestro viaje a los Estados Unidos. El 16 de junio de 2015, el día después de nuestra visita a las oficinas de Reclaim New York, Donald Trump bajó por unas escaleras mecánicas de la Trump Tower y anunció que se presentaba a la carrera por la presidencia de los Estados Unidos. Presentado por su hija Ivanka ante la multitud allí reunida, ocupó el escenario mientras por los altavoces situados a cada lado sonaba a todo volumen el éxito de Neil Young de 1989 «Rockin' in the Free World».

—Cuando México envía a su gente, no envía a los mejores. No los envía a ustedes. No los envía a ustedes. Envía a gente que tiene muchos problemas, y esas personas nos traen sus problemas [*sic*]. Traen drogas. Traen delitos. Son violadores. Y supongo que algunos son buenas personas —dijo.

Anunció que deseaba construir un «gran muro».

—Nadie construye muros mejor que yo, créanme, y lo construiré sin gastar mucho. Construiré un enorme muro en la frontera del sur. Y haré que México pague ese muro.

La hipotética candidatura de Trump se rumoreaba desde hacía

tiempo y era motivo de preocupación en nuestras oficinas de Londres. En marzo de 2015, Trump había formado un comité exploratorio presidencial. En mayo, había anunciado la creación de un equipo de liderazgo cuando estaba en New Hampshire, el estado que siempre alberga una de las primeras primarias presidenciales de la nación.

¿Trump podría ser un competidor importante para el senador Cruz, nuestro principal cliente? Lo dudaba.

No podía tomarme en serio a Trump. Y a muchos otros en los Estados Unidos les pasaba lo mismo. En aquella época, una encuesta había demostrado que siete de cada diez votantes de todo el país, incluyendo un cincuenta y dos por ciento de los votantes en general, sin duda no votarían por él.[15]

Estaba bastante segura de que no suponía una amenaza para los demás clientes de CA ni para mí. Jamás ganaría.

Alexander estaba de acuerdo conmigo. Por eso estábamos en D. C. el 16 de junio. Habíamos ido a ver a Steve Bannon, quien, según Alexander, podría ayudarnos a llegar hasta Trump, una gallina de los huevos de oro para propósitos comerciales, además de un experimento para la política.

Lo único que sabía sobre Steve Bannon cuando lo conocí era que se trataba del tipo que había fundado CA con Alexander y con los Mercer, y que era alguien «importante» en los medios de comunicación y en la producción cinematográfica. Alexander siempre hablaba de «Steve» con gran veneración: era un hombre poderoso e influyente, el intermediario entre CA y el dinero de los Mercer, la persona que hacía realidad las campañas. Era el «padrino de CA».

Y, aunque se consideraba un honor para mí que me lo presentaran, me daba un poco de miedo pensar siquiera en que estaba a punto de conocerlo.

La casa de Steve estaba en A Street, en el corazón de Capitol Hill, un edificio de ladrillo de dos plantas de estilo georgiano que Alexander llamaba la Embajada. Yo había oído que pertenecía a los Mercer, pero solo Steve vivía allí. Alexander tenía las llaves, así que entramos por nuestra cuenta. La casa estaba a oscuras. Nos quedamos en un umbral enmoquetado con banderas estadounidenses. Probablemente Steve estuviera en el despacho, supuso Alexander, y me condujo hasta el sótano, un espacio mal iluminado en el que un puñado de jóvenes trabajaba en silencio frente a sus computadoras.

Atravesamos unas puertas acristaladas y entramos en una amplia sala de juntas. No había nadie allí. Alexander sacó su teléfono e hizo una llamada. A los pocos minutos, Steve Bannon entró por la puerta de la sala de juntas y se dirigió directo a Alexander para saludarlo. Iba vestido de manera informal, mucho más de lo que yo había esperado, teniendo en cuenta lo arreglados que íbamos nosotros. Nos estrechó la mano antes de emplear la mano que yo acababa de estrechar para retirarse el pelo de la cara y dejar ver unas mejillas sonrojadas y unos ojos inyectados en sangre. Parecía haberse acostado tarde; no sabía entonces que Steve ya no bebía, pero por los ojos inyectados en sangre y la cara roja di por hecho que tenía resaca, lo que me hizo sentir menos nerviosa.

Alexander nos presentó, asegurándose de destapar mis inclinaciones demócratas, como había hecho con Brandon.

—Así que tenemos una espía, ¿eh? —comentó Bannon entre risas.

—Pero es una chica de Obama, no de Hillary —aclaró Alexander, y le explicó mi trabajo de campaña en 2008.

—Entonces competiste contra Hillary —dijo Steve. Sacó su teléfono y me mostró un vídeo—. Mira esto.

Era un anuncio de unos treinta o cuarenta segundos de duración en el que una actriz vestida como Hillary aparecía sentada a una mesa y, mirando por encima del hombro, intercambiaba un sobre con alguien.

—Esta es una de nuestras criaturas —me dijo en relación al vídeo. Estaba pletórico—. ¿Has leído *Clinton Cash*? —me preguntó, en referencia a un libro que después se convertiría en un documental. Me mostró cómo encontrarlo en línea—. Deberías leerlo —me aconsejó—. Estamos haciendo la película.

Estuvimos los tres sentados en la sala de juntas unos diez minutos, charlando sobre los clientes con los que Alexander quería que trabajara Cambridge en los últimos tiempos; organizaciones no lucrativas como Heritage Foundation y grupos políticos como For America. Pero, cuando surgió el tema de los candidatos republicanos a la presidencia, Alexander me pidió que me ausentara para que ambos pudieran hablar en privado. Di por hecho que iban a hablar de Trump. Alexander pensaba que Steve podría conseguirnos una reunión con el director de campaña de Trump, Corey Lewandowski.

Cerré las puertas de cristal, me acerqué a la zona de las computadoras y me presenté. Las personas de la sala me recordaban a mis compañeros de Cambridge Analytica —jóvenes, brillantes, aunque todos allí eran estadounidenses— y parecían tan entregados como los empleados de SCL a lo que fuera que estuvieran haciendo.

Se identificaron como reporteros, diseñadores digitales. Algunos llevaban las redes sociales. «Para Breitbart», dijeron.

Me quedé en blanco, pero fingí saber de qué estaban hablando. Por entonces no había oído hablar de Breitbart y, para cuando Alexander y Steve salieron de la sala de juntas, seguía sin hacerme una idea clara de lo que era, más allá de que se trataba de una especie de página web conservadora.

—Bueno —dijo Steve al grupo—, ya hemos acabado.

No estaba refiriéndose solo a Alexander y a mí.

Bannon anunció que había llegado el momento de prepararse para el evento. Aquella noche celebraría una firma de libros para Ann Coulter.

Yo no soportaba a Ann Coulter. Puede que no supiese mucho sobre Steve Bannon o no hubiese oído hablar de Breitbart, pero Ann Coulter no pasaba desapercibida: una crítica conservadora bastante cruel con una columna de opinión y bastante mala leche. Al oír su nombre sentí náuseas. En su nuevo libro, *¡Adios, America!: The Left's Plan to Turn Our Country into a Third World Hellhole* (¡Adiós, América!: El plan de la izquierda para convertir nuestro país en un cuchitril del tercer mundo), con un bonito título que ya anticipaba el comentario de Donald Trump sobre los «países de mierda», Coulter aseguraba que «los inmigrantes de hoy en día no vienen aquí para respirar en libertad, sino para vivir gratis».[16] También decía que Carlos Slim Helú, el multimillonario mexicano y dueño del *New York Times*, había comprado el periódico porque quería poder hacer «una cobertura a favor de la inmigración ilegal» en dicho periódico estadounidense.[17]

Steve quería que nos quedásemos para conocer a Ann.

—Oh —dijo Alexander vagamente—. Resulta que tenemos otra reunión importante —explicó.

Steve prometió enviarnos un par de ejemplares firmados de *¡Adios, America!*, y tuve que hacer un esfuerzo por no poner los ojos en blanco.

Nada más salir, Alexander se volvió hacia mí.

—Por favor, dime quién es Ann Coulter.

Me quedé perpleja.

—¡Alexander! —susurré—. Es la peor persona del mundo.

—Ah, bien —me dijo cuando terminé de darle los detalles—. Entonces nos hemos librado de una buena. —Luego bromeó diciendo que se aseguraría de que Steve le enviara los libros firmados. Dijo que colocaría el suyo con su colección de literatura fascista, la estantería de libros que había visto junto a su mesa la primera vez que visité su despacho.

Me gustaba viajar con Alexander. Durante el tiempo que pasamos en los Estados Unidos, aprendí más cosas sobre él. Su sed de arte moderno era insaciable y, siempre que podíamos, nos pasábamos por las galerías a ver nuevas obras de arte. También era un padre entregado, o al menos todo lo que le permitía su apretada agenda. En los Estados Unidos, lo ayudé a escoger regalos para sus hijos en las tiendas de Lego y American Girl.

Alexander tenía rituales específicos que también formaban parte de su viaje. Insistía en tomar una copa siempre que llegábamos a algún sitio y decía que toda reunión de negocios por la tarde exigía una cena de negocios después. Como solía decir, le gustaba «socializar tras el acuerdo». Era la clase de empresario que defendía la idea de que el precio relativamente bajo de unas comidas y unas copas podía marcar la diferencia en una relación empresarial, y aseguraba que la inversión merecía la pena.

Cuando empezamos a pasar más tiempo juntos en los Estados Unidos, y me vio en mi nuevo papel de directora de desarrollo de la empresa, Alexander comenzó a decir que tenía futuro en la empresa, un gran futuro. Tal vez, como solía decir, incluso podría llegar a ser directora ejecutiva algún día.

—Cuando yo sea viejo y feo —decía—, tú llevarás el negocio.

Acababa de cumplir cuarenta años, aún era joven, pero para mí era un hombre muy experimentado. Y, dado que yo era la única persona de Cambridge Analytica a la que estaba formando, tal vez su profecía sobre mi futuro resultara ser cierta.

La noche de nuestra reunión con Bannon, terminamos de cenar y volvimos a mi habitación de hotel. Había conseguido hacerme con un ejemplar del libro sobre Clinton Foundation que me había recomendado Steve. El título era *Clinton Cash: The Untold Story of How and Why Foreign Governments and Businesses Helped Make Bill and Hillary Rich* (El dinero de los Clinton: La verdadera historia de cómo y por qué los gobiernos y las empresas extranjeras ayudaron a Bill y a Hillary a hacerse ricos), de Peter Schweizer, editor de Breitbart. Al igual que la película posterior, el libro había sido financiado por los Mercer.

Más adelante, Schweizer puso su voz al narrador del documental. Cuando se estrenó, en mayo de 2016, Pete presentaba Clinton Foundation al espectador de manera bastante sesgada, sugiriendo que, durante el periodo en el que Hillary fue secretaria de Estado, los Clinton se beneficiaron de manera directa de donaciones inapropiadas. En su desagradable relato, los Clinton —que, según Hillary, habían abandonado la Casa Blanca «en la ruina»— habían reconstruido su imperio financiero durante sus años como secretaria de Estado aceptando sobornos a cambio de ayuda a damnificados; discursos, sobre todo en países como Nigeria y Haití; y cambios en la política estadounidense. Esos sobornos, según aseguraba la película de Schweizer, llegaban a Clinton Foundation en forma de pagos por discursos que Clinton había dado, siempre a precios desorbitados. Era «un capitalismo de amigotes mal hecho», escribe Schweizer.

Leí el libro en su momento y después vería la película con desdén y preocupación. Era extraño sentirme así. No era como los demócratas obsesionados con Hillary de aquella época y, cuando terminó la película, no pude evitar pensar que, incluso si la mitad de lo que decía fuese cierto, entonces entendía por qué los republicanos se oponían con tanta firmeza a tener a Hillary como presidenta.

Durante la visita a Nueva York, había viajado un día a Boston para celebrar mi décima reunión del instituto en Andover.

Para mí supuso un regreso muy emotivo al lugar donde me había cargado políticamente. Empecé a estudiar allí en 2001. Mi primer día de clase fue literalmente el 11 de septiembre. Desde la habitación de mi residencia había presenciado cómo aquel evento sacudía al mundo y a todos los que me rodeaban.

Algunos de mis compañeros de clase perdieron a sus parientes en una de las torres gemelas o en uno de los aviones que se estrellaron contra el Pentágono y en un campo de Pensilvania. Mi compañera de residencia descubrió que su tío era el piloto del vuelo 11, que se había estrellado contra la Torre Norte. Aquel soleado martes de septiembre en Massachusetts, vi cómo mis compañeros intentaban localizar a sus padres o recibían noticias de los desaparecidos. Lo veía y sufría con ellos.

Aquellos acontecimientos podrían haber empujado a cualquier otra persona hacia el conservadurismo político, pero en mí tuvieron el efecto contrario.

Había nacido siendo liberal. Era mi manera natural de relacionarme con el mundo. Y, tras el 11 de septiembre, me incliné más hacia la izquierda. Vi que, tras aquellos actos terroristas, las libertades civiles estadounidenses se erosionaban. La nación se convirtió en un estado de vigilancia. El 26 de octubre de 2001, se aprobó la Ley Patriótica sin grandes protestas, dando al Gobierno el derecho a recopilar datos sobre los ciudadanos sin que estos dieran su consentimiento. (Irónicamente, claro, sería la extensión de los poderes del Gobierno en 2001 la que llevaría a la batalla campal por el *Big Data* a finales de esa misma década).

La invasión de la intimidad de las personas me inquietaba, al igual que la militarización del país. Fue entonces cuando empecé a implicarme en la política nacional. La primavera siguiente, cuando una de las chicas más listas de mi curso invitó a los estudiantes a asistir a un mitin de Howard Dean en New Hampshire, me apunté de inmediato y me subí al autobús. Tenía solo quince años, pero sabía que Dean era un candidato ferozmente progresista y, tras regresar a Andover después del mitin, comencé a trabajar para él a distancia, como voluntaria, escribiendo correos a los votantes indecisos desde la computadora de mi habitación en la residencia.

En mi segundo curso, recibí una invitación oficial para participar en el programa de liderazgo para jóvenes Lead America. Así fue como conocí a un joven Barack Obama. Se encontraba en Boston para la Convención Nacional Demócrata de 2004 y estaba dando un discurso en un mitin medioambiental en el puerto. Tras escuchar sus palabras ante una multitud de tan solo treinta personas, esperé a que se bajara del escenario.

Era alto, guapo y, aunque superaba los treinta, parecía diez años más joven. Transmitía tanta amabilidad y esperanza que solo con estar cerca de él sentía que todo saldría bien. Me presenté como otra ciudadana de Chicago y le hablé de mi voluntariado con Dean.

—Pues yo me presento al Senado de los Estados Unidos —me dijo Obama—. Quizá quieras trabajar como voluntaria en mi campaña.

Por supuesto, le dije que sí. Trabajé como voluntaria para él cuando se presentó al Senado, y después dejé la universidad para hacer prácticas con él cuando se presentó al más alto cargo del país. Había sido tan devota de Obama y de sus causas que pedí permiso para ausentarme de la universidad y dediqué días y noches a la causa de verlo convertido en presidente. Estaba tan entusiasmada con él que incluso pedí a mi madre que horneara galletas con su cara para mis compañeros de campaña.

Yo era esa chica en Andover. Así era antes de trabajar para Cambridge Analytica.

Antes de la reunión del instituto, pensé en lo que mis antiguos compañeros podían saber de mí. No había puesto a SCL Group en mi página de LinkedIn ni en Facebook. Las últimas noticias que podrían haber visto sobre mí en las redes sociales serían mis reuniones con dignatarios en Londres o fotos mías liderando una misión comercial en Libia.

En la reunión, al principio no les dije a mis compañeros a qué me dedicaba. Dejé que dieran por hecho que seguía trabajando en el ámbito humanitario o en la diplomacia.

—Lo que has estado haciendo desde la graduación debe de ser de lo más interesante —murmuraban algunos.

Tal vez fuera así, pero últimamente mi vida se había vuelto interesante por motivos inesperados. Llevaba una vida diametralmente opuesta a la que llevaba hasta hacía poco tiempo. Tan solo un año antes, era una activista progresista que llevaba a cabo investigaciones sobre derechos humanos en la India. Y ahora, de pronto, era directora de desarrollo empresarial en una compañía que había trabajado mano a mano con la CIA y ahora estaba dedicada a ayudar al Partido Republicano. Con la habilidad de un actor de método, me había metido en un nuevo papel.

Solo a algunos de los presentes les susurré a qué me dedicaba realmente. Casi todos ellos eran hijos de padres adinerados con los que en otra época había discutido sobre política.

—Es asombroso. Nunca imaginé que acabarías en eso —dijeron cuando les hablé de mi trabajo en Nigeria, de las *psyops* y de las estrategias electorales que estaba diseñando SCL por todo el mundo.

Entretanto, mientras explicaba a esas pocas personas que ahora trabajaba para la filial estadounidense de SCL, Cambridge Analytica, intentaba también explicármelo a mí misma.

Nuestra segunda visita a Steve Bannon se produjo a mediados de septiembre de 2015. Quería saber qué nuevos proyectos tenía Cambridge, de modo que Alexander y yo viajamos hasta D. C. para informarle.

Esa segunda vez, ya sabía más cosas sobre él. Había leído algunos artículos extremistas publicados por Steve en Breitbart y me daba cuenta de que casi todas sus creencias eran contrarias a las mías. Ahora estaba nerviosa, mucho más que la última vez. ¿De verdad se creía todo lo que imprimía? No era posible. En persona, parecía un tipo listo y estratega. ¿Qué podía obtener realmente con aquellos artículos atemorizadores que leía en Breitbart.com?

Esta vez, cuando llegamos a la Embajada, fue Steve quien nos abrió la puerta. Llevaba unos boxer viejos y una camiseta blanca, lo cual, al vernos allí de pie, debió de pensar que no había sido una buena elección. Desapareció y volvió a reunirse con nosotros en el sótano vestido con unos vaqueros y una sudadera.

Le explicamos nuestros proyectos. Entre otras cosas, Alexander le contó que estábamos a punto de viajar a Francia para lanzarle nuestro discurso al antiguo presidente francés Nicolas Sarkozy. También planeábamos trabajar en Alemania, le contó con orgullo a Steve; para el partido de Angela Merkel, la Unión Demócrata Cristiana (CDU).

Steve tenía opiniones sobre ambos; empezó a decirnos que prefería que diéramos nuestro discurso a candidatos de la extrema derecha, como la política del Frente Nacional de Francia Marine Le Pen, pero le vibró el teléfono.

Miró la pantalla, pareció muy satisfecho consigo mismo y después giró el teléfono hacia nosotros. En la pantalla se leía *Donald Trump.*

Se acercó el teléfono a la oreja.

—¡Donald! —exclamó—. ¿En qué puedo ayudarte? —Puso el manos libres y oímos entonces la voz de un hombre por el que sentía casi tanto respeto como por gente como Ann Coulter y

Marine Le Pen; aquel tono nasal y arrogante que había oído en el surrealista *reality show* en el que el multimillonario se sentaba en un trono dorado en un castillo dorado y regañaba a sus subordinados como un rey cortándole la cabeza a los bufones y a los vagos.

—Me estoy volviendo loco con la preparación del mitin en contra del acuerdo con Irán —dijo Trump. Estaba en Nueva York y supuse que llamaría desde el castillo.

Alexander había dicho que Trump compartiría protagonismo con Ted Cruz y, a juzgar por lo que estaba diciendo Trump, le molestaba tener que hacerlo. Steve había organizado el evento mediante negociaciones encubiertas; se había diseñado para aumentar el número de fieles de Trump mientras que ensalzaba a Cruz, pero, al parecer, ninguno de los dos tenía mucha simpatía por el otro.

—Aquí estamos haciendo las maletas para ir a verlos mañana a Ted y a ti —le dijo a Bannon—. Estamos muy ocupados. Esto está creciendo mucho. Mucho. ¿Cuándo vas a enviarme a esos tipos ingleses? —preguntó a gritos.

Steve nos miró.

—De hecho estoy reunido con ellos ahora mismo —respondió—. ¡El tipo inglés y Brittany! ¿Te los envío ya? —preguntó.

No me había dado cuenta de que hubiese nada realmente inminente con Trump que afectara a CA, pero allí estaba. Alexander había concertado una reunión con Corey Lewandowski en junio de 2015, antes del fatídico día en que Trump bajó por las escaleras mecánicas de la Trump Tower para anunciar que se presentaba a las presidenciales. Los había presentado Steve Bannon, y todas las partes implicadas sabían desde hacía tiempo que se acercaba una especie de campaña. Sin importar si Donald planeaba presentarse a la presidencia o construir un imperio comercial mayor, nos esforzamos enormemente para conseguir el trabajo. En los tres meses transcurridos desde junio, habíamos estado en contacto con Corey, sin llegar a confirmar una reunión. Pero ahora el propio Donald nos pedía a través del teléfono de Steve Bannon que fuéramos a la Trump Tower a ayudarlo. ¿Cómo iba Corey a decirle que no al jefe? Corey Lewandowski podría reunirse con nosotros en la Trump Tower a primera hora de la mañana siguiente, según nos dijo Trump. «Luego, a las diez en punto, volaremos a Washington», concluyó.

Alexander me había prometido que nunca tendría que involucrarme directamente en la política republicana. Ahora me prometió que el discurso para Trump no era necesariamente político; era solo un buen contacto empresarial que podía traducirse en muchos tipos de contrato diferentes. Una gran oportunidad, me dijo. Debíamos aprovecharla.

Aquella noche, nos dirigimos hacia Union Station y nos subimos a un tren con destino Nueva York. Los paisajes nocturnos de Maryland y después Delaware pasaban a toda velocidad frente a las ventanillas del vagón y la noche avanzaba con cada kilómetro de vía que recorríamos.

Me preguntaba qué querría Alexander que hiciera a la mañana siguiente.

—Entonces, ¿doy un discurso comercial o político, o ambos? —le pregunté.

—Mmm —respondió distraído—. Cualquiera de los dos está bien —me dijo, y devolvió la atención a lo que fuera que estuviese haciendo—. No importa, pero necesito que me asombres. —Eso me lo decía con frecuencia.

Me dijo que no me preocupara. Trump solo se presentaba a la

presidencia técnicamente. Comercial, político... era todo lo mismo. La verdadera razón por la que Donald Trump se «presentaba» a la presidencia, según me explicó Alexander, era para crear las condiciones propicias para el lanzamiento de algo llamado Trump TV. Su candidatura era, en otras palabras, solamente una farsa. Lo político y lo comercial estaban intrínsecamente conectados.

Aquella información me dejó helada: ¿La supuesta «campaña» de Trump no tenía nada que ver con la presidencia?

Alexander me dijo que no. Tenía que ver con agitar y fidelizar a la audiencia frente a su proyecto empresarial más audaz hasta la fecha, una empresa que superaría al imperio inmobiliario del magnate; en otras palabras, el mayor imperio multimedia del mundo.

¿Podría ser cierto? ¿No cabía entonces la posibilidad de que Trump fuese presidente?

Alexander me explicó que, por supuesto, la idea de que Trump fuese presidente de los Estados Unidos era ridícula. El pueblo estadounidense nunca lo permitiría; la idea era tan absurda como mucha gente pensaba. Cruz o Rubio o cualquier otro ganarían la candidatura y después caerían derrotados ante Hillary. La candidatura de Trump siempre había sido una fachada para su inmensa aventura empresarial, y CA estaría presente en la inmaculada concepción de ese imperio. Íbamos a estar sobre el terreno. Al fin y al cabo, Trump TV se basaba en los datos. Y gran parte de lo que CA estaba haciendo ya era solidificar su monopolio en la base de datos conservadora de los Estados Unidos para crear un producto sin el que Trump TV no pudiera prosperar.

Al presentarnos al equipo de Trump, Steve estaba entregándonos las llaves del nuevo reino del multimillonario.

Teníamos cita a las ocho de la mañana del día siguiente. Jamás había estado en la Trump Tower, de modo que Alexander me dijo que me reuniera con él en la entrada principal.

Apenas había dormido la noche anterior. La revelación de Alexander me había puesto nerviosa. También había descubierto que el dinero detrás de Trump TV era de los Mercer y que Steve Bannon era el promotor del proyecto, su ideario y su defensor. Durante la supuesta campaña, la organización Trump recopilaría datos que irían directamente a una empresa que serviría como megáfono para los planes políticos de Steve, Bob y Bekah. Conseguir el contrato sería el mayor logro de Alexander. Al mismo tiempo, CA no perjudicaría a la campaña de Cruz. Nuestro trabajo en Trump TV podría incluso ayudar a Cruz al darle una plataforma una vez que fuera elegido. En otras palabras, Alexander me dijo que no había nada de lo que preocuparse.

Cada mitin, cada debate, cada declaración y cada palabra escandalosa que saliera de la boca de Donald Trump estaba diseñada solo para activar, identificar y solidificar su influencia en el público. La campaña de las primarias era un globo sonda para todo aquel tinglado. Y los «fieles» de Donald Trump serían los consumidores de su nuevo producto. «Presentarse a la presidencia», algo en lo que se había gastado muy poco dinero, era una manera peculiar, brillante y efectiva para que Donald J. Trump pusiera a prueba sus mensajes, y CA ganaría una fortuna ayudándolo, convirtiéndose después en el equipo principal de comunicaciones y análisis de datos de la nueva empresa.

A mi alrededor, en la Quinta Avenida, la gente corría de camino al trabajo, hombres con traje, mujeres con los zapatos de tacón en las manos y las deportivas en los pies. Niños yendo al colegio. Y pensé que ninguno de ellos tenía idea de lo que estaba sucediendo.

Una vez en el interior de la Trump Tower, tras pasar las puertas chapadas en bronce, Alexander y yo nos montamos en el ascensor, fuimos subiendo piso a piso y, cuando se abrieron las puertas, me quedé desconcertada. La escena que tenía ante mis ojos era increíblemente familiar, pero no sabía por qué. Estaba intentando averiguarlo por mí misma cuando Corey Lewandowski salió de un despacho situado en un rincón, con actitud arrogante y confiada, vestido con una camisa azul remangada hasta los codos, como si hubiera estado trabajando en algo importante y complicado. Parecía distraído, pero no podía imaginarme por qué. Parecía el tipo de persona sin mucha sustancia en el cerebro. Sus quince minutos de fama ya le habían precedido: según cuenta la historia, una vez, cuando Corey trabajaba como ayudante administrativo para el congresista de Ohio Bob Ney (el mismo Bob Ney que después fue condenado por corrupción), fue arrestado por llevar una pistola escondida en una bolsa de lavandería a un edificio de oficinas de la Cámara de Representantes de los Estados Unidos. Aseguró que se había tratado de un accidente, lo que habría implicado que era un poco estúpido, pero a mí siempre me dio la impresión de que aquel incidente revelaba cierto grado de fanfarronería por su parte.

Se acercó a saludarnos y nos estrechó la mano sin fuerza ni intención. Se me ocurrió que tal vez hubiera accedido a vernos solo como un favor a Steve Bannon.

Miré a mi alrededor. La planta en la que nos encontrábamos estaba casi vacía. Los techos eran muy altos y parecían estar sostenidos por columnas de oro. No había nadie en aquel inmenso espacio de oficinas, solo carteles en las paredes en los que se leía: *Hagamos que América vuelva a ser grande.*

Yo seguía teniendo la impresión de que ya había estado allí antes. Corey debió de captar mi expresión.

—Te resulta familiar, ¿verdad? —me preguntó—. Así que ves *The Apprentice*, ¿verdad? —Y entonces, sin esperar respuesta, porque sí, lo había visto, agregó—: ¡Claro que sí! —Era de Lowell, Massachusetts, e incluso después de llevar años en Washington seguía teniendo un ligero acento de Nueva Inglaterra—. Bueno, ¡bienvenida al plató! —exclamó con un gesto teatral y los brazos estirados.

Corey era lo más parecido a un vendedor de coches usados que había visto jamás en alguien con un cargo político, y no paraba de hablar de lo ocupado que estaba con el trabajo y lo popular que era su cliente. Donald era el mejor, y éramos afortunados por poder mantener una conversación para apoyar a un tipo tan popular.

Nos habíamos sentado en el despacho de Corey, pero yo apenas escuchaba lo que decía porque lo único que podía pensar era: «¿La sede central de la campaña presidencial de Donald Trump es un plató de telerrealidad?».

Trump iba de un lado a otro en la habitación de al lado, preparándose para volar a D. C. Lo vi de pasada en varias ocasiones, pero no nos presentaron ni hablé directamente con él, pues estuvimos la siguiente hora negociando con Corey, buscando la manera de marcharnos de allí victoriosos. Pero primero tuvimos que escucharlo todo sobre él, y sobre lo importante y especial que era su candidato.

Tras el interminable monólogo de Corey, que básicamente consistió en un discurso para ensalzarse a sí mismo y a Donald, por fin tuve oportunidad de ofrecerle mi discurso. Corey estaba familiarizado con la política republicana; había trabajado en campañas gran parte de su carrera, pero algunas de mis descripciones sobre el trabajo analítico lo pillaron por sorpresa y me interrumpió... para poder contarnos más sobre Donald y decirnos que era tan popular que apenas necesitaba ayuda.

Alexander y yo insistimos y le explicamos por qué nuestro trabajo no solo era importante, sino también necesario. ¿Cómo si no iba a competir contra otros dieciséis candidatos en las primarias, por no hablar de enfrentarse a un gigante como Hillary Clinton?

Cuando terminó nuestra intensa conversación, Corey parecía más flexible. Llamó a Steve desde el teléfono de su mesa y puso el manos libres.

—¡Tenemos aquí a tus chicos ingleses, Steve! Sabes que hay gente que suplica por participar en esta campaña, ¿verdad? La gente trabaja para nosotros sin cobrar, ¡quieren participar a toda costa! ¿Qué clase de trato me ofreces?

7

La cara del Brexit

SEPTIEMBRE DE 2015

París en septiembre: el clima es bueno, las hordas de turistas han disminuido y los niños vuelven al colegio. La ciudad puede ser tuya, y Alexander y yo habíamos ido a conquistar Francia.

Se suponía que, en aquel momento, yo trabajaba en exclusiva para Cambridge Analytica. De hecho, estaba a punto de mudarme a D. C., donde CA iba a abrir su primera oficina estadounidense. Pero Alexander me había pedido que lo acompañara a Francia para intentar conseguir un trabajo en la elección presidencial de Nicolas Sarkozy. Me prometió que sería una excepción. Un favor. Sabía que estaba ocupada. No volvería a pedirme que hiciera esa clase de cosas.

Aunque estaba ocupada —viajando de Londres a Washington, buscando oficinas y apartamentos, trasladando algunas pertenencias esenciales, organizando el cambio de la nómina de libras a dólares—, me pareció una sugerencia magnífica.

La empresa estaba creciendo deprisa, pero nos faltaba personal: yo era la única empleada en el desarrollo empresarial internacional, un departamento de una sola persona, encargándome del trabajo global y ayudando también en los Estados Unidos. Me encantaba París. Y, si lográbamos la campaña de Sarkozy, fantaseaba con ir de un lado a otro: entre la capital de los Estados Unidos y la Ciudad de la Luz.

Alexander ya había intentado fichar a Nicolas Sarkozy en 2012, pero este lo rechazó y perdió frente a François Hollande por un margen del 3,2 %. Alexander no quería que el equipo de Sarkozy volviese a cometer el mismo error. Esta vez Sarkozy se presentaría con un partido renovado, su UMP (Unión por el Movimiento Popular), llamado ahora *Les Républicains* («los Republicanos»), representando al centro derecha, y el equipo debía estar preparado. Aún quedaban dos años para las elecciones, lo cual parecía mucho tiempo, pero Alexander siempre decía que las elecciones podían ganarse en seis o nueve meses solo si era necesario, y solo si las condiciones eran idóneas. Dos años era la cantidad de tiempo óptima para la planificación.

Era un viaje de un solo día, ida y vuelta en el tren Eurostar. Partimos a primera hora de la mañana y, a mediodía, Alexander estaba en pleno discurso en un edificio del siglo xix situado en el centro de París, una estructura con torrecillas negras, de cuatro plantas, con techos altos y elaboradas molduras de madera, hablando frente a una consultora de comunicación política y comercial con la que esperaba poder trabajar. Los consultores franceses tenían cuarenta y pocos años, iban bien vestidos y se mostraban especialmente atentos.

Algunos clientes se quedaban impresionados durante la parte del discurso dedicada al análisis de datos, pero los dos ejecutivos se mostraron más interesados. Tenían preguntas sobre cómo CA obtenía los datos, qué hacían con ellos en la empresa y cómo se realizaba la microfocalización. Pero, cuando Alexander terminó y preguntó si tenían alguna duda, se hizo el silencio.

Uno de ellos se aclaró la garganta.

—*Non* —respondió—. Esto no va a funcionar. El otro ejecutivo negó con la cabeza para darle la razón.

—Es imposible —dijo—. Los franceses nunca lo aceptarán.

Alexander se quedó tan sorprendido como yo.

—Porque… —quiso saber.

—Los datos, claro —respondió uno de los ejecutivos—. Si la gente supiera que un candidato está haciendo algo así, supondría una derrota, sin duda.

Tanto Alexander como yo conocíamos las leyes francesas: siempre y cuando los usuarios accedieran a compartir sus datos, estarían tomando una decisión legal y consciente. Lo mismo sucedía en Gran Bretaña.

—Esto no es los Estados Unidos —dijo uno de ellos.

No, no lo era, pensé yo. En los Estados Unidos, los usuarios acceden de manera automática mediante una legislación que permite la recopilación indiscriminada de sus datos; hay pocas protecciones en los Estados Unidos como las de Francia y el Reino Unido.

Pero el subtexto era evidente: los Estados Unidos no tenía el bagaje de los europeos. Los franceses, al igual que los alemanes y muchos otros europeos occidentales, eran mucho más sensibles al uso de la información privada de los ciudadanos, como era lógico. Mientras que las leyes permitían a las entidades recopilar datos con el permiso de la gente, los precedentes sobre el mal uso de los datos eran horribles.

La recopilación de datos que hicieron los nazis sobre los ciudadanos, desde los judíos hasta los romaníes, sobre los discapacitados y los homosexuales, fue lo que hizo que el Holocausto fuera posible y eficiente. Tras las Segunda Guerra Mundial, a punto de entrar en la era digital, los legisladores de Europa se aseguraron de tener leyes estrictas sobre datos para evitar que algo así volviera a suceder. La privacidad de los datos era, de hecho, un principio subyacente de la Unión Europea; las regulaciones concretas limitaban la capacidad de un agente corrupto para abusar de los datos y violar los derechos humanos.

Alexander y yo estábamos al corriente de esos asuntos, pero no creíamos que fueran insalvables ni en Francia ni en ningún otro lugar de Europa. O al menos no lo creíamos hasta ese momento.

Alexander trató de convencerlos de que nuestro proceso era transparente, dentro de lo estipulado por la ley, y de que cualquiera que deseara elaborar una campaña hoy en día y no utilizara los datos se quedaría atrás. Pero ambos ejecutivos se mostraron inflexibles. Nos despedimos amistosamente, aunque tanto Alexander como yo nos habíamos quedado perplejos. Nunca habíamos considerado la utilización de los datos en política como algo tan ofensivo y, a la vez, tan inevitable.

Taciturnos, embarcamos en el Eurostar en dirección a Londres. Europa no era los Estados Unidos. Las heridas de la Segunda Guerra Mundial no se habían curado aún.

El tren tomó velocidad entre París y Calais, pero allí se detuvo. Había leído que los retrasos a la entrada del túnel del Canal en el lado francés eran habituales últimamente. Los refugiados que formaban parte de la gran crisis migratoria habían establecido su campamento a la entrada, y se sabía que intentaban cruzar ilegalmente, a veces subidos encima de los trenes; en otras ocasiones, en los parachoques o los techos de los camiones. Muchos habían muerto, algunos tras sufrir caídas, otros tras ahogarse en los canales de la frontera. A lo largo de los últimos nueve meses, se sabía que los agentes fronterizos habían evitado treinta y siete mil intentos de cruzar la frontera de ese modo. Los agentes habían hablado de «"incursiones nocturnas" de cientos de migrantes que intentaban ocupar el camino con la esperanza de que unos pocos afortunados llegaran al otro lado».[1]

La crisis de los refugiados en Europa era algo sin precedentes. El Alto Comisionado de la ONU para los Refugiados informaba de que los conflictos mundiales habían desplazado a unos sesenta millones de personas, un número igual a la población de Italia.[2] Solo en 2015, más de un millón había llegado a países de la Unión Europea, y muchos de ellos deseaban concretamente entrar en Gran Bretaña, donde la sanidad y los programas de vivienda gubernamentales eran gratuitos, y que con frecuencia era el último recurso de un refugiado que había intentado entrar en todos los demás países por el camino.[3]

Casi todos los refugiados procedían de países con mayoría musulmana. Las razones de su huida eran variadas, desde un conflicto armado hasta los efectos del cambio climático. La gente escapaba de Siria, Libia, Sudán del Sur, Eritrea, Nigeria y los Balcanes.

El paso desde África era especialmente peligroso porque los traficantes pedían tarifas desorbitadas y porque grupos enormes de personas, a veces de cientos, embarcaban en pateras poco seguras para recorrer el Mediterráneo.[4] Las autoridades habían estimado que más de mil ochocientos migrantes se habían ahogado aquel año intentándolo.[5]

Nuestro tren esperó a la entrada del túnel del Canal durante lo que pareció una eternidad. Cuando por fin se puso en marcha y entró en el túnel submarino que unía Francia e Inglaterra, Alexander se volvió hacia mí. Me dijo que había estado pensando en algo. En Gran Bretaña había surgido una oportunidad muy emocionante. Tenía que ver con un referéndum histórico sobre la pertenencia de Gran Bretaña a la Unión Europea.

En los Estados Unidos se celebraban referéndums a todas horas; en casi todas nuestras elecciones locales y estatales, votábamos si queríamos financiar nuevas escuelas, aprobar ordenanzas sobre la ebriedad pública y permitir que los patinetes eléctricos aparcaran en las aceras. Pero el referéndum que estaba preparándose en Gran Bretaña era nacional. El país había celebrado solo dos referéndums nacionales en su historia moderna: el referéndum de pertenencia a las Comunidades Europeas de 1975 y el referéndum de voto alternativo del Reino Unido en 2011, pero esta nueva e inminente votación era polémica y tendría serias consecuencias. Podría cambiar la cara de Europa.

Como resultado de una cosa llamada Tratado de Maastricht, Inglaterra había formado parte de la Unión Europea desde finales de los noventa, pero desde hacía tiempo habían existido desacuerdos sobre los beneficios de una Europa unificada de fronteras abiertas y la participación de Gran Bretaña en dicha unión.

¿Qué ventajas obtenía Gran Bretaña compartiendo moneda y mercado con otras naciones europeas? La Unión Europea predicaba ideas nobles: igualdad económica en toda Europa, no discriminación y los valores compartidos de la democracia y los derechos humanos. Ofrecía libertad de movimiento sin fronteras internas y el refuerzo de la solidaridad entre naciones. De hecho, por su compromiso con la paz y la prosperidad entre los estados miembros, la Academia Sueca había concedido a la Unión Europea el Premio Nobel de la Paz en 2012.[6]

Pero había cada vez más británicos nacionalistas y separatistas. El nacionalismo y el tribalismo estaban en alza en Inglaterra, igual que en los Estados Unidos. Y, al igual que América, Gran Bretaña tenía una larga historia de independencia feroz y autorregulación. Al final, las voces populistas en apoyo de «abandonar» la Unión Europea se habían vuelto tan poderosas como aquellas que apoyaban la «permanencia».

El inminente referéndum del «Brexit» tendría dos caras: Los «Remainers», con su eslogan «Juntos somos más fuertes», apoyaban la permanencia en la Unión Europa. Apoyaban un marco supranacional con leyes y regulaciones conjuntas que defendieran las libertades y los derechos humanos, pero que, al hacerlo, privaban a la nación de cierto grado de autodeterminación.

Los «Leavers», o «Brexiters», defendían la salida de la Unión Europea. Su argumento era que Gran Bretaña necesitaba elegir sus propias normas, cerrar sus fronteras ante el inmenso número de inmigrantes y reservar sus fondos para instituciones británicas como el Servicio Nacional de Sanidad (NHS, por sus siglas en inglés), muy valorado por los británicos.

Alexander reconocía que a SCL podría resultarle difícil involucrarse en el referéndum. Al fin y al cabo, era una elección británica y, como empresa británica, SCL siempre se había mantenido al margen de la política del país; no quería dar la impresión de que tomaba partido por alguien en su propio país, aunque hubiera hecho justo eso en el resto del mundo.

Alexander me explicó que tenía interés en trabajar con cualquiera de los bandos, pero los Remainers estaban convencidos de que iban a ganar y no creían necesitar carísimos consultores políticos como SCL. Había surgido entonces la oportunidad de trabajar con el otro bando, y era demasiado tentadora para dejarla escapar.

Dos grupos competían por ser la campaña oficial del movimiento Leaver. Para ganarse ese título, cada uno debía primero presentar su caso ante la Comisión Electoral. SCL tuvo suerte, porque ambos grupos de Leavers deseaban trabajar con nosotros.

Alexander me dijo que las dos reuniones tendrían lugar en breve. De modo que tenía que pedirme otro favor. Los Leavers eran, en general, un grupo complicado con el que trabajar. Incluían a algunas de las figuras políticas más controvertidas y divisorias de la historia moderna británica. Teniendo en cuenta lo que había sucedido en París aquel día, me dijo que preferiría no asociarse con ellos y ser considerado un paria. Recalcó que la situación era parecida a la mía: yo era reticente a que me asociaran con Cruz o con Trump en los Estados Unidos. Alexander no quería dejarse ver con gente cuyas opiniones y políticas pudieran considerarse de mal gusto.

—Sé que ya tienes bastantes cosas de las que ocuparte —me dijo, refiriéndose a mi traslado a Washington, pero albergaba la esperanza de que estuviera dispuesta a dar un discurso para los Leavers y trabajar con ellos solo durante el tiempo que tardaran en contratarnos. Me dijo que, solo durante un breve periodo de tiempo, yo sería la cara de SCL para el Brexit y, a cambio, él seguiría siendo la cara de Cambridge Analytica para los republicanos en los Estados Unidos.

Aunque estaba muy ocupada, no me pareció algo excesivamente difícil. Primero, había leído los mismos periódicos que el resto del mundo en Inglaterra. Estaba tan segura como cualquiera de que los Leavers no tendrían ninguna oportunidad de ganar.

Segundo, reunirme con ellos me proporcionaría experiencia en un referéndum. Tal vez pudiera involucrarme en el proceso de unas elecciones históricas.

Tercero, estaba saliendo con Tim. Sus amigos, su familia y él eran escoceses e ingleses conservadores, dispuestos a abandonar la Unión Europea a cambio de más autodeterminación, sobre todo los escoceses, que habían intentado en tres ocasiones salir del Reino Unido. Mi novio pensaba votar a favor de la «salida», de modo que, si yo trabajaba para los Leavers, no tendríamos peleas de enamorados.

Cuarto, una parte de mí siempre había albergado la esperanza de que algún día pudiera convertirme en ciudadana británica. También había soñado con tener hijos y educarlos en un país donde los servicios públicos tuvieran buena financiación y reinaran los valores liberales.

Y quinto, había ciertas razones políticas por las que abandonar la Unión Europea podría ser bueno para los ciudadanos británicos. Como activista por los derechos humanos y liberal, había visto cómo Gran Bretaña, al igual que parte de la Unión Europea, iba volviéndose cada vez más conservadora. La Unión Europea la había obligado a adoptar alguna legislación supranacional que, francamente, era más restrictiva en ciertos temas, como la venta de cánnabis y drogas psicodélicas, que en mi opinión estaban erróneamente criminalizadas. Como activista por los derechos humanos, creía que una Gran Bretaña independiente suponía una Gran Bretaña con el potencial para servir mejor a su gente: volverse más liberal, no menos.

Por todas esas razones no me inquietó el favor que Alexander estaba pidiéndome. Teniendo en cuenta el día tan desalentador que acabábamos de vivir con los franceses —sin importar que Alexander hubiera sugerido que trabajar con los Leavers podría conllevar una comisión sustancial—, me pareció una misión bastante inocua, un acuerdo entre Alexander y yo que no parecía más complejo que dividir la cuenta después de comer. «Yo me encargo de los estadounidenses y tú de los británicos», me había sugerido alegremente. Y prometió que, después de eso, nunca volvería a tener el problema de asociar mi imagen pública con los conservadores.

Alexander me dijo que el primer grupo de Leavers al que tendría que ofrecer mi discurso era Leave.EU. Su principal portavoz era un conocido empresario llamado Arron Banks, un corredor de seguros y generoso donante a las causas conservadoras. Banks había sido *tory* (conservador), pero había abandonado el barco, según me contó Alexander, para afiliarse al Partido por la Independencia del Reino Unido, o UKIP, por sus siglas en inglés. Me dijo que Arron valía millones.

El equipo de Leave.EU, un heterogéneo grupo de cinco personas, llegó a las oficinas de SCL un viernes de finales de octubre y me causó una impresión inmediata: Arron Banks, de mediana edad, con cara de niño y vestido con traje y corbata, entró en la sala de juntas como si fuera un capo de la mafia, con su oronda barriga por delante. Se presentó con una voz estruendosa y un apretón de manos que casi me rompió los huesos.

Lo acompañaban Chris Bruni-Lowe, director de comunicaciones, y Liz Bilney, directora ejecutiva de Leave.EU y mano derecha de Arron. Salvo por la melena negra y larga de Liz, que le caía alrededor de la cara como si fuera una mancha de petróleo, ambos me parecieron figuras comunes y corrientes.

El cuarto hombre era Matthew Richardson, un jovial abogado que se presentó como asesor legal; aunque no estaba segura de a quién asesoraba. ¿Era asesor legal de Leave.EU? ¿O de Banks?

Y el quinto era Andrew (también conocido como Andy o Wiggsy) Wigmore, una oveja negra que era una especie de socio empresarial de Arron, pero cuyo papel en la campaña nunca me quedaría del todo claro. Andy parecía más un atleta retirado que un político, y después sabría que había sido futbolista y a veces practicaba el tiro al plato. Antes de ocupar su asiento, abrió la mochila que llevaba, sacó un montón de botellitas de alcohol, de esas que se encuentran en los aviones, y se las entregó a los presentes en la sala a quienes acababa de conocer. Dijo que contenían ron beliceño.

Mi misión aquel día era ofrecer el discurso al equipo de Leave .EU y recopilar información suficiente sobre sus necesidades y sus capacidades de datos para poder redactarles una propuesta formal. Arron, a quien Andy llamaba Banksy, se mostró tan entusiasmado con la presentación que dijo que estaba interesado en emplear a SCL no solo para la campaña, sino también para el partido, UKIP, y para su empresa de seguros.

El asunto más apremiante, según me dijo Arron, era desbancar a la competencia. El rival de Leave.EU, un grupo llamado Vote

Leave, probablemente llevase ventaja. Estaba compuesto por importantes conservadores de Westminster con contactos poderosos. En solo cuatro semanas, Leave.EU planeaba celebrar un debate público antes de presentar su solicitud ante la Comisión Electoral del Reino Unido. Quería montar un espectáculo que demostrara que estaba mejor capacitado que Vote Leave para ser la campaña oficial.

Ganar el concurso era importante porque supondría apoyo económico por parte de la Comisión Electoral (un límite de gastos de siete millones de libras) y anuncios en televisión. Eso último era un gran beneficio en Inglaterra, pues la ley británica prohibía la publicidad convencional de grupos políticos que no hubieran sido oficialmente designados.

Para ayudar al equipo de Arron a preparar la presentación, necesitaba saber de qué datos disponían. Entonces prepararíamos una propuesta de dos fases, para que la primera parte del trabajo estuviera hecha ya antes del evento.

Arron reconoció que estábamos aún al principio, pero que sería mejor no esperar. Le diría a su equipo que nos enviara todo lo que pudieran lo antes posible.

Vote Leave había planeado una reunión con SCL, pero se retiraron al saber que nos habíamos reunido con sus rivales. Eran el equivalente británico de Jeb Bush, querían lealtad. Leave.EU, por su parte, era la versión británica más desesperada de Ted Cruz; estaban tan lejos de la victoria que no arriesgaban ningún orgullo al prescindir de la firma de un contrato de exclusividad.

Tras la reunión, pasaron por mi mesa dos correos relativos a

Leave.EU. Uno de ellos, dirigido a Banksy y a Wiggsy, era de Julian Wheatland, el director de finanzas de SCL. Describía el trabajo que SCL pensaba llevar a cabo para preparar la rueda de prensa, que Julian denominó como un «breve programa de análisis de datos y apoyo creativo» que estaba «diseñado para resaltar la capacidad intelectual y un enfoque basado en los datos aplicados a la campaña». El correo también incluía la muy británica solicitud del cobro de nuestros honorarios por adelantado.

El otro correo, de Arron, era en relación a la reunión que habíamos mantenido. En él, se preguntaba si SCL podría recaudar fondos en los Estados Unidos para Leave.EU, dirigiéndose a personas en los Estados Unidos que tuvieran *«lazos familiares con el Reino Unido»*. No estaba del todo segura de a qué se refería ni de por qué pensaba que eso sería una buena idea. Me di cuenta de que, en el correo, Steve Bannon aparecía en copia, entre otras personas.

Aquello explicaba cómo había encontrado Arron Banks a Alexander y a SCL. Debía de haberlos presentado Steve. Al fin y al cabo, Bannon era la versión estadounidense de Nigel Farage, y ambos eran amigos. Farage era el líder fundador de UKIP, importante miembro del Parlamento europeo cuya única razón para estar allí era su deseo de desmantelar la Unión Europea desde dentro.[7] Al haber pasado toda mi vida adulta afincada en Reino Unido, para mí Steve no era una figura tan conocida como Nigel, pero era un alborotador igual de feroz. Ambos eran populistas pugilísticos, un rasgo en alza en todo el mundo.

Bannon y Farage eran representantes de ese tipo de populismo que hablaba de «nosotros contra ellos», hombres que aseguraban que «la clase dirigente» y las «élites» estaban corruptas y que el hombre de a pie tenía motivaciones más puras. Ambos creían, o al menos eso decían en público, que la corrección política no era más que una cortina de humo del elitismo, que, en su opinión, reprimía la tan valiosa «franqueza».[8] Ambos violaban tabúes sociales y eran maleducados. Tenía sentido que fueran amigos.

Mientras me preparaba para la misión que tenía por delante, me recordé a mí misma que, si Arron Banks había llegado a través de Nigel Farage y este a través de Steve Bannon, sería mejor que hiciera un buen trabajo para Leave.EU.

Obtener datos del equipo de Leave.EU resultó ser un proceso más largo de lo que había imaginado. Primero, Arron nos envió a Liz Bilney, la mujer de su oficina que resultó no saber nada en absoluto sobre datos, ni siquiera dónde podrían estar, pese a ser la directora ejecutiva de Leave.EU. Ella me puso en contacto con otra persona de las oficinas centrales de Leave.EU, en Bristol, quien a su vez me dijo que no tenían muchos datos, pero que podían darnos acceso a lo poco que tenían. Tras pedir consejo al equipo de la reunión original, Matthew Richardson se puso en contacto conmigo y me dijo que podría ayudarme. Richardson hablaba como si UKIP tuviera una inmensa base de datos sobre todos sus miembros, además de algunos datos de encuestas de gran utilidad. Luego nos puso en contacto con los informáticos de UKIP y dijo que se aseguraría de que alguien de allí nos enviara los datos con toda la rapidez y seguridad que fuera posible.

—¿Cómo puede él tener acceso a eso? —le pregunté a Julian, quien se apresuró a responder que Matthew era, en realidad, el secretario de UKIP.

Me quedé asombrada. ¿Cómo era posible que Richardson fuese

asesor legal de Leave.EU y, a la vez, formara parte de la directiva del partido? Básicamente, la pregunta era si la campaña podría hacer un uso legal de los datos del partido, y no me esperaba que esa confirmación viniese de boca de alguien que tenía motivos para desear que así fuera, y no de una tercera persona imparcial. No tenía mucho sentido, pero imaginé que, como miembro de la directiva del partido, al menos tendría permiso para usar los datos. Me enviaría lo que tuviera y continuaríamos desde ahí.

Entretanto, tenía que marcharme a los Estados Unidos para realizar un viaje a Nueva York que había planificado con mi familia. Les dije a los científicos de datos de la oficina que estaría ausente, pero les pedí que, cuando nos llegaran los datos de UKIP, empezaran a trabajar con ellos de inmediato. Teníamos muy poco tiempo.

El viaje a los Estados Unidos fue un derroche por mi parte. Les había pagado el vuelo a mis padres y a mi hermana para invitarlos a un bonito hotel y que pudieran pasar unos días en la ciudad. Salimos a comer juntos, vimos un espectáculo de Broadway y fuimos a un museo. Me gasté todo el dinero de mi cuenta en ellos, pero mereció la pena pasar tiempo con mi familia y nos ayudó a olvidar el mal trago de haber tenido que renunciar a todo lo que teníamos unos pocos meses atrás.

Pese a todas las actividades que había organizado, mi padre seguía distante y solía regresar al hotel solo y antes de tiempo. Su situación en casa seguía siendo deprimente: estaba viviendo temporalmente con su hermana en la habitación de invitados y no había encontrado trabajo, ni estaba motivado para buscarlo. Aun así, me alegraba de tener los recursos suficientes para hacer algo bonito por él, por mi madre y por mi hermana, y estaba deseando hacer aún más, dado que llevaba seis meses cobrando un sueldo fijo y empezaba a sentir que podía valerme por mí misma. Como no tardaría en vivir en D. C., de nuevo en los Estados Unidos por primera vez en mi vida adulta, podría verlos más a menudo.

Durante el viaje, apenas hablé sobre mi trabajo, salvo para contarles en líneas generales a lo que me dedicaba. Mi hermana, Natalie, había estudiado psicología en la universidad y parecía muy interesada en el hecho de que Cambridge utilizara un modelo OCEAN para identificar la personalidad de los votantes. Dijo que las capacidades de CA podrían aplicarse en áreas que tal vez tuvieran un impacto social positivo. La ideología política de Natalie era similar a la mía, progresista, y siempre había sido demócrata acérrima, como yo. De modo que, cuando dejé caer que estaba trabajando con Steve Bannon, no me sorprendió su reacción, aunque no resultó muy agradable.

Se llevó un dedo a la boca para fingir que vomitaba.

—¿Cómo has podido? —me preguntó.

—Es un hombre brillante —respondí, a falta de una explicación mejor.

Durante otra conversación con ella similar a esa, recibí una extraña llamada de uno de los científicos de datos de Londres, el doctor David Wilkinson, encargado de supervisar el análisis de datos de Leave.EU. Cuando me llamó, estaba riéndose.

—Brittany —me dijo—. ¡Han llegado tus datos!

Lo gracioso era que Matthew Richardson había enviado a alguien de la sede central de UKIP hasta Londres en tren con una enorme torre de computadora, que entregó en las oficinas de SCL con gran ceremonia, sugiriendo que allí dentro había mucha información. Mis compañeros de Londres se quedaron sorprendidos, teniendo en cuenta que había otras maneras de transmitir datos que no incluían la entrega física de una torre de computadora de los años noventa.

Resultó que solo había dos pequeños archivos de Microsoft Excel en el disco duro, uno con los datos de los miembros de UKIP y otro con los resultados de una encuesta que, al parecer, había llevado a cabo UKIP sobre la actitud de la gente hacia el Brexit. Era una cantidad de datos irrisoria, dos archivos que bien podrían habernos enviado como adjuntos en un correo o incluso haberlos llevado en un pincho USB, pero David dijo que sería suficiente para empezar.

Cuando regresé a Londres, ya estaban listos los resultados del análisis de los dos paquetes de datos, y de hecho resultaron ser muy útiles, al menos para empezar.

David había descubierto que la comunidad Leave estaba compuesta por cuatro segmentos a quienes nuestro equipo otorgó los siguientes apodos: Activistas Entusiastas, Jóvenes Reformistas, *Torys* Despreocupados y Abandonados.

Los Activistas Entusiastas estaban muy comprometidos políticamente, buscaban oportunidades de implicarse más y donar dinero a la causa. También se mostraban algo pesimistas con respecto a la economía y al Servicio Nacional de Sanidad.

Los Jóvenes Reformistas eran solteros, dedicados al campo de la educación, políticamente activos y se sentían cómodos con gente de diferentes grupos étnicos; no solía gustarles hablar demasiado de inmigración. En general, se mostraban bastante optimistas con respecto a la economía y al futuro del NHS.

Los *Torys* Despreocupados estaban bastante satisfechos con el gobierno actual y con el anterior, pero no estaban contentos con la postura de dichos gobiernos sobre el tema de la Unión Europea y la inmigración. Por lo general, eran optimistas con la economía y el NHS y creían que la tasa de delincuencia estaba disminuyendo. La mayoría eran profesionales y empleados en cargos de gestión. En su mayoría no eran muy activos políticamente.

Los Abandonados eran quizá los más interesantes. Se sentían aislados por la globalización y la sociedad en general. Estaban muy descontentos con la economía y el NHS y sentían que la inmigración era el asunto principal de su tiempo. Desconfiaban de la clase dirigente, incluyendo políticos, bancos y corporaciones; y les preocupaba su seguridad económica, el deterioro del orden público y el futuro en general. En otras palabras, si David tenía tiempo suficiente para asignar puntuaciones OCEAN, los Abandonados tal vez fueran tremendamente neuróticos y, por tanto, más accesibles cuando los mensajes apelaran a sus miedos.

Pasamos los resultados a diapositivas y documentos, pero tanto Julian como Alexander intervinieron y me dijeron que no compartiera los documentos reales con Arron, Andy o el resto del equipo de Leave.EU. Aún no nos habían pagado el trabajo realizado, de modo que me ordenaron que no lo «diera gratis». En su lugar, podía presentarles los hallazgos e incluso mostrarles diapositivas, pero no debía entregar nada concreto a nadie hasta que hubieran firmado el contrato que nos habían prometido y hubieran pagado el trabajo que nos habían pedido. Aquello tenía sentido, pero insistí diciendo que debíamos continuar, puesto que Arron nos había dado «luz verde» por escrito. Me lo había dicho Julian. Supuse que sería cuestión de resolver algunos tira y afloja de carácter legal antes de que el contrato se firmara y se pagara. Matthew Richardson nos había asegurado que estaba redactando contratos entre

UKIP, CA y Leave.EU para que el uso de los datos fuese conforme con la ley. Así que yo pensaba utilizar los hallazgos de los datos para el beneficio de la campaña, y trabajé con el equipo de SCL para extraer toda la información posible del trabajo que ya habíamos llevado a cabo en la fase uno.

Cuando llegó el momento del repaso, programado para el 17 de noviembre, el día antes de que tuviera lugar la rueda de prensa, seguíamos sin haber recibido el pago ni firmado el contrato. Además nos habíamos topado con algunas dificultades legales, pero, que yo supiera, parecían haberse resuelto. La preocupación había sido decidir si era legal compartir los datos de los miembros de UKIP y de las encuestas que UKIP había hecho con Leave.EU. Cuando se recopilaron sus datos, los miembros de UKIP no habían accedido a que se compartieran con Leave.EU o cualquier otra organización política, de manera que necesitábamos el visto bueno legal antes de entregarlos.

Por fin, esa misma mañana, Julian me mostró una opinión legal redactada por un abogado llamado Philip Coppel, consejero de la reina, que al menos despejaba el trabajo que habíamos realizado para UKIP. Un consejero de la reina es el abogado público más cualificado del país, de modo que confié en sus palabras. ¡Uf! El trabajo ya estaba hecho, así que ahora podríamos pasar a presentarlo. Mientras tanto, redactarían por separado un contrato para el intercambio de datos entre UKIP y Leave.EU, lo que me dijeron que nos daría vía libre para utilizar nuestro trabajo con los datos de UKIP durante la campaña.

En su momento, no presté atención a nada que no fuera el contenido legal del documento del consejero de la reina que Julian me había entregado, y me alegraba de tener luz verde para seguir trabajando con los datos. Después me daría cuenta de que no era solo obra del consejero de la reina, sino que estaba firmado también por Matthew Richardson, que sabía que era un abogado contratado por CA específicamente para ese proyecto. Había dado por hecho que su principal ocupación sería la abogacía, dejando la directiva de UKIP en un segundo plano. Puede que hubiese ayudado a Philip Coppel con los detalles —tenía sentido, dado que era un experto en lo que se pedía en el proyecto—, pero al verlo con perspectiva me doy cuenta de que resultaba bastante curioso que se hubiera dado permiso a sí mismo para realizar un trabajo que él mismo deseaba llevar a cabo. Sin embargo, en su momento estaba hasta arriba terminando de preparar el repaso previo a la rueda de prensa de Leave.EU y no di importancia a esos detalles. Me dediqué a dar los últimos retoques a mi presentación y a las diapositivas.

Las noticias previas al repaso habían sido muy inquietantes. El 13 de noviembre, supuestamente a modo de represalia por las operaciones militares francesas en Irak y Siria, terroristas del ISIS golpearon París con ataques coordinados. Detonaron bombas frente al Estadio de Francia, en el barrio de Saint-Denis, durante un partido de fútbol; mataron a personas en cafeterías y restaurantes; y llevaron a cabo un tiroteo masivo en la sala Bataclan durante un concierto de una banda de rock estadounidense, asesinando a un total de ciento treinta y una personas (incluido un suicidio posterior) e hiriendo a cuatrocientas trece. Dos días más tarde, en respuesta a los atentados, los franceses aumentaron los ataques aéreos sobre una fortaleza del ISIS en Siria, y el 15 de noviembre, el presidente François Hollande, en una comparecencia en el Parlamento, declaró que Francia estaba en guerra con el ISIS.

El 17 de noviembre, recorrí el camino hasta las oficinas londinenses de Leave.EU, en Millbank Tower, con la certeza de que me hallaba en un mundo en estado de caos. Sin embargo, el repaso fue todo un éxito. Se había reunido todo el equipo, de modo que nos presentamos y explicamos todo el trabajo que habíamos hecho hasta el momento.

Allí presentes estaban Arron Banks, Andy Wigmore, Chris Bruni-Lowe y Liz Bilney. Matthew Richardson también había asistido, directo desde la sede central de UKIP. Richard Tice, importante empresario *tory*, se había unido al grupo, al igual que el respetado demógrafo y experto en el Partido Laborista Ian Warren, cuyo objetivo era proporcionar herramientas para dirigirse a los liberales. Lo más impresionante era que un hombre llamado Gerry Gunster, de la empresa estadounidense Goddard Gunster, había volado expresamente desde D. C. Gerry era experto en referéndums y su trabajo en los Estados Unidos era similar al de CA. Realizaba investigaciones, análisis de datos y toma de decisiones estratégicas en campañas electorales (descubriendo qué votantes eran clave y cómo conseguir que fueran a votar), y gozaba de una trayectoria plagada de victorias para sus clientes, con un índice de éxito de más del noventa y cinco por ciento en referéndums, su principal negocio.[9]

Arron informó de que la campaña había recaudado más de dos millones de libras hasta la fecha. Richard Tice informó de que la campaña había asegurado más de trescientos mil seguidores registrados desde el verano anterior y había organizado unos doscientos grupos por todo el país. Nos contó que la campaña había comenzado a «modificar los sondeos» y ahora tenía las mismas probabilidades que su rival Vote Leave de ganar el codiciado nombramiento de la Comisión Electoral.

Matthew Richardson nos puso al corriente de los planes de petición de voto de UKIP y de los futuros eventos. La idea era lanzar la mayor campaña de inscripción de votantes en la historia del país. Gerry ofreció una presentación sobre la focalización estratégica y dijo que, si el referéndum se convocaba para la primavera de 2016, entonces de seis a ocho meses serían tiempo suficiente para prepararnos. Ian expuso algunos de los asuntos clave relativos a los votantes liberales. Richard Tice explicó que Londres, la capital financiera del mundo, experimentaría un crecimiento sin precedentes cuando Gran Bretaña se independizara de la burocracia legislativa de la Unión Europa. Por su parte, Andy Wigmore (cuyo papel en todo aquello todavía no me había quedado claro) había vuelto a presentarse con sus botellitas de ron beliceño, que repartió a todos aquellos a los que no conocía de antes. Parecía más preocupado por promocionar las exportaciones de Belice que por mantener la cabeza en el asunto del Brexit.

Después les presenté toda la información que había recopilado, los resultados del análisis de datos y un pase de diapositivas con visualizaciones de cada grupo, sus preocupaciones principales y cómo dirigirnos a ellos. También ofrecí un resumen de los datos que había encontrado sobre el electorado británico que podían comprarse, lo que nos ayudaría no solo a crear modelos más precisos, sino también una gran base de datos sobre los ciudadanos británicos en edad de votar, como habíamos hecho en los Estados Unidos, junto con todos los modelos necesarios para ganar elecciones o influir en los consumidores. Conté al grupo que se trataba de una herramienta que sospechábamos que nadie más había usado aún en el Reino Unido, una que les concedería un poder de campaña sin precedentes.

El grupo quedó impresionado. Les sorprendió lo fácil que resultaba segmentar a la gente en función de sus personalidades y preocupaciones para poder microfocalizarlos. Les mostré qué aspecto podría tener esa segmentación, si implicaría el envío de mensajes privados mediante campañas digitales, redes sociales y petición del voto puerta por puerta, o si se utilizarían los datos de manera más general para informar del contenido de discursos y mítines. Todos parecieron entender a la perfección cuál era el valor de CA para la campaña.

Antes de retirarnos, hablamos de cómo desarrollar una propuesta aún más compleja para preparar a Leave.EU para la Comisión Electoral y para los meses que quedaban hasta el día de la votación.

—Espero que el nombramiento no sea una competición —dijo Arron. Albergaba la esperanza de poder desbancar a Vote Leave como oponente mucho antes de que la comisión tuviera que decidir. Por lo tanto, necesitaba todas las relaciones públicas que fueran posibles: yo representaría a Cambridge Analytica sobre el escenario junto con los demás expertos contratados, y ese espectáculo demostraría que Leave.EU era la campaña mejor preparada para poner en marcha a la nación frente al referéndum.

La mañana del debate público de Leave.EU, celebrado en una iglesia en el centro de Londres, los titulares de los periódicos anunciaban que la policía francesa había desarticulado una célula terrorista en el barrio parisino de Saint-Denis, matando a dos hombres, incluyendo el líder de los ataques terroristas del 13 de noviembre. Todos los presentes en la sala tenían en la cabeza los recientes acontecimientos en Francia, y aquello influía de manera evidente en el discurso de los participantes. Leave.EU se aseguraría de que el tema de la inmigración fuera un asunto principal de la campaña, y defendería que la inmigración equivalía a una invasión o a «una bomba de relojería».[10]

Al subir al escenario para ocupar la primera silla, me acompañaron el propio Arron Banks, Liz Bilney, Gerry Gunster y Richard Tice. Después del discurso de apertura de Richard, en el que resaltó los beneficios empresariales de abandonar la Unión Europea, un reportero preguntó si los ataques de París significaban una sentencia de muerte para la Unión Europea como un todo. Arron esquivó la pregunta, pero dijo que «el Reino Unido puede prosperar mucho más fuera de la Unión Europea». El referéndum suponía una oportunidad única para un Reino Unido que era «lo suficientemente grande», «lo suficientemente bueno» y «libre para establecer sus propias leyes y controlar sus propias fronteras, libre de las ataduras de la Unión Europea. Somos la campaña del pueblo», anunció.

—Si se trata de la campaña del pueblo llano —comentó un reportero con descaro—, no veo a ningún ciudadano del pueblo llano en el debate.

Entre risas, un reportero del *Daily Mail* preguntó:

—¿Por qué su principal defensor se halla detrás de mí y no en el escenario? ¿Se avergüenzan de él?

Se refería a Nigel Farage, sentado entre el público, extrañamente callado; *El adivino con la sonrisa incendiaria,* como lo describiría después *Time.*[11] La contribución de Farage al debate había consistido en colocar en cada asiento una camiseta de Leave.EU en la que se leía: *Ama a Gran Bretaña. Abandona la UE.* Envuelta dentro de cada camiseta había una taza con el mensaje: *No me tomarán por tonto,* otra manera de insinuar que permanecer en la Unión Europea sería como permitir que se aprovecharan de ellos.

Otro reportero se fijó en el hecho de que hubiera dos estadounidenses en el equipo: Gerry Gunster y yo. El reportero se preguntó de qué serviría en Gran Bretaña la costumbre de las campañas estadounidenses de «agitar banderitas americanas».

Gerry se mostró impaciente con la pregunta.

—Mire —le dijo al periodista—, en los Estados Unidos votamos por todo. Tenemos cientos de referéndums sobre cualquier cosa. Votamos si deberíamos pagar más impuestos. Votamos si deberíamos tener un Walmart al final de la calle. El año pasado, el estado de Maine votó si los dónuts de mermelada y la *pizza* deberían ser cebo para osos. —Gunster sabía lo que estaba haciendo, y por eso le habían pedido formar parte del equipo.

Yo dije más o menos lo mismo. Lo que Cambridge Analytica podía aportar a la ecuación era la capacidad de realizar una campaña de abajo arriba. Seríamos capaces de entender por qué la gente deseaba abandonar la Unión Europea y conseguiríamos un índice de participación mucho mayor. Eso era lo que todos queríamos.

8

Facebook

DICIEMBRE DE 2015 – FEBRERO DE 2016

A medida que 2015 llegaba a su fin, Alexander anticipaba un futuro brillante para Cambridge Analytica. Formábamos parte del Brexit, o eso pensábamos. Aunque aún no tuviéramos un contrato firmado, sabíamos que se produciría en cualquier momento, pues Julian tenía confirmación por escrito de Arron Banks. Eso significaba que formábamos parte del que posiblemente fuera el acontecimiento más relevante en la historia de Gran Bretaña, un movimiento que tenía la capacidad de cambiar Europa y, por supuesto, el futuro del Reino Unido. Incluso aunque el Brexit no tuviera lugar, y casi todo el mundo estaba de acuerdo en que no sucedería, estar involucrados en una votación tan histórica ya era importante de por sí.

Además, el mismo día en que yo representaba a la empresa en el debate de Leave.EU, Alexander estaba ofreciendo su discurso a la Unión Demócrata Cristiana (CDU, por sus siglas en inglés) para llevar la campaña de reelección de Angela Merkel como canciller. Tras la debacle de Francia, y nuestra relación con Leave.EU,

Alexander estaba convencido de que había encontrado la manera de presentar el trabajo de Cambridge Analytica como algo muy alejado de la recopilación de datos de la Segunda Guerra Mundial, que aún rondaba por la mente del país.

Aun así, quizá nuestro mayor logro hasta la fecha fuese la apertura de la oficina de Washington. Me había mudado a D. C. después de encontrar una oficina para alquilar, dotarla de personal y prepararla para lo que estábamos seguros de que sería un 2016 muy ajetreado. Habíamos encontrado el sitio perfecto en un precioso edificio histórico junto al paseo de madera de Alexandria, Virginia, con unas estupendas vistas de la capital del país al otro lado del río Potomac. Nuestros vecinos eran todas las empresas de consultoría republicanas más importantes. Anunciamos nuestra llegada y, al poco tiempo, ya teníamos muchas reuniones concertadas con clientes y veíamos la grandeza en nuestro futuro inmediato.

Las oficinas de D. C. se parecían a una empresa de Silicon Valley que empezaba a madurar. Habíamos sido creados a la imagen y semejanza de Google y Facebook y estábamos creciendo igual que habían hecho ellos: con un mejor emplazamiento, más personal, más clientes y muchos más datos que antes. Avanzábamos más deprisa y descubríamos cosas nuevas cada día.

Alexander quería que nuestra fiesta navideña de principios de diciembre fuese una presentación en sociedad de Cambridge en los Estados Unidos. Eso suponía exhibir nuestra nueva realidad y el hecho de que teníamos amigos y clientes en las más altas esferas. Las invitaciones se enviaron en consonancia con la flamante lista de invitados, que incluía a más de cien clientes y contactos de CA, entre ellos el director de comunicaciones del Comité Nacional Republicano, Sean Spicer, el activista político conservador

Ralph Reed, la encuestadora conservadora Kellyanne Conway, el polémico *sheriff* de Arizona Joe Arpaio y miembros del equipo de la Embajada de Breitbart. Y, como Alexander aplicaba el viejo dicho de mantener a los enemigos cerca, también invitó a todos los demás candidatos políticos que no eran clientes, incluso aunque compitieran con alguno de los nuestros.

Otro hecho extraño era que celebrábamos la fiesta conjuntamente con otra empresa de microfocalización, Targeted Victory. En un momento dado, los Mercer habían pensado en comprar esa empresa para Cambridge, pero los fundadores no quisieron vender. (En vez de unir nuestras fuerzas, más tarde les robaríamos a uno de sus fichajes estrella, una talentosa especialista en tecnología digital y publicitaria llamada Molly Schweickert). Aunque, para cuando llegaron las Navidades, competíamos con nuestros coanfitriones, la celebración navideña ya había sido organizada. Como suele decirse, el espectáculo debe continuar... y continuó.

Otro coanfitrión de aquella velada era la empresa de investigación de la oposición America Rising. El director era Matt Rhoades, que después fundaría Definers Public Affairs, una empresa de relaciones públicas que luego fue contratada por Facebook para desarrollar una campaña en contra de George Soros —que ha sido tachada de antisemita—, no muy alejada de las sorprendentes campañas de desprestigio que America Rising creó en contra de candidatos demócratas desde su nacimiento.

Con todos aquellos invitados polémicos confirmados, la fiesta tuvo lugar en un restaurante que habíamos alquilado para dar intimidad a nuestros clientes, y que habíamos adornado con muchos carteles de la empresa, para demostrar que CA ahora formaba parte de la vieja guardia, la auténtica élite de la consultoría política.

Al estilo de sus fiestas de todos los años, contratamos a un DJ y organizamos una barra libre y un surtido bufé de comida, con la esperanza de que el espíritu festivo de la velada no se viese arruinado por algo que había sucedido el día anterior.

El 11 de diciembre de 2015, *The Guardian* de Londres publicó un sorprendente artículo sobre Cambridge Analytica y la campaña de Cruz. Las acusaciones eran explosivas: supuestamente, CA había obtenido datos de Facebook violando las condiciones de uso de la red social. Los datos eran la información privada de unos treinta millones de usuarios de Facebook y sus amigos, y la mayoría de esos individuos no había accedido conscientemente a compartirlos. Es más, según el artículo, Cambridge estaba utilizando esos datos como arma para alterar el resultado de las primarias republicanas y convertir a Ted Cruz en el candidato del Partido Republicano.[1]

El artículo parecía la trama de una novela de espías. El reportero Harry Davies acusaba a Cambridge de haber adquirido de manera encubierta los datos de Facebook, de estar ahora «involucrada» en la campaña de Cruz y de utilizar una poderosa arma secreta basada en *psyops* para focalizar a votantes vulnerables. Detrás de esta trama estaría el dueño de Cambridge Analytica, Robert Mercer, quien, según el artículo de Davies, era un maligno multimillonario estadounidense cuya motivación era perturbar el sistema político de los Estados Unidos y dar más poder a la derecha radical.

El método utilizado por Cambridge para adquirir los datos suponía una violación directa de las condiciones de servicio de Facebook. CA había contratado a un hombre que ya había violado el acuerdo de servicio de Facebook al utilizar una aplicación de terceras personas, la infame API de los Amigos, para «aspirar» enormes cantidades de información privada. El hombre era el doctor Aleksandr Kogan, un profesor de la Universidad de Cambridge relacionado con Rusia. Kogan había mentido a Facebook, según decía el artículo, al recopilar datos con el pretexto de realizar una investigación académica y después vendérselos con fines comerciales a Cambridge Analytica. Si en los términos y condiciones no figuraba de manera explícita que los datos se recopilaban para uso comercial, entonces Kogan no podría haberlos vendido. El artículo insinuaba que se habían violado las leyes de protección de datos.

The Guardian había hablado con el doctor Kogan y este proclamó su inocencia. Podía presentar pruebas de que había adquirido los derechos de Facebook para utilizar los datos como deseara. *The Guardian* no había podido contactar con nadie de Cambridge para que hiciera alguna declaración; casi todos íbamos de camino a D. C. para la fiesta navideña y nadie había respondido al teléfono, con excepción de una persona apresurada de nuestra oficina temporal en Nueva York que, inexplicablemente, le había colgado el teléfono al periodista.

El artículo hacía quedar a Cambridge Analytica como una empresa malvada y culpable. Se insinuaba que no solo se había infiltrado en la red social más grande y más segura del mundo, sino que además había violado nada menos que la confianza pública.

Nos costaba creer que las acusaciones fuesen ciertas. Yo jamás había oído hablar de ese tal doctor Aleksandr Kogan. Gracias a mis sesiones de aprendizaje con Alex Tayler, sabía con certeza que SCL trabajaba con académicos de la Universidad de Cambridge; que tanto el doctor Tayler como el doctor Jack Gillett habían estudiado allí el doctorado; y que el nombre de nuestra empresa, que al parecer se le había ocurrido a Steve Bannon, provenía de esa relación.

También estaba al corriente de que teníamos un inmenso paquete de datos de Facebook. Lo publicitábamos en nuestros discursos; nuestros folletos y nuestras presentaciones de PowerPoint declaraban abiertamente que teníamos datos de unos doscientos cuarenta millones de estadounidenses, lo que incluía datos de Facebook con un promedio de quinientos setenta puntos de datos por persona de más de treinta millones de individuos.

¿Por qué íbamos a publicitar algo así si hubiéramos obtenido los datos de manera ilícita? ¿No teníamos suficientes datos ya como para poder dejar esos otros fuera de la base de datos y aun así obtener grandes resultados?

A principios de 2010, la infame API de los Amigos había permitido a empresas como SCL instalar sus propias aplicaciones en Facebook para recolectar datos de los usuarios de la página y de sus amigos. Eso lo sabíamos bien, así que ¿cuál era el problema? Cuando los usuarios de Facebook decidían utilizar una aplicación en Facebook, pinchaban en una casilla donde figuraban las «condiciones de servicio» de la aplicación. Casi ninguno se molestaba en leer que estaba dando su consentimiento a proporcionar el acceso a quinientos setenta puntos de datos sobre sí mismo y sobre cada uno de sus amigos. No había nada ilegal en esa transacción para el individuo que daba su consentimiento: las condiciones de servicio aparecían bien claras en blanco y negro para aquellos pocos que intentaban leer la «jerga legal». Aun así, en sus prisas por acceder al cuestionario o al juego que les proporcionara la aplicación, los usuarios se saltaban la lectura del documento y daban sus datos. El problema residía en el hecho de que también estaban dando los datos de sus amigos, amigos que no habían dado su consentimiento.

Sabía que algunos de nuestros datos de Facebook procedían

de cuestionarios como la Brújula Sexual y la Morsa Musical (que también había circulado por la oficina de Londres), pero también era consciente de que CA había producido y utilizado esas aplicaciones en la plataforma de Facebook mucho antes del 30 de abril de 2015, cuando la red social bloqueó el acceso a los desarrolladores de terceras personas. Al fin y al cabo, me encontraba entre los empleados a los que Alexander Tayler había alertado aquella primavera sobre la inminente fecha límite. En respuesta, había revisado una lista de paquetes de datos de Facebook disponibles para su compra antes de esa fecha y había ayudado a identificar qué información consideraba que Cambridge debía comprar. El artículo de *The Guardian* aseguraba que la recopilación de datos llevada a cabo por el doctor Kogan se remontaba al año 2013, mucho antes de la fecha de bloqueo.

La noticia cobró fuerza de la noche a la mañana. Se reimprimió por todas partes y provocó titulares adicionales en publicaciones influyentes como *Fortune* y *Mother Jones* y en páginas como Business Insider y Gizmondo.

La recolección de datos de Kogan en 2013 había tenido lugar primero en una plataforma de Amazon Marketplace llamada Mechanical Turk. Había pagado a cada usuario un dólar para que realizaran el test de personalidad *Esta es tu vida digital*. Cuando los usuarios completaban el cuestionario en Facebook, la aplicación se conectaba con la API de los Amigos para quedarse con sus datos y con los de toda su lista de amigos. A partir de las respuestas que Kogan había obtenido mediante *Esta es tu vida digital*, creó un programa de formación para modelar la personalidad de todos los participantes y supuestamente vendió todos esos datos a CA, donde Alex Tayler y el equipo probaron los modelos de Kogan y después crearon otros nuevos y más precisos basados en conceptos similares de medición de personalidad.

La noche de la fiesta, los empleados de Cambridge y de SCL hablaron sobre el artículo de *The Guardian* y debatieron sobre quién tenía la culpa. ¿El responsable de todo eso no era el doctor Kogan, si había violado las condiciones de servicio de Facebook en 2013 y se había presentado de manera engañosa ante Facebook y ante nosotros?

Alex Tayler había trabajado con Kogan y, aunque el doctor Tayler parecía abatido aquella noche, insistió en que le había comprado los datos a Kogan de manera legítima. Sin embargo, lo que le preocupaba era la percepción de Cambridge ante la prensa. Dijo que aquel golpe afectaría a la reputación y a las ventas de la empresa. Se tardaría mucho, mucho tiempo en «volver a salir del agujero». Además nuestra relación con Facebook corría peligro. El doctor Tayler se había pasado el día entero intercambiando correos y llamadas telefónicas con los ejecutivos de Palo Alto.

Nos reunimos en torno al doctor Tayler y a Alexander, que parecía menos preocupado por todo aquel lío. No creía que la mala prensa fuese a afectar al balance de la empresa, y señaló a su alrededor: a nadie en la fiesta de aquella noche le importaría aquel artículo en lo más mínimo, aseguró, y nos animó a beber y celebrar. Sin embargo, me pareció curioso cuando esa misma noche declaró que la fiesta era una basura. Por alguna razón, no era tan festiva como las que celebraba en Inglaterra. Las fiestas allí eran mucho mejores, dijo antes de dar un sorbo a su cóctel.

—Los republicanos son aburridos —murmuró. Después reunió a un grupo de sus «favoritos», incluida yo, y nos marchamos antes de que terminara la fiesta a la nueva ubicación corporativa de la empresa, donde Alexander sirvió champán alegremente y nos quedamos hasta las tantas, disfrutando de una velada mucho más alegre sin los rezagados, como declaró Alexander cuando terminó.

Cuando llegué por primera vez a SCL Group, me quedó claro que la emoción de Alexander por su empresa había nacido con un ojo puesto en el modelo de Facebook y en el poder que había descubierto que era posible gracias a Google Analytics. En 2011 y 2012, Facebook había empezado a cotizar en bolsa y se había convertido en un gigante de la recopilación de datos, monetizando sus activos de datos a cambio de un empujón extra en la valoración de la empresa. Para Alexander, era una lección práctica sobre tener fe en una visión que podría parecer descabellada para los demás.

Los jóvenes empleados de Cambridge Analytica se sentían animados por la visión de Alexander; yo también. Trabajábamos para una empresa que estaba construyendo algo importante, algo real que podría impulsar el compromiso por todo el mundo conectado.

Mi experiencia con Facebook no distaba mucho de la de otros *millenials*. Parecía haber formado parte de mi vida desde siempre. No conocía directamente a Mark Zuckerberg, pero, cuando fundó la compañía en 2004, lo hizo con un compañero mío del instituto llamado Chris Hughes. Chris y yo habíamos trabajado juntos en el periódico escolar de Andover, el *Phillipian*, y después me resultó emocionante ver a uno de los nuestros implicado en un proyecto tan innovador como Facebook cuando aún estaba en la universidad.

Como estudiante de instituto, recuerdo enlaces a The Facebook en los perfiles de AOL Instant Messenger de Mark y de Chris, y en los perfiles del resto de mis amigos que se habían graduado en Andover y después se habían ido a Harvard. Los estudiantes de Harvard, por entonces los únicos usuarios de la página, invitaban a la gente a Facebook Me. Podías pinchar en el enlace y ver en qué residencia estaban y cuándo era su cumpleaños. Llegado septiembre de 2005, Facebook, ya sin el «The», podía ser utilizado por estudiantes de los principales institutos del país y universidades en el extranjero. Estaba deseando abrirme un perfil allí, y lo hice en cuanto llegó mi carta de admisión para la universidad en julio de 2005. Utilicé esa dirección de correo electrónico como acceso a Facebook antes de abrir mi correo electrónico de la universidad. En 2006, al final de mi primer año universitario, cualquiera que tuviese una cuenta de correo electrónico podía ser usuario de Facebook. El terreno protegido de solo estudiantes universitarios había quedado abierto al mundo.

Solo un año más tarde, Chris Hughes vino a trabajar para la campaña de Obama, al mismo tiempo que yo. Fue la primera persona con experiencia directa en Facebook que entraba en una campaña política, y trajo sus capacidades a la sede de Chicago, ayudando a transformar la manera en que los demócratas se conectaban con sus seguidores. Trabajé junto a Chris en el equipo de redes sociales. Viéndolo con perspectiva, me pareció una época emocionante e inocente.

Por entonces, Facebook tenía muy pocos de los mecanismos que pronto se construirían para ayudar en el proceso de campaña. Un día, nuestro equipo de redes sociales se dio cuenta de que nuestros voluntarios pasaban demasiado tiempo aceptando o rechazando solicitudes de amistad de Facebook para el senador Obama. Al fin y al cabo, el candidato a la presidencia, según la política de la campaña, no podía ser «amigo» de nadie en cuyo perfil aparecieran armas de fuego, drogas o desnudos. La afluencia de cientos de miles de solicitudes nos obligó a tomar medidas. Para controlar nuestra carga de trabajo, decidimos realizar un cambio y hacer que fuese imposible «ser amigo» del senador. Por lo tanto, el perfil de Barack Obama que yo había creado se transformó en la primera página «entidad», un lugar del que políticos, músicos, actores y demás figuras públicas no podrían «hacerse amigas», solo podrían hacerse «fans» o «seguirla».

Antes de aquello, tenías que ser un individuo para tener tu propia página de Facebook. Convertir la página del senador Obama en una «entidad» fue un gran paso hacia delante y abriría la puerta para que otras personas no físicas (campañas, organizaciones no lucrativas, empresas) tuvieran presencia en Facebook. Y ahora que Facebook estaba «abierto a todos», habría que crear nuevas herramientas para gestionar el influjo de todas esas cuentas.

Facebook no tenía aún análisis de datos, de modo que, para saber quién visitaba la página del senador Obama, el equipo de redes sociales lo hacía a la antigua usanza, introduciendo la información de cada persona, una detrás de otra, a mano en hojas de Excel; también respondíamos a los mensajes y publicaciones de Facebook de uno en uno. Recibimos críticas fabulosas por eso: la gente estaba encantada de recibir noticias directas del senador Obama, con mensajes personalizados. Fue entonces cuando empecé a darme cuenta de que la comunicación de masas debía personalizarse para ser efectiva, y de que nuestra recopilación de datos, por rudimentaria que fuera, resultaba de gran importancia.

Por entonces, no existían las «Noticias» en Facebook, y no había manera de hacer publicidad concreta dirigida a un público objetivo en particular utilizando sus datos. En su lugar, dependíamos únicamente de nuestra cuenta de correo para recibir información y materiales, y confiábamos en que nuestros anuncios por correo llegaran hasta nuestros seguidores y llamaran su atención. Me sentía orgullosa del trabajo que estábamos haciendo, pese al esfuerzo. Aquella sencilla recopilación de datos nos permitía focalizar a los ciudadanos de todo el país con las políticas más importantes para ellos e implicarlos en la política de un modo que aumentara su compromiso. Con estadísticas demográficas de jóvenes a mayores, de norte a sur, las comunidades de los Estados Unidos se preocupaban de nuevo por la política gracias a nuestro cuidadoso trabajo de recolección de datos y a nuestros mensajes sencillos pero personalizados.

Para llegar a la comunidad artística, la campaña lanzó un llamamiento a la acción en diversas plataformas, pidiendo a los artistas que enviaran su trabajo ante la posibilidad de usarlo como material oficial de campaña. Recuerdo bien el día en que llegó un correo a mi buzón de un artista llamado Shepard Fairey, un graduado por la Escuela de Diseño de Rhode Island. Al margen de la campaña, Fairey había realizado una bonita imagen de la cara de Obama en rojo, blanco y azul —originalmente lo publicó como arte callejero— y nos lo envió gratis. Aquel póster, que se parece a la icónica imagen del Che Guevara, se convertiría en la sensación visual de la campaña. Aquella breve petición de ayuda a los artistas había producido más frutos de los que habríamos podido imaginar.

La innovación que Facebook ofrecía a los usuarios en su momento para ayudarles a contactar con la gente era el botón de «Me gusta». Cuando a otros usuarios les «gustaba» tu página, entonces «verían» tus publicaciones en su página. Por entonces no había anuncios pagados en Facebook. En aquel momento, recuerdo que se hablaba mucho en la esfera pública sobre si Facebook podría ser un modelo de negocio sostenible, dado que nadie había pensado aún en cómo monetizarlo. La realidad era que el botón de «Me gusta» daba a los usuarios la posibilidad de recopilar información básica sobre sus seguidores, pero a Facebook le proporcionaba aún más: cientos de miles de puntos de datos nuevos sobre los «Me gusta» de cada usuario, información que la red social podía compilar y después convertir en dólares.

En 2007, Facebook era un lugar acogedor de aspecto inofensivo, y el lenguaje que utilizaba era igualmente amable. Te hacías «amigo» de la gente. Todavía no había manera de que «no te gustara» una publicación; eso era antes de que Facebook introdujera *emojis* que permitían a los usuarios estar enfadados, tristes o sorprendidos por algo. Si Google versaba sobre «la información... Facebook versaba sobre conectar... personas».[2] Y durante la campaña de Obama, incluso los mensajes de odio que el senador recibía a través de Facebook, por inquietantes que fueran, eran algo de lo que podíamos encargarnos caso por caso. Al fin y al cabo, aún no había algoritmos que detectasen el comportamiento o el lenguaje inapropiado en la página, o que bloqueasen automáticamente a un usuario. Facebook no se había convertido aún en el «ayuntamiento» nacional e internacional que sería años más tarde, pero aún recuerdo sorprenderme por algunas de las cosas que aparecían en la página del senador Obama.[3] Lo que recuerdo con mayor claridad era que el senador se negaba a entrar al juego y ponía la otra mejilla frente al racismo y al veneno que vertían sobre él. Nos turnábamos para recopilar las amenazas y denunciarlas al FBI.

Como Facebook se negaba a ser árbitro del discurso público, y seguía manteniendo que era una red social y no una editorial, la libertad de expresión reinaba sobre sus decisiones internas, pero no sobre las nuestras. A finales del verano de 2007, el equipo de redes sociales había decidido que la herramienta de Facebook tenía algunos defectos muy serios y que tendríamos que encargarnos nosotros de bloquear las publicaciones que incitaran al odio racial. Nuestro debate interno era acalorado: la censura contra la incitación al odio racial. Optamos por borrar las publicaciones ofensivas, que iban desde comentarios moderadamente negativos, dirigidos contra los rivales demócratas de Obama o contra los republicanos, hasta amenazas de muerte dirigidas al senador. De hecho, nuestro equipo bloqueó definitivamente cualquier comentario negativo, y eliminarlos era un proceso tedioso que requería docenas de horas de trabajo diarias a cargo de nuestros voluntarios no remunerados, que pronto se convirtieron en un ejército de policía censora.

Aquella campaña de 2008 engendró a los políticos de datos de Obama que después fundarían empresas como BlueLabs y Civis Analytics, y que regresarían en la campaña de 2012 con herramientas para vender. Esos expertos sabían cómo insertar publicidad en Facebook y optimizar el uso que los demócratas hacían de la plataforma, proporcionando una experiencia sin fisuras entre la creación de contenido y el envío del mensaje. Es más, BlueLabs y otras empresas similares ofrecían análisis y modelado de datos predictivo. Aunque, en retrospectiva, el modelado y la segmentación pudieran ser menos complejos que en la actualidad, esas empresas podían ayudar a los demócratas a segmentar más allá de la demografía tradicional, o del género, o del partido, y centrarse en la preferencia por un candidato, en la posibilidad de participación en las urnas, en el partidismo y en asuntos específicos como la salud y el empleo.

Yo no formé parte de la campaña de Obama en 2012, pero supe cuáles eran las nuevas capacidades de Facebook y lo que permitía que la segunda campaña fuese tan astuta en lo relativo a datos y análisis de datos. En 2010, Facebook ya había encontrado muchas maneras de monetizarse hacia negocios externos sedientos de la riqueza de datos producidos dentro de la plataforma y del acceso a individuos de todo el mundo. Uno de los más lucrativos fue el desarrollo de su API de los Amigos. A cambio de una tarifa, los desarrolladores podían construir su propia aplicación en la plataforma de Facebook, y esa aplicación les daría acceso, igual que la de Kogan, a los datos privados de los usuarios.

Aquello supuso un tremendo paso hacia delante para la campaña de Obama, que desarrolló sus propias aplicaciones para usar en Facebook y, con los datos que recopilaron, logró ser mucho más precisa y estratégica en su comunicación. Las aplicaciones utilizadas por la campaña de Obama en 2012 no eran abiertamente polémicas, debido en gran medida a que quienes las usaban ya eran seguidores de Obama y habían accedido de manera intencionada a estar al tanto y a correr la voz sobre Obama. Aun así, daba igual lo creativas que fueran las condiciones de servicio a la hora de ocultar la letra pequeña, ya que los usuarios individuales no deberían poder dar consentimiento en nombre de sus amigos para compartir sus datos, y por lo tanto Facebook no estaba legalmente autorizado a dar acceso a los desarrolladores a toda esa red de datos. Desde entonces, los empleados de la campaña de 2012 han comentado lo incómodos que se sentían participando en aquella recolecta ilegal de datos, aunque creían que lo hacían por una buena causa, de modo que resultaba menos inmoral. La directora de integración y análisis de medios de la campaña de Obama, Carol Davidsen, escribió que trabajó «en todos los proyectos de integración de datos de OFA (Obama for America). Eso [la API de los Amigos] era lo único que me resultaba inquietante, aunque actuábamos según las normas y no hicimos nada que fuera sospechoso con los datos».[4]

Facebook representaba una buena rentabilidad de la inversión para la campaña de 2012. Entre 2010 y 2012, la apertura de la plataforma a aplicaciones de terceras personas permitió a las empresas recolectar más datos aún. Con unos cuarenta mil desarrolladores de terceras personas, y con el aumento en el tiempo que pasaban los usuarios en Facebook, la empresa de la red social tenía ahora la capacidad de proporcionar a cualquiera cientos de puntos de datos sobre sus usuarios. Con la amonestación de la Comisión Federal de Comercio a Mark Zuckerberg y a Facebook en 2010 por el uso de la API de los Amigos y por las «prácticas engañosas», se esperaba que la empresa «rellenara aquel vacío legal», pero le costó encontrar la manera de compatibilizarlo con su estrategia de crecimiento.[5] ¿Sería posible preocuparse por la protección de datos y por los beneficios exponenciales? Ambos objetivos estaban muy alejados, y Facebook comenzó a volverse más osado con la recopilación dudosa y el uso de los datos.

Nadie entiende por qué la Comisión Federal de Comercio no prestó atención a eso en 2012. Habría sido muy difícil no fijarse en el anuncio de la directora de operaciones de Facebook, Sheryl Sandberg, cuatro o cinco meses antes de la salida a bolsa de la red social, sobre su lucrativa relación con las empresas comerciantes de datos, o el hecho de que estuviera adquiriendo más datos para añadir a su colección interna, y construyendo herramientas de focalización cada vez mejores y más precisas para los anunciantes de pago: un claro aviso de que Facebook era más que capaz de monetizar su base de datos.[6] De hecho, la red social no cambió su política sobre el uso de la API de los Amigos por parte de los desarrolladores hasta 2015, y la Comisión Federal de Comercio no siguió investigando el asunto.[7] Aquello fue una gran noticia para los demócratas en 2012, cuando Obama ganó su segunda legislatura y pudo usar la enorme plataforma de Facebook para lograrlo. Y también fue una noticia fantástica para Facebook, que salió a bolsa ese mismo año con una valoración de dieciocho mil millones de dólares.[8]

Llegadas las elecciones de mitad de legislatura en 2014, cuando Cambridge Analytica empezó a usar Facebook, se aprovechó de innovaciones aún más recientes. La precisión de las herramientas publicitarias de Facebook iba mucho más adelantada que en 2012. Ahora existían ya dos maneras de utilizar la página con fines publicitarios. Antes de abril de 2015, CA (o cualquier otra empresa o entidad) podía pagar a desarrolladores de terceras personas a cambio de datos de Facebook y presentarles anuncios a los usuarios de la red social en línea, sabiendo más de ellos que antes. O una empresa podía usar sus propios datos y hacer algo aún más innovador: seleccionar de entre esos paquetes de datos la clase de personas a las que quería dirigirse y entonces pagar a Facebook para que «utilizara» esas listas e hiciera una búsqueda de «personas semejantes». Facebook encontraría entonces diez mil (o cien mil, o incluso un millón) «personas semejantes». Y luego la empresa enviaría su publicidad directamente a esas «personas semejantes» a través de la plataforma de Facebook.

El cierre de la API de los Amigos significaba solo una cosa: nadie podría seguir monetizando datos de Facebook salvo la propia red social. Al no poder acceder a la API, los desarrolladores tendrían que usar herramientas de publicidad de Facebook para llegar a los usuarios en la plataforma. Los datos de Facebook ya no podrían emplearse para el modelado externo; o eso pensaba casi todo el mundo.

A finales de 2015, cuando apareció el artículo de *The Guardian* y amenazó con desbaratar Cambridge Analytica y la campaña de Cruz, Facebook todavía se hallaba en una situación favorable, «con el control» absoluto de los datos de sus usuarios, o eso decía. Insistía en que no, no había nada de lo que preocuparse con respecto a la seguridad de los datos. La mayor fuente de escrutinio en torno a la privacidad para la empresa había sido la API de los Amigos, pero había quedado cerrada a finales de abril. Nadie estaba desafiando a la empresa del modo en que estaban desafiando a Aleksandr Kogan y a Cambridge Analytica.

Facebook se había convertido en la mejor plataforma publicitaria del mundo. Si no era segura o si se había violado la seguridad de los usuarios, el dedo apuntaba en otra dirección.

A lo largo del mes de enero de 2016, el doctor Tayler trabajó para aclarar el «malentendido» con los datos de Facebook. Como directora de desarrollo empresarial, me reenviaban las largas cadenas de correos entre Tayler y Allison Hendricks, directora de política de Facebook. En uno de los mensajes —el asunto era «Declaración de inocencia»—, Tayler se preguntaba si Hendricks estaba plenamente satisfecha con la explicación que le había dado él, según la cual Cambridge había acabado inocentemente en posesión de los datos obtenidos de forma ilegal.

Hendricks escribió que no. No estaba satisfecha. Cambridge había violado las condiciones de servicio de Facebook. Kogan no había recopilado los datos de manera apropiada y los usuarios de Facebook no habían dado su consentimiento a que sus datos se utilizaran con fines políticos o comerciales.

Alex explicó que CA había firmado un contrato para comprar los datos a través de una tercera persona llamada GSR. Ese contrato permitía el uso de los datos para cualquier fin y la posesión por parte de CA a perpetuidad; de modo que no era más que un gran malentendido. ¿Facebook estaría dispuesto a ofrecer una rueda de prensa conjunta con Cambridge para aclarar la situación?

Hendricks no se dignó a responder a la petición de la rueda de prensa. La política de Facebook sobre datos de usuarios era estricta, dijo. ¿Había compartido Cambridge los datos de Facebook que Kogan había recopilado con alguien más allá de la campaña de Cruz? Y, si Cambridge borraba los datos de los usuarios, ¿cómo podría la empresa asegurar a Facebook que no tenía copias de seguridad guardadas en alguna parte?

Tayler respondió diciendo que Cambridge no había dado los datos de Facebook a ningún cliente, ni siquiera a la campaña de Cruz; CA los había utilizado solo de forma interna, para modelar. Los clientes habían recibido solo listas de información de contacto, le dijo, «tal vez con algunas etiquetas adjuntas», con las puntuaciones modeladas de los individuos, como, por ejemplo, si tenían un setenta y cinco por ciento de probabilidades de ir a votar o si eran un noventa por ciento neuróticos. Es más, argumentó Tayler, los modelos de Kogan eran virtualmente inútiles, porque solo habían tenido un rendimiento ligeramente superior a la media durante las pruebas. Kogan se había limitado a proporcionar a

Cambridge Analytica una demostración conceptual básica de que el modelado de personalidad podía llevarse a cabo y ser efectivo, nada más. Cambridge recopiló sus propios datos, hizo sus propias encuestas y llevó a cabo sus propios modelados. Además, los datos de Kogan podían borrarse, puesto que no servían realmente para nada, protestó.

Me quedé perpleja al leer aquello, pues el doctor Tayler siempre me había dicho lo importantes y valiosos que eran los datos de Facebook. ¿Por qué de pronto se mostraba tan dispuesto a borrarlos? Claro, necesitábamos mantener una buena relación con Facebook —que nos prohibieran poner anuncios en su plataforma sin duda supondría la muerte de nuestro negocio—, pero ¿merecía la pena a cambio de perder todos esos datos?

Por suerte para Cambridge, Hendricks quedó más o menos satisfecha cuando Tayler le escribió a finales de enero diciendo que, «de buena fe», había borrado los datos de Facebook del servidor de Cambridge y había comprobado que no hubiese copias tampoco. Mientras que Hendricks había firmado sus correos anteriores como «Allison», el último que le envió a Tayler iba firmado por «Alli», un gesto de amistad y una prueba de que todo iba bien entre las dos empresas y de que el asunto se había resuelto.

Al acudir a Cambridge para solicitarle que borrara los datos de Kogan, Facebook logró sofocar de manera artificial la controversia pública por la violación de datos, convenciéndose a sí mismo y al público de que había hecho todo lo posible por solucionar el problema. Por supuesto, las bases de datos de Cambridge no fueron sometidas a ningún análisis forense, ni se firmó ningún contrato para confirmar de manera legal que los datos de los usuarios hubieran sido borrados. Sin pruebas, sin un recurso legal ni las diligencias debidas, Facebook se fio de que CA hubiera cumplido su promesa.

Después, en su afán por recurrir a soluciones superficiales, expulsó al doctor Aleksandr Kogan de la plataforma y acusó a Cambridge Analytica de haber obtenido los datos de manera inapropiada y en contra de sus condiciones de servicio, como si quisiera tranquilizar a sus usuarios diciendo: «Aquí no hay nada que ver». Como le escribió Hendricks al doctor Tayler en el intercambio de mensajes, jamás podría volver a ocurrir nada semejante.

9

Persuasión

SEPTIEMBRE DE 2015 – FEBRERO DE 2016

Incluso antes de trasladarme a D. C., mi acuerdo con Alexander Nix para no trabajar nunca con republicanos ya había perdido su validez. No teníamos un trato formal, así que cada día, sin haberlo planificado, se producía algún resbalón. A lo largo del otoño de 2015, en los meses anteriores a que se publicara el artículo de *The Guardian*, me vi metida hasta el cuello en el Partido Republicano. Supongo que debería haberlo visto venir: ¿cómo iba a poder despegar la rama comercial de Cambridge Analytica sin más de una única victoria importante por parte de la rama política?

Pero en mi descenso por esa pendiente resbaladiza había muchos más factores.

Algunos eran psicológicos. Algunos eran una cuestión de ego. Algunos tenían que ver con la codicia o, más bien, con el deseo creciente de cobrar un sueldo que sirviera para algo más que pagar las facturas. Pero en parte se debía a que había caído bajo el embrujo de un hombre carismático que se alimentaba de mis vulnerabilidades. Me responsabilizo plenamente de las decisiones que tomé mientras trabajaba para Alexander Nix y Cambridge Analytica. Pero también debo decir una cosa: era joven y vulnerable. Alexander no lo sabía todo de mí, pues le ocultaba, igual que a los demás, la verdad sobre la situación económica de mi familia. Pero llegó a conocer los suficientes «puntos de datos» como para lograr persuadirme para hacer cosas que, de lo contrario, no habría hecho en otras circunstancias.

Alexander era el brillante creador de una empresa que, literalmente, influía en votantes de todo el mundo para que actuaran, a veces en contra de sus mejores intereses a largo plazo; y yo permití que se convirtiera en mi propia Cambridge Analytica de carne y hueso: aunque pensaba que me encontraba en el lado bueno de las herramientas de análisis de datos, en realidad a mí también me estaban estudiando desde el principio.

El factor psicológico era que, cuando era niña, mi padre había sido un empresario de éxito, lleno de vida y de ideas. Había sido una gran personalidad, sobrado de energía y escaso de paciencia. Yo lo quería y lo temía. De modo que, ahora que yacía en la cama en un estado casi catatónico, sin poder o sin querer actuar, no era de extrañar que yo viera en alguien como Alexander la figura masculina emprendedora que siempre había admirado.

Alexander eran tan volátil como mi padre, si no más. Se movía con energía en cualquier estancia en la que estuviera, corría de un lado a otro, lleno de ideas, sin que apenas se le pudiera seguir el ritmo. Su alegría era inmensa y su entusiasmo contagioso. Hacía que la gente tuviera ganas de seguirlo, paso a paso, para iluminarse con su aprobación. Y para mí se hizo imposible imaginarme la vida lejos de su órbita de magnificencia.

A veces, aquel primer verano en Londres, me quedaba trabajando hasta tarde, en parte para demostrar que trabajaba duro y me entregaba al máximo. Alexander venía al caer el sol, justo después de un partido de polo, todavía con los pantalones de montar y las botas y una camisa empapada en sudor bajo la chaqueta azul; con las perneras de los pantalones cubiertas de pelo de caballo. Para mí tenía un aspecto ridículo y perfecto al mismo tiempo. Solía llegar un poco borracho, con las mejillas sonrojadas, feliz, alegre por una victoria, y me contaba historias sobre sus conquistas de aquella tarde.

Pero el héroe vividor montado a caballo tenía también otra faceta. A veces yo levantaba la mirada del trabajo y lo descubría observándonos a todos desde su cubículo de cristal. Tenía los párpados entornados y parecía estar a la espera de una oportunidad para poder saltar, por pillarnos cometiendo alguna infracción menor, alguna indiscreción, o un error tremendo. De hecho, tenía por costumbre salir y vapulearnos en público. Sabíamos que estaba muy enfadado cuando llamaba a alguien «descerebrado».

En una ocasión, al principio, pasé junto a una computadora en cuya pantalla estaba reproduciéndose un horrible vídeo antiabortista de Cruz. Me reí abiertamente del vídeo y de Cruz, e hice algún comentario crítico que ahora no recuerdo. Y Alexander, que debía de tener un oído sobrenatural, salió de su despacho y me gritó. Me dijo que nunca volviera a hacer algo así. ¿Y si me oía algún cliente? Debía guardarme mis opiniones.

Vivía con miedo a esos momentos, y había muchos de esos, pero repito que su estado anímico podía cambiar con rapidez. Tan pronto te gritaba como se dirigía a ti como si no hubiera pasado nada y te preguntaba amablemente dónde te gustaría cenar esa noche.

—No soy rencoroso —me explicó después de regañarme por primera vez—. Y el hecho de que no lo sea no significa que haya cambiado de opinión. Es que prefiero decir lo que pienso y luego seguir con mi vida. Así que vamos a hacerlo de ese modo, ¿de acuerdo?

Como Alexander me veía como una estrella emergente, no tardó en empezar a esperar demasiado de mí y a decepcionarse con facilidad cuando no estaba a la altura de sus expectativas. No le aportaba la cantidad de dinero que deseaba. Mi error fue poner el listón demasiado alto demasiado pronto. El suyo fue no darse cuenta de que el primer acuerdo que cerré fue solo la suerte del principiante.

Cuando el segundo contrato con los nigerianos (y los dos millones de dólares adicionales) no se materializó, Alexander se puso furioso. Fue la primera vez que me gritó, a pleno pulmón y durante mucho tiempo, y, pese a que podría haberle señalado las muchas razones por las que el contrato no había salido adelante, me quedé parada, aceptando la reprimenda en silencio. ¿Qué había del hecho de que Alexander se hubiera marchado de Suiza sin darles a los nigerianos ni la hora? ¿O que Sam Patten no lograra poner en marcha su campaña de comunicación de crisis en Abuja? ¿O el hecho —y esto lo supe por Ceris cuando regresó— de que la empresa se quedara con gran parte de los beneficios y gastara solo ochocientos mil dólares en la campaña?

Aun así, no dije nada y traté de restarle importancia.

Después de lo de Nigeria, no conseguí ningún contrato social o humanitario para SCL, y luego ninguno de los contratos empresariales o electorales que había perseguido llegó a materializarse tampoco. Eso también enfureció a Alexander. Incluso en una conversación casual, sus palabras podían volverse de pronto venenosas. A veces ese veneno parecía algo premeditado.

Peor aun que la rabia inesperada de Alexander era la posibilidad de que dejara de creer en ti. Por muy crítico que pudiera ser, era muy doloroso pensar que pudiera empezar a considerarte alguien insignificante. Si podías complacerlo, bien por ti, pero si no lograbas que se fijara en ti, eso era lo peor de todo.

Ahí era donde entraba en juego mi ego. Hacia finales de 2015, Alexander envió un correo a toda la empresa anunciando una reestructuración en SCL. Su idea incluía nuevas «operaciones verticales», entre ellas un equipo de desarrollo de producto y un equipo de televisión basada en datos que funcionaría con TiVo y Rentrak para llegar a los votantes a través de nuevos canales. El doctor Alex Tayler y el doctor Jack Gillett dirigirían un departamento de análisis mayor, supervisando a los científicos de datos que trabajaban en Londres y en Houston, en la sede central de la campaña de Cruz.

Otros, como Kieran Ward y Pere Willoughby-Brown, recibieron nuevas responsabilidades y más personas a su cargo. Sabhita Raju se convirtió en vicepresidenta y Alexander acordó trasladarla a D. C. Julian Wheatland, el director financiero, estaría más presente. En breve, además de la oficina de D. C., abriríamos una en la Quinta Avenida, con la empresa Reclaim New York de Bekah Mercer.

Y, para reforzar la nominación republicana, Alexander había fichado a dos estrellas a quienes yo había ayudado a entrevistar, contratar y formar. Molly Schweickert, de Targeted Victory, que había trabajado para el gobernador de Wisconsin Scott Walker antes de que se quedara fuera de la carrera en septiembre, dirigiría un nuevo equipo de marketing y estrategia digital. Matt Oczkowski, antiguo director ejecutivo digital del gobernador Walker, pasaría a encargarse del Desarrollo de Producto y trabajaría con SCL Canada, también conocida como AggregateIQ (AIQ), para desarrollar nuevo *software* para nuestra lista de clientes, siempre en expansión. AIQ era el socio digital exclusivo y desarrollador de *software* de SCL Group, vinculado de forma tan intrínseca que solían referirse a AIQ como SCL Canada, una marca blanca no registrada. Los empleados de AIQ incluso utilizaban los correos electrónicos de SCL y Cambridge Analytica para propósitos empresariales.

A mí no se me mencionaba por ningún lado.

Hasta ese momento, había trabajado dando por hecho que era esencial para la empresa. Había estado involucrada en la contratación de Molly y de Matt, y literalmente había abierto la oficina de D. C., buscando nuevos consultores, contratando personal de oficina y formándolo. Aquel año, cada vez que Alexander me había pedido que hiciera algo, lo había hecho. Había dado un discurso de venta para Corey Lewandowski. Había gestionado el asunto del Brexit para que no tuviera que hacerlo él. Lo había acompañado a París para intentar convencer a los franceses de que aceptaran la ciencia de los datos. Todas y cada una de esas tareas habían sido una excepción y me habían impedido buscar mis propios acuerdos. Pese a todo aquello, me había vuelto invisible.

Ahora me había trasladado a D. C. por la empresa y había sacrificado muchas cosas para hacerlo, y ni me habían ascendido ni compensado en forma alguna.

Ahí era donde entraba en juego la codicia, si acaso puede llamarse así.

Puede que no resulte evidente a primera vista, pero yo no estaba sacando tajada del éxito de Cambridge. Desde el primer momento, Alexander me había puesto la zanahoria delante de los ojos, a la distancia justa, para que nunca pudiera alcanzarla.

A medida que transcurría el tiempo, pasó de hablar de aumento de sueldo a recompensas aplazadas. «Acciones», decía. «Eso es lo que debes buscar». Escatimaríamos y ahorraríamos al principio, viajaríamos en clase turista y nos alojaríamos en hoteles de segunda, pero, como yo había empezado desde abajo, obtendría una parte proporcional de la valoración cuando la empresa saliese a bolsa. A veces se comentaba que ocuparía el lugar de Alexander, para que él pudiera retirarse y dejar la empresa en buenas manos. Dijo incluso que tal vez llegara a superarlo, que abandonaría la empresa, abriría mi propia compañía y me convertiría en la consultora política mejor pagada y más cotizada del mundo.

—Quédate conmigo, Brits —me decía.

Aunque al principio solo me había imaginado en la empresa durante un año o dos, y luego había llegado a pensar en un máximo de cinco, ahora debía quedarme allí de manera indefinida, al menos hasta obtener beneficios. Tenía veintiocho años. Me entregaría al máximo, trabajaría sin parar para demostrar mi valía, tendría paciencia y renunciaría a todo para ser indispensable para Alexander y Cambridge Analytica, incluso si eso significaba trabajar para que ganaran las elecciones personas a las que jamás votaría.

Además, para ir a los Estados Unidos, tuve que renunciar a mi doctorado. Cuando le dije a Alexander que me preocupaba pensar que no llegaría a ser la «doctora Kaiser», me dijo: «Pero si estabas haciendo el doctorado para obtener un trabajo como este. Dentro de poco tendrás tanto dinero que podrás hacer lo que quieras». Dijo que incluso podría volver y terminar mi tesis, pero esta vez serían afortunados de tenerme e incluso me pagarían por estar allí.

Lo que decía parecía tener mucho sentido.

Para poder trabajar en los Estados Unidos, Alexander me lo enseñó todo.

La primera lección fue que uno podía tolerar la compañía de casi cualquiera si con ello podía ganarse dinero. Lo único que había que hacer era taparse la nariz con una mano y estirar la otra para agarrar el dinero.

Tampoco era necesario que respetara a la gente con la que la empresa trabajaba. Y la palabra clave allí era «con». La empresa no trabajaba «para» los republicanos, ni siquiera para los Brexiters. Les ofrecíamos un servicio. Y, como yo solo les daba un discurso y no trabajaba en sus campañas, mi labor solo era cerrar el trato y después marcharme. Lo que hicieran los equipos de operaciones cuando yo me fuera era otra historia. No tenía que supervisar el proceso, pero, de vez en cuando, revisaría parte del trabajo creativo empleado en los anuncios políticos y su rendimiento en el proceso de campaña. Sabía que no todos los mensajes eran positivos y, por muy decepcionante que me resultara, tampoco me sorprendía. Llegué a ver las campañas de desacreditación como «algo normal», pero nunca vi nada que resultara abiertamente ofensivo, y algunas cosas eran de hecho bastante positivas e inspiradoras. Estaba segura de que lo que hiciera el equipo de operaciones no solo sería legal, sino además muy bueno. Me ayudaba a mantener la energía saber que estaba vendiendo productos reales con un buen rendimiento y una alta calidad. Nuestro trabajo ayudaba a ganar elecciones y capturaba la mente y el corazón de las personas.

En cuanto a lo de ser vendedora, en cambio, la idea me resultaba demasiado vulgar. En SCL, Alexander y yo habíamos decidido usar el título de «asesora especial», por su semejanza con el trabajo de la ONU. Y, cuando me entregaron el taco con mis nuevas tarjetas en los Estados Unidos, era la «directora de desarrollo de programas» de Cambridge Analytica. No era ninguna vendedora. Era alguien que desarrollaba ideas. Creaba cosas y conectaba a personas. Con esa clase de título, algún día podría entrar en las Naciones Unidas o solicitar trabajo en una ONG.

Mientras tanto, Alexander me enseñó a no juzgar a los clientes. En realidad había muy pocas personas a las que él no pudiera soportar, y se cuidaba mucho de que no se le notara. A mí eso podría costarme un poco más. Muchas de las personas y de las causas en las que ellos creían me parecían una parodia enfermiza. Tal vez fuera mejor que no las considerase ofensivas, sino más bien ofensivamente divertidas.

Mientras me instalaba en los Estados Unidos, otros de la empresa escapaban de aquella comedia negra. Ceris, británica a la que consideraba una especie de gemela porque venía del ámbito humanitario, presentó su dimisión. No podía seguir trabajando para la empresa siempre que esta colaborase con el Brexit. Harris, que tenía novio, no podía seguir ideando mensajes evangélicos y antigais para Ted Cruz. Estaba harto de sentarse a su mesa, muerto de vergüenza, y murmurar: «¡Esto es una gilipollez! ¡Menudo idiota!», mientras trabajaba en un anuncio que declaraba que el matrimonio debía ser entre un hombre y una mujer.

A mí también me costaba trabajo asimilar aquello, pero suponía que me había inmunizado ya a las opiniones religiosas de los evangelistas de los Estados Unidos, puesto que llevaba toda la vida oyendo el mismo argumento sobre el matrimonio homosexual. Era difícil discutir con las personas religiosas. Y, aunque no estuviera de acuerdo con ellas, el tema me parecía una batalla perdida con tanta gente en la comunidad evangélica, y una estrategia de comunicación esencial para los seguidores religiosos de una campaña estadounidense. Dicho eso, los mensajes antigais seguían resultándome ofensivos, y no me sorprendió que Harris abandonara el barco y acabara trabajando para la Oficina del Gabinete Británico, donde irónicamente se pasaría años gestionando comunicaciones para el Brexit.

Mientras tanto, en los Estados Unidos yo me había esforzado por volverme imprescindible para Alexander y la empresa, deseaba orientar nuestro trabajo hacia clientes que me emocionaran y proyectos que pudieran proporcionarme una generosa comisión. En otoño de 2015, en los meses previos a la publicación del artículo de *The Guardian*, había trabajado incansablemente en nombre de Cambridge, tratando de perseguir casi cualquier causa, conservadoras e independientes por igual, y casi a cualquier político republicano que se presentara a las elecciones.

Durante la Cumbre de Sunshine, un acto republicano propio del teatro del absurdo celebrado en Disney World, Florida, me reí cuando, en el salón de Fantasía, Dick Cheney subió al escenario sin ninguna ironía con la música de Darth Vader. No era divertido, pero resultó satisfactorio ver por fin a alguien a quien consideraba un villano político burlarse de sí mismo. Quizá sepan que lo que hacen no está bien, pensé, y que todo esto es un juego.

A lo largo de 2015, había intentado captar sin arrepentirme a casi todos los republicanos dispuestos. Alegremente, me había unido al grupo de personas arremolinadas en torno a Donald Trump para verlo autografiar su propia cara en la portada de la revista *Time*. Había posado para una fotografía con Ted Cruz. Había viajado a Phoenix y había conocido al *sheriff* Joe Arpaio, donde conseguí una moneda de colección con su cara en un lado y el mensaje *No te drogues* en el otro, y unos calzoncillos rosas de recuerdo firmados por él, los mismos que obligaba a llevar a sus reclusos. Y di un discurso ante una sala llena de ejecutivos de la Asociación Nacional del Rifle, con los que bebí cerveza, hombres a los que antes habría considerado mis enemigos.

En cada uno de esos casos, y en muchos más, nunca me faltó respuesta para la pregunta retórica que mucha gente tiene en la punta de la lengua: ¿Cómo podías trabajar con esas personas? La campaña de la Asociación Nacional del Rifle se llamaba Trigger the Vote, pero no se trataba solo de armas; se trataba de conseguir votantes. Sí, esos votantes eran republicanos, pero ¿acaso tratar de conseguir votantes no era una manera de ayudar a los estadounidenses a participar en una democracia representativa más auténtica? ¿Y trabajar con el senador Cruz, con Ben Carson o con el Comité Nacional Republicano no ayudaría a nivelar el terreno en un panorama electoral desequilibrado? Como decía siempre Alexander, los demócratas habían tenido la tecnología y los conocimientos en el mundo digital desde 2008; era hora de dar a los republicanos las mismas herramientas. Alguien tenía que hacerlo. ¿Por qué no nosotros?[1]

Si aquello era relativismo moral en extremo, si existía una

vocecilla en mi cabeza que me decía: «Hay algo que no está bien en tu planteamiento, Brittany», yo no la oía. Si trabajar para Cambridge Analytica era firmar un pacto con el diablo, no era cosa mía, ni me beneficiaría juzgar al diablo. Al fin y al cabo, de haberlo hecho, habría tenido que juzgarme a mí también.

Podría resultar extraño que no experimentara ninguna crisis de conciencia o disonancia cognitiva. Ahora entiendo por qué. Cuanto más me alejaba de quien era, más incondicionalmente me convertía en una nueva persona: excesivamente convencida, frágil, defensiva, creída, inalcanzable.

Aunque mi lógica tenía fallos, recurrí a mis libros de derecho y pensé en mi superhéroe de los derechos humanos, John Jones, el abogado de Doughty Street en Londres. Al defender a personas acusadas de cometer crímenes de guerra, un buen abogado de derechos humanos no juzgaba a sus otros clientes. Uno debía seguir los principios de la ley. Mientras hacía mis malabarismos mentales y justificaba mis actos en aquella época, adentrándome cada vez más en el mundo de aquellos a los que, en otras circunstancias, habría despreciado, pensaba mucho en mi formación legal y en el coste emocional del código justo de ética profesional.

Decidí que sería una pérdida de tiempo averiguar demasiado sobre los clientes de Cambridge buscándolos en Google o haciendo cualquier otra clase de investigación. No me pagaban por hacer eso. Y además me decía a mí misma que estaba ocupada. Era una máquina de lanzar discursos, sin dormir, siempre de viaje, siempre trabajando por teléfono. Así que buscaba las mejores cualidades de la gente.

El *sheriff* Joe era «divertidísimo».

El senador Cruz tenía un «apretón de manos muy fuerte».

Rebekah Mercer era «elegante» y «tenía unos modales impecables».

En cuanto a la directora del comité de acción política de Cruz, Kellyanne Conway, era «resistente».

Probablemente no haya una persona que genere más antipatía en la esfera republicana que Kellyanne. Siempre era la opositora más extenuante en cualquier lugar, tenía la desagradable costumbre de jugar la carta de la rectitud y hablaba con los demás con tanta condescendencia y con tanta convicción en sus creencias que a veces resultaba difícil no sentir que tal vez lo que decía fuese cierto, aunque supiera que se equivocaba.

Pero no teníamos elección a la hora de trabajar con ella. Era una compatriota muy cercana a Bekah, de modo que venía incluida en el paquete que Bekah nos había presentado. Que conste que yo respetaba el negocio de solo mujeres de Kellyanne, The Polling Company, pues siempre me había costado ver reflejado el empoderamiento de la mujer en la política, y mucho menos en la política conservadora. Pero eso no era suficiente para que se ganara mi simpatía. Kellyanne se pasaba con frecuencia por la oficina de Cambridge; ¿para qué?, no siempre lo sabía, pero siempre con Bekah. Durante un tiempo, me limitaba a hacer otros planes cuando sabía que iba a pasarse por allí y me tomaba una larga pausa para comer y así evitar sus miradas prejuiciosas.

Kellyanne nunca estaba satisfecha con Cambridge. Criticaba todo de la empresa. Nunca nada era lo suficientemente bueno: todo lo que hacíamos era demasiado caro y no se entregaba con la suficiente rapidez; o no alcanzábamos los objetivos que ella esperaba.

Por suerte, a mí generalmente no me daba ni la hora; era irrelevante para ella. Siempre que me encontraba en las oficinas de Nueva York para asistir a las reuniones de Keep the Promise (KtP1), el comité de acción política de Ted Cruz dirigido por Kellyanne, reuniones que a veces se celebraban en la sala de juntas de Reclaim New York de Bekah, veía a Kellyanne siguiendo a Bekah de una sala a otra como si fuera un cachorro.

Siempre que tenía tiempo, Kellyanne se dedicaba a molestar a Alexander, quejándose de los últimos problemas con Cambridge. Él siempre estaba harto de ella, pero tenía las manos atadas y no podía contraatacar: estaba en la nómina de Bekah, de modo que la cadena de mando estaba ligeramente desequilibrada cuando Kellyanne se hallaba en la oficina. En privado, Alexander se desahogaba conmigo cuando, a petición de Bekah, ofrecíamos a Kellyanne carísimas investigaciones y demás servicios casi gratis, lo cual era una manera de decir que Bekah le había vendido a él y a la empresa. En mi presencia, decía que Kellyanne era una auténtica zorra y deseaba que Bekah tuviera otro comité de acción política que financiar que no tuviera a Kellyanne al mando.

Los Mercer destinaron millones a la campaña de Cruz y a KtP1. Gran parte de ese dinero, al menos cinco millones de dólares, fue a parar directamente a Cambridge Analytica, en cuya junta directiva estaban los Mercer y Steve Bannon; era un flujo constante de efectivo que además lograba que se llevase a cabo el trabajo. Entre Cambridge, la campaña de Cruz y el comité de acción política KtP1, el dinero iba y venía de un lado a otro, pero siempre permanecía dentro del mismo ecosistema. Solo parecía estar distribuido si te guiabas por los archivos de la Comisión Federal Electoral, pero en realidad volvía a entrar en los mismos bolsillos de los que había salido.

Debido en parte a esa constante inyección de fondos, Cruz se había situado a la cabeza a lo largo de 2015, y Cambridge había tenido un papel fundamental a la hora de lograrlo. Por su parte, desbancó a Rick Perry y a Scott Walker, y supo defender su terreno ante Marco Rubio y Donald Trump en un debate tras otro. En general se negaba a calumniar a los demás, se limitó a ceñirse a la política y elevó el número de seguidores evangelistas en los Estados Unidos como nadie más lo había hecho.

Y, de fondo, según Alexander, Cambridge Analytica tomó a Cruz y lo convirtió en algo más que un adversario. Cuando el senador comenzó su carrera electoral, contaba solo con un cinco por ciento de reconocimiento en los Estados Unidos. Y, entre aquellos que lo conocían, casi todos en el Senado, donde no tenía mucho tiempo para dejarse conocer, casi todo el mundo le despreciaba, sin apenas defensores en el Congreso, y mucho menos entre el electorado estadounidense.

Mientras la propia campaña empezaba a adquirir unas dimensiones que ninguno de nosotros podría haber anticipado, una cosa quedó clara: la magia de nuestra salsa secreta parecía funcionar. Cruz estaba aumentando su número de seguidores y había generado un movimiento popular de pequeños donantes que recordaba a la campaña de Obama. Desde la sede central de la campaña de Cruz en Houston, nos llegaban informes sobre el incremento del compromiso, mayor número de seguidores y personas que se comprometían a votar por Cruz en la designación del candidato y en las primarias.

En septiembre de 2015, le vendí a Kellyanne el modelo de análisis de datos de CA mediante una videoconferencia desde Londres. Estaba intentando que KtP1 nos contratara otra vez para analizar los datos para Cruz, esta vez utilizando nuestra microfocalización psicográfica para ganar votantes a través de los puntos de su programa electoral. Con un pequeño equipo, y gracias al presupuesto potencial ilimitado y a *Citizens United* (la decisión del Tribunal Supremo que decretaba que, en caso de financiación de campaña, la cláusula de libertad de expresión de la Primera Enmienda se aplicaba a las corporaciones además de a los individuos), la junta directiva de Cambridge esperaba que KtP1 fuese una manera aún más sencilla de catapultar a Cruz hasta el circuito popular y prepararlo para enfrentarse a Hillary Clinton. Como decía Kellyanne, «Hillary Clinton se levantaba cada mañana siendo la segunda persona más popular de su casa». Si seguíamos obteniendo los buenos resultados que ya apreciábamos, superaríamos la falta de popularidad de Cruz y le haríamos ganar votantes mediante su programa electoral, asegurando así la nominación y tal vez llevándolo hasta la presidencia; aunque yo nunca creí que llegaría tan lejos. No podía evitar pensar que, si lograba el contrato de KtP1, Alexander me miraría con aprobación y tal vez me daría una generosa comisión.

—Hola, Brittany. Explícales a mis empleados por qué deberían trabajar con ustedes —me dijo Kellyanne con brusquedad cuando empezó la videoconferencia—. ¿Qué pueden hacer para ayudarnos? Ellos no los conocen y quieren saber a qué atenerse.

Kellyanne sabía perfectamente a qué nos dedicábamos, pero supuse que, al hacer de abogada del diablo, querría poner a prueba a una de las empleadas más jóvenes de Alexander para ver si estaba a la altura de sus expectativas o si me convertiría en otra empleada de Cambridge más sobre la que quejarse.

No la veía y ella no me veía a mí. En las pantallas situadas en las habitaciones donde nos encontrábamos, ambas veíamos la misma presentación de diapositivas.

Me encontraba en la Caja del Sudor, y estaba sudando.

Para empezar les expliqué a Kellyanne y a sus empleados el éxito que había tenido Cambridge en las elecciones de mitad de legislatura de 2014 con el comité de acción política de John Bolton. En la oficina de Londres habían elaborado un impresionante caso práctico sobre psicografía y microfocalización; en su mayoría, ejemplos amables de anuncios sobre familia y patriotismo. Uno de los anuncios me sorprendió un poco, pero sirvió para ejemplificar lo fácil que era jugar con los miedos de la gente, sobre todo en lo tocante a seguridad nacional. En vez de niños corriendo alegremente por un campo, en la pantalla aparecían banderas blancas en monumentos nacionales de todo los Estados Unidos con la inscripción *Nunca antes nos hemos rendido. No vamos a empezar ahora.* Mostré al equipo las cinco versiones diferentes de esos anuncios, que habíamos utilizado con el comité de acción política de Bolton, cada uno de ellos seleccionado en función de los perfiles de personalidad de los votantes y el modelado del público objetivo. Los datos demostraban que cada anuncio había sido efectivo. Tenía una tabla con porcentajes de clics, índices de compromiso y una mejora demostrada en la opinión de los votantes como resultado de la campaña. Bolton incluso utilizó a un tercero para confirmar nuestros resultados después de las elecciones, y fueron más que significativos.

La publicidad digital y las campañas de televisión basadas en la personalidad habían logrado persuadir a los votantes para elegir a candidatos republicanos al Senado en Arkansas, Carolina del Norte y Nuevo Hampshire, y sin duda habían elevado la percepción de los votantes sobre la importancia de la seguridad nacional como tema electoral. En Carolina del Norte, habíamos enviado mensajes a un grupo de mujeres jóvenes altamente «neuróticas» de acuerdo con la puntuación OCEAN. Después de microfocalizarlas, descubrimos que, al comparar a esas mujeres con un grupo de control, estábamos seguros al noventa y cinco por ciento de haber logrado un incremento del treinta y cuatro por ciento en las preocupaciones de las mujeres y habíamos modificado su voto.

Elaboré un resumen de los servicios que Cambridge le había proporcionado ya al senador Cruz en su campaña, y después comencé con el gran discurso: lo que Cambridge podría hacer ahora por Cruz con una psicografía más elaborada que la utilizada con Bolton.

Cambridge ya había hecho el trabajo preliminar. Nuestros científicos de datos habían analizado a los votantes de Iowa y Carolina del Sur, los primeros estados clave de las primarias. En Iowa, habían identificado a un grupo de 82 184 votantes influenciables, y en Carolina del Sur a 360 409. Entre los votantes influenciables, el equipo descubrió cuatro tipos de personalidad distinta en cada uno. En Iowa, estaban los Estoicos, los Cuidadores, los Tradicionalistas y los Impulsivos. Los Estoicos representaban el diecisiete por ciento de la muestra total y estaban compuestos por un ochenta por ciento de hombres blancos con edades comprendidas entre los cuarenta y uno y los cincuenta y seis años. Los Cuidadores representaban el cuarenta por ciento de los influenciables y eran casi todos mujeres de entre cuarenta y cinco y setenta y cuatro años. Los Tradicionalistas representaban el treinta y seis por ciento del total y eran casi todos hombres de entre cuarenta y ocho y sesenta años. Y el grupo restante, los Impulsivos, eran un sesenta por ciento hombres y un cuarenta por ciento mujeres, predominantemente blancos, con edades comprendidas entre los dieciocho y los treinta y dos años. En Carolina del Sur, los grupos eran más o menos iguales, salvo que, en vez de Impulsivos, el equipo había descubierto a un grupo al que etiquetó como «Individualistas».

Para determinar qué temas preocupaban a esos grupos, los científicos de datos de Cambridge habían empleado modelos predictivos con más de cuatrocientos puntos de datos demográficos y comerciales, y después habían segmentado más aún a los miembros de cada grupo para entender cuáles eran sus necesidades individuales en términos de «movilización», «persuasión» o «apoyo». «Movilización» significaba lograr que la gente interactuara con la campaña, se ofreciera como voluntaria o asistiera a un mitin. Incluso algo tan sencillo como compartir contenido en redes sociales sería suficiente. «Persuasión» significaba convencer al votante del atractivo del candidato y de sus políticas, ganarnos realmente su confianza. «Apoyo» significaba conseguir que la gente donara dinero o se implicara más aún.

Cuando ya teníamos los grupos de audiencia, planificamos los mensajes. Eran mensajes hechos a medida para cada votante según sus necesidades. Un Estoico que se preocupaba por la seguridad nacional, la inmigración y los valores morales tradicionales recibiría mensajes que emplearan palabras como «tradición», «valores», «pasado», «acción» y «resultados». El mensaje sería simplista y patriótico; se ceñiría a los hechos y emplearía imágenes nostálgicas como la famosa foto del grupo de marines estadounidenses al plantar la bandera del país en lo alto del monte Suribachi en Iwo Jima.

El mensaje para un Cuidador sería muy distinto. Enfatizaba la familia, usaba palabras como «comunidad», «sinceridad» y «sociedad», y tenía un tono más amable. Los anuncios centrados en la familia solían ser muy efectivos. Un mensaje sobre la tenencia de armas de fuego era: «La Segunda Enmienda. La póliza de seguros de tu familia». Un anuncio sobre inmigración estaría más basado en los miedos: «No podemos correr riesgos con nuestra familia. Aseguremos las fronteras».

Los Individualistas de Iowa respondían mejor a otro tipo de mensajes. Un mensaje Individualista contendría palabras (o evocaría sentimientos) como «resolución» y «protección»: «los Estados Unidos es la única superpotencia del mundo. Ya es hora de comportarnos como tal».

Al final, el discurso fue todo un éxito. Kellyanne y KtP1 eligieron a CA para el último trimestre de 2015, con vistas al primero de 2016 y más allá. Cambridge presentó el plan a Kellyanne y al equipo, lo puso en marcha y el senador Cruz siguió creciendo en intención de voto de cara a la designación del candidato en Iowa.

Pese a lo crítica que se mostraba con nuestro trabajo, Kellyanne estaba muy comprometida con Cruz y había demostrado su lealtad en numerosas ocasiones. Un día, en otoño de 2015, poco después de mi videoconferencia con ella, me encontraba trabajando en la oficina de Nueva York cuando Alexander me pidió que me reuniera en la sala de juntas con Kellyanne, Bekah, Steve y él. Quería que informara al grupo sobre nuestros avances con la campaña de Trump. En aquel momento, hacía menos de un mes que Alexander y yo habíamos hablado con Corey Lewandowski en la Trump Tower, pero entré en la sala de juntas y comencé a explicar lo que habíamos hecho hasta el momento para lograr el contrato de Trump y cómo procederíamos a partir de entonces.

Antes de que pudiera continuar, Kellyanne me interrumpió. Estaba furiosa. Dijo que le resultaba inmoral que Cambridge Analytica buscara otros candidatos cuando ya representábamos al senador Cruz. Teníamos que invertir todos nuestros recursos en apoyar a Cruz y, si no estábamos dispuestos a hacerlo, no quería tener nada que ver con nosotros.

Alexander, en un intento por hacer las paces, apeló a su sentido del juego limpio. «Pero, Kellyanne», le dijo, «esto es un negocio». «Además», le recordó, «no nos hiciste firmar una cláusula de exclusividad». De pronto se quedó callado. «Eso es todo, Brittany», me dijo sin mirarme y señaló hacia la puerta. «Puedes irte».

Debió de ver lo mismo que había visto yo: la furia en los ojos de Kellyanne.

Me volví para marcharme, pero, antes de poder llegar a la puerta, Kellyanne me adelantó con su traje de Chanel y sus zapatos de tacón de aguja. Caminando como una muñeca Barbie enfadada, llegó hasta el ascensor y desapareció en su interior, dejando a su paso un leve olor a pelo quemado.

Alexander me contó después que Steve y él habían podido calmarla al confesarle, igual que él me había confesado a mí, que en realidad Trump no se presentaba para ganar. Y, dado que no suponía una amenaza para Cruz, Kellyanne dijo que estaba bien. Al parecer, ese dato hacía que nuestro trabajo para ambos candidatos resultara aceptable. Al fin y al cabo, en otoño de 2015, a casi todo el mundo seguía resultándole imposible creer que la campaña de Trump pudiera llevarle a una victoria real.

Por muy disgustada que se hubiera mostrado Kellyanne ante la idea de que trabajáramos con Trump, las consecuencias del artículo de *The Guardian* sobre Cambridge Analytica, el doctor Aleksandr Kogan, la campaña de Cruz y Facebook resultaron ser mucho más problemáticas. Kellyanne estaba furiosa. Consideraba que el artículo salpicaba a Cruz, y aquello condicionó la relación de KtP1 con Cambridge Analytica durante meses.

Recuerdo estar un día en la oficina de Alexandria cuando Sabhita Raju llegó y, mordiéndose la lengua, se dirigió a una reunión para realizar una conferencia telefónica con Kellyanne. Salió una hora más tarde como si la hubiera destrozado emocionalmente una manada de perros salvajes. De hecho, parecía que siempre había alguien de CA al teléfono con Kellyanne mientras ella se quejaba, incluso desde lejos. Y, solo con oír su nombre, Alexander ponía los ojos en blanco.

Pero Kellyanne no era la única persona difícil de la campaña de Cruz. Era la portavoz de KtP1, pero los directores oficiales de la campaña en Houston eran groseros y abusones. Tipos rudos y corpulentos que asustaban a los empleados de CA en Houston con las pistolas cargadas que llevaban a veces. Y les gustaba quejarse: decían que un *software* diseñado por Cambridge específicamente para ellos nunca había llegado a utilizarse. La campaña de Cruz aseguraba que el *software,* llamado Ripon, había sido un timo. Cierto, tenía algunos fallos, pero yo sabía que la gente lo tenía instalado en sus tabletas y lo utilizaba en el trabajo de petición de voto puerta por puerta. Aun así, el equipo de Cruz sabía que, si cortaba la relación con Cambridge, era posible que el dinero de los Mercer desapareciera con nosotros. Así que se quedaron y siguieron quejándose, viendo cómo entraban los donativos.

Mientras tanto, se dedicaban a amargarles la vida a los empleados de Cambridge. De hecho, a veces lo único positivo de la relación con los tipos duros de Texas era que, siempre que el personal volvía de Houston, traía consigo sombreros de vaquero, cinturones de cuero con hebillas gigantes y botas para lucir en la oficina. Es más, se convirtió en algo habitual para todos nosotros vestir con ropa del oeste, en parte de manera irónica, pero también para demostrar que formábamos parte del equipo de los vaqueros.

Tal vez gracias a los sombreros de vaquero que llevaban nuestros científicos de datos, Cruz ganó la designación de Iowa con un 27,6 % de los votos. Eso representaba solo a 51 666 personas, pero le aseguraba ocho delegados y la primera victoria de la temporada electoral; algo que repercutió en todo el país.

La noche del 1 de febrero de 2016, tras la victoria de Cruz en la designación del candidato en Iowa, por fin pude relajarme. En nuestra oficina de Crystal City, Alexander, Julian Wheatland y yo bebimos champán viendo los resultados y estuvimos celebrándolo hasta bien entrada la noche. Me sentía muy bien para variar: había triunfado en algo. Había hecho que sucediera algo significativo.

Saqué el teléfono para mirar la foto que me había hecho con el senador Cruz en Disney World. En ella aparecíamos los dos sonrientes, rodeándonos con el brazo como si fuéramos viejos amigos. Desde que llegara a los Estados Unidos, apenas había publicado nada en redes sociales sobre mi trabajo, pero subí aquella foto a Facebook con el texto HEMOS GANADO EN IOWA!!!!! Luego añadí los *hashtags* #datadrivenpolitics, #CambridgeAnalytica, #IowaCaucus, #groundgame, #CruzControl, #winning; los *emojis* 🎉🎈📩🍾😜; y las palabras: *El senador Cruz y yo en Disney World.*

Cuando me desperté a la mañana siguiente, me di cuenta de que había cometido un error al hacer eso. El odio de mis amigos progresistas se había desencadenado durante la noche.

«Puede que te encante #winning», había escrito un viejo amigo, «pero ¿cómo duermes por la noche?».

Me quedé destrozada y me sentí muy sola. Aunque yo había ganado el contrato con KtP1, Alexander nunca me había reconocido el mérito por haberlo hecho. Consideraba que Bekah y él habían sido los que habían cerrado el trato, no yo. Y jamás vi comisión alguna por el trabajo. Sí, Cambridge había logrado una victoria importante para el senador Cruz, pero, si alguien le hubiera preguntado a Alexander si creía que yo había formado parte de eso, probablemente habría respondido que no. Además, al atribuirme la victoria de manera pública, me había expuesto a las críticas personales que deseaba evitar. Hasta ese momento, si no había juzgado mis propias acciones, al menos me había protegido al no darles a quienes me conocían del mundo liberal la oportunidad de juzgarme, de destruirme.

Fue entonces cuando empecé a ver que mi antiguo mundo se venía realmente abajo. Las respuestas negativas a mi publicación sobre la victoria de Cruz no fueron las últimas muestras de odio. Antiguos amigos me dieron de lado. Y a cambio sentía que no me quedaba más remedio que aceptar el mundo por el que los había abandonado.

Empecé no solo a mostrarme neutral ante cosas a las que antes me oponía, sino a aceptar una vida de valores que diferían mucho de los míos de antes. Salía de fiesta con gente nueva. Me preocupaba más por mi modo de vestir y por las personas con las que pasaba mi tiempo. Aprovechaba cualquier oportunidad para codearme con aquellos cuyo beneficio pudiera beneficiarme también y empecé a contemplar mi pasado con desdén. ¿Qué habían hecho por mí los demócratas? ¿Por qué había sido tan leal a ellos?

Y, si albergaba una última esperanza de regresar a ese mundo algún día, la puerta se cerró para siempre aquella primavera, primero con la publicación de Facebook y después con una llamada de teléfono. Era mi compañero Robert Murtfeld, desde Londres. Robert era un alemán extravertido, un experto en derechos humanos al que conocía desde antes de trabajar en CA, un hombre muy organizado.

—¿Me oyes? —me preguntó.

Me encontraba en Times Square, entre las hordas de turistas y el claxon de los coches. Me acerqué a un escaparate para poder oírlo.

—Siéntate o apóyate en algo —me dijo.

Miré a mi alrededor. Me dirigí hacia la salida trasera de un edificio y me senté en el suelo.

—Ya está —le dije.

John Jones, de Doughty Street, había muerto.

Me lo estaba contando antes de que la noticia saliese publicada. Robert me había presentado a John años atrás y sentía que era su deber decírmelo. Las circunstancias eran confusas. Abundaban los rumores. Robert no sabía qué había pasado. Habían encontrado a John en las vías de una estación de metro de Londres, pero aún no había grabaciones de seguridad que indicaran cómo había llegado hasta allí.

¿Lo habrían empujado? Había mucha gente que podría querer ver muerto a John, desde aquellos que odiaban a cualquiera de sus polémicos clientes, que iban desde Muamar Gadafi hasta Julian Assange, hasta aquellos que habían llevado a cabo genocidios en los estados bálticos y aquellos a quienes John había procesado. ¿Habría sido asesinado?

Supimos después que John estaba muy deprimido, incluso había estado hospitalizado. Pero le dieron el alta demasiado pronto. Nos asustamos al imaginar lo pesado que debía de ser su trabajo, y por tan poco dinero. Nos hacíamos una idea de la carga del tipo de trabajo que realizaba y la falta de dinero que recibía, y que debía de ser igual de asfixiante. Pero su trabajo era tan noble, tan idealista y tan importante... Las Naciones Unidas lo escogían siempre para representarlas en los casos más complicados, y lo requerían en todo el mundo por su inteligencia y su amabilidad.

Aquello me atormentaba. Al principio no sabía por qué.

John era tan importante en el ámbito de los derechos humanos que se celebraron tres funerales en su honor, y yo asistí a cada uno de ellos. El primero lo organizó Robert en Nueva York, en el Centro Internacional de Justicia de Transición, el segundo fue en La Haya y el tercero en Londres. Todas las figuras más prestigiosas de los derechos humanos estaban presentes: Amal Alamudin Clooney, compañera de John; Geoffrey Robertson, fundador de Doughty Street Chambers; delegaciones de países extranjeros; innumerables abogados, activistas y juristas de los derechos humanos. La gente dio discursos, leyó poemas y mostró vídeos de John trabajando. Verlo defender casos en un tribunal internacional era presenciar algo hermoso y saber que su muerte era, en efecto, una tragedia para el mundo entero. Apenas podía asimilarlo.

Mientras lloraba a John aquella primavera, me di cuenta de que lloraba también por la muerte de algo de mí. Aunque no lo hubiese admitido, había albergado la esperanza de que, si alguna vez dejaba de trabajar para Alexander, si alguna vez pudiera, el único lugar que me acogería tras haberme pasado al lado oscuro sería Doughty Street, y la única persona que me habría recibido con los brazos abiertos habría sido John Jones.

No me habría juzgado. No habría pensado mal de mí por haber trabajado para los malos. Su legado para el mundo era el haber defendido a personas indefendibles. Me habría visto como alguien que antes estaba comprometida con unos principios, pero que había perdido el rumbo. Esperaba que John hubiera visto más allá de mis pecados y se hubiera fijado en la pecadora. Fantaseaba con que me absolviera de todo lo que había hecho mal y todo lo que tal vez estuviera a punto de hacer en nombre de Cambridge Analytica.

Pero ahora había muerto y no quedaba nadie que pudiera perdonarme o aceptarme.

Cuando llegó la primera semana de marzo, Ted Cruz era uno de los cuatro republicanos que quedaban en pie, junto con Rubio, Kasich y Trump. No podíamos evitar preguntarnos si realmente tendría posibilidades de ser el candidato republicano. Por supuesto, si ganaba la nominación, era casi seguro que Hillary vencería en las generales. En un debate patrocinado por Fox News en Detroit, que se centró en los ataques personales, Cruz intentó, sin lograrlo, causar una impresión presidencial. Aunque era una quimera interesante —que alguien tan poco agradable como Cruz obtuviera la candidatura con el apoyo de nuestra empresa—, no era capaz de entrar al juego que proponía Donald Trump: una falta de discurso y de decoro que a muchos empezaba a resultarles deliciosa. Recientemente Marco Rubio se había rebajado al nivel de Trump y se había burlado del color de piel inexplicablemente anaranjado de este último, además del reducido tamaño de sus manos. En aquel debate, Trump defendió el tamaño de sus manos y sugirió que tampoco había nada «anormal ahí abajo», en referencia al tamaño de su pene. El mundo se estremeció ante aquella idea.

Al día siguiente, me encontraba en la Conferencia de Acción Política Conservadora, (CPAC, por sus siglas en inglés), la celebración anual del conservadurismo. Aquel año de elecciones, se celebraba en National Harbor, Maryland, justo al otro lado del río, frente a D. C. Habían pedido a Alexander que participara en un coloquio llamado «¿Quién vota y quién no? Análisis del electorado de 2016», pero, como tendría que compartir escenario con Kellyanne Conway, encontró la manera de librarse y me pidió ir en su lugar. Dijo que tenía una reunión importante con el magnate del juego y donante republicano Sheldon Adelson. Cuando comenzó el coloquio, Alexander debió de colarse en el auditorio sin que lo vieran, aunque en aquel momento yo no lo sabía.

Al ocupar el puesto de Alexander en el coloquio, tenía la oportunidad de defenderme ante un montón de periodistas veteranos de publicaciones conservadoras; y ante Kellyanne. Era la mayor visibilidad que había tenido nunca en el ámbito republicano, y la mayor audiencia republicana que podría haber imaginado: había más de diez mil personas reunidas en el auditorio, y más aún viéndolo por C-SPAN. Podría decirse que era mi puesta de largo, o al menos la primera vez en que CA estaba a punto de convertirse en una auténtica consultoría política. Era un momento de celebración para CA y yo era una de las caras de aquella nueva operación.

Traté de calmarme. Me había preparado lo mejor posible, teniendo en cuenta el poco tiempo de antelación. Llevaba algunos temas de conversación y mi trabajo era compartir con el público lo que Cambridge Analytica aportaba a la mesa, cuál era nuestro valor añadido. Entre bambalinas, charlé con el director ejecutivo de la Asociación Nacional del Rifle, Wayne LaPierre, mientras me maquillaban. Cuando comenzó el coloquio, salí al escenario con las botas de vaquero de mi tía y el traje color crema de la época de Enron de mi madre (al que le había quitado las hombreras de los años ochenta), tratando de transmitir seguridad en mí misma. Era, con diferencia, la persona más joven e inexperta del escenario.

El moderador, el presidente de la Unión Conservadora Americana Matt Schlapp, nos presentó a los espectadores y dijo que Kellyanne Conway era una «encuestadora», el apodo que más le gustaba.

Cuando dio comienzo la conversación, se suponía que pretendía entender al electorado de 2016, pero se convirtió en un ejercicio para evaluar el caos que Donald Trump estaba provocando en el Partido Republicano y qué hacer al respecto. Me encontraba fuera de lugar.

Charles Hurst, del *Washington Times,* dijo que no sabía qué hacer con respecto a la división interna del Partido Republicano con Trump. Hurst había estado entre el público de Detroit la noche anterior, durante el debate. Dijo que la opinión de Trump sobre la tortura evidenciaba la división republicana a la perfección.

«En una fila» del auditorio, dijo Hurst, «la gente se quedó con la boca abierta» cuando Trump dijo que respaldaría «la tortura por ahogamiento». Pero dos filas más atrás, los asistentes lo vitorearon y aplaudieron.

Fue un momento crítico.

Matt Schlapp quiso saber qué podría unificar al partido. Fred Barnes, del *Weekly Standard,* que llevaba cubriendo la política en

D. C. desde 1976, cuando un granjero de Georgia se convirtió en presidente, dijo que había visto de todo en la política estadounidense, pero que nunca existiría una Casa Blanca de Trump. La poca simpatía que despertaba Trump daría pie, según la predicción de Barnes, a la elección de un candidato republicano independiente que pondría a Hillary en el despacho oval igual que Ross Perot había puesto allí a su marido.

Yo seguía sin tener nada que añadir.

Kellyanne intervino y, como solía hacer, pasó a tener el control de la conversación.

Dijo que sí, un candidato republicano de última hora sería como regalar la victoria a Hillary. Pero añadió que aún había esperanza. Se sentó allí, muy recta, con su vestidito negro y las manos en las rodillas, mirando a las diez mil personas del público.

Kellyanne dijo que daba igual quién acabase siendo el candidato republicano a la presidencia. Habría una manera de controlar al candidato. Dijo que la «ficción de la elegibilidad» se había terminado. «La electricidad ha reemplazado a la elegibilidad». Sería, por supuesto, una declaración profética, pero también brillante. Y entonces yo podría haber intervenido para decir algo sobre lo que Cambridge podía hacer para que un candidato fuera eléctrico; al fin y al cabo, ya lo habíamos hecho con Cruz.

Pero no lo hice. En su lugar, durante todo el coloquio, solo hablé una vez, y fue porque Matt Schlapp me hizo una pregunta directa sobre cómo llegar a los votantes.

—¿Cómo conectamos? —dije—. ¿Cómo encontramos a los votantes indecisos? Y, lo más importante, ¿cómo encontramos sus «palancas de persuasión»?

Después, cuando vi a Alexander y supe que había estado presente entre el público, esperé que estuviese orgulloso. ¿Le habría gustado? ¿Lo habría hecho bien? ¿Habría encontrado sus palancas de persuasión y le habría convencido de que era una persona valiosa, digna de elogio?

Pero no tuve tiempo de preguntar.

—Buen trabajo —me dijo. Estaba borracho, pero no con esa euforia que mostraba a veces cuando llegaba del campo de polo, ebrio en parte por la victoria—. Al menos no la has jodido —añadió.

Y eso fue lo mejor que me diría.

10

Bajo la influencia

VERANO DE 2016

Al final resultó ser muy difícil impulsar la carrera electoral del senador Cruz. Su falta de popularidad acabó pudiendo más que él, tanto fue así que ni siquiera nuestros métodos para cambiar el comportamiento del votante pudieron solucionarlo. Por lo que oí dentro de la empresa, Cambridge había hecho un gran trabajo apoyando la campaña y al comité de acción política para que Cruz pasase de ser la oveja negra del Congreso a un senador importante y conocido. Pero el estigma de «Ted el mentiroso», impulsado por Trump, cobró fuerza y Cruz se retiró en el último obstáculo.

Cambridge nunca lo consideró una derrota. De hecho, lo celebramos como una victoria. El triunfo duradero de la maquinaria Cruz se anunció en los periódicos y en las televisiones de todo los Estados Unidos, e incluso se comentó en otros lugares del mundo que se maravillaban ante el uso de la ciencia de datos en la política. «¿Podría el equipo de Cruz salvar el periodismo impreso?», se preguntaba un escritor de *Forbes,* con la esperanza de que tuviéramos el secreto para atraer a los lectores y a los suscriptores en la era digital. «El equipo de Cruz utiliza los perfiles psicológicos para impulsar las victorias electorales», decía otro. Empezaron a llegar solicitudes de empresas y políticos sin importar la derrota del senador frente a Trump.

Pese al tiempo y al esfuerzo que Cambridge y los Mercer habían dedicado a Cruz, su salida no significó que nos quedáramos fuera de la carrera presidencial; de hecho, tanto Cambridge como los Mercer llevaban un tiempo involucrados con Trump, mucho más de lo que se sabía públicamente.

Para algunos, los Mercer eran parias. Un antiguo compañero contrariado de Bob Mercer dijo que Bob creía «que los seres humanos no tienen valor inherente más allá del dinero que ganan». Y Mercer fue citado diciendo que «un gato tiene valor... porque proporciona placer a los humanos», mientras que una persona que recibe ayuda de la beneficencia pública tiene «valor negativo».[1] Yo no tenía nada en contra de Bob; parecía que esos comentarios salían del cerebro de un científico de datos introvertido, muchos de los cuales sabía que eran antisociales y que les gustaban más los números que los seres humanos. En cualquier caso, solo había coincidido con él en tres ocasiones y no tenía ningún otro marco de referencia.

Conocí a Bob en julio de 2016, poco después de la transición de Cruz a Trump, en nuestra gran oficina de Nueva York, donde había acudido para echar un vistazo a los nuevos aposentos que había ayudado a financiar. Antes, Cambridge ocupaba una pequeña sala en la asociación Reclaim New York de Bekah, en el edificio NewsCorp, no más de un puñado de escritorios y una mesa de pimpón que Alexander utilizaba como superficie de trabajo; una molestia extravagante que tenía su lado positivo porque, de vez en cuando, celebrábamos partidas improvisadas. La nueva oficina se hallaba en la séptima planta del edificio Charles Scribner's Sons, en la Quinta Avenida con la Cuarenta y Ocho, a poca distancia a pie de la Trump Tower. El espacio estaba limpio y ordenado, era moderno y tenía una sala de juntas de verdad, con ventanas opacas para tener intimidad y paredes con arte ultramoderno que la hermana de Bekah nos había prestado de su colección.

Bob, a quien no le gustaban las multitudes, se pasó por allí antes de la fiesta de inauguración, para evitar la muchedumbre. Una vez, durante un discurso, algo poco frecuente, dijo que prefería «la soledad del laboratorio informático a última hora de la noche, el olor a aire acondicionado... el zumbido de los discos duros y de las impresoras».[2] Cuando nos estrechamos la mano aquel día, apenas intercambiamos unas palabras. Su apretón de manos me resultó robótico; era un científico de datos tan brillante que me dije a mí misma que probablemente para él fuera alguien irrelevante.

Steve dijo una vez que, como los Mercer habían amasado su fortuna a una edad tardía, tenían «valores de clase media».[3] No sé si percibí eso en alguno de ellos, pero no significa que no estuviera allí. Para ellos no era más que la empleada de un empleado, alguien a quien saludar amablemente.

Veía a Bekah Mercer en la oficina. O, si me quedaba trabajando hasta tarde y Alexander estaba cenando con ella, me llamaba para decirme que me pasara por el restaurante donde se encontraban para poder poner al día a Bekah sobre nuestros clientes. Nunca me invitaban a cenar; nunca lo habría esperado. Era una subordinada que llegaba al final de la cena. Mientras escuchaba a Bekah, me pareció muy racional. Tal vez odiara a mis héroes demócratas, pero nunca dijo en mi presencia nada más ofensivo que cualquier comentario que hicieran mis parientes republicanos.

Fuera cual fuese su ideología política, el poder que ejercían su padre y ella dentro y fuera de nuestra empresa era considerable, algo que percibí con más claridad cuanto más tiempo pasaba en Cambridge. A medida que pasaba el tiempo, no me permitía olvidar que ella era la fuerza motriz que hacía que sucedieran las cosas en Cambridge Analytica; y también en el mundo de Trump.

Después de ofrecer mi discurso a Corey Lewandowski en septiembre de 2015, las negociaciones se trabaron, pero nunca se detuvieron. Había redactado el primer borrador del contrato con la campaña de Trump y se lo acababa de entregar a mis superiores cuando las cosas se complicaron. Uno de los problemas era que Trump deseaba que el contrato fuera con una tercera persona inocua y, por lo tanto, que no tuviera vínculos visibles con los Mercer. En su momento, presumía de poder financiar su campaña por sí mismo, sin ataduras con los grandes donantes. Al principio, Alexander y Julian sugirieron que utilizáramos AIQ, pero después decidieron que probablemente fuese un vínculo demasiado evidente con Cambridge, puesto que AIQ llevaba todas las campañas digitales de CA en aquel momento, y compartían datos a diario. Me dieron a entender que, al final, se eligió como intermediario a un *holding* empresarial llamado Hatton International. Propiedad de Julian Wheatland, Hatton había sido empleado como vehículo de contratación para SCL Group en campañas pasadas.

El distanciamiento de Trump permitió a los Mercer operar bajo un velo de secretismo durante muchos meses. Tiempo después, la historia que se daría por válida sería que los Mercer eran partidarios de Cruz que habían aceptado hacerse cargo de la campaña de Trump en el último momento —concretamente a mediados de agosto de 2016, cuando tuvo lugar la supuesta «mercerización» de la campaña de Trump—, es decir, cuando Steve Bannon se subió al tren como director ejecutivo y Kellyanne Conway pasó a ser la directora de la campaña.

En realidad, la transición de CA al mundo de Trump tuvo lugar en la primavera de 2016. En aquel momento, la relación entre la campaña de Cruz y los Mercer pendía de un hilo, y así había sido desde enero, cuando el impacto del primer escándalo Facebook/ Cambridge llegó a la prensa. Ni siquiera la victoria de Cruz en la designación del candidato en febrero logró frenar por completo el descarrilamiento del tren, y cada día parecía ser una batalla armada entre la junta directiva de Cambridge y el equipo de la campaña de Cruz en Houston. Después de una noche en particular, en el mes de marzo, recuerdo que Alexander me susurró que aquella protesta del equipo de Texas podría ser la gota que colmara el vaso para que la campaña de Cruz siguiera contando con el apoyo de los Mercer. Que tuvieran suerte de ahí en adelante. Aquello puso en marcha los primeros pasos para que los Mercer y Cambridge se hicieran cargo de la campaña de Trump y de la renovación de la imagen del comité de acción política de Cruz KtP1, también para Trump, aunque Alexander obligó a todos los empleados a jurar que guardarían el secreto.

Alexander había recibido luz verde de Bekah y trabajaba constantemente entre bambalinas con el yerno de Trump, Jared Kushner, para elaborar un plan de cara a la campaña. En marzo y abril, Matt Oczkowski, que se había incorporado procedente de la campaña de Scott Walker, estaba trabajando en la campaña Trigger the

Vote de la Asociación Nacional del Rifle y tenía que compaginarlo con su trabajo para Trump. Mientras tanto, Molly Schweickert desarrolló una propuesta digital hecha a medida. Y, por el lado del comité de acción política, Emily Cornell, consultora política conservadora siempre contrariada y antigua empleada del Comité Nacional Republicano, quien en mi opinión tenía dificultades con la inteligencia emocional, elaboró una estrategia para lo que podría haber sido la campaña Defeat Crooked Hillary (Vencer a la Corrupta Hillary); de hecho, ese habría sido el nombre del comité de acción política si la Comisión Federal Electoral lo hubiera permitido. Al rechazar el nombre, acabaron con Make America Number One (MAN1), que encabezó el movimiento antiHillary.

A finales de junio, dos equipos de Cambridge Analytica ya estaban en marcha: uno en Nueva York y el otro en San Antonio. Los Mercer estaban detrás de ambos.

San Antonio era el centro neurálgico de la campaña de Trump; Paul Manafort estaba establecido allí cuando era director de campaña y no en la Trump Tower, que era donde estaba el cuartel general oficial. Se debía a que San Antonio era el hogar de Brad Parscale, de Giles-Parscale. Parscale era desde hacía tiempo el diseñador web de Trump, y el magnate lo había elegido para que llevase sus operaciones digitales. El problema era que Parscale no tenía experiencia en ciencia de datos ni en comunicación basada en datos, de modo que Bekah sabía que Trump necesitaba a Cambridge.

Cuando el primer equipo de Cambridge Analytica (compuesto por Matt Oczkowski, Molly Schweickert y un puñado de científicos de datos) llegó a San Antonio en junio, encontraron a Brad y las operaciones digitales de la campaña de Trump en un alarmante estado de descontrol. Oczkowski, Oz para abreviar, me escribió el 17 de junio, cuando le hice una pregunta sobre un cliente comercial, diciendo que no tenía tiempo para ayudarme, pues necesitaría toda su energía para trabajar con Brad y sacar adelante sus análisis. Según me dijeron, estábamos trabajando sin cobrar, en una especie de periodo de prueba para demostrar nuestra valía. Suponía una factura importante para Alexander, que tenía a un grupo de sus mejores empleados trabajando veinticuatro horas al día gratis…, pero imagino que pensó que merecería la pena cuando Trump por fin firmase el contrato.

Cuando llegó, el equipo de CA quedó horrorizado al descubrir que Brad no tenía modelos propios de votantes, ni maquinaria de *marketing*, y tenía cinco encuestadores diferentes recopilando información, todos con objetivos contrarios. Al comienzo de una campaña bien llevada, uno esperaría que la base de datos estuviera ya en funcionamiento, con un programa de modelado. Eso permite a los encuestadores coordinar sus preguntas para que puedan cotejarse con la base de datos y convertirse en modelos políticos de utilidad que sirvan para categorizar a cada votante del país, con puntuaciones de cero a cien sobre, por ejemplo, la probabilidad de que alguien vaya a votar (propensión del votante) o la probabilidad de que a alguien le interese un candidato en concreto (preferencia por un candidato). Los datos estaban tan desordenados que el equipo de CA tuvo que empezar de cero.[4]

Dado que yo les había ayudado a redactar la propuesta, sabía que estaban planeando construir una base de datos con datos modelados de todos los ciudadanos estadounidenses y dividir después la estrategia de la campaña en tres programas superpuestos. La primera parte de la campaña se centraría en elaborar listas y solicitar donaciones a esas listas, sobre todo porque el equipo de Trump no había empezado aún una campaña de recaudación de fondos. Los fondos eran esenciales para que empezásemos a trabajar de inmediato y para ir subiendo escalones en la campaña nacional. Daba igual lo que Donald dijese en televisión, porque no iba a financiarla él mismo.

El segundo programa, que comenzaría un mes después, se centraría en la persuasión, también conocida como encontrar a los votantes indecisos y convencerlos para que les cayese bien Donald.

Y el tercer programa estaría centrado en conseguir el voto, lo que implicaría fomentar la inscripción de los votantes y conseguir que los seguidores en potencia de Trump acudieran a las urnas a votar en las elecciones.

Cuando nos pusimos a trabajar, no cabía duda de que la campaña de Trump gastaría mucho dinero en redes sociales. De hecho, tras las elecciones, el monto final del gasto en redes sociales de la campaña alcanzó un máximo histórico. Solo a través de Cambridge, la campaña de Trump se gastó cien millones de dólares en publicidad digital, casi toda en Facebook. Con ese tipo de gasto llegó un nivel de servicio superior; no solo de Facebook, sino de otras plataformas de redes sociales. Ese servicio de guante blanco era algo que las empresas de las redes sociales nos ofrecían con frecuencia, presentando herramientas y servicios nuevos que podrían ayudar a las campañas en tiempo real.

Pero los gigantes de las redes sociales no solo ofrecían tecnología nueva, sino también mano de obra.

Sentados junto a Molly, Matt y nuestros científicos de datos se encontraban empleados internos de Facebook, Google y Twitter, entre otras empresas tecnológicas. Facebook llamaba a su trabajo con la campaña de Trump «servicio al cliente plus»[5]. Google decía que trabajaba para la campaña en calidad de «asesor». Twitter lo llamaba «trabajo gratuito».[6] Mientras el equipo de Trump recibía aquella ayuda con los brazos abiertos, la campaña de Clinton por alguna razón decidió no aceptar esa ayuda de Facebook, lo que debió de dar a Trump una clara ventaja que no puede cuantificarse con facilidad; un poco de ayuda extra por parte de alguien experimentado aporta mucho a una campaña, pues es una labor que no tiene que gestionar ni supervisar el director de campaña, que ya trabaja veinticuatro horas al día sin apenas dormir.

Como descubriría después, los empleados internos de Facebook mostraron al personal de campaña y a los trabajadores de Cambridge cómo agregar personas semejantes, crear audiencias personalizadas e implementar los llamados anuncios oscuros, contenido que solo determinadas personas podrían ver en sus redes sociales. Aunque la campaña de Clinton podría tener algunas de esas capacidades dentro de su organización, la ayuda de primera mano con la que contaba la campaña de Trump era algo inestimable en el día a día, concediéndole la ventaja de las nuevas herramientas y características nada más salir al mercado.

Tras las elecciones, descubrí que las operaciones con otros empleados de distintas redes sociales obtuvieron unos éxitos similares. Twitter tenía un nuevo producto llamado Conversational Ads, que mostraba listas desplegables de *hashtags* sugeridos que, una vez que se pinchaba en ellos, automáticamente retuiteaban el anuncio junto con el *hashtag*, asegurando que los tuits de la campaña de Trump cobraran más fuerza que los de Hillary. Snapchat también se sumó a la innovación con WebView Ads, que incorporaba un componente de captura de datos que pedía a los usuarios registrarse como seguidores de la campaña, permitiendo que la campaña siguiese almacenando datos y aumentando su público objetivo. Los empleados de Snapchat presentaron al equipo de CA un producto nuevo y barato llamado Direct Response, que se focalizaba en personas jóvenes que se pasaban todo el tiempo en línea. Si deslizabas hacia arriba una foto, te llevaba hasta una pantalla donde podías agregar tu dirección de correo electrónico; los términos y condiciones proporcionaban también todo tipo de datos. Los WebView Ads de Snapchat y sus filtros (como los selfis que podías sacarte en los que aparecías entre rejas con Hillary) también habían sido importantes ganadores.

El equipo republicano en Google había hecho que a las campañas les resultase fácil pujar por el uso de los términos de búsqueda para controlar las «primeras visualizaciones» de los usuarios. En Google, el equipo de campaña de Trump había incrementado su gasto publicitario en términos de búsqueda, publicidad de persuasión por búsqueda y el control de las primeras visualizaciones. Las compras de palabras clave de Google también habían dado un resultado excelente. Si un usuario buscaba «Trump», «Irak» y «guerra», el primer resultado que aparecía era: *Hillary votó a favor de la guerra de Irak; Donald Trump se opuso a ella*, con un enlace a la página de un comité de acción política con la banderola *La corrupta Hillary votó a favor de la guerra de Irak. ¡Mala idea!*. Si un usuario introducía los términos «Hillary» y «comercio», el primer resultado de la lista era lyingcrookedhillary.com. El índice de clics en esos enlaces era increíblemente alto.

Google vendía su inventario a Trump diariamente y notificaba a la campaña cuándo había un nuevo espacio publicitario disponible, como la página de inicio de YouTube.com, el inmueble digital más codiciado. Google remató todo aquello facilitando a la campaña pujar por el uso de los términos de búsqueda para controlar las «primeras visualizaciones» de los usuarios. Google le vendió aquello a Trump para el día de las elecciones, el 8 de noviembre, y eso atrajo a montones de nuevos seguidores y los dirigió hacia sus locales de votación más cercanos.

Mientras el comité de acción política y la campaña de Trump trabajaban entre bambalinas aquel verano, yo me dedicaba a buscar proyectos que me resultaran interesantes. Uno de ellos era dar una formación para el equipo de comunicación del primer ministro esloveno. Me había quedado asombrada cuando el Departamento de Estado estadounidense llamó a mi celular y solicitó que CA fuera uno de sus socios para mostrar las mejores innovaciones del país a las delegaciones visitantes. Me preguntaron si podría recibir al equipo del jefe de Gobierno y ofrecerle una sesión formativa sobre comunicación política. Pensé que, si me estaban pidiendo algo así, era evidente que Cambridge era cada vez más conocida y estaba mejor valorada en los círculos de D. C. Fue un honor para mí. Claro, estaría encantada de celebrar la sesión formativa.

Cuando el equipo del primer ministro esloveno llegó a nuestras oficinas el 21 de junio, la reunión fue como la seda. Estaba despidiéndome de ellos cuando el más tímido del grupo me preguntó por Trump. Quiso saber si mi empresa trabajaba para él. Dijeron que sabían que probablemente no pudiera responderles. Les dediqué una sonrisa, sabiendo que Matt y Molly se hallaban en ese preciso momento gestionando la campaña en San Antonio. Les dije que no, que no podía confirmarlo ni negarlo, pero les guiñé un ojo; uno de ellos me dijo antes de marcharse que estaban muy emocionados con la oportunidad de tener a una eslovena en la Casa Blanca. «Sabes que Melania es de nuestro país, ¿verdad? Esperemos que estés trabajando para su marido. ¡Y cruzamos los dedos para que ganen!».

11

Brittany Brexit

PRIMAVERA / VERANO DE 2016

Mientras que gran parte de la empresa avanzaba a toda máquina con la campaña de Trump a principios de verano de 2016, por mi parte, me alejaba de la política por primera vez desde que regresara a los Estados Unidos el otoño anterior. Llegada la primavera, ya no tenía discursos políticos de venta que dar en los Estados Unidos —las ventas para el ciclo electoral ya habían concluido—, lo que significaba que era libre al fin para centrarme en proyectos comerciales y sociales en los Estados Unidos y más allá. Había cerrado los primeros contratos de Cambridge con un bufete de abogados, una empresa de moda, una corporación médica, una cadena de restaurantes y una empresa de capital de riesgo, abriendo nuevos acuerdos verticales, también conocidos como industrias a las que ofrecíamos nuestra tecnología. Apenas dormía y no me cuidaba mucho. Me pasaba la mayor parte del tiempo en aviones, viajando entre Nueva York, Londres, D. C. y las oficinas del cliente al que estuviese intentando fichar. Alexander me aconsejó que no pensara aquello de «vuelo, luego existo», pero no podía evitar sentirme viva cuando me encontraba de viaje, haciendo que las cosas pasaran. Y, si bien en algún momento me sentía desorientada —me despertaba sin saber si me encontraba en mi apartamento de Upper Berkeley Street; en el apartamento de Tim, donde ahora tenía mucho más que un cepillo de dientes; en el apartamento de Crystal City; o en algún hotel barato—, me tranquilizaba saber que por fin había encontrado mi camino.

Tenía vacaciones en junio y me apetecía pasarlas con Tim, así que volamos a Portugal, donde él tenía un amigo cuya familia poseía una casa allí, en el soleado Algarve, una zona costera con casas encaladas en los acantilados sobre una playa perfecta. Había entre diez y doce personas en la casa, una villa de tres plantas con sitio para todos nosotros. Casi todos los invitados eran británicos y teníamos en común que queríamos escapar de la votación del Brexit, aunque no todos huíamos por la misma razón.

Pese a mi aparición pública en la rueda de prensa en noviembre, mi relación profesional con el Brexit había sido breve. Y, que yo supiera, también la de Cambridge Analytica.

Pese a haber compartido escenario con el equipo de Leave.EU, después de la rueda de prensa de noviembre, solo había tenido una interacción más con ellos, cuando viajé con el doctor David Wilkinson a Bristol para visitar su «sede central oficial». Mi misión allí era presentar a los empleados de la campaña los servicios que Cambridge proporcionaría a Leave.EU, hacer una inspección de los datos que la campaña estaba recopilando y explicar cómo utilizar el análisis de datos que ya habíamos llevado a cabo.

El día resultó muy extraño. No entendía por qué la sede central de Leave.EU se encontraba en Bristol y no en Londres, hasta que llegamos al parque empresarial donde estaba ubicada. Ahí fue cuando descubrí que el sencillo edificio de la sede central era también la oficina principal de Eldon Insurance, la empresa de Arron Banks.

De hecho era difícil distinguir la diferencia entre el equipo de campaña de Leave.EU y los empleados de la compañía de seguros cuando pasé junto a ellos de camino a la sala de juntas. Había unas diez personas en total, cada una a cargo de un departamento diferente: prensa y relaciones públicas, redes sociales, petición de voto, eventos y dirección del *call center.* Casi todos los empleados eran pálidos y vestían con sencillez, sentados imperturbablemente en sus sillas, con el cordón identificativo colgado del cuello y una actitud poco entusiasta... hasta que empezaron a oírnos hablar a David y a mí. Cuando entendieron lo que habíamos ido a hacer, se mostraron agradecidos de que estuviéramos allí.

Nos dijeron que se sentían como «un pez fuera del agua». Ninguno de ellos había trabajado antes en una campaña política y se alegraban de que alguien con experiencia en política hubiera acudido a ayudarlos. Enseguida quedó claro que no eran más que empleados de la compañía de seguros a quienes les habían encargado el trabajo de campaña. Me pareció extraño, pero también demostraba eficiencia, aunque solo fuera eso, por parte de Arron.

Aun así era extraño y, cuando David y yo visitamos el *call center,* nos dimos cuenta de inmediato de que era el mismo que utilizaban para Eldon Insurance. Como más tarde testifiqué ante el Comité de Cultura, Medios y Deporte del Parlamento británico en su investigación «Desinformación y "noticias falsas"», había unas sesenta personas atendiendo los teléfonos, sentadas a unas cinco hileras de escritorios, realizando llamadas a los clientes de la base de datos de Eldon para hacerles preguntas sobre el Brexit donde normalmente habrían tenido que responder a preguntas de sus clientes de la aseguradora.

La directora del *call center* era una joven que debía de rondar mi edad. Se ofreció amablemente a mostrar en una pantalla de computadora las preguntas de la encuesta que estaban utilizando y David y yo les echamos un vistazo para ver si CA podía perfeccionar lo que ya estaban haciendo.

¿Quiere abandonar la Unión Europea?

¿Cree que la inmigración es un problema?

¿Cree que nuestro Servicio de Sanidad carece de fondos?

Las preguntas eran tan sesgadas y tendenciosas que los resultados acabarían por distorsionar cualquier modelo. No estaban haciéndolo bien y sabía que CA podría ayudarlos en diversas formas a sacar adelante la campaña.

Cuando regresé a Londres, escribí un correo al equipo de Bristol pidiéndoles todos los datos que pudieran enviarme: información de suscriptores, información sobre donantes y cualquier otra cosa que tuvieran. David trabajaría con los datos y las conclusiones que extrajeran permitirían a Cambridge empezar a trabajar en una propuesta para la segunda fase de nuestro trabajo con Leave.EU.

El gurú de redes sociales de Leave.EU, Pierre Shepherd, permitió a CA acceso a todas las cuentas y demás datos relevantes y el equipo de CA comenzó a diseñar la segunda fase.

Salvo que esa segunda fase nunca tuvo lugar. Después de que CA elaborase una propuesta de continuación para la primera fase que ya habíamos realizado, Banksy y Wiggsy desaparecieron del mapa; aunque en su página web destacaban que estaban trabajando mano a mano con Cambridge Analytica y no paraban de hablar de su relación con nosotros en la prensa. Julian seguía en contacto con Arron, y Arron seguía aparentando interés en la segunda fase, pero nunca nos pagó la primera fase ya realizada. Se habían transferido a Cambridge datos sensibles con información personal sobre los votantes británicos, los habían cotejado con los datos de las encuestas, modelado y transformado en grupos útiles de focalización para Leave.EU. ¿Dónde habían ido a parar esos datos? ¿Por qué Alexander había permitido que un proyecto en su propio país se negociara sin un contrato, como había hecho en Nigeria?

El aparente final de nuestra relación laboral con Leave.EU nos situó en un lugar confuso. Al fin y al cabo, nos habían asociado públicamente con ellos desde noviembre. En total, habíamos pasado tres días ofreciéndoles servicios de consultoría, dos preparando la rueda de prensa y uno en Bristol, tratando de poner al día a su equipo. Eso sumado a las muchas horas de trabajo que habíamos invertido trabajando con los datos que nos habían dado para completar la primera fase y preparar la presentación de la rueda de prensa. Nunca llegamos a darles las diapositivas, pero yo había hablado detenidamente de los hallazgos de las mismas con el equipo de Leave.EU durante aquellos días. Aun así, a cambio de todo ese trabajo, jamás obtuvimos un contrato firmado ni un pago, lo que hacía que nos fuera difícil atribuirnos el mérito del trabajo o seguir avanzando.

Como se mostraba tan indiferente con nosotros, no sabíamos si Arron Banks planeaba seguir con su trabajo en el referéndum, de modo que, durante un breve periodo de tiempo, Cambridge trató de conseguir a Vote Leave como cliente. Vote Leave estaba compuesto por políticos de Westminster, personas poderosas procedentes tanto de los *tory* como del Partido Liberal de Inglaterra, todos ellos posibles grandes clientes. Nos habíamos puesto en contacto con ellos al principio, pero cuando supieron que estábamos trabajando con Leave.EU, se echaron atrás. Para muchos en Cambridge, incluida yo, nuestra implicación con el Brexit había llegado a su fin.

A lo largo del invierno y la primavera de 2016, Leave.EU pareció tener éxito sin nuestra ayuda, pero, observando su campaña desde fuera, no me quitaba de encima la sensación de que estaban utilizando al menos parte del trabajo de consultoría y segmentación que CA había realizado en su nombre. Arron Banks y Leave.EU pagaron millones de libras por llevar su propia campaña digital, que Banks aseguraba que estaba basada en la ciencia de los datos, mencionando el nombre de Cambridge siempre que le resultaba conveniente. Alardeaba de que Leave.EU era la mayor campaña política viral en el Reino Unido, con 3,7 millones de seguidores en Facebook en una semana. «La campaña», decía, «debe de estar haciendo algo bien para fastidiar de manera constante a las personas correctas».

Pocos días antes de la votación, Leave.EU publicó una «investigación secreta» en Facebook, supuestamente para demostrar lo fácil que era colar inmigrantes por el Canal. Andy Wigmore también publicó contenido, que Leave.EU republicó: una serie de fotografías en las que se veía a una mujer siendo atacada por un hombre encapuchado. *Migrantes golpeando a una chica en Tottenham el sábado,* escribió Wigmore.

Se sucedieron protestas en masa y peleas violentas tras aquel mensaje... además de un asesinato.

El 16 de junio de 2016, una semana antes del referéndum, un jardinero en paro de Yorkshire llamado Thomas Mair, que tenía problemas mentales y unas ideas muy influidas por los mensajes antiinmigrantes de la extrema derecha, la propaganda del Frente Nacional y la ideología neonazi y del KKK que había encontrado en línea, asesinó a Jo Cox, una diputada del Parlamento a la que consideraba Remainer. Utilizando un rifle de cañón recortado, le disparó en la cabeza y en el pecho y después la apuñaló quince veces. Si cabía alguna duda sobre lo que le había incitado a hacerlo, dos días más tarde, cuando le pidieron que se identificara ante el tribunal, Mair respondió: «Mi nombre es muerte a los traidores, libertad para Gran Bretaña».

El día del referéndum, todos los que estaban en la casa del Algarve con nosotros trataron de quitar importancia a sus diferencias políticas. Muchos de los invitados eran, según los patrones británicos, conservadores, como Tim, y habían votado por la salida antes de volar aquel día. Los otros habían votado por quedarse en la UE, porque eran liberales o porque tenían intereses financieros significativos en la estabilidad del euro que se verían beneficiados si Gran Bretaña permanecía en la Unión. Después de que se cerraran las urnas, bebimos cantidades ingentes de vino y nos arremolinamos en torno a la única tele de la casa para seguir los resultados de aquella votación histórica que podría cambiar el curso de la historia europea.

Al final, la votación dependió de un uno por ciento del electorado británico. El resultado fue 52–48 a favor de abandonar la Unión Europea. El efecto de la votación fue inmediato. El valor de la moneda británica se desplomó y la libra alcanzó su mínimo en treinta y un años; los mercados globales, incluyendo el Dow Jones, sufrieron un duro golpe.[1]

En Portugal, de pie frente a la televisión, la mitad de los británicos con los que me encontraba celebraron la noticia. Otros se mostraron disgustados, algunos incluso lloraron. No podían imaginar una Gran Bretaña alejada de Europa y ahora también tan alejada de la razón y de la cordura. En aquel momento estábamos divididos y yo me hallaba en el medio. Era una expatriada estadounidense, una liberal disfrazada, una conservadora en apariencia, y además una mujer que había trabajado para una empresa que a su vez había trabajado, al menos durante un tiempo, para o con, dependiendo de cómo se mirase, los Leavers.

—¿En eso es en lo que andas metida? —me habían preguntado amigos británicos con frecuencia en la época previa al referéndum y durante las primarias republicanas.

—Eres experta en crisis, ¿verdad? —me decían, en referencia al título de una película de Sandra Bullock que habían estrenado recientemente en la que Bullock interpreta a una consultora política estadounidense cuya especialidad era dirigir campañas políticas en repúblicas bananeras.

Siempre respondía con una risa nerviosa.

El propio Alexander se negó a ver la película, puesto que no era sobre él. Había dirigido más campañas extranjeras que ningún otro, aseguraba. Que la película no estuviese basada en él le resultaba absurdo. No paraba de protestar.

El día después de la votación del Brexit, algunos amigos británicos que sabían que trabajaba para Cambridge y que Cambridge había tenido algo que ver con el referéndum comenzaron a dejar de ser amigos y a expulsarme de sus grupos de lectura en línea y de sus foros de discusión política. Para ellos, yo era la crisis, desde luego.

Cuando regresé a Inglaterra el 27 de junio, las caras de aquellos que me rodeaban mostraban expresión de sorpresa. Y en Cambridge Analytica, algunas personas se daban palmaditas en la espalda.

Habíamos dado por hecho que los Leavers perderían. Antes de la votación nos habíamos preguntado si debíamos pedirle a Arron Banks que retirase nuestro nombre de la web de Leave.EU para ahorrarnos el golpe inminente a nuestra reputación. Al final nos acobardamos. Al fin y al cabo, era nuestra junta directiva la que nos había presentado a los llamados «chicos malos» del Brexit. Habíamos temido ofenderlos si no aceptábamos el trabajo. Sin embargo, ahora podríamos atribuirnos parte del éxito del Brexit como una victoria de CA, pese a que el papel real que habíamos desempeñado fuese ambiguo en el mejor de los casos.

Nigel Farage dijo una vez que el Brexit era la «placa de Petri» para la campaña de Trump —tribal, populista y suficiente para dividir a una nación. También era, en muchos aspectos, el precursor tecnológico de la campaña presidencial estadounidense de 2016—, y al otro lado del charco, el día de la votación del Brexit, la maquinaria de Cambridge Analytica ya se había puesto en marcha.

Tardaría varios meses en descubrir que estaba en lo cierto al percibir que parte del trabajo de CA había sido utilizado para motivar a los votantes a decantarse por la salida de la UE, salvo que resultó ser Vote Leave la primera que confirmó haber utilizado nuestro enfoque, o al menos uno que se le parecía bastante.

Se dijo que el director de Vote Leave, Dominic Cummings, consideraba los datos como su religión. Su plan era desarrollar la mayor parte de la campaña de manera digital (utilizando Facebook, en particular), una estrategia muy alejada del modo en que se llevaban las campañas en Gran Bretaña desde hacía décadas. Como explicó *The Observer,* Vote Leave había contratado nada menos que a AIQ, que trabajó para ellos durante la campaña y proporcionó ayuda a los grupos relacionados con ellos, incluyendo BeLeave y Veterans for Britain.[2] AIQ se instaló en la sede central de Vote Leave, manteniendo un pequeño pero poderoso centro de operaciones allí. De modo que, mientras Cambridge trabajaba con Leave.EU, AIQ, otro socio de SCL cuya propiedad intelectual pertenecía a los Mercer, había firmado un contrato para trabajar con su competidora directa.

Cuando me enteré de eso, me quedé perpleja; pensaba que CA y AIQ eran casi inseparables, compartiendo datos a diario para toda clase de clientes. ¿Cómo habían podido llevar una campaña rival, al margen de CA? No tenía sentido.

La campaña digital de AIQ guardaba un gran parecido con la de Cambridge, si no en la sofisticación de su contenido, al menos sí en sus métodos. Más tarde se filtraría la propuesta de AIQ, demostrando que Chris Wylie prácticamente había copiado las propuestas de CA palabra por palabra. La estrategia utilizaba grupos de focalización, modelado psicográfico y algoritmos predictivos, y recopilaba datos de usuarios mediante cuestionarios y concursos, empleando métodos perfectamente legales. Para el Brexit, la campaña había cotejado datos de usuarios con los registros de votantes británicos y después se había inyectado en el torrente sanguíneo de internet, utilizando mensajes personalizados para incitar a una nación.

Aquel enfrentamiento de diez semanas había escenificado en el mundo real la bilis de lo que sucedía en línea. Los mensajes de Vote Leave enviaban desinformación y noticias falsas sobre países como Turquía, que estaba negociando su adhesión a la Unión Europea. Encendían a los votantes indecisos sugiriendo que votar por permanecer en la Unión era votar por empobrecer el sagrado servicio sanitario británico. Yo misma recordaba haberme dejado influir personalmente por esos mensajes. Como estadounidense que llevaba más de una década en Gran Bretaña, con sanidad gratuita, me imaginaba los beneficios de la inmensa inyección de fondos que el movimiento Leave aseguraba que recibiría el servicio sanitario si ganaban los Leavers. Ahora, al rememorar aquella época, me doy cuenta de que esos mensajes tenían unos fallos terribles y eran incluso criminales: desde la incitación al miedo sobre la financiación de servicios gubernamentales hasta la imaginería de los inmigrantes y terroristas cruzando la frontera, la campaña que defendía la salida de la Unión estaba basada en el miedo.

Más tarde, gracias a las presentaciones parlamentarias de una concienzuda investigadora, la doctora Emma Bryant, se supo que el trabajo de la primera fase y las posteriores propuestas para la segunda fase habían sido utilizadas también por Leave.EU. Andy Wigmore alardeó ante ella de haber tomado la estrategia de CA y, tras contratar a científicos de datos de la Universidad de Misisipi, establecer una copia de CA, que llamaron Delfines de *Big Data*, y después utilizaron «Inteligencia artificial para lograr la victoria de Leave».

12

Camisa de fuerza

AGOSTO DE 2016 – ENERO DE 2017

Durante gran parte del verano de 2016, Cambridge estuvo trabajando en la campaña de Trump a escondidas. Hasta la Convención Nacional Republicana, nuestros empleados hacían su magia en múltiples despachos, mientras que muchos de nosotros albergábamos la esperanza de que no fueran tan buenos a la hora de persuadir a los votantes como habíamos publicitado.

Aunque los esfuerzos de Cambridge en nombre de Trump se hubieran mantenido en secreto durante varios meses, los acontecimientos de agosto de 2016 acercaron a los Mercer y, por extensión, a Cambridge mucho más al foco que apuntaba a Trump. En la oficina, nos quedábamos con los ojos como platos al leer las noticias cada día, viendo como nuestros directivos y socios empresariales como Steve, Bekah y Kellyanne se hacían con el control de la carrera presidencial estadounidense. Hasta hacía no mucho, esas tres personas se consideraban elementos extremistas, alborotadores de la política conservadora, pero no lo suficientemente populares como para trabajar con el verdadero candidato… y sin opciones de llegar a la Casa Blanca.

Pero ahora estaba todo claro: el único contrincante de Hillary Clinton era Donald J. Trump, y el mundo de Trump estaba totalmente entrelazado con Cambridge y su gente. A diario, en las noticias aparecían los rostros de aquellos que sabía que dirigían nuestra empresa, y estaban influyendo no solo en la nación, sino en el mundo entero.

Curiosamente, la campaña de Trump no solo invadió CA en la televisión; literalmente invadieron también nuestras oficinas. Si la Trump Tower estaba rodeada de manifestantes, cosa que sucedía a menudo, o si el «círculo de confianza» de Trump deseaba algo de intimidad, nuestras oficinas de la Quinta Avenida se convertían en su segunda sede de campaña. Nuestro equipo comercial apenas podía usar ya la sala de juntas; siempre se encontraba por allí el equipo de Trump excedente de su sede central. Y cuando las reuniones eran claramente comerciales, el cliente en potencia solía ser algún conocido de Mercer o Bannon que aparecía en nuestra sala de juntas para que Duke Perrucci, un ejecutivo de ventas y entregado padre de familia, nuestro nuevo director financiero, y el resto del equipo intentaran «asombrarlo» para que firmase un contrato. Era confuso y, al mismo tiempo, emocionante. Cambridge parecía empezar a codearse con los poderosos e influyentes de D. C. y de Nueva York, y el aire estaba cargado de energía.

Por mi parte, me había pasado casi todo el verano entre los Estados Unidos y México, tratando de conseguir contratos comerciales. México, por decirlo claramente, iba al menos diez años por detrás de los Estados Unidos en cuestión de toma de decisiones basadas en datos. Pasaba la mayoría del tiempo con empresas de entre las quinientas más poderosas del mundo, piezas clave de la economía continental y mundial, como AB InBev y Coca-Cola, y descubrí que compañías enormes como esas apenas utilizaban análisis de datos para llegar a los consumidores de México. Los datos eran difíciles de comprar allí, era complicado recopilarlos, y esas empresas necesitaban toda la ayuda posible. Me apasionaba elaborar nuestras ofertas al otro lado de la frontera y estaba encantada de poder alejarme de los mensajes virulentos que salían de la campaña de Trump y de los concurridos mítines de Trump en el norte.

Estuve tan ocupada durante el verano que apenas hablé con mi familia, salvo para charlar sobre las facturas y sobre cómo podría ayudarles. Al menos estaba en México, donde el coste de la vivienda era menor; vivir en Nueva York había hecho que me resultara casi imposible ayudarlos, incluso apretándome el cinturón. Cuando hablaba ocasionalmente con alguno de mis padres, las noticias eran deprimentes, con la excepción de que mi padre por fin había logrado encontrar trabajo. Había conseguido un puesto vendiendo seguros que, aunque fuese mejor que nada, le pagaba solo a comisión. Y, al seguir sin tener una nueva residencia familiar, tendría que seguir ayudándolos a pagar el almacén donde se hallaban nuestras pertenencias.

Cuando hablaba con mi padre, parecía más desinflado que nunca.

—¿Cómo estás? —le preguntaba.

—Bien —me respondía.

—¿Qué tal el trabajo?

—Bien —era su respuesta.

Seguía hablando con monosílabos. Intenté imaginarme cómo iba a poder trabajar con los clientes, dado el modo en que interactuaba conmigo.

Sin embargo, a finales de septiembre, quedó claro que lo que le sucedía no tenía nada que ver con la depresión o con su situación laboral; de hecho, nunca había sido eso. Mi padre estaba gravemente enfermo. Comenzó a quedarse dormido sin previo aviso y el labio inferior empezó a caérsele, lo que le afectaba al habla. Por fin fue al médico, quien le pidió un escáner y, tras ver los alarmantes resultados, lo ingresó de inmediato en el hospital. En el escáner aparecían dos tumores, uno del tamaño de una mano humana que le cubría un lado del cerebro y lo presionaba; el otro era más pequeño que una moneda y estaba alojado en el otro hemisferio. Los tumores llevaban ahí tres, quizá cinco años, según el médico, lo cual explicaba el extraño comportamiento de mi padre: su letargo, su desafección, su incapacidad para tomar decisiones mientras el mundo se desmoronaba a su alrededor.

Cuando me llamaron para darme la noticia, también fue para que acudiera a verlo de inmediato, antes de la operación; si sobrevivía a la intervención, tal vez no volviera a ser el mismo. En un correo acelerado les conté a Alexander y a mis compañeros más cercanos de Cambridge que no sabía cuándo volvería al trabajo; después volé directa a Chicago.

Los médicos pudieron extirparle solo el tumor más grande, pues su cráneo no podría soportar una doble craneotomía sin colapsar. Ninguno de los tumores era cancerígeno, lo cual fue un alivio, pero cada uno de ellos había provocado daños y, con suerte, el que le quedaba no aumentaría de tamaño, pero de momento solo se le podría hacer un seguimiento. La operación fue invasiva y mi padre tardó en despertarse. Mi madre, mi hermana y yo pasábamos las horas en la sala de espera de la UCI y de vez en cuando regresábamos a nuestras habitaciones en el Days Inn para dormir un poco. El hospital se hallaba a las afueras de Chicago, en un barrio desconocido.

Con la recuperación después de la operación, entramos en un nuevo territorio con mi padre. Había perdido el habla. Hacía gestos desesperados y nos miraba en busca de respuesta. Cuando su mano tuvo fuerza suficiente para sujetar un bolígrafo, lo que escribía en el papel no eran más que garabatos. Le dimos su teléfono, pensando que tal vez podría escribirnos un mensaje, pero no recordaba la contraseña. Abrimos su maletín. Mi padre siempre había guardado todos los documentos importantes en su despacho, pero ahora en el maletín había papeles arrugados y desordenados; casi todo facturas, algunas ya pasadas.

Guardaba silencio, pero su rostro era un mar de rabia y frustración. Se volvió irascible, le daban ataques, no se podía razonar con él —resultado de la operación, dijo el médico— y las enfermeras advirtieron de que tendrían que atarlo a la cama si no obedecía sus instrucciones, por miedo a que se cayera y se golpeara la cabeza. Necesitaría cuidados las veinticuatro horas del día en una residencia de forma indefinida, hasta que pudieran evaluar su recuperación más adelante. Por suerte, ya contaba con Medicaid, el seguro médico popular, pues sin otra clase de seguro sus cuidados habrían costado miles de dólares al mes, como mínimo; dinero que ninguno de nosotros tenía.

¿Por qué no se me habría ocurrido pedirle que fuera al médico antes? ¿Por qué no me había dado cuenta de que la fuente del problema era física y no psicológica? Porque no había estado en casa, ni yo ni nadie, no había estado allí para observar su deterioro progresivo a lo largo de los dos últimos años. Me sentía devorada por la culpa. Pensé entonces en dejar Cambridge y quedarme a cuidar de él, pero mi madre me dio la mano, me miró a los ojos y me dijo lo que ya sabía: tenía que volver al trabajo. Alguien tenía que pagar las facturas, aunque fueran unos cientos de dólares aquí y allá. No había ningún otro sitio donde pudiera obtener un sueldo de inmediato.

Al fin y al cabo, ¿no había empezado a trabajar en CA para poder ganar dinero para ayudar a mi familia? Decir que había perdido de vista ese objetivo era quedarme corta, pero, a decir verdad, me había perdido de vista a mí misma.

Ahora, desde la distancia, me doy cuenta de que mi familia había presenciado mi transformación con confusión y desorientación. Cuando hablaba con mi hermana, evitaba contar demasiadas cosas sobre el trabajo, en gran medida porque no quería que me juzgara. Había cambiado de forma radical y, aunque ella me apoyaba, le preocupaba el hecho de que hubiera entrado con aparente facilidad en un mundo tan diferente del que antes habitaba.

Mi familia sabía que era una persona que valoraba mi código moral por encima de todas las cosas, que habría vivido alegremente en un apartamento barato en la peor zona de la ciudad si eso significaba tener un trabajo mal pagado en mi organización no lucrativa favorita. Ahora era alguien que había perdido el norte y para ellos resultaba irreconocible.

Sin embargo, lo curioso era que, cuando me miraba al espejo en aquella época, realmente pensaba que la persona que veía era mi verdadero yo.

Aunque me hubiese convertido en una desconocida, mi familia

seguía siendo una de las cosas más importantes de mi vida, razón por la cual me afectó tanto cuando mi padre recibió el diagnóstico. Cambridge suponía una gran oportunidad para que mi familia tuviera un apoyo, algo que nos mantuviese a flote, que evitara que nos desintegráramos, que desapareciéramos en una sociedad que se olvidaba fácilmente de la gente como nosotros.

Pasé el 8 de noviembre de 2016, el día de las elecciones, en las oficinas de Nueva York. No trabajé mucho; nadie lo hizo. Todos los demás estaban en San Antonio, en D. C. o en la Trump Tower, así que los pocos que quedábamos en el edificio Scribner mirábamos las pantallas en las paredes, subiendo y bajando el volumen. Algunos salían a votar y volvían con pegatinas de *he votado* en la solapa.

Lo más triste era que yo no había votado. Mi estado de nacimiento era Illinois y habría tenido que volar hasta allí. Esa había sido mi intención, y por eso no había pedido el voto por correo, pero ahora no podía. Literalmente acababa de regresar de Chicago y, si hubiera regresado allí para votar, habría sido desolador ver a mi padre. Su irascibilidad había ido en aumento e iban a trasladarlo de la unidad de recuperación a un hospital psiquiátrico. Su estado mental no había mejorado en absoluto. De hecho, había empeorado. Se había vuelto más violento.

Eso ya era suficiente para mantenerme alejada, pero la verdad era que me daba demasiado miedo votar. Temía que, si Cambridge seguía haciendo negocios con Trump o con la Organización Trump, descubrirían cosas sobre mí que preferiría que no supieran; podrían descubrir que habría votado a Hillary y no a Trump. Sería un lastre para mí misma y para la empresa. Sabía demasiado bien lo fácil que era obtener los datos de los votantes.

Mi mayor miedo era que me focalizaran.

Eran casi las cinco de la tarde cuando recibí la llamada desde San Antonio. Los modelos predictivos de los sondeos a pie de urna y otros datos compilados sugerían que Donald Trump tenía un treinta por ciento de probabilidades de ganar. Aquella información arruinó mis planes para esa noche. Había pasado lás dos semanas anteriores tratando de conseguir una entrada para la fiesta de la victoria de Clinton para VIP, que se celebraría en el Javits Center. La llevaba en el bolsillo de atrás.

Alexander me escribió un mensaje. Parecía que iba a tener que asistir a la fiesta de la campaña de Trump, no porque fuese a ganar, sino porque era lo correcto, dado que era tendencia en esos momentos. La reunión sería un premio de consolación y un momento para criticar a Hillary, pero era importante que Cambridge Analytica mostrara su lealtad, para recordarle a Trump nuestra valía, dados los nuevos resultados.

Antes de salir, mis compañeros y yo nos tomamos un par de copas. Iríamos a la fiesta de Trump, beberíamos allí también y luego, como prometió Alexander, nos largaríamos «antes de que la cosa se pusiera fea».

Solo se podía acceder al evento con invitación, para amigos y seguidores de la campaña Trump-Pence, y estaba programada para dar comienzo a las seis y media. Alexander me había dado una invitación de última hora. Me puse mi sombrero de vaquero y recorrí las cinco manzanas que separaban nuestra oficina del Hilton Midtown, abriéndome paso entre multitudes que habían comenzado pronto las celebraciones; defensores de Hillary pletóricos de emoción, con camisetas de *Hillary for President*, aplaudiendo y alabando a la que pronto se convertiría en la «primera mujer presidenta».

Incluso en una buena noche, el Hilton es un lugar bastante sombrío, sin el brillo dorado de los hoteles de Trump. Pero, si la campaña hubiese escogido una propiedad del magnate, les habría supuesto una multa de diez mil dólares por parte de la Comisión Federal Electoral. Es más, no querían escoger un espacio grande y fastuoso que pudiera dejarles en evidencia cuando se constatara lo que sin duda sería un mal resultado para el partido.

El Hilton estaba rodeado como si se tratara de una fortaleza. Había agentes del Servicio Secreto situados detrás de una armada de camiones de basura colocados allí como barrera antibombas. En caso de que se produjera un acto terrorista, la policía iba armada con armas semiautomáticas. Cerca de allí, un manifestante solitario vendía cajas caseras de cereales Cap'n Trump, cuyos ingresos, según dijo a los defensores de Trump allí reunidos, no irían a parar a Trump, sino a los vagabundos de la ciudad. Fue un esfuerzo ignorado por los seguidores de Trump, ataviados con sus gorras MAGA (Make America Great Again).

Donald Trump era un hombre supersticioso: si existía la más mínima probabilidad de ganar, no quería gafarla con una celebración excesiva. En el Hilton me topé con una celebración tranquila, casi inapreciable. En el salón de baile había espacio para tres mil personas, pero pocos habían llegado de momento, y el lugar estaba decorado con sobriedad, con trenzas de globos junto al escenario y poco más. El escenario sería el lugar donde Trump daría su discurso de concesión. Supuse que eso sucedería en torno a la medianoche. Para entonces esperaba llevar ya mucho tiempo lejos de allí.

Parecía que habían preparado el lugar más para una rueda de prensa que para una fiesta de victoria. En el recinto de la prensa, los periodistas comían los sándwiches que habían llevado. Cerca de allí, aislado y totalmente vacío, había un espacio que alguien había reservado para Trump TV. No había comida de verdad por ninguna parte. Ni filetes de Trump. Ni canapés.

En el centro de la sala, sin embargo, había una tarta. Tenía como medio metro de alto, con la forma de Trump, con una cabeza enorme de pelo amarillo y una cara más de amargura que de celebración. Se comentaba que estaba hecha con cientos de kilos de mazapán, y la mujer de Nueva Jersey encargada de su elaboración se hallaba orgullosa junto a su creación.

Por la estancia se apreciaba una muestra variada de alta costura, vestidos de cóctel baratos y un mar de gorras MAGA. La gente llevaba carteles en los que se leía: *Las mujeres con Trump* o *Los hispanos con Trump* o *Los moteros con Trump*. Poco tiempo después, las mesas altas empezaron a llenarse de botellas de cerveza vacías.

Los VIP como Alexander seguían en la Trump Tower con Donald, los Mercer, Kellyanne y cualquiera con el apellido Trump, además de Jared Kushner, pero en el salón de baile y en la barra había un variado grupo de empleados del magnate, lumbreras políticas y donantes importantes.

Luciendo unas gafas de aviador oscuras incluso en el interior, se encontraba el provocador de la derecha alternativa Milo Yiannopoulos. Junto a él estaban la experta de Fox News Jeanine Pirro y el actor Stephen Baldwin. También se encontraban allí el comentarista Scottie Nell Hughes, la presentadora de radio y televisión Laura Ingraham, el antiguo cómico de *Saturday Night Live* Joe Piscopo, la antigua candidata a la vicepresidencia Sarah Palin e incluso el tipo de MyPillow, Michael Lindell. La pareja de *videobloggers* Diamond and Silk charlaba con la infame «aprendiz» Omarosa Manigault, y una bandada de multimillonarios (David Koch, Carl Icahn, Wilbur Ross, Harold Hamm y Andy Beal) estaban apiñados a un lado. El congresista de Iowa Steve King y Jerry Falwell hijo metían las narices en los asuntos de los demás. Y los asesores de Trump Sarah Huckabee Sanders, Rudy Giuliani y Roger Stone y el senador Jeff Sessions bebían sus cócteles con caras largas.

Las primeras estimaciones llegaron en torno a las siete de la tarde. Ninguna sorpresa. Trump ganaba en Indiana y Kentucky; Hillary, en Vermont.

Me imaginaba con anhelo lo que estaría ocurriendo en el Javitz Center, ese lugar cavernoso abarrotado de seguidores de Hillary. Pensé que más tarde, esa noche, las celebraciones del interior llegarían hasta las calles, ocuparían Hell's Kitchen y el paseo del High Line; imaginé a la gente borracha en Times Square; y los fuegos artificiales en Central Park.

Distrito a distrito, condado a condado, fueron llegando los resultados de todo el país y me quedé embobada mirando las pantallas. Justo como habían señalado nuestros científicos de datos, los números en los estados indecisos favorecían a Trump. Me volví hacia mis compañeros y comenté con orgullo que Cambridge había hecho un buen trabajo, dadas las circunstancias, y debí de decirlo en voz tan alta que otros me oyeron. La gente empezó a abrazarnos y a chocarnos las manos al darse cuenta de quiénes éramos.

Entonces los medios de comunicación comenzaron a asignarle estados a Trump incluso en sitios donde solo se había escrutado el diez por ciento de los votos. Parecía algo prematuro, pero el estado de ánimo en la sala cambió y, a medida que transcurrían los minutos, cada predicción demostró ser asombrosamente correcta.

En torno a las diez de la noche, con solo un ápice de posibilidades de que Trump pudiera vencer, los mercados financieros asiáticos se desplomaron.

Pasadas las diez y media, Trump empezó a despuntar de verdad. Cuando ganó en Ohio, el primer gran estado indeciso, que además había elegido correctamente a todos los presidentes de los Estados Unidos desde 1964, la sala estalló en aplausos. De pronto mi Old Fashioned empezó a saberme amargo. Fui a por otro. En la barra, una pantalla anunciaba que Trump había ganado en Florida.

Alexander me llamó. Venía a reunirse conmigo. Los Mercer también venían. La gente empezó a inundar el vestíbulo principal, la emoción era palpable cuando los seguidores de Trump, ataviados con sus gorras de MAGA, empezaron a darse cuenta de que su candidato podría llegar realmente a la Casa Blanca. Me planté debajo de una de las enormes pantallas del vestíbulo y empecé a agitar las manos para que Alexander y compañía pudieran verme entre la multitud. Al poco divisé a Alexander, que parecía exasperado.

Se me acercó y me dio un fuerte abrazo al tiempo que me susurraba: «¡Llevo sobrio toda la noche! ¡Maldita sea, necesito una copa!». Le entregué mi Old Fashioned. Después gritó para que todos pudieran oírlo. «¡Parece que va a ser una noche increíble! ¡Bekah, he encontrado a Brittany!».

Poco después me encontraba entre Bob y Bekah, ambos vestidos con trajes impecables. Por fuera, intenté mostrarme animada.

A las once y media, Fox News declaró que Trump había ganado en Wisconsin. Luego, a las dos menos veinticinco, la pantalla volvía a ponerse roja. Trump había ganado en Pensilvania. Hillary no había invertido tiempo ni dinero allí, dando por hecho que ese estado votaría al Partido Demócrata sin ningún esfuerzo.

Yo miraba solo a la pantalla. A las dos menos veinticinco, Trump llevaba doscientos sesenta y cuatro votos electorales. A las dos y tres minutos, John Podesta, no Hillary, salió al escenario del Javits Center. «Hay varios estados que están demasiado igualados para tener un resultado», anunció. «Esta noche no haremos más declaraciones». Parecía agitado al abandonar el escenario.

A las dos y diez minutos de la madrugada, el titular de la pantalla anunciaba: *El* Washington Post *da la victoria a Trump*. Bekah y Bob parecían no haberse dado cuenta. Le di una palmada en el hombro a Bekah y le señalé la pantalla. Bob se giró también.

Bekah se volvió y miró a su padre a los ojos. Fue la primera mirada de sorpresa agradable. Lo que sucedió entre ellos fue una especie de entendimiento tácito: habían apostado todo al trece negro y habían ganado el bote.

13

Autopsia

NOVIEMBRE – DICIEMBRE DE 2016

Recuerdo los meses posteriores como una larga llamada telefónica, aunque en realidad hubo cientos de ellas, entrantes y salientes. Tras la victoria de Trump, por fin pudimos empezar a publicitar el papel que habíamos desempeñado en la campaña… y ahora todos querían que hiciéramos lo mismo por ellos.

El presidente de Ghana, a quien Alexander llevaba años persiguiendo, quería que trabajáramos para él en las siguientes elecciones. Directores ejecutivos de las principales corporaciones estadounidenses y extranjeras nos buscaban para sus campañas comerciales; Unilever, MGM, Mercedes. Nos buscaban directores de campaña y políticos de casi todos los continentes. Los que estábamos en ventas de CA teníamos que programar las llamadas en intervalos de quince minutos y limitábamos cada una a las preguntas esenciales: ¿Quién eres? ¿Qué necesitas? ¿Cuánto dinero tienes? ¿Cuál es tu plazo? Muchas gracias. Cualquier cosa más allá de eso era perder el tiempo.

Estaba emocionada; la empresa había ganado unas elecciones presidenciales.

También estaba destrozada; nuestra empresa había ayudado a ganar a Donald Trump.

Trabajaba desde las siete de la mañana a veces hasta las once de la noche. Apenas dormía y, cuando me despertaba, volvía a hacerlo. Comía poco y bebía mucho.

El mundo se había acabado, pero la vida de Cambridge Analytica acababa de empezar.

Nuestros clientes deseaban saber cómo lo habíamos hecho, pero, antes de poder decírselo, teníamos que saber nosotros mismos los detalles. Los que nos encontrábamos en el exterior no conocíamos realmente los datos concretos. Y esos detalles se convertirían en nuestra munición según avanzábamos y realizábamos ventas comerciales.

Por supuesto, entendía las líneas generales de nuestras capacidades, pero no había visto los números; ni las investigaciones, ni la recolección de datos ni el modelado; tampoco había visto las campañas desarrolladas por cada entidad; ni el contenido, los resultados o las conclusiones de las pruebas y las mediciones. No podía reunirme en una sala en la que se hablara de esas cosas. No estaba en copia en los correos. Debido al cortafuegos de la Comisión Federal Electoral, igual que los del comité de acción política tenían prohibido coordinarse con actividades de la campaña, las personas ajenas a la campaña o al comité también tenían vetado el acceso.

Dado que Cambridge había estado detrás de ambas, entendía que el cortafuegos era mucho más importante, la formación más intensiva y los acuerdos de confidencialidad más estrictos. Sabía que la mayoría de la gente con la que trabajaba, profesionales consumados todos, había observado esa división. No estaba segura de que eso pudiera aplicarse a otros.

El 8 de diciembre, justo un mes después de las elecciones, todos los miembros de la empresa —unas ciento veinte personas, incluyendo creativos, científicos de datos, comerciales, investigadores y directores de las oficinas de CA y SCL en Nueva York, Londres y D. C.— se reunieron en diversas salas de juntas para asistir a una retransmisión en vídeo. En la elegante sala de juntas del edificio Charles Scribner's Sons de la Quinta Avenida, sentados a la mesa que había bajo la inmensa bandera estadounidense, se hallaban el ahora director de ventas comerciales Robert Murtfeld, mi amigo de recursos humanos, a quien había llevado a la empresa en 2015; el director financiero Duke Perrucci; y Christian Morato, director de desarrollo empresarial y también nuevo en la empresa, junto con un grupo de personas más.

El cortafuegos estaba a punto de desaparecer. Llevábamos esperando ese momento desde las elecciones.

El primer día, el equipo de la campaña de Trump presentó la información. Matt Oczkowski y Molly Schweickert nos explicaron los detalles. Lo que habían hecho por Cruz no era en absoluto lo que pudieron hacer por Trump. Mientras que Cruz era un senador con un solo mandato que había empezado con muy pocas probabilidades y escaso reconocimiento, igual que Obama, Trump ya era una figura muy popular, así que había sido una campaña hecha a medida. Y, como Trump ya tenía bastante presencia mediática, habían tenido que empezar con un programa de base que pudiera impulsar una inmensa maquinaria digital dirigida específicamente a luchar contra Hillary Clinton.

Fueron tremendamente eficientes y estaban orgullosos de lo bien que fue la operación, comparada con la campaña de Hillary.

El equipo de Hillary en la sede de Brooklyn era enorme; el equipo de Trump estaba compuesto por solo treinta personas cuando CA se subió a bordo en junio de 2016, pero habían sido más estratégicos y concienzudos que la competencia.

Los diversos equipos de Trump trabajaron juntos desde un centro de operaciones en San Antonio bajo la dirección del director de operaciones digitales Brad Parscale. Debido a los cortafuegos de la Comisión Electoral, con excepción del equipo creativo de CA, localizado en nuestras oficinas de Nueva York, D. C. y Londres (pues trabajaban tanto para el comité de acción política como para la campaña de Trump), todos los elementos de la campaña digital estaban bajo un mismo techo. Molly y un grupo de científicos de datos ocupaban una gran estancia con cubículos, desde donde hacían un seguimiento de los medios de comunicación con enormes pantallas interactivas.

Con la llegada del equipo de CA, la necesidad de elaborar una base de datos se volvió de vital importancia. Como Brad no había hecho ningún modelado, establecer una base de datos funcional era el primer paso a seguir. Llamaron a la operación Proyecto Álamo y la pusieron en marcha en junio. Empezaron con la publicidad en julio, de modo que tuvieron varios meses para hacer campaña hasta noviembre.

Brad tenía acceso a la enorme base de datos del Comité Nacional Republicano, llamado el Fondo de Datos del RNC, compuesto por cuarenta años de historia electoral republicana, pero no sabía cómo manejarla, no tenía infraestructura para conseguir ni una estrategia unificadora. Cualquier candidato republicano tiene acceso a esa base de datos, igual que cualquier vendedor que haya firmado un contrato con un candidato. Pero la base de datos no viene con un manual de instrucciones y es necesaria cierta experiencia para emplearla de manera adecuada.

Entonces ¿qué otras bases de datos tenía Cambridge Analytica cuando empezó?, quiso saber la gente que asistía a la retransmisión.

Matt dijo que habían empezado a construir el Proyecto Álamo con el Fondo de Datos del RNC. Al parecer, el equipo de Cambridge había querido usar su propia base de datos, pero el equipo de Parscale, a cargo de las operaciones digitales, había preferido elaborar una a partir del Fondo de Datos del RNC. Dado que Matt, Molly y el resto del equipo de Cambridge Analytica no eran las personas más experimentadas de la sala, no se sintieron capaces de llevarle la contraria a Parscale.

Era una declaración interesante, pero a mí me dejó sorprendida. Uno de los principales ganchos comerciales de la empresa siempre había sido nuestra base de datos, que incluía información de millones de usuarios de 2015 y anteriores, además de datos de diversas campañas en las que habíamos trabajado y que habíamos podido quedarnos. Aun así, por alguna razón, Matt estaba diciéndonos que la campaña de Trump no deseaba usar esos datos.

Meses antes de irse a San Antonio, Matt no paraba de alardear de todos los datos que CA podría aportar a la campaña. Hablaba de lo valiosos que serían todos los datos de las campañas que estaba gestionando para la Asociación Nacional del Rifle y la Fundación Nacional de Deportes de Tiro (NSSF, por sus siglas en inglés). Matt era el director de proyectos de las tres y se encargó de las campañas de Trump y de NSSF al mismo tiempo, hasta el día de las elecciones, manejando todos esos paquetes de datos. Incluso aseguraba que aún tenía los datos de la campaña de Scott Walker.

Además de eso, solía comentar que Cambridge tenía aún más datos y modelos de utilidad, cada vez más precisos gracias a todas las campañas que había gestionado en los Estados Unidos desde 2014, pero, sobre todo, de las campañas de Ted Cruz y de Ben Carson.

Sin embargo, ahora decía que no habían usado esos datos. En su lugar, habían confiado solo en los datos del Comité Nacional Republicano como punto de partida. Si tenían tan poco material al que recurrir y el ciclo electoral estaba tan avanzado, ¿por qué no utilizar la base de datos de nuestra empresa? No entendía sus razones, y Matt parecía estar dando un giro de ciento ochenta grados con respecto a sus comentarios anteriores. Intenté ignorarlo durante un tiempo y seguí escuchando.

Continuó diciendo que empezaron usando el Fondo de Datos del RNC como punto de partida y después fueron construyendo a partir de ahí con otros paquetes de datos; no especificó de dónde habían salido. A lo largo de 2016, Oz había estado negociando con una empresa llamada BridgeTree, que alardeaba de tener enormes paquetes de datos de Facebook y LinkedIn. La mañana del 8 de diciembre, el segundo día de la presentación del balance de la campaña, Alex Tayler escribió un correo a Duke para confirmar que CA tenía diversos paquetes de datos de redes sociales de BridgeTree, uno de los cuales, curiosamente, tenía el mismo formato que el paquete de datos de Kogan que se suponía que debería haber borrado hacía casi un año: *570 puntos de datos para treinta millones de individuos*. De algún modo, entre ambos consiguieron reforzar tanto la base de datos de CA como el Proyecto Álamo lo suficiente para comenzar la siguiente fase; el equipo puso en marcha entonces un programa de modelado a través de una investigación mucho más rigurosa y coordinada que la que había estado haciendo Brad.

El equipo de CA utilizó sondeos telefónicos y por internet como *Survey Monkey*. Hicieron sondeos en dieciséis estados indecisos; mucho más que el equipo de Hillary, que solo sondeó a nueve de ellos. Después habían segmentado a la gente en dos grupos principales, uno a favor de Trump y otro a favor de Clinton, y a su vez segmentaron esos grupos. El grupo de seguidores de Trump estaba compuesto por «Votantes acérrimos de Trump», aquellos que podríamos convertir en voluntarios y que donaran dinero y asistieran a mítines. Los individuos del grupo «Conseguir el voto» eran aquellos que pensaban votar, pero tal vez se olvidaran de hacerlo; CA los focalizó con temas que les resultaban importantes e interesantes, para asegurarse de que acudieran a las urnas. La empresa invertiría en los «Defensores de Trump indiferentes» solo si les quedaba dinero para ello.

Del lado de Clinton, teníamos a los «Votantes acérrimos de Clinton». Luego estaba el grupo de «Disuasión»: eran los votantes de Clinton que posiblemente no acudieran a las urnas si les persuadíamos para no hacerlo. Aunque la campaña también se dedicaba a la disuasión, un eufemismo para la represión del votante, dependiendo de cómo se mirase, el que estaba más centrado en ese grupo era el comité de acción política, ya que su razón de ser era «Vencer a la corrupta Hillary».

A lo largo del tiempo que pasé en el ámbito de los derechos humanos, había visto cómo los gobiernos y los individuos poderosos utilizaban la represión de los movimientos, de la libertad de pensamiento y de los votantes como estrategia para conservar el poder, a veces a costa de usar la violencia. Por eso en los Estados Unidos las tácticas de represión del votante eran ilegales. Me preguntaba cómo habría hecho la campaña de Trump para trazar la línea entre una campaña de desacreditación y la represión del votante. Por lo general existía una diferencia clara, pero en la era digital era difícil rastrear y localizar lo que se había llevado a cabo. Los gobiernos ya no tenían que enviar a la policía o al ejército a las calles para frenar las manifestaciones. En su lugar, podían cambiar la opinión de las personas pagando para que las focalizaran a través de las pantallas que tenían en las manos.

De manera que el Proyecto Álamo había sido la base del crecimiento de la estrategia de campaña de Trump: trabajaron día y noche para ponerla en marcha lo antes posible. Compraron más datos de redes sociales a más vendedores, haciendo que la base de datos fuera lo más robusta posible. No dieron muchos detalles sobre el lugar del que había salido todo aquello, pero quise creer que era todo legal. Cuando todos los datos estuvieron por fin en un mismo lugar, pudo empezar el modelado. Dijeron que el modelado psicográfico sería un proceso muy intensivo en cuanto a tiempo, de modo que Molly pidió a los científicos que modelaran a los votantes según comportamientos predictivos, como por ejemplo la «propensión para donar». Y así despegó la primera fase de la estrategia digital de campaña de Trump. Durante el primer mes, la campaña recaudó veinticuatro millones de dólares en línea, y siguió ingresando lo mismo cada vez hasta el día de las elecciones.

En la segunda fase, CA utilizó modelos para microfocalizar a los votantes influenciables de los estados indecisos. El equipo de San Antonio disponía de un amplio kit de herramientas y mucha ayuda. Se decía que tenían una «relación simbiótica» con Silicon Valley, con las demás empresas tecnológicas más importantes del país y con los comerciantes de datos.[1]

El equipo también había logrado desglosar los asuntos específicos de cada estado, cada condado, cada ciudad y cada vecindario, incluso de cada individuo de la base de datos. Con esa información, habían ayudado a planificar el viaje de Trump, el tema de sus mítines y los mensajes que se proyectaban. También habían elaborado «mapas de calor», una herramienta que utilizaba colores con diferentes graduaciones para mostrar las concentraciones de diversos grupos de votantes, que le enviaban a diario a Laura Hilger, directora de investigación en la sede de la campaña en la Trump Tower. Entonces ella los interpretaba para crear un conjunto de prioridades para organizar el viaje de Trump.

Los mapas de calor incluían el número de votantes influenciables en zonas que debía visitar, a quién debería dirigirse específicamente la campaña y los asuntos primordiales que tratar en un mitin y en los medios de comunicación. Después de un mitin, el equipo realizaba «medidas de persuasión» y «estudios de valoración de marca», que indicaban cómo había reaccionado la gente a un discurso o a parte del mismo. Luego enviaban esa información al equipo creativo, que convertía un extracto de ese discurso de éxito en un anuncio.

Los anuncios y mensajes eran lo que sacaba el verdadero valor de la información de la base de datos y hacía que la microfocalización fuese posible: los científicos de datos de CA podían segmentar a los individuos más similares entre sí y trabajar con los equipos creativos para elaborar muchos tipos de anuncios diferentes, todos hechos a medida para grupos específicos. A veces había cientos o miles de versiones del mismo concepto de anuncio básico, lo que creaba un viaje individual, una realidad alterada para cada persona. Más de la mitad de los gastos de campaña de Trump habían ido dirigidos a las operaciones digitales, y cada mensaje había sido altamente focalizado para que la mayoría de la población no viera lo mismo que veían sus vecinos. El equipo de CA elaboró más de cinco mil campañas publicitarias individuales con diez mil iteraciones creativas de cada anuncio.

—¿Es por eso por lo que hace siglos que no sabíamos nada de ti? —le preguntó alguien a Oz en broma.

Evidentemente.

Y habían tenido un éxito tremendo. En general, la campaña había contribuido a un incremento medible del tres por ciento en opiniones favorables hacia Trump. Teniendo en cuenta el estrecho margen por el que había ganado en determinados estados, ese incremento había supuesto una ayuda significativa en la elección general. En la campaña para conseguir el voto, el equipo de CA consiguió un incremento del dos por ciento en el voto por correo. Eso supuso una importante victoria, dado que muchos votantes que solicitan la papeleta para votar por correo nunca llegan a rellenarla ni a enviarla de vuelta.

La fuerza de Cambridge Analytica como empresa no era solo su asombrosa base de datos, eran sus científicos de datos y su capacidad para elaborar nuevos modelos. En San Antonio, Molly y los científicos de datos habían utilizado un panel construido por Molly llamado Siphon con dos objetivos generales: procesar datos y perfiles de la audiencia creados por los científicos y comprar espacio y tiempo en «fuentes de existencias» que iban desde Google hasta el *New York Times*, pasando por Amazon, Twitter, Pandora, YouTube, Politico y Fox News. Con el panel de Siphon, la campaña podía hacer un seguimiento del rendimiento de un anuncio en tiempo real.

Trabajando en tándem o sola, Molly en San Antonio y quien fuera que estuviera viendo el mismo panel simultáneamente (desde Jared hasta Steve o el propio Donald en la Trump Tower) podían tomar decisiones en tiempo real sobre la efectividad de cualquier «campaña» digital que estuviese reproduciéndose en una plataforma determinada. Los usuarios del panel podían ver ante sus ojos información como los costes por clic y realizar así ajustes estratégicos sobre dónde invertir el dinero basándose en el rendimiento de un anuncio. Contrariamente a la percepción pública, la estrategia de la campaña no estaba dominada por los erráticos tuits de Donald ni por los discursos imprecisos que realizaba en televisión y en los mítines. Cada pequeño detalle quedaba registrado en tiempo real y, en cuanto era necesario realizar un ajuste, el anuncio podía cambiarse para tener un mejor rendimiento, llegar a más gente y que el contenido siguiera siendo fresco y relevante para los millones de votantes a quienes iba dirigido.

Resulta abrumador pensar en el alcance de todo lo que monitorizaba el equipo de CA en la campaña de Trump: miles de campañas publicitarias individuales dentro de las campañas; en otras palabras, bloques aislados de contenido dirigidos una y otra vez a millones de votantes segmentados en diferentes estados, regiones e incluso barrios, los cuales podían ajustarse casi en tiempo real basándose en el rendimiento. El coste de una única campaña podía superar el millón de dólares y generar cincuenta y cinco millones de visionados. Y las pruebas realizadas por los científicos y los estrategas digitales, como invertir dinero en un bloque controlado de anuncios, podía demostrar (mediante la medición del porcentaje del incremento en las opiniones favorables de los espectadores y el porcentaje del incremento en la intención de los espectadores de votar por Trump) si esa campaña en particular lograba convertir los visionados en votos.

Además de los paneles de Molly, el equipo tenía acceso a datos de «plataformas de análisis de opinión» como Synthesio y Crimson Hexagon, que medían el efecto, positivo o negativo, de todos los tuits de la campaña, incluyendo los de Trump.[2] Por ejemplo, si la campaña publicaba un vídeo de Hillary llamando «deplorables» a los seguidores de Trump, podía invertir dinero en algunas versiones diferentes del anuncio y ver su rendimiento en tiempo real para determinar cuántas personas lo estaban viendo, si pausaban el vídeo y si terminaban de verlo. ¿Pinchaban en los enlaces adjuntos para saber más? ¿Compartían el contenido con otras personas? ¿Cómo les hacía sentir?

Si, por alguna razón, la campaña no observaba el comportamiento deseado, podía modificar el anuncio, tal vez cambiándole el sonido, el color o el eslogan, para ver si su rendimiento mejoraba. Finalmente, cuando empezaban a ver que un vídeo se volvía viral, invertían más dinero en él esparciéndolo por el éter de internet para conseguir más seguidores y donaciones.

Con el panel de Siphon, Molly, los tipos de la Trump Tower y cualquier otra persona de la campaña podía ver la rentabilidad de la inversión en tiempo real: coste por correo electrónico, costes desglosados por tipo de tráfico, coste por visionado por anuncio, clics. También podían cambiar el anuncio a un sistema de reproducción diferente. Y, si un anuncio no generaba los beneficios suficientes, el equipo podía retirarlo y reproducirlo en otra parte, o sustituirlo por otro directamente. Había alguien monitorizando el panel veinticuatro horas al día los siete días de la semana.

El equipo de CA también había estudiado lo que era necesario para «convertir» a un público en una plataforma determinada. En línea, la media de visionados necesarios era de cinco a siete, lo que significa que, si un espectador veía un anuncio de cinco a siete veces, era muy probable que pinchara en el material que queríamos que viera. Eso había ayudado al equipo a determinar cuánto tiempo emitir un anuncio dirigido a un grupo en particular y cuánto dinero invertir en él. Molly y los demás también podían monitorizar eso con Siphon.

El panel de Siphon y las pantallas del centro de operaciones también mostraban situaciones hipotéticas predictivas: combinaciones de estados necesarios para ganar el voto electoral, dieciséis caminos hacia la victoria, y así hasta doscientos setenta. Para calcular eso se realizaban encuestas cada siete días, y después cada tres días, a medida que se acercaba el día de las elecciones.

Los que estaban presentando el vídeo nos dieron entonces un ejemplo de cómo todo aquello se había materializado en el estado de Georgia. Georgia tenía 441300 votantes influenciables. Eran un setenta y seis por ciento blancos, casi todos mujeres, y estaban interesados en la deuda nacional, los salarios, la educación y los impuestos. No les interesaba oír hablar del «muro», así que quien escribiera el discurso debía dejar al margen la retórica sobre inmigración. El mapa de calor también les mostraba dónde estaban las concentraciones de influenciables, de modo que la campaña no visitaría, por ejemplo, Gwinnett, Fulton o Cobb aquel día. Dentro de esos grupos había segmentos: influenciables mujeres, influenciables afroamericanos, influenciables hispanos y otros. Esos eran los influenciables que menos probabilidades tendrían de votar, de modo que los mensajes cubrirían ciertos temas y omitirían otros, y dado que esos votantes recibían su información en distintas plataformas, la campaña se dirigía a ellos de manera diferente; en páginas de interés femenino, en las noticias locales y cosas similares. El equipo había calculado por adelantado cuánto costaría en un área en particular lograr el número de visionados deseado. Para ese grupo, harían falta casi nueve millones de visionados para convertirlos.

He aquí un ejemplo con una segmentación más reducida: en Georgia, la mejor manera de llegar a los hispanos era, pongamos por caso, Pandora. Para treinta mil hispanos influenciables que querían oír hablar sobre trabajo, impuestos y educación, el equipo necesitaba invertir treinta y cinco mil dólares para obtener el 1,4 millones de visionados necesarios para convertir a ese grupo.

Otro ejemplo era un grupo de cien mil afroamericanos identificados como influenciables en Georgia. Los habían focalizado empleando dos campañas publicitarias distintas en dos plataformas diferentes. Una era un anuncio en sus navegadores: una imagen con texto encima. Y la otra la enviamos mediante un vídeo en las fuentes en las que pasaban más tiempo. Haría falta un millón de visionados para convertir a ese grupo y costaría cincuenta y cinco mil dólares.

Lo más horroroso de la campaña afroamericana era un vídeo de la campaña de Trump titulado *Superdepredadores de Hillary*; fue el anuncio más persuasivo de todos, logró convertir a esas personas en votantes de Trump mostrándoles un vídeo de un discurso de 1996 en el que la por entonces primera dama decía: «Ya no son solo bandas. Son la clase de muchachos llamados superdepredadores. Sin conciencia, sin empatía. Podemos hablar sobre cómo han llegado a ser así, pero primero hay que hacerles obedecer». Aunque Hillary se había disculpado por los comentarios —lo había dicho veinte años atrás, en un discurso de campaña para su marido, cuando apoyaba unas ideas basadas en el mito, muy extendido en su momento, sobre la juventud negra—, ahora los utilizaban en su contra.

Sentada frente a la pantalla, vi el vídeo por primera vez y me quedé de piedra. No tenía ni idea de que Hillary hubiera dado aquel discurso; no había surgido cuando trabajaba con Obama porque nos ordenaron que nunca recurriéramos a las campañas de desacreditación. Lo más importante era que los comentarios se habían sacado de contexto para que pareciese que Hillary estaba incitando al odio racial, y la campaña de Trump lo había utilizado para disuadir a una minoría de votar por Clinton.

Pero la cosa iba a peor.

Tras la publicación de la infame cinta de *Access Hollywood*, en la que Trump fue grabado en 2005 dando rienda suelta a toda su misoginia, alardeando de agarrar a las mujeres y forzarlas en contra de su voluntad, los científicos de datos de Cambridge Analytica utilizaron un modelo sobre un grupo de prueba de votantes influenciables en los principales estados indecisos. Apodado el «modelo del coño», estaba diseñado para determinar la reacción del público a la cinta. Los resultados fueron sorprendentes. Entre los «influenciables», la cinta provocaba una reacción favorable —incremento de la opinión favorable hacia Donald Trump— sobre todo entre hombres, pero también entre algunas mujeres.

Asqueroso, pensé, y traté de eliminar esa idea de mi cabeza.

Me sorprendió lo bien que encajaban todos esos modelos con los esfuerzos de la campaña por conseguir el voto. Una técnica especialmente exitosa surgió a raíz de los mítines de Trump. Después de que el candidato diese sus discursos, el equipo de CA podía medir el índice de persuasión, mediante «estudios de elevación de marca», y después utilizaba extractos de los discursos mejor valorados para crear anuncios digitales. De los votantes a los que focalizó, el equipo descubrió (a través de encuestas posvisionado, a saber, preguntas a individuos focalizados que habían visto el anuncio) que podía lograr un 11,3 % de opiniones favorables sobre Trump con una audiencia digital de 147 000 personas, y un incremento del 8,3 % entre ellas en intención de votar a Trump, por no mencionar un incremento del 18,1 % en búsquedas en línea realizadas por esas mismas personas sobre temas que se habían tratado en los vídeos.

Una vez más, los que presentaban el vídeo de la empresa reiteraron el valor de contar con Facebook, Snapchat, Google, Twitter y demás dentro del equipo. Un nuevo producto de Facebook había permitido al equipo incrustar múltiples vídeos en un solo anuncio. Con un anuncio como ese se había producido un incremento del 3,9 % en intención de votar a Trump, además de una disminución del 4,9 % en intención de votar a Hillary.

Una disminución en la intención de voto…

El corazón comenzó a latirme con fuerza en el pecho.

La publicidad personalizada había sido cara, pero la rentabilidad sobre la inversión, según nos informaron los presentadores del vídeo, había sido increíble. Una organización de noticias digitales ofrecía a cualquiera que pudiera permitírselo la capacidad de insertar contenido publicitario en su página y diseñarlo para que tuviera el mismo aspecto que el contenido informativo de la organización; la misma fuente, los mismos colores y la misma maquetación. Era fácil que los lectores confundieran el contenido con una noticia, pues esos anuncios confundían hasta a los lectores más experimentados y les llevaban a pensar que el contenido negativo sobre

Hillary era una información real sobre ella. La campaña de Trump había pagado a Politico, por ejemplo, por un contenido sobre la corrupción en la Fundación Clinton, y el equipo publicitario de Politico había retocado ese material para que tuviera el mismo aspecto que las propias noticias de Politico. Los lectores lo percibían como noticia y el índice de compromiso medio con esos mensajes resultó ser de cuatro minutos. Era un índice de compromiso sin precedentes. Nadie en el mundo moderno se pasaba cuatro minutos con un mismo anuncio. Suponía una nueva frontera.

Según se aproximaba el día de las elecciones, el equipo había demostrado otros puntos fuertes. Debido a un acuerdo que tenía el Comité Nacional Republicano con los secretarios de estado de cada estado indeciso, CA había tenido acceso a los resultados de los sondeos en vivo, incluyendo los votantes por correo. Con esa información, el equipo pudo actualizar sus listas de votantes en los que invertir el resto de su presupuesto. Fue algo muy rentable, ya que pudieron transferir dinero para gastos importantes de última hora.

El discurso más popular sobre Donald Trump y, por extensión, su campaña había sido que él rechazaba los datos. Aunque tal vez eso fuese cierto en su caso personal —no tengo ni idea, pero se comentaba que ni siquiera usaba computadora—, en la presentación por vídeo de la empresa recalcaban lo esenciales que habían sido para la campaña los datos y las decisiones tomadas en base a los mismos. Creyera Trump o no en el papel de los datos, la gente que lo rodeaba entendía no solo su importancia, sino cómo utilizarlos. Datos, mediciones, mensajes cuidadosamente elaborados... todo eso y mucho más había sido empleado con un gran efecto durante los meses en que Cambridge trabajó en su nombre. Es posible que la campaña de Trump estuviese desfasada cuando Cambridge llegó, pero, el día de las elecciones, no solo se había convertido en una maquinaria política efectiva, sino en una capaz de ganar. Cambridge utilizó toda la tecnología a su disposición, junto con innovaciones que le vendían las empresas de redes sociales colaboradoras, para librar una batalla contra Hillary Clinton en las redes sociales con un alcance sin precedentes.

Pero la batalla no solo había sido contra Hillary, había sido contra el pueblo estadounidense. La represión del voto y el miedo se habían convertido en parte de las tácticas, ahora me daba cuenta, y me repugnaba. ¿Cómo era posible que Cambridge hubiera utilizado materiales tan ofensivos? ¿Por qué no me había dado cuenta? ¿Qué más cosas estarían sucediendo en el mundo, o incluso en mi propio país, sin que yo lo supiera?

El segundo día de la autopsia retransmitida por vídeo, nos explicaron las estrategias del comité de acción política, que habían tenido el mismo éxito, si no más, y eran también inquietantes. Mientras Molly, Matt y el equipo de científicos de datos estaban en San Antonio, Emily Cornell y su equipo de D. C. habían llevado a cabo una campaña aislada pero paralela de persuasión a las órdenes de David Bossie para el comité de acción política de Trump Make America Number One. Bossie era conocido como un impulsor de los comités de acción política. Como director de Citizens United en 2010, había supervisado la exitosa operación que logró eliminar el tope en los gastos de campaña, un cambio que se hizo famoso con el caso del Tribunal Supremo *Citizens United contra la Comisión Federal Electoral.*

Emily estaba a cargo de la presentación, pero el doctor David Coombs, el jefe de psicólogos, tomó la palabra para explicar que el equipo de MAN1 había podido llevar a cabo la microfocalización sin realizar muchos psicográficos.

Todos nos quedamos sorprendidos. Al fin y al cabo, los psicográficos siempre habían sido la tarjeta de presentación de CA, pero el equipo del comité de acción política (al igual que el equipo de la campaña con respecto a la base de datos de CA) tenía excusas para explicar que no se hubiesen empleado de manera más amplia. Sin embargo, los psicográficos que habían utilizado habían funcionado muy bien, según explicó el doctor Coombs. Su equipo había ejecutado dos pruebas psicográficas principales previas a las elecciones, y la segunda había resultado ser un éxito. El equipo se dirigió a un grupo de trescientas mil personas por correo electrónico, la mayoría de las cuales tenía unas puntuaciones OCEAN que indicaban que eran «altamente neuróticas». El equipo las segmentó en veinte grupos distintos en función de los temas que les preocupaban y después elaboró diferentes correos para ellas con asuntos variados.

Uno de los asuntos de los correos estaba diseñado para asustar a la gente. Otro estaba diseñado para «tranquilizarla». El tercer grupo recibía correos con asuntos «alarmantes y tranquilizadores». Y el cuarto y último grupo recibía correos con asuntos genéricos. El objetivo era ver qué asunto lograba que los neuróticos pincharan para abrir los correos.

Los mensajes «alarmantes y tranquilizadores» fueron un fracaso. Los resultados de los asuntos genéricos fueron imprecisos. Los asuntos «tranquilizadores» apenas funcionaron. Pero los mensajes «alarmantes» tuvieron más éxito que ningún otro. Mostraron un grado de eficacia un veinte por ciento superior a los mensajes genéricos.

La conclusión, según dijo el doctor Coombs, fue que «si tienes a un grupo de individuos emocionalmente inestables, te irá mucho mejor si les envías mensajes alarmantes».

Nos ofreció entonces algunos ejemplos de asuntos alarmantes. Uno era «Elegir a Hillary supondrá la destrucción de los Estados Unidos». Otro decía «Hillary destruirá los Estados Unidos». Muchas de las personas que asistían a la retransmisión del vídeo empezaron a reírse nerviosamente. Yo, en cambio, guardé silencio.

Emily, la vicedirectora del comité de acción política, concluyó diciendo que estaba emocionada con los resultados. Eso sería útil para promocionar a Trump en 2018 y prepararse para 2020.

Entre agosto y noviembre, continuó Emily, el comité de acción política había alcanzado los doscientos once millones de visionados y había atraído a un millón y medio de usuarios a sus dos páginas web, con veinticinco millones de reproducciones de vídeo. Los anuncios, con títulos como *La corrupción es un asunto de familia*, tuvieron mucho éxito en Facebook. Emily reprodujo uno titulado *No sabe dirigir ni su propia casa*. Si bien me había quedado horrorizada el día anterior con el vídeo de los superdepredadores, este otro me dejó de una pieza.

Era un vídeo de Michelle Obama de 2007, durante la primera campaña presidencial de Obama, cuando se enfrentaba a Hillary en las primarias. En el discurso original, Michelle había estado diciendo que los Obama seguían muy centrados en su familia y en los horarios de sus hijas, incluso durante la campaña. Michelle había dicho: «Si no puedes dirigir tu propia casa, desde luego no puedes dirigir la Casa Blanca». Quizá no sea de extrañar que la cita se sacara de contexto para atacar a Hillary. Aunque la transcripción completa de los comentarios de Michelle revelaba la verdad, poco importó a muchos medios de comunicación que publicaron la noticia imprecisa y engañosa de que estaba atacando a Hillary.[3]

Gracias a los esfuerzos del equipo digital de CA, los comentarios malinterpretados de Michelle en 2007 volvieron a salir a la luz, salvo que ahora su distorsión favorecía a Trump. Al utilizar ese mismo extracto fuera de contexto, el equipo de Trump había logrado que pareciera que Michelle se había «rebajado» y había criticado a Hillary por la infidelidad de su marido. Al reconvertir ese momento, el equipo de Trump había utilizado el machismo como arma y lo había hecho viral, creando la impresión de enfrentar a una demócrata contra otra, una mujer contra otra, cuando en realidad era una farsa manipuladora.

Las mediciones del anuncio eran aún más inquietantes. La campaña había descubierto, por supuesto, que muchas de las mujeres a la izquierda del centro eran un poco más conservadoras. CA se había fijado en que los valores tradicionales eran más importantes para ellas que su desprecio hacia Donald Trump, y el vídeo había disminuido la probabilidad de esas mujeres de votar por Hillary.

Como había dicho proféticamente Kellyanne —y para el regocijo de la audiencia de la CPAC cuando compartimos escenario en marzo—, sí, cuando se despertaba por la mañana, Hillary Clinton era la segunda persona más popular de su casa.

Aquel día, en las salas de juntas de CA y de SCL de todo el mundo, donde mis compañeros y yo estábamos reunidos para ver por primera vez lo que habíamos hecho para llevar a Trump hasta la Casa Blanca, hubo gestos de asombro, pero también muchas risas incómodas entre las palabras de felicitación.

El trabajo que habían llevado a cabo ambos equipos había sido técnicamente fantástico, pero en dos días había sido testigo nada menos que de la oscuridad que sabía que existía en la política; apelar a nuestros instintos más básicos, la incitación al miedo, la manipulación, esa manera de enfrentarnos unos a otros, y yo no había tenido ni idea.

Algo horrible había ido creciendo cuando no miraba. Algo horrible había atacado el sistema nervioso central de nuestro país; se había apoderado de él; había alterado su manera de pensar, su comportamiento y su capacidad para funcionar correctamente. Los tumores del cerebro de mi padre eran benignos, pero le habían provocado un daño permanente. Esta tecnología había tenido una apariencia muy benigna en los confines de una presentación en PowerPoint, y ahora me daba cuenta de que nos había llevado a la ruina.

Deseé en aquel momento poder retroceder en el tiempo y evitar tomar ciertas decisiones. Me había convertido en parte de una corriente monstruosa de mensajes negativos que había avivado el fuego de la división y el odio entre la gente de todo el país. Era una realidad que apenas podía asimilar. Me había quedado de brazos cruzados mientras todo eso sucedía delante de mis narices. Aquel fue mi momento de crisis de conciencia: ¿cómo podía algo tan aparentemente común volverse tan oscuro?

Deseaba huir, pero tenía las manos atadas. Dada la situación de mi padre, sentía que no podía dejar el trabajo. No tenía otro sitio al que ir. Había tenido un año de éxito. La empresa para la que trabajaba estaba en alza. Había más negocios en el horizonte. ¿Cómo iba a marcharme ahora?

Llevaba puesta una camisa de fuerza.

Igual que mi padre.

Y seguí con la camisa de fuerza.

Esto es lo que dice mi agenda de la época inmediatamente posterior: dos días antes de la investidura, Cambridge inauguró su nueva oficina en D. C. Necesitábamos una sede central para las inminentes campañas senatoriales y gubernativas, para las iniciativas electorales y, por supuesto, para las elecciones de mitad de legislatura de 2018. También sería prudente tener un lugar de cara a 2020. Era un espacio pequeño, pero estratégicamente situado, justo en Pennsylvania Avenue.

Me pasé por allí el día 19 para tomar cócteles en la inauguración de la oficina, pero la agenda dice que me fui temprano, con Julian Wheatland, a una fiesta organizada por Nigel Farage y Arron Banks en el ático del hotel Hay-Adams, también en Washington. Era extraño volver a verlos, pero su amistad con Trump y con Steve Bannon hacía que fuese muy importante que CA acudiera a la fiesta, que acudiera yo, y con el suficiente champán no solo me resultó soportable, sino que me permití disfrutar. Nigel me firmó un ejemplar del nuevo libro, *The Bad Boys of Brexit* («Los chicos malos del Brexit»), un superventas continuo, con la dedicatoria: *¡2016 ha sido el año que lo ha cambiado todo! Gracias por formar parte de esto.* Posé para una fotografía sujetando el libro, en parte con orgullo y en parte para aumentar los chistes incesantes que oía en mi cabeza.

Cuando miro las fotos de aquel periodo de la investidura de Trump, lo que veo es a una mujer que lleva puesto el atuendo más ofensivo de todos: la noche del baile DeploraBall, patrocinado por Breitbart, me puse un sombrero de la Asociación Nacional del Rifle y un vestido rojo, a juego con el pintalabios. La noche siguiente, lucí un abrigo de chinchilla sobre un vestido de fiesta de color negro; al cuello llevaba varias hileras de perlas.

Están las fotos y está mi agenda. El día de la investidura, la agenda dice que acudí a la azotea del Hotel W para asistir a una fiesta celebrada por Politico. Dice que la familia Forbes estaba allí, y mi amigo Chester y los hombres de Asia central a los que vi en aquel primer encuentro con Alexander, en el restaurante de sushi, a principios de 2014. Según parece, había también compañeros míos de CA, y una princesa sueca. Hacía frío y estaba lloviendo. Me asomé por el balcón para ver la ceremonia de investidura. Vi la escasa afluencia de público y supe que allí, en primera línea, estaban Alexander, Bekah y Steve, resplandecientes. Vi las primeras imágenes de cerca en una gran pantalla: el juramento, la pompa y circunstancia. El resto de la ceremonia aparece borrosa en mi cabeza.

El mundo estaba plagado de los fantasmas y demonios de mis dos últimos años; Kellyanne con su gorra roja, su vestido blanco y su abrigo de estilo militar; Gerry Gunster, el encuestador que trabajó en la campaña de Leave.EU, se pasó a saludar. Aquella noche, comí algo con Alexander, Chester y Bekah en el Four Seasons. Y, en algún momento, Alexander y yo nos fuimos a un casino que aún tenía el bar abierto a esperar nuestro vuelo. Fue emocionante apostar todo lo que tenía. De eso se había tratado desde el principio: de apostar todo tu dinero con la descabellada esperanza de ganar.

Los recuerdos de aquella noche se emborronan cada vez más. Bebí hasta el extremo en el baile de la Heritage Society y después me tambaleé hasta el baile de celebración de la investidura Trump-Forbes, donde bailé entre los Trump, los Forbes y un variado grupo de donantes conservadores poco corrientes, de esos que probablemente aún se ponían nerviosos porque pudieran etiquetarlos como seguidores de Trump y habían evitado acudir al baile principal de la investidura para pasar desapercibidos.

Por muy borrosos que estén mis recuerdos de aquella noche, me viene a la mente una imagen en particular tan clara como el agua: es una imagen de Bekah Mercer. Iba preciosa con su vestido de fiesta verde y la melena pelirroja y brillante. Me pareció una sirena flotando sobre un mar de mortales. Bailó con nosotros hasta las dos y media de la mañana, celebrando su victoria, girando en círculos, ebria con la idea de que acabásemos de vivir el primer día de Donald como presidente Trump.

Fue una representación teatral de los logros de los Mercer. En muchos aspectos, se habían convertido en los sustitutos de los hermanos Koch, multimillonarios también, pero, mientras que los Koch habían creado una red y una empresa de datos básicos llamada i360, los Mercer habían hecho algo mucho más poderoso y quizá más inquietante: habían orquestado una victoria utilizando una filosofía arraigada en la ciencia informática más avanzada, mucho más avanzada que cualquier otro recurso disponible en el Partido Republicano. Bob y Bekah Mercer representaban ahora una nueva fuerza en la política estadounidense: donantes adinerados con recursos para emplear sus dólares de manera medible y asegurarse de que sus gastos produjeran algún tipo de rentabilidad sobre la inversión. El resultado final fue la creación de una herramienta política despiadada, efectiva y, lo más peligroso para la democracia, expansible.

14

Bombas

ENERO – JUNIO DE 2017

Si me quedé traumatizada por lo que descubrí en el balance sobre la campaña de Trump, me afectaron más aún los sucesos que tuvieron lugar en la primera mitad de 2017.

En *Das Magazin* apareció un artículo sobre Cambridge Analytica y se hizo viral en Alemania y Suiza. Después fue traducido al inglés por *Vice* y volvió a hacerse viral.[1] El artículo recordaba en algunos aspectos al de *The Guardian* sobre Facebook de finales de 2015 en el sentido de que presentaba en la historia de Cambridge Analytica a un personaje muy parecido al doctor Aleksandr Kogan.

El hombre se llamaba Michal Kosinski. Actualmente era profesor en Stanford y había empezado en la Universidad de Cambridge, en el Centro de Psicométrica. En el artículo, el hombre decía haber creado las pruebas psicográficas que Cambridge Analytica había utilizado en la campaña de Trump y sugería que el doctor Kogan las había robado y vendido ilícitamente a Cambridge. Peor aún, Kosinski describía la tecnología como un arma devastadora de destrucción masiva.

Según la historia de Kosinski, había llegado al Centro en 2008 desde Polonia y, como doctorando, había utilizado la aplicación de Facebook My Personality (desarrollada, según decía, por un compañero llamado David Stillwell) para construir los primeros modelos precisos de millones de usuarios de Facebook. En 2012, dijo haber demostrado que esos modelos podían predecir información muy específica sobre las personas basada solo en sesenta y ocho «Me gusta» de Facebook que hubiese dado un individuo. Según el artículo, podía usar esos pocos «Me gusta» para predecir el color de la piel, la orientación sexual, la afiliación a un partido político, el consumo de drogas y alcohol e incluso si una persona procedía de un hogar intacto o de unos padres divorciados. «Setenta "Me gusta" eran suficientes para superar lo que los amigos de una persona sabían [sobre ella]; ciento cincuenta "Me gusta" y entonces "sabía" [sobre los usuarios] lo mismo que sabían sus padres; trescientos "Me gusta" y sabía lo mismo que sabía su pareja. Más "Me gusta" podrían incluso superar lo que una persona creía saber de sí misma».

La historia de Kosinski ofrecía una versión muy diferente de lo que había contado el doctor Aleksandr Kogan. Kogan había acudido a Kosinski en 2014 no con un objetivo académico, sino con intenciones comerciales y en nombre de SCL Group para utilizar la base de datos de Kosinski. Este último dijo que había rechazado la oferta de Kogan porque sospechaba que la petición no era legal en algún aspecto, y ahora había quedado demostrado que tenía razón: Kogan había conseguido los datos por medios deshonestos y posiblemente ilegales, y el trabajo de Kosinski se había utilizado para impulsar al Reino Unido y a los Estados Unidos hacia la derecha, para influir en los votos y reprimir las votaciones.

Desde entonces, Kogan se había largado a Singapur, donde vivía con un nombre falso sacado de una película mala: el doctor Aleksandr Spectre. La conclusión era que Spectre era un delincuente y que Cambridge Analytica había dejado caer una bomba atómica sobre el mundo inocente.

Una vez más, igual que el año anterior, en Cambridge tratamos de restar importancia al artículo. Alexander Nix y Alex Tayler parecían ajenos a todo. ¿Quién era Michal Kosinski? No habían oído hablar de él, decían, lo que a mí me resultaba extraño, pues en el artículo afirmaba ser el padre de los psicográficos y del trabajo de «microfocalización conductual» que al parecer CA tenía registrado.

En respuesta al artículo, la empresa emitió una declaración que recordaba a la de un año atrás: «Cambridge Analytica no utiliza datos de Facebook», decía la declaración. También aseguraba que Cambridge no tenía ningún trato con el doctor Michal Kosinski. Cambridge «no subcontrata a investigadores», decíamos. «No utiliza la misma metodología». Es más, decía la empresa, apenas habíamos usado psicográficos en la campaña de Trump. Además no habíamos hecho nada en absoluto para reprimir el voto. Nuestros esfuerzos, aseguraba el comunicado de prensa, «iban dirigidos únicamente a incrementar el número de votantes».

Me dijeron que pensara en Kosinski como me habían dicho que pensara en Kogan: que era un caso aparte, un mentiroso, un desconocido no afiliado que intentaba atribuirse el mérito de los «logros» de CA. Tal vez hubiese realizado trabajos similares y estuviese utilizando la victoria de Trump como oportunidad de relaciones públicas para promocionar su tesis doctoral. Me ordenaron que explicara a los clientes que CA no tenía ninguna relación con ese hombre y que no dijese nada más.

Algo no me cuadraba. De todas las declaraciones de Cambridge Analytica, lo de que «apenas» habíamos usado psicográficos era lo que más escandaloso me parecía, dado que sí habíamos efectuado pruebas en la campaña. Negar que hubiesen recurrido a la represión del voto también suponía otro problema. Al fin y al cabo, algunos de los mensajes más inquietantes del comité de acción política de Trump —los vídeos de «No sabe ni dirigir su propia casa» y los «Superdepredadores», el último de los cuales había ido específicamente dirigido a votantes afroamericanos en zonas vulnerables de la zona rural de Georgia y, como se supo después, también en Little Haiti, Miami— podían considerarse como represores del voto. La idea de que lo único que CA había hecho era «incrementar» el número de votantes era una absoluta mentira. Había visto las pruebas con mis propios ojos en el balance de la empresa. Al fin y al cabo, incluso tenían grupos de focalización a los que habían etiquetado como «Disuasión».

¿Y la acusación de Kosinski de que Cambridge Analytica había utilizado los datos como arma? Eso me inquietó profundamente.

Tenía que averiguar qué hacer. Tenía que encontrar la manera de permanecer en la empresa y utilizar los datos para el bien común, que había sido mi intención cuando me sumé a SCL en un primer lugar, o largarme de alguna forma.

En aquel momento tumultuoso, intenté poner en práctica mi primera idea de manera discreta, buscando contactos en justicia social y derechos humanos. Veía con más claridad que nunca que CA podría utilizar el *Big Data* para ayudar a diplomáticos a gestionar crisis en zonas de conflicto. Busqué maneras en las que la inteligencia artificial, el reconocimiento del lenguaje y el análisis de opinión pudieran ayudarnos a procesar enormes cantidades de testimonios de crímenes de guerra, encontrando en ellos patrones. Quizá el modelado psicográfico, que había sido empleado sobre la población estadounidense —con un efecto, en mi opinión, desastroso— pudiera utilizarse para crear un cambio de régimen donde más se necesitaba. Trabajé con Robert Murtfeld para ponerme en contacto con Fatou Bensoude, el fiscal del Tribunal Criminal Internacional, y con el embajador estadounidense plenipotenciario de crímenes de guerra, Stephen Rapp, y juntos comenzamos a explorar algunas opciones.

Intenté consolarme con el recuerdo agridulce de John Jones, fallecido hacía ya casi un año, deseando poder buscar su consejo. Tal vez por eso, a mediados de febrero de 2017, cuando surgió la oportunidad de visitar a Julian Assange, de WikiLeaks, no lo dudé ni un momento. Julian, que había sido uno de los últimos clientes de John, seguía alojado en la embajada ecuatoriana de Londres, donde había buscado asilo político cinco años y medio antes. John lo visitaba con frecuencia, iba hasta allí montado en su bici y la dejaba aparcada fuera sin candado; siempre bromeaba diciendo que había tantas medidas de seguridad en torno a la embajada que era el único lugar de Londres donde podías dejar algo sin que te lo robaran. Hacía ese chiste y después me decía que debería ir con él a visitar a Julian algún día, pues nunca recibía suficiente contacto humano. Tras la muerte de John, pensé que nunca tendría la oportunidad de ir.

De modo que, cuando me ofrecieron la invitación, no consideré mi decisión de ver a Assange como algo paradójico; era algo intuitivo y profundamente personal. Aunque era consciente de que tenía una historia complicada, lo respetaba desde hacía tiempo igual que respetaba a otros soplones en la historia reciente. En el instituto, había estudiado la historia de la guerra de Vietnam y había descubierto y empezado a respetar a Daniel Ellsberg, que había filtrado los Papeles del Pentágono. Y la decisión de Assange de filtrar documentos sobre la implicación militar estadounidense en crímenes de guerra en Irak me parecía heroica; de hecho, como ya he mencionado, había escrito mi tesis para el máster de derecho sobre crímenes de guerra utilizando datos de WikiLeaks como principal fuente de material. Y en 2011, cuando las donaciones a WikiLeaks fueron bloqueadas por las principales empresas de tarjetas de crédito, la organización no lucrativa había lanzado un aparato para poder donar usando bitcoines en su lugar; yo misma doné doscientos dólares como reconocimiento a la investigación que la organización me había permitido llevar a cabo.

Aunque me mostraba escéptica con la decisión de WikiLeaks de filtrar los *emails* de Hillary Clinton durante las elecciones, al principio me pareció que debía de haber una razón para que la organización hiciese algo así. Pero, después de que no saliera a la luz ninguna revelación explosiva, me pareció que lo habían hecho para afectar a la percepción de los votantes. Me costaba encontrar una verdadera razón para hacer algo así. Llevaba ya casi dos años rodeada de mensajes antiHillary (en todas las conferencias a las que acudía, forrando los cubículos de los empleados, en las insignias que me daban en los discursos de Trump) y empezaba a dejarme persuadir. Me mostraba cada vez más insensible al contenido personalizado que aparecía en mi teléfono, en las conferencias y en las pantallas de computadora de mis compañeros. En cuanto a Assange, lo veía igual que veía a Chelsea Manning, otra soplona, y alguien que había sufrido por sus creencias en nombre de la transparencia gubernamental.

La invitación para ver a Assange se produjo a través de un amigo de un amigo; me dijo en una fiesta de cumpleaños que Julian lloraba la pérdida de John, igual que yo, y que tal vez sería bueno, emocionalmente, que nos conociéramos. En cierto modo, para mí conocerlo era conocer a alguien que se preocupaba por el legado de John, y suponía la oportunidad de abrir, aunque no de momento, una puerta al mundo de los derechos humanos que se me había quedado cerrada al morir John.

No le dije a nadie que iba a ir, pero no era tan ingenua como para no entender que atravesar la puerta de esa embajada podría hacerme formar parte de varias listas de personas vigiladas. Aun así, sentía que mis razones para ir allí eran personales y no eran asunto de nadie, solo mío.

El encuentro duró nada más que veinte minutos y tuvo lugar en una habitación de paredes desnudas con sillas blancas y una mesa. Primero entré yo y, mientras esperaba a que llegara Julian, repasé mentalmente todo lo que deseaba decirle. ¿Cómo podía expresarle mi gratitud por su valentía?

Cuando bajó las escaleras y entró en la sala, el corazón me dio un vuelco. Sentí una enorme tristeza al darme cuenta de que se había convertido en un preso desesperado. Estaba palidísimo, casi transparente, con el pelo y la piel tan blancos como aparecía en las fotos de la época: afeitado, pero sin vida. Llevaba sin ver la luz del sol más de seis años.

Anhelaba a alguien que lo escuchara, algún amigo. En nuestros veinte minutos, habló mucho más él. Hablamos brevemente sobre John y el dolor que nos había causado su muerte, pero Julian utilizó la reunión más a modo de diatriba que de conversación. Estuvo hablando de la Unión Europea, de sus debilidades y de sus fortalezas, de la Asociación Transatlántica para el Comercio y la Inversión.

Se había quedado muy decepcionado con Obama, sobre quien en otra época había albergado grandes esperanzas, pero que, según Assange, se había rodeado de personas que habían tomado malas decisiones, como el incremento del uso de drones y acciones que habían tenido como resultado muchas bajas civiles en el extranjero. En cuanto a Hillary Clinton, tampoco era santo de su devoción; lo de Bengasi había sido una tragedia evitable. En eso le di la razón, pues tenía compañeros que murieron allí aquel día: durante el tiempo que pasé en Libia, me preparé para trabajar con el embajador Christopher Stevens y su equipo; Stevens y tres de sus empleados no sobrevivieron a los ataques. Recuerdo volar a D. C. el 11 de septiembre de 2012 y ver todas las banderas a media asta, y asistir a funerales en vez de a sesiones informativas en el Departamento de Estado durante el resto del viaje.

Las opiniones de Assange sobre lo que había sucedido en Bengasi no me sorprendieron, pero sí lo que dijo sobre Trump: insistió en que había sido el candidato adecuado, no Hillary, y el único que no tenía las manos manchadas de sangre.

Teniendo en cuenta la dirección que parecía haber tomado la Administración Trump en aquel momento —la opinión del presidente sobre la tortura, su postura sobre inmigración y el muro—, aquello no seguiría siendo cierto durante mucho tiempo, pero, cuando tuvo lugar mi encuentro con Julian, me alivió oírlo decir algo bueno sobre Trump. Julian dijo que la persona que más probabilidades tenía de provocar guerras y acabar con vidas inocentes había perdido las elecciones y, aunque ahora pueda parecer una declaración desesperada, aquello me produjo un curioso sentimiento de reafirmación. No soportaba la idea de que Trump estuviese al mando de mi país, pero mi objetivo último era evitar la guerra. Las palabras de Julian fueron un alivio, aunque fugaz, que me hizo pensar que mis decisiones podrían ser éticas. Quizá el tono de la campaña difiriera del comportamiento del nuevo presidente. Solo el tiempo lo diría.

Fueran cuales fuesen las consecuencias de los ataques de Kosinski contra Cambridge en *Das Magazin* y *Vice*, fueron mínimas. Nuestro negocio floreció desde el momento en que Donald Trump fue nombrado nuevo presidente de los Estados Unidos.

Alexander y Bekah aprovecharon el momento para reorganizar y renovar la imagen de la empresa. Como Cambridge Analytica se convirtió de pronto en la parte más visible del negocio, Cambridge absorbió a SCL Group. Bajo el paraguas de Cambridge, Alexander y Bekah crearon una nueva división, SCL Gov, que consistía en un equipo formado solo por aquellos que tuvieran la habilitación formal de seguridad del Gobierno de los Estados Unidos; y, para dejar sus intenciones más claras aún, se instalaron en una nueva oficina, cerca del Pentágono, en Arlington, desde la que se esforzarían por lograr únicamente contratos gubernamentales y militares.

SCL Gov contrató a dos profesionales experimentados para dirigir esa nueva división: Josh Weerasinghe, nombrado director ejecutivo, tenía un currículum impresionante. Entre otros lugares, había trabajado como director de inteligencia para el Departamento de Defensa estadounidense en Bagdad, había sido director de políticas adjunto del Comité de Seguridad Nacional y había trabajado como director de personal del Subcomité de Seguridad Nacional sobre Prevención de Ataques Nucleares y Biológicos. Chris Dailey pasó a ser científico jefe de SCL Gov. Había colaborado en la Armada, trabajando en misiones con misiles Tomahawk de ataque terrestre teledirigidos y análisis de *Big Data*. Ambos tenían capacidad suficiente para sellar contratos con cualquier agencia federal, desde Defensa hasta Vivienda.

Entretanto, Emily Cornell, que había dirigido el comité de acción política MAN1 durante la campaña, pasó a encargarse de CA Political, que dirigía desde su despacho en el 1900 de Pennsylvania Avenue, a tiro de piedra de la Casa Blanca e, irónicamente, compartiendo pared con la embajada mexicana. Emily trabajaría con legisladores sobre las propuestas de ley inminentes, empezaría a cultivar contratos de cara a las campañas senatoriales, gubernativas y congresuales para las elecciones de mitad de legislatura de 2018, y nos guardaría el sitio para la reelección de Trump en 2020.

Para ayudar a la expansión global, Alexander y Bekah buscaron nuevos inversores por todo el mundo, individuos que aportaran un flujo de dinero a la empresa y también proporcionaran a SCL Gov puntos de apoyo en nuevos países como los Emiratos Árabes Unidos y Hong Kong. Alexander agasajaba a multimillonarios y, en cuanto lograba asegurar su colaboración, Julian Wheatland rellenaba en el Reino Unido los documentos que pasarían a incluirlos en la junta directiva de la empresa.

Mientras Bekah y Alexander trabajaban para situar a nuestra empresa en expansión más cerca de la Casa Blanca, nuestros vínculos con la nueva administración se reforzaban en el resto de ámbitos. Mientras la prensa se centraba en la ineptitud de la Administración

Trump al designar a los miembros del gabinete, los periodistas no se fijaban en la maquinaria de Recursos Humanos que Bekah dirigía desde nuestras oficinas de Nueva York. Ella y su equipo entrevistaban a gente para puestos en el Gobierno y negociaban contratos, y a la vez el edificio de Charles Scribner's Sons proporcionaba una tapadera para aquellos que no desearan ser vistos saliendo de la Casa Blanca o de la Trump Tower. En aquella época, a veces levantaba la mirada de mi mesa y veía a un puñado de agentes de seguridad fornidos que entraban en la sala e inspeccionaban la oficina antes de la llegada de gente que buscaba auxilio, como Rick Santorum, o rechazados descontentos como Chris Christie, quien vino para quejarse de no haber recibido el nombramiento al que creía tener derecho tras haber declarado públicamente su alianza con Trump.

Por mi parte, deseaba largarme de los Estados Unidos. En concreto, albergaba la esperanza de poder irme a México para continuar con el trabajo que había iniciado el año anterior al potenciar acuerdos empresariales con clientes comerciales y políticos. Había sellado acuerdos con diversas elecciones gubernativas mexicanas, y además las elecciones presidenciales de ese país eran inminentes. Alexander también tenía la mirada puesta allí, y esperaba poder convencerlo para que me permitiera abrir una oficina en Ciudad de México después de regresar de un viaje de negocios a principios de enero de 2017.

Pero eso no sucedería. Alexander me quería en Londres, donde pudiera serle de ayuda, me dijo, con los contratos de SCL Commercial y SCL Political. Estaban escasos de personal en ventas. Se había incorporado un nuevo director de SCL Global: un tipo llamado Mark Turnbull, y yo trabajaría a sus órdenes; aunque deseaba que, si iba a tener que mudarme otra vez, al menos Alexander hubiera tenido en mente la idea de ascenderme.

Mark era menos pijo que Alexander, mayor, de una clase social diferente a la suya, más áspero. Pero me caía bien. Llevaba décadas gestionando elecciones, incluyendo las primeras elecciones democráticas en Irak tras la caída de Saddam Hussein, y sabía mucho sobre operaciones de defensa y comunicación frente a la adversidad tanto con las fuerzas armadas como en elecciones políticas. Aunque lamentaba que no me hubieran ascendido, ansiaba trabajar para Mark y aprender cosas de él. Y trasladarme de nuevo a Londres al menos me permitiría alejarme de toda la maldad de los Estados Unidos. También era una oportunidad para volver a conectar con Tim, con quien seguía saliendo. En otras palabras, intenté ver el lado positivo de la situación y, aunque seguía soñando con México y a veces volvía allí para formar a las nuevas personas a las que Alexander había contratado para llevar mis contratos sin mí, parecía que Londres iba a ser mi hogar por el momento.

En aquellas primeras semanas ajetreadas de la presidencia de Trump, Rusia empezó a ser un tema recurrente entre nosotros en CA. Aunque la prensa ya estaba centrada en Rusia antes de que Trump tuviera oportunidad de llegar al despacho oval, nuestro grupo no había hecho mucho caso a los primeros informes. En la oficina de Cambridge, era habitual escuchar el término *fake news* («noticias falsas»), en parte, supongo, porque los empleados de Cambridge sentíamos que los intentos de los rusos habían sido inventados por aquellos incapaces de aceptar la aplastante derrota de Hillary o, quizá, hubieran sido algo insignificante en comparación con lo que habíamos hecho nosotros. Era Cambridge Analytica, y no un gobierno extranjero, la que había asegurado la presidencia de Trump, o eso creíamos, y la atención a Rusia se consideraba perjudicial para la nueva administración, de cuyo éxito dependía profundamente nuestra empresa.

Por supuesto, la injerencia rusa en las elecciones era un tema de preocupación en los círculos de inteligencia, y cada vez resultaba más difícil ignorar esas «noticias falsas». Pocas semanas después de que Trump jurase el cargo, quedó claro que las acciones de su consejero de seguridad nacional, Michael Flynn, habían llevado a una investigación mucho más intensa de la relación entre Trump y Rusia. Al final se demostró que Flynn, que se había puesto en contacto con el embajador ruso en los Estados Unidos, Sergey Kislyak, durante la transición para hablar de las sanciones impuestas por Obama en respuesta a la injerencia rusa en las elecciones de 2016, había mentido a los agentes del FBI sobre sus conversaciones con los rusos. Y las relaciones de Paul Manafort, director de campaña de Trump, con los oligarcas ucranianos y, potencialmente, con Rusia habían motivado en parte la decisión de sustituirlo por Steve Bannon en agosto del año anterior. Flynn fue destituido de inmediato, y esa salida tendría efectos en cadena mucho mayores de lo que nadie habría podido imaginar.

A mediados de febrero de 2017, poco después de que Flynn fuera destituido como consejero de seguridad nacional, me encontraba en la oficina del Reino Unido; ahora teníamos una más grande en New Oxford Street. Alexander no estaba aquel día y yo acababa de entrar a buscar algo en su despacho cuando vi un libro en su estantería de literatura fascista, esa a la que se había referido en broma durante mi entrevista con él en 2014. Situado entre libros de

Ann Coulter y Nigel Farage estaba uno escrito por Michael Flynn. No sabía que Flynn hubiera publicado un libro. Era reciente, de 2016, y llevaba por título *Field of Fight: How We Can Win the Global War Against Radical Islam and Its Allies* (Campo de batalla: Cómo ganar la guerra global contra el islam radical y a sus aliados).

Dado que el nombre de Flynn había copado los titulares pocos días antes, saqué el libro de la estantería. Mi intención era hojearlo, pero me detuve en la primera página, donde aparecía la caligrafía de Flynn: era una dedicatoria a Alexander, un mensaje personal en el que explicaba la importancia de lo que acababan de hacer juntos. Bajé la mirada hasta las últimas palabras que había escrito Flynn con letras grandes:

¡Juntos haremos de los Estados Unidos un gran país!

Me quedé helada.

¿Juntos? ¿A qué se refería Flynn? ¿Alexander o Cambridge Analytica habían trabajado con él más de lo que yo pensaba? Según tenía entendido, hacía trabajo de consultoría con SCL, pues Alexander había celebrado su nombramiento (un camino directo evidente hacia contratos gubernamentales y militares) y había lamentado su despido. La reciente destitución de Flynn y aquella dedicatoria me erizaron el vello de la nuca. No quería que me pillaran allí leyéndolo, así que me planteé hacerle una foto a la página, pero después me lo pensé mejor. De haberlo hecho, habría parecido sospechosa. Sin parar de temblar, y sin molestarme en leer el contenido, volví a dejar el libro en la estantería y salí del despacho lo más rápido que pude.

¿Cuántas cosas no sabría? ¿Cuántas cosas estaría escondiendo Alexander? ¿Cuántas cosas habría elegido yo no ver?

Resultó ser que bastantes.

A finales de febrero, Julian y Alexander me llamaron al despacho. La Oficina del Comisionado para la Información (ICO, por sus siglas en inglés), un organismo público que analiza la gestión de la información y de los datos en el Reino Unido, había abierto una investigación criminal sobre la implicación de Cambridge Analytica en el Brexit. Leave.EU había presentado su informe de gastos de campaña y no se mencionaba ningún pago realizado a Cambridge Analytica por sus servicios. Esa información era obligatoria según las leyes británicas, y la ICO quería saber exactamente cuál había sido la implicación de CA.

Para mí, la implicación de Cambridge con Leave.EU estaba muy clara. Había tenido numerosas reuniones con Arron Banks y con su equipo. Con la bendición de Arron y con la aprobación de Matthew Richardson (secretario de UKIP que también había sido nuestro asesor legal), había proporcionado datos de los miembros del partido y respuestas a encuestas de UKIP, y nuestros científicos de datos los habían modelado para dar con la segmentación del público objetivo. Aunque no hubiese entregado los resultados físicos de ese trabajo a Leave.EU, sí que los había presentado en una sesión informativa con el equipo ejecutivo de Leave.EU y después en un debate televisado. A eso le siguió otro día de trabajo con el equipo en Londres. Había viajado después a Bristol con el doctor David Wilkinson, uno de nuestros científicos de datos con más experiencia, para reunirnos con el personal de campaña de UKIP (también conocidos como empleados en las oficinas de Eldon Insurance), hablar de nuestro trabajo y empezar la inspección de sus operaciones sobre el terreno. Esa había sido la primera fase de nuestro trabajo para Leave.EU y, que yo supiera, no, Arron Banks no había pagado a Cambridge Analytica por sus servicios ni había seguido trabajando con nosotros después de aquello.

Alexander y Julian me explicaron el problema tal y como lo veían: nosotros, y otras personas, habíamos hablado de nuestro trabajo en público. Alexander había pedido a uno de nuestros trabajadores internos que redactara un comunicado de prensa anunciando el trabajo, y ese comunicado de prensa había salido en las noticias, y la propia Leave.EU había publicado en su página web nuestra colaboración; y esa información seguía en línea. Arron Banks incluso había escrito sobre esa asociación en un libro publicado hacía poco, *The Bad Boys of Brexit*. Además, yo misma había hablado del tema en entrevistas para Bloomberg, PR Newswire y otras cadenas de noticias.

Alexander dijo que todo aquello había sido un exceso de entusiasmo por nuestra parte. Al igual que Leave.EU, habíamos estado tan emocionados ante la idea de trabajar juntos que nos habíamos precipitado. Nos habíamos beneficiado de toda esa prensa, pero ahora era el momento de retractarse.

—Bueno, por suerte —añadió Alexander—, no llegó a realizarse ningún trabajo.

¿Cómo?, pensé yo.

—Pero sí que trabajamos —le dije—. Hicimos un trabajo, pero nunca se nos pagó por ello.

—Bueno —continuó Alexander—, nunca se nos pagó porque se engrandeció demasiado. Gastaste mucho tiempo y dinero en discursos de venta.

Me volví hacia Julian.

—Pero tú les enviaste una factura por el trabajo realizado.

—Julian incluso se había ofrecido a guardar el dinero en fideicomiso, si Leave.EU así lo prefería, pero Arron nunca llegó a soltar el dinero.

Me giré de nuevo hacia Alexander.

—Sí hicimos el trabajo —insistí.

—No —respondió él—, porque nunca les dimos los datos.

—Se los dimos verbalmente —expliqué. Los habíamos compartido con ellos; se los habíamos dado verbalmente.

—Pero no se los dimos físicamente —me recordó—. Y además tampoco trabajamos mucho. No cambiamos el mundo ni nada parecido.

—Técnicamente, no llevamos a cabo el trabajo —añadió Julian—, porque nunca firmamos un contrato y el trabajo no resultó de utilidad.

—Sí fue de utilidad —les dije. La segmentación había arrojado grandes hallazgos a partir de los datos de UKIP, y no tenía razones para pensar que Leave.EU no hubiese utilizado esos grupos de audiencia que les ofrecimos verbalmente y gran parte de los consejos que les dimos después de trabajar con ellos durante tres días seguidos en un momento muy importante de la campaña.

—Pero en realidad no les dimos nada —insistió Alexander—. Quizá lo utilizaron, pero nosotros no se lo dimos.

Pensé que me estaba volviendo loca. ¿Por qué se empeñaban en proteger a Leave.EU? ¿Por qué intentaban encubrir aquello? Podrían acusarnos de violación de los gastos electorales.

—Ha llegado un cuestionario de la ICO —me dijeron, en Google Docs. Querían que lo rellenara. Y ellos «colaborarían» para asegurarse de que mis respuestas eran correctas.

Querían que mintiera.

—No hay leyes en contra de las mentiras —me dijo Alexander—. Y además, lo que vamos a hacer es corregir la historia.

No era el delito, sino el encubrimiento. Al encubrir el hecho de que hubiéramos realizado un trabajo para Leave.EU, por pequeño que fuera, sabía que estaríamos empeorando una situación ya de por sí complicada.

Deseaba contar la verdad. Así que, en el cuestionario, conté la historia tal y como la había experimentado, pero también la conté como Alexander y Julian me ordenaron. Expliqué que, cuando estábamos en contacto con Leave.EU, teníamos la esperanza de conseguir un contrato mayor, pero eso nunca llegó. Eso, al menos, era cierto.

Me sentía mal por tergiversar los hechos, pero tampoco quería perder el trabajo, de modo que no se lo conté a nadie. ¿Por qué insistían tanto en que cambiase la historia? Imaginaba que podría tener algo que ver con Steve Bannon y su relación con Arron y Nigel. Pero solo eran suposiciones. Resultó que la investigación de la ICO concluyó que «no existían pruebas de una relación laboral entre Cambridge Analytica y Leave.EU más allá de esa fase inicial».[2]

Pocos días más tarde, un sábado, una periodista de investigación llamada Carole Cadwalladr publicó un artículo en *The Guardian* en el que disertaba largo y tendido sobre una supuesta conexión entre Cambridge Analytica, Leave.EU y Robert Mercer. Al publicarse poco después del artículo de *Das Magazin*, que había sacudido ligeramente a Cambridge con acusaciones sobre robo de datos de usuarios y utilización de los mismos como arma con fines poco éticos, el artículo de Cadwalladr supuso un duro golpe.

El artículo se centraba en temas de gastos de campaña en

general, incluyendo una posible violación por parte de Vote Leave, la campaña del Brexit que había vencido a Leave.EU en la nominación. Pero cargaba especialmente contra Cambridge y Leave.EU.

Por desgracia, Andy Wigmore, que se presentó como director de comunicaciones de Leave.EU, le había concedido a Cadwalladr una entrevista y había hablado de conexiones que parecían aún más perversas: aunque en junio de 2016, pocos días antes del referéndum, había dicho que Leave.EU no había trabajado con Cambridge Analytica, ahora daba un giro de ciento ochenta grados. ¿Por qué?, quién sabe. Ahora Wigmore decía que Nigel Farage y la familia Mercer tenían «objetivos compartidos». Lo que los Mercer estaban interesados en hacer en los Estados Unidos era paralelo a lo que Farage deseaba llevar a cabo en el Reino Unido. Wigmore había puesto en contacto a Farage con Cambridge Analyica. «Se mostraron encantados de ayudar», decía, «porque Nigel es un buen amigo de los Mercer». Cambridge y Leave.EU, según Wigmore, habían «compartido mucha información».

En respuesta al artículo, Alexander emitió una declaración a la empresa: «Estamos en contacto con la ICO», decía la declaración, «y estaremos encantados de demostrar que cumplimos con la legislación de datos del Reino Unido y de la Unión Europea».

Pero no todos quedaron satisfechos. La votación del Brexit había sido la más relevante en la historia británica, y ahora el Parlamento quería que Cambridge Analytica ofreciera mejores respuestas sobre la implicación de un multimillonario estadounidense en todo aquel asunto.

Yo tampoco estaba satisfecha. En su artículo, Cadwalladr me mencionaba con total libertad, atribuyéndome mucha más autoridad y poder en la empresa del que en realidad tenía. De pronto aquel artículo me convirtió de nuevo en la cara de Cambridge Analytica y el Brexit; justo lo que nunca había pretendido que sucediera.

«Yo me encargo de los estadounidenses y tú de los británicos», me había dicho Alexander al pedirme que le hiciera el favor de asistir al debate público de Leave.EU sobre el Brexit, y en su momento me pareció como si fuéramos dos viejos amigos dividiendo la cuenta de la comida. Había accedido a pagar mi mitad, pero, si me paraba a mirar el resultado, parecía que al final me había tocado a mí pagar el importe íntegro de la comida. En el artículo ni siquiera aparecía el nombre de Alexander, y Cadwalladr atribuía a un simple «portavoz de la empresa» la declaración que le había enviado.

Llegado el mes de abril, el problema aún no se había solucionado y la Comisión Electoral anunció que realizaría una investigación pormenorizada sobre los gastos de campaña durante el Brexit. Vote Leave también sería investigada, pero el foco estaría puesto en una factura de 41 500 libras que, al parecer, Arron Banks aún no había pagado a Cambridge por un trabajo que habíamos realizado; o, según Alexander, no habíamos realizado.

Alexander envió un curioso correo a Julian Wheatland; a nuestro director de relaciones públicas globales, Nick Fievert; a Kieran, nuestro director de comunicación; y a mí. También aparecía en copia el secretario de UKIP Matthew Richardson. El asunto del correo era: *Investigación de la Comisión Electoral.*

Estimados compañeros, comenzaba, y pasaba a relatarnos una vez más la complicada situación. La investigación nos situaba en un aprieto. La cosa iba ahora más allá del simple cuestionario de la ICO. Aun así, no habíamos llevado a cabo ningún trabajo para Leave.EU, escribía Alexander, así que no teníamos nada de lo que preocuparnos. Sin embargo, añadía, había mucha prensa ahí fuera, incluyendo algunos titulares que habíamos generado nosotros mismos desde dentro, que indicaba que sí habíamos trabajado para Leave.EU. Señalaba al desafortunado comunicado de prensa que había pedido que emitiera a Harris McCloud:

> Recientemente, Cambridge Analytica se ha unido a Leave.EU —el mayor grupo del Reino Unido que pide la salida de Gran Bretaña (o «Brexit») de la Unión Europea— para ayudarles a entender mejor y a comunicarse con los votantes del Reino Unido. Ya hemos ayudado a sobrealimentar la campaña de Leave.EU en redes sociales asegurándonos de que los mensajes adecuados lleguen en línea a los votantes adecuados, y la página de Facebook de la campaña cuenta cada vez con más seguidores; unas 3000 personas al día. ¡Y no hemos hecho más que empezar!

También volvió a hacer referencia a la entrevista que yo había concedido a PR Newswire poco después del debate público sobre el Brexit en noviembre de 2015. «Dijo que el equipo de científicos y analistas de datos de la empresa, algunos de los cuales trabajaban en ello a jornada completa en el Reino Unido, permitiría enviar mensajes personalizados».

Y de nuevo Alexander sacó a colación el tema de la mentira. Sentía que debíamos «dejar clara la historia para mitigar la pérdida de credibilidad». Había tres «hechos» que tendríamos que abordar: «(1) Estábamos en trámites con Leave.EU sobre la posibilidad de trabajar para ellos; (2) Mientras se llevaban a cabo esos trámites, accedimos a compartir con ellos un programa electoral y emitir un comunicado de prensa, dando por hecho que, en efecto, empezaríamos a trabajar juntos. (3) Al final no llegamos a trabajar juntos».

Se preguntaba si podríamos controlar la situación diciendo que «nos habíamos precipitado», o que «nuestro departamento de relaciones públicas había recibido información incorrecta del equipo de operaciones sobre el estado del proyecto». Y luego nos pidió a todos que le respondiéramos con nuestra opinión, cosa que en realidad no parecía querer, teniendo en cuenta lo que acababa de proponer.

Añadió una posdata en la que se preguntaba si podríamos considerar cualquier trabajo que hubiéramos hecho para la campaña de Leave.EU no como una donación, sino como algo a lo que denominó «benevolencia», algo que estaba segura de que no existía en política.

Mientras tanto, Carole Cadwalladr, de *The Guardian*, seguía empeñada en buscar pruebas de conspiración. Estaba decidida a encontrar la pistola figurada del delito y seguía creyendo, erróneamente, que yo era la que había apretado el gatillo.

A principios de mayo, me escribió directamente. (No entendía por qué no se había puesto en contacto conmigo antes de aquello, pero di por hecho que por fin habría adivinado mi dirección de correo y habría probado suerte). El asunto del correo era *Consulta de prensa*. Nunca nos habíamos visto, así que se presentó, como si fuera posible que nunca hubiera oído hablar de ella, pese a que en aquel momento llevaba ya varios meses arruinándome la vida.

Leave.EU dice ahora que Cambridge Analytica no trabajó para ellos durante la campaña del referéndum. Me gustaría darle la oportunidad de explicar su presencia en el debate del lanzamiento de Leave.EU el 18 de noviembre de 2015.

Me puse furiosa.

Así que ahora Andy Wigmore o Arron Banks (o los dos) negaban que Cambridge Analytica hubiera trabajado con ellos. Era posible que Nigel Farage también estuviera metido en el asunto. Y, como todo el mundo lo negaba, se había convertido en un problema. Me enfadaba que Alexander y Julian hubieran insistido en que evitáramos los detalles en nuestra respuesta a la ICO. Le reenvié el correo de Cadwalladr a Nick, nuestro encargado de relaciones públicas.

Por favor, échale un vistazo y aconséjame, le pedí sin rodeos, sabiendo que todo aquello podía haberse evitado.

Pero Nick no tenía nada útil que decir. Y, cuando Carole Cadwalladr no obtuvo respuesta, se alió con una periodista estadounidense llamada Ann Marlowe, que había escrito artículos para el *Village Voice* y que también había empezado a investigar el papel de Cambridge Analytica en las elecciones de los Estados Unidos. En agosto de 2016, Marlowe había publicado un artículo de investigación para la revista *Tablet* en el que trataba de encontrar contactos entre SCL y los negocios empresariales ucranianos de Paul Manafort. Lo que halló en su investigación (un antiguo accionista de SCL con vínculos con Ucrania) resultó ser mucho ruido y pocas nueces.[3] Su única conclusión fue que el mundo debería «prestar más atención a quién posee las empresas que recopilan datos sobre los votantes estadounidenses».

Ahora Carole y Ann comenzaron a tuitearse la una a la otra, y lo que decían en ciento cuarenta caracteres eran mensajes acusatorios y dañinos sobre mí, dando pie a información errónea. Alexander no hizo nada para ayudarme. Le rogué que contratara a una empresa de relaciones públicas para que se hiciera cargo de la situación, pero no quiso hacerlo. Siendo un hombre cuyo sustento dependía de las estrategias de comunicación, se resistía a pagar dinero a otra persona para que lo hiciera por él, aunque lo necesitara desesperadamente. Era arrogante y creía que, con su encanto inagotable, podría resolver cualquier problema de relaciones públicas que pudiera surgir, pero en esto se equivocó. El mensajero había perdido el control de su propio mensaje.

Estaba profundamente disgustada y me sentía traicionada. Ahora incluso mis amigos británicos me miraban de reojo o me consideraban una paria. Y a veces era así como me sentía.

Alexander me había llevado de vuelta a Reino Unido para realizar trabajo comercial internacional, pero las reuniones con los posibles clientes resultaban a veces desagradables. Una, por ejemplo, fue con una empresa tabaquera internacional. Querían dar un giro y que sus fumadores adictos descubrieran su último producto, cigarrillos electrónicos, pero el desafío era encontrar la manera de promocionarlos legalmente (o ilegalmente). Igual que en los Estados Unidos, la publicidad de cigarrillos es ilegal en muchas plataformas. De modo que la empresa quería que encontráramos una solución alternativa, una manera de disimular estratégicamente el verdadero propósito del anuncio y de llevar a los consumidores en potencia hasta su página web a través de enlaces y clics que comenzaban con algo más inocuo que el tabaco y la nicotina.

Poco después de que me pidieran que redactara estratégicamente mi respuesta a la ICO, recibí un mensaje en LinkedIn de alguien llamado Paul Hilder. Paul tenía un currículum impresionante. Era un escritor, organizador político y empresario social que creía que el *Big Data* podían usarse para impulsar los movimientos populares. Aunque era británico, había pasado gran parte de 2016 trabajando en la campaña de Bernie Sanders y me había encontrado, curiosamente, gracias a un vídeo en el que aparecía brevemente y que alguien de Cambridge había publicado en línea.

El vídeo formó parte de un extraño fenómeno: uno de nuestros científicos de datos tenía un canal en YouTube en el que contó su vida, incluyendo su trabajo en Cambridge, durante trescientos sesenta y cinco días. Uno de sus vídeos era de una fiesta de la empresa que tuvo lugar en el verano de 2015 en un canódromo de Londres. El vídeo adquiriría después mala fama porque, en él, uno de mis compañeros brindaba por Alexander y decía de él que era la clase de persona «que podría vender un ancla a alguien que se está ahogando», un comentario poco halagador que sobreviviría incluso a la empresa, pero Paul se había fijado en otra cosa.

El vídeo se grabó durante la participación de la empresa en la campaña de Cruz, y en algún momento de la tarde alguien del equipo había gritado: «¿Quién va a ganar las elecciones?», y yo fui la única que pronunció el nombre de Bernie Sanders.

Así fue como me encontró Paul.

Probablemente hubiese buscado en Google a SCL Group, porque, al igual que muchos otros, estaba intentando entender qué había sucedido en el Reino Unido y en los Estados Unidos y buscar un camino hacia delante. Defendía desde hacía tiempo el uso de las redes sociales por parte de la izquierda como manera de organizarse y había fundado algo llamado Crowdpac, una alternativa popular a los comités de acción política. También había estado involucrado en la creación de Avaaz, una organización a la que yo había prestado atención y admiraba porque era una de las plataformas de peticiones más utilizadas en campaña. Es más, había trabajado como director de campaña para una delegación de paz británica durante la guerra de Irak, había sido candidato a secretario general del Partido Laborista y, en 2016, había pedido la creación de un nuevo partido laborista inglés.

No estaba segura de lo que Paul deseaba de mí. Hablamos por teléfono cuando estaba en México delegando contratos. Al entregar los proyectos a las dos personas que Alexander había escogido para ese trabajo, me di cuenta de que ambos estaban muy poco preparados. Una era Laura Hilger, cuya experiencia principal en elecciones había sido su trabajo en la Trump Tower. Apenas sabía lo que era trabajar en política sobre el terreno en el México rural. El otro era Christian Morato, que decía hablar español, pero que en realidad no sabía y tenía menos experiencia en elecciones que Laura. Pero era un antiguo boina verde, así que a Alexander le caía bien.

Lo que les estaba entregando era algo en lo que había estado implicada durante un año. Uno de los contratos era para unas elecciones gubernativas en el estado de México y en otros tres estados; el otro era un posible trabajo para una de las mayores empresas de medios de comunicación del mundo hispanohablante, Cultura Colectiva. Había estado ganándome la confianza de la empresa y la idea era que CA colaborase con ella, realizase estudios de OCEAN en español y creara contenidos.

Mi conversación telefónica con Paul Hilder mientras estaba en México fue un soplo de aire fresco porque desconfiaba mucho de la capacidad de Laura y de Christian para gestionar el trabajo y también porque estaba muy molesta con muchas de las cosas que habían sucedido en Cambridge en los últimos meses. No sabía qué era lo que Paul deseaba, pero me cayó muy bien. Me pareció listo e interesante y acordamos que nos veríamos cuando regresara a Londres.

En nuestra primera comida, en un restaurante a pocos minutos de la oficina de Londres, descubrí que deseaba varias cosas. Una de ellas era averiguar a qué se dedicaba Cambridge. Lo deseaba en parte para poder terminar de escribir un artículo para la revista *Prospect* sobre el *Big Data,* el Brexit y Trump, y en parte para ver cómo podía aplicarse el trabajo de CA tanto al nuevo partido laborista que deseaba fundar como a otras empresas más liberales. Su tercer interés era yo: ¿cómo era posible que una defensora de Bernie hubiera acabado en un lugar como Cambridge Analytica?

No tuve especial cuidado con lo que compartí con Paul. No violé el acuerdo de confidencialidad de la empresa, pero lo traté como si fuera un cliente que estuviese solicitando información sobre nuestros servicios, lo que en parte era cierto. Compartí con él el mismo tipo de cosas que habría compartido en cualquier discurso normal: cuáles eran nuestras capacidades, qué podían hacer nuestros análisis y nuestros psicográficos y qué habían hecho ya. Y le expliqué por qué había entrado a trabajar en Cambridge, los programas sociales en los que había querido participar y cómo ese sueño se había desvanecido.

Me preguntó si podría imaginar una vida más allá de SCL y de Cambridge. Me dijo que, cuando estuviera preparada para dar ese salto, había causas progresistas esperando.

Cené con él varias veces después de aquello. Le interesaba lo que la empresa había hecho en Nigeria y en Kenia, le interesaban

Buhari y la familia Keniatta, y quería saber si el trabajo de CA en África había sido tan legítimo como parecía a simple vista; eran las mismas preocupaciones que tenía yo.

Pronto dejé de verlo como un posible cliente. Sabía que probablemente no tuviera necesidad ni le interesasen los servicios de Cambridge, y aunque me decía a mí misma que tal vez conociese a alguien que pudiera convertirse en cliente, y que debía seguir cultivando el contacto con fines empresariales, la verdad era que pensaba que algún día podría tener la oportunidad de trabajar con él.

Me recordaba a John Jones. Y me parecía un aliado, un compatriota y posiblemente mi primer amigo liberal desde hacía años.

Por lo demás, en Inglaterra me sentía como en una trampa. Carole Cadwalladr, de *The Guardian*, no se olvidaba de mí ni del tema del Brexit. Aun así, el panorama en los Estados Unidos no era mucho mejor.

En abril, Cambridge ganó un prestigioso premio de publicidad por el mismo vídeo del comité de acción política que a mí me había repugnado, la campaña de «No sabe dirigir ni su propia casa» con Michelle Obama. La idea me resultaba perversa. En mayo, el fiscal especial Robert Mueller comenzó su investigación sobre la injerencia rusa en las elecciones de 2016 y, a principios de junio, cuando le dije a Alexander que tenía que asistir a la boda de un amigo, que resultaba celebrarse en Rusia, se asustó. Aunque a nadie de Cambridge le había preocupado hasta entonces nada que tuviera que ver con Rusia, había algo en aquel tema que ponía nervioso a Alexander.

Al enterarse de mi inminente viaje, me envió un correo y puso en copia a Mark Turnbull. Me advirtió de que no debía llevar encima ninguna tarjeta de Cambridge Analytica. Como si eso no fuera suficiente, me llamó y me ordenó: «No vayas a ninguna reunión. Solo ve, bébete el champán, baila un poco, pásalo bien y vuelve a casa». Hice justo eso, pero, claro, empecé a preguntarme por qué estaría tan nervioso.

Cuando regresé, Alexander había recibido malas noticias de México. Aunque el candidato al que habíamos apoyado en una de las carreras gubernativas había ganado, Laura y Christian habían dirigido mal la campaña y la participación de CA.

Alexander me dijo que debía viajar allí y resolverlo.

Le pregunté cuánto tiempo tendría que pasar en México.

—Hasta que lo hayas solucionado —me respondió.

15

Terremoto

JULIO – SEPTIEMBRE DE 2017

Los dos años y medio anteriores me habían dejado agotada. Ni siquiera había cumplido los treinta y ya me sentía vieja. Llevaba mucho tiempo sin dormir ni comer bien, había dejado de hacer ejercicio y había subido tres o cuatro tallas de ropa, y los interminables viajes en avión habían agravado mi escoliosis, una enfermedad con la que vivía desde siempre, de la que me habían operado y que, si no se gestionaba bien, me provocaba dolores incesantes. Ahora estaba en Ciudad de México y, por primera vez en mucho tiempo, las cosas parecían calmarse. Por las mañana, me despertaba con la luz del sol; y por las tardes, cuando la ciudad se enfriaba, yo también. Estaba lejos de los Estados Unidos, donde había quemado todos los puentes, lejos del Reino Unido, donde me había quemado yo. Y me hallaba en uno de los lugares más hermosos de la tierra.

Alexander me había enviado a México para asegurar un contrato en las próximas elecciones presidenciales y para recuperar el control de los demás acuerdos comerciales que CA tenía allí, de modo que vivía en un apartamento de la empresa en Polanco, el barrio más elegante de Ciudad de México, en una calle tranquila. Tenía ventanales que iban del suelo al techo y un balcón de hierro forjado que daba a una hilera de palmeras. Por primera vez en mucho tiempo me sentía verdaderamente feliz.

Estar en México, respirar tranquila aunque fuera por un momento, me ayudó a poner las cosas en relieve. Sabía que quería marcharme; eso estaba claro. Pero no pensaba marcharme sin un plan. Para empezar, no podía. Había estado enviando dinero a casa para ayudar a mis padres, sobre todo para costear los múltiples almacenes donde se guardaba lo que quedaba de nuestro hogar familiar, pero también para ayudarlos a llegar a fin de mes cuando lo necesitaban. Mi hermana compartía su sueldo; de hecho, nuestros padres habían llegado a agradecer que les echáramos una mano. Con el deterioro de la salud de mi padre, ninguna de las dos podía permitirse perder esa seguridad.

Pero había otra cosa además del sueldo que me impedía dejar Cambridge, pese a mi descontento creciente con el trabajo que habíamos realizado, la forma en la que lo habíamos hecho y que ahora me pidieran que diera explicaciones sobre mi papel en ese trabajo. Por mucho que aquello me inquietara, Cambridge era una empresa que yo había ayudado a levantar; para bien o, llegado a este punto, para mal. No me habían compensado por todo el trabajo que había llevado a cabo, dando por hecho que algún día, cuando la empresa hubiera alcanzado un nuevo umbral de éxito, habría acciones para mí. Desde mi primera época en SCL, Alexander había hablado de la empresa como si fuera una *start-up* de Silicon Valley; era su unicornio.

Y después de las elecciones de 2016, pareció que esa retórica empezaba a hacerse realidad. Pese a las investigaciones y a la mala prensa, ahora estábamos solicitados en todo el mundo. Aunque estuviera dispuesta a marcharme, no pensaba abandonar el barco cuando la empresa empezaba a alcanzar el éxito que yo había estado imaginando desde que me subí a bordo. Ya había sacrificado muchos de mis valores por Cambridge; marcharme ahora con las manos vacías habría sido el peor insulto de todos.

Pero el hecho de que estuviese esperando a que la empresa alcanzase su mayor éxito no significaba que no estuviese planeando también mi marcha. De hecho, en las semanas inmediatamente posteriores al balance de las elecciones de 2016, había estado sopesando una idea con mi viejo amigo Chester, algo que me permitiría dejar atrás Cambridge de una vez por todas y aun así seguir acumulando experiencia en la economía de los datos. Él también se había cansado de asociarse con Alexander después de haberle presentado a múltiples clientes e inversores... y después de que Alexander le pagase un total de cero dólares.

De manera que, a principios de 2017, Chester y yo hicimos grandes esfuerzos por conocer a la gente de la «tecnología *blockchain*», un grupo de tecnólogos optimistas, criptógrafos, libertarios y anarquistas que consideraban la seguridad de los datos, la propiedad de los activos y la información de uno mismo e incluso la gestión de la propia divisa fuera de los bancos como un tema de máxima importancia. Era una época emocionante en esa industria, que implicaba una tecnología emergente y rompedora que, además de muchos otros usos, permitía a la gente controlar sus propios datos con una tecnología ética basada en la transparencia, el consentimiento y la confianza.

Una *blockchain,* o cadena de bloques, es una base de datos pública o un registro descentralizado en cientos o miles de computadoras de todo el mundo que valida transacciones y las almacena, de modo que no existe una única autoridad central que pueda editar o borrar los datos. Entre otras cosas, los usuarios pueden almacenar y codificar datos de forma segura y rastrear su transferencia con claridad. Toda transacción queda grabada públicamente y, cuando se acumulan suficientes transacciones, se meten en un «bloque» de datos que se «encadena» a todos los demás bloques de datos existentes desde la creación de la plataforma. Para editar una transacción, alguien tendría que piratear todos los bloques creados antes de esa transacción, cosa que nunca se ha hecho.

Yo tenía los ojos muy abiertos y escuchaba con atención.

Hacía tiempo que estaba al corriente de la tecnología *blockchain*; la primera plataforma creada fue Bitcoin. La primera vez que leí algo sobre Bitcoin fue en 2009; algunos de mis amigos de derechos humanos se recompensaban los unos a los otros con eso (enviándose bitcoines como agradecimiento por un trabajo o una información) cuando realizaban operaciones clandestinas para trasladar a los refugiados de Corea del Norte a zonas que estuvieran fuera de peligro. Lo revolucionario de las cadenas de bloques era que se trataba de un «sistema de dinero electrónico totalmente nuevo de igual a igual, sin una tercera persona interesada», de modo que, en su momento, suponía una manera ideal de proporcionar valor sin ser rastreado por los gobiernos.[1]

Ahora, tantos años más tarde, había visto como el *Big Data* explotaban a los usuarios; había visto que podían ser lo suficientemente tóxicos para alterar la base de la democracia tanto en los Estados Unidos como en Gran Bretaña. Las *blockchain* me parecían una manera de redemocratizar la información y dar la vuelta a los viejos modelos tradicionales. Cuando Chester y yo comenzamos a hablar de utilizar la ciencia de los datos y la tecnología *blockchain* centrada en la conectividad, sabíamos que necesitaríamos mucha más experiencia de la que ambos teníamos en ese momento.

Así que comenzamos nuestra operación de *networking* global, a la búsqueda de las mentes más brillantes del planeta. Por suerte, un grupo de tecnólogos de élite en la materia se reuniría en Ibiza para la boda de Brock Pierce, uno de los titanes de la industria, y Crystal Rose, una gurú de la soberanía de los datos. Un nuevo amigo, Wiley Matthews, también antiguo erudito de la publicidad basada en datos, nos dijo que, si volábamos hasta allí, seguramente conoceríamos a algunos de ellos. Así lo hicimos y, cuando llevábamos menos de doce horas en la isla, conocimos a algunos de los máximos representantes de la industria, entre otros Craig Sellars, uno de los fundadores del tether, la primera criptomoneda estable equiparable al dólar estadounidense; y a Matt McKibbin, cofundador de D10E, una serie de conferencias de *blockchain*, y DecentraNet, una de las primeras empresas de asesoría de *blockchain*. También conocimos a varias personas fascinantes vinculadas a proyectos financiados con *blockchain* y servicios de banca digital para las poblaciones rurales no bancarizadas.

Chester y yo salimos de aquella experiencia totalmente entusiasmados. El potencial en aquel ámbito era amplio, pero más estimulante aún era el hecho de que las *blockchain* parecían representar la oportunidad perfecta para poner fin a mi época en Cambridge. Proyectos de seguridad de datos basados y construidos en torno a la tecnología; parecía un siguiente paso ideal, una manera de resarcirme tanto personal como profesionalmente.

Si averiguaba cómo lograrlo, podría, cuando asegurásemos la campaña presidencial mexicana, marcharme de Cambridge para siempre. Aseguraría un contrato muy lucrativo para la empresa, ganaría una suculenta comisión y después le diría adiós a Cambridge Analytica y hola a la tecnología basada en principios de los que me había olvidado hacía demasiado tiempo.

Las elecciones presidenciales mexicanas son diferentes a las de los Estados Unidos. Había oído hablar de ellas en 2015, cuando mis amigos y socios de Ciudad de México comenzaron a ponerse en contacto conmigo para que les ayudara de cara a las elecciones de 2018. Pedí a un equipo que se documentara para prepararme y ofrecerles mi discurso algún día. En México, las elecciones empiezan temprano y son algo importante, porque los presidentes gobiernan solo durante una legislatura de seis años. Los candidatos para la siguiente legislatura compiten en un proceso parecido a las primarias que implica no la votación de la población general, sino, en su lugar, de los miembros del partido. Y la escena política mexicana se complica más por el hecho de que hay múltiples partidos de importancia, no solo dos.

La primera vez que llegué a Ciudad de México, empecé a mantener reuniones productivas con el PRI (Partido Revolucionario Institucional), el partido del presidente de México, Enrique Peña Nieto. El PRI era conocido como la fuerza más poderosa tanto dentro como fuera de México. La temporada de las primarias acababa de empezar y yo tenía tiempo de asegurar el contrato y crear una infraestructura sólida en SCL Mexico para llevar a cabo una campaña nacional significativa.

Pese al hecho de haber respaldado a varios candidatos en las carreras gubernativas de México, no teníamos la infraestructura necesaria. Los miembros de nuestros equipos habían podido sondear a los grupos de focalización y hacer una investigación básica, pero no habían elaborado una base de datos que tuviera un tamaño útil y relevante, y tampoco habían podido hacer modelado y focalización adecuados.

Cuando llegué, me dispuse a elaborar la base de datos y crear un equipo cualificado de jóvenes profesionales, tanto de México como del extranjero —investigadores y creativos, encuestadores y científicos de datos, productores de radio y televisión, *influencers* de las redes sociales—, para lograr la victoria.

Como ciudadana estadounidense, me costó trabajo hacer negocios en México, tanto en lo comercial como en lo gubernamental; por no hablar del nivel presidencial. Trump había demonizado a las personas con las que iba a trabajar, y mi éxito con los clientes exigía cautela, humildad, disculpas, diplomacia y paciencia. Que lograra hacer algún avance ya fue bastante sorprendente, porque Trump no era el único desafío, también lo era Alexander.

Desde la victoria de Trump, Alexander había desarrollado un ego desmesurado y una arrogancia y seguridad en sí mismo que no le hacían ningún favor en el extranjero. Me parecía que siempre le había faltado un respeto básico hacia los países de habla no inglesa, siempre había visto el trabajo en esos lugares como algo a lo que SCL y él tenían derecho. Y, para él, México era otro territorio más por conquistar, con personas a las que poder explotar. Se imaginaba a sí mismo como un salvador blanco cuyo medio para rescatar a los mexicanos de la ciénaga del subdesarrollo era, por supuesto, la tecnología que su empresa podría proporcionarles. Los datos los alzarían. Los datos les darían acceso al mundo moderno. Y su trabajo era conquistarlos, convertirlos y colonizarlos.

Aunque siempre me divertía con él, cada vez que venía de visita me ponía más nerviosa que otra cosa. Sus viajes a México eran infrecuentes pero memorables, pues a menudo dejaba a los clientes con la impresión de que era la élite que se rebajaba a trabajar con ellos. Lo que más irrespetuoso me parecía además era esa actitud de guiño-guiño, codazo-codazo con la que trataba de congraciarse con los lugareños, un enfoque que parecía sugerir que entendía a la perfección cómo funcionaban realmente las cosas en México, y a veces daba a entender que estaba a favor de los acuerdos clandestinos, la corrupción y los tejemanejes que daba por hecho que eran comunes allí.

Sin embargo, aquel había sido su *modus operandi* durante su carrera, algo que descubrí por primera vez en una reunión con mexicanos a los que estábamos dando un discurso para lograr una campaña. Alexander había ido a México con su portátil y su habitual presentación en PowerPoint, pero, cuando llegó a la parte en la que hablaba de casos prácticos de campañas que había dirigido en otros países, me quedé horrorizada al oír cómo los describía. De hecho, muchos de sus relatos eran muy diferentes a lo que le había oído antes, y profundamente inquietantes.

Su presentación de diapositivas comenzó con Indonesia. La historia de la campaña de SCL en aquel país en 1999 ya no incluía el fortalecimiento de los estudiantes sino, más bien, su manipulación. Mientras que antes yo le había oído emplear un lenguaje que describía que SCL había ayudado a gestar un movimiento prodemocracia en Yakarta, ahora resultaba que SCL había creado ese movimiento. Desde el centro de operaciones de alta tecnología de SCL en Yakarta, la empresa, según decía, había pasado dieciocho meses orquestando los multitudinarios mítines estudiantiles que, de lo contrario, no habrían tenido lugar y había incitado manifestaciones que salieron a las calles y lograron la dimisión del dictador Suharto.

Alexander alardeaba de que había sido una operación compleja y elaborada. Indonesia era un país enorme, el séptimo mayor del mundo, un archipiélago disperso en más de trescientas islas. Dado el desafío que suponía transmitir mensajes entre las islas, y el telón de fondo de la crisis financiera asiática de 1999, SCL había tenido que trabajar para calmar a toda una población de indonesios que estaban terriblemente nerviosos ante la desaparición del único líder que habían conocido durante años. La gente temía la inestabilidad que la dimisión de Suharto pudiera suponer para el país, y SCL se anticipó a eso al llevar a cabo la segunda fase de su operación: una campaña de propaganda que aseguró a la nación que la vida sin Suharto era «un avance positivo». Finalmente, en la tercera fase de trabajo de SCL, había elaborado la campaña electoral de Abdurrahman Wahid, quien, según dijo Alexander en un aparte sin darle mucha importancia, resultó ser mucho más corrupto que Suharto.[2]

El siguiente bloque de diapositivas cubría la primera campaña presidencial de SCL en Nigeria, una anterior a la debacle de 2015. En la campaña de 2007, Umaru Musa Yar'Adua, el entonces presidente, tenía tanto miedo a perder las elecciones que planeaba amañarlas. «En Nigeria, la presidencia debe pasar de uno a otro», dijo Alexander, así que amañar las elecciones habría resultado muy impopular si los nigerianos se enterasen. Por lo tanto, SCL convenció a Yar'Adua para ser proactivo. Amañaría las elecciones de igual modo, pero SCL filtraría su plan de manera intencionada, y mucho antes del día de las elecciones, de modo que, cuando volviera a ser elegido, la ilegitimidad de las elecciones ya no importaría a nadie. En otras palabras, SCL «inoculó» al público contra sus propias preocupaciones permitiéndoles procesar la información a lo largo de mucho tiempo.

Nunca antes había oído a Alexander decir una cosa así y me quedé perpleja. Uno de mis trabajos soñados había sido ser supervisora electoral en la Naciones Unidas o en el Carter Center, precisamente para evitar ese tipo de comportamiento turbio. De hecho, el propio Jimmy Carter había sido el encargado de supervisar esas elecciones en concreto. Los observadores electorales de la Unión Europea describieron esas elecciones como las peores que habían visto en todo el mundo, pero, para cuando, junto con Carter, declararon que el proceso electoral no había sido limpio, Yar'Adua ya estaba en la presidencia y a los nigerianos ya no les importaba, según explicó Alexander con una amplia sonrisa.

—Ya saben —les dijo a los hombres reunidos en la habitación, porque siempre eran hombres, utilizando esos guiños cómplices y condescendientes que tanto me molestaban—, si uno se encuentra a su mujer tirándose a otro, le vuela la cabeza al hombre. —Pero, continuó, si uno descubría poco a poco que su mujer estaba teniendo una aventura, era menos probable que acabase recurriendo a la violencia.

SCL había logrado hacer justo eso en Nigeria: desglosar la información muy pronto para atenuar su efecto. «Esparcimos la información mediante rumores y redes sociales», explicó. En YouTube y MySpace. «Además era el primer año de Facebook», dijo, insinuando que por fin se había convertido en algo global y resultaba útil en elecciones extranjeras. Y uno de los grandes éxitos de la campaña fue que hubo «una violencia mínima» antes y después de las elecciones.

El siguiente bloque de diapositivas se centraba en una carrera a la alcaldía de Bogotá, Colombia, en 2011. Todos los candidatos que se presentaban a la alcaldía estaban corruptos. De hecho, los odiaban, explicó Alexander. Eran «todos tramposos, ladrones y mentirosos» en opinión del público, según las encuestas realizadas por SCL. Casi todos los colombianos ya habían decidido que no iban a votar por ninguno, estaban asqueados con todos ellos, de modo que SCL empleó una estrategia muy inteligente también en aquel país.

—Persuadimos a nuestro candidato —dijo Alexander— para que hiciera una campaña en la que no aparecía en absoluto.

Los colombianos tienen un ego enorme, dijo, «así que fue difícil convencer» al candidato para seguirnos el juego, pero al final lo hizo. Y «en vez de poner mil fotos del candidato de diez metros de altura que dijeran *Vota por mí*», explicó Alexander, SCL fue de barrio en barrio y encontró a personas respetadas a las que pudimos convencer para respaldar al candidato. Hablando con «médicos, maestros, dueños de restaurantes, tenderos», SCL los convenció para hacerse una foto y ofrecer algún comentario. La empresa elaboró después tres mil carteles diferentes de tres mil personas diferentes, con sus fotos y sus palabras apoyando al candidato corrupto, dentro de un radio de cinco manzanas.

—La gente cambia a la gente —dijo Alexander. Así funciona la influencia. Cada uno de esos tres mil individuos de confianza, pilares de su comunidad, se convirtió en portavoz de la campaña—. Fue una campaña realmente buena. Muy efectiva —concluyó.

Las siguientes diapositivas hablaban sobre Kenia en 2013. Allí fue donde vivió Alexander con su familia para encargarse él mismo del trabajo. El cliente de SCL, el candidato a la presidencia Uhuru Keniatta, quería separarse de la Unión Nacional Africana de Kenia (KANU, por sus siglas en inglés), el partido político de su padre, el expresidente Jomo Keniatta, porque su padre «había llegado a la presidencia siendo pobre y se había marchado con un millón de dólares». La población keniata asoció desde entonces al KANU con la corrupción, de modo que SCL debía crear un nuevo partido con el que pudiera presentarse el hijo.

No era un proceso sencillo. SCL no podía aparecer por ningún lado; tampoco podía el candidato. «Así que nos documentamos», dijo Alexander. Kenia era «muy tribal», o al menos los mayores. Los jóvenes no; se rebelaban contra las viejas costumbres y no se sentían representados.

«Así que lo convertimos en un movimiento juvenil». El nuevo partido se llamó TNA, o la Alianza Nacional.

En una operación similar a la de Indonesia, aunque comenzando con algo que no estaba abiertamente conectado con la política, SCL pasó ocho meses creando eventos para unificar a la juventud de Kenia: «Partidos de fútbol, festivales de música, iniciativas para limpiar los pueblos», explicó Alexander. Para cuando terminaron, el movimiento TNA tenía dos millones de seguidores.

Después, SCL organizó un mitin juvenil, el mayor mitin en la historia de África oriental, según dijo Alexander. Y allí SCL presentó a la multitud la consigna de «Queremos a Keniatta. Queremos a Keniatta». Alexander dijo que Keniatta fingió sorpresa al ver el apoyo de los jóvenes. Dejó el partido de su padre, KANU, por el TNA, y al hacerlo la juventud lo apoyó, pero también lo hicieron los seguidores de su padre en el KANU.

SCL escenificó entonces unas elecciones *de facto*, Keniatta se presentó como el candidato de TNA y ganó.

—Así que creamos ese partido —explicó Alexander—. Lo creamos todo. Creamos una necesidad que no existía y ofrecimos a Keniatta como solución. Estuvimos ahí abajo unos dieciséis meses —dijo—. Ese partido aún existe a día de hoy —añadió con orgullo.

El plato fuerte de los casos prácticos que Alexander presentó en México fue Trinidad y Tobago. Yo misma había oído esa historia el primer día que visité las oficinas de SCL en Londres, en octubre de 2014. Por entonces, la historia trataba de la creación de un movimiento juvenil, el fortalecimiento de los jóvenes para tomar decisiones. Pero ahora, en México, la historia dio un giro siniestro.

—Trinidad —contó Alexander a los posibles clientes— es un país pequeño con solo 1,3 millones de personas. —Proyectó una imagen del país en la pantalla. Lo que SCL hizo allí, según dijo, daría a los clientes mexicanos una idea de la capacidad de innovación de la empresa.

Después explicó paso a paso el trabajo, alternando el presente y el pasado, como si narrara un evento deportivo.

—Hay dos partidos principales. Uno para los negros y otro para los indios —dijo—. Y todos los indios votan por el partido indio y los negros…, bueno, ya saben. Y, cuando los indios están en el poder, los negros no obtienen nada, y cuando los negros están en el poder, es al revés. Se joden unos a otros —dijo.

SCL trabajaba para el Partido Indio.

Continuó:

—Así que le decimos a nuestro candidato que solo queremos

hacer una cosa, queríamos focalizar a los jóvenes, a todos los jóvenes, a los negros y a los indios, e intentamos incrementar el desinterés.

Explicó que el candidato no entendió bien por qué, pero aceptó y permitió que SCL hiciera su magia.

—Nos habíamos documentado —dijo Alexander—, y sacamos dos conclusiones importantes. La primera era que todos los jóvenes del país se sentían poco representados; los indios y los negros por igual. La segunda conclusión fue que solo entre los indios, y no entre los negros, las jerarquías familiares eran fuertes. Y eso —añadió— fue información suficiente para la campaña.

Hizo una pausa y proyectó otra diapositiva.

Al igual que en Nigeria, la campaña no debía ser política porque «a los muchachos no les interesaba la política», dijo Alexander. «Tenía que ser algo reactivo... emocionante, de abajo arriba, hacerles partícipes, lo que implica métodos no tradicionales».

SCL se inventó entonces una campaña llamada «Hazlo así», que consistía en «formar parte de la banda». Fue algo realmente simple. «Hazlo así» significaba «no votes», porque votar no molaba.

Puso otra diapositiva en la que aparecían jóvenes bailando, pintando, riendo. En la presentación aparecía una joven con un pañuelo en la cabeza y un cartel en el que se leía *Hazlo así*.

—Así que nos centramos en los jóvenes. En todos los jóvenes —repitió. No solo en los negros, sino también en los indios—. Les dimos carteles así. Y plantillas y pintura amarilla para hacer grafitis, y un cepillo. Y entonces los jóvenes se subían a sus coches por la noche, se fumaban un porro. —Se llevó los dedos a los labios e hizo el gesto de inhalar el humo—. Y corrían por todo el país colocando esos carteles mientras la policía los perseguía, y sus amigos lo hacían también. Fue algo brillante. Muy divertido. Fueron cinco meses de auténtico caos —dijo entre risas—. Fue como un gesto de resistencia no contra el Gobierno, sino contra la política y el proceso electoral, y muy pronto... empiezan a hacer sus propios vídeos de YouTube, y aparecen grafitis en la casa del ministro. Fue una carnicería. —Se rio de nuevo, como si hubiese sido todo sana diversión.

Puso otra diapositiva de la casa del ministro. Años más tarde, seguía cubierta de grafitis amarillos.

—Y la razón por la que esta fue una estrategia tan buena era que sabíamos, sabíamos de verdad, que a la hora de votar, los chicos negros no votarían, pero los indios sí lo harían, porque los indios hacen lo que sus padres les dicen que hagan, que era «sal y vota». Así que —concluyó—, aunque todos los jóvenes indios habían participado en la diversión del «Hazlo así», al final todos votaron en las elecciones por el candidato indio, y la diferencia de participación entre los jóvenes de entre dieciocho y treinta y cinco años fue del cuarenta por ciento. Y eso modificó el resultado de las elecciones en un seis por ciento, que era lo que necesitábamos. —Ganó el candidato indio.

Continuó diciendo que SCL no se basaba solo en psicográficos.

—Se basa también en recopilar información a diferentes niveles, no solo demografía o información situacional, sino también sociodinámicas, como por ejemplo a qué grupos pertenece la gente, cuál es el locus de control de la gente, si creen que controlan su propio destino o no —explicó—. ¿A qué sistemas sociales pertenece la gente? ¿A qué estructuras de poder? ¿Qué enemigos tienen en común y cómo podemos utilizar eso para modificar el comportamiento? Nos fijamos en la cultura, en las creencias y en la religiosidad. Pero también hacemos preguntas sobre el individuo. No nos interesa lo que pienses sobre el presidente. Nos interesas tú. ¿Qué es lo que te motiva? Creemos que la gente cambia a la gente. No los mensajes. Queremos que sea la gente la que hable por nosotros.

Me señaló entonces a mí.

—Tengo que convertirla —dijo. Y los señaló entonces a ellos—. Y ella tiene que convertirlos a ustedes, ¿entienden?

La presentación, como muchas otras cosas en Cambridge, estaba cambiando, y yo me sentía cada vez más inquieta. Más aún al darme cuenta de que Alexander había descuidado un asunto muy importante.

En México, la legalidad de los datos era un tema cada vez más significativo para mí, pues intentaba construir una empresa y una base de datos que fueran aptas para todos los proyectos que quería conseguir, tanto políticos como comerciales. De hecho, el cumplimiento de las leyes por parte de SCL y CA en los países en los que operaban, desde Lituania hasta los Estados Unidos, siempre había sido permisivo, pero a mí me preocupaba más que nunca antes.

Había empezado a elaborar estrategias con empresas de datos y de sondeos mexicanas como Parametria y Mitofsky, pero, al construir una base de datos en un país sin infraestructura de datos local, quería asegurarme de que obedecíamos todas las leyes mexicanas. Desde el principio me puse en contacto con el abogado de SCL en Nueva York, Larry Levy, el mismo abogado que había gestionado el contrato de Trump y que había sido compañero de

Rudy Giuliani en su empresa antes de cambiarse. Había hablado con Larry muchas veces sobre la legalidad de los datos, pero sobre todo en 2015, cuando preparaba una propuesta para el Caesars Palace, en Las Vegas. Había preguntado sobre las leyes de datos en Nevada y cómo gestionar los datos del juego, para saber qué clase de servicios podría ofrecer; y había enfadado a Alexander: al parecer, había generado demasiadas facturas legales de Levy.

Alexander siempre me reprendía por pedir asesoramiento legal externo sobre datos. Decía que era demasiado caro. Teníamos en casa toda la experiencia necesaria, con el doctor Alexander Tayler y con Kyriakos Klosidis, formado en leyes de derechos humanos, que había empezado a hacerse cargo de nuestros contratos legales, aunque no fuera su materia. Hablaba conmigo y se quejaba de que había entrado en la empresa como director de proyectos y que SCL debería contratar a abogados para hacer el «trabajo administrativo».

Cuando hablé con el doctor Tayler sobre las leyes de Nevada en 2015, no quedé satisfecha con sus respuestas. «Sí, no pasa nada», me dijo sin mucho interés. Se mostró igualmente despreocupado en otras ocasiones.

Una de mis principales preocupaciones era cómo y dónde iban a modelarse los datos de los mexicanos. Muchos de mis compañeros locales decían que habría que procesarlos en el propio país, y debía averiguar si sería legal que nuestros científicos de Londres o de Nueva York accedieran a ellos. Había hablado sobre la conformidad de datos internacionales con Alex Tayler en marzo de 2017, para averiguar cómo podrían utilizarse los datos, concretamente los datos políticos, con clientes comerciales en el resto del mundo. Entonces se había mostrado impreciso, y volvió a hacerlo cuando le pregunté por México, además de no parecer muy preocupado ante posibles problemas legales. Así que, una vez más, recurrí a Larry Levy.

Yo ignoraba las leyes locales y eso me impedía elaborar un discurso adecuado para lograr el contrato presidencial, de modo que no conseguí llegar a un acuerdo con el presidente Peña Nieto y el PRI. Cuando Alexander vio las facturas de Larry, me gritó, pero ahora se enfadó más aún. Estaba perdiendo la fe en mí. Me frustraba que no entendiese por qué estaba tardando tanto, e insistió en venir en persona para cerrar el trato él mismo.

El día en el que estaba programada la reunión con el presidente Peña Nieto y con el poderoso Carlos Slim, dueño del *New York Times,* cometí un terrible error, algo que no ayudó a mejorar mi relación con Alexander o a que recuperase su fe en mí. Días antes de las reuniones con Peña Nieto y Slim, que tendrían lugar en el despacho del presidente y en la empresa de Slim respectivamente, me fui de vacaciones a los Estados Unidos y, estando allí, perdí el pasaporte. Se suponía que debía volver a Ciudad de México a tiempo para la reunión el martes por la mañana con Alexander, pero era un fin de semana largo, ya que el lunes era festivo en los Estados Unidos y no estaría abierta ninguna oficina de pasaportes hasta el martes por la mañana. No podría obtener los nuevos documentos de viaje a tiempo para volver a Ciudad de México y acudir a la reunión.

No ayudó que mis vacaciones hubieran sido en el Burning Man. Nunca había acudido a nada parecido. Creado como una fiesta del solsticio de verano en San Francisco a finales de los años ochenta, el Burning Man se había convertido desde entonces en un fenómeno global en el que decenas de miles de personas se juntaban para crear una «ciudad» improvisada de tiendas de campaña, un lugar idealista donde no imperaba el dinero.

Las celebraciones se prolongaban una semana y culminaban con la quema de una efigie de madera de doce metros de altura. El evento fue para mí una revelación, relajación y diversión salvaje, algo que no había experimentado nunca antes y que, desde luego, distaba mucho de mi trabajo en Cambridge Analytica. Black Rock City estaba lleno de personas que sobrevivían en el desierto regalando (su agua, su tiempo, sus habilidades) a los demás —sin recibir ni esperar nada a cambio—, lo opuesto al negocio de los datos en el que me hallaba metida. Participar en una sociedad que inventaba una manera ética de interactuar entre las personas era una experiencia tan transformadora que muchos de los asistentes, o *burners,* solían llamarlo hogar.

Alexander nunca lo entendería.

Estaba temblando cuando lo llamé para contarle lo ocurrido. Seguía en Londres y se puso furioso. El hecho de que yo estuviera en el Burning Man, algo que él consideraba «frívolo», y de que hubiera sido tan descuidada como para perder el pasaporte le enfadó más aún. Me dijo que había sido una irresponsable, una inmadura y una egoísta.

Cuando por fin nos vimos el miércoles por la mañana en las oficinas de Polanco, él ya se había reunido, sin éxito, con Peña Nieto y Slim el día antes, y eso lo había enfurecido más. Me llevó a una pequeña habitación sin muebles para que no nos oyera el resto del equipo de México y me dijo que quería despedirme.

Sabía que me merecía una reprimenda por haberme perdido la reunión, pero no esperaba que fuese a amenazarme con el despido.

Ya me había visto amenazada con eso en otra ocasión, en 2016, cuando Bekah, Steve y él no quedaron satisfechos con una entrevista que había hecho en Facebook Live. Mientras hablaba de la experiencia de SCL en el ámbito de defensa, dije algo que *The Hill* utilizó después para un artículo impreso. Sacadas de contexto, mis palabras insinuaban que Cambridge estaba utilizando «tácticas militares» para derrotar a Donald Trump en nombre de Ted Cruz. Durante esa pequeña crisis de relaciones públicas, Alexander se había puesto de mi lado y pudo defenderme frente a Bekah y Steve para «salvar mi trabajo», según me dijo. Tuve que escribir una carta de disculpa al senador Cruz y a su equipo y, al final, cuando *The Hill* publicó una rectificación, el asunto se olvidó.

Pero ahora el tema era muy diferente.

Dijo que no iba a despedirme, pero era evidente que no se sentía en deuda conmigo ni agradecido por nada de lo que había hecho por la empresa. Me dijo que, si tuviera a alguien con quien poder sustituirme, lo haría sin dudar. La única razón por la que me mantenía en plantilla, dijo, fue que le resultaba de utilidad. Aunque yo no tenía idea de cuál era exactamente esa utilidad.

A medida que fue pasando el tiempo, Alexander se frustró tanto por lo mucho que estaban tardando en conseguir el contrato con el PRI que hizo algo inquietante. En vez de esperar a que el contrato se fraguara, empezó a buscar clientes en otros partidos de México, reuniéndose con representantes de partidos opuestos entre sí.

Traté de decirle que estaba jugando con fuego. México no funcionaba del mismo modo que los Estados Unidos. Al contrario que allí, la lealtad era de vital importancia. En los Estados Unidos tal vez fuese posible conseguir que alguien como Ted Cruz prescindiera de firmar un contrato de exclusividad, de modo que uno podría trabajar con más de un candidato al mismo tiempo. En México, sin embargo, todas las personas poderosas se conocían las unas a las otras y las noticias se extendían con rapidez. Negociar o trabajar con partidos de la competencia era algo que no se hacía. Mientras que uno podía mostrarse relativamente displicente con la lealtad entre partidos en los Estados Unidos, en México la fidelidad lo era todo. Enseguida me había dado cuenta de aquello. De hecho, es algo que no tardas mucho en entender si prestas atención a la dinámica cultural en vez de intentar imponer tu propia visión del mundo. En algunos países, lo que estaba haciendo Alexander podía conllevar un cambio en la balanza de los acuerdos empresariales, pero en México, como yo me había dado cuenta, aquello podría suponer la muerte. El chiste de Alexander sobre el marido cornudo que disparaba a su rival era algo muy real en la política mexicana además de en el amor.

Aunque Alexander había vivido antes en México, había sido, dicho por él mismo, una época de frivolidad juvenil. No parecía entender cómo funcionaban allí los negocios, los hábitos y costumbres del país, o las serias consecuencias que podía tener ignorar esas costumbres. Al contrario, consideraba México como su patio de juegos. Dio igual lo mucho que yo intentara razonar con él, porque no me escuchaba. Y cada día que interfería en el trabajo que yo estaba haciendo, me metía en terrenos más y más inestables.

La mañana del 19 de septiembre, el suelo en México se volvió inestable y tembló de verdad. Me encontraba en medio de una reunión vespertina en el centro de Ciudad de México. Estaba intentando lograr un contrato para SCL con el Instituto de Fabricantes de Cemento, grupo compuesto por los principales productores de cemento de México. Era la una y catorce minutos de la tarde y me hallaba en una sala de juntas llena de ejecutivos, lanzando mi discurso para lograr que SCL se hiciera cargo de su comunicación externa, cuando caí al suelo. Ellos también cayeron de sus sillas y aterrizaron contra el suelo de linóleo.

Tardé unos minutos en darme cuenta de lo que estaba ocurriendo, pero los que me rodeaban supieron de inmediato de qué se trataba. Aquel mismo día se celebraba el trigésimo segundo aniversario del gran terremoto de Ciudad de México, que en 1985 mató a diez mil personas. De hecho, tan solo dos horas antes, la nación había hecho una pausa para conmemorar el terremoto y llevar a cabo un simulacro. Así que, de manera irónica, cuando la tierra volvió a temblar, para algunos resultó demasiado real y para otros algo inimaginable.

El edificio se tambaleó. Conseguimos levantarnos y salir de aquella sala del tercer piso. Bajamos corriendo las escaleras, agarrados con fuerza al pasamanos para no caernos. Pensé que iba a morir en aquellas escaleras de mármol, y me sorprendió llegar por fin a la planta baja y ver la luz del sol. Una vez fuera, corrimos hacia el centro de la calle y nos quedamos viendo cómo se agitaban los árboles y las farolas. En el horizonte, a pocas manzanas de distancia, se iba formando una inmensa nube de polvo a medida que los edificios se derrumbaban uno detrás de otro.

Cuando la tierra por fin dejó de temblar, se produjo un breve momento de calma y después comenzaron a escucharse los gritos y gemidos procedentes de los escombros. Las fugas de gas hacían que los edificios explotaran. El aire se llenó de amianto.

Aquel día, en cuestión de veinte segundos, el temblor de 7,1 mató a trescientas sesenta y una personas e hirió a otras seis mil.

Me apresuré a sacar fotos de los alrededores y subí mi primer *post* público a Facebook, para que mi familia y mis amigos supieran dónde estaba y que había sobrevivido. Estaba temblando, en estado de shock, pero al menos estaba viva. Todos intentábamos localizar a nuestros seres queridos, y por suerte logré enviar un mensaje a mi familia diciendo que había podido escapar del edificio de una pieza.

Cuando al fin llegué al barrio donde me alojaba, no lejos de mi oficina, descubrí que las paredes se habían agrietado y que la fachada se había derrumbado sobre la calle. Según los expertos, hasta que no hubiesen comprobado la estabilidad del edificio, el lugar era inhabitable.

Hice lo posible por localizar a los empleados de SCL, pero no había línea. Fuimos recibiendo información por el boca a boca, muy despacio. Por fin los localizamos a todos. Sus casas seguían en pie, pero una de mis empleadas estaba prometida con un hombre cuyo hermano había desaparecido, y su prometido y ella procedieron a rebuscar entre los escombros de un edificio para tratar de encontrarlo.

La noche del 19, mucha gente seguía desaparecida. Sacaban los cuerpos de estudiantes y profesores de entre los escombros, y los supervivientes en las zonas rurales se habían quedado sin comida y sin agua. Me dirigí hacia la Cruz Roja para ver en qué podía ayudar.

Casi todas las calles estaban cortadas y no había luz, así que la población carecía de la comida, los medicamentos y el equipamiento necesarios. Ayudé a cargar motos con provisiones. Una de mis empleadas se subió a una de las motos y empezó a hacer repartos. No estábamos solos; la población entera de Ciudad de México lo había dejado todo para ofrecerse voluntaria. A la Cruz Roja le costaba gestionarlos a todos al carecer de comunicación, de modo que empezó a rechazar a voluntarios.

Cuando al fin se recuperaron las líneas de comunicación, Alexander me llamó para ver cómo estaba. Cuando descolgué el teléfono y lo saludé, le oí decir «Así que estás viva, ¿eh?» con un tono tan jovial que me dio asco. Después bromeó diciendo que estaba usando el terremoto como excusa para tomarme unas vacaciones.

No tuvo gracia. Llegado ese punto, casi nada de lo que decía la tenía.

16

Ruptura

OCTUBRE DE 2017 – ENERO DE 2018

Después del terremoto, hice lo posible por volver a montar la oficina; no por Alexander, sino porque sabía que, cuanto antes volviera el negocio a la normalidad, antes podría terminar mi trabajo y dejar la empresa. No podía seguir mi camino hasta que no hubiera asegurado el contrato con el PRI y hubiera obtenido mi comisión.

Un par de meses después del terremoto, asistí a una conferencia de varios días sobre liderazgo intelectual político celebrada en Centro Fox, la finca de Vicente Fox, expresidente de México. Situado a unas ocho horas en coche desde Ciudad de México, en San Cristóbal de las Casas, Centro Fox es un enorme rancho que alberga un amplio centro de conferencias donde, a mediados de noviembre, unos quinientos políticos se habían reunido, en parte para escuchar hablar a los dos posibles candidatos más importantes del PRI, Aurelio Nuño Morales y José Antonio Meade Kuribreña. El PRI necesitaba un candidato que pudiera plantar cara a su principal rival, el liberal Partido Acción Nacional, o PAN.[1]

Uno de mis objetivos en la conferencia era ofrecer mi discurso comercial al expresidente Fox y a su esposa, Marta Sahagún. Ambos estaban involucrados en el proceso de inscripción de votantes y dirigían un programa de formación para activistas políticos. Quería ficharlos como socios para SCL y, el segundo día de la conferencia, nos reunimos en una sala de juntas de su casa para hablar de lo que la empresa podría hacer para ayudarlos a movilizar votantes, sobre todo a los jóvenes.

La sala de juntas tenía el tamaño de un barco pequeño y albergaba una de las mesas de conferencias más largas que jamás he visto. Me situé en un extremo, junto a una enorme pantalla colgada en la pared, donde había abierto mi presentación en PowerPoint. El presidente Fox y la ex primera dama se sentaron al otro extremo, a una distancia que me pareció casi cómica. Me planteé la posibilidad de que el expresidente hubiera planificado lo absurdo del momento: era conocido en todo el mundo como un hombre con un extravagante sentido del humor. Fox era además el crítico de Trump más cómico y cruel de México, así que, en mi presentación, me mantuve lo más alejada posible del trabajo que Cambridge Analytica había realizado para Trump, y preferí mantener una conversación positiva sobre el liderazgo de la juventud y la inscripción de votantes.

Además del discurso, compartí con el expresidente Fox y con su esposa mis esperanzas de convertirnos en la asesoría de comunicación asociada a la campaña del PRI. En Los Pinos, la oficina presidencial mexicana (similar en importancia a la Casa Blanca), habían incluido mi nombre en una lista donde figuraba el equipo de comunicaciones de alto nivel. Me sentí orgullosa de eso y recibí la felicitación de los Fox, pero también unas palabras de advertencia: cuando el presidente Fox abandonó la sala, Marta recorrió la mesa de conferencias para acercarse a mí.

Era una mujer despampanante de mediana edad, nervuda y con las cejas impecablemente perfiladas, sombra de ojos oscura y una melena de color miel. En su rostro percibí una mirada de auténtica preocupación.

—Parece que lo tienes todo pensado —me dijo. Se detuvo y tomó aliento—. Pero ¿has pensado en la seguridad? Entiendo que no lo menciones en tu presentación —añadió—, pero no he podido evitar preguntarme si habrás tenido en cuenta ese tema.

La seguridad. Le dije que no. Aún no sabía lo que necesitaría. Mi equipo no estaba compuesto del todo; aún estábamos negociando el tamaño del contrato para la campaña.

Me miró alarmada.

—Si ya has empezado a tener reuniones con esa gente —me dijo con tono sombrío—, entonces ya corres peligro. Si no estás utilizando ya un coche blindado, te sugiero que empieces cuanto antes.

Debí de quedarme perpleja.

En México, pasó a explicarme, la política es mortal. Yo lo sabía, claro. Eso mismo le había dicho a Alexander.

Pero no lo entendía del todo, me dijo Marta. Cuando alguien en México deseaba que ganara su candidato, no iban directamente a por la oposición. Eso sería demasiado evidente. En su lugar, hacían daño a la gente que los rodeaba.

—Y, con frecuencia —añadió Marta con suavidad—, se centran en la persona que dirige la campaña.

Me contó que, muchos años atrás, durante la campaña presidencial de Vicente, antes de que estuvieran casados, ella era su directora de comunicación.

—Es un cargo muy preeminente. Todo lo relacionado con la política, sobre todo con la carrera presidencial, es preeminente en México —me dijo—. Y yo, claro está... estaba muy unida a Vicente.

La víspera de uno de los debates presidenciales, la oposición secuestró a Marta. Le pusieron una venda en los ojos y la llevaron al desierto, donde la desnudaron y la dejaron por muerta. Que no la mataran fue una suerte, claro. No les hacía falta. Durante el tiempo que pasó desaparecida, Vicente estuvo destrozado. Su miedo ante lo que podía haberle sucedido le hizo equivocarse durante el debate. El secuestro tenía como objetivo desestabilizarlo y enviarle una advertencia. Hasta esos extremos estaban dispuestos a llegar.

Me dijo que recientemente su propia nuera había sido secuestrada.[2] Después de siete meses, todavía no la habían liberado.[3]

Le dije a Marta que lo sentía.

—No lo sientas —me respondió—. Lo mismo podría sucederte a ti.

Me dio los nombres de un agente de seguridad y de un chófer en quienes confiaba. Me explicó que debía escoger a esas personas con cuidado. «Incluso el chófer puede secuestrarte o trabajar con los secuestradores. Siempre hay alguien en México dispuesto a aceptar más dinero de alguien que quiera hacerte daño del que tú le pagas para protegerte», añadió.

Ya me había sentido en peligro ante la posibilidad de que Alexander pudiera enfadar a un partido rival; ahora me daba cuenta de que debería haber temido por mi seguridad desde el principio.

Recordé entonces haber visto a los empresarios de México normales y corrientes, e incluso a algunos de mis amigos mexicanos que no se dedicaban a la política, con seguridad personal. ¿Cómo no me había dado cuenta de lo esencial que era?

Después de la conferencia, me puse a documentarme sobre lo que me costaría la seguridad que necesitaba —el guardaespaldas, el coche blindado, el conductor— y planeé mudarme a un apartamento con sistema de alarma además de portero físico. A principios de diciembre, le envié a Alexander una hoja de cálculo, pero no se interesó en echarle un vistazo. Eran gastos innecesarios. Además, dijo sin tener ni idea, solo podría necesitarse seguridad cuando la campaña hubiera empezado.

Le dije lo que me había dicho Marta Fox. «Aquí la gente desaparece».

Me dijo que era idiota por pensar así. Él se sentía a salvo en México. Y, sin tener aún un contrato, ¿cómo iba a justificar ese gasto? Estaba siendo ridícula.

¿Acaso no se acordaba de Nigeria? En algunos países ni siquiera sabías si tenías un contrato. Debería saber que, en muchos países extranjeros, incluido México, nada se ponía por escrito. Quizá ya estuviéramos comprometidos con Peña Nieto.

No me hizo caso. «Solo estamos comprometidos con alguien cuando llega el dinero», me dijo. Y añadió que, si quería seguridad, «págala con tu propio dinero».

Me pareció poco razonable y se lo dije. Pero se mostró inflexible.

Se quedó callado unos segundos. Después me preguntó: «¿Tienes miedo?».

Le dije que sí. «Eso es lo que estaba intentando decirte».

Me dijo que entonces buscaría a otra persona que viniera a

México. Eso fue todo. Iba a enviarme de vuelta a Nueva York. Allí no le sería de utilidad. Julian necesitaba ayuda.

Ya no tenía que seguir preocupándome por México.

Davos, aquel pequeño pueblo de montaña donde las personas más poderosas e influyentes del mundo se reúnen todos los años para hacer en una semana el trabajo de un año, había sido un lugar de caos y preocupación para mí tres años antes. Por entonces tenía veintiséis años y carecía de experiencia —estúpida, demasiado entusiasta, esperanzada—, al intentar hacerme cargo de tantas cosas, pensando que podría, como una malabarista experta, hacer girar veinte platos sobre mi cabeza al mismo tiempo. Los camareros que escupían fuego, los mineros de los asteroides, los multimillonarios nigerianos, las calles traicioneras cubiertas de hielo; Davos fue el comienzo de la cuesta resbaladiza en la que me encontraba desde entonces.

También había acudido en 2017, justo antes de la investidura de Trump, y Chester tuvo que protegerme de los ataques de la gente que no estaba satisfecha con el nombramiento de «el Donald»; sobre todo al conocer a estrellas de Hollywood como Matt Damon, que no estaba de acuerdo con que Trump hubiera elegido para dirigir la Agencia de Protección Medioambiental (EPA) a alguien que negaba el cambio climático.

Ahora estábamos en 2018 e iba a volver, pero esta vez era mayor, más sabia; mis pies caminaban con más seguridad; y esos pies iban protegidos con unas botas con mejores suelas.

Acababa de cumplir treinta años. Ahora podría ser la capitana de mi propio barco, la arquitecta de mi destino.

Pasé la semana anterior a Davos en Miami, en la Conferencia de Bitcoin de Norteamérica, donde ayudé a celebrar un evento sobre la propiedad de los datos, un lanzamiento para Siglo, la nueva empresa de mis amigos, los brillantes hermanos empresarios Isaac y Joel Phillips. La empresa ayudaba a gente de México y de Colombia a poseer y controlar sus propios datos, y a ser recompensados por compartirlos: los *tokens* que recibían pagaban sus facturas de celular en un lugar donde mucha gente normalmente no podía permitirse conectividad sin una ayuda semejante. Íbamos a celebrar el lanzamiento de Siglo en Davos, presentando la propiedad de los datos en la escena internacional.

También estaba ayudando a organizar una conferencia, el comienzo de mi futuro en un nuevo ámbito. Aunque la planificación había sido cosa de última hora, había logrado que se celebrara el evento asociándome con mi nuevo amigo Matt McKibbin, el veterano en *blockchain* que me había presentado a la industria en julio de 2017, tras conocerlo en la boda de Brock y Crystal en Ibiza. La empresa de Matt, DecentraNet, había intervenido para ayudar a ampliar una conferencia global que conquistara Davos: la primera vez que se celebraba un acto dedicado al *blockchain* en el Foro Económico Mundial. La tecnología para digitalizar el dinero y el gobierno podría ser la mayor innovación tecnológica en décadas, pero, como era una amenaza para los gobiernos y para los bancos de todo el mundo, y habida cuenta de que los asistentes a Davos eran las personas más ricas del planeta y los agentes gubernamentales más importantes, teníamos que hacerlo bien.

Entre los contactos de Matt en la industria de *blockchain*, los míos y los de Chester por todo el mundo, habíamos logrado organizar un evento llamado CryptoHQ que duraría toda la semana, donde celebraríamos debates, discursos y reuniones sociales de emprendedores y líderes intelectuales. La lista de invitados incluía al secretario del Tesoro de los Estados Unidos Steve Mnuchin (uno de los agentes encargados de la política de *blockchain* para el Gobierno estadounidense), los directores ejecutivos de muchas de las principales empresas de *blockchain* en aquel momento, mezclados con poderosos líderes políticos como el director de Tecnología Financiera y estrategia de *blockchain* de la Comisión Europea.

En Davos, Matt y yo copresidimos la conferencia con sus compañeros de DecentraNet y celebramos los eventos en nuestro «Complejo *Blockchain*» de CryptoHQ, un impresionante edificio de tres plantas con restaurante, bar de *après-ski* y sala de conferencias situado en Promenade 67, la calle principal que discurría por mitad del Foro Económico Mundial.

Deseaba que el evento fuese un éxito y, en mi entusiasmo por lograrlo, me tragué el orgullo y la rabia e invité a Alexander y al doctor Tayler para que acudieran a hablar en un debate sobre datos y algoritmos predictivos. Quería apoyar sus intereses en las *blockchain* y ayudar a la empresa a relacionarse en la industria. Cambridge tenía su propia solución *blockchain*, que en su momento estaba en fase de desarrollo, para fomentar la transparencia en la gestión de datos y publicidad, un diseño que permitiría al usuario poseer sus propios datos y recibir una compensación por mantenerlos actualizados, y permitiría a los anunciantes confirmar que estaban llegando a la gente a la que pagaban para recibir sus mensajes. Me parecía que la empresa podría estar encaminada en una dirección mejor, que podría reformar la industria eligiendo una tecnología más ética como base de sus operaciones. Veía una luz al final del túnel.

Ya llevaba una semana en Davos cuando llegaron Alexander y el doctor Tayler, y parecieron sorprendidos, sobre todo Alexander. No les había dicho a ninguno que había organizado la conferencia, y se quedaron perplejos al verme hablar para la multitud. Todo el mundo en la comunidad *blockchain* había empezado a reconocerme. Me sentía muy fortalecida. No era una simple entusiasta de las *blockchain*. En muy poco tiempo, tras asistir y hablar en algunas conferencias, me había convertido en una voz del movimiento. Lo consideraba la mejor declaración que podía hacerle a Alexander sobre mis sentimientos y, quizá, una pequeña venganza por la manera en que me había tratado.

Todos los eventos de CryptoHQ estaban llenos de gente, incluyendo el debate de Alexander y el doctor Tayler. Tras el coloquio, que había organizado yo, Alexander se reunió conmigo en el bar. Parecía algo avergonzado. También parecía entender que yo seguía con mi vida.

Con la copa en la mano, se inclinó hacia delante y gritó por encima de la música y de las voces entusiastas que nos rodeaban. Había cientos de personas allí, casi todos amigos míos o nuevos compañeros en la industria del *blockchain*.

—Bueno —me dijo—. Veo que estás muy ocupada con otros proyectos. —No parecía enfadado, como si pensara que estaba siéndole infiel a Cambridge; más bien parecía reconocer y aceptar que había encontrado otro camino para seguir avanzando en la vida—. Así que quieres dedicarte al *blockchain*, ¿verdad? —me preguntó—. ¿Crees que ahí hay dinero, que es el futuro?

—Sí —le respondí.

Lo pensó durante unos segundos.

—¿Preferirías dejar tu trabajo permanente y volver a trabajar con nosotros como consultora? Dedicándote a las *blockchain*. —Me dijo que podría tener más autonomía, trabajaría con Cambridge en el desarrollo de la solución de datos de *blockchain*, pero sería libre de dedicarme al mismo tiempo a mis otros proyectos.

Aquello me interesaba. Un acuerdo como ese me permitiría seguir en Cambridge y al mismo tiempo dedicarme a las *blockchain* a jornada completa. Podría seguir bajo el amparo de la empresa hasta que el éxito de CA al fin recompensara mi paciencia y recibiera de una vez la compensación por ayudar a levantar aquel gigante. Más que eso, podría cerrar un círculo; al fin y al cabo, era el mismo acuerdo que tenía cuando me uní a la empresa en diciembre de 2014.

Di un trago a mi copa.

Era evidente que nos encontrábamos en una negociación. Veía un futuro en el que la publicidad para las empresas de *blockchain* sería un gran negocio, y Cambridge podría formar parte de eso. Si Cambridge quería un pedazo de ese mercado, tenía la oportunidad de construir tecnología para la industria, tal vez incluso crear su propio ecosistema de tecnología *blockchain*, potenciando la transparencia absoluta en el negocio del comercio de datos y la publicidad, permitiendo a los consumidores controlar sus propios datos. Mediante las *blockchain*, Cambridge podría utilizar a sus científicos de datos y su experiencia tecnológica para el bien, con protecciones de datos reales, una idea que recordaba a mi propósito inicial cuando me junté con Alexander tres años antes.

Entre nosotros se sobreentendía que lo que habíamos estado haciendo hasta el momento no había funcionado. Por primera vez parecía una negociación entre iguales. No iba a despedirme y yo no iba a renunciar. Estábamos redefiniendo las normas. No era un divorcio amargo, sino más bien una especie de separación y reconfiguración; si no con una excesiva buena voluntad, al menos sí con un amistoso cambio de categoría.

Sonreí. Le dije que lo pensaría. Su sugerencia me hizo pensar por primera vez en si debería replantearme romper con Cambridge por completo, como había planeado hacer. Pero parecía que podría obtener algún beneficio con aquella asociación. Siempre y cuando pudiera establecer las normas, resultaba atractivo. Pero aún no estaba preparada para comprometerme con nada. Si Alexander quería mi experiencia y mis contactos en la industria del *blockchain,* sentía que yo llevaba ventaja y que al menos podría obtener una mejor tarifa diaria y una estructura de comisiones por el trabajo que lo ayudara a llevar a cabo.

Tal vez pudiéramos hablarlo después de Davos, me sugirió Alexander por encima del ruido de la multitud.

—Sí —le respondí.

Me dijo que sacaríamos tiempo. Primero debía hablar con Julian Wheatland sobre cómo sería aquel acuerdo.

Después de casi dos semanas en Suiza, volé a Nueva York para hablar con Julian sobre un futuro trabajando con, no para, Cambridge Analytica. Por varias razones, me resultó extraño volver a entrar en aquel despacho del edificio Charles Scribner's Sons, entre otras cosas porque, para entrar, tuve que pasar por unas puertas de seguridad a prueba de balas.

Julian había tenido que instalarlas recientemente. La empresa había recibido amenazas por unas nuevas revelaciones sobre su papel en la campaña de Trump.

Durante el tiempo que había pasado en México, centrada en las elecciones presidenciales de aquel país, en los Estados Unidos las investigaciones sobre la presidencia de Trump se habían intensificado. Tanto Paul Manafort, antiguo director de campaña, como el consultor político Rick Gates, asesor de Trump, habían sido imputados por blanqueo de capitales y evasión de impuestos relacionada con su trabajo con los ucranianos vinculados con Rusia. El 1 de diciembre de 2017, Michael Flynn se declaró culpable de mentir al FBI sobre su relación con el embajador ruso en los Estados Unidos Sergey Kislyak. Mientras tanto, Facebook empezaba a reconocer que su plataforma había sido utilizada para extender las discrepancias y las noticias falsas. Tras una auditoría interna, la empresa reveló que unos tres mil anuncios políticos agresivos estaban conectados con cuatrocientas setenta cuentas falsas vinculadas a los rusos.[4]

Las investigaciones en los Estados Unidos también se acercaban cada vez más a Cambridge. Poco después quedaría claro que Sam Patten, a quien Alexander había contratado para trabajar para SCL en Nigeria, y a quien estaba considerando como mi sustituto en México, había sido en otra época el jefe de Konstantin Kilimnik, un supuesto espía ruso que había trabajado con Paul Manafort. Noticias terribles; eso y el hecho de que, en octubre, *The Guardian* revelara que el propio Alexander había recurrido a WikiLeaks durante la campaña para intentar hacerse con los correos de Hillary Clinton. Probablemente aquello hubiera bastado para despertar en el Congreso el interés por la relación de Cambridge con la campaña de Trump. Tanto Alexander Nix como Julian Assange habían salido en público diciendo que el intento del primero por hacerse con los correos de Hillary había sido infructuoso. Assange no se había molestado en responderle. Ninguna de esas declaraciones me sorprendió. Que yo supiera, Julian Assange no tenía motivos para ayudar a un hombre como Alexander Nix, y no era precisamente un hombre que aceptara llamadas de *telemarketing*.

En diciembre, la Comisión Judicial de la Cámara de Representantes había entrevistado a Alexander por Skype y le había pedido que enviara todos los correos electrónicos que existieran entre Cambridge y la campaña de Trump. Aunque Alexander contó a la empresa que aquella solicitud formaba parte de la conspiración rusa de las noticias falsas, la solicitud y las amenazas habían preocupado a la empresa lo suficiente como para tomar medidas de seguridad extraordinarias.

Teniendo en cuenta las investigaciones que giraban en torno a Cambridge, fue un alivio regresar a las oficinas de Nueva York con una posible estrategia de salida. Parecía que, con cada día que pasaba, se conocían nuevos detalles inquietantes sobre el trabajo que habíamos realizado y los límites que se habían sobrepasado. Los rumores que empezaron a circular durante el balance sobre la campaña realizado por la empresa habían ido cobrando fuerza a lo largo del año. Salían nuevos y preocupantes detalles aquí y allá, cada uno más inquietante que el anterior, y era difícil ignorar la sensación de que quedaban cosas peores aún por salir a la luz. Al reunirme con Julian Wheatland, esperaba poder dar un paso más hacia la puerta de salida y hacia un futuro en el que de verdad creía.

Julian se alegró de verme y me dio la bienvenida como un viejo amigo. Habían cambiado muchas cosas, incluyendo la oficina en sí. Aunque las paredes seguían llenas de obras de arte de los Mercer, el lugar parecía un poco más desnudo. Y sentadas a las mesas había caras desconocidas. Muchas de las personas con las que había trabajado durante 2016 habían recibido ofertas mucho más generosas en otras empresas. Otros, como Matt Oczkowski, que se atribuía todo el trabajo que CA había hecho durante la campaña, habían fundado sus propias empresas.

No era solo el personal; los propios cimientos de la empresa parecían haber cambiado. Steve Bannon se había visto obligado a abandonar la Casa Blanca en agosto, lo que me había resultado inquietante, como a otros en Cambridge. Había discutido con Jared Kushner, Ivanka y el jefe de gabinete de la Casa Blanca John Kelly, y su marcha representaba un cisma inesperado. De hecho, había sido algo tan abrupto que, para cuando un amigo y compañero al que yo había enviado a Washington a reunirse con Bannon (para hablar de la posibilidad de que fuera embajador de los Estados Unidos en México) llegó a la Casa Blanca para la reunión el 18 de agosto, Steve ya estaba en la calle. Ambos acabaron teniendo la conversación (que no llegó a ninguna parte) en una cafetería de D. C. Se acabaron mis contactos en la Casa Blanca.

Al principio pareció que Steve volvería a la Embajada de Breitbart para volver a dirigir aquel imperio. Incluso me pregunté si volveríamos a verlo por Cambridge. Esperaba que pudiéramos obtener algo a cambio de habernos asociado con figuras tan controvertidas durante tanto tiempo, pero empezaba a dar la impresión de que ese riesgo nos traería pocas recompensas.

Steve no solo había discutido con el equipo de la Casa Blanca; había ofendido a los Mercer; y ellos representaban precisamente la mano que no se debía morder. Las revelaciones de Michael Wolff en su polémico libro *Fuego y furia: Dentro de la Casa Blanca de Trump,* en el que hace declaraciones poco halagadoras sobre la familia Trump, convirtieron a Steve en *persona non grata* a principios de enero de 2018. Bannon también había molestado a Bekah y a Bob con alardes privados poco afortunados que se habían filtrado: a quien quisiera escucharle, Steve le había dicho que Bekah y Bob lo apoyarían si él mismo decidiera presentarse a la presidencia. Bekah respondió con una declaración en la que en parte decía: «Mi familia y yo no nos comunicamos con Steve Bannon desde hace varios meses y no hemos dado apoyo financiero a su agenda política, ni apoyamos sus recientes acciones y declaraciones». Steve desapareció, no solo de la Casa Blanca, sino también de Breitbart y de Cambridge.

Después de aquel tumulto, la confianza estaba por los suelos en Cambridge, según me dijo Julian, señalando a los jóvenes que trabajaban diligentemente en sus computadoras. Parecían tan apagados...

—Ya no es tan divertido como antes —me dijo, como si me hubiera leído el pensamiento. El espíritu de la antigua empresa, las noches de fiesta y las mañanas de resaca... todo eso se había acabado.

Julian echaba de menos la diversión y dijo que esperaba que regresara a Nueva York y «repartiera un poco de alegría». En cualquier caso, me dijo que había muchas cosas inminentes por las que alegrarse.

Alexander había fundado un nuevo *holding* empresarial llamado Emerdata, que ahora se quedaría con todos los activos y la propiedad intelectual de SCL y CA. Al parecer había conseguido una inversión de unos treinta y seis millones de dólares para ampliar la empresa globalmente, y con inversores estratégicos en México, Hong Kong, Arabia Saudí y otros países, se presentaban grandes oportunidades para CA. Quizá quisiera ayudarlos a crecer en Hong Kong, dado que había vivido allí y hablaba algo de mandarín.

No supe qué decir. La única condición con la que me quedaría, le dije a Julian, era que CA me permitiese llevar la delantera en el negocio de las *blockchain*. Me quedaría solo si podía crear mi propio equipo, hacer mis propios proyectos. Tampoco quería estar trabajando a jornada completa. Y no quería saber nada más de política en todo el mundo. Era demasiado turbio y demasiado peligroso.

Nos despedimos como amigos, pero Julian se dio cuenta de que no me había conquistado del todo. Me pidió que, a partir de ese momento, me comunicara con Brendan Johns, nuestro encargado de Recursos Humanos en Londres, para confirmarle mi tarifa diaria y las condiciones de mi consultoría.

Esperé antes de hacer eso. Mientras tanto, volví a México para recoger mis pertenencias y recibir mi comisión por el contrato presidencial. Después de años de trabajo en México, estaba decidida a conseguir esa comisión.

En Ciudad de México me reuní con Alexander y un equipo que había juntado para hablar de la estrategia para las elecciones presidenciales mexicanas. Mi trabajo consistiría en ceder las riendas de las elecciones por completo. Lo entendí también como un momento de transición, para pasar de ser empleada de Cambridge a posible consultora de *blockchain*.

El grupo incluía a Mark Turnbull y a otros tres o cuatro empleados, la mayoría de los cuales habían volado hasta allí con gran coste para la empresa. Aunque me hubiera sacado del proyecto, era evidente que Alexander esperaba que hubiera cerrado el trato para cuando llegara. En algunos momentos durante aquel día, las conversaciones fueron tensas y se palpaban en el aire las recriminaciones tácitas sobre por qué se habían estancado las negociaciones con el PRI.

Aquella noche estaba nerviosa no solo por el contrato y por la entrega del proyecto, sino por la inminente comisión por el acuerdo presidencial. El grupo estaba sentado a una mesa enorme en un asador. Mientras cenábamos, hablábamos de los planes para el contrato de las elecciones, sobre el personal y nuestros salarios. Intentamos abordar el tema de la seguridad; un tema delicado, claro, que Alexander trató de esquivar. Nos dijo que seguíamos sin poder hablar de seguridad hasta que no hubiéramos recibido el primer pago.

Entonces se volvió hacia mí y me dijo:

—Te lo estás tomando con mucha calma.

Los demás habían empezado a hablar de sus cosas. Aquello era únicamente entre Alexander y yo.

Continuó diciendo que no había dedicado toda mi atención al contrato.

Me pareció que la acusación no era cierta, pero daba igual lo que dijera, porque me culpaba de ello: era esencial que cerrara el trato y no lo había hecho. La empresa estaba perdiendo dinero.

Me quedé callada unos segundos. ¿Perdiendo dinero? Le pregunté cómo era posible, teniendo en cuenta la cantidad de trabajo que teníamos.

Alexander me explicó que gran parte del trabajo que Cambridge había realizado hasta la fecha había sido gratis o por muy poco dinero, como proyectos piloto (también conocidos como «favores» para los amigos de la junta directiva). Incluso en la campaña de

Cruz y en gran parte de la campaña de Trump, los abogados nos habían advertido que pusiéramos unas tarifas «justas» por miedo a una bronca de la Comisión Federal Electoral. Había ciertas normas a la hora de cobrar unas «tarifas de mercado competitivas» a cambio de servicios; de lo contrario, el trabajo podría considerarse una «donación» y estar sometido a escrutinio o incluso ser considerado una violación.

Pero ¿qué pasaba con los millones de dólares que Cambridge había recibido de la campaña? ¿Y los millones de dólares que habían cobrado por la campaña y por el comité de acción política?

Pese a la percepción pública sobre los ingresos de Cambridge, casi todo el dinero, sobre todo el dinero de Trump —95,5 millones de dólares—, había pasado a través de CA o de alguno de los *holdings* empresariales que Cambridge utilizaba para ocultar la relación entre su junta directiva y Trump; en otras palabras, el dinero nunca llegó a quedarse en casa. En su lugar, había servido para pagar todos los análisis de datos y la publicidad que habíamos hecho en Facebook. Facebook era quien había obtenido los beneficios. Nunca había habido dinero suficiente para pagar los sueldos de las ciento veinte personas que Alexander y yo habíamos contratado para ampliar su imperio global. Siempre había estado escaso de fondos y había confiado en el dinero de los Mercer para llenar los huecos. Por eso a veces las nóminas se retrasaban. Me explicó que por eso no había podido permitirse ponerme seguridad.

La cabeza me daba vueltas. Yo misma había aportado millones de dólares a la empresa que no tenían nada que ver con Cruz ni con Trump. ¿Dónde había ido a parar ese dinero si ni siquiera podíamos permitirnos cubrir los costes básicos?

Fue una revelación sorprendente. Desde que me subiera a bordo hacía más de tres años, había trabajado dando por hecho que aquel era un imperio en expansión, el comienzo de algo grandioso, y que estaba ayudando a levantarlo desde cero. Alexander era muchas cosas, pero sobre todo era un vendedor, y me había tragado todo lo que me había vendido. Había tolerado muchas cosas pensando que mi gran recompensa, el resultado de mi esfuerzo y de mis sacrificios, llegaría pronto. Quizá no hoy ni mañana, pero sí pronto.

Ahora, mientras intentaba procesar lo que Alexander me había dicho, por fin veía las cosas no como quería que fueran, sino como realmente eran. Durante años me había aferrado a unas esperanzas injustificadas. Aquello no era un unicornio. No estábamos en Silicon Valley. Aquella era una empresa que al parecer triunfaba o fracasaba gracias al apoyo de los Mercer; no había ningún otro plan o estrategia. La inmensa recaudación de fondos que se había anunciado no iba a tener como resultado participaciones accionariales; iba a servir para mantener la empresa a flote. Sin ese dinero, la empresa se hundía; la situación había sido precaria desde aquella inyección de capital, y en muchos aspectos seguía siéndolo. La realidad era que me encontraba muy lejos de una gran recompensa como una salida a bolsa o la venta a un conglomerado mediático.

—Por cierto, Brittany —me dijo entonces Alexander, devolviéndome a la realidad de la mesa—, espero que puedas ayudar a Mark y a Sam con la transición en México. —Se refería a que siguiera asesorándolos, siendo su mentora mientras se quedaban con mis acuerdos y mis contactos. Y era evidente que pensaba que lo haría gratis, como favor; una de esas cosas extra que pedía a la gente para demostrar que formaban parte del equipo.

La idea me enfureció. Era típico de Alexander. Y era típicamente injusto.

Al no encontrar motivo para callarme, le pregunté por mi comisión por la campaña presidencial mexicana.

Bajó la voz para que el resto de compañeros no pudieran oírlo desde el otro extremo de la mesa.

—Ahora que hay otras personas implicadas —me dijo—, las comisiones no van a ser las mismas. —Como yo ya no iba a cerrar el trato, el dinero resultante habría que dividirlo convenientemente.

Dividirlo convenientemente. ¿En qué universo aquello podría resultar conveniente? Era yo la que había iniciado el contrato, la que llevaba un año detrás de él.

—Tiene que ser una broma —le dije.

—No —respondió—. En absoluto. —Me dijo que, como ahora estaban involucradas otras personas del equipo, no podía esperar lo mismo que antes.

Me quedé mirándolo y, por primera vez, se me ocurrió que, al margen de lo que me hubiera dicho, y de lo que yo me hubiera dicho a mí misma, no era más que una vendedora con pretensiones. Al fin y al cabo, mi trabajo en cada discurso había sido «venderme a mí misma» además de los servicios de la empresa. Una y otra vez me había vendido a mí misma y a la empresa: frente a los multimillonarios nigerianos, frente a Corey Lewandowski y la campaña de Trump, frente a la Asociación Nacional del Rifle, frente al PRI. Y la lista continuaba. Una y otra vez Alexander se había negado a atribuirme el mérito de muchas de las ventas que había logrado. Siempre conseguía colarse en el último momento para cerrar el trato o enviar a otra persona, Julian u Oz, para hacerlo en su lugar y llevarse la comisión. Solía ir a parar al hombre que me había «apoyado» y que había «cerrado el trato», pese a que yo hubiera hecho casi todo el trabajo.

Con frecuencia abordaba a Alexander con una lista de los tratos en los que había trabajado y le señalaba aquellos que había iniciado (para los que había redactado la propuesta y el contrato) y había logrado cerrar. Defendía mi papel en el éxito de dichos acuerdos, pero Alexander siempre echaba un vistazo a la lista e iba eliminando cada elemento, señalando y diciendo: «No, este es de Matt. Y este lo hice yo. Robert fue quien cerró ese. Matt. Duke. Matt, Matt. Yo. Este es mío. Mío. Ninguno de estos es tuyo», me decía, y eso era todo. Incluso tuvo el descaro de decirme que algunos de los tratos eran de Bekah, ¡como si ella trabajara en ventas! Y me iba echando humo y con las manos vacías. Había logrado convencerle para que me diera una comisión por el primer acuerdo con México, pero me hizo dividirla con múltiples personas que ni siquiera estaban en la empresa cuando empecé a trabajar en el proyecto.

Durante años había estado tolerando esos desprecios, con la esperanza de que me esperaba algo grande. Ahora, cuando intentaba abandonar la empresa y al mismo tiempo defender el trabajo que había hecho, tenía mucha menos paciencia con aquella clase de actitudes. Ya había sacrificado mucho de mí misma a cambio de todo eso.

Pensé en mi padre, ahora incapacitado y sin dinero. Había ido a verlo hacía poco. Parecía dulce e inocente, con la cara tranquila y el pelo largo por encima de la enorme cicatriz, pero estaba muy sedado. Habíamos tenido que trasladarlo de un hospital psiquiátrico a otro debido a su comportamiento errático y a veces violento, pues su cerebro trataba de asimilar el trauma que había experimentado. El coste de trasladarlo a cualquier otro lugar más allá de las instalaciones financiadas por Medicaid donde se encontraba ahora era prohibitivo e insostenible. Pensé en mi madre, una auxiliar de vuelo que iba de Ohio a Chicago, donde cuidaba de mi padre; y a Tennessee, donde había estado encargándose de su propio padre.

Y pensé en mí misma, en que durante años no había querido compartir con nadie ningún detalle sobre mi familia que pudiera revelar sus circunstancias más que humildes, su caída en desgracia, y por asociación, mi proximidad a una clase de vida que las personas adineradas jamás podrían ni imaginar. ¿Con quién habría podido compartir mi secreto? Ocultar aquellas cosas había sido una decisión estratégica por mi parte. Los ricos y poderosos a quienes conocía en Cambridge y en el Partido Republicano —nuestros donantes y patrocinadores, nuestros clientes y nuestros socios— veían la pobreza como una debilidad personal, el fracaso financiero como una medida del carácter y la competencia, y yo me había esforzado en no mostrarles jamás mis circunstancias.

Eché la silla hacia atrás y me levanté.

—Me estás haciendo vivir un infierno —le grité a Alexander. Había sufrido mucho por la causa de Cambridge, quizá porque me había creído que también era la mía. Pero aquello no podía tolerarlo.

Me había puesto a llorar y las lágrimas resbalaban por mi cara hasta aterrizar en la camisa. Pero no había acabado con él, al menos de momento. La recaudación de fondos había dado dinero y quería lo que me correspondía, ya fuera mediante un pago o mediante trabajo de consultoría. No era solo que me lo hubiese ganado; era lo que merecía.

—¡Tengo una familia de la que ocuparme! —grité.

Alexander me miró, contempló mi llanto y mi tristeza. Parecía tranquilo. No cambió de postura ni de expresión.

—Todo el mundo tiene una familia de la que ocuparse, querida —me dijo con frialdad.

Negué con la cabeza. Solo me quedaba una cosa por decir.

—Que te jodan —le dije, aparté la silla de la mesa, recogí mis pertenencias y salí del restaurante, sin molestarme en girarme para ver lo que dejaba atrás.

17

Investigación

FEBRERO – MARZO DE 2018

Con Alexander nada era directo. Habría imaginado que un buen «que te jodan» habría bastado para despedirnos definitivamente. Pero, claro, Alexander siempre había dicho que la rabia era algo temporal; él podía gritar, imponer su opinión, pero después se acababa. Quizá pensaba que conmigo sucedería lo mismo.

Poco después de que me marchara enfurecida de aquel asador de México, me llamó como si nada hubiera pasado y me pidió que lo ayudara con la oficina de D. C. Yo no sabía de dónde saldría mi siguiente nómina, así que le dije que sí, pensando que cerrar acuerdos de presión en D. C. para la legislación de las *blockchain* sería una buena manera de ganar comisiones sin trabajar demasiado. Después, a principios de febrero, Brendan Johns, de Recursos Humanos de Londres, me envió la propuesta de Julian, y obviamente también de Alexander, para seguir trabajando con la empresa.

Si entraba como consultora, mi sueldo diario sería justo el mismo que cuando empecé a trabajar con SCL Group a media jornada en 2014.

Las condiciones me resultaron insultantes, más aún cuando Brendan me escribió de nuevo para decir que la empresa quería una carta de dimisión oficial. Dijo que, para que pudiera seguir como consultora para Cambridge, primero tendría que dejar de ser empleada a jornada completa. Y, aunque aquello podría tener sentido para la empresa, la idea me pareció ofensiva.

Seguía echando humo para cuando regresé a la oficina de Nueva York para ver a Julian Wheatland aquel mismo mes. Nos reunimos para hablar de la oferta que Alexander y él me habían hecho, pero no llegamos a entendernos. En su lugar, estuve echando un vistazo a los nuevos planes de *blockchain* de CA.

Parecía que Alexander había visto la luz con respecto a las *blockchain*, lo que significaba que su manera de ver los datos y la privacidad había evolucionado. Cambridge Analytica, decía la propuesta, «cree firmemente que los datos del consumidor pertenecen al consumidor... y quiere desarrollar un mecanismo para devolver el control al individuo». Cambridge deseaba «aprovechar la apertura y la transparencia inherente a la tecnología *blockchain*».

Era justo la clase de declaración de intenciones que mantenía vivas mis esperanzas sobre Cambridge, aunque fuera de manera fugaz. Durante un breve instante, pensé que la mentalidad de la empresa podría cambiar. Había visto a Cambridge comportarse de manera poco ejemplar en lo relativo a los datos de los usuarios. Ahora parecía estar arrepentida y quería cambiar todo su modelo de negocio y su relación con los datos para convertirse en defensor de la privacidad de los mismos. Claro, no podría haberme equivocado más.

En cuanto empecé a calmarme y a concentrarme en mis nuevas tareas, Julian me informó de otro problema: la ICO aún tenía dudas sobre el papel de Cambridge Analytica en el Brexit. La comisión no había quedado satisfecha con las respuestas que CA le había dado un año antes, las medias verdades que Alexander y Julian nos obligaron a contar, editadas por ellos en un documento compartido. A veces no podía dormir por las noches pensando en todos los detalles de la historia que no me permitían contar.

A lo largo del último año, la periodista de *The Guardian* había seguido investigando el Brexit y a Cambridge Analytica. Sus artículos sugerían que había estado hablando con antiguos empleados. Les había nombrado con seudónimos, así que era difícil saber de quién se trataba. Carole Cadwalladr iba a la cabeza de la manada, buscando como un sabueso pruebas de una gran conspiración: entre la campaña de Trump y los rusos; entre el Brexit y los rusos; entre Vote Leave y Leave.EU y AIQ; entre los pirados de la derecha y multimillonarios como los Mercer que, según Carole, utilizaban a Cambridge Analytica y a Facebook para ganar poder en los Estados Unidos y Gran Bretaña. Aquello me parecían «noticias falsas», en gran medida porque mucho de lo que había escrito sobre mí sabía que no era cierto. Por lo tanto, ¿por qué iba a creerme cualquier otra cosa que dijera?

Pero había otros que habían prestado mucha atención: desde la Comisión Electoral hasta la ICO.

La ICO estaba empezando a investigar casos particulares. ¿Alguien de CA se había reunido con el equipo de datos de UKIP entre el 2 y el 19 de noviembre de 2015? ¿Se compartieron datos durante alguna reunión o después? ¿Qué clase de datos eran y con qué propósito se compartieron?

Era evidente que sabían lo que hacían, habían hablado con las fuentes.

Como ya les había advertido, al insistir Julian y Alexander en utilizar el subterfugio, el tiro les había salido por la culata. Intentar ocultar toda la verdad nunca sale bien. Me había tomado un día para elaborar mi respuesta. No mentí, pero, por miedo a perder mi trabajo, había cometido el pecado de la omisión.

Sabía que el doctor David Wilkinson había visitado la sede central de UKIP el 3 de noviembre de 2015. Compartí que se había reunido con varios miembros del equipo de UKIP para explorar los datos que tenían, e incluí la información de que alguien de UKIP había entregado un disco duro en nuestras oficinas; de hecho, de manera totalmente innecesaria, habían entregado una torre de computadora entera. Incluí mi aparición en el debate del 18 de noviembre. Y escribí que había participado dando por hecho que Leave.EU pensaba contratarnos, aunque nunca firmamos un contrato ni llevamos a cabo ninguna labor de modelado para ellos.

Dado que la ICO no preguntaba por el trabajo realizado con los datos de UKIP almacenados en el disco duro, no mencioné el modelado de prueba y la segmentación que habían realizado los científicos de datos entre el 3 y el 18 de noviembre, y no dije que habíamos compartido esos datos, puesto que solo había hecho un resumen para Leave.EU en nuestras reuniones antes y después del debate, y en persona en la sede de Leave.EU. Incluí el viaje que realicé con el doctor Wilkinson a Bristol, a las oficinas de Eldon Insurance.

Seis días más tarde, pasó por mi buzón un curioso correo de Julian dirigido a toda la empresa. No tenía nada que ver con la ICO. Se trataba de una nueva investigación, sobre las «noticias falsas», que el Comité de Cultura, Medios y Deporte del Parlamento británico (DCMS, por sus siglas en inglés) estaba llevando a cabo desde hacía un año. Habían «invitado» a Alexander a hablar ante el comité el 27 de febrero, para «ayudar» a sus miembros a entender el *marketing* basado en datos. No anticipaba ninguna publicidad adversa derivada de dicha aparición, pero quería que los empleados estuvieran al corriente. Nuestra empresa no tenía ninguna experiencia con las noticias falsas, decía, así que estaríamos «encantados de ayudar», escribió Julian. Alexander se encontraba entre otros muchos expertos invitados, incluyendo cadenas de informativos como la CNN y la CBS, y ejecutivos de Facebook, Twitter, Google y YouTube.

Parecía todo bastante razonable. De hecho, el correo era tan optimista y tan británico que no me di cuenta de que la verdadera razón por la que había recibido la invitación era ser acribillado en el punto de mira.

Cuando llegó el día de la comparecencia de Alexander en el Parlamento, me encontraba en un evento de *blockchain* en San Francisco. A medida que avanzaba el día en Inglaterra, mi teléfono comenzó a sonar. Algunos amigos me escribían diciendo que se había mencionado mi nombre en el Parlamento; más de una vez. Robert Murtfeld me escribió cada cita, palabra por palabra. La investigación del comité sobre las noticias falsas no era un ejercicio académico diseñado para alterar la votación del Brexit utilizando propaganda que obligara a la realización de una nueva votación, o «votación del pueblo», como aseguraban muchos Brexiters. No habían invitado a Alexander para que compartiera sus opiniones sobre la propagación de noticias falsas. Lo habían convocado allí para que diera explicaciones sobre la implicación de Cambridge Analytica en el asunto.

El DCMS estaba compuesto por once miembros, nueve de los cuales se hallaban presentes aquel día. El director era Damian Collins, un Remainer conservador con experiencia en publicidad. Collins, sentado frente a Alexander en el centro de la mesa en forma de U y rodeado de los otros ocho miembros del comité, todos ellos parlamentarios, dio por comenzada la reunión y entró de lleno en el asunto.

Quiso saber por qué, si ahora Cambridge Analytica insistía en que nunca había realizado ningún trabajo para Leave.EU, antes había asegurado públicamente una y otra vez que sí lo había hecho.

Alexander, vestido con su habitual traje azul marino y gafas de diseño, leyó una declaración inicial en la que decía que le resultaba irónico que el propio DCMS hubiera sido víctima de noticias falsas sobre Cambridge. Aquel problema tan desafortunado había comenzado cuando un consultor de relaciones públicas excesivamente entusiasta había enviado una declaración errónea. En cuanto Cambridge fue consciente del error, la empresa dejó «claro como el agua a todos los medios de comunicación que no estábamos implicados» en el Brexit.

Collins dejó claro como el agua que no se tragaba la explicación de Alexander.

En su experiencia en el ámbito de la publicidad —si bien una publicidad muy tradicional al estilo de *Mad Men*, de esa que Alexander decía que estaba muerta—, sí que había encargados de relaciones públicas excesivamente entusiastas. Pero el material en cuestión no era un simple comunicado de prensa. Se trataba de un artículo en la revista *Campaign*. Collins tenía el texto delante de sus narices. Se titulaba *Cómo el* Big Data *superaron a Donald Trump: la opinión de Alexander Nix*, y había sido publicado en febrero de 2016, justo después de que Ted Cruz venciese a Trump en la designación del candidato en Iowa y antes del Brexit.

En el artículo, Alexander había escrito que Cambridge se había «aliado recientemente con Leave.EU» y había estimulado su campaña de redes sociales con tanto éxito que obtenía tres mil nuevos «Me gusta» en Facebook cada día.[1]

Collins dijo que era muy raro que una figura importante de la empresa permitiera que se publicara algo así si era erróneo, con su nombre impreso, en primer lugar, y una vez que descubrió que había salido publicado, ¿por qué no se había esforzado más en desmentirlo? ¿Por qué el artículo seguía disponible en la página web de la revista?

Alexander respondió que no tenía ni idea. Tampoco sabía por qué, cuando Collins se lo preguntó, otras declaraciones similares seguían publicadas en distintos medios, ni por qué no había respondido a ellas públicamente ni había pedido a sus autores que las corrigieran. Leave.EU todavía aseguraba en su página web que había trabajado con Cambridge. De hecho, Andy Wigmore había tuiteado: *Deberían usar Cambridge Analytica* [sic]*... Nosotros lo hicimos, según parece... Los recomiendo.*

Ian Lucas, un alegre parlamentario laborista con papada y un fuerte acento de Gateshead, levantó un ejemplar del libro de Arron Banks, *The Bad Boys of Brexit*. Preguntó con sarcasmo si Alexander tenía un ejemplar. De no tenerlo, debería hacerse con uno y leerlo. En él, el señor Banks escribe que contrató a Cambridge, una empresa de Big Data *y psicografía avanzada, para influir en la gente.*

Alexander dijo que, desafortunadamente, no tenía control sobre el señor Banks. Dijo que había intentado una y otra vez lograr que Arron corrigiera la declaración. Era evidente que Banks era un hombre difícil de controlar.

—Podría haberle demandado, ¿no es así? —preguntó Lucas—. Así que eso no es cierto —dijo—. Entonces, ¿Banks es un mentiroso?

Alexander suspiró. Era evidente que no estaba dispuesto a llamar mentiroso a Arron Banks delante del Parlamento.

—No es cierto —respondió.

Collins orientó la conversación en una dirección diferente. En su experiencia en el ámbito anticuado de la publicidad, dijo, recordaba que, al ofrecer discursos de venta a posibles clientes, las empresas con frecuencia presentaban ejemplos nuevos, o «bocetos de campaña», utilizando los materiales del cliente para demostrar la clase de trabajo que la empresa publicitaria era capaz de producir para ellos. Quiso saber si Cambridge había presentado algo así.

Alexander descartó esa idea. Preparar una muestra de su trabajo antes de firmar un contrato requeriría un intenso análisis de datos que era demasiado sofisticado y elaborado.

—Mire —dijo, claramente molesto y con el ceño fruncido—. Aunque lo que dice tiene sentido, la verdad es que no hicimos ningún trabajo —golpeó la superficie de la mesa con un nudillo para enfatizar sus palabras— en esa campaña ni en ninguna otra. No estuvimos involucrados en el referéndum. —Continuó diciendo—: Aunque podríamos seguir dando vueltas a esto, creo que deberíamos observar los hechos, que son que no estuvimos… —volvió a golpear la mesa— implicados, punto.

Por muy enfático que hubiera sido, parecía cansado. Se humedeció los labios. Le brillaba levemente la cara por el sudor.

La presa estaba herida.

Simon Hart, un parlamentario conservador demacrado de Carmarthen West y South Pembrokeshire, se inclinó hacia delante. Era un hombre al que le gustaba estar al aire libre y, cuando no se dedicaba a la política, cazaba tejones.

—Cambridge aprovechó los miedos de sectores vulnerables del electorado para influir en su votación —dijo acusatoriamente. Quiso saber si Alexander creía que el trabajo al que se dedicaba contribuía positivamente a la sociedad. Si tenía algún tipo de «código moral» o si simplemente lo hacía para pagar las facturas. Si alguna vez se preguntaba por su responsabilidad social en todo aquello.

Los demás se sumaron a las preguntas.

¿Acaso el modelado OCEAN no era una forma poco sutil de entender la personalidad de la gente para manipularla y que hiciera lo que ellos querían? ¿Alexander se veía a sí mismo como una «presencia todopoderosa»?

La empresa decía poseer hasta cinco mil puntos de datos sobre cada adulto de los Estados Unidos, toda la población en edad de votar. ¿Sabían eso todos los adultos de los Estados Unidos?

Resultaba extraño que Cambridge trabajara en los Estados Unidos y no en el Reino Unido. ¿También recopilaba datos sobre la población británica?

¿Cuál era la relación de Cambridge con Facebook? ¿Y qué pasaba con el doctor Aleksandr Kogan?

¿La empresa obedecía las leyes relevantes en países extranjeros? ¿Cambridge Analytica o SCL Group habían llevado a cabo campañas políticas en un tercer país en nombre de otra persona?

¿Cuál era la diferencia entre SCL Group y Cambridge Analytica? ¿Compartían información y recursos?

¿Por qué una figura polémica estadounidense como Steve Bannon formaba parte de la empresa?

Alexander respondió a cada pregunta con torpeza.

La empresa no se basaba en el miedo. Presentaba a sus clientes de la mejor manera posible. No seleccionaba a los votantes; era selectiva a la hora de enviar los mensajes, para no perder tiempo y dinero. Poseía un equipo interno de abogados expertos en asegurarse de que la empresa obedeciera las leyes en otros países. Steve Bannon había asesorado a la empresa sobre cómo trabajar en los Estados Unidos. Alexander describió entonces la situación con Leave.EU como una serie de citas que no habían tenido como resultado una «proposición de valor» que pudiera dar pie a un matrimonio. No sabía por qué Leave.EU había decidido no trabajar con Cambridge. No, no se veía como alguien todopoderoso. No, no podía dar ningún ejemplo de materiales que la empresa hubiera utilizado sobre los que tuviera algún escrúpulo ético, pero le echaría un vistazo y volvería a presentarse ante el comité si encontraba algo relevante.

Mientras hablaba, no paraba de tartamudear y titubear, dando golpes en la mesa, sonrojándose cada vez más y con palabras atropelladas.

Cuando trató de explicar la diferencia entre *esperar* trabajar para un cliente, *planear* trabajar para un cliente, trabajar *con* un cliente y trabajar *para* él, uno de los miembros del comité se quejó diciendo que aquello era como «escuchar en sus propios oídos cómo se tergiversaba la lengua inglesa».

Alexander insistió en que el trabajo con Leave.EU nunca había tenido lugar.

—No sé cómo explicarles esto con claridad… Lo miren como

lo miren, pese a los tuits que hayan podido escribir otras personas sobre este asunto, nosotros... no formalizamos ninguna relación con ellos. No trabajamos en el referéndum de la Unión Europea con esa organización ni con ninguna otra.

Pero nada de aquello funcionó.

El hombre al mando de la mayor maquinaria de influencia del mundo no logró influir en su público. Habían resultado ser los clásicos «no influenciables», sobre todo cuando pasaron a hablar de mí.

¿Qué pasa con esa tal Brittany Kaiser?, preguntaron. ¿Qué estaba haciendo en aquel debate de noviembre cuando declaró que CA «trabajaba para llevar a cabo una investigación a gran escala para Leave.EU»? ¿Quién era esa tal Brittany Kaiser?

Alexander se humedeció los labios.

—Brittany Kaiser —dijo—, era una empleada de Cambridge Analytica.

Para mí, aquella declaración fue particularmente importante. Saltaba a la vista que había utilizado el pretérito.

No vi en directo el interrogatorio a Alexander. Lo leí después... y eso lo empeoró.

Llevaba con Cambridge más de tres años y, durante el último de ellos, había estado esforzándome para poder justificar aquello en lo que se había convertido la empresa. Pese a que cada vez saltaban más y más alarmas respecto al comportamiento de Cambridge y de Alexander, había logrado racionalizar mis decisiones escudándome en las necesidades económicas de mi familia o en mi necesidad de orientar mi carrera de un modo más sostenible.

Mientras leía la declaración de Alexander en el Parlamento, no pude evitar volver a pensar en el dilema que se me había planteado cuando accedí a trabajar para Cambridge. En los tres años transcurridos desde entonces, mi historia con Alexander había sido una historia de renuncias. Había renunciado a una cosa tras otra al servicio de seguir adelante y triunfar, tanto es así que, durante un tiempo, había perdido de vista los valores que eran más importantes para mí. Y ahora, trabajando con *blockchain*, elaborando un futuro diferente para los datos personales, estaba intentando enmendar mis errores, utilizar mi experiencia con Cambridge como una especie de expiación, mientras me aferraba a la esperanza de que la empresa me recompensara por todo lo que le había aportado.

Pero, al ver mi nombre impreso en aquellas declaraciones parlamentarias, todas mis justificaciones y excusas se vinieron abajo: mi tiempo en Cambridge se había terminado. No tendría allí un futuro como consultora de *blockchain*. No seguiría con un pie en la empresa mientras me hacía un nombre dentro de la economía de los datos. No me compensarían con acciones de la empresa. No encontraría un caldero de oro al final del arco iris.

Ya no había vuelta atrás. Resultaba evidente que Brittany Kaiser era una carga para Alexander Nix y para Cambridge Analytica.

Seguía dándole vueltas a las consecuencias de todo aquello cuando llegó a mi buzón un correo de la empresa el 9 de marzo. Era de Brendan, de Recursos Humanos. *Estimada Brittany*, comenzaba; y seguía:

> Como sabes, el equipo de Recursos Humanos te ha solicitado en diversas ocasiones que aportes la documentación necesaria que confirme tu conversación con Alexander Nix sobre tu deseo de poner fin a tu trabajo con la empresa el 31 de enero de 2018.

> Dado que no has aportado dicha documentación, te adjuntamos una carta que confirma la finalización de tu trabajo con la Empresa, tal como se lo expresaste a Alexander Nix.
>
> Si tienes alguna duda con respecto a la carta, por favor, ponte en contacto conmigo por teléfono o por correo electrónico.

Despedida. El correo hacía referencia a la noche en la que le dije «que te jodan» a Alexander.

Redacté un correo dirigido a Brendan, Alexander y Julian, explicando que no había dejado la empresa. Les dije que no les habría hecho algo así. Muchas otras personas habían abandonado el barco. Pero eso no era propio de mí. Sí, había sido una montaña rusa de emociones, pero mi intención no era dejarlos tirados.

Seis días más tarde, Alexander me escribió. Eran los idus de marzo.

Sentía haber tenido que enviar la carta de despido. *Está claro que esta no es una relación profesional viable,* me escribió. Y, en cuanto al futuro, si deseaba hablar con él de cualquier cosa, podría concertar una cita con su secretaria.

No podría habérmelo dejado más claro.

Esperaba que me encontrara bien.

Firmó con una «*A.*».

Guardé el teléfono y me puse en pie sobre el escenario de la conferencia, sin preguntarme ya por qué había pedido a los organizadores que imprimiesen «DATA» —las siglas de Digital Asset Trade Association, asociación no lucrativa sobre *blockchain* que acababa de cofundar— en vez de «Cambridge Analytica» en mi etiqueta identificativa.

18

Reiniciar

16 – 21 DE MARZO DE 2018

Siempre me preguntaré si Alexander lo vio venir, la primera oscilación de la bola de demolición, el impacto de sus golpes repetitivos y lo deprisa que su empresa se iría a pique.

El viernes 16 de marzo, menos de veinticuatro horas después de que Alexander me enviara su carta de despedida, se me iluminó el teléfono con notificaciones y mensajes de amigos y antiguos compañeros. Más tarde, aquel mismo día, el vicepresidente y abogado general adjunto de Facebook, Paul Grewal, publicó una declaración asegurando que Facebook suspendía a Cambridge Analytica de su plataforma. Recientemente Facebook había recibido información —la declaración no decía de dónde— según la cual Cambridge no había actuado de buena fe en 2015 cuando contó a la empresa de la red social que había borrado todos los datos comprados al doctor Aleksandr Kogan. Facebook se había enterado de que Cambridge aún seguía en posesión de esos datos y, según escribió Grewal, además de suspender a CA, Facebook iba a suspender también a su empresa matriz, SCL Group, al doctor Kogan y a un individuo llamado Christopher Wylie, de Eunoia Technologies.

Según Facebook, Cambridge, Kogan y Wylie habían certificado a la plataforma que no estaban en posesión de datos recopilados de forma ilícita. Si esas nuevas acusaciones eran ciertas, supondrían la segunda, e inaceptable, violación de la confianza y de las condiciones de uso de Facebook por parte de Cambridge.[1]

Grewal había publicado la declaración en la página web de Facebook y la noticia había corrido como la pólvora.

Leí la declaración y los informes, y me pregunté cómo podía CA seguir en posesión de los datos que habían suscitado la publicación del artículo de *The Guardian* a finales de 2015. Alex Tayler había asegurado a Facebook que los había borrado. Si alguien de CA los tenía, ¿de quién se trataba? ¿Por qué seguía teniéndolos y qué tenían que ver con todo aquello Christopher Wylie y Eunoia Technologies?

Nunca había visto en persona a Wylie, pero había hablado con él una vez, por teléfono, a principios de 2015. Por entonces yo acababa de empezar a trabajar allí y Alexander me había pedido que llamase a todas las ramas y filiales de SCL para presentarme. Como estaba buscando nuevos proyectos, debía preguntar a cada rama en qué ideas y proyectos estaban trabajando.

Cuando llamé a SCL Canada, nuestra empresa socia en Victoria, en la Columbia Británica, que después sabría que se llamaba AIQ, la persona que respondió al teléfono fue Chris.

Sabía algo de él. Se decía que había trabajado en SCL antes que yo, pero que se marchó en 2014 a lo que luego se convirtió en SCL Canada. Otros empleados de SCL me contaron algunos cotilleos de oficina: me dijeron que Chris había sido una especie de director de proyectos técnicos al servicio de Alex Tayler, pero que su trabajo no había sido de alto nivel. No era científico de datos, pero se hacía pasar por uno. Era difícil trabajar con él y, cuando dejó la empresa, lo hizo resentido por algo, aunque nadie quiso decirme cuál podría haber sido el motivo de su descontento.

La llamada a Chris a principios de 2015 no fue particularmente fructífera. No se mostró amable ni directo, parecía impaciente, como si estuviera haciendo otra cosa y quisiera colgar cuanto antes. Quizá yo le hubiese parecido poco interesante. Quizá me hubiera mostrado brusca o excesivamente entusiasta. No entendía qué hacía Christopher Wylie trabajando para SCL Canada si se había marchado de la empresa enfadado —tal vez solo lo hubieran trasladado—, pero cuando colgué el teléfono no se me ocurrió preguntarle a nadie al respecto. Y eso fue lo último que supe de Christopher Wylie... hasta ahora.

La noche de la declaración de Facebook, me encontraba lejos de Inglaterra y lejos de Cambridge Analytica. Me enteré de la noticia en Puerto Rico, donde había viajado para asistir a la Semana de Reinicio, un evento organizado por la industria de las *blockchain* para fortalecer la economía de la isla tras el devastador huracán de septiembre de 2017. María, una tormenta mortal de categoría 5, con vientos de hasta doscientos ochenta kilómetros por hora, había destruido la infraestructura de la isla y había causado una crisis humanitaria sin precedentes. Había dejado a miles y miles de personas sin hogar y había acabado con la red eléctrica de Puerto Rico. Los daños causados por la tormenta imposibilitaron el acceso a medicinas, agua potable y comida, y entre la tormenta y sus efectos secundarios habían muerto casi tres mil ciudadanos americanos. La Semana de Reinicio era una manera que tenía la industria de las *blockchain* de invertir en la isla convirtiéndola en un centro de innovación, comercio y tecnología; y para aportar a Puerto Rico dólares del turismo, se reunieron allí miles de emprendedores, líderes intelectuales, miembros de grupos de presión y muchos nuevos seguidores curiosos. El Reinicio también supuso un medio para dar una imagen positiva a una industria cuya complejidad resultaba opaca para muchos, y el servicio llevado a cabo durante esa semana pretendía dejar claro que la *blockchain* no versaba sobre la alteración anárquica, sino sobre construir y reconstruir comunidades.

No sabía bien cómo interpretar el anuncio de Facebook. Si la red social no restablecía los privilegios y el acceso de Cambridge, todo su modelo empresarial quedaría patas arriba. Costaba imaginar que la empresa pudiera sobrevivir más allá de eso. Su dependencia de la plataforma era tan extrema que casi resultaba simbiótica. Sin Facebook, CA no era nada; casi el noventa por ciento de toda la publicidad que CA realizaba para cada campaña iba a Facebook. Aunque hubiese dejado de trabajar para ellos, no pude evitar el sentimiento de pérdida ante la idea de que una empresa con un futuro tan brillante pudiera llegar a su fin, no mediante vistas y juicios gubernamentales, sino mediante el poder de Facebook.

Al día siguiente, el sábado 17 de marzo, salí temprano con otros participantes del Reinicio para ayudar en las tareas de recuperación de las zonas rurales de la isla. No tuve cobertura durante gran parte del día mientras trabajábamos con un grupo llamado Off Grid Relief para instalar paneles solares en el campo. Le gente allí llevaba meses viviendo sin electricidad y, por lo tanto, sin refrigeración ni luz, y mucho menos internet y línea telefónica. Fue agradable volver a ensuciarme las manos, arrimar el hombro para ayudar a los demás. Fue gratificante ver cómo las familias encendían las luces y los electrodomésticos de sus casas y empezaban a recuperar la normalidad después del desastre.

Cuando recuperé la cobertura, mi teléfono, del que me había olvidado por completo, empezó a iluminarse, como el día anterior, con la llegada de mensajes. A primera hora de aquel día, Cambridge había emitido una declaración en respuesta a la suspensión de Facebook, pero lo que dijo —que había cumplido con las condiciones de servicio de Facebook y que estaba trabajando con la empresa para «solventar el asunto»— se perdió en un tumulto de noticias más confusas y catastróficas que el día anterior.

Carole Cadwalladr y el *New York Times* se habían coordinado y habían publicado de manera simultánea artículos de investigación sobre CA y Facebook, y el papel de Christopher Wylie en los acontecimientos se había expandido. Cada artículo era una exposición detallada y condenatoria. Chris se había denominado como el guardián de los oscuros secretos de CA y ahora como el héroe de una historia en la que revelaba esos secretos al mundo.

El artículo de Carole se titulaba *Demostrado: 50 millones de perfiles de Facebook fueron recopilados por Cambridge Analytica en una inmensa filtración de datos*. El subtítulo rezaba: *«Desarrollé la herramienta de guerra psicológica de Steve Bannon»: así es el soplón de la guerra de los datos*.

Las acusaciones de Chris, de ser ciertas, resultaban increíbles para casi toda la población mundial, sobre todo en el Reino Unido y los Estados Unidos, y, por desgracia para mí, confusas. Sumadas a todo lo que me habían dicho una y otra vez mis antiguos compañeros de Cambridge, muchas de las acusaciones eran difíciles de asimilar.

Para empezar, Chris decía que tenía correos electrónicos que demostraban que CA había mantenido tratos directos con el profesor Michal Kosinski en la Universidad de Cambridge; el mismo del artículo de *Das Magazin* de 2016, el creador de la aplicación My Personality. Para continuar, Chris aseguraba tener pruebas de que Aleksandr Kogan había acabado por aceptar el trabajo que SCL quería que hiciera el Centro de Psicométrica de la Universidad de Cambridge, y que la empresa nunca se había molestado en revisar el trabajo para ver si era legal o si cumplía las condiciones de Facebook.

Lo más incriminatorio de todo era que Chris decía tener una copia del contrato formalizado entre Kogan y CA, que describía el trabajo para el que habían contratado a Kogan; que no tenía, como había asegurado Kogan, fines académicos, sino explícitamente comerciales. Chris también tenía copias de recibos, facturas, transferencias y movimientos bancarios que demostraban que CA había pagado a la empresa de Kogan, GSR, nada menos que un millón de dólares por los datos de Facebook; otros informes demostraban que CA había gastado siete millones en todo el proyecto de recopilación y modelado de Facebook.

Según Chris, Kogan había logrado reunir los datos de cincuenta millones de personas en Facebook en cuestión de semanas, gracias a la API de los Amigos. Chris decía saber que tanto la rapidez como la inmensidad de la extracción de datos de Kogan había hecho saltar las alarmas en Facebook, pero que, por alguna razón, la empresa había decidido ignorarlas; una prueba de la evidente negligencia de Facebook a la hora de proteger los datos y la privacidad de sus usuarios.

La cifra de cincuenta millones era casi el doble del número de usuarios cuyos datos habían sido robados, y era lo que Cambridge había utilizado para modelar a unos doscientos cuarenta millones de ciudadanos estadounidenses. Con esa inmensa recopilación de datos y perfiles de personalidad, Cambridge había logrado categorizar, mediante algoritmos predictivos y demás datos adquiridos, a todos los estadounidenses de más de dieciocho años según diferentes modelos, incluyendo las puntuaciones OCEAN; así era como sabía qué ciudadano concreto era «abierto», «concienzudo», «neurótico», etcétera. Y así era como lograba que su microfocalización fuese tan precisa y efectiva. Era uno de los ingredientes principales de la salsa secreta de Cambridge.

Lo más sorprendente era que Chris aseguraba que CA seguía en posesión de esos datos y que probablemente los habría utilizado durante la campaña de Trump para focalizar a los estadounidenses e influir en el resultado de las elecciones generales. En resumen, la adquisición ilícita de datos de Facebook por parte de CA había alterado el curso de la historia para siempre.

El artículo de Cadwalladr planteaba la pregunta de dónde estaban esos datos. Un ejecutivo de Facebook que había testificado ante Damian Collins y el DCMS antes que Alexander aseguró que CA no podía seguir en posesión de los datos. Y, en su testimonio ante el DCMS el 27 de febrero, Alexander había declarado que CA no tenía ningún dato de Facebook en absoluto. En las páginas de *The Observer*, Chris Wylie se preguntaba por qué Cambridge iba a borrar los datos, ya que suponían la base de su negocio, la fuente de sus psicográficos, y además les había costado tanto dinero adquirirlos.

El propio Wylie había recibido una carta de Facebook en 2016 preguntándole si había borrado algo de lo que fuera consciente. Lo único que le pidieron fue una certificación firmada, nada más; ninguna otra prueba. Wylie había enviado la certificación, pero Facebook no había hecho un seguimiento ni había llevado a cabo las diligencias debidas. Si se hubiera quedado con los datos de ochenta y siete millones de usuarios, se preguntaba Wylie, ¿cómo lo habría sabido Facebook?[2] Decía que Cambridge tenía los datos. Y, de ser así, Alexander habría mentido ante el Parlamento y Facebook habría cometido una negligencia severa.

El artículo del *New York Times* iba más allá que el de Cadwalladr para hallar la respuesta a esa importante pregunta. Y la respuesta era que Cambridge sí que estaba actualmente en posesión de los datos robados. Al parecer nunca los había borrado.

En un artículo titulado *Cómo los consultores de Trump explotaron los datos de Facebook de millones de personas,* los escritores Matthew Rosenberg y Nick Confessore, con la firma adicional de Carole, porque al parecer había puesto en contacto al *Times* con Wylie, contaron que aún existían copias de los datos y que el *Times* había tenido acceso a un paquete de datos en bruto de los perfiles de Facebook adquiridos por Cambridge Analytica. Un exempleado de CA —no quedaba claro si se trataba de Wylie— decía que había visto recientemente cientos de *gigabytes* de datos de Facebook en los servidores de Cambridge.[3]

De ser ciertas, las implicaciones de ambos artículos eran desconcertantes y las consecuencias preocupantes. Cambridge había mentido a Facebook una y otra vez, y Facebook había aceptado su palabra con una simple cadena de correos electrónicos.

Si las acusaciones demostraban ser ciertas, Alex Tayler debía de haber mentido en su intercambio de mensajes con Facebook al asegurarles que había borrado los datos, todas sus copias y cualquier rastro que pudiera quedar en los servidores de CA en 2015. Posiblemente también hubiera mentido al decir que los modelos de Kogan habían resultado inútiles, una simple demostración conceptual. Todo eso significaba que Cambridge formaba parte de una inmensa cortina de humo, que se hallaba en medio de la mayor filtración de datos de la historia de la tecnología moderna y uno de los mayores escándalos de nuestro tiempo.

La gente lo llamaba el Datagate.

La cabeza me daba vueltas mientras leía los mensajes y los artículos. Y al tiempo que leía seguía recibiendo más:

¿Es cierto?

¿Tú lo sabías?

¿Qué narices está pasando?

¿De qué había formado parte? ¿Qué había estado sucediendo a mis espaldas mientras daba la cara por CA?

Un amigo y yo nos estábamos preparando para una fiesta aquella noche cuando me preguntó qué pasaba. Ni siquiera yo sabía la respuesta. Empecé a decirle que me habían reenviado los correos entre Alexander Tayler y Allison Hendricks, de Facebook, pero entonces me detuve.

Me habían reenviado esos correos en enero de 2016, muchos meses antes del Proyecto Álamo, la elaboración de la base de datos para la campaña de Trump. Pensaba que aquel paquete de datos en particular ya había sido borrado mucho antes de que CA empezara a trabajar en esa campaña.

Se me aceleró el corazón. Agarré el teléfono y busqué entre mis correos.

Lo encontré: el intercambio de mensajes durante semanas con el asunto *Declaración de inocencia*. Ahí estaba, en blanco y negro: la declaración de conformidad de Alex Tayler y la respuesta de agradecimiento de Allison Hendricks.

¿Cómo me había creído las aseveraciones del doctor Tayler? Le había creído simplemente porque, por entonces, no tenía motivos para dudar de él. No me dedicaba a la ciencia de los datos. Nunca había tenido acceso a la base de datos de CA, nunca había visto su contenido. Alardeaba frente a los clientes de lo que teníamos, sabiendo que teníamos datos de Facebook, pero Tayler me había asegurado, a mí y a todos los demás, que habían sido adquiridos de forma lícita. Había alardeado cientos de veces de las capacidades de SCL y CA en el modelado y alcance de las audiencias, y era probable que todos esos alardes estuvieran basados en subterfugios y mentiras.

Fue un momento confuso para mí. La información del *Times* parecía de fiar y sabía que habría sido contrastada, aunque el *Times* también hubiera difundido algunas noticias imprecisas sobre mí y sobre Cambridge a lo largo del último año, publicando después correcciones en muchas ocasiones. Pero el artículo de Carole Cadwalladr me resultaba más dudoso.

Volví a echarle un vistazo. Nunca me había creído una sola cosa de lo que había publicado porque todo lo que había escrito sobre mí había sido impreciso, basado en especulaciones. Más adelante, ese mismo año, Carole citaría a una fuente anónima que decía que yo estaba «canalizando» bitcoines para financiar WikiLeaks (supongo que se referiría a la donación que hice en 2011 con mi dinero de estudiante) y que había ido a visitar a Julian Assange para hablar de las elecciones estadounidenses. Su teoría e insinuación de que yo podría ser Guccifer 2.0, el conducto entre Rusia, la filtración del Comité Nacional Demócrata y WikiLeaks, resultó demasiado difícil de creer. Sus acusaciones contra mí tuvieron daños colaterales. Fui citada por Mueller al día siguiente, lo que ella imprimió nueve meses después, omitiendo convenientemente la fecha y haciendo creer que acababa de suceder, confundiendo más aún al mundo y ocultando la verdad.

Incluso antes de aquellos «artículos», en mi opinión, la desinformación difundida por Carole resultaba alarmante —sobre todo en Twitter—, por no hablar de su falta de ética periodística, ya que nunca me permitía hacer ninguna declaración antes de publicar las noticias. Dado que aquello era algo típico en su comportamiento, pensé, ¿por qué iba a creerla ahora?

Es más, me costaba ver a Chris Wylie como una fuente fiable: era un empleado descontento cuyo acceso a la información se habría visto limitado, a no ser que tuviera a alguien dentro de SCL o de CA que le hiciera de topo.

Además, se autodenominaba arquitecto del modelado psicográfico, lo cual distaba mucho de lo que mis compañeros me habían contado de él. Chris se situó en el centro del mito de la creación de CA, algo que se alejaba mucho de lo que yo había oído. Decía que había ido de viaje con Alexander, que había hecho buenas migas con Steve Bannon; que Steve había sido el que les había presentado a los Mercer en el apartamento de Bekah en Nueva York. ¿Cómo cuadraba aquello con las historias que me habían contado otras personas?

Incluso Cadwalladr lo describía como un tipo raro: tenía el pelo rosa y no había terminado los estudios, pero sin tener un título había logrado estudiar en la Escuela de Económicas de Londres. Era un canadiense rebelde de Victoria, en la Columbia Británica, con serios problemas de aprendizaje, que supuestamente era un sabio de la codificación y decía ser el «director de investigación» de Cambridge Analytica. Incluso se describía a sí mismo como una figura difícil de entender: un gay vegano que había acabado creando «la herramienta de guerra psicológica de Steve Bannon».[4]

¿Cómo era posible que un doctorando en estimaciones dentro de la industria de la moda hubiera tenido la idea de utilizar perfiles de Facebook, puntuaciones OCEAN y algoritmos predictivos para modelar a los usuarios y microfocalizar las audiencias de cara a las elecciones? También decía estar familiarizado con el trabajo académico de Kosinski y haber sido el contacto de SCL que había localizado a Kogan. Según lo contaba, Chris Wylie parecía el doctor Frankenstein y la tecnología de CA su monstruo fuera de control.

Alexander me había contado una vez en una fiesta de la empresa que estaba en pleitos con varios exempleados. «¡Todos se creen que pueden abandonar SCL y crear su propia versión de mi empresa!», me dijo, y describió el saqueo de sus contactos, los intentos por captar clientes que sin duda eran suyos. Chris Wylie había sido una de esas personas y Alexander iba a demandarlo por incumplimiento de sus obligaciones contractuales. Según Alexander, Wylie había cometido delitos contra él y no era una persona de fiar.

Me preguntaba, pues, ¿qué grado de verdad habría en cada una de esas versiones? Gran parte del artículo de Cadwalladr estaba lleno de teorías de la conspiración sobre CA que me resultaban improbables. A propósito de un artículo que había escrito un año antes, utilizando a Chris Wylie como fuente anónima, ahora estaba claro, volvía a preguntarse si CA y los rusos estarían involucrados en la victoria de Trump y en el Brexit. Justificaba sus especulaciones con una propuesta de Cambridge para trabajar con una empresa rusa llamada Lukoil, cuyo director ejecutivo era un antiguo magnate del petróleo y socio de Vladimir Putin. Aunque admitía que Cambridge nunca había trabajado oficialmente para Lukoil —Wylie tenía una copia de esa propuesta, que también había visto yo en mis primeros días en SCL—, Cadwalladr quería relacionarlo todo, pese a no tener pruebas reales. Aquella articulista con ínfulas de investigadora deseaba conectar a CA con WikiLeaks, con la caída de Hillary y con el ascenso de Trump, y daba por hecho que tanto Julian Assange como Alexander Nix habían mentido al asegurar que no habían acabado trabajando juntos cuando Alexander acudió a WikiLeaks en busca de los correos de Hillary Clinton. Carole deseaba encontrar culpables a toda costa y utilizaba personajes exagerados como Chris Wylie y empresas malvadas como Cambridge Analytica, que según describía empleaba *psyops* y tenía un funcionamiento propio del MI6.

La cabeza me daba vueltas. No sabía a quién creer ni qué pensar, y aquella noche apenas pegué ojo. Entre las cosas que me mantenían en vela estaba algo que había dicho Chris Wylie, cuya experiencia en la industria de la moda parecía descalificarlo como autoridad en aquel asunto. Su comentario sobre lo que Cambridge había logrado hacer con Ted Cruz y en las elecciones generales parecía cierto. Había dicho que Donald Trump era «como un par de Uggs», esas botas australianas amorfas con forro de lana de oveja que, inexplicablemente, se habían puesto de moda en los últimos años. El truco para conseguir que a la gente le gustara Trump, según Chris, era el mismo que había logrado cambiar la mentalidad de las personas y hacer que pensaran que las Uggs no eran feas. Sí que eran feas, pero solo había que convertir a la población para pensar que no lo eran, y de pronto todo el mundo las llevaba puestas.

Por ecléctico que fuera su pasado, el relato de Chris sobre cómo acabó trabajando para SCL y para Alexander, según el artículo de Cadwalladr, se parecía bastante al mío. Era un candidato con muy pocas probabilidades de conseguir un trabajo allí. Liberal desde pequeño, había trabajado para causas demócratas. Pero Alexander le había convencido para trabajar para él diciéndole que SCL era un lugar que podría apoyar sus intereses, ofrecerle infraestructura y fondos para realizar aquello que le apasionaba. Y en ese sentido, decía Chris, Alexander le había hecho una oferta que «no pudo rechazar».

¿Por qué estar por tu cuenta cuando podrías estar trabajando aquí?, me había preguntado Alexander. Lo mismo le había dicho a Chris. «Te daremos total libertad. Podrás experimentar, poner a prueba todas tus ideas descabelladas», le había dicho. Y por muy diferentes que fuéramos Chris y yo, ambos le habíamos dicho que sí. Ninguno de los dos pudo rechazar a Alexander. Ambos aceptamos.

En aquel momento sentí pena por Chris, pero no pude evitar preguntarme si la historia escondería más secretos de los que se apreciaban a simple vista. ¿Estaría Wylie utilizando aquella oportunidad para vengarse de Alexander por demandarlo? ¿Sería una represalia por haber perdido trabajos frente a su antiguo jefe? ¿Cómo era posible que estuviera al corriente de la mitad de las cosas de las que hablaba con tanta autoridad? Ni siquiera estaba en la empresa durante el Brexit ni durante las campañas de Trump. Había intentado conseguir esos clientes con su propia empresa de datos, compitiendo con CA. Un soplón o cualquiera que revele pruebas legales no debería hacerse eco de los rumores. Me sentía furiosa y triste a la vez, al tiempo que me preparaba para lo que estaba por venir.

El domingo, 18 de marzo di una charla sobre *blockchain* y propiedad de los datos en un escenario en la zona vieja de San Juan. Pocos días antes había llegado a Puerto Rico sintiendo que formaba parte de una nueva comunidad, la comunidad *blockchain*. Ahora miraba al público y me preguntaba si pensarían que formaba parte de ellos. Todos habían leído las noticias y, mientras paseaba por la conferencia, la gente se me acercaba una y otra vez para preguntarme qué sabía sobre la debacle Cambridge/Facebook.

Era difícil explicar de manera creíble que no sabía qué decir frente a aquellas acusaciones; que había vendido los servicios de CA y había contado lo que podíamos hacer con los datos, pero que nunca había visto la base de datos, que ni siquiera habría sabido cómo hacerlo y que no tenía las contraseñas para acceder a su complejo contenido. Solo sabía lo que me habían contando, y decir eso resultaba bastante conveniente y sospechoso.

Tal vez resultara menos creíble aún al decir esas cosas porque, al unirme a la comunidad *blockchain*, me había aprovechado de mi relación con Cambridge Analytica, y había construido sobre eso mi imagen y mi reputación. Igual que, en otra época, mi experiencia en la campaña de Obama había servido de tarjeta de presentación con CA, ahora había usado a CA del mismo modo con las *blockchain*. Así que, cuando le decía a la gente que ya no trabajaba para Cambridge, lo más probable es que les sonara falso, y era complicado explicarme en una frase o dos, o incluso en una conversación, por larga que fuera.

A medida que avanzaba el día, fui sintiéndome peor. Ahí estaba, en una conferencia de profesionales entregados a una nueva visión de la privacidad y de la propiedad de los datos, pero los demás no entendían qué hacía allí, siendo quien era. Aquella noche, en una fiesta, un importante emprendedor de *blockchain*, que previamente me había dicho que estaba interesado en que formara parte de su junta de asesores, se me acercó, copa en mano, me llevó a un lado y me dijo: «Eh... sobre lo de la reunión...», y me comunicó que ya no estaba interesado.

No recuerdo mucho más del resto de la noche. Bebí hasta que desaparecieron los titulares de prensa y, cuando me desperté por la mañana, tenía resaca y me sentía más triste aún. Me habían retirado la invitación a una excursión que realizaría aquel día un grupo de inversores de alto nivel. En solo dos días se habían publicado miles de artículos en todo el mundo, y me pasé el día leyéndolos, desolada. Facebook había permanecido extrañamente callado desde el 17 de marzo, cuando Grewal modificó su declaración pública para decir que Facebook deseaba reformular el relato del día anterior: lo que había sucedido era indignante por parte de CA y de los demás, pero no constituía una filtración de datos por parte de Facebook. El mensaje era claramente un control de daños, pero no se había producido ninguna declaración pública de boca de Mark Zuckerberg, y aquel silencio resultaba pesado y amenazante.

El 18 de marzo, entré en mi buzón y descubrí que aún no habían cerrado mi cuenta de correos electrónicos de Cambridge, pese a haber recibido la carta de despido. Me puse eufórica; oculto en casi tres años de mensajes y documentos, tal vez hubiese algo que me ayudase a entender lo que había pasado. Revisé mis correos y encontré uno de Julian, en el que anunciaba una reunión para toda la empresa, escrito al estilo clásico de Julian: *Una breve sesión… para informarles de algunas consultas que hemos recibido recientemente de la prensa.* Todos los empleados debían reunirse en las salas de juntas de Londres, D. C. y Nueva York a las tres de la tarde, hora del Reino Unido.

También tenía un mensaje en LinkedIn que no había visto antes. Era de mi amigo Paul Hilder, el escritor y activista con el que me había reunido en Londres en marzo y abril de 2016, con quien había hablado sobre mi posible futuro y mis preocupaciones sobre los datos. Nos habíamos reunido algunas veces más después de aquello, pero hacía tiempo que no hablábamos. Había respondido a una actualización que había publicado en mi perfil de LinkedIn. Había cambiado mi información para comunicar que ya no trabajaba en Cambridge y que recientemente había cofundado un grupo de presión sin ánimo de lucro, Digital Asset Trade Association, cuyo propósito era trabajar con las diversas legislaciones para desarrollar mejores políticas en torno a los activos digitales, incluyendo dar a los usuarios mucho más poder sobre los suyos.

La nota de Paul decía: *Enhorabuena. ¿Hablamos pronto? Me alegra ver que estás construyendo tu imperio.*

La tercera, y quizá la peor, oleada de malas noticias para Cambridge se produjo aquel mismo día, el lunes 19 de marzo, por la tarde.

Canal 4 de Inglaterra llevaba cuatro meses realizando una investigación encubierta a Cambridge Analytica. El informe, que detallaba reuniones con Alexander Nix, Mark Turnbull y el doctor Alex Tayler, era tan condenatorio que resultaba doloroso de ver.

Unos reporteros se habían hecho pasar por multimillonarios de Sri Lanka que buscaban financiar una campaña electoral algo turbia en su país, y se habían puesto en contacto con Cambridge. En el transcurso de cuatro reuniones distintas, todas grabadas en vídeo, CA les había ofrecido sus capacidades más oscuras, actividades y estrategias que rozaban el filo de la legalidad y de la ética.

Un reportero se hizo pasar por el mandamás y el otro por su ayudante; cada uno de ellos llevaba un micrófono. Se reunieron en varias ocasiones con Alexander Tayler, Mark Turnbull y Alexander Nix en hoteles, restaurantes y salas de juntas de Knightsbridge y Belgravia, y recopilaron grabaciones en las que aparecía la gente de CA, en particular Mark y Alexander Nix, comiendo y bebiendo cócteles mientras alardeaban de las capacidades secretas de Cambridge.

En un segmento, Mark pregunta a los esrilanqueses si les interesa «recopilar inteligencia». Asegura que CA tiene muchas «relaciones y colaboraciones con organizaciones especiales» que hacen esa clase de cosas. Se refería al MI5 y el MI6, exespías, agentes israelíes; gente, según decía, a la que se le daba bien desenterrar los trapos sucios de los candidatos de la oposición.

Dijeron a los esrilanqueses que se puede hacer de todo sin ser descubierto. Era posible redactar contratos utilizando diferentes entidades, con nombres diferentes, y que pagaran en efectivo. «Así que no consta ningún registro», les dijo Mark, y después pasó a describirles una «operación clandestina» de éxito llevada a cabo en un país del este de Europa en el que CA había «entrado y salido con absoluto sigilo».

Alexander les explicó que la empresa estaba acostumbrada a actuar mediante distintos vehículos y en las sombras.

La gente de CA también alardeó de su trabajo en Kenia en 2013 y en 2017, y contaron a los esrilanqueses la historia de Uhuru Keniatta y del partido político que se inventaron para él.

Alexander y Mark dijeron a los clientes en la reunión cara a cara que era importante que cualquier propaganda distribuida por CA no fuese atribuible a ellos, que fuese ilocalizable.

—Tiene que suceder sin que nadie piense: «Eso es propaganda».

Los psicográficos de la empresa, dijeron a los esrilanqueses, eran de lo mejor. Nadie tenía lo que tenía CA. Operaba con la premisa de que las campañas no trataban sobre los hechos, trataban sobre las emociones.

—Nuestro trabajo —contó Mark a los reporteros infiltrados— consiste en introducir un cubo en lo profundo del pozo del alma de alguien, para poder entender cuáles son sus miedos y preocupaciones más arraigados.

CA también podía sobornar a la gente para obtener lo que querían sus clientes. Podía «enviar a unas chicas a casa de un candidato», grabarlo todo y colgar esa información negativa en internet.

Estos son «solo ejemplos de lo que puede hacerse y de lo que se ha hecho», murmuraba nerviosamente Alexander, como si no hubiese distinción entre ambas cosas. Y, cuando el reportero que se hacía pasar por el mandamás preguntó por Trump y por los candidatos en general —hasta qué punto se involucraban ellos mismos en todo aquello—, Alexander respondió alegremente que el candidato no se veía involucrado en absoluto. El candidato solo hacía lo que «el equipo de campaña le decía que tenía que hacer».

—¿Eso significa que el candidato no es más que una marioneta de quienes le financian? —preguntó el reportero.

—Siempre —respondió Alexander con convicción.

Me recosté y miré la pantalla. Mientras que el resto del mundo veía a aquellas malas personas haciendo y diciendo cosas malas, yo veía a antiguos compañeros. Veía a gente con familia, gente que, hasta hacía muy poco, yo había creído que eran buenas personas.

Pero no podía ignorar aquello, no había diversas tonalidades de gris. Muchas de esas acciones, si de verdad se habían llevado a cabo, constituían delitos. Jamás había oído nada semejante en ninguna de las reuniones con clientes en las que había estado presente. Aun así, por preocupante que resultara aquello, no era sorprendente. En muchos aspectos, todo en CA parecía haber ido encaminado hacia aquello, hacia aquel momento dramático que dejaría al descubierto los verdaderos riesgos que Cambridge estaba dispuesta a correr en nombre de la victoria. Si bien podía argumentarse que aquello era una investigación encubierta y una encerrona, la realidad era que todo lo que decían mis anteriores compañeros en las cintas me sonaba a cierto, no porque lo hubiese oído antes —desde luego que no había sido así—, sino porque era una extensión de algunos de los casos prácticos que Alexander había descrito en la reunión con el PRI en Ciudad de México. Llevaba mucho tiempo haciendo insinuaciones sobre aquellos asuntos en discursos y conversaciones privadas. Ahora, en las cintas, lo había dicho abiertamente.

Al hablar en el vídeo sobre lo que se había hecho en México, Alexander fue mucho más allá de la verdad. Aseguró que hicimos microfocalización cuando ni siquiera me proporcionó el presupuesto para elaborar una base de datos. No se llevó a cabo ninguna microfocalización, no habría sido posible.

En un momento dado de las cintas, Mark empezó a hablar sobre jugar con los «miedos y esperanzas» de la gente. Incluso llegó a decir: «No sirve de nada librar una batalla electoral con hechos; hay que hacerlo con emociones». Al oírlo expresado de esa forma, me eché a llorar. ¿La microfocalización era solo una manera de jugar con las emociones de la gente? Cambridge no había ofrecido a las personas influenciables hechos sobre los candidatos y sus políticos para que pudieran tomar sus propias decisiones. No, les había dado anuncios emocionales para avivar sus miedos y darles falsas esperanzas.

Según continuaban las cintas, mis compañeros de CA admitieron haber utilizado diferentes entidades bajo diferentes nombres, sin manera de relacionarlas con SCL o Cambridge. Sabía que eso era cierto. La primera campaña que puse en marcha se llamaba Impulsar Nigeria, que había tenido presencia en la web, pero no podía vincularse a ninguna entidad real. Me habían dicho que era un «movimiento» de campaña y que podía no atribuirse a nadie. Alexander me dijo que era preferible así. En su momento, no me paré a pensar lo importante que era aquello. Sabía que esas tácticas se empleaban para «proteger al equipo de campaña» o para obtener visados de trabajo para los empleados de SCL/CA sin levantar sospechas, pero sentí náuseas al oír a mis compañeros describírselo a los reporteros como un servicio que utilizábamos para ocultar el trabajo negativo, y que empleaban «diferentes vehículos» para asegurarse de que sus actos permanecieran «en las sombras». Me imaginé los ciberataques negativos sobre ciudadanos inocentes y pensé en lo fácil que sería destinar dinero negro a la política sin dejar rastro.

¿Sería aquella una práctica habitual en Cambridge? Según mi experiencia, utilizar múltiples entidades comerciales, y por tanto asegurar que un contrato era comercial cuando el trabajo era en realidad político, era algo bastante habitual. Me pidieron hacerlo en múltiples ocasiones —primero en Nigeria y después otra vez en Rumanía, Malasia y otros países—, y siempre pensaba: «Bueno, está bien, mis compañeros estarán a salvo trabajando en condiciones inestables en un lugar donde la subversión política a veces se castiga con la violencia». Pero, viendo a Alexander decir que estaba deseando tener una «relación secreta a largo plazo» con los hombres del vídeo, no pude evitar preguntarme por las implicaciones de aquellas revelaciones de cara al cumplimiento de las leyes sobre gasto electoral. ¿Organismos como la Comisión Federal Electoral estarían capacitados para gestionar el flujo de dinero negro, tan difícil de rastrear?

Como si aquellos pensamientos no bastaran para debilitar a una persona estable, el golpe final estuvo a punto de dejarme sin respiración. En la cinta, Alexander pasó a hablar directamente del tema de los sobornos y de las trampas. Hablando sobre orquestar situaciones comprometidas con chicas ucranianas, dijo: «He visto que eso funciona muy bien».

No podía seguir mirando. Era demasiado abrumador. ¿Cómo había permitido que un hombre así controlara mi vida durante tantos años? ¿Qué más cosas descubriría a medida que fuesen llegando más noticias?

Desconcertada y sola, aquella noche salí a pasear y volví a beber hasta casi perder el sentido. Cuando me desperté la mañana del martes, 20 de marzo, fue debido al insistente sonido del teléfono. Me dolía la cabeza. Miré la pantalla y vi que quien llamaba era Alexander. Eran las siete y media. Me llamaba por Telegram, una aplicación codificada que usaba solo cuando quería asegurarse de que nadie pudiera localizarlo y oír lo que fuese a decir.

No sabía si contestar o no. ¿Qué diablos iba a decirle?

Al final respondí.

—Brittany. Hola. Soy Alexander —le oí decir.

—Lo siento —murmuré—. Por todo lo que está pasando. Lo de la prensa, quiero decir. Espero que estés bien.

—Bueno, sí, pero te llamo porque *The Guardian* acaba de enviar una serie de preguntas que en general hablan de ti —me dijo.

¿De mí? Dios.

Me dijo que tenía que ver con Nigeria y que él no tenía las respuestas a lo que preguntaban.

Se refería a Carole Cadwalladr. En su artículo del 17 de marzo, había descrito los materiales que Chris Wylie le había mostrado sobre las elecciones nigerianas de 2007, en las que CA había desempeñado un papel. Los materiales supuestamente habían salido de la propuesta de campaña. En una diapositiva sobre supuestas técnicas de alteración electoral, se detallaba la «campaña de rumores» orquestada por CA. Los rumores, diseminados de forma anónima, decían que las «elecciones nigerianas estarían amañadas».

Era la historia que Alexander había contado a los mexicanos en 2017, cuando compartió con ellos que Cambridge tenía la capacidad de inocular a los votantes con una pequeña dosis de malas noticias por adelantado, para que se hicieran inmunes a ellas cuando más importaban, el día de las elecciones. Fue la historia que ilustró con el cuento del marido furioso que pilla a su esposa con otro hombre y le vuela la cabeza al amante.

Así que no había estado exagerando en aquella reunión. Esas actividades figuraban en la propuesta a Nigeria. Era algo que CA ya había hecho.

Ahora Cadwalladr quería más información sobre Nigeria en 2015. Algún tiempo atrás, ya había publicado una historia sobre la empresa de defensa israelí a la que yo había puesto en contacto con los nigerianos, la empresa que se había infiltrado en la campaña de Buhari; los llamaba *hackers*. Cadwalladr había identificado erróneamente a la empresa, y también se equivocó al decir que trabajaba para CA. Entre ese artículo y el supuesto trabajo realizado por Cambridge en Nigeria en 2007, las aguas estaban revueltas.

—¿Puedo llamarte luego? —me preguntó Alexander. Dentro de un rato, me dijo. Primero tenía que ordenar sus ideas. Y añadió que sería mejor que obedeciera, por el bien de la empresa.

—Claro —le dije.

No hacía falta ser muy lista para darme cuenta de que estaban estrechando el círculo a su alrededor. En mi buzón había una notificación de otra «Reunión de todos los empleados de Londres» que ya debía de haber sucedido. No podía ni imaginarme lo que debió de ser para él enfrentarse al equipo de CA después del reportaje de Canal 4 de la noche anterior.

Aquella mañana, Cambridge había emitido un comunicado diciendo: «Negamos rotundamente cualquier acusación de que Cambridge Analytica o cualquiera de sus filiales haya utilizado engaños, sobornos o situaciones comprometidas con ningún propósito».

Al cabo de un rato, Alexander volvió a llamarme. Respondí a sus preguntas sobre Nigeria lo mejor que pude. Eran sobre las reuniones que habíamos mantenido a finales de 2014 con los nigerianos y sobre nuestro trabajo en la campaña de Goodluck Jonathan a principios de 2015. Repasé la cronología del papel específico que CA había desempeñado en la campaña: mi trabajo con el príncipe Idris; la redacción de la propuesta; que había volado con Alexander a Madrid para ofrecer el discurso al representante nigeriano; que, después de Navidad, había ido a D. C. para hablar con uno de los multimillonarios nigerianos en el Four Seasons. Tras firmar el contrato, tuvo lugar mi desastrosa experiencia con los nigerianos hambrientos en Davos.

Había ayudado a contratar a Sam Patten para dirigir la campaña nigeriana junto con Ceris, había abierto la primera cuenta de Twitter para Impulsar Nigeria, y había estado presente en las reuniones de planificación iniciales con el equipo que viajaría a Abuja. Pero, dado que no había ido con ellos a Nigeria, no sabía qué había ocurrido sobre el terreno.

También le conté a Alexander cómo había conocido a los israelíes, quién me dijo que dirigían una empresa de defensa (tanto física como informática) y que se los presenté a los nigerianos. Sabía que los clientes estaban molestos por el rendimiento de CA y no habían renovado el contrato. Pese a los esfuerzos de todos, habíamos empezado demasiado tarde y Buhari había ganado las elecciones. Aparte de eso, no tenía mucho más que añadir.

—Tu nombre saldrá publicado en todas partes —me dijo Alexander antes de colgar.

Fue lo último que le oiría decirme.

Mientras le contaba a Alexander la historia de Nigeria —desde la aparición de la empresa de defensa israelí hasta la apertura de una cuenta de Twitter bajo un nombre no reconocible—, me di cuenta de que sonaba peor de lo que recordaba, y aún había muchas cosas que no había contado y sobre las que Cadwalladr aún ni siquiera había preguntado. Por ejemplo, no estaba segura de si alguna vez había existido un contrato por escrito; desde luego yo nunca había firmado ninguno. Los nigerianos habían realizado el pago mediante un banco, pero tal vez no hubiera nombres o entidades reales vinculadas a esa transacción. Recordaba que Ceris me había dicho que Alexander había escatimado en los gastos sobre el terreno y después había obtenido un beneficio desmesurado.

Y luego estaba el hecho de que hubiera ganado Buhari. Por entonces pensaba que nosotros estábamos en el bando correcto de aquella batalla, aunque a Carole Cadwalladr le diese igual; ella estaba empeñada en difamarme y probablemente no supiese nada sobre las acusaciones de crímenes de guerra en el pasado de Buhari. Incluso John Jones, uno de los mejores abogados de derechos humanos, había dicho que, si teníamos que escoger defender a un candidato, Goodluck Jonathan era el mal menor.

La Semana de Reinicio llegaba a su fin y yo debía volar a San Francisco en una hora o dos. Me dirigía hacia allí para asistir a reuniones y para aparecer en televisión hablando de *blockchain* y de inteligencia artificial, pero sabía que, al regresar al continente, me situaría en el ojo del huracán. Los próximos días pondrían a prueba mi fuerza mental. Cuando saliera el artículo de Cadwalladr sobre Nigeria, la situación empeoraría.

No sabía qué estaba sucediendo. Y llamé a mi amigo Matt para que acudiera a darme apoyo moral. Corrió a darme un abrazo y me ayudó a subir al taxi. Le dije que estaba a punto de hacer algo grande. Tal vez no nos viéramos durante un tiempo.

De camino al aeropuerto, escribí a Paul Hilder. Por fin había respondido a su nota de enhorabuena, deprisa, uno o dos días antes. Ahora me daba cuenta de que había estado intentando localizarme en dos plataformas distintas durante el último par de días.

Oye, socia, me estás ghosting, me había escrito.

Me marcho ahora de Puerto Rico. Voy a SF. Vamos a ponernos al día. Por favor, prepárate para lo que va a salir mañana en la prensa, respondí.

Supe algo más de Paul después de embarcar en el avión, antes de despegar.

Bertie, me informó, utilizando el apodo de Alexander, *ha sido suspendido por la junta, a la espera de la investigación independiente.* Después me aseguró que estaba preparado para cualquier noticia que pudiera publicarse sobre mí. Me deseó un buen viaje y me dijo que hablaríamos a mi llegada.

Muchos ánimos, escribió.

19

Sobre la verdad y sus consecuencias

21 – 23 DE MARZO DE 2018

Llegué a San Francisco pasada la medianoche. Me pareció que tardé una eternidad en llegar a la Costa Oeste desde Puerto Rico. Y, cuando miré el teléfono, descubrí que, mientras volaba, con la tierra girando bajo mis pies, no solo la tierra había estado dando vueltas.

A primera hora de la mañana del 21 de marzo, Paul Grewal, abogado adjunto de Facebook, había modificado su declaración inicial: quería aclarar que, por muy indignante que hubiera sido la extracción de datos, técnicamente no se había producido una «filtración de datos».

El doctor Aleksandr Kogan acusaba a Facebook y a CA de usarlo como chivo expiatorio.[1] Decía que no había acudido a CA. Había sido al revés. CA le había ayudado a crear Mi Vida Digital y las condiciones de servicio de la aplicación, que incluían el permiso para que Kogan y CA utilizaran los datos «libremente». Ah, y Kogan no había ganado nada con el trato. Decía que CA le había pagado entre tres y cuatro dólares por cada persona que hiciera la encuesta, lo que ascendía a un total de ochocientos mil dólares. Su beneficio, por tanto, había sido insignificante.

Alexander no había tenido oportunidad de defenderse porque Canal 4 había emitido una segunda parte de la investigación encubierta. En ella, Alexander, el doctor Tayler y Mark Turnbull detallaban a los reporteros el papel de Cambridge en la campaña de Trump y en el comité de acción política MAN1. Frente a la cámara, Alexander afirmaba que CA había sido responsable de todas las maniobras, algo que contradecía totalmente lo que Brad Parscale y Donald Trump mantenían desde 2016. Mark Turnbull explicaba que la empresa podía distribuir sus mensajes mediante «organizaciones apoderadas», y el doctor Tayler alardeaba de que Cambridge había decidido estratégicamente que el objetivo de la campaña sería la movilización y el objetivo del comité de acción política sería realizar una campaña de desacreditación. El vídeo de Canal 4 sugería que, entre las confesiones de Turnbull y Tayler, podían encontrarse serias violaciones de la ley electoral.

Mientras me ponía al día con la prensa, Paul Hilder me escribió desde Londres. El artículo de Cadwalladr sobre Nigeria y sobre mí aún no había sido publicado, según decía, pero creía que *The Guardian* todavía tenía una cueva del tesoro con materiales de Chris Wylie que aún no había publicado. *No creo que publiquen nada nuevo sobre ti en las próximas tres o cuatro horas,* escribió.

Bien, respondí, y le dije que iba a intentar *dormir un poco antes de la carnicería.*

Para cuando por fin me desperté, mucho más tarde aquel 21 de marzo, vi que Mark Zuckerberg había salido del búnker en el que hubiera estado metido para publicar en su página de Facebook y conceder un par de entrevistas: ahora admitía la filtración de datos de Facebook, pero se aseguró de hablar en pretérito.

En 2015, supimos a través de los periodistas de The Guardian *que Kogan había compartido datos de su aplicación con Cambridge Analytica,* escribió. *Va en contra de nuestra política que los desarrolladores compartan datos sin el consentimiento de la gente, de modo que eliminamos de inmediato la aplicación de Kogan de nuestra plataforma y exigimos que Kogan y Cambridge Analytica certificaran oficialmente que habían borrado todos los datos adquiridos de forma inapropiada. Nos enviaron dichas certificaciones.* Zuckerberg escribió que, ya en 2014, la empresa se había esforzado *por evitar las aplicaciones abusivas* y había cambiado su plataforma para que *aplicaciones como la de Kogan,* creada en 2013, *no pudieran seguir recopilando datos de amigos sin el permiso de los amigos.* Pero, pese a que Facebook hubiera *cometido errores,* Zuckerberg aseguraba a los usuarios que podían confiar en él, en su ingenio y en la capacidad de la empresa para proteger a sus clientes de las amenazas externas e internas. *Hay mucho por hacer, y debemos dar un paso hacia delante y hacerlo.*

Tanto Zuckerberg como Sheryl Sandberg publicaron que, a la hora de inventar nuevas formas de salvaguardar la privacidad de los usuarios, el ingenio de la empresa no conocía límites: buscaría información sobre los desarrolladores de aplicaciones que aún dispusieran de lo que ambos denominaron «información identificable». Los expulsaría del reino y comunicaría al pueblo que había estado en riesgo, pero Facebook además limitaría los datos de usuarios que vendía a aplicaciones de terceras personas y, para que todo el mundo se sintiera más cómodo, ofrecería a los usuarios una manera más sencilla de determinar a quién había vendido Facebook el acceso a los datos.

Entretanto, los legisladores de los Estados Unidos querían cortarle la cabeza al rey. Llamaron a Zuckerberg para testificar ante el Congreso y el Parlamento. En los Estados Unidos, la Comisión Federal de Comercio abrió una investigación para determinar si la incapacidad de Facebook para proteger la privacidad de los usuarios suponía una violación del acuerdo que la empresa había alcanzado con el organismo allá por 2011.

En Inglaterra, todo el mundo intentaba demostrar que, en comparación con los estadounidenses, el país siempre había estado a la vanguardia en la protección de sus ciudadanos frente a la mala praxis. Los escritores de las columnas de opinión exaltaban las virtudes de una nueva y poderosa ley de protección de datos que estaba abriéndose paso en el proceso legislativo. El DCMS recalcó que llevaba un año examinando noticias falsas. La ICO estaba decidida a llegar la primera y ya había recibido una orden judicial para que los servidores y archivos de CA le permitieran el acceso, impidiendo que un equipo de auditores independientes, enviados por Facebook, irrumpieran en las oficinas de CA.

Los inversores empezaron a ejecutar su venganza: las acciones de Facebook se desplomaron casi veinte mil millones de dólares en los primeros minutos en el NASDAQ, y un grupo de accionistas se había apresurado a demandar a la empresa por «declaraciones falsas y engañosas».[2]

Mientras tanto, los usuarios de todo el mundo pedían el fin de la dependencia a las redes sociales, en particular a la plataforma de Zuckerberg. En Twitter, el hashtag #DeleteFacebook era *trending topic.*[3] Pero casi todo el mundo reconocía también, sin decirlo claramente, que Facebook tenía el monopolio del mercado.

En cuanto a mí, fue un momento desgarrador: una plataforma

a la que había confiado todos mis datos (mis esperanzas, mis miedos, mis fotos familiares, los acontecimientos de mi vida) se había convertido en el árbitro de la mala fe. No solo había permitido que mis datos fueran utilizados por cualquier empresa del mundo dispuesta a pagar por ellos, sino que también había abierto su plataforma a la injerencia en las elecciones por parte de poderes externos e internos. Se habían cometido delitos de guerra informática contra el pueblo estadounidense, y Mark Zuckerberg y Sheryl Sandberg se estaban beneficiando económicamente de eso. No había remordimientos por ninguna parte. La suya era una dictadura moderna como aquellas contra las que ejercía presión en el Parlamento europeo y en las Naciones Unidas. ¿Cómo había tardado tanto tiempo en darme cuenta?

Alexander había emitido una declaración: «Soy consciente de la imagen que da», dijo. Pero lo único que había hecho en el vídeo de la investigación —que aseguró a todo el mundo que estaba manipulado— era «seguir el juego» ante «situaciones hipotéticas absurdas».[4] Reuters publicó una fotografía en la que se lo veía intentando atravesar una multitud de periodistas a la entrada de las oficinas de SCL en Londres, mientras un guardia de seguridad le agarraba con fuerza del codo para ayudarlo a pasar. Me fijé en su expresión de asombro infantil. Aquello no debía de resultarle fácil; era todo muy sórdido, muy turbio y muy indigno de Eton. Como un teatro del absurdo puesto de esteroides.

Técnicamente, yo no formaba parte de aquello. Ya no trabajaba para Cambridge Analytica. Podía verlo con los ojos predispuestos de un testigo.

Estuve enviándome mensajes con Paul.

¿Te han despedido?, me preguntó. *¿O has dimitido?*

Le respondí que un poco de las dos cosas. Por usar una expresión de Facebook, era complicado. ¿Cuál era mi lugar? ¿Y cuál era mi responsabilidad, en caso de tener alguna, de ahí en adelante? La verdad, no lo sabía. Sí sabía que era inocente de cualquier delito. Pero poseía pruebas de que el doctor Alex Tayler, al menos, había mentido sobre el borrado de los datos.

Tengo algunas cosas de las que deberíamos hablar, le escribí a Paul. *Pruebas sobre Facebook, correos en los que CA prometía borrar los datos.*

Dios, me respondió. *Si han llegado al extremo de mentir sobre Facebook, entonces debe de haber más cosas,* sugirió, insinuando que la obstrucción escrita de la verdad a una empresa tan grande como Facebook era algo tan descarado que debían de estar dispuestos a ocultar muchas más cosas.

Por extraño que pudiera parecer, era la primera vez que aquello se me pasaba por la cabeza.

Fue sorprendente descubrir que Alex Tayler no había dicho la verdad. Yo lo respetaba. En mi experiencia, había sido un hombre directo, responsable y serio. Siempre lo había visto como alguien al margen de la maquinaria empresarial de Cambridge, alejado de las ventas y del trabajo creativo. Nunca lo había visto como un mentiroso o un manipulador. Era lo contrario a Alexander Nix. Él nunca vendía el «espectáculo» en lugar del producto, y me había parecido lo contrario a alguien moralmente censurable. Tayler era como los datos: científico y fiable.

Hasta que dejó de serlo.

Su mentira pareció cambiarlo todo. ¿Por qué habría mentido? ¿Por el dinero? ¿Porque CA le había obligado a hacerlo? No lo sabía. Pero sentí que algo ocurría: la mentira de Tayler era como el hilo suelto que pretendes arrancar de una prenda, pero que al tirar de él acaba por deshilacharlo todo y empeorarlo más.

Entonces, yo también había mentido. Había vendido una idea a los clientes de todo el mundo que distaba mucho de la realidad. ¿Qué porcentaje de Cambridge Analytica estaría construido sobre mentiras?

Deberíamos hablar, le escribí a Paul. Había cosas que quería decirle, cosas que necesitaba contarle a alguien.

¿Cuándo vas a contar tu propia historia?, me preguntó.

Llevaba tres años y medio viviendo la historia de CA, no la mía. Había participado del espectacular ascenso de la empresa. Mi propia historia iba unida a la de Cambridge. ¿Cómo iba a poder disociarlas?

«Deja de proteger a hombres viejos y blancos», me había dicho una amiga a mediados de marzo, cuando le conté lo de la inesperada carta de despido. «Saben protegerse solos; no te necesitan», otra cosa que nunca antes se me había ocurrido. Recordé mi época como activista por los derechos humanos, cuando me pasaba el tiempo intentando hacer que las personas poderosas se responsabilizaran de sus actos. ¿Qué me impedía ahora delatar a todas esas personas, revelar todas sus mentiras? ¿Qué ganaba yo protegiendo a gente que me había echado a los lobos sin pensárselo dos veces? ¿Quién ganaría si sofocaba una luz que, en su lugar, podría usar para iluminar los recovecos más oscuros?

Así que le pregunté a Paul: *¿Cómo me sugieres que lo haga?*

No estaba seguro aún. Me dijo que no lo pensara de momento. Me dijo que debería sentarme y escribir las cosas. *Todos los temas que creas que son importantes de verdad.* Todo, todo lo que había sucedido en CA, todo aquello de lo que había formado parte, *con pelos y señales*, me escribió. Quería que mirase dentro de mí misma y me dijo que lo que plasmara sobre el papel debería salirme del corazón.

Así que me senté y escribí todo lo que sentía, todo lo que creía que podía ser de utilidad para el público. Hice listas. Lloré.

Acababa de terminar de escribir cuando Paul se puso de nuevo en contacto conmigo.

Le dije que tenía suficiente material para escribir una columna de opinión.

Pero él tenía otra cosa en mente.

¿Estaba dispuesta a exponerme realmente? De ser así, él conocía a un periodista llamado Paul Lewis. Era el jefe de departamento de *The Guardian* en San Francisco. Paul Hilder confiaba en él; me envió enlaces a algunos de sus artículos. Uno de ellos era reciente, de pocos días antes: un perfil de Sandy Parakilas, antiguo director de operaciones de Facebook. Tras las acusaciones de Chris Wylie, Parakilas había revelado que la recopilación de datos como la llevada a cabo por CA había formado parte de la rutina de Facebook desde hacía años. De hecho, habían extraído datos de millones de usuarios más. El escándalo había adquirido ahora proporciones desmedidas. Es más, el robo de datos era tan poco ético que Parakilas había abandonado Facebook por esa razón.

Si me gustaba lo que veía y estaba dispuesta, Paul me dijo que podría presentarme a Lewis; él mismo tomaría un avión desde Londres y estaría en San Francisco treinta y seis horas más tarde para ayudar a asegurar que la historia fuese correcta. Lewis era un periodista serio, no iba a dejar pasar nada por alto. Tal vez yo fuera inocente, pero era imposible saber lo que podría ocurrir.

Paul quiso saber si lo entendía. Si estaba lista.

Me quedé callada. Había firmado un acuerdo de confidencialidad en mi primer día en la empresa, lo que me planteaba serias dudas, pero sabía algunas cosas sobre soplones. Cuando iba al instituto, había estudiado el caso de Daniel Ellsberg y los Papeles del Pentágono. Había escrito mi tesis utilizando materiales filtrados por Julian Assange. Sabía lo que había sufrido Assange. Había ido a visitarlo en su refugio. El suyo me parecía un destino terrible, recluido durante años como prisionero político. Pero también sabía lo que decía la ley internacional sobre los soplones. Cuando estudiaba el posgrado en Middlesex, había descubierto que a los soplones se les garantizaba protección al amparo de las leyes nacionales e internacionales. Si un negocio infringía la ley, un antiguo empleado que apareciese con pruebas de aquello se consideraba alguien de interés público, y aquel gesto de autosacrificio se protegía para animar a quienes estaban dispuestos a contar la verdad.

También estaba al corriente de que los soplones sufrían consecuencias. Se convertían en imanes, en chivos expiatorios. Si revelaba ahora la verdad sobre la empresa, parecería un momento muy oportuno para salvarme, de un modo u otro, como una rata que abandona el barco que se hunde. Y, si explicaba que llevaba mucho tiempo descontenta, pero que ya me había marchado de la empresa antes de que se destapara el «Datagate», me verían como una empleada rencorosa con una excusa para alejarse del centro del escándalo. Me hallaba en una posición imposible.

Paul Hilder me dijo que el tiempo era esencial. Si iba a hacerlo, sería mejor que me reuniera con Paul Lewis ese mismo día.

El artículo de Cadwalladr sobre Nigeria publicado en *The Guardian* llevaba su firma, pero había sido escrito por Anne Marlowe, una autodenominada periodista sin ninguna credencial, con la que Carole había estado tuiteando sobre mí, llegando incluso a tuitear la dirección de mi casa en Londres. Las dos «periodistas» iban buscando sangre, estaban obsesionadas. Se aliaron y me hicieron quedar como una dictadora militar que había orquestado una de las campañas más fraudulentas en la historia del continente africano; aquella campaña de tres semanas que apenas se habían molestado en investigar convenientemente.

Para ellas, era una oportunista, alguien «con muchos contactos» que había organizado una campaña basada en la mentira y en la propaganda más agresiva.[5] Adjunto al artículo aparecía un vídeo de campaña de Cambridge, un anuncio en contra de Buhari que yo nunca había visto. Estaba lleno de imágenes violentas y sangrientas de seguidores de Buhari que empuñaban machetes y amenazaban a los seguidores de Goodluck Jonathan. Un empleado de SCL le había dicho a Carole que toda la campaña había sido horrible y peligrosa, y que el equipo que yo había enviado a Abuja había logrado escapar con vida por los pelos antes del día de las elecciones. Estaba confusa, como si nada de aquello cuadrase con las cosas que había visto o que me habían contado sobre aquellas pocas semanas que el equipo de Sam Patten pasó sobre el terreno bebiendo copas con el personal de David Axelrod. Pero yo no había estado allí; la realidad podría haber sido muy diferente.

Cuando Paul Lewis se detuvo frente a mi hotel y me subí en su coche, se disculpó por el artículo de *The Guardian* sobre Nigeria. No había tenido ningún control sobre el momento de la publicación. Era una oficina diferente, con muchas relaciones complejas, me dijo. Él escribía principalmente sobre tecnología. No tenía ninguna influencia.

Lewis era un hombre delgado de pelo oscuro, barba desaliñada y treinta y tantos años. Debía de medir más o menos lo mismo que yo y me miraba directamente a los ojos cuando hablaba. Agradeció que estuviera dispuesta a aquello y dijo que se lo tomaba muy en serio.

Me contó que estaba demasiado nervioso para llevarme a la redacción de *The Guardian* en San Francisco. Alguien allí podría reconocerme u oírnos, y no quería que eso ocurriera. Así que me condujo fuera de la ciudad, dejamos atrás los edificios más altos, desde Google hasta Uber y Amazon, todos ellos llenos de gente sentada a su mesa, buscando nuevas formas de recopilar datos y monetizarlos. Pronto llegamos a las colinas y, al poco rato, nos hallamos en mitad de Silicon Valley, el corazón de todas las plataformas tecnológicas que habían provocado aquel desastre.

Facebookland.

Paul Lewis había escogido un espacio de *coworking* no muy alejado de la sede central de Facebook, quizá a modo de ironía o quizá porque frecuentaba aquella ubicación con sus fuentes. Era un lugar lleno de pequeñas empresas y consultorías independientes de tecnología, un lugar donde disfrutaríamos del anonimato y podríamos hablar durante el tiempo que fuera necesario. Curiosamente, recientemente había sido invitada a la sede de Facebook por Morgan Beller, la mujer encargada de construir la *blockchain* de Facebook, conocida como Libra. El hecho de que, en su lugar, acabara en un espacio de *coworking* cercano, a punto de cambiar su historia para siempre, es en sí mismo una ironía.

Cuando entramos en una sala para nosotros y cerramos la puerta, ambos nos sentamos a la mesa. La sala recordaba a la Caja del Sudor de SCL en Mayfair. Lewis sacó su portátil; yo hice lo mismo. Durante más de un año, Alexander me había prohibido hablar con los periodistas, y ahora había más cosas que decir que nunca.

Miré a Paul Lewis, que puso en marcha su grabadora, y empecé a hablar.

Empecé mostrándole el balance del trabajo para Trump, los materiales tanto de la campaña como del comité de acción política. Nadie ajeno a la empresa había visto jamás aquel material, salvo algunos pocos clientes de alto nivel. Le mostré el PowerPoint de la campaña y del comité de acción política. Los espeluznantes anuncios en contra de Hillary, la focalización de los afroamericanos, los datos que dividían a los hispanos en categorías tan específicas que resultaba abrumador: hispanohablantes, no hispanohablantes, mexicanos, puertorriqueños, cubanos, y así sucesivamente. Le mostré los mensajes con los que el comité de acción política se había dirigido a cada grupo; las estadísticas, los incrementos, la rentabilidad de inversión. Y le enseñé los vídeos que había empleado para los afroamericanos, que la mayoría del público no había visto porque se los habían enviado solo a aquellos que eran influenciables.

Le mostré a Lewis las tablas y los gráficos, las técnicas que había utilizado la empresa, desde la segmentación estratégica de la gente de color hasta los materiales de campaña de desacreditación, y la estrategia para enviar esos anuncios al grupo de «disuasión», aquellos a quienes podía persuadirse para no molestarse en votar. ¿Cómo no me había dado cuenta antes de que, si esos votantes se abstenían de votar por Hillary, tal vez no votaran por nadie? Había un límite muy difuso entre la campaña de desacreditación y la represión del voto, y las pruebas que teníamos delante apuntaban más a lo segundo.

Después le expliqué las «impresionantes» cifras alcanzadas por la empresa, los escasos pero efectivos psicográficos utilizados por el comité de acción política para dirigirse a los neuróticos, lo desagradable de los mensajes.

Le mostré la cadena de correos entre Alex Tayler y Allison Hendricks, la declaración de supuesta inocencia, las pruebas de las mentiras de Cambridge y de la negligencia de Facebook.

Abrí mensajes entre CA y Arron Banks; una invitación de prensa al debate de Leave.EU que indicaba que CA sí formaba parte del equipo; temas de discusión que Harris me había escrito para sacar en el debate; la segmentación que habíamos hecho para ellos en la primera fase del proyecto. Había un correo de Julian Wheatland en el que hablaba de la complicada y tal vez ilegal relación entre UKIP y Leave.EU, y una discusión sobre si Leave.EU había utilizado los datos de UKIP legalmente. Le enseñé la opinión legal al respecto coescrita por Matthew Richardson, indicando que UKIP había actuado dentro de la ley, y exonerando a su propio partido. Tenía un correo de otra organización que me había escrito porque Leave.EU les había dicho que se pusieran en contacto con CA; aquello demostraba que Arron nos consideraba una parte integral del equipo, y así era como nos habíamos visto a nosotros mismos. Tenía otro correo de Julian sobre qué «línea» seguir en el debate público. ¿Deberíamos decir de dónde habían salido los datos que habíamos analizado? Me dijo que preferiría que no lo mencionara, para ser sincero. Esa fue la única verdad que pude obtener de todos esos correos.

En un momento dado, Lewis señaló una cadena de correos

que le había mostrado en relación a los contratos existentes entre Leave.EU y UKIP, y se quedó con la boca abierta. Ahí estaba todo.

Hablamos sobre la focalización específica de CA sobre las personas vulnerables de los Estados Unidos y del Reino Unido; que gran parte de la publicidad de campaña había evolucionado hacia la incitación al miedo, porque el miedo funcionaba mejor que cualquier otra herramienta que teníamos, incluso sobre aquellos que no eran neuróticos.

Lewis me preguntó qué más tenía.

Jamás me había parado a observar mi computadora de esa forma. No tenía ni idea de lo que tenía ni de lo que significaba cuando lo examinabas desde una óptica diferente, en busca de pruebas. Había una gran cantidad.

Aquella noche, paramos de trabajar solo una vez, para salir a por un sándwich, pero no pude probar bocado.

¿Qué sabía yo de los alardes de Alexander en el vídeo encubierto de Canal 4?, me preguntó Paul: el soborno, la creación de situaciones comprometidas con mujeres. ¿Alguna vez le había visto utilizar a mujeres de esa forma?

Le dije a Lewis que no estaba segura. Alexander era dado a la exageración. Nunca había sabido si decía la verdad o si solo intentaba impresionar a los clientes. Pero no lo descartaba. Había muchas cosas que había achacado a la exageración y que después habían resultado estar basadas en hechos. Aun así, no lo sabía con certeza.

Le hablé de Indonesia; de Trinidad y Tobago. Tenía el presentimiento de que algo no había ido bien en San Cristóbal, pero Alexander siempre había culpado al primer ministro de todo lo que había salido mal en aquellas campañas. También estaba lo de Nigeria, claro; Lituania, Kenia, Rumanía: la creación de partidos políticos; la presencia inevitable de Facebook y Twitter; la invención de cuentas de Twitter. ¿Todo aquello era ingenioso y estratégico, o suponía algún delito en esos países?

Hablamos y hablamos, y empecé a ver cosas que nunca antes me había permitido ver.

Lewis abordó entonces el tema de Chris Wylie y el paquete de datos de Facebook.

Yo no tenía acceso a los datos como tal, de modo que no obtuvimos muchas respuestas. Me preguntó entonces qué parte de lo que había dicho Chris Wylie en el artículo de Carole era cierta; sobre el funcionamiento básico de SCL Group, los orígenes del trabajo de defensa y el pasado de SCL Defense con las *psyops*. Deseaba saber cómo entendía yo, o no entendía, la relación entre SCL y AIQ. ¿Realmente los Mercer habían utilizado dos entidades para higienizar los datos y emplearlos en el Brexit y en la elección de Trump?

Si eso no era suficiente, aún quedaba la pregunta del millón, claro: Rusia. Quiso saber si tenía alguna prueba que relacionase a Cambridge Analytica con Rusia. Si tenía alguna prueba que relacionase la campaña de Trump con Rusia. ¿Y Arron Banks? ¿Y el Brexit? ¿Y Bob Mercer? ¿Y Bekah?

Había desarrollado una breve relación con la oficina de Lukoil en Turquía, y en su momento ni siquiera sabía que se trataba de una empresa rusa. Pero SCL había empleado mucho tiempo trabajando en ese proyecto. Lukoil era la única conexión con Rusia de la que yo tenía constancia, aunque quizá fuese relevante. Me olvidé incluso de mencionar a Michael Flynn y la dedicatoria en el ejemplar del libro que tenía Alexander.

Registramos mi portátil en busca de más correos y documentos, para buscar pruebas que relacionaran a alguna de esas entidades entre sí; cualquier cosa podría sernos útil, pues había muchas acusaciones, muchas posibilidades de delito.

Cuanto más le contaba más perplejo se quedaba, y cuanto más perplejo se quedaba más me enfadaba yo ante todas las cosas que sabía, pero que no me había permitido interpretar hasta el punto de hacer algo al respecto. Empezaba a darme cuenta de todas las cosas que había elegido ignorar o racionalizar.

Le hablé a Lewis de mi formación, de los conceptos que había detrás de los psicográficos: que nos dedicábamos a descubrir qué hacía que la gente tuviera sed y entonces subíamos la calefacción.

Nunca lo había visto como algo malévolo. Me había parecido algo ingenioso.

Durante mucho tiempo había visto las cosas que hacía CA del mismo modo en que las veía Alexander. Su entusiasmo y el éxito de la empresa eran embriagadores. Estábamos construyendo una empresa millonaria. Estábamos cambiando la comunicación para siempre. Formaba parte de algo sin precedentes. Era especial, lista. Algún día me convertiría en directora ejecutiva.

Como me diría después mi hermana: me la habían dado con queso. O con Coca-Cola, por así decirlo, ya que Alexander utilizaba con frecuencia ese ejemplo en las presentaciones a los clientes.

Y no solo me tragué lo de CA, sino todas las demás cosas que antes aborrecía. Y todo ello con la excusa de estar «haciendo negocios».

Horrorizada, le confesé a Paul Lewis que me había apuntado a la Asociación Nacional del Rifle, y no una vez, ¡sino dos años seguidos! Me había convencido a mí misma de que, como iba a reunirme con sus ejecutivos, debería empaparme bien de lo que suponía ser miembro, para entender la organización «desde dentro». ¡Incluso me había hecho con el sombrero y me lo había puesto! En su momento me dije a mí misma que lo hacía de manera irónica, pero me lo había dejado puesto. Había fotos mías con el sombrero.

Hube de admitir que había disfrutado de momentos así a lo largo de los últimos tres años y medio. Había disfrutado de lo que consideraba el chiste de conocer a Donald Trump y pedirle que firmara sobre su propia cara en la cubierta de la revista *Time*. Había disfrutado contando la historia de cuando conocí al *sheriff* Joe Arpaio y los calzoncillos rosas y las monedas que daba como recuerdo. Con cierto regocijo había repetido el momento en el que Dick Cheney salió al escenario con la canción de Darth Vader en el salón Fantasía de Disney World. Había disfrutado con la atención que recibí subida en el escenario de la CPAC, en directo en C-SPAN, ante una multitud de diez mil personas, y me había puesto mis botas de vaquero y el traje de Texas, un símbolo de mi pertenencia a un grupo de renegados del Salvaje Oeste. En otra época me había sentido orgullosa de que Alexander me considerase lo suficientemente responsable como para participar en un debate público, retransmitido por televisión, representando a la empresa junto al experto en referéndum Gerry Gunster. Y había agradecido y presumido de mi ejemplar de *The Bad Boys of Brexit*, con la firma de Nigel Farage en la cubierta interior.

Mentiría si dijera que no me lo había pasado bien en esas ocasiones, y sin arrepentirme: había disfrutado del champán, de las largas comidas, de las tardes nubladas en las fiestas de polo en los jardines de la reina; de las fiestas posteriores en la casa de campo de Alexander, de la exclusividad de formar parte de sus «favoritos»; los pases VIP; estrechar la mano a personas como Ben Carson y Marco Rubio y, llegado al extremo, alguien como el director de la

Asociación Nacional del Rifle, Wayne LaPierre, quien antes me parecía alguien abominable. Me había puesto junto a Ted Cruz y me había sacado una foto con él. Me había codeado con los más ricos de los Estados Unidos, cóctel en mano, celebrando una victoria compartida. Durante un breve periodo, había logrado elevarme por encima de mis circunstancias y me había creído importante, poderosa y enterada. Me había engañado a mí misma. Me había traicionado a mí misma. Y me había presentado ante los demás como alguien totalmente diferente.

Tal vez fuera yo la que se había arrojado bajo el autobús, más incluso que Alexander en el Parlamento.

En palabras de Alexander, me había «vendido a mí misma». Y me había agotado.

De algún modo, sin pensar que había escogido hacerlo, había aislado el ruido del resto del mundo y, al igual que la gente que solo ve Fox News o solo lee Breitbart, había sintonizado solo un canal: el canal de Cambridge Analytica, cuyos programas estaban presentados por un hombre llamado Alexander Nix.

Había creído que estábamos nivelando el terreno de juego. Y, en vez de ver las normas del juego como algo poco ético o incluso criminal, las consideraba el precio de hacer negocios con ingenio en el mundo moderno.

Elegí juzgar y después ignorar el hecho de que Alexander se hubiera beneficiado excesivamente de un acuerdo, en Nigeria y en México. Había intentado racionalizar su falta de ética: en realidad no había habido tiempo suficiente para que el equipo de Abuja y del Estado de México desarrollaran todos esos planes que yo había plasmado en la propuesta; era culpa del cliente por haber acudido a nosotros tan tarde, tan cerca de las elecciones, y pidiéndonos que hiciéramos tanto en tan poco tiempo. Había sido directa con ellos, ¿no es así? Les había advertido de que tal vez no pudiéramos ofrecerles todo lo que prometíamos.

Me había quedado horrorizada con los materiales que vi durante el balance de dos días de la campaña de Trump, pero aquel horror solo había bastado para hacerme huir del país, no de la empresa.

—Bueno, supongo que así no es como se venden refrescos, ¿verdad? —me había dicho el director comercial, Duke Perrucci, tras el informe. Tanto nosotros como nuestro compañero Robert Murtfeld nos habíamos quedado sorprendidos ante la extravagante serie de revelaciones de esos dos días. Pero yo tenía excusas para todo, incluyendo el hecho de que no me hubiera dado cuenta del contenido tribal y desagradable de nuestros materiales, ni del tono general de las elecciones y cómo eso había llevado a la violencia.

No había visto el contenido debido al cortafuegos, podría decirme a mí misma y a los demás. Y también podría decir que, en los días anteriores a las elecciones, ni siquiera tenía tiempo de ver la televisión.

Podría decir que estaba centrada en la rama comercial de Cambridge Analytica. Podría decir que no paraba de viajar. No había más que ver mi agenda de 2016 y 2017 y se darían cuenta de que me pasé la mitad del tiempo volando. Es imposible mantenerse al día de las noticias con esa clase de horarios. ¡No tenía tiempo de ver las noticias!

Y le expliqué a Lewis que había renunciado a mi voto y había contribuido en parte a la falta de apoyo general a Hillary en las primarias e incluso a la hostilidad hacia ella en las generales; todo lo cual había conducido ineludiblemente a su derrota. Había volado a Chicago expresamente para votar por Bernie Sanders en las primarias. Después, en noviembre, me dije a mí misma que estaba demasiado ocupada para volver a votar para las generales. Acababa de ir a ver a mi padre. No me había dado tiempo a pedir el voto por correo. Además, Illinois no era un estado indeciso. No se me había ocurrido registrarme para votar en Virginia, que no solo era un estado indeciso, sino donde estaban nuestras oficinas de Cambridge Analytica en D. C.

Una y otra vez, me había dicho a mí misma que los aspectos desagradables que había visto durante mi época en Cambridge Analytica me habían dejado intacta. Tenía principios. Era una buena persona. No había sido más que una «sucia espía demócrata» infiltrada en un imperio conservador.

Había ayudado a empoderar a los votantes para participar en un proceso «democrático» más justo e igualitario, dándoles las herramientas críticas que necesitaban para enfrentarse a los otros. Pero no había sido cómplice de empresas siniestras. No defendía sus creencias. Me había mantenido agnóstica frente al racismo, al machismo y a los ataques a la urbanidad.

Me había dicho a mí misma que el no haberme opuesto abiertamente a todas esas cosas no suponía un fracaso en absoluto. Era un triunfo de la imparcialidad. Me había formado en derecho humanitario internacional y ahí la imparcialidad era el sello distintivo. Los mejores abogados, nacionales o internacionales, no juzgaban a sus clientes. En un tribunal por crímenes de guerra, el propósito no era cuestionar el carácter de aquellos a quienes se juzgaba, sino defender los principios sagrados de la propia ley. Había convertido a John Jones, mi querido amigo fallecido, en ejemplo de esos principios y santo patrón de mi lógica retorcida: no juzgaría a aquellos cuyo comportamiento era indefendible. Podría rodearme de delincuentes y pensar que seguía siendo una buena persona.

Había tomado decisiones en todo aquello. Pero, al igual que las personas que habían sido el objetivo de los brillantes mensajes de Cambridge Analytica, tal vez yo también hubiera sido víctima ingenua de una campaña de influencia. Como ocurrió con tantos otros, algo me produjo una impresión, e hice clic en el enlace, y acabé en un torbellino de desinformación, y tomé decisiones que jamás me habría creído capaz de tomar.

Nos había sucedido tanto a mí como al país en el que había nacido y al país que había adoptado como propio. Era representante de cada una de esas naciones, me había dejado engatusar voluntariamente, viviendo en una sala insonorizada y sin ni siquiera darme cuenta.

El 21 de marzo, la tierra volvió a temblar y Paul Lewis y yo trabajamos hasta pasada la medianoche. Después, el 22 de marzo, nos levantamos y volvimos a hacerlo.

Aquel día, en las noticias, el «brillante» Steve Bannon, que parecía haber bajado de los cielos, se defendió a sí mismo y a sus dioses: dijo no estar al corriente de la extracción de datos de Facebook y aseguró que ni CA ni él habían tenido nada que ver con «trucos sucios» ni con alterar las elecciones.[6]

Y entonces añadió a la mezcla el relativismo moral. Además, dijo, «los datos de Facebook están a la venta en todo el mundo».

Y luego la propaganda: dijo que Cambridge no había alterado las elecciones. «He aquí lo que dio la victoria a Trump: el nacionalismo económico» y dirigirse con un lenguaje llano al pueblo estadounidense. Bannon dijo que fue el populismo, y no la microfocalización, lo que le permitió ganar las elecciones.

Paul Hilder llegó a San Francisco a última hora del día 22. Para entonces, Paul Lewis y yo habíamos repasado todo lo posible. Estaba agotada y, llegado a ese punto, los dos Paul podrían empezar a intentar buscarle sentido a la historia. Dijeron que tendría que ser más de un artículo. Aún no sabían cuántos. La madeja de lana estaba muy enredada.

Abandonamos el espacio de *coworking*, compramos algo de comer y nos fuimos a la habitación del hotel de Paul Hilder, donde nos pusimos a trabajar.

Había estado en contacto con mi hermana. La había llamado para decirle que estaba bien. Aún no le había contado gran cosa, pero ahora, casi sin aliento, le expliqué lo que estaba haciendo. Quiso saber qué pensaba hacer después.

Se refería a después de que se publicara la noticia.

¿Cuál era mi denuncia? Ser inocente de un delito daba igual. Había dos gobiernos poderosos que podrían hacer conmigo lo que quisieran. Debía estar preparada para la peor hipótesis. Quiso saber si lo estaba.

No podía respirar.

Tenía que proteger a mi familia. «No le digas nada a mamá, salvo que estoy bien», le dije. No era necesario que supieran dónde estaba ni dónde iba a estar. Eso podría poner en peligro a mis padres. Muchas personas poderosas y sus seguidores podrían intentar encontrarme después de que se supiera la noticia.

Los dos Paul seguían trabajando a la mesa de la habitación de Paul Hilder. Me senté en la cama, después me tumbé y, de vez en cuando, me quedaba dormida y me volvía a despertar, captando fragmentos de su conversación.

Estaban tratando de asimilarlo todo. Mientras dormía, me

pareció oírlos gritar de alegría y suspirar de agotamiento. A veces me despertaban para hacerme preguntas específicas o comprobar un dato. Me quedaba dormida de nuevo y, al despertarme, veía a uno de los dos dando vueltas por la habitación y al otro escribiendo con frenesí.

A eso de las cinco o las seis de la mañana, caí como un tronco en un sueño profundo, aunque inquieto. Cuando por fin me desperté de nuevo, el sol había salido hacía ya rato.

Era 23 de marzo.

—Buenos días —me dijeron los Paul.

Me froté los ojos. Me miraban preocupados.

Paul Lewis tenía malas noticias. Me dijo que no iba a ser posible retener el artículo. Estaba ya en manos de su editor y no tenía control sobre ello. Saldría publicado aquel día.

Ese no había sido mi plan. Quería estar lejos de allí cuando se supiera la noticia, pero no me sentí traicionada. Lo entendí. Y, curiosamente, viéndolo con perspectiva, pensé: «Cuanto antes mejor. Esta clase de noticias son efímeras. La gente se habrá olvidado de ello pasado mañana».

Qué poco sabía yo.

Pero era el momento de decidir qué hacer y seguir avanzando. Era posible que CA me demandara por incumplimiento de contrato, difamaciones o calumnias. Y, si había una relación con Rusia entre alguna de las entidades, posiblemente tuviera muchas más cosas de las que preocuparme.

Tenía que encontrar un lugar seguro para marcharme. Tenía que ser fuera de los Estados Unidos y de Gran Bretaña. Debía ser un lugar donde no resultara fácil encontrarme.

Hacía dos meses que no cobraba. No tenía nada en el banco.

Disponía de un pequeño fondo de bitcoines, pero no creía que eso fuese a permitirme llegar muy lejos. Al menos no podrían localizar mi ubicación si lo utilizaba, y ningún gobierno podría congelar mi cuenta, pero no era suficiente para ir muy lejos.

Me puse en contacto con Chester, la persona con la que había comenzado todo un día de invierno de 2014. Estoy en un apuro, le dije. Iban a publicarse muchas cosas y necesitaba abandonar el país.

—¿Dónde? —me preguntó de inmediato.

Le dije que Tailandia. Había una isla a la que podría irme.

Colgamos y, en menos de una hora, ya me había reservado y pagado un vuelo; me envió el número de confirmación. Mientras tanto, me escondería.

Llamé a mi hermana y le pedí que liquidara los bitcoines que tenía, explicándole cómo hacerlo y dónde acudir a un cajero de bitcoines cercano a ella. Le dije que después me lo enviara a través de Western Union, para no generar tantos datos rastreables al usar la tarjeta del banco. Mis ahorros en bitcoines ascendían a unos mil dólares. Me serviría durante un tiempo.

Cuando aquel día salió publicado en *The Guardian* el primero de los muchos artículos basados en mis pruebas y en mis entrevistas, se lo reenvié a mi hermana. Estaba llorando.

Mira lo que he hecho, le escribí.

Esperaba que lo leyese, lo entendiese y me apoyara.

También se lo envié a Morgan Beller, de Facebook, que ahora era la cofundadora de su concepto de *blockchain*, Libra, y me había invitado a la sede central de Facebook mientras estaba en Silicon Valley para hablar de sus primeros avances con la tecnología *blockchain*. Aunque deseaba desesperadamente que Facebook utilizara la tecnología para rastrear mejor los datos y compensar a sus usuarios por todo lo que les habían quitado, decidí en su lugar convertirme en una soplona.

Morgan leyó el artículo y respondió «Vaya». Tal vez ahora entendiera por qué no había podido acudir a la reunión y por qué las empresas de datos como Facebook necesitaban usar *blockchain*.

Esperaba que todo el mundo lo leyera y entendiera lo que estaba en juego.

Me dirigí hacia el aeropuerto para subirme a otro avión, esta vez sin saber cuándo regresaría o si podría hacerlo, ni lo que me deparaba el futuro. Me había hecho cargo del asunto, había dado el primer paso. Lo que sucediera después dependería de las personas que leyeran el artículo. ¿Les importaría? ¿Tomarían medidas?

¿Tú lo harías?

20

El camino a la redención

23 DE MARZO DE 2018 – PRESENTE

Por fin era libre.

Aquellos que se hayan guardado algo hasta que ya no pudieran soportarlo más sabrán a lo que me refiero. Me había pasado años mirando hacia el futuro, y cada vez que sucedía algo increíblemente emocionante —una oportunidad de ascenso o un cliente prometedor con el que deseaba trabajar—, me dejaban en la estacada. Otro hombre empeñado en aferrarse al poder se situaba por encima de mí y me decía lo que tenía que hacer, controlando mi vida una vez más. Yo seguía soportando «los golpes», por así decirlo, a mi orgullo, a mi espíritu y a mi propia decencia.

Los oscuros descubrimientos que había hecho subida a la montaña rusa de Cambridge Analytica me producían náuseas. Me había pasado la vida entera dedicada a hallar soluciones a los problemas del mundo, trabajando gratis o casi gratis para alcanzar mis nobles objetivos, asociándome con organizaciones benéficas, no lucrativas y de caridad. Y, cuando las fuerzas externas me obligaron a ponerme las «esposas doradas», me sacrifiqué y tiré a la basura mi código ético; y ni siquiera me habían pagado bien por hacerlo. ¿Cómo había estado tan ciega?

Mientras contemplaba desde arriba el país que dejaba atrás, mi hogar, no pude evitar preguntarme cómo habíamos llegado hasta allí. Estaba abandonando un país donde la retórica divisoria se había convertido en algo habitual, donde la corrección política que antes protegía a la población del extremismo, el machismo y el racismo había empezado a desmoronarse. ¿Cómo había acabado desempeñando un papel en la degradación de nuestra sociedad y de nuestro discurso civil? Recordaba aquello a lo que había tenido que enfrentarme durante la campaña de Obama: el flujo constante de odio racial en nuestras redes sociales, que elegimos censurar antes que permitir que esas ideas circulasen con libertad; y, de algún modo, tras pasar muchos años permitiendo que me focalizaran, había terminado en una empresa que dirigía campañas que daban voz al odio que yo me había esforzado por acallar. Y los Estados Unidos no era el único lugar que sufría con la reaparición de la retórica populista radical; la campaña del Brexit en el Reino Unido había conducido al ascenso de líderes nacionalistas extremos y fascistas por toda Europa y América Latina, que pedían la supresión de los ideales progresistas que han definido los derechos humanos y las libertades fundamentales que deberíamos estar protegiendo. Me hallaba sumida en una pesadilla, y por fin acababa de despertarme. Era hora de actuar y empezar a limpiar el estropicio al que yo misma había contribuido.

Mientras volaba entre las nubes, alejándome de un país que había acabado patas arriba tras la campaña de Trump, empecé a evaluar el alcance de lo que acababa de suceder: la oscuridad se había colado en nuestras vidas a través de las pantallas de los teléfonos, de los portátiles y las televisiones. Habían focalizado a la gente y ahora estábamos más divididos que nunca. En los Estados Unidos, los delitos de odio habían aumentado de forma dramática y, desde el comienzo de la campaña del Brexit, el Reino Unido había sido escenario de conflictos raciales y crímenes contra los inmigrantes, o aquellos a los que se consideraba «los otros». El tribalismo en dos de las sociedades occidentales más desarrolladas se había vuelto muy extremo, y aquello solo era la «punta del iceberg», como solía decir Alexander. También decía que había llevado campañas en más de cincuenta países. ¿Qué más cosas permanecerían ocultas en todas las naciones del mundo en las que SCL había trabajado, además de las devastadoras consecuencias para los dos países que yo mejor conocía y más amaba?

El problema era mayor que Cambridge; el problema era el *Big Data*. El problema era que Facebook, en particular, había permitido a empresas como Cambridge recopilar datos de miles de millones de personas y, a cambio, esas empresas habían vendido esos datos a cualquiera que pudiera pagar por ellos; y esas otras partes habían abusado de ellos sin que nadie supiera nunca cómo ni con qué propósito. Todo aquello sucedía desde el inicio de nuestra vida digital, sin que lo supiéramos, y sin supervisión del Gobierno. Incluso las pocas leyes existentes sobre el uso de datos eran inaplicables, sin una tecnología que permitiera la transparencia y el rastreo necesarios para confirmar que los individuos o las empresas obedecían la ley.

El problema también residía en la facilidad con la que Facebook, Twitter y demás se habían convertido en el nuevo ayuntamiento mundial, y todo lo que ocurría allí: el fin de la urbanidad, el ascenso del tribalismo y el hecho de que una guerra de palabras e imágenes en línea hubieran escapado a los confines de internet y hubieran modificado el panorama moral del mundo real.

El problema era que las malas personas podían envenenar las mentes, y ese veneno había conducido a una matanza. Las noticias falsas inundaban nuestros teléfonos y nuestras computadoras, y nos volvían sordos, ciegos a la realidad; dispuestos a matarnos unos a otros por causas que ni siquiera eran reales. El odio invadía a aquellos que normalmente eran pacíficos. El sueño de un mundo conectado, en su lugar, nos había separado a todos. ¿Y cuándo se detendría?

Había guardado todos esos pensamientos y sentimientos negativos en mi cabeza, había permitido que me consumieran por dentro, hasta que tuve tanto veneno en mi interior, tanto vacío, que mi única opción fue derrumbarme o explotar.

Y explotar fue lo que hice, en toda la prensa internacional. La reacción fue visceral, fue dañina y se vio en todas partes.

Mientras recogía los pedazos de mi antiguo yo, aterricé en Tailandia sin saber bien cuál sería mi próximo paso. Sabía que algunos soplones eran venerados por su heroicidad y, tras sus revelaciones, vivían una vida feliz con sus familias; Daniel Ellsberg, por ejemplo. Tras leer los Papeles del Pentágono que había filtrado, el mundo rechazó la guerra de Vietnam y sustituyó a Richard Nixon por un líder que merecía ser llamado presidente de los Estados Unidos. Otros, como Julian Assange y Chelsea Manning, acabaron perdiendo gran parte de su vida frente al vilipendio o a la encarcelación.

Los alababan por intentar lograr que el mundo viera la verdad. Pero, al contrario que en el caso de Ellsberg, quienes ostentaban el poder en el momento de las filtraciones no fueron sustituidos y los soplones pagaron el precio, fueron recompensados únicamente con la certeza de que, cuando se cometieron delitos gubernamentales, ellos no se detuvieron hasta delatar a los culpables.

Conocía los riesgos, pero por alguna razón me sentía segura de mí misma, estaba dispuesta a aceptar cualquier destino, fuera el que fuera. Había sembrado y ahora me vería obligada a recoger; solo el tiempo diría.

Mientras tanto, me dirigía hacia una isla remota donde nadie podría encontrarme, desde la que esperaría a ver cómo reaccionaba la comunidad internacional a la noticia, pero sobre todo la gente en los dos países a los que llamaba hogar. Y fue allí, en los muelles del puerto de Phuket, donde apareció el equipo de la película.

En las horas previas a que mi avión despegara de San Francisco, mi historia había explotado en los medios de comunicación de todo el mundo, tanto en los generalistas como en las redes sociales, y empezaron a llegar las noticias. Algunas personas se enfadaron y entonaron el clásico «te lo dije» ante lo que había destapado.

«¡Eres una mentirosa igual que ellos! ¡Lo sabía!».

Otros me dijeron que tuviera cuidado, que la gente poderosa podía ir a buscarme. No sabía si aquello eran amenazas veladas o solo los mejores deseos de conocidos que jamás se habrían permitido ponerse en mi lugar.

Luego estaban esos otros pocos que me decían que lloraban por mí y estaban orgullosos de mí. Matt, a quien había dicho en Puerto Rico que estaba a punto de hacer algo grande, publicó en sus redes uno de los artículos de mi entrevista con *The Guardian* y escribió: *Brittany Kaiser es mi heroína*. Me sonrojé al ver aquello, animada al descubrir que algunas de las personas que me importaban se daban cuenta de que había hecho lo correcto.

Y entonces sonó el teléfono. Era Paul Hilder.

—Brittany, hay unos cineastas que están realizando un documental sobre la crisis de los datos, y quieren hablar contigo. ¿Puedo ponerlos en contacto contigo? Los he investigado; son de fiar.

A las pocas horas, tanto él como uno de los directores iban en un vuelo con destino a Tailandia para sumarse a la misión.

Allí, en el puerto de Phuket, tuve mi primer cara a cara con el equipo de la película: Karim Amer, uno de los directores y productores, había estado investigando sobre cómo explicar al mundo la crisis de los datos. Tras el hackeo a Sony en 2014, que hizo que los datos personales de millones de personas quedaran al descubierto, Karim y su socia, la galardonada cineasta Jehane Noujaim, habían estado entrevistando a personas por todo el mundo, desde ejecutivos de Sony hasta Steve Bannon y Chris Wylie, pero no habían encontrado una voz a través de la cual poder contar la historia. Entonces leyeron los artículos de *The Guardian* escritos por los Paul, me dijo Karim, y supieron que podría ser yo.

Y ahora allí estábamos, a punto de tomar una lancha motora hacia la isla privada en la que me ocultaría durante un tiempo, y desde donde contemplaría las consecuencias, planteándome si era seguro regresar o no a los lugares que eran mi hogar.

Recién bajados de la lancha motora aquel caluroso día, nos acomodamos en la piscina, con el cámara y el tipo de sonido de Karim inclinados sobre la superficie, y comenzamos nuestra primera entrevista.

Karim me preguntó dónde estábamos.

—Preferiría no dar mi ubicación, si no te importa —respondí—. Aquí estoy, la persona que intenta derrocar a dos administraciones con un... discurso de momento inconexo, pero que pronto tendrá coherencia.

Él se rio, pero siguió con el tema:

—¿Por qué te preocupan las dos administraciones?

Las campañas de Trump y del Brexit probablemente se hubieran llevado a cabo de forma ilegal, y yo tenía pruebas de ello. Sobra decir que lo más probable era que corriera peligro, y no tenía idea de cómo saldrían las cosas.

Después nos zambullimos más y tratamos de abordar todos los temas que sabíamos que eran reveladores: la base de datos de Cambridge, las fuentes de los datos, los recortes de presupuesto, los tratos turbios con clientes amorales, y las consecuencias. ¿Qué habíamos hecho, qué sabía yo y qué significaba eso ahora? Lo que habíamos planeado que durase treinta minutos se convirtió en tres horas, y Karim y yo, con la cara quemada por el sol, salimos de la piscina mentalmente agotados. Eran demasiadas cosas para abordar en un día, pero su equipo y él no pensaban dejarme sola. Una cosa era segura: aquello era el principio de algo grande.

Había planeado estar en Tailandia durante un tiempo. Mi vida había sido..., bueno, menos que agradable durante varios años, y necesitaba un respiro, un lugar donde despejarme la cabeza, donde no tuviera ninguna influencia. Ansiaba liberar la mente de los grilletes de mi pasado reciente y sumergirme en la realidad de lo que acababa de decidir hacer.

Por desgracia, esa situación ideal no duró demasiado. Mientras el equipo de la película y yo explorábamos las islas de Tailandia, recibí una invitación: el Parlamento británico había solicitado que testificara en la investigación pública del DCMS sobre las noticias falsas. ¿Qué había visto? ¿Qué sabía? ¿Podía denunciar públicamente esas injusticias? ¿Sabía qué hacer con toda esa información? Por suerte, estaba rodeada por el equipo de la película y por Paul, y juntos comenzamos a explorar no solo mis propios recuerdos, sino mi computadora y mis pruebas. Tratamos de encontrarle sentido a muchas cosas que parecían inexplicables. Era como tener un disco duro externo conectado a mi propio cerebro, con múltiples mentes que observaban lo que había experimentado y analizaban lo que había sucedido realmente y qué medidas podíamos tomar.

Sin dudarlo, mi respuesta a la invitación fue afirmativa. Respondí casi de inmediato, confirmando mi interés y preguntando cuándo tendría que estar en Inglaterra, mi hogar adoptivo, que recientemente se había visto despedazado por las mentiras de unos pocos. Tendría que regresar y ayudar a curar al país. Era mi deber. Para mí no era una opción; era un privilegio y un honor.

Mientras regresaba en el avión, me enteré por la prensa de que Alexander Nix testificaría un día después de que lo hiciera yo.

—Ahora es real —me dijo Paul, sentado junto a mí cuando volábamos hacia lo poco que quedaba de mi vida en Gran Bretaña.

Ya había escrito al mejor abogado británico que conocía, Geoffrey Robertson, consejero de la reina, fundador de Doughty Street Chambers, el lugar donde algún día había soñado trabajar como abogada. Geoffrey había invertido algo de tiempo realizando trabajos sin cobrar para mi difunto amigo John Jones y la ilustre Amal Clooney, trabajando para liberar a los presos políticos que morían entre rejas por su intento de hacer del mundo un lugar mejor.

Una hora después de enviar mi correo, recibí una respuesta con el número de celular de Geoffrey, donde me decía que por favor lo llamara. Lo hice, por supuesto, y me invitó a Doughty Street, un lugar que despertaba en mí emociones muy fuertes. Era donde, en otra época, había albergado la esperanza de contribuir a proteger a mis clientes. Pero ahora el mundo estaba patas arriba: era yo la que llegaba y se sentaba en la silla del cliente (por primera vez en mi vida), y al sentarme en aquel sillón de cuero, empecé a ser consciente de la magnitud real de mi situación. No había regresado a Doughty Street como abogada, como siempre había querido, sino como clienta. Gracias a Dios, había trabajado muchas veces sin cobrar y ahora, a cambio, gozaba de la oportunidad de que me representaran sin cobrar, como muestra de respeto.

Para ayudar en el caso, Geoffrey trajo al famoso Mark Stevens, uno de los mejores abogados de datos, que también era conocido por representar a disidentes y activistas por los derechos humanos de todos los estratos sociales. Mark estaba preparado para luchar contra los Brexiters que habían tomado a su país como rehén. Me hallaba en las mejores manos.

—Sabes que tienes a los mejores abogados de Europa, ¿verdad? —me dijo un amigo de la BBC—. ¡Los de Leave.EU y Alexander deberían prepararse para lo que se les viene encima!

Mientras tanto, con una renovada seguridad en mí misma, empecé a trabajar con Paul Hilder en mi estrategia de comunicación:

sabíamos que teníamos que movilizar a las masas y, con mi inminente aparición en televisión ante el Parlamento, por no mencionar la posterior atención mediática global, era un buen momento para idear un eslogan y hacerlo circular. Nos pusimos a pensar. ¿Cómo resumir la necesidad de transparencia, propiedad intelectual y responsabilidades? Empezamos a redactar algunas políticas ideales, los cambios que deseábamos ver en el mundo, y nos esforzamos por encontrar el eslogan adecuado.

De pronto se me ocurrió: *Own Your Data.* («Tus datos son tuyos»). Era algo sencillo, corto y directo.

—¡*Own Your Data,* Paul! —le dije—. ¡Es *Own Your Data*!

Paul sonrió de oreja a oreja, con la expresión cómplice de alguien experimentado que reconoce un eslogan ganador a kilómetros de distancia. «¡Es perfecto!», me dijo, emocionado, y comenzamos a elaborar mensajes, contenido y un equipo inicial. Teníamos nuestro grito de guerra, y con los últimos retoques a una campaña en Change.org y algunos materiales creativos que presionaran a Mark Zuckerberg, casi había llegado el momento del lanzamiento.

Mi testimonio parlamentario acabó rascando la superficie del mayor escándalo de mi vida. Cuando las autoridades vieron lo abierta que me mostraba con todo —y me refiero absolutamente a todo—, las solicitudes comenzaron a sucederse: ¿podría acudir al Comité de Inteligencia del Senado? ¿Y a la Magistratura? ¿Y al Departamento de Justicia, para contribuir a la investigación del fiscal especial Robert Mueller sobre la injerencia rusa en las elecciones estadounidenses? ¿Y al Comisionado de Información del Reino Unido? ¿Y a Trinidad y Tobago? La lista continuaba. Accedí a todo, dando mi consentimiento a compartir mi información, mi tiempo, mi conciencia y mis recuerdos.

Era hora de volver a casa y hacer por mi país de origen lo que acababa de hacer por el Gobierno británico y sus ciudadanos. Los estadounidenses merecían la verdad sobre todo lo que había sucedido. De hecho, los ciudadanos de los Estados Unidos son más vulnerables que los británicos a la utilización de sus datos como armas contra ellos mismos: en los Estados Unidos existían muchos más puntos de datos disponibles sobre cada persona, y apenas había leyes que gestionasen los datos y la (mala) utilización que hacían de ellos entidades privadas y gubernamentales por igual. Era casi imposible tener transparencia o trazabilidad absolutas. Eso tenía que cambiar.

Cuando regresé a los Estados Unidos, y antes de mi primera ronda de entrevistas en D. C., fui a Nueva York. Algunos de mis amigos de las *blockchain* estaban elaborando soluciones tecnológicas a los problemas que yo acababa de exponer y deseaban celebrar una rueda de prensa. Su organización había reservado una habitación en el Roosevelt Hotel de Manhattan, donde habían reunido a muchos de los principales periodistas tecnológicos, sobre todo los que trabajaban investigando los abusos de Cambridge Analytica a raíz de las recientes y despiadadas elecciones. Con algunos de los miembros de la junta de asesores reunidos frente a una enorme pancarta en la que se leía: *dep: datos robados 1998–2018 #ownyourdata*, retransmitimos para quince medios de comunicación diferentes nuestra intención de elaborar soluciones tecnológicas para proteger los datos que el Gobierno había dejado a merced del saqueo.

Esa misma semana, tras los ataques mediáticos como resultado de la rueda de prensa en el Roosevelt Hotel, Karim y su equipo me pidieron que contratara a alguien que me llevara las relaciones públicas. ¿Y dónde mejor para encontrar a esa persona que en el discurso de Daniel Ellsberg sobre soplones en una conferencia sobre leyes humanitarias?

Aunque no era delegada oficial de la conferencia, me fui al Hilton Midtown —irónicamente, un lugar en el que no había estado desde que Alexander diera una charla allí sobre microfocalización de conducta— sin saber qué esperar, aunque me moría por conocer a uno de mis héroes. Dentro, llegué hasta la parte de atrás del salón de conferencias, desde donde escuché con atención las palabras de Ellsberg.

—¿Qué harías si fueras un joven profesional que tiene el trabajo de sus sueños —dijo Ellsberg— y descubrieras que tu jefe está mintiendo al público, promoviendo una guerra extranjera desastrosa y expandiendo un programa armamentístico que amenaza con destruir la vida humana sobre el planeta?

Me quedé desconcertada. Aquello me resultaba muy familiar.

Cuando Ellsberg se bajó del escenario, se vio rodeado: todo el mundo, desde abogados con sus mejores trajes hasta mujeres de aspecto maternal con vestidos de punto, se acercó a estrecharle la mano y darle las gracias por correr tantos riesgos frente a la adversidad. Ellsberg se mostró tranquilo, considerado y abierto a todas las preguntas, y yo estaba deseando que llegara mi oportunidad. Se produjo enseguida, cuando se acercó a mí.

No soy de las que se dejan deslumbrar con frecuencia, pero de pronto entré en modo admiradora: empezaron a sudarme las manos, se me trababa la lengua y me quedé mirándolo, a la espera de su sabiduría.

Y así sucedió. Después de que nos presentara el equipo de la película, Daniel —como me pidió que le llamara— se sentó a mi lado, tan cerca que podía sentir su calor, y me preguntó:

—¿Cuántos años tienes?

—Tengo treinta años —murmuré.

—Vaya —comentó—. Yo también tenía treinta años cuando decidí convertirme en soplón, cuando revelé los Papeles del Pentágono. Supongo que la valentía surge en torno a esa edad.

Seguía emocionada tras mi encuentro con Ellsberg cuando llegué a D. C., donde no acudía desde hacía tiempo. Mi última visita había sido en febrero, para participar en un desayuno oficial con agentes de la Comisión de Seguridad e Intercambio, de la Comisión de Comercio de Futuros de Mercancías y de la Reserva Federal, para hablar de la política de las *blockchain,* el catalizador para el lanzamiento de Digital Asset Trade Association (DATA), la primera organización de presión de *blockchain*. DATA ya había ayudado a que se aprobaran ocho nuevas leyes en los últimos meses en el estado de Wyoming, aumentando nuestra presencia en el Congreso estatal a las órdenes de la experta Caitlin Long y los diligentes trabajadores de la Coalición de Blockchain de Wyoming. DATA también estaba trabajando con los legisladores de todo el país para implementar otras leyes y regulaciones para el bien general; lo que a mí me gusta denominar «leyes positivas de *blockchain*» para diferenciarlas de la legislación que entorpece las innovaciones, como la BitLicense del Estado de Nueva York.

Ahora, de vuelta en D. C. por otra razón, pretendía nivelar el terreno de juego en mi país de origen: ¿qué diablos había sucedido en las elecciones de 2016 y por qué? Y, de ser algo perverso, ¿cómo podríamos evitar que volviera a suceder? Paul Hilder y el equipo de la película me acompañaban, ayudándome —de nuevo, como con mi aparición ante el Parlamento británico— a ordenar mis ideas entrevistándome, investigando mis pruebas y ofreciéndome su apoyo moral.

Esta vez habían organizado un encuentro con otra de mis heroínas, Megan Smith, antigua directora tecnológica de la Casa Blanca en el mandato de Obama y una de las principales figuras de la política tecnológica en el país desde hacía años. Se reunió con nosotros en una habitación que Paul había decorado con material de lectura sobre ética y política. Había viajado con una maleta llena de esos libros a muchas de las ciudades que visitábamos, y me ofrecía alguno de vez en cuando para orientarme, o sacaba uno y me leía algún pasaje que pudiera inspirarme en momentos de dificultad. Los libros proporcionaron la bienvenida perfecta para Megan, que admiró entusiasmada los títulos dispuestos ante ella.

Sentada en el sofá a su lado, descubrí que era una profesional consumada, pero era evidente que se trataba de una activista, con un traje impecablemente planchado, pero zapatos cómodos; una mujer que probablemente se pasara los días de un lado a otro de D. C. para obtener más resultados que cualquier empleado gubernamental. Le expliqué que había pasado de ser una chica de Obama a la soplona de Cambridge Analytica. Me dolía profundamente hablar de aquello con una empleada de la administración de Obama; desde entonces, el país parecía haberse ido a pique. Pero Megan no parpadeó ni pareció juzgarme. En su lugar, sacó su portátil y me enseñó una imagen que demostraba cómo había votado el Congreso desde los años veinte hasta la actualidad. Ambas facciones solían votar juntas, como podía apreciarse en los puntos rojos y azules casi indistinguibles que compartían espacio por toda la infografía. Después, a medida que las décadas se acercaban al presente, los puntos azules y los puntos rojos comenzaron a separarse, como el agua y el aceite, aproximándose, casi como si se repelieran físicamente, a extremos opuestos del gráfico.

—Es por el uso de los datos —declaró Megan. Los algoritmos nos separan porque nos empujan hacia nuestro propio agujero de creencias, enfrentándonos a la gente con la que se supone que deberíamos trabajar.

Sabía que tenía razón. Al fin y al cabo, lo había visto con mis propios ojos.

Después de contarle mi historia, me estrechó la mano y me dijo que me perdonaba. Me recordó que no era culpa mía; a veces la gente buena se ve envuelta en cosas malas. Además, es fácil que se aprovechen de una mujer joven; había sido así, pero ahora tenía la oportunidad de utilizar mi experiencia para cambiar lo que nos deparaba el futuro.

Me quedé impresionada con Megan. Sin soltarme la mano, me puso en pie y me dio un abrazo. Después se metió la mano en un bolsillo y sacó una moneda esmaltada: «Esta es la moneda tecnológica de la Casa Blanca. Voy a darles una a cada uno, para recordarles su fuerza y su inteligencia, y que podemos resolver cualquier problema que nos propongamos si trabajamos juntos. Se han aprovechado de ustedes como individuos y de nosotros como sociedades colectivas. Hay muchas cosas que podemos hacer para combatirlo, y tenemos que trabajar diariamente para lograrlo».

Llegado ese punto, Paul y yo teníamos lágrimas en los ojos y aceptamos la moneda de bronce esmaltada en rojo, blanco y azul, con unos y ceros; una moneda de datos, símbolo del problema que teníamos que resolver y de la campaña que teníamos por delante.

Tras reunirme con Megan y con miembros de diversas agencias gubernamentales y comités del Congreso, volvimos a Nueva York. Había allí alguien que deseaba hablar con nosotros de Facebook, alguien que tenía casi tanta información privilegiada como el propio Mark Zuckerberg. Había sido uno de los primeros inversores de Facebook, mentor de Zuckerberg y de Sheryl Sandberg. Algunos años atrás, su nombre también había salido en la prensa al mostrarse abiertamente crítico con Facebook. Ahora yo quería saber por qué.

Mientras esperaba en su elegante residencia de Nueva York junto al equipo de la película, vi un vídeo del ahora famoso Roger McNamee. Al igual que yo, McNamee había desempeñado un papel importante en el crecimiento de una empresa tecnológica que había tomado el camino menos transitado, y eso había marcado la diferencia. Nadie mejor que él conocía los peligros que acechaban tras el rápido crecimiento de una empresa sin ninguna competencia, sin nada parecido en el mercado. Tanto CA como Facebook habían sido dirigidas por hombres blancos privilegiados a quienes no les importaba explotar a la gente en nombre de la comunicación más avanzada, sin pararse a pensar si sus algoritmos tenían algún fallo o si lo que aportaban al mundo hacía más mal que bien. En el vídeo, Roger hablaba para la CNN y explicaba que no podía seguir guardando silencio.

Cuando McNamee entró en la habitación, dejé el teléfono y

le estreché la mano, todo ante la cámara, pero con la misma sinceridad que si se hubiese producido fuera de cámara. Iba vestido con esmero, pero se apoyó sobre la mesa, cansado después de un largo día, con los ojos inyectados en sangre de alguien que lleva mucho tiempo dando vueltas en la cama por las noches. Tras los cumplidos iniciales de rigor, nos sentamos y charlamos sobre lo que supone formar parte de la construcción de algo que acaba convirtiéndose en un monstruo, y como, pese a nuestras preocupaciones, expresadas en privado una y otra vez, el director ejecutivo al mando de ese monstruo había acabado rechazando nuestras críticas constructivas.

—Primero quería explicárselo a Mark —me dijo Roger—, pues pensaba que se alegraría de ver las fisuras en el sistema que había detectado. Vi la oscuridad en los algoritmos, vi que los datos de la gente se usaban en su contra y sugerí maneras de solucionarlo. Por desgracia, no quiso saber nada de aquello y me derivó a empleados de nivel inferior para que me «oyeran».

Zuckerberg había ignorado las advertencias de Roger, igual que Sheryl Sandberg, y al enviarlo a otros departamentos inferiores le habían mostrado la verdad: siempre y cuando Facebook experimentase un crecimiento estable de su valor, no les importaba.

—Lo que ha ocurrido con Facebook es el ejemplo más triste que he visto nunca de una empresa cegada por su éxito —dijo Roger—. Y me gustaría creer que aún puede arreglarse. He pasado años intentando convencerlos. Primero, en privado y sin hacer ruido. Y ahora con un poco más de ruido. Es frustrante porque han conseguido mucho más de lo que podían imaginar y ahora están peleándose con su orgullo. Básicamente nos están pidiendo que los desafiemos porque son demasiado orgullosos para admitir que han cometido errores. Es una pena. Nuestro trabajo es ver si podemos solucionar el problema.

Todo se había descontrolado un poco y, llegado ese punto, McNamee tenía un deber que cumplir, pues el enfoque privado del problema no había dado sus frutos y en Facebook las cosas iban a peor.

—Yo ayudé a construir esta cosa —me dijo—. ¡Mis huellas están por todas partes! Solo quiero poder dormir por las noches, ¿sabes?

Armada con la confianza en mí misma y con la certeza de que tenía el respaldo de algunos de los mejores, además de saber que estaba haciendo lo correcto, perseveré con mi campaña #OwnYourData, captando cientos de miles de seguidores por todo el mundo, y millones de visionados de mis vídeos y artículos. Tanta gente intentó acceder al vídeo en línea de mi testimonio parlamentario que el vídeo bloqueó la página web del Parlamento británico tras su publicación. Había empezado la carrera por enfrentar al poder con la verdad, y la campaña me consumía las veinticuatro horas del día.

Una de mis primeras apariciones importantes fue en el Parlamento europeo, el día antes de que se promulgara la Regulación General de Protección de Datos, el primer cambio importante en la política de privacidad de datos en los últimos veinte años. Además hablé en el coloquio inaugural de la mayor conferencia de *blockchain* celebrada hasta el momento, moderado por el ex primer ministro de Estonia, donde compartí escenario con un ministro de finanzas y el director de tecnología financiera del Banco Central Europeo. Participé en eventos de privacidad de datos y reuniones tecnológicas, ruedas de prensa y programas de noticias. Estuve presente en reuniones a puerta cerrada con legisladores de todo el mundo y me convertí en confidente de reporteros que necesitaban información privilegiada de manera extraoficial.

Mis disertaciones no eran solo de carácter informativo; por defecto, con frecuencia acababa ejerciendo de perito en casos de delitos de datos. En al menos doce investigaciones individuales y juicios múltiples, proporcioné testimonio pericial, para regocijo de mis seguidores y de los legisladores. El mejor ejemplo fue *McCarthy contra Equifax,* donde mis compañeros del bufete de abogados Madgett and Partners demandaron a la empresa que ahora es famosa por una de las mayores filtraciones de datos de la historia. En el momento de la filtración, Equifax había dejado expirar más de trescientos certificados de seguridad, lo que el abogado de la acusación que llevaba el caso, David Madgett, comparó con «dejar la puerta abierta con las luces encendidas y la alarma desconectada». Madgett acusó a Equifax de daños a la propiedad como resultado de la exposición de los datos personales de ciento cincuenta y siete millones de estadounidenses a un riesgo permanente de actividad fraudulenta y robo de identidad. Con su victoria en el tribunal supremo estatal, tus datos ahora son de tu propiedad en el estado de Minnesota, y todos nos alegramos por ello. Con los juicios de Equifax —y con los nuevos proyectos de ley presentados ante el Parlamento británico, el Congreso de los Estados Unidos y los organismos legislativos de muchos otros gobiernos en todo el mundo—, las leyes de protección de datos van progresando.

¿Qué se descubrió con todos esos juicios e investigaciones? En el momento en el que escribo esto, aún no está claro. Solo se ha publicado el informe de Mueller, con muchas modificaciones y sin una conclusión directa; aunque creo que Robert Mueller fue muy claro para aquellos que quieran leer entre líneas:

> Si el presidente no fuera un delincuente, nos lo diría = El presidente es un delincuente.
>
> Si el presidente no tuviera una imputación oficial aguardándole, nos lo diría = En cuanto Donald Trump salga de la Casa Blanca, va a ir a la cárcel.

No entiendo por qué fue necesaria una licenciatura en criptografía para que el pueblo estadounidense y el mundo en general pudieran deducir aquello, pero yo capté el mensaje, y espero que los demás también.

Hay varias investigaciones similares que siguen abiertas, desde la negociación de la Comisión Federal de Comercio de una multa de cinco mil millones de dólares por la negligencia de Facebook y su incapacidad para proteger a los consumidores hasta las investigaciones criminales de los Brexiters. Y, por supuesto, las vistas del Comité Judicial y del Comité de Inteligencia de la Cámara de Representantes sobre la investigación de Mueller por la injerencia rusa en las elecciones y la posible obstrucción a la justicia del presidente Trump siguen abiertas en el momento en el que escribo estas líneas.

Una mañana de marzo de 2019, me encontré al despertar una avalancha de mensajes y correos: el congresista Jerry Nadler había tuiteado una lista de ochenta y una personas que serían llamadas como testigos en su investigación sobre la validez del presidente Trump para desarrollar su cargo. Yo era la número nueve.

No debería haberme sorprendido. Había sido una de las propiciadoras. Había ayudado a construir la maquinaria y había sido testigo de cómo Trump, Facebook y el Brexit desbarataban la democracia delante de mis ojos, colándose en nuestra vida digital para usar nuestros datos en nuestra contra. Ahora era el momento de evitar que volviera a suceder.

En cuanto a Trump, no ha cambiado nada, pero el informe de Mueller se ha publicado. Mueller testificó en el Congreso y reafirmó su petición: «Échenlo de ahí y yo lo arrestaré».

En cuanto a Facebook, ha tenido que cambiar algunas de sus políticas. Ahora tenemos descargos de responsabilidad sobre noticias falsas y vídeos editados, y notificaciones que etiquetan la publicidad política y su procedencia. Ha sido condenada por incumplimiento de las políticas de protección de datos en muchos países y acaba de recibir una multa de cinco mil millones de dólares por parte de la Comisión Federal de Comercio —un máximo histórico—, que con suerte el Gobierno utilizará para desarrollar tecnología que proteja a los consumidores.

En cuanto al Brexit, seguimos sin acuerdo, la votación popular es posible. Los Brexiters han sido declarados culpables de incumplimiento de las leyes de protección de datos y de violación de las regulaciones del gasto electoral.

No son resultados definitivos, pero, pese a lo que dicen los críticos, nunca es demasiado tarde para hacer lo correcto. Nuestras decisiones del día a día nos convierten en parte del problema o en parte de la solución. Yo he decidido ser parte de la solución. ¿Y tú?

¿Hacia dónde nos dirigimos ahora? ¿Cómo le buscamos el sentido a todo esto? ¿Será posible volver a tener alguna vez unas elecciones justas y libres, o incluso tener autodeterminación en nuestra vida diaria? Echemos un vistazo a los principales protagonistas y veamos dónde podemos esperar encontrar más de lo mismo, por el bien de la vigilancia grupal.

Cambridge Analytica y SCL Group han sido disueltas, pero ¿qué significa eso? Muchos de mis antiguos compañeros siguen por ahí, haciendo consultoría en elecciones y trabajando en el análisis de datos. Eso incluye a Alexander Nix, quien, según los informes de prensa, se reunió con la ex primera ministra Theresa May tras su dimisión y con el nuevo primer ministro Boris Johnson. Teniendo en cuenta la labor inacabada de la ICO y las investigaciones parlamentarias, me preocupa dónde pueda haber ido a parar la conversación sobre el apoyo al Brexit y la campaña. Y, además de Alexander, aunque muchos de los antiguos empleados de Cambridge Analytica eran profesionales brillantes y bienintencionados, otros eran justo lo contrario; y seguirán ejecutando sus viejos trucos sin que nadie les pida explicaciones de sus actos.

Los Mercer, aunque hayan caído en desgracia con Trump, siguen siendo influyentes en la escena política y probablemente financiarán muchas causas, algunas de las cuales podrían utilizar materiales polémicos e incendiarios, teniendo en cuenta su historial. Yo vigilaría dónde va destinado el dinero de las organizaciones no lucrativas exentas de pagar impuestos, además del de los comités de acción política. Su influencia nos ha quedado muy clara.

Facebook, a pesar de haber elaborado una lista de soluciones superficiales, aún no ha hecho ningún avance en cuanto al control de las noticias falsas, los algoritmos que priorizan la información falsa e incendiaria, o la capacidad para evitar que los agentes malintencionados focalicen a los usuarios en la plataforma. Aunque te permiten ver tus datos, las etiquetas de anuncios políticos y el contenido creativo editado (como el vídeo manipulado de Nancy Pelosi), no están preparados para las próximas elecciones, y mucho menos para la actividad diaria de los usuarios. Recientemente compartí escenario con Ya'el Eisenstat, quien tras una carrera en la CIA y en la lucha antiterrorista y antipropaganda, fue contratada por Facebook como directora de integridad electoral. Dejó el puesto después de seis meses y se negó a cobrar un sueldo o acciones por el tiempo invertido en la empresa, pues Mark y Sheryl no querían implementar ninguna de sus recomendaciones para proteger a los ciudadanos de cara al próximo ciclo electoral. No hace falta que diga más.

Por el lado legislativo, estamos recibiendo el apoyo necesario para hacer cambios reales este año, pero las leyes solo llegan hasta donde alcanza la tecnología que hay detrás. Por suerte, las soluciones *blockchain,* que siempre esperé que pudieran solventar los problemas de Facebook, tendrán ahora la oportunidad de transformar la industria de los datos de la cabeza a los pies, devolviendo a los individuos el valor producido por ellos mismos día tras día y dando al mundo la capacidad de entrar en una nueva economía global a la que antes solo tenían acceso las organizaciones más poderosas del mundo.

El *Big Data,* Trump y Facebook han desbaratado nuestra democracia. Yace hecha pedazos a nuestros pies, y son los individuos los que tienen que recomponerla pieza a pieza.

Ahora tenemos una oportunidad: podemos empezar a juntar

esos pedazos para crear una comunidad global ética y estable que emplee su tiempo y sus decisiones en generar un cambio positivo, un mundo más ético; o podemos dejar nuestras sociedades hechas pedazos a nuestros pies y prepararnos para el impacto diario, hasta que esos pedazos queden tan dañados que ya no podamos volver a recomponerlos.

La decisión es nuestra: tenemos en la Casa Blanca a un hombre al que probablemente le espere una imputación; confía en mí, el dictador que pelea por permanecer en su lugar es más peligroso que nunca. Puede que vaya a la cárcel si pierde las próximas elecciones: piénsalo por un momento. Se negó a entrevistarse con Mueller y, en su lugar, se dedica a calumniarlo en las redes sociales. Puedo asegurarte que recurrirá a cualquier arma que esté a su disposición para conservar el poder.

En segundo lugar, tenemos a un hombre en Menlo Park que también se aferra al poder: ha hablado recientemente de Libra, un ecosistema de pagos mediante *blockchain* que me gustaría poder defender, pero no puedo. Libra, un consorcio de grandes corporaciones como Facebook, Uber y Visa que desean lanzar su propio sistema financiero, permitiría un abuso de datos tan extendido que los gobiernos de todo el mundo se han alzado para impedir que el gestor más negligente de nuestros activos digitales se convierta en el nuevo banco central digital mundial. Imagina una distopía en la que te puedan vender productos a un precio distinto porque el vendedor sabe cuánto dinero tienes en tu cuenta bancaria. Ya está pasando, y Libra nos arrojará a un mundo conectado con el que nunca soñamos; más bien nos produce pesadillas.

Por último, existe un interminable flujo de datos, aún sin regular, que resultan ilocalizables. Cuando salen ahí fuera, ya no podemos recuperarlos. Debemos exigir un cambio, derechos sobre nuestros datos, antes de que este ecosistema se destruya. Como dijo Paul Hilder en una ocasión, «soy optimista, creo que puedes arreglar las cosas que están rotas». Deseo ver esa actitud en la nueva generación de políticos que pretenden llamar nuestra atención. Dennos algo que nos devuelva la esperanza, dadnos las herramientas para fortalecernos. Necesitamos un cambio legislativo, e inversiones reales en soluciones tecnológicas que nos permitan poner en práctica esos nuevos patrones.

Ahora es el momento. Debemos unirnos para recoger los pedazos de nuestra vida digital y reconstruirlos para proteger nuestro futuro.

Epílogo

EL FIN DE LA GUERRA DE LOS DATOS

> Tendremos que desear la paz, desearla tanto como para pagar con ella, con nuestra actitud y de manera material. Tendremos que desearla lo suficiente para superar nuestra apatía y salir a buscar todos esos países que la desean tanto como nosotros.
>
> —ELEANOR ROOSEVELT

En definitiva, la cuestión de los derechos de los datos es el asunto fundamental de esta generación. Los datos, nuestros activos digitales intangibles, son la única clase de activos a cuyo valor los productores no tienen derecho, ni permiso para recopilarlos, almacenarlos, comerciar con ellos y, en última instancia, beneficiarse con su producción. A lo largo de la historia, hemos contemplado con desdén el saqueo que hicieron los cruzados de la tierra, el agua y el petróleo de propietarios indígenas, que no eran tan poderosos como aquellos que les arrebataban sus preciados bienes por la fuerza, y lo hemos considerado una mancha en nuestro pasado.

¿Cómo entonces hemos permitido que Silicon Valley nos engañe en silencio? Al publicar y compartir con orgullo nuestra vida digital en sus plataformas, hemos sido cómplices de nuestra propia focalización. Hemos visto el ascenso del racismo y la intolerancia, la disolución de la sociedad civil, el crecimiento viral de las noticias falsas y las repercusiones en el mundo físico cuando tienen como resultado la violencia y el asesinato. ¿Cómo ahora, viéndolo con perspectiva, volvemos a decir «nunca más» con la misma fuerza con la que lo dijimos tras descubrir aquellas atrocidades en nuestras clases de historia?

La verdad es que ahora tenemos una oportunidad de oro que se presenta una sola vez en la vida. De nosotros depende aprovecharla o pasar a la posteridad como activistas de sillón que dejaron que un futuro brillante se les escapara entre los dedos. Tenemos muchas formas de recuperar el control de nuestra vida digital, de ser los dueños de nuestros datos, de exigir transparencia y de poner fin a la cleptocracia en la que se ha convertido la industria tecnológica.

Soy una eterna optimista, o de lo contrario no haría la siguiente advertencia: debemos actuar con rapidez mientras tengamos el impulso a nuestro favor. Si elegimos quedarnos de brazos cruzados, entonces las realidades distópicas de *1984* y *Black Mirror* serán más reales de lo que experimentamos hoy en día. El tribalismo crecerá, el umbral entre la verdad y la manipulación se desdibujará y puede que nunca podamos recuperar el derecho a nuestra identidad digital, el activo más valioso del mundo. El momento de actuar es ahora.

Tenemos un gran trabajo que hacer, y poner en práctica estas actitudes se ha convertido en mi razón de ser. Tras leer este libro, puedes darte cuenta de cómo incluso una intelectual de mente abierta puede dejarse engañar por un simple juego de manos y la desinformación con la que nos bombardean a diario.

¿Cómo entonces podemos protegernos? ¿Cómo protegemos nuestra democracia? Nos ponemos en pie, nos expresamos y actuamos. El deber de un buen ciudadano es no permanecer callado.

Puedes empezar hoy mismo con lo siguiente:

1. *Adquiere cultura digital.* Ya es hora de que nos eduquemos a nosotros mismos y a los demás para que entendamos a qué nos enfrentamos: cómo recopilan nuestros datos, dónde van, dónde los guardan y cómo pueden usarlos en nuestra contra (o para hacer del mundo un lugar mejor). Empecé en la industria de los datos con la esperanza de poder usarlos para hacer el bien, y vi lo que ocurre cuando las malas prácticas llegan a los más altos escalafones del poder. Algunas de las mejores herramientas para contraatacar pueden encontrarse en la página web de DQ Institute. Ahí descubrirás por qué la inteligencia digital es esencial en la era digital y cómo ponerte al día para protegerte a ti mismo y a los que te rodean. Entra en http://www.dqinstitute.org.
2. *Implícate con los legisladores.* Aunque admito que redactar y aprobar más leyes no es una solución inmediata, es una manera tangible de trabajar por un futuro mejor, por proteger nuestra sociedad en las próximas generaciones. Hay mucha gente buena en el Gobierno y en las organizaciones de la sociedad civil que trabaja en leyes que nos protejan. Infórmate sobre las próximas iniciativas legislativas e involúcrate. Llama y escribe a tus legisladores (podrás encontrar los detalles en https://www.usa.gov/elected-officials) y diles que apoyas

una legislación de protección de datos con sentido común, incluyendo los siguientes proyectos de ley e iniciativas pendientes que están debatiéndose actualmente, tanto en el Congreso como entre la opinión pública:

a. *El proyecto de ley sobre el consentimiento del senador Ed Markey* cambiaría las tornas, exigiendo que las empresas necesiten un consentimiento explícito por parte de los usuarios (en vez de dar el consentimiento de manera automática), que desarrollen prácticas razonables de seguridad de datos y que notifiquen a los usuarios sobre toda la recopilación y filtración de datos.

b. *La Ley de Responsabilidad Ejecutiva Corporativa de la senadora Elizabeth Warren* convertiría a los ejecutivos corporativos en responsables criminales de las filtraciones de datos que se producen como resultado de una negligencia, como en las filtraciones de Equifax y de Facebook.

c. *La iniciativa legislativa «Tú eres el producto» de Jim Steyer* consagraría el recurso legal por el abuso de tus datos y los derechos de propiedad. Los proyectos de ley correspondientes aún no han sido presentados, pero serán algo importante, ya que Jim y Californians for Consumer Privacy fueron esenciales a la hora de transformar el Reglamento General de Protección de Datos (GDPR, por sus siglas en inglés) en la Ley de Privacidad del Consumidor de California (CCPR, por sus siglas en inglés), la legislación más completa sobre datos en los Estados Unidos.

d. *La Ley de Dividendo de Datos del gobernador de California Gavin Newsom,* que ha sido presentada y se está debatiendo, reconoce que los ciudadanos cuyos datos personales hayan sido recopilados deberían ser recompensados por su utilización.

e. *La ley de desvío del senador Mark Warner* y sus proyectos de ley asociados pretenden regular la tecnología proporcionando transparencia sobre el valor de los datos del consumidor y bloquear los «patrones oscuros» manipuladores en el uso de algoritmos.

f. *La legislación de Activos Digitales del Estado de Wyoming,* que incluye trece nuevas leyes ya aprobadas, y tiene muchas más en mente durante el próximo ciclo legislativo. Los beneficios incluyen la definición de tus activos digitales como propiedad personal intangible, por tanto tienes derecho a su utilización y a presentar un recurso legal por la utilización a manos de terceras personas. Puedes descubrir más sobre la nueva capital tecnológica de los Estados Unidos aquí: http://www.wyoleg.gov.

g. *La Ley de Integridad Científica del Proyecto de Responsabilidad del Gobierno* apoya a los soplones de la ciencia protegiendo a aquellos que tienen el poder de denunciar el abuso y la negligencia. Queremos más individuos fuertes que se pongan en pie por el bien común y se sientan cómodos al hacerlo. Implícate aquí: http://www.whistleblower.org/supportingsciencewhistleblowers.

3. *Ayuda a las empresas a tomar la decisión más ética.* Muchas empresas buscan ofrecer soluciones asequibles y fáciles de aplicar a los problemas de nuestra vida digital. Debemos ponérselo fácil a las empresas nuevas y más pequeñas para que se ajusten a las nuevas leyes y alentarlas a promover cambios esenciales en sus modelos de negocio. Empresas tan

grandes como Facebook y Google no necesitan esa ayuda, pues suelen tener más experiencia que los reguladores a la hora de resolver esos problemas. Mientras los reguladores se encargan de las malas prácticas, tú puedes demostrar que te importa aplicando algunas de las soluciones tecnológicas éticas que aparecen en: http://designgood.tech. Para ver un ejemplo de liderazgo intelectual corporativo, echa un vistazo a Phunware (NASDAQ:PHUN), una empresa de *Big Data* que devuelve los datos a los consumidores y les recompensa por su uso: http://www.phunware.com. Además, estoy deseando ver la primera versión de prueba de Voice, una nueva red social que te permite estar en posesión de tus datos, obtener recompensas por el contenido que produces y bloquea los *bots* y las cuentas falsas utilizando la verificación de identidad legítima KYC/AML. Gracias a BlockOne por elaborar algo en lo que Facebook y Twitter deberían aspirar a convertirse: http://www.voice.com.

4. *Pide a los reguladores que exijan responsabilidades por los abusos de poder.* El principal problema de las investigaciones extensas y prolongadas es que los individuos, campañas y empresas culpables suelen quedar en evidencia, pero no ser castigadas. Muchas de ellas no tomarán decisiones éticas a no ser que las obliguen; de ahí mi hincapié en la legislación y la regulación. Como esos cambios no se producen internamente, se necesita la presión externa. Las campañas del Brexit y de Trump no siguieron leyes y regulaciones existentes, y limitarse a multar a entidades con mucho dinero no las disuade de volver a incumplir la ley. Si queremos reparar

nuestra democracia, tenemos que ponernos en pie y lograr que se oiga nuestra voz. Ponte en contacto con la Comisión Federal Electoral, la Comisión Federal de Comercio y la Comisión Electoral Británica para hacerles saber que exiges soluciones reales y la conclusión satisfactoria de las investigaciones en curso antes de las próximas elecciones.

5. *Toma decisiones éticas en tu propia vida digital.* Elige poner en duda los artículos de desacreditación. Abstente de compartir mensajes que inciten a la rabia o al miedo. Elige no participar de esa negatividad, del acoso. Si diriges una empresa, ofrece a tus consumidores transparencia y la posibilidad de dar su consentimiento. Explícales los beneficios de los datos que comparten; obtendrás mayores recompensas con una comunicación sincera. No recurras a los engaños y no vendas los datos a terceras personas sin comunicárselo a tus consumidores y sin darles la opción de disentir. No emplees tácticas engañosas para captar la atención de la gente; los anuncios oscuros y la retórica divisoria han separado a nuestras sociedades, y solo con un clic de ratón. Esfuérzate por no caer en la trampa de la conveniencia. No es momento de permanecer sentados; necesitamos que todo el mundo actúe.

Como dijo Albert Einstein, «no soy solo pacifista, sino un pacifista militante. Estoy dispuesto a luchar por la paz. Nada pondrá fin a la guerra hasta que la gente se niegue a ir a la guerra». Debemos luchar por arreglar nuestra democracia antes de que se rompa para siempre.

Solo podemos lograrlo juntos.

Recuerda: ¡puedes actuar! Protegernos no solo depende de la tecnología y de nuestros gobiernos. Debemos manifestarnos nosotros también. No necesitas esa aplicación viral de Facebook, ni responder a ese cuestionario, ni regalar tus datos de reconocimiento facial solo para ver qué aspecto tendrás cuando seas mayor. San Francisco fue la primera ciudad de los Estados Unidos en prohibir el reconocimiento facial, y esa ciudad conoce sus riesgos mejor que ninguna otra.

Cada día puedes utilizar esa nueva aplicación por comodidad o decidir si puedes vivir con las webs y las opciones telefónicas tradicionales. Compruébalo tú mismo: ¿esa aplicación utiliza tus datos y, de ser así, con quién los comparte? ¿Con qué objetivo? Esas decisiones tienen consecuencias. Un ejemplo sencillo son tus mensajes diarios. Voy a decirlo a las claras: ¡usa Signal, no WhatsApp! Mark Zuckerberg debilitó la codificación para poder extraer datos con los que focalizar. Y tú puedes evitar que te focalicen tomando una decisión muy sencilla.

Yo debería saberlo, porque me ocurrió a mí. Me focalizaron y perdí el rumbo. Probablemente a ti también te haya pasado de un modo u otro, lector. Y no quiero que termines esta página sintiéndote impotente, sino más bien fortalecido. Puedes ser el dueño de tus datos y aprovechar tu propio valor, pero todos debemos acceder y construir un mundo basado en la transparencia y la confianza. Si lo hacemos, te garantizo que llegamos a tiempo, con el impulso que recorre el mundo, de redefinir el aspecto de nuestro futuro ético, juntos.

Agradecimientos

Cada día me siento agradecida por todas las oportunidades que me han dado quienes me rodean y por el apoyo incondicional con el que me he encontrado entre mis seres queridos y entre aquellos a quienes aún no conozco. Por lo tanto, hacer que esta lista sea completa es casi imposible, pero haré lo posible por reconocer a las personas y organizaciones más importantes de mi vida. Gracias a todos los que han ayudado, y ayudarán, por el camino. Me inspiran, y con su esfuerzo marcan la diferencia. Juntos podemos conducir nuestro mundo hacia un futuro digital más ético.

Muchas gracias especialmente a:

Mi familia; primero a mi hermana y cofundadora, Natalie, que se sumó al activismo por los derechos de los datos y lo puso en marcha. Tu amor, tu intención y por supuesto tu diligente organización son responsables de gran parte del impacto que causamos juntas. A mis padres, por creer siempre en mí y animarme a alcanzar la excelencia. Me educaron para hacer lo correcto y para trabajar duro por aquello en lo que creo, y no puedo estarles más agradecida. A mis abuelos, tías, tíos, primos y primas, y a todos los miembros de mi familia política: los quiero tanto... Me alegra mucho que formen parte de mi viaje.

Digital Asset Trade Association (DATA), sobre todo a David Pope, Alanna Gombert, Jill Richmond y Brent Cohen, por trabajar sin cobrar desde enero de 2018 para promover nuevas iniciativas legislativas que definan y protejan los activos digitales en todo el mundo. Su energía y apoyo no conocen límites.

Paul Hilder, me cuesta expresar con palabras lo importante que han sido tu amistad y tu fe en mí; no solo para mí, sino también para el mundo. Gracias por preocuparte tanto por causas importantes a las que dedicas tu vida. Gracias por solucionar problemas en nombre de un bien superior y no rendirte nunca hasta que lo consigues. Eres un experto en convertir las ideas en acciones y eres la razón por la que existe la campaña #OwnYourData. Siempre creíste en mí. Seguiré haciendo que te sientas orgulloso del tiempo que donaste a esta causa.

Nada es privado («El gran hackeo») y los equipos de Netflix, en especial a Geralyn Dreyfous por tu apoyo sin igual, y a los maravillosos Karim Amer, Jehane Noujaim y Pedro Kos por contar al mundo parte de mi historia de un modo que ha resultado increíblemente impactante. A Elizabeth Woodward, Bits Sola, Basil Childers, Matt Cowal y al resto del estupendo (y paciente) equipo cinematográfico que creó e impulsó la impactante campaña viral guiada por *Nada es privado* y nuestros socios.

HarperCollins y Eileen Cope, por darme esta oportunidad tan especial de contar mi historia por todo el mundo y por la posibilidad de decir por fin la verdad de lo que ocurrió y por qué, y por dar al público las herramientas necesarias para ejecutar un cambio tangible.

Julie Checkoway, por apoyar la creación de *La dictadura de los datos* de un modo que jamás habría imaginado. Tu intelecto feroz, tus comentarios intuitivos y tu apoyo emocional han cambiado mi vida para siempre. Nunca te estaré lo suficientemente agradecida.

Julia Pacetti, no solo por convertirte en mi protectora, en mi segunda madre y en una de mis mejores amigas, sino por tu dinamismo profesional y tu capacidad inigualable para convertir conversaciones importantes en un fenómeno global. Tu capacidad para llegar hasta los líderes legales, políticos y comerciales y conseguir que apoyen iniciativas importantes no deja de sorprenderme. ¡Eres una fuerza de la naturaleza!

Mis abogados, Geoffrey Robertson, Mark Stephen, Jim Walden y Amanda Senske, que me dedicaron su tiempo sin cobrar y me ofrecieron el asesoramiento y el apoyo que necesitaba para poder dar mi testimonio por todo el mundo. Su experiencia a la hora de enfrentarse al poder con la verdad ha ayudado a muchas causas, y es un honor estar representada por ustedes.

El gran estado de Wyoming y las personas que lo han convertido en la capital progresista de la protección de los activos digitales. Con un reconocimiento especial para Caitlin Long, el diputado Tyler Lindholm, el senador Ogden-Driskill, Rob Jennings, Steven Lupien y el resto del equipo de Wyoming Blockchain Task Force, the Wyoming Blockchain Coalition y los legisladores progresistas que han votado para aprobar las trece nuevas leyes que protegen a los ciudadanos y residentes. ¡Estoy orgullosa de llamar a este maravilloso lugar mi nuevo hogar!

El Congreso de los Estados Unidos y sus grandes líderes intelectuales, por impulsar la regulación de la tecnología y la protección de los activos digitales de los ciudadanos y residentes de los Estados Unidos. Con una mención especial para el senador Mark Warner, el senador Ed Markey y la senadora Elizabeth Warren. Son un referente para que otros vean lo importante que es esto para el futuro de nuestro país.

Matt McKibbin, por ser un increíble amigo, compañero y líder intelectual. Tu amor y tu apoyo me han ayudado a no perder la cabeza y a convertirme en una persona más abierta, eficaz y considerada. Me has enseñado a cuestionar todo lo que alguna vez me han dicho y a reinventar un mundo mejor construido sobre principios más éticos. Juntos estamos cambiando el mundo y estoy deseando ver lo que nos depara el futuro.

Lauren Bissell, por ser mi compañera trotamundos y mi gran amiga emprendedora y aventurera a la que no solo quiero, sino necesito. Estoy deseando ver todas las cosas emocionantes que haremos en el futuro.

Chester Freeman, por tu mente brillante, por tu amistad y por abrir mi mundo a este viaje descabellado. Te quiero y quiero que sepas lo importante que has sido para mí desde hace más de diez años.

Al resto de mis amigos, compañeros, activistas, soplones y seguidores de todo el mundo: gracias por todo lo que han hecho para promover estas causas y para apoyarme a mí y a esta campaña. Tenemos un futuro brillante por delante gracias a sus esfuerzos. #OwnYourData sigue creciendo y avanzando gracias a ustedes.

Y a mis lectores: gracias por preocuparse y por leer mi historia. Espero que esto los inspire para cambiar sus vidas y para formar parte de un movimiento que genere un cambio positivo en nuestra vida digital.

Notas

1: UNA COMIDA TARDÍA

1. Ari Berman, «Jim Messina, Obama's Enforcer», The Nation, 30 de marzo de 2011, http://www.thenation.com/article/159577/jim-messina-obamas-enforcer.
2. David Corn, «Inside Groundswell: Read the Memos of the New Right-Wing Strategy Group Planning a "30 Front War"», Mother Jones, 25 de julio de 2013, https://www.motherjones.com/politics/2013/07/groundswell-rightwing-group-ginni-thomas/.

3: PODER EN NIGERIA

1. Julien Maton, «Criminal Complaint Against Nigerian General Buhari to Be Filed with the International Criminal Court on Short Notice», *Ilawyerblog*, 15 de diciembre de 2014, http://ilawyerblog.com/criminal-complaint-nigerian-general-buhari-filed-international-criminal-court-short-notice/.
2. John Jones, «Human Rights Key as Nigeria Picks President», *The Hill*, 20 de febrero de 2015, https://thehill.com/blogs/congress-blog/civil-rights/233168-human-rights-key-as-nigeria-picks-president.

4: DAVOS

1. «Our Mission», Foro Económico Mundial, https://www.weforum.org/about/world-economic-forum.
2. Jack Ewing, «Keeping a Lid on What Happens in Davos», *New York Times*, 20 de enero de 2015, https://dealbook.nytimes.com/2015/01/20/keeping-a-lid-on-what-happens-in-davos/.
3. *Ibid*.
4. Strategic Communications Laboratories. «NID Campaign January-February 2015 Final Completion Portfolio». Londres: Strategic Communications Laboratories, 2015.
5. Agencias de Abuja, «West Criticises Nigerian Election Delay», *Guardian*, 8 de febrero de 2015, https://www.theguardian.com/world/2015/feb/08/nigeria-election-delay-west-us-uk.
6. *Ibid*.

7. *Ibid.*
8. Nicholas Carlson, «Davos Party Shut Down After Bartenders Blow Through Enough Booze for Two Nights», *Business Insider,* 23 de enero de 2015, https://www.businessinsider.com/davos-party-shut-down-by-swiss-cops-2015-1.

6: ENCUENTROS Y REUNIONES

1. Joseph Bernstein, «Sophie Schmidt Will Launch a New Tech Publication with an International Focus», *BuzzFeed,* 1 de mayo de 2019, https://www.buzzfeednews.com/article/josephbernstein/a-google-scion-is-starting-a-new-publication-with-focus-on.
2. https://www.bluestatedigital.com/who-we-are/.
3. https://www.bluelabs.com/about/.
4. https://www.civisanalytics.com/mission/.
5. Rosie Gray, «What Does the Billionaire Family Backing Donald Trump Really Want?», *The Atlantic,* 27 de enero de 2017, https://www.theatlantic.com/politics/archive/2017/01/no-one-knows-what-the-powerful-mercers-really-want/514529/.
6. Mary Spicuzza y Daniel Bice, «Wisconsin GOP Operative Mark Block Details Cambridge Analytica Meeting on Yacht», *Journal Sentinel,* 29 de marzo de 2018, https://www.jsonline.com/story/news/politics/2018/03/29/wisconsin-operative-mark-block-details-meetings-between-cambridge-analytica-and-its-billionaire-back/466691002/.
7. Erin Conway-Smith, «As Nigeria Postpones Its Elections, Has It Chosen Security over Democracy?», *World Weekly,* 12 de febrero de 2015, https://www.theworldweekly.com/reader/view/939/-as-nigeria-postpones-its-elections-has-it-chosen-security-over-democracy.
8. Vicky Ward, «The Blow-It-All-Up Billionaires», *Huffington Post,* 17 de marzo de 2017, https://highline.huffingtonpost.com/articles/en/mercers/.
9. *Ibid.*
10. *Ibid.*
11. *Ibid.*
12. «We Need "Smith"», vídeo, Promise to America, http://weneedsmith.com/who-is-smith.
13. Rebekah Mercer, «Forget the Media Caricature. Here's What I Believe», *Wall Street Journal,* 14 de febrero de 2018, https://www.wsj.com/articles/forget-the-media-caricature-heres-what-i-believe-1518652722.
14. *Ibid.*
15. Quinnipiac University Poll, «Walker, Bush in Tight Race among U.S.

Republicans, Quinnipiac University National Poll Finds; Clinton Sweeps Dem Field, with Biden in the Wings», *Quinnipiac University Poll*, 5 de marzo de 2015, https://poll.qu.edu/national/release-detail?ReleaseID=2172.

16. Timothy Egan, «Not Like Us», *New York Times*, 10 de julio de 2015, https://www.nytimes.com/2015/07/10/opinion/not-like-us.html?_r=0.
17. Dolia Estevez, «Mexican Tycoon Carlos Slim's Camp Calls Ann Coulter's Wild Allegations Against Him True Nonsense», *Forbes*, 9 de junio de 2015, https://www.forbes.com/sites/doliaestevez/2015/06/09/mexican-tycoon-carlos-slims-camp-calls-ann-coulters-wild-allegations-against-him-true-nonsense/#694892fc654f.

7: LA CARA DEL BREXIT

1. Naina Bajekal, «Inside Calais's Deadly Migrant Crisis», *Time*, 1 de agosto de 2015, http://time.com/3980758/calais-migrant-eurotunnel-deaths/.
2. «The Dispossessed chart», *The Economist*, 18 de junio de 2015, https://www.economist.com/graphic-detail/2015/06/18/the-dispossessed.
3. «Forced Displacement: Refugees, Asylum-Seekers, and Internally Displaced People (IDPs)», Comisión Europea, s.f., https://ec.europa.eu/echo/refugee-crisis.
4. Louisa Loveluck y John Phillips, «Hundreds of Migrants Feared Dead in Mediterranean Sinking», *Telegraph*, 19 de abril de 2015, https://www.telegraph.co.uk/news/worldnews/africaandindianocean/libya/11548071/Hundreds-feared-dead-in-Mediterranean-sinking.html.
5. «What's Behind the Surge in Refugees Crossing the Mediterranean Sea?», *New York Times*, 21 de mayo de 2015, https://www.nytimes.com/interactive/2015/04/20/world/europe/surge-in-refugees-crossing-themediterranean-sea-maps.html.
6. Unión Europea, «European Union Receives Nobel Peace Prize 2012», Unión Europea, s.f., https://europa.eu/european-union/about-eu/history/2010-today/2012/eu-nobel_en.
7. Stephen Castle, «Nigel Farage, Brexit's Loudest Voice, Seizes Comeback Chance», *New York Times*, 14 de mayo de 2019, https://www.nytimes.com/2019/05/14/world/europe/nigel-farage-brexit-party.html.
8. Thomas Greven, «The Rise of Right-wing Populism in Europe and the United States: A Comparative Perspective», Friedrich-Ebert-Stiftung, mayo de 2016, https://www.fesdc.org/fileadmin/user_upload/publications/RightwingPopulism.pdf.

9. Charlie Cooper, «Trump's UK Allies Put Remain MPs in Their Sights», *Politico.eu,* 20 de noviembre de 2016, https://www.politico.eu/article/trump-farage-uk-brexit-news-remain-mps/.
10. Ed Caesar, «The Chaotic Triumph of Arron Banks, the "Bad Boy of Brexit"», *The New Yorker,* 25 de marzo de 2019 https://www.newyorker.com/magazine/2019/03/25/the-chaotic-triumph-of-arron-banks-the-bad-boy-of-brexit.
11. Simon Shuster, «Person of the Year: Populism», *Time,* http://time.com/time-person-of-the-year-populism/.

8: FACEBOOK

1. Harry Davies, «Ted Cruz Using Data Firm that Harvested Data on Millions of Unwitting Facebook Users», *Guardian,* 11 de diciembre de 2015, https://www.theguardian.com/us-news/2015/dec/11/senator-ted-cruz-president-campaign-facebook-user-data.
2. «The Facebook Dilemma», *Frontline,* PBS, 29 de octubre de 2018.
3. *Ibid.*
4. Mark Sullivan, «Obama Campaign's "Targeted Share" App Also Used Facebook Data from Millions of Unknowing Users», *Fast Company,* 20 de marzo de 2018, https://www.fastcompany.com/40546816/obama-campaigns-targeted-share-app-also-used-facebook-data-from-millions-of-unknowing-users.
5. «The Facebook Dilemma», *Frontline,* PBS, 29 de octubre de 2018.
6. *Ibid.*
7. *Ibid.*
8. *Ibid.*

9: PERSUASIÓN

1. James Swift, «Contagious Interviews Alexander Nix», *Contagious.com,* 28 de septiembre de 2016, https://www.contagious.com/news-and-views/interview-alexander-nix.

10: BAJO LA INFLUENCIA

1. Jane Mayer, «The Reclusive Hedge-Fund Tycoon Behind the Trump Presidency», *The New Yorker,* 27 de marzo de 2017, https://www.newyorker.com/magazine/2017/03/27/the-reclusive-hedge-fund-tycoon-behind-the-trump-presidency.
2. Jim Zarroli, «Robert Mercer Is a Force to Be Reckoned with in Finance and Conservative Politics», *NPR.org,* 26 de mayo de 2017,

https://www.npr.org/2017/05/26/530181660/robert-mercer-is-a-force-to-be-reckoned-with-in-finance-and-conservative-politic?t=1562072425069.

3. Gray, «What Does the Billionaire Family Backing Donald Trump Really Want?».
4. Matt Oczkowski, Molly Schweickert, «DJT Debrief Document. Trump Make America Great Again; Understanding the Voting Electorate», presentación en PowerPoint, oficina de Cambridge Analytica, Nueva York, 7 de diciembre de 2016.
5. Lauren Etter, Vernon Silver y Sarah Frier, «How Facebook's Political Unit Enables the Dark Art of Digital Propaganda», *Bloomberg.com*, 21 de diciembre de 2017, https://www.bloomberg.com/news/features/2017-12-21/inside-the-facebook-team-helping-regimes-that-reach-out-and-crack-down.
6. Nancy Scola, «How Facebook, Google, and Twitter "Embeds" Helped Trump in 2016», *Politico*, 26 de octubre de 2017, https://www.politico.com/story/2017/10/26/facebook-google-twitter-trump-244191.

11: BRITTANY BREXIT

1. Jeremy Herron y Anna-Louise Jackson, «World Markets Roiled by Brexit as Stocks, Pound Drop; Gold Soars», *Bloomberg.com*, 23 de junio de 2016, https://www.bloomberg.com/news/articles/2016-06-23/pound-surge-builds-as-polls-show-u-k-to-remain-in-eu-yen-slips.
2. Aaron Wherry, «Canadian Company Linked to Data Scandal Pushes Back at Whistleblower's Claims: AggregateIQ Denies Links to Scandal-Plagued Cambridge Analytica», CBC, 24 de abril de 2018, https://www.cbc.ca/news/politics/aggregate-iq-mps-cambridge-wylie-brexit-1.4633388.

13: AUTOPSIA

1. Nancy Scola, «How Facebook, Google, and Twitter "Embeds" Helped Trump in 2016», *Politico*, 26 de octubre, 2017 de https://www.politico.com/story/2017/10/26/facebook-google-twitter-trump-244191.
2. Curiosamente, los análisis de opinión tienen su origen en las innovaciones que Robert Mercer llevó a cabo años atrás en IBM. Para la campaña, no solo medían si a las personas les gustaban los tuits o si los retuiteaban, sino algo mucho más preciso: si los tuiteros sentían emociones positivas o negativas al redactar sus tuits.

3. Glenn Kessler, «Did Michelle Obama Throw Shade at Hillary Clinton?», *Washington Post,* 1 de noviembre de 2016, https://www.washingtonpost.com/news/fact-checker/wp/2016/11/01/did-michelle-obama-throw-shade-at-hillary-clinton/?noredirect=on&utm_term=.686bdca907ef.

14: BOMBAS

1. Hannes Grassegger y Mikael Krogerus, «The Data That Turned the World Upside Down», *Vice,* 28 de enero de 2017, https://www.vice.com/en_us/article/mg9vvn/how-our-likes-helped-trump-win. Para el original en alemán, véase https://www.dasmagazin.ch/2016/12/03/ich-habe-nur-gezeigt-dass-es-die-bombe-gibt/.
2. Oficina del Comisionado para la Información, «Investigation into the Use of Data Analytics in Political Campaigns», 6 de noviembre de 2018, ICO.org.uk, https://ico.org.uk/media/action-weve-taken/2260271/investigation-into-the-use-of-data-analytics-in-political-campaigns-final-20181105.pdf.
3. Ann Marlowe, «Will Donald Trump's Data-Analytics Company Allow Russia to Access Research on U.S. Citizens?», *Tablet,* 22 de Agosto de 2016, https://www.tabletmag.com/jewish-news-and-politics/211152/trump-data-analytics-russian-access.

15: TERREMOTO

1. Luke Fortney, «Blockchain Explained», *Investopedia,* s.f., https://www.investopedia.com/terms/b/blockchain.asp.
2. Ellen Barry, «Long Before Cambridge Analytica, a Belief in the "Power of the Subliminal"», *New York Times,* 20 de abril de 2018, https://www.nytimes.com/2018/04/20/world/europe/oakes-scl-cambridge-analytica-trump.html.

16: RUPTURA

1. Paulina Villegas, «Mexico's Finance Minister Says He'll Run for President», *New York Times,* 27 de noviembre de 2017, https://www.nytimes.com/2017/11/27/world/americas/jose-antonio-meade-mexico.html.
2. «Ex-Daughter-in-Law of Vincente Fox Kidnapped», *Borderland Beat* (blog), 1 de mayo de 2015, http://www.borderlandbeat.com/2015/05/ex-daughter-in-law-of-vincente-fox.html.

3. María Idalia Gómez, «Liberan a exnuera de Fox: Mónica Jurado Maycotte Permaneció 8 meses secuestrada», *EJCentral*, 16 de diciembre de 2015, http://www.ejecentral.com.mx/liberan-a-ex-nuera-de-fox/.
4. Eugene Kiely, «Timeline of Russia Investigation», *FactCheck.org*, 22 de abril de 2019, https://www.factcheck.org/2017/06/timeline-russia-investigation/.

17: INVESTIGACIÓN

1. Alexander Nix, «How Big Data Got the Better of Donald Trump», *Campaign*, 10 de febrero de 2016, https://www.campaignlive.co.uk/article/big-data-better-donald-trump/1383025#bpBH5hbxRmLJyxh0.99.

18: REINICIAR

1. Paul Grewal, «Suspending Cambridge Analytica and SCL Group from Facebook», Newsroom, Facebook, 16 de marzo de 2018, https://newsroom.fb.com/news/2018/03/suspending-cambridge-analytica/.
2. Alfred Ng, «Facebook's "Proof" Cambridge Analytica Deleted That Data? A Signature», *CNet.com*, https://www.cnet.com/news/facebook-proof-cambridge-analytica-deleted-that-data-was-a-signature/.
3. Matthew Rosenberg, Nicholas Confessore y Carole Cadwalladr, «How Trump Consultants Exploited the Facebook Data of Millions», *New York Times*, 17 de marzo de 2018, https://www.nytimes.com/2018/03/17/us/politics/cambridge-analytica-trump-campaign.html.
4. Carole Cadwalladr, «"I Made Steve Bannon's Psychological Warfare Tool": Meet the Data War Whistleblower», *Guardian*, 18 de marzo de 2018, https://www.theguardian.com/news/2018/mar/17/data-war-whistleblower-christopher-wylie-faceook-nix-bannon-trump.

19: SOBRE LA VERDAD Y SUS CONSECUENCIAS

1. Matthew Weaver, «Facebook Scandal: I Am Being Used as a Scapegoat—Academic Who Mined Data», *Guardian*, 21 de marzo de 2018, https://www.theguardian.com/uk-news/2018/mar/21/facebook-row-i-am-being-used-as-scapegoat-says-academic-aleksandr-kogan-cambridge-analytica.
2. Selena Larson, «Investors Sue Facebook Following Data Harvesting Scandal», CNN, 21 de marzo de 2018, https://money.cnn.com/2018

/03/20/technology/business/investors-sue-facebook-cambridge-analytica/index.html.

3. Andy Kroll, «Cloak and Data: The Real Story Behind Cambridge Analytica's Rise and Fall», *Mother Jones*, mayo-junio de 2018, https://www.motherjones.com/politics/2018/03/cloak-and-data-cambridge-analytica-robert-mercer/.
4. *Ibid.*
5. *Ibid.*
6. Joanna Walters, «Steve Bannon on Cambridge Analytica: "Facebook Data Is for Sale All over the World"», *Guardian*, 22 de marzo de 2018, https://www.theguardian.com/us-news/2018/mar/22/steve-bannon-on-cambridge-analytica-facebook-data-is-for-sale-all-over-the-world.

CHAPTER SEVEN

Jews, Christians, and Foreigners

Jesus is the savior for sinners. Is he also the savior for foreigners? By "foreigners" we mean all those human beings beyond Jesus' immediate followers, his own race and nation. What does the gospel say about his mission to Jews and non-Jews? And what about Paul? Does his vision of God's salvation extend beyond the Jewish and the Christian communities?

THE GENTILES—CENTER OF CONTROVERSY

Johannes Munck, a Danish biblical theologian, in his work *Paul and the Salvation of Mankind,* summarizes diverse New Testament views on the question of how the gospel is related to Jews and gentiles:

> In the view of Jewish Christianity, the Gospel was destined first for the Jews and afterwards for the Gentiles. Paul realizes that the Gospel in the preaching of Jesus and later of the apostles (including himself) had been rejected by the Jews, and that therefore the great thing was to take it to the Gentiles, whose acceptance of it would lead again to the salvation of the Jews. Finally, we have the view of the later Gentile Church, which knows that the Jews have said No to the Gospel, and that God is therefore sending his message out to the Gentiles, but which has no idea that the salvation of the Gentiles is connected with the salvation of Israel before Christ's coming in glory.[1]

These three distinct positions overlap at one point—the gentiles. The gentiles become the center of controversy within the Christian community after Jesus' death and resurrection. The gentiles are foreigners. They are intruders from outside. They now want a share, and a substantial share at that, in the salvation considered to be lodged in Israel and its history. Salvation becomes the bone of contention between the Jews and the gentiles.

It seems that Paul tries to hold together the Jews and the gentiles as he grapples with the universal character of God's salvation. Needless to say, exclusion of either Jews or gentiles from salvation seriously jeopardizes its universality. The Jews alone will not make God's salvation complete. Nor can the gentiles by themselves embody the whole of God's saving love.

True, the Jews have rejected Jesus the messiah and his gospel. For Paul this must have always been an unsettling thought. Failing at one point to win the hearing of the Jews in Pisidian Antioch and meeting with their "violent abuse," he is prompted to declare: "It was necessary that the Word of God should be declared to you first. But since you reject it and thus condemn yourselves as unworthy of eternal life, we now turn to the Gentiles" (Acts 13:46). These are strong words, and Paul must have said them with great anguish in his heart. A division of labor has to be worked out between him and Peter. He has become convinced that just as God made Peter an apostle to the Jews, so God made him an apostle to the gentiles (Gal. 2:8).

Has Paul then given up on the Jews? Leaving Peter with rescue work among the unrepentant and unresponsive Jews, has he ceased to count them in God's salvation? The mere suggestion of such an idea would have drawn a vehement protest from him. "I ask then, has God rejected his people?" he writes in the eleventh chapter of his Letter to the Romans. To this question his answer is a loud *no.* "I cannot believe it!" he says, perhaps shaking his head vigorously. Why can he not believe it? Here Paul the Jew comes strongly to the fore. "I am an Israelite myself," he declares, "of the stock of Abraham, of the tribe of Benjamin. No! God has not rejected the people which he acknowledged of old as his own" (Rom. 11:1).

More than once Paul stresses that his roots in the culture and history of the Jewish people are part and parcel of him. In his heated polemic against the Judaizers, who insisted on coming to the gospel through a detour of the law, Paul becomes even more emphatic about his Jewish origin. "If anyone thinks to base his claims on externals, I could make a stronger case for myself: circumcised on my eighth day, Israelite by race, of the tribe of Benjamin, a Hebrew born and bred" (Phil. 3:4). His Jewish credentials are impeccable; no one, Paul himself least of all, can meddle with them. Then comes his famous dictum: "There is no such thing as Jew and Greek, slave and freeman, male and female; for you are all one person in Christ Jesus" (Gal. 3:28).

For Paul, despite his perfect pedigree as a Jew, the crux of the matter does not lie in the question of whether the Jews will be saved or not; it lies in the question of whether a person—Jew or gentile—is saved through the law as well as through the gospel. As Krister Stendahl, an American New Testament theologian, puts it, Paul's "ministry is based on the specific conviction that the Gentiles will become part of the people of God without having to pass through the law. This is Paul's secret revelation and knowledge."[2] Paul dedicates his life to this revelation, fights for it, and bears witness to it.

The simple fact is that Paul cannot deny the Jews without denying himself at the same time. He cannot exclude the Jews from God's salvation without also excluding himself from it. The problem of salvation is his own personal problem as well as that of his own race. It touches him to the very core of his being as a Jew and as an apostle to the gentiles. But he is faced with a real dilemma—the dilemma of the Jews rejecting the gospel of Jesus Christ. How is he to solve this dilemma? This is the heart of the question as he toils tirelessly to bring the gospel to the gentiles. And in that great Epistle to the Romans, he wrestles with it and presents a deep reflection on the matter in the eleventh chapter.

In his reflection Paul makes no attempt to gloss over the stubborn rejection of the gospel by his fellow Jews. But, "did their failure mean complete downfall?" Here Paul must be putting in his own words a question posed by gentile Christians who might be cherishing a secret delight in seeing arrogant Jews downgraded in the eyes of God. But his answer is loud and clear enough to discourage any such secret delight:

> Far from it! Because they offended, salvation has come to the Gentiles, to stir Israel to emulation. But if their offense means the enrichment of the world, and if their falling-off means the enrichment of the Gentiles, how much more their coming to full strength! [11:11–12]

This is a curious logic, to say the least. Paul seems to be carried away by his passion for his own people, hence his "how much more."

Paul is torn between the Jews and the gentiles. The torment he feels in his bones seems to make him force his logic beyond its limit. To speak of God's salvation in terms of the offense of the Jews as benefiting the world and gentiles seems a strained argument. The argument becomes even more strained when Paul envisions the day when the full strength of the Jews in the future will add greater richness to the gentiles.

But what is important here is not logic. We have to admit this is a very bad logic. From the standpoint of human logic, God's is a bad logic anyway. A good straightforward logic is the logic that condemns sinners and approves of morally and religiously respectable people. This is the logic of a God who is for the righteous and not for sinners, of a savior for the healthy and not for the sick.

For Paul God's logic is not that straightforward. He is consumed by his passion to see the gentiles *and* the Jews admitted into the saving love of God. This is what he is after ultimately. This is the "deep truth" that he wants gentile Christians to take account of. The truth as he sees it is this: "this partial blindness has come upon Israel only until the Gentiles have been admitted in full strength; when that happens, the whole of Israel will be saved" (11:25).

Here Paul comes round full circle. Salvation came to the Jews first. It then goes to the gentiles. But it comes back to the Jews again. The gentiles alone cannot complete the circle of salvation; it remains for the Jews to close the circle and make it complete.

The discovery of this truth amazes Paul. He cannot suppress his wonder and amazement. He cannot help concluding this logic of God's salvation with a doxology:

> O depth of wealth, wisdom, and knowledge in God! How unsearchable his judgments, how untraceable his ways! Who knows the mind of the Lord? Who has been his counselor? Who has ever made a gift to him, to receive a gift in return? Source, Guide and Goal of all that is—to him be glory for ever! Amen [11:33-36].

Paul is a prisoner of this mystery of God's salvation. He seeks to serve this mystery by wearing himself out for the gentiles in the hope that the Jews as well as the gentiles will find acceptance in God.

The Jews, the gentiles, and the Jews again—this is the circle of Paul's ministry. To regard him only as an apostle to the gentiles is a half-truth. In fact the bedrock of his ministry is the Jews, not the gentiles. In Israel is the source of the saving water and to it the gentiles must return. After all, the gentiles are "a wild olive" while the Jews are the branches that have grown out of the "original root." The gentiles have only been "grafted in among the Jews and have come to share the same root and sap." Hence Paul's warning to gentile Christians: "Do not make yourself superior to the branches" (Rom. 11:17-18). This is Paul the Jew who is speaking—but a Jew grasped, to be sure, by the risen Christ and given a commission to be an apostle to the gentiles.

For this reason Stendahl finds the tradition of the Christian church that stresses Paul's "conversion" experience most unsatisfactory and even misleading. As he understands it:

> the term "conversion" easily causes us to bring into play the idea that Paul "changed his religion": the Jew became a Christian. But there is ample reason to question such a model. To begin with, people in those days did not think about "religions." And, furthermore, it is obvious that Paul remains a Jew as he fulfills his role as an Apostle to the Gentiles.[3]

If this is true, we can be certain that for Paul the faith of Israel transmitted to him and to his fellow Jews remains basic. What is radical about his message is that Jesus has freed us from the bondage of the law and that the acceptance of the gospel is not conditioned by the observance of the law. He likens the law to "a kind of tutor in charge of us until Christ should come, when we should be justified through faith; and now that faith has come, the tutor's charge is at an end" (Gal. 3:24). The door is now open for all persons to "come straight to Christ, not through the tunnel and funnel of the law."[4] Paul offers this new possibility both to the gentiles and to the Jews.

VESTIGES OF CENTRISM

In the eyes of his contemporaries Paul has gone very far, especially when he plays down the importance of the law in relation to salvation. But from our viewpoint he has not gone far enough. The Jews as well as the gentiles are important in his missionary thinking and activity. That is why he speaks, as we have seen, of gentile Christians becoming "grafted" to the tree, in among the Jews who were there from the very beginning and will continue to be there until the very end. The root, God's salvation, and its branches, the Jews, continue to occupy a central place in Paul's faith.

Does this not remind us of the centrism of Israel discussed in the first part of this book? As a Jew, even though he has challenged the validity of the law with the gospel of Jesus Christ, Paul remains "theologically" attached to the special association of the history of his own nation to God's salvation. His missionary efforts, carried out at great personal risk and sacrifice, are directed to "grafting" the gentiles onto this main root of Jewish faith and history. This is Paul the Jew-and-missionary.

The missionary theology and practice developed by the churches in the West in the past have had Paul the Jew-and-missionary as their chief mentor. The pagans are to be converted to Christianity and "grafted" onto the tree of salvation planted in Israel and in the Christian church. Israel and the church together constitute "the history of salvation" into which the pagans are to be incorporated. For Paul the core is the Jews. This core is then enlarged to include Christians. As to the foreigners who remain outside this Israel-Christian core, the church has remained silent, condescending, or even hostile.

But there is another side to Paul's thought. When he is less preoccupied with his missionary zeal, when he is not so passionately involved in polemic against opponents, he seems to be able to see and reason things in a less centric way. This seems to be the case of Paul in Athens (Acts 17). He had been literally chased out of Thessalonica and Beroea by the hostile Jews. His friends, in view of the mounting hostility and danger, packed him off to Athens, where he must have breathed a sigh of relief. He had time to see something of this sophisticated center of ancient culture. He strolled through the streets, resorted to marketplaces, and engaged in conversation with street philosophers and religious thinkers. He pointed to the altar dedicated to "an Unknown God" and said that he would show them who this unknown God was (17:23). Then he gave his famous Areopagus sermon, beginning with "the God who created the world and everything in it, and who is Lord of heaven and earth" (17:24). He shifted from the God of Israel to the God of creation! And throughout his sermon the idea of foreigners becoming grafted in among the Jewish branches was totally absent.

I believe this deserves our attention. Centrism in any form tends to say too much on the one hand and too little on the other. There was once a geocentric view held by the church as religious orthodoxy. According to this view, elevated to a religious dogma, the whole universe was explained from one central point—the tiny planet earth in the galaxies of the whole cosmos. We now know that such a geocentric view of the universe is totally wrong. It said too many wrong things about the universe and too few right things about it.

China until the turn of the century embodied another tragic example of a misguided centrism. It called itself the "Middle" Kingdom, fancying that it was situated in the center of the world, whereas all other nations and peoples were "barbarians" consigned to peripheral territories.

When Lord Amherst arrived in Peking in 1816 at the head of a British delegation to negotiate trade with China, he was treated as a vassal from a tributary state and was ordered to perform before the Emperor Chia Ch'ing the ceremony of "prostrating three times and touching the floor with forehead nine times"—the court etiquette mandatory for subjects of Chinese emperors. Because he refused to comply, Lord Amherst was not granted an audience with the emperor. To the emperor and his courtiers the British emissary was simply an uncouth barbarian unworthy of the court of the Middle Kingdom.

China was confident that it knew all about the world because the world was an extension of itself. Its confident centrism knew no bound until 1840–42, when those barbarians from the West rudely overpowered it with their guns and cannons in the Opium War.

Centrism operates at practically every level. In human relationships centrism takes the form of egotism. My likes and dislikes become normative. My thought and my behavior become binding. I set the rules of the game and lay down the regulations of the play. Those who come into the orbit of my life are mere extensions of my ego. Tyranny is another word for egotism. What I say and how I behave tyrannize other people. This is a development of centrism to tyranny through egotism.

How much misunderstanding and tragedy we have brought upon ourselves and upon the world through our centric views of life and world! We miss the beauty of nature that poets sing about. We cannot see virtues in those who differ from us. We fail to catch echoes and vibrations of life in the world around us. We become deaf to the groanings and cries in the depth of the spirit of our neighbors who may not share our convictions and beliefs. All we hear is our own inner voice. All we see is reflections of our own selves. All we care about is our own interests—religious, socio-political, or ideological.

Centrism, in short, makes us blind to how God is at work in other persons, of all sorts and conditions. Paul, surrounded by non-Jews in a Greek cultural and religious setting in Athens, seems to leave behind him his Jewish centrism. His Areopagus experience is perhaps just a fleeting episode in his missionary career; nonetheless it is an important episode, showing us his openness to unknown things in God's creation.

CLANNISH LOVE

There is another kind of centrism from which Jesus wants us to be liberated: the centrism of the clan. Once Jesus was speaking to a crowd of people. Someone told him that his mother and brothers were waiting to see him and talk to him. He responded in a way that must have greatly upset not only his mother and brothers, but also his hearers. "Who is my mother? Who are my brothers?" he asked, and then pointed to his disciples and said: "Here are my mother and my brothers. Whoever does the will of my heavenly Father is my brother, my sister, my mother" (Mt. 12:46–50).

This episode has been regarded as scandalous in Chinese society where the relationship between parents and children and the relationship between brothers and sisters are held to be two of the five basic relationships that constitute human society.[5] The episode does belong in the Bible and is difficult for Chinese Christians to understand.

What is Jesus trying to get across to his audience? Is he ashamed of his mother and brothers? Is he declaring that he has broken his filial ties with his family? Is he waging a revolution against family as the basic unit of human community?

None of these questions can be answered affirmatively. According to John's Gospel, Jesus, in spite of his extreme pain and agony during his last hours on the cross, did not forget to entrust his mother to the care of his beloved disciple. "Mother," he said, "there is your son." Then to the disciple he said: "There is your mother" (Jn. 19:26–27). Mother and son bound in love and pain! Can there be a more heartbreaking scene than this? A mother crying her heart out for her dying son, and a son reaching out in vain for his mother because of the cruel cross standing between them! *La Pietà,* that sculpture of Mary holding her dead son Jesus on her lap, by the great master Michelangelo, has captured the tender love in agony between mother and son and made it immortal. Just before time was to pass into eternity for him, Jesus asked his disciple to take care of his mother.

No, family as such is not the target of Jesus' revolution. It is the family turned into the measure of all things, the family regarded as an exclusive clan, that Jesus is not happy about. He uses that occasion to challenge what may be called centrism of the clan. And this is a real and profound social revolution.

From ancient times to the present day, human beings have organized themselves around clans of various kinds. A clan may be as large as a whole village under a chieftan or as small as a family living in an apartment in a metropolitan city. Whatever their size, they share one common characteristic: exclusiveness. Intermarriage between clans in a primitive society was an extremely dangerous thing. It could incur the wrath of the clan god and infringe upon religious taboos. It could take place only on certain carefully worked out conditions.

Some of these primitive taboos are still at work in our cities today. Those who live in apartment buildings know that there are written and unwritten codes regulating the lives and movements of the tenants. Ostensively these codes or taboos are said to protect their privacy and maintain peace and order in the community, but in reality they protect the tenants one from the other and even exclude one from the other. After all, we are very *clannish* people, East or West. With the progress of technological culture this clannish mentality is on the rise. We suffer from it, for it does threaten us. It endangers the quality of human relationships. And the tragedy of our human society is that we do not seem able to survive without clan solidarity.

In the area of race relations, clannish solidarity has played havoc with us human beings. White racism is the most destructive form of it. Here the color of the skin becomes the basis of clan alignment. The white clan has become such an established social and political—and even religious—institution that short of bloody revolution it cannot be shaken. The Civil War in the United States between south and north in the last century was the beginning of such a revolution.

Conflicts between blacks and whites have continued to this day in the United States, more or less peacefully through the civil rights movement and violently through the Black Panthers and the Ku Klux Klan. In southern Africa, confrontation between the white clan and the black clan is far from being settled. It will continue until human beings are considered important not because of the color of their skin but because of the fact that they are all creatures of God.

We wonder if Jesus is also challenging this destructive form of clan solidarity when he tells the story of the good Samaritan (Lk. 10:29–37). If we try to read the story from the standpoint of the audience gathered around Jesus to listen to him, we may see that the story might have meant to them something other than just love for a stranger.

In the story both the priest and the Levite bypassed the wounded man. "Fear of involvement, possibility of ceremonial defilement if the man were dead, ecclesiastical hypocrisy, and so on" must have made Jesus' hearers very angry. But they "would have expected an Israelite layman to appear as the third character, and it is hard for us today to recapture the sense of shock that the words 'But a Samaritan . . .' must have occasioned. Jews and Samaritans hated one another passionately at this period, on both religious and racial grounds, and lost no opportunity to express that hatred."[6] We are not told whether the wounded man was a Jew or not. If he had been a Jew, it would have been doubly offensive to them: a Jew, even if wounded and dying, could not accept help from a Samaritan.

Love can be a very clannish thing. It binds members of the same religious faith and of the same race, but it excludes persons from outside. Love can be conditioned by clan solidarity. But Jesus challenges such love. By telling the outrageous story of the good Samaritan, he is driving home to his listeners that even a Samaritan is capable of love; in fact his point is that the Samaritan's love far surpasses the love of the priest and the Levite and of other

Israelites. The good Samaritan is not just a good neighbor: he is the personification of what love should be. For him love has no religious and racial boundary. This boundless love is the true love.

In contrast, love that is conditioned by fear of involvement, ceremonial defilement, or ecclesiastical canon is not love. God is not this kind of love. That Samaritan's love is God's love. If you want to know what God's love is like, Jesus is saying, do not look for it just in your own religious and racial circles, but look beyond them among strangers, even among those hateful Samaritans.

A very daring and revolutionary teaching indeed! Christians, like Jews in Jesus' time, tend to be very clannish people too. We like to keep God to ourselves. We want to monopolize God's love. Like Jesus' hearers, we wish to believe that only Christians are capable of great deeds of love and noble expressions of virtue. When we hear Confucianists talk about *jen* (love; human-heartedness) and see them practice it, we are not very convinced. When we listen to Buddhists expound on *ahimsa* (nonviolence) and put it into practice, we say they are just accumulating merits for saving their souls. We cannot see what *jen* or *ahimsa* has to do with the God of Jesus Christ. We must justify our theology by saying that compared to Jesus' *agape* and suffering these are human endeavors that make God superfluous.

Such concerns do not seem to enter Jesus' mind. He even asks his listeners to go and do as that Samaritan did. For Jesus, God is not a clannish God and has nothing to do with clannish love. Love is love whether practiced by Jews or by Samaritans. Suffering, whether endured by Christians or by Buddhists, is suffering that touches the heart of God. Joy of life, whether experienced by members of the Hindu temple or members of the Christian church, is the joy shared by God. And as we feel a human heart in which deep longings live and die, whether it is a Christian's heart, a Taoist's heart, or a Shintoist's heart, we feel the heart of God.

FAITH HELD CAPTIVE BY CENTRISM

This leads us back to the problem of centrism in religion. On the surface it seems natural for a religious faith to be centered in a particular religious community. It is the faith that binds people together in life, worship, and communion. It is the faith that creates a common language, a common ethos, a common mind, and even common behavior among people.

But the strange thing is that the faith that creates a particular religious community becomes in the long run a captive of that community. Now it is the community that defines the boundary of the faith. Now it is the community that possesses the faith, and not the faith that possesses the community. Once faith becomes the property of the community, its freedom is severely curtailed. It is put under the scrutiny of laws, rubrics, and canons that distinguish that religious community from other communities.

One of the revolutionary things Jesus did was to rescue faith in God's saving love from its Jewish captivity and restore freedom to it. He turned the religious laws and practices of his day upside down. "Is it permitted to do good or to do evil on the Sabbath, to save life or to kill?" he asked the Pharisees, the guardians of the faith and laws of their religion. Then he goes ahead and heals the man with the withered arm (Mk. 3:4–6).

Mark describes this scene in the vivid language characteristic of him. Jesus, as Mark tells it, looked round at the Pharisees "with anger and sorrow at their obstinate stupidity." When a religious community is built on centrism of faith, it makes its priests, ministers, and bishops obstinate and heartless. Their virtue seems to consist in being blind to most commonsense things, deaf to most human needs, and insensitive to plain truths. If the Sabbath is the day of the Lord who loves and saves us, it is a most natural and legitimate thing to save life on that day as well as on other days.

Jesus' reaction to this religious obstinacy and pious stupidity is a mixture of anger and sorrow. There must be anger because a religion can go to the extreme of distorting God and truth. There must be sorrow because a religion can make people so remote from God.

NO FOREIGNERS IN CHRIST

Jesus seems intent on breaking this centrism of faith and the centrism of the Jewish religious community built on that faith. This is clear in his controversy with the religious leaders of his time, as already treated above. But there are two incidents in particular which stand out most distinctly as examples of how faith for Jesus must go beyond religious and national centrism. These incidents are told in the stories of the Roman centurion at Capernaum (Lk. 7:1–10; Mt. 8:5–13) and a Canaanite woman from the region of Tyre and Sidon (Mk. 7:24–30; Mt. 15:21–28).

In Matthew's account of the healing of the centurion's servant, it was the centurion himself who came to Jesus, but in Luke's version it was "some Jewish elders" who interceded with Jesus on his behalf. This is an interesting point in Luke's story. The Roman centurion must have won the confidence and friendship of the Jewish religious authorities through his respect for them and his understanding of their religion. He must have been one of those rare colonial officers who refrained from taking advantage of his superior position over the colonized. This is suggested by what the Jewish elders said to Jesus: the centurion "deserves this favor from you, for he is a friend of our nation" (Lk. 7:4). For the centurion this must have been a great compliment. In many ways he must have identified himself with the Jewish people as far as his position would allow him.

The Jewish elders continued to give details of what the centurion had done for them: "It is he who built our synagogue." Not only in social and political matters, but also in religious matters, the centurion went out of his way to help the Jews. For the construction of the synagogue he perhaps did his best to obtain permission from his superiors and even made funds available to them. He was therefore regarded as a patron of their faith.

It was out of gratefulness to him that the Jewish elders came to Jesus to speak for him. For them, it was not a matter of the centurion's faith. It was repayment for the friendship and help he had rendered to them. Their faith was still confined to their nation and limited to their synagogue. Perhaps it never occurred to them that a deeper matter of faith could have been involved in the healing of the centurion's servant.

Insofar as the centurion himself was concerned, it was not a matter of *conscious* faith either. Being a military man, he expressed himself in military terms. Above him were his superiors to whom he owed unconditional obedience. Below him were his inferiors from whom he expected absolute obedience. It was on the basis of such military experience that he related himself to Jesus.

He must have heard about Jesus' power of healing sick people. It was possible that because of this he had paid much attention to what was being said about the life and work of Jesus. And he must have come to the conclusion that this was no ordinary person with whom he was dealing.

Jesus appeared to be a miracle worker, but perhaps there was something more. Being a friend of the Jewish people, he might have even secretly hoped that Jesus would eventually become their political leader. His secret faith in Jesus could have been both spiritual and political.

When the centurion's faith came to be expressed on the occasion of his servant's grave illness, it took form not in the liturgical or theological language of the Jewish religion, but in the straightforward military language he was used to as a Roman soldier.

"I am not worthy to receive you into my house," he said to Jesus. Then his Roman military language turned into his confession of faith: "Say the word and my servant will be cured. I know, for in my position I am myself under orders, with soldiers under me. I say to one, 'Go', and he goes; to another, 'Come here', and he comes; and to my servant, 'Do this', and he does it" (Lk. 7:7–8).

What could be a more simple, sincere, and moving confession of faith! Christian confessions of faith have become too complicated, too rhetorical, and too stereotyped. The creeds and confessions we recite in church have lost the simplicity that makes faith profound. They have become so liturgical that faith does not seem to be a life-and-death matter. They have also become so theological that faith appears to be more a matter of the head than of the heart.

But the confession of the Roman soldier is quite different. It comes out of experiences derived from his conscious and unconscious touch with God. It comes out of his career in which obedience is not a virtue but a necessity. The Roman soldier shows us in his confession how a person can come to the presence of God's grace without pretension of race and religion, how our daily language can be a vehicle of divine-human communication. We as Christians have a lot to learn about how to come to God in all simplicity, in the full color of our skin, and with the intelligible language we have learned at our mothers' knee and acquired in our professions.

Jesus was deeply moved. How could he not be? He turned to the people around him and said: "I tell you, nowhere, even in Israel, have I found faith like this" (7:9). Jesus' affirmation of the centurion's faith is unreserved. Jesus did not say this in order to astonish people. Perhaps he did not even mean to encourage his own people to show a faith greater than that of the centurion. "Not even in Israel can one find such faith!" This is a categorical statement. It is not a matter of comparing one faith with another faith. It is not a value judgment. It is simply acknowledgment of the fact that faith—not just any faith, but the faith that touches the heart of God—can exist outside the Jewish religious domain.

In this Roman soldier faith is perceived as going beyond the familiar borders of religion and race. Faith is right there in that Roman soldier—a person who has breathed all his life the Roman air and been nourished by the Roman food offered to Roman gods and idols. Centrism of faith in Jewish religion collapses.

The story of the Syrophoenician woman is no less revealing. Whether in Mark's version or in Matthew's, the woman's desperation is profound. Her daughter's mental disturbance, causing her to be regarded as possessed by demons and cursed by gods, must have driven her to despair. Matthew enhances the drama of her tragedy by stressing Jesus' initial refusal to have anything to do with her. "I was sent," said Jesus, "to the lost sheep of the house of Israel, and to them alone" (15:24). This sounded final. But the woman still clung to Jesus as the last resort. She came and knelt before him.

Then both Mark and Matthew recorded a very strange conversation between Jesus and the woman about the children's bread not to be thrown to dogs. If we follow Matthew's version, Jesus gave little reason for hope and encouragement. Mark's version, which must have been original, does not completely shut the door upon the woman. According to Mark, this is what Jesus said to the woman: "Let the children of the household be satisfied first . . ." (7:27). The Jews come first; then, and only then, foreigners. Is this Jesus' own conviction? Is he to be the savior for the Jews primarily and only secondarily for the gentiles? Or is he just testing the poor woman? Is he probing the depth of her faith?

The most astonishing part of the story is the woman's answer: "True, sir, and the dogs eat the scraps that fall from their master's table." Was this a witticism on the part of the woman out of her desperation? Or was it a piece of wisdom she had picked up in her own local community? It seems to be neither a desperate witticism nor a piece of village wisdom. It is a confession of faith in the true sense of the word.

There are three main elements here: dogs, scraps of bread, and the master's table. How can these become a confession of faith? By no stretch of the imagination can these commonplace things point to God, to God's kingdom, or to eternal life; without direct mention of God, kingdom, or eternal life to come—so our theology tells us—there will be no confession of faith. But if we limit our confession of faith to these theological elements, it is bound to be very restricted, uninteresting, and banal.

Faith without hope of wonders, without freedom of imagination, is undernourished faith. It is the kind of faith that has its eye glued only to *the bread on the master's table.* It will not have anything other than that soft and delicious looking bread. Faith must have that bread, that full loaf, fresh out of the oven, or none. But in fact it is *the scraps fallen under the table* that count. Faith that takes notice of these crumbs, picks them up, and thanks God for them—that is the true faith. That kind of faith is unpretentious. It is a humble faith. It is the faith that cries out from the depth of the anguished spirit. It is the faith that is born out of the misery of life. It is the faith that grows and deepens in suffering. It is, in short, the faith of the cross.

Has Jesus recognized in this foreign woman the faith of the cross? Does his heart go out to her because here is the suffering humanity for whom he has come? These deeply moving words from Jesus' mouth are the answer to our questions: "Woman, what faith you have! Be it as you wish!" (Mt. 15:27) The phrase "Woman, what faith you have!" is Matthew's; Mark does not have it. Coming from Matthew, it sounds especially significant. Matthew tends to be more chauvinistic than the other Gospel writers. And as he tells the story, he does not, as we have seen, leave much room for hope for this gentile woman. But the woman's confession of faith in Jesus, her expression of complete trust in his healing power, must have astonished Matthew as well as Jesus. Matthew was taken off guard. Hence his phrase: "Woman, what faith you have!"

What has taken place between Jesus and the Canaanite woman is another example of faith breaking the barriers of race and religion. Jesus could have regarded his mission to the Jews as his primary mission. But this mission did not prevent him from seeing and supporting the faith that came from non-Jews.

But where did the woman's faith come from? How did it take shape? Her faith was not of course rooted in the tradition of the religion of Israel to which Jesus belonged. It was not fostered and given shape by the theology and teachings of the Jewish synagogue. It was not part of the faith that made Jewish people very conscious of their special standing before God. The woman's faith lacked the history and tradition out of which Jewish pietism had grown and developed. That woman's faith was not a part of the "salvation history"—to use the phrase of traditional Christian theology—in which Israel and the Christian church are said to play a central role.

But the woman's faith that Jesus approved of with great astonishment did not come from nowhere. It did not just occur on the spur of the moment, as if Jesus were a magician-healer and nothing more. Her response to Jesus and her confession of faith in him show that her spiritual life was much richer and deeper than that of most of the Jews born into the tradition of the Jewish faith. It may be that her daughter's illness deepened her spiritual life as well as her agony. It may also be that her life in the land of Canaan, fertile with gods and idols, did not completely lead her astray from the true God, the source of her being.

She might have worshiped this God wrongly. She might have expressed her devotion to him incorrectly, using perverted forms of worship and chanting magic words prescribed by her own religion. But deep in her spirit, God must have been touching her and she touching God. And when she was beset with a crisis of an enormous magnitude in her life, that touching between God and her leapt out of the depths of her spirit and took form in a confession of faith before Jesus Christ. At that moment, God in Jesus Christ and God in this woman appeared to those eyewitnesses as one and the same God. Perhaps this is why even Matthew had to put down these words from the mouth of Jesus: Woman, what faith you have!

Where does God meet people? Where do people meet God? Where do God and human beings embrace each other in saving, healing and reconciling? This divine-human rendezvous does not take place only in so-called salvation history. It does not happen only in the areas defined by traditional Christian theology. It does not manifest itself only when certain church rules are observed and certain liturgical formulas are recited. And above all, it will not take place within the barriers that separate adherents of different faiths, distinguish one race from other races, and alienate strangers and foreigners.

The rendezvous between God and human beings takes place in the depth of our spirit where our agonies and expectations lie. It happens in our lives threatened with all sorts of anxiety, doubt, and uncertainty. It occurs when we, like that Syrophoenician woman, throw ourselves on the mercy of God.

This, after all, is what faith means in an ultimate sense. True, faith must be nourished within a certain religious setting. It has its own history. It is closely related to a particular religious community. For faith is related to history, and it is rooted in life. But if faith is to be the faith that meets God, it must break out of its own territory. God will not prosecute faith when it escapes, even though church authorities might. It has to cross its own boundaries, and God will not reprimand it, although doctors and teachers of the church might. It must venture into realms of life and history so far unknown to it; God will not restrain it from its recklessness, even though priests and bishops might. It seeks communion with other faiths and rejoices in the richness of God's love and mercy; God will not hold it back in alarm, although lawyers and canonists might.

In this kind of faith God meets with us and we meet with God. In that faith we human beings meet with one another too, sharing life with one another, with its joys and sorrows, its successes and failures, as also its successive crises. And when we face the crisis of crises—death—we will long to meet with God and with our fellow human beings in the fulfillment that God alone can give to our lives.

This is what faith must be about. At the deepest level of the crises in human life and history, the exclusive kind of faith has no chance. It collapsed when the Roman centurion in an act of faith submitted himself to the authority of Jesus. It crumbled when the Syrophoenician woman showed great faith in her appeal to Jesus for help. But it is on the cross that centrism of faith is decisively broken.

The cross symbolizes the suffering and hope of all humanity. This cross, where God and humanity meet in suffering and in hope, is in the heart of everyone, in every society and in every nation. The story of the cross has not come to an end with Israel or with the Christian church. It goes on, from the beginning to the end of time, telling its scenarios in a bewildering variety and an exciting diversity. And above all else, the cross tells the entire world that in Christ there are no foreigners, for to suffer and to hope is *human*. We want to capture, in the ensuing discussion, some glimpses of this cross of suffering and hope in the long history of the Orient.

Part III

TRANSPOSITION

Empires wax and wane; states cleave asunder and coalesce. When the rule of Chou weakened, seven contending principalities sprang up, warring one with another till they settled down on Ts'in, and when its destiny had been fulfilled, arose Ch'u and Han to contend for mastery. And Han was victor [*Romance of the Three Kingdoms (San Kuo Chih Yen-i),* Rutland, Vermont, and Tokyo: C. E. Tuttle Co., Vol. I, p. 1].

CHAPTER EIGHT

The Mandate of Heaven

The human spirit in agony and in hope—this is the core of our religious life. This sets our faith in the very heart of the reality that shapes and conditions our life. In the Book of Psalms we encounter this human spirit searching for an answer to the vexing problems of life and history. To take one example from among many others:

> How long, O Lord, wilt thou quite forget me?
>   How long wilt thou hide thy face from me?
> How long must I suffer anguish in my soul?
>   Grief in my heart, day and night?
> How long shall my enemy lord it over me? [Ps. 13:1–2].

"How long, O Lord?" The psalmist is frightened. His faith in God seems about to collapse. This crisis of faith is a crisis of hope. God must answer this question of "how long." And God does give an answer. God's answer comes from within the life of the people and the history of a nation. The faith of the Old Testament is indisputably bound up with the life and history of the people of Israel.

Something similar can be said of the people of ancient China. For them faith in Heaven, the Lord on High, is not detached from their life and history. In *The Book of Poetry,* a collection of some three hundred songs sung by persons of various walks of life on themes ranging from state affairs to love affairs during the long period from 2200 B.C. to the beginning of the sixth century B.C., we have hymns and canticles that come very close to the Psalms in form and spirit. Listen to this song:

> With flapping wings the cranes
> Come back, flying all in a flock.
> Other people all are happy,
> And I only am full of misery.
> What is my offense against Heaven?

My heart is sad;
What is to be done?[1]

The Book of Poetry is not an isolated case. In *The Book of Historical Documents* (Shu-ching), consisting originally of one hundred documents extending from the twenty-fourth to the eighth century B.C., we discover that it also deals with the question of how faith in God is related to the life and history of a people. *The Book of Historical Documents* is in fact a kind of what we would call today a philosophy of history, or even a political theology. Politics and history are seen, evaluated, and judged in relation to Heaven, its will and mandate. But above all, *human beings* are the central concern of this ancient Chinese political theology.

The Book of Historical Documents gives an account of struggles among kings and changes of dynasties. The air is filled with battle cries. Kings and generals take up challenges that test their wisdom, bravery, and humanity. Consider, for example, how King Wu of Chou (c. 1100–722 B.C.) addressed his troops before the attack on the last king of Shang (c. 1500–1100 B.C.). The king of Shang, he declared, "with strength pursues his lawless way. . . . Dissolute, intemperate, reckless, oppressive, his ministers have become assimilated to him; and they form parties, and contract animosities, and depend on the emperor's power to exterminate one another. The innocent cry to Heaven. The odor of such a state is plainly felt on high."[2]

The last king of Shang thus "has cut himself off from Heaven and brought enmity between himself and the people."[3] His dynasty has become odious both to Heaven and to the people. He must be punished and his dynasty destroyed. This is a "theological" manifesto for a revolution.

Some centuries later Mencius, a great teacher after Confucius, is to develop his political theory centered on the importance of the people. As he sees it, "the people are the most important element in a nation; the land and its products are the next; the sovereign is the least."[4] In his scale of values people come at the top and rulers at the bottom. This is a genuinely *democratic* idea in ferment in ancient China!

HEAVEN LOVES THE PEOPLE

King Wu says further in his address to his troops: "Heaven loves the people, and the sovereign should reverence the mind of heaven."[5] God's love for the people is deeply rooted in the consciousness of the Chinese people. For them God's love is not an abstract concept. In the ruler who "reveres the mind of Heaven" and thus loves the people they see and experience God's love. Contrariwise, when a ruler despises "the mind of Heaven" and imposes a harsh rule on the people, he no longer reflects God's love. And in a punitive war waged against him the people realizes that Heaven has answered their cry for succor.

Does this not remind us of the ways in which God came to the rescue of the enslaved people of Israel in Egypt? As the story in the Book of Exodus tells us, the Israelites in Egypt "cried out, and their appeal for rescue from their slavery rose to God. He heard their groaning, and remembered his covenant with Abraham, Isaac and Jacob; he saw the plight of Israel, and he took heed of it" (2:23–25). Ultimately, history is the unfolding of struggles between the forces that are for God and the people and the forces that are against God and the people. In ancient Israel history is understood in this light, and in ancient China history seems also to be understood in this way.

The God of the people of Israel sees and hears them. God is all eyes and ears. Nothing could escape God's notice. God is wide-awake, and "never slumbers, never sleeps" (Ps. 121:4). But how does God see and hear? In *The Book of Historical Documents* there is an illuminating answer:

> Heaven sees as my people see;
> Heaven hears as my people hear.[6]

This is an important political insight gained from a religious faith. It should not be taken to mean that human beings are regarded as God. No careless sacrilege is committed here. There is no question of the people being identified with God; it is just the reverse: God identifies with the people. God lives in human persons. They are where God is. If you want to meet God, you must go to human beings. If you want to know how God is at work in the world, you must see how human beings are at work. And especially if you want to find out whether God is happy or angry, go and see if human beings are happy or angry.

This is the meaning of "Heaven sees as my people see; Heaven hears as my people hear." This seems to be how persons of all ages and all places learn what God is like and how God carries on work with human beings. Consider a contemporary prayer from Indonesia:

> Hunger is a devil.
> Hunger is a devil offering dictatorship.
> O God!
> Hunger is black hands
> Putting handfuls of alum
> into the stomach of the poor.
> O God!
> We kneel.
> Our eyes are Your eyes.
> This is Your mouth.
> This is Your heart.
> And this is Your stomach.
> Your stomach hungers, O God. . . .

How nice a plate of rice,
a bowl of soup and a cup of coffee would be.
O God![7]

This is a prayer of the hungry, the poor, and the oppressed. What a bold prayer it is! We are staggered by its boldness. It asks us to see in the watery eyes of the hungry God's eyes, in their infected ears God's ears. We cannot but feel God's heart in their aching hearts. We are made to realize that their empty stomachs are God's stomach. In them we perceive that God is reduced to a miserable state through human neglect, hardheartedness, and selfishness.

This prayer of the hungry tells us what God is like in today's world. God is hungry! God is starving! God is emaciated! God is crying out for "a plate of rice, a bowl of soup," and a cup of tea! Do we not begin to understand why the Son of Man in his judgment seat says to the meek and humble standing on his right: "When I was hungry you gave me food; when thirsty you gave me drink; when I was a stranger you took me into your home; when naked you clothed me; when I was ill you came to my help; when in prison you visited me" (Mt. 25:35–37)?

If the world with its distortions and miseries has a hope and a future, it is because God is recognized and identified in hungry persons, in victims of oppression, and in those persecuted for speaking out for justice and truth. The love and compassion with which God comes to these unfortunates is the moral force through which God creates and re-creates this world for the day of fulfillment.

Rulers must reckon with the people as if they are reckoning with God. This is the "first commandment" that kings and emperors in ancient China are asked to take to heart. "The Songs of the Five Sons" in *The Book of Historical Documents* put it this way:

The people should be cherished;
They should not be downtrodden:
The people are the root of a country;
The root firm, the country is tranquil.[8]

But this is a hard lesson for those in power to learn. Power tends to blind them, making them incapable of seeing in their people the image of God. Glory and honor create for them a world of illusion in which "the others" are made to serve their wish and whim. Power to rule and power to love—these two powers are hard to combine in a ruler. But it is precisely at this point that the legitimacy of rulership is tested. The power to rule a people that excludes the power to love them has not the sanction of Heaven. And when the sanction of Heaven is withdrawn, the power to rule disintegrates and collapses. That is why political theology in ancient China speaks of the Mandate of Heaven.

THE MANDATE OF HEAVEN

In the thirty-first year of Chow-sin (c. 1122 B.C.), the last despotic emperor of the Shang Dynasty, King Wu of Chou, attacked and conquered Le, a princedom within the boundary of the imperial domain. Greatly alarmed, Tsoo E, descendant of a renowned minister of the House of Shang, hurried to the capital and gained an audience with the emperor. With great courage he addressed himself to the emperor:

> Son of Heaven, Heaven is bringing to an end the destiny of our dynasty of Yin [i.e., Shang]; the wisest of people and the great tortoise equally do not venture to know anything fortunate for it. It is not that the former kings do not aid us . . .; but by your dissoluteness and sport, O King, you are bringing on the end yourself. On this account Heaven has cast us off, so that there is distress for want of food. . . . Yea, our people now all wish the dynasty to perish, saying, "Why does not Heaven send down its indignation? Why does not someone with its great decree make his appearance? What has the present king to do with us?"[9]

No one could miss the tone of great urgency in the address of this loyal subject. National crisis was so imminent that he risked his life in his desperate attempt to bring the emperor to his senses. The emperor, however, was not moved. He was even annoyed. In mock surprise he asked: "Oh! Is not my life secured by the decree of Heaven?"

With all hope gone of making the emperor turn away from his blindness and wickedness, Tsoo E retorted: "Ah! Your crimes which are many are set above; and can you speak of your fate as if you give it in charge of Heaven? You will very shortly perish. As to all your deeds, can they but bring ruin on your country?"

Tsoo E was right. King Wu of Chou advanced his troops and defeated the Emperor Chou-sin on the plain of Mu. Chou-sin fled back to his capital and perished in the flames of his burning place.[10]

The Emperor Chou-sin totally miscalculated "the Mandate of Heaven." He thought that having once secured it, no one, not even Heaven, could take it away from him. He could not have been more wrong, of course. Through his misrule and despotism he lost it and himself met a tragic end.

A ruler in ancient China is not called "Son of Heaven" for nothing. The word "mandate" *(ming)* was derived from a pictogram that represents the vassal receiving the patents of office in the ancestral temple of his lord. God was thought of as handing over to a ruler his authority to rule. He was, therefore, God's vassal, God's vice-regent, and the authority could be recalled if necessary.[11] The mandate of Heaven was not "secured" by a ruler, as

Chou-sin of Shang believed, but was "given" by God. Since it was given, it could be taken away when the ruler failed it. In ancient China we have a political theology based on the divine origin of the powers that be.

Indeed, the Son of Heaven has many privileges. As a priest-king it is his duty and prerogative—and his alone—to perform sacred rites, honoring Heaven and beseeching Heaven's favor for his land and his people. As the supreme lord over "the world under heaven" (*t'ien hsia*) he commands the homage and loyalty of his ministers and his subjects. But all this does not alter the fact that his power comes from God. His authority is a borrowed authority; his kingship is a derived kingship. The only way to ensure continuation of his rule is to be obedient to God and to be a blessing to his people. Once he becomes corrupted and turns into a curse to the people, God takes back his rulership and gives it to someone else.

The announcement of King T'ang of Shang, after he has carried out a successful revolution against the corrupt and cruel House of Hsia (c. 1500–1100 B.C.), impresses us further how the ancient Chinese held Heaven, the Lord on High, in awe and reverence. Now that the mandate of Heaven is given to him, King T'ang pledges to bring peace and prosperity to the land. But he does not make a secret of his fear that through his shortcomings the mandate of Heaven might be removed from him. His announcement becomes then a plea for divine help and a request for his people's assistance. Above all, it turns into a kind of confession. In a solemn and reflective mood he says:

> It is given to me, the one man, to give harmony and tranquility to your States and Families; and now I know not whether I may not offend the powers above and below. I am fearful and trembling, as if I should fall into a deep abyss. . . . The good in you, I will not dare to conceal; and for the evil in me, I will not dare to forgive myself. I will examine these things in harmony with the mind of God [*Shang-ti chi sin*]. When guilt is found anywhere in you who occupy the myriad regions, it must rest on me. When guilt is found in me, the one man, it will not attach to you who occupy the myriad regions. Oh! let us attain to be sincere in these things, and so we shall likewise have a happy consummation.[12]

With such fear and trembling before the august Heaven, King T'ang began his illustrious reign. "The fear of the Lord is the beginning of wisdom," says the psalmist (Ps. 111:10). If there are persons outside the Christian biblical traditions to whom the psalmist's maxim applies, King T'ang of the Shang Dynasty in ancient China is certainly one.

This brings to our mind the story of King Solomon, who offered a sacrifice to God at the hill shrine at Gibeon. He was a young man who had just inherited the great kingdom of Israel from his father David. He must have been preoccupied with the question of how to carry out the enormous responsibility of kingship. In a dream at night he found himself saying this to God:

> Now, O Lord my God, thou hast made thy servant king in place of my father David, though I am a mere child, unskilled in leadership. And I am here in the midst of thy people, the people of thy choice. . . . Give thy servant, therefore, a heart with skill to listen, so that he may govern thy people justly and distinguish good from evil. For who is equal to the task of governing this great people of thine? [1 Kings 3:7–9]

The young king Solomon was conscious of his immaturity as the ruler of a great nation. "I am a mere child," he said. So was King T'ang, who said: "I am fearful and trembling, as if I should fall into a deep abyss." Solomon asked God to give him "a heart with skill to listen" so that he might govern his people well. So did T'ang when he said: "I will examine these things in harmony with the mind of God." In East and West, yesterday and today, politics must begin with discernment of God's will for the people. The fear of the Lord is the beginning of statesmanship. This must be the foundation of a political theology.

Here is an important point that we Christians must remember. In our struggle for freedom and democracy, we rightly appeal to the Old Testament, which tells us that God created human beings in God's own image. We also derive from the New Testament the faith that Jesus Christ came to the world to proclaim the reign of God in love and justice. Our struggle is a confession of our faith. It is a witness to the God who is the Lord of world history.

But our Christian struggle must get linked up with struggles of others who also hunger and thirst after human rights. It should be made clear that our Christian cause is also a human cause, our Christian witness also a human witness, and our struggle also a human struggle. Christian struggle for freedom, democracy, and human rights is not an isolated struggle. It is carried out with the support of biblical traditions and with the worldwide Christian community. But there are also other witnesses that the history and culture of our respective nations have handed down to us and to our compatriots. Challenged by these other witnesses as well as Christian witnesses, how could even rulers in Asia, for instance, not sit up and listen? How could they go on pretending that Christian affirmation of human rights is a western exportation with no roots in their own nation? Even if they choose not to "understand what the will of the Lord is" (Eph. 5:17) in the Christian Bible, they cannot plead ignorance of what is said, for example, in *The Book of Historical Documents:* "To revere and honor the way of Heaven is the way to preserve the favoring of Heaven."[13]

Problems that we all have to face today—social, political, economic, and spiritual—are too enormous for Christians to tackle single-handedly. And Christians have begun to realize—thank God!—that they do not have to face them alone. Surrounding them are clouds of witnesses from Christian traditions *and* from traditions of their own culture and history that have remained outside the Judeo-Christian culture and history. And what is most exciting of all, as they turn to these clouds of witnesses both inside and outside the Christian church, they begin to discover how big their God is, how universal God is, and how varied and mysterious God's ways have always been from Israel to Asia, from ancient times to the present day.

The dialogue between the legendary sage King Shun and his minister of crime Kaou-yaou in the third millenium B.C., if read in the light of what has just been said, gives us a further idea of how deep-rooted the fear of God is in the religious and political consciousness of the people of ancient China:

King: Being charged with the favoring appointment of Heaven, we must be careful at every moment, and in the smallest particular.

When the members work joyfully,
The head rises flourishingly;
And the duties of all the officers are fully discharged!

Minister: Oh! think. It is yours to lead on, and to originate things, with a careful attention to your laws.
Be reverent! Oh! often examine what you have accomplished.
Be reverent!

When the head is intelligent,
The members are good;
And all business will be happily performed!

When the head is vexatious,
The members are idle;
And all affairs will go to ruin!

King: Yes; go ye, and be reverently attentive to your duties![14]

How is it that the people of ancient China, inspired by reverence for Heaven, had such a strong sense of responsibility toward state affairs? We wonder. It can be studied in many ways—sociologically, psychologically, politically. But theologically, what are we to make of it? Would it be too farfetched to suggest that God, revealed as creator and redeemer in the Christian Bible, was grasped as Heaven, Lord on High, in the mandate of Heaven in ancient China?

The fact is that people appealed to Heaven when their lives were threatened by a cruel government. Armed with a deep faith in God's lordship over the course of history, faithful ministers warned and admonished their wayward kings and rulers. This gave rise in ancient China to a tradition of statesmen, scholars and heroes of brave prophetic spirit who, through their words and deeds, sought to bring the conduct of their sovereigns into conformity with the will and mandate of Heaven.

This shows that appointment of a ruler to the throne by the mandate of Heaven does not make him inviolable. He is not insured against the loss of his throne. This is made clear by E Yin, the prime minister of the House of Shang who, before his retirement, advised the young sovereign Ta-chia, who assumed power in about 1750 B.C.:

> Oh! It is difficult to rely on Heaven—its appointments are not constant. But if the sovereign see to it that his virtue be constant, he will preserve his throne; if his virtue be not constant, nine provinces will be lost to him.[15]

Was the God of the ancient Chinese people a capricious God? If he had been, he would certainly not have been more capricious than the God of the people of ancient Israel.

We recall that Jeroboam led a revolt against the house of David after the death of Solomon and became the king of the northern kingdom; thus began the history of the divided kingdoms of Israel and Judah. Behind the revolt was the prophet Ahijah. It was he who had given a divine sanction to Jeroboam for setting up a rival state. In a dramatic symbolic act, he took hold of the new cloak he was wearing, tore it into twelve pieces and said to Jeroboam:

> Take ten pieces, for this is the word of the Lord, the God of Israel: "I am going to tear the kingdom from the hand of Solomon and give you ten tribes. But one tribe will remain his, for the sake of my servant David. . . . I have done this because Solomon has forsaken me; he has prostrated himself before Astarte, goddess of the Sidonians. . . . He has not done what is right in my eyes or observed my statutes and judgments as David his father did" [1 Kings 11:31–33].

The mandate of Yahweh passed into the hand of Jeroboam. But years later it was the same Ahijah, now aged and blind, who declared that the mandate of Yahweh would be recalled from Jeroboam because he joined in with fertility cults of bulls and calves. When Jeroboam's son fell seriously ill, he sent his wife in disguise to the prophet to inquire about the fate of his son. This is what Ahijah told her:

> This is the word of the Lord the God of Israel: I raised you out of the people and appointed you prince over my people Israel . . . but you have not been like my servant David, who kept my commandments and followed me with his whole heart, doing what is right in my eyes. You have outdone your predecessors in wickedness; you have provoked me to anger by making for yourself other gods and images of cast metal;

> and you have turned your back on me. For this I will bring disaster on the house of Jeroboam and I will destroy them all . . . and I will sweep away the house of Jeroboam in Israel, as a man sweeps up dung until none is left. Those who die in the country shall be food for birds. It is the word of the Lord [1 Kings 14:7–11].

These are fearful words. They sound even more fearful when they begin and end with "this is the word of the Lord." Yahweh who put Jeroboam on the throne of Israel is going to take back the mandate because Jeroboam has failed. Nadab, Jeroboam's son who succeeded him, died a violent death and his dynasty came to a horrible end. "Baasha," says the deuteronomic account, "slew Nadab and usurped the throne. . . . As soon as he became king, he struck down all the family of Jeroboam, destroying every living soul and leaving not one survivor" (1 Kings 15:28–29). It was a bloody holocaust of the ruling family—a holocaust that customarily followed power struggles in the past in both East and West. "Thus," concludes the deuteronomic compilers, "was fulfilled which he [the Lord] spoke through his servant Ahijah the Shilonite" (15:29).

This dramatic account of Jeroboam's reign, which is one of many such accounts in the historical books of the Old Testament, reads like a narrative from the Chinese classics such as *The Book of Historical Documents.* These stories of dynastic changes both in the Old Testament and in the Chinese classics are not merely objective descriptions of what has taken place. The deuteronomic compilers evaluated and pronounced judgment on the kings of Judah and Israel on the basis of whether they lived up to the demands and expectations of Yahweh. In the case of kings and emperors in ancient China, historians based their judgment on whether they had been faithful to virtue (*te*)—"divine or kingly power used for the good of people and land."[16] The most striking fact is that both in ancient Israel and in ancient China, it was the word of the Lord or the mandate of Heaven that was believed to cause dynasties to rise and fall.

The mandate of Heaven is not capricious. Nor is it transient. What is capricious and transient is the ruler and the government. The mandate of Heaven itself endures, but is transferable. A ruler, when favored by the mandate of Heaven, is honored and held in awe as the Son of Heaven, but once the mandate of Heaven has departed, he is no more than a criminal who has offended God and the people, and he must be put away.

It is this strong religious and moral relationship between God and the ruler that Mencius later developed in his insistence on the people's right to revolution. Listen to this fascinating conversation between Mencius and King Hsüan of Ch'i:

King: Was it that T'ang [king of Shang] banished Chieh [the last king of Hsia], and that King Wu [king of Chou] smote Chau [the last king of Shang]?

Mencius: It is so in the records.

King: May a minister then put his sovereign to death?

Mencius: He who outrages the benevolence proper to his nature, is called a robber; he who outrages righteousness, is called a ruffian. The robber and ruffian we call a mere fellow. I have heard of the cutting off of the fellow Chau, but I have not heard of the putting of a sovereign to death.[17]

Between a king and a robber, between an emperor and a ruffian, and between the Son of Heaven and a mere fellow the distance is enormous, seemingly insurpassable and categorical. But once a ruler has lost the mandate of Heaven, his fall from the height of heaven to the nadir of the earth becomes inevitable. When a king has forfeited the mandate of Heaven, he is immediately demythologized. His true nature is exposed. His vicious acts are displayed before the people. He is reduced to a mere criminal who deserves death. How tragic and how miserable is the end of a king when all the aura of kingly glory and divine majesty leave him! We have seen how Saul met his tragic fate. As an anointed king, he was a brave leader in the eyes of his people. But when the power of God had left him, he became an indecisive man going down in defeat.

It is really surprising that ancient China had a political philosopher such as Mencius advocating "the right of revolution and believing in the doctrine that government exists, and should exist, only for the governed."[18] On another occasion he says to King Hsüan of Ch'i:

> When the prince regards his ministers as his hands and feet, his ministers regard their prince as their belly and heart; when he regards them as his dogs and horses, they regard him as any other man; when he regards them as the ground and as grass, they regard him as a robber and an enemy.[19]

Words such as these cannot but strike some fear into rulers. They must be aware of the fact that their rulership is very vulnerable. They have God and the people to reckon with. When they fail God and the people, they become an enemy of God and a robber to the people. The time has then arrived for the transfer of the mandate of Heaven. The people will respond to the call to rise up in revolution. The mandate of Heaven cannot be despised with impunity. A poet in ancient China aptly put these words in the mouth of a king:

> Let me be reverent, let me be reverent,
> [The way of Heaven] is evident,
> And its appointment is not easily preserved.
> Let me not say that it is high aloft above me.[20]

How right the poet was! Without such fear of God held by the people and particularly by the rulers, the history of China might have been just a long, sad story meaninglessly plodding its way nowhere.

MISSION OF HEAVEN

This brings us to speak of the divine mission involving the people of ancient China. Why not in ancient China? God has been engaged in mission with all nations since the beginning of history. It is chiefly the mission to redeem history, to keep it from heading perilously toward destruction. Through prophets, seers, and sages, among others, God continues the mission of redemption till the end of time.

Mencius, to whom we have referred a number of times, was endowed with a prophetic spirit. In that period of the Warring States (481–221 B.C.), princes and kings were all profit-conscious. They were also very power-hungry. They had no scruples in their use of power to bring them profit, to expand their territory, and to enrich their personal wealth. It was, to use Mencius's words, the time not for sage-kings but for robbers and ruffians. But it was also the time for persons like Mencius to be champions of the way and mandate of Heaven.

To no surprise of Mencius, King Hui of Liang invited him to advise the throne how to gain "profit" for his kingdom. Mencius's reply was direct and pointed: "Why must your Majesty use that word 'profit'? What I am provided with are counsels to love [*jen*] and righteousness [*yi*], and these are my only topics."[21] These words must have taken the king by surprise. Mencius must have appeared to him an idealist hopelessly out of touch with the real world of power and profit.

But Mencius had more surprises in store for the king. Without averting his eyes he told this to the face of the king:

> Your dogs and swine eat the food of people, and you do not make any restrictive arrangements. There are people dying from famine on the roads, and you do not issue the stores of your granaries for them. When people die, you say, "It is not owing to me; it is owing to the year." In what does this differ from stabbing a man and killing him, and then saying—"it was not I; it was the weapon"? Let your Majesty cease to lay the blame on the year, and instantly from all the nation the people will come to you.[22]

These are not the words of a moral idealist but of one angered and saddened by the king and his court living in luxury and waste at the expense of a starving and dying people. Here Mencius was a spokesperson for the poor, the hungry, and the oppressed. The truth in what he said must have struck the king very hard. In spite of the power at his command, the king must have felt morally defenseless before this towering man looking straight into his eyes, exhibiting a noble spirit that could only have been inspired by a divine spirit.

Mencius did not stop there. He had to pursue the subject even further. He had to drive home to the king the fact that there was serious misgovernment that called for a radical change of heart on the part of the ruling house. He questioned the king relentlessly:

Mencius: Is there any difference between killing a man with a stock and with a sword?

King: There is no difference.

Mencius: Is there any difference between doing it with a sword or with the style of government?

King: There is no difference.

This is a very direct logic; no one can deny it. It is also a very simple logic; it does not require a great intelligence to understand it. The king could not but agree, although he must have sensed what Mencius was getting at. He became morally disarmed and had to let Mencius go on with what he wanted to say. Mencius's words fell on the king like the hammer of divine judgment:

> In your kitchen there is fat meat; in your stables there are fat horses. But your people have the look of hunger, and in the wilds there are those who have died of famine. This is leading on beasts to devour people.
>
> Beasts devour one another, and people hate them for doing so. When a prince, being the parent of his people, administers his government so as to be chargeable with leading on beasts to devour people, where is his parental relation to the people?[23]

A man who unflinchingly exposed the misrule of the king, a man who dared to compare the government to ferocious beasts, could not have been depending solely on his moral courage. Whether he was conscious of it or not, he must have been moved by the power that is above every other power. He must have been a man of God.

We as Christians are not moving in an alien territory here. Persons like Mencius, and Confucius before him, who confronted princes and kings with the truth, do not appear to us strangers. What they have to say to their sovereigns sounds very familiar to us.

There is, for example, the famous, or rather infamous, story of Naboth's vineyard (1 Kings 21). Ahab, king of Israel, wanted to obtain Naboth's vineyard, situated right next to his palace. But Naboth refused to part with it. Ahab was annoyed and angry. As the story goes, Ahab, at the instigation of Jezebel, the queen, had Naboth killed and took over his vineyard. Hearing this, the prophet Elijah lost no time in going to the palace and thundering these words into the ears of the king: "This is the word of the Lord; where dogs licked the blood of Naboth, there dogs shall lick your blood" (21:19). In Mencius, who told King Hui of Liang that his government was murdering and devouring the people like wild beasts, do we not hear an echo of Elijah the prophet? Do we not have in Mencius a mouthpiece of God like Elijah?

The Old Testament prophets were frequent guests at the court of their kings. They were there at the seat of power and authority not only as counselors, advisers, but above all as spiritual leaders of the people. We hear them literally roar, and kings and princes become afraid. As Amos explained: "The lion has roared; who is not terrified? The Lord God has spoken; who will not prophesy?" (Amos 3:8) Roar the prophets of ancient Israel did, and terrified were their kings. To the powerful and wealthy, Isaiah said:

> Shame on you! you who add house to house
> and join field to field,
> until not an acre remains,
> and you are left alone to dwell in the land [Is. 5:8].

Jeremiah, the prophet who carried endless sorrow in his heart for the adverse fate of his nation, was prompted to say to the privileged class in Jerusalem:

> And you, what are you doing?
> When you dress yourself in scarlet,
> deck yourself out with golden ornaments,
> and make your eyes big with antimony,
> you are beautifying yourself to no purpose [Jer. 4:30].

And that rustic Amos from the field of Tekoa vented his anger on the rich rulers in the northern kingdom of Israel with words that could not have been stronger:

> Listen to this,
> you cows of Bashan who live on the hill of Samaria,
> you who oppress the poor and crush the destitute, . . .
> You shall each be carried straight out
> through the breaches in the walls
> and pitched on a dunghill.
> This is the very word of the Lord [Amos 4:1–3].

Do we not hear a faint echo of prophetic indignation such as these in the words of Chinese sages as they faced their kings with firm conviction and quiet dignity? We may refer to H. H. Rowley, a British Old Testament scholar, who has made the following observation—an observation rarely made by Christian theologians:

> The Chinese sages lived in a very different age from the Hebrews and are necessarily very different persons. Yet they too were deeply interested in the social conditions of their time and sought to effect changes. Their ideals for society differed notably from those of the Old Testament prophets; but they were nevertheless prophets, who proclaimed what they believed to be the will of God for society, and who attacked the evils of their day in their own way. They enunciated their principles to kings and princes, or to their disciples, and sought to change society from the top. But they were deeply concerned for the well-being of the common man.[24]

These Chinese sages, prophets or not in the Old Testament sense, should be regarded as instruments of God's redeeming love and power in ancient China. They had a mission—God's mission to see righteousness and love prevail in their land. They were conscious of a divine mission entrusted to them. It is this strong sense of mission that gave them courage, wisdom, and faith before the ruling powers.

Some incidents in the life of Confucius will illustrate the sense of divine mission held by the Chinese teacher-statesman. Once Confucius and his disciples were passing through Sung on their way from Wei to Ch'an, the minister of war, Huan T'ui, sent his men to make an attempt on the sage's life. Greatly alarmed and agitated, his disciples urged him to make haste and escape. But Confucius, maintaining his calm, said to them: "Heaven begat the power (*te*) that is in me. What have I to fear from such a one as Huan T'ui?"[25]

We came across the word *te* earlier. Literally it means virtue. Rulers are expected to cultivate virtue so that they may govern in accordance with the will of Heaven. But *te* is not merely *human* virtue. It is "the divine power" that works in human beings and preserves the world. It comes from God and becomes the source of ethical principles, political conduct, and human relationships. A sage is not just a virtuous person but one who is conscious of this *te,* the divine power, in him and seeks to be a witness to it. His mission is to see that this *te* prevails in human society. It is this *te* that gave Confucius confidence in the time of danger.

In his long and weary journey to carry out the mission given to him by this divine power, Confucius must have encountered a threat to his life more than once. For we hear about another incident in *The Analects:*

> When the Master was trapped in K'uang, he said, "When King Wen perished, did that mean that culture (*wen*) ceased to exist? If Heaven had really intended that such culture as his should disappear, a latter-day mortal would never have been able to link himself to it as I have

> done. And if Heaven does not intend to destroy such culture, what have I to fear from the people of K'uang?"[26]

What happened was that Confucius "was surrounded by a cordon several men deep in the hope of starving him out."[27] Despite the fact that the situation was very critical, Confucius was unperturbed.

Just as he believed in *te,* the divine power, when he faced the danger in Sung, he expressed here his firm conviction in his mission of *wen. Wen,* culture, is "the cause of truth" that created and sustained Chinese culture from the Chou Dynasty to the time of Confucius.[28] This *wen,* truth, just as *te,* the divine power, is from Heaven, the Lord on High. *Wen* is Heaven's will, way, and mandate. Entrusted with a divine mission of *wen,* what has Confucius to fear from the people of K'uang? As long as God wants him to carry on the mission of *wen,* no power on earth can threaten him, no danger can intimidate him.

It is such faith and such spirit that inspired and encouraged many scholars, historians and statesmen in the history of China to bear the torch of light and truth in a nation constantly plagued by corruption, nepotism, exploitation, and despotism. True, Confucianism later degenerated into a state ideology and turned itself into a political tool to incarcerate the body, mind, and spirit of the Chinese people. But this should not obscure the strong faith and the indomitable spirit found in persons like Confucius and Mencius.

The Spirit of God does work in diverse and strange ways. Its manifestation in various lands and among different peoples cannot always be predicted. That is why we as Christians must be alert if we want to see God's signals in the lives of other peoples, to understand God's signs in the history of other nations, and to decipher God's will in the struggle of suffering persons outside the familiar domain of Christianity.

CHAPTER NINE

Buddhist Penetration of the Middle Kingdom

In a forest near the village of Sena in the Urvela district situated at the foot of the Himalayas, Siddhartha Gotama (c. 563–483 B.C.), the founder of Buddhism, sought to attain enlightenment by means of extreme asceticism. In the Buddhist scriptures it is recorded that "those around him were astonished by the severity of the practices that he undertook, and at one point believed that he had died as a result."[1] There were five ascetics in particular who gathered around him, hoping that "the truth (*dhamma*) which the ascetic Gotama might find, he will expound to us."[2] But self-mortification for six long years did not bring him enlightenment. He gave up his austere practices and broke his long fast. The five ascetics were utterly scandalized and left him in disgust.

After regaining his strength, he proceeded to the town of Gaya (the modern Bodh-Gaya, 130 miles southeast of Benares), not far from the village of Sena, seated himself in the lotus posture under "an Assattha (or Pippala), a poplar-fig tree,"[3] and entered into profound meditation. There he attained his enlightenment. Tradition has it that it took place "in the full month of Vaishakha"—that is, between April and May according to the solar calendar. He was thirty-five years old.

What was the content of Gotama's enlightenment? What was the message he heard, compelling him to spend the rest of his life imparting it to his fellow men and women? Rising from his enlightenment, he—according to Buddhist tradition—wandered to the Deer Park of Isipatana near Benares, found the five ascetics who had earlier deserted him, and preached to them his first sermon, "Setting in Motion the Dhamma Wheel." He addressed his first congregation saying:

> . . . this is the Noble Truth of Suffering. Birth is suffering, age is suffering, disease is suffering, death is suffering; contact with the un-

> pleasant is suffering, separation from the pleasant is suffering, every wish unfulfilled is suffering. . . .
>
> And this is the Noble Truth of the Arising of Suffering. It arises from craving, which leads to rebirth, which brings delight and passion, and seeks pleasure now here and now there—the craving for sensual pleasure, the craving for continued life, the craving for power.
>
> And this is the Noble Truth of the stopping of Suffering. It is the complete stopping of that craving, so that no passion remains, leaving it, being emancipated from it, being released from it, giving no place to it.
>
> And this is the Noble Truth of the Way which leads to the Stopping of Suffering. It is the Noble Eightfold Path—Right Views, Right Resolve, Right Speech, Right Conduct, Right Livelihood, Right Effort, Right Mindfulness, and Right Concentration.[4]

The Dhamma Wheel thus set in motion, Siddhartha Gotama, the Buddha—the Enlightened or Awakened One—soon gathered around himself followers and disciples who wanted to be initiated into the truth and liberated from suffering. The foundation of the Buddhist community—*sangha*—was laid to carry out the mission of salvation for humankind.

Buddhism proved to be an aggressive missionary religion. The Buddha is said to have sent out his disciples into the world with these words:

> Go ye forth, monks, for the good of the many, for the benefit of the many, out of compassion for the world, for the profit, for the good, for the benefit of gods and people. Let not two of you go together! Expound, monks, the teaching which is good in the beginning, good in the middle, good in the end, in the spirit [as also] in the letter. Show a fulfilled, pure life of virtue. There are beings who are born with little defilement; if they do not hear the teaching, they are doomed. They will understand the teaching.[5]

Ever since that day at the turn of the sixth century B.C. when the Buddha gave this great commission to his disciples, his way of salvation from suffering has captivated millions and tens of millions of persons in southern Asia in the form of Theravada Buddhism, and in other parts of Asia such as China, Tibet, Mongolia, Vietnam, Korea, and Japan in the form of Mahayana Buddhism. A Buddhist world is founded by a man who experienced and comprehended human existence in terms of suffering.

SUFFERING (*DUKKHA*)—A MARK OF EXISTENCE

How deeply the Buddha's perception of life and world as suffering has struck a chord of response in the minds and hearts of countless Asians for more than two thousand years! For Asians, suffering—*dukkha*[6]—now as in ancient times, is never simply a mental state. Suffering is first and foremost a physical reality.

It primarily has to do with the body, the stomach, the heart, the intestines. Suffering is life and life is suffering. Asians do not have to look for suffering; it comes to them. They do not have to wait for it; it strikes them out of the blue. They cannot choose one kind of suffering as against another kind of suffering; suffering chooses them. In short, for them to be is to suffer.

"Asian people," says an Indonesian Christian, "perceive suffering more as an integral part of being human . . . never regard it as a strange experience external to life. We have to struggle against it, yes, but in the first instance we have to accept it as a part of ourselves. The struggle against suffering is, after all, an inner struggle against our own self."[7]

For Westerners and even for those Asians who have become accustomed to western modes of thought and a western way of life, all this sounds a little too morbid. Life under the impact of western civilization is filled with excitements. People go to bed at night never doubting for a moment that they will wake up in the morning to greet a new day, a day with new possibilities and new opportunities. For them life is a race against time. Time is a space which they make every effort to expand in order to pack it with as much result as possible. A successful life is a life that has brought about the greatest amount of achievement within the shortest possible time.

The Olympic Games are a parable of this kind of life. Every four years ambitious athletes from all over the world are assembled in one place for the sole purpose of competing, mostly in terms of speed. There is the one hundred meter dash, the one thousand meter race, and a marathon race. The one who beats the others by covering the distance in the least time is the winner. Races are measured in terms of minutes, seconds, and fractions of a second.

This parable of life that is the Olympic Games is reflected in many other areas of human activity—in business, industry, power politics, and, of course, the arms race. Life, individual or collective, is competition. To live is to compete. This world has enthroned the law of the jungle—survival of the fittest, or victory to the fastest.

In an age in which humankind is called upon to witness the human "leap into the cosmos," as one physicist puts it,[8] suffering seems the fate of the "unfittest" or the "slowest." Suffering is an accident in human progress toward the future. It is a hindrance to plans that promise to usher in a new society and a new world. It is a nuisance that goes against the grain of modern technocracy. It creates impatience in the minds of those who believe in the perfectability of human society. The suffering of the poor, the hungry, and the marginalized mocks modern material civilization in the affluent sectors of the globe. Perhaps it is a nasty joke God is playing on those intent on realizing the dream of a free, equal, and prosperous utopia.

But in Asia at least, the unfittest and the slowest are legion. From the dawn of history to the present day, the great majority of Asians has lived with suffering, from one generation to the next. Life is inconceivable without suffering. Suffering comes in all sorts of shapes and colors. And because people live in a close community, when suffering descends on an individual or a family, it shakes the whole community. When a family laments the death of a loved one, the entire community laments with them. When fear of an evil spirit seizes a person, all the others are also seized by it. When angry nature vents its wrath in a famine or a storm, all members of the community huddle together to placate it.

Suffering is a religious experience. It affects members of the community physically and makes a profound impact on their mind and spirit. This is why people suffering from natural disasters and human cruelties turn to a source, a power, a deity, for help, comfort, and protection. It is in suffering that people understand themselves intuitively, view their lives with despair and hope, and seek salvation from God. Suffering is a deeply spiritual reality.

Suffering is a communal experience. It reveals God to humans and brings them closer to God. It also reveals humans one to the other and brings them closer together. In suffering, neighbors discover their neighbors. They meet one another face to face, talk to one another heart to heart, and mingle their tears in the cup of suffering. They become human to one another, seeing one another in the nakedness of their humanity. In suffering, a human community is renewed again and again for mutual support and encouragement. In this way and not in any attempt at rational explanation, suffering becomes hope for the suffering masses in Asia and throughout the world.

Suffering also lays humanity bare before the compassionate God. It strips human beings of their pretensions—pretensions to self-sufficiency, to unlimited power, to uninterrupted progress, to immortality.

The legend of Siddhartha Gotama's famous Four Meetings that marked the beginning of his religious quest is parabolic of life in the grip of suffering. Tradition has it that on four occasions Gotama was literally shaken by the sight of human suffering. "Emerging from the eastern gate of the palace on what was intended to be a pleasure excursion, Shakyamuni was confronted by the sight of an old man; emerging from the south gate on another occasion, he saw a sick man, and when he left by the west gate, he saw a corpse. Finally, going out by the north, he spied a man who had entered the religious life passing by, and, deeply moved, he determined to leave home and take up the same kind of life himself."[9]

What could be more parabolic of human vulnerability than sickness, age and death? Confronted with these realities of life, one becomes sober and is prompted to cry out for help and assurance. Listen to this poem from ancient China in *The Book of Poetry*:

> Great and wide Heaven,
> How is it you have contracted your kindness,
> Sending down death and famine,
> Destroying all through the kingdom?
> Compassionate Heaven, arrayed in terrors,

How is it you exercise no forethought, no care?
Let alone the criminals:
They have suffered for their offenses;
But those who have no crime
Are indiscriminately involved in ruin.[10]

The cry of an innocent sufferer? Maybe. This at once brings to our mind Job in the Old Testament. Struck by totally unexpected calamities, Job was brought almost to the verge of total collapse. In his bitter eloquence he raged against his friends and cried out to God:

. . . I will not hold my peace;
I will speak out in the distress of my mind
and complain in the bitterness of my soul. . . .
If I have sinned, how do I injure thee,
thou watcher of the hearts of people?
Why hast thou made me thy butt,
and why have I become thy target?
Why dost thou not pardon offense
and take away my guilt?
But now I shall lie down in the grave;
Seek me, and I shall not be [Job 7:11–21].

Suffering can make people rebellious against God. This seems the case of the poet in ancient China and Job in ancient Israel. But in the midst of suffering, theirs is not a rebellion that severs them from God. In their heart of hearts, they are conscious of the fact that they are in the grip of God, that God must be their savior. They rebel in order to find assurance from God, to be reconciled to God. This is no longer the question of sin or no sin, guilt or no guilt. It is the question of how to find oneself in the bosom of the compassionate God. Perhaps that Chinese poet found an answer to that question. In the case of Job, he certainly did.

In suffering, ordinary people discover themselves, discover the world around them, and, above all, discover God. God does not come to them as a metaphysical hypothesis. God is not grasped by them as a theological truth or comprehended by them as the consequence of a philosophical inquiry. To discover God, ordinary men and women start with their life burdened with care and anxiety, the world that is full of sorrow and danger, and the community that is exposed to divine goodness and human malice. This is how persons in ancient Israel discovered Yahweh their God. And this is also how persons in Asia discover their compassionate God.

Life in suffering and life of suffering—this is where the search for God begins. This is also where Christian theology must begin, particularly a theology that wants to speak to the hearts and minds of Asians. It has to speak *out of* their hearts, souls, minds, and bodies. Theology must "body forth" from the people. It must bear the marks of humans in agony. It must echo their laughter, shed their tears, sigh their sighs. This is what theology must be about because this is what God is about.

"The Word became flesh" (Jn. 1:14). We cannot overemphasize in Christian theology the fact that the Word became flesh. Flesh did not become the Word; the Word became flesh. Flesh is life with all its hopes and despairs. Flesh is history with all its glories and miseries. Flesh is community with all its promises and intrigues. And flesh is human beings themselves who bear the stamp of divinity but are tempted to bestiality. The Word is fully and completely in this flesh. To hear the Word we must hear this flesh. To see the Word we must see this flesh. To embrace this Word, we must embrace this flesh. And to speak about the Word is to speak about this flesh.

God is in this flesh. What a terrifying thought! What a humbling discovery! And what a great hope! Can *theo*-logy then be anything other than the-Word-become-flesh theology? It cannot and must not be.

Surely this must be the reason why Jesus began his ministry by "announcing good news to *the poor*, proclaiming release for *prisoners*, recovery of sight for *the blind*, and letting *the broken victims* go free" (Lk. 4:18). Like a Jewish rabbi, Jesus could have begun by expounding the law of Moses to his audience in the synagogue. True to the spirit of the Jewish religion, he could have started by preaching about the holy God sitting in judgment on the wicked. Or he could have tried to inspire fear of the Lord and respect for religious authorities in the minds of his hearers. But Jesus—contrary to custom—did none of this, to the consternation of the religious leaders, and to the surprise of the people.

How could he have started his ministry differently? Since he is the Word become flesh, flesh is where he must begin. The poor are this flesh. Prisoners are this flesh. The blind are this flesh. And the broken victims are this flesh.

Jesus Christ commenced his mission of redemption with the life of suffering and with life in suffering. He did not turn away from it. Throughout his ministry he was obsessed with it. He himself lived the life of suffering and life in suffering. And he died a death of suffering and death in suffering. This is the gospel entrusted to the Christian church. This is God's truth to which Christian theology must bear witness. Do we then still need to make apologies for having to begin our theology with "flesh"?

It was not by accident that Gotama Buddha gained his enlightenment as a result of his confrontation with flesh and all it entails. He encountered old age—the flesh losing its vitality and plodding on its way in weakness and helplessness. He saw sickness—the flesh suffering in pain and agony. He stared at death—the flesh from which life has departed and is being carried out to the burning *ghat*. Flesh and suffering, flesh of suffering, and flesh in suffering—this is where the Buddha's message begins. He stared this flesh in the face and taught people how to be liberated from its suffering. His was a religion of salvation—not salvation from life, but salvation from the suffering that afflicts our lives and disturbs our world. He did not lead suffering persons to the god of philosophers and brahmins. He devoted his whole life to helping them get on the way to *nirvana*, to "the restoration of healthy conditions of life *here and now*, rather than in some remote and transcendent realm beyond this life."[11]

It is the Buddha's way to *nirvana*, to the redress of human suffering in the present world, that has conquered the hearts and minds of many millions of persons in Asia. In "The Sutra of the Lotus Flower of the Wonderful Law," the Buddha is remembered as saying:

> The living, crushed and harassed,
> Oppressed by countless pains:
> The Bodhisattva,
>   Regarder of the Cries of the World . . .
> Can save such a suffering world.
> Perfect in supernatural powers,
> Widely practiced in wisdom and tact,
> In the lands of the universe
>   there is no place
> Where he does not manifest himself.
> All the evil states of existence,
> Hells, ghosts, and animals,
> Sorrows of birth, age, disease, death,
> All by degrees are ended by him. . . .
> Regarder of the World's Cries,
>   pure and holy,
> In pain, distress, death, calamity,
> Able to be a sure reliance,
> Perfect in all merit,
> With compassionate eyes beholding all,
> Boundless ocean of blessings!
> Prostrate let us revere him.[12]

Can one fail to hear the compassionate voice of God for suffering humanity in these verses? Do they not point us to the all-loving God present in the world filled with the cries of the suffering?

An unequivocal *yes* to these questions may sound pretentious because here we have to do with the profound mystery of God. But an unequivocal *no* is equally pretentious because it is premature for us as Christians to rule out that the love of God stirs the hearts of suffering humans in quest of hope.

One thing seems perfectly clear: God must be capable of hearing, understanding, and responding to the cries of humanity uttered in different languages, the hopes and despairs expressed in diverse cultural and religious symbols. Christian theology has barely begun to hear and understand these languages and symbols.

Are these languages and symbols so different from our Christian language and symbols? Are they really so remote from our spiritual agony and longing? If they sound so different to our ears, we have not touched the spirituality of our fellow human beings. If they seem so remote from our eyes, perhaps we have not really understood St. Paul when he said with a most penetrating insight: "Up to the present, we know, the whole created universe groans in all its parts as if in the pangs of childbirth" (Rom. 8:22). The whole created universe in all its parts! Do we hear him right? St. Paul could not be talking about the Mediterranean world as the whole created universe. Nor could he be thinking of Jerusalem, Antioch, and Rome as "all the parts" in the created universe. The Mediterranean world was the whole created universe to those who were dazzled by the political and military power of the Roman Empire. But the spirit of St. Paul soared beyond this tiny part of the universe. He heard and felt in the depth of his being groanings of humanity coming from *all* parts of *God's* created universe.

For too long Christian theology has been busy hearing the groanings of its own churches. It has developed systems and traditions that enable Christians to hear only the voices of their own popes, bishops, and theologians. Christians have taken these voices for the voice of God beamed to the whole created universe in all its parts. They have been taught to regard the history of Christianity as the history that represents the created universe in all its parts. They have insisted that God's salvation as apprehended by the Christian church is so unique that it cannot be found in any other part of the whole world. They cannot believe in a God who works behind their back, goes astray into other directions, and creates all sorts of theological mischiefs for theologians. Has it ever occurred to those brought up in this school of faith and trained in this tradition of theology that perhaps God may be having second thoughts about their understanding of the divine mystery?

Nirvana taught by the Buddha is not God. Of course not. But the restoration of health, harmony, and peace *here and now* for life afflicted with pain and suffering—this is essentially what nirvana is all about. May this not be the way that God has chosen to bring salvation to the masses in Asia for whom to live is to suffer? Is it so inconceivable that God is nirvana to them—peace, harmony, and health? Can we, in our faith and theology, dispense with the Buddhist world in which the masses of humanity gain some taste of salvation through the Buddhist way to nirvana?

"I am the way; I am the truth and I am life," says Jesus (Jn. 14:6). It may be theo-*logically*—that is, on the basis of the logic of traditional Christian theology—wrong to assume that the way of Jesus, his truth and his life, are reflected in the way of the Buddha, his truth and his life. But perhaps it may not be *theo*-logically—that is, from the side of God the creator and redeemer of the whole created universe in all its parts—entirely wrong to propose that the spirit that stirred compassion in the heart of the Buddha for suffering humanity is the same Spirit that opens the eyes of Christians to Jesus Christ, the Word become flesh.

At any rate, the story of the spread of the Buddha's way in Asia is as amazing as that of the Christian faith in the West. What the Buddha taught was an integral part of the Indian spiritual experience but did not get imprisoned in that experience. It grew up in Indian soil, but did not become buried in that soil. Once taken out of its original cradle, it showed remarkable flexibility and adaptability. While preserving its distinctness, it exhibited a fascinating power of assimilation as soon as it came into contact with a local ethos and culture.

"Eventually," writes Kitagawa, a historian of religions, "Buddhism developed into a pan-Asian religion, closely identified with various cultures of Asia."[13] Chinese Buddhism is a most important part of this pan-Asian religion. How Buddhism penetrated China is therefore as fascinating a question historically and theologically as how Christianity conquered Europe and North America. It may provide us with a clue to how God works in human history.

THE DREAM OF EMPEROR MING

It is agreed that with the coming of Buddhism to China a new age dawned in the history of the Chinese people. "The introduction of Buddhism into China," says Fung Yu-lan, a distinguished Chinese philosopher, "has been one of the greatest events in Chinese history, and since its coming, it has been a major factor in Chinese civilization, exercising particular influence on religion, philosophy, art, and literature."[14]

Buddhism succeeded in captivating the heart of China by losing itself to China. The observation that "Buddhism did not convert China but China converted Buddhism"[15] is only partly true. What happened between Buddhism and Chinese spirituality was a mutual conversion. Buddhism earned the devotion of millions of Chinese by allowing itself to become "Sinicized" inside out. In true Chinese fashion, Buddhism was married into "the house of China" and in the course of time won the right to be a member of that house.

But the marriage was not without tension and strife. It was almost ruined in the persecution of Buddhism in the so-called Catastrophies of Three Wu and One Chung—persecutions that took place in 446 under the Emperor Tai-wu Ti of the Wei Dynasty, in 574 under the Emperor Wu Ti of the northern Chou Dynasty, in 845 during the reign of Emperor Wu Chung of the T'ang Dynasty, and in 955 at the time of the Emperor Shih Chung of the later Chou Dynasty. The persecution in 845 was a particularly fierce one. "It destroyed 4,600 large monasteries and over 40,000 small ones, forced over 260,000 monks and nuns to return to lay life, and confiscated billions of acres of monastic land property."[16] But no fire and brimstone could break up the marriage.

Although Buddhism suffered a great setback and showed signs of fatigue and decline, it had become too "enfleshed" in Chinese spirituality to be discharged from the house of its adoption. It came to stay and it has stayed ever since it entered the door of China, centuries ago.

When and how Buddhism made its debut in China is shrouded in mystery.

Stories about its introduction are all of a legendary and apocryphal character. The most famous story is that of the dream of Emperor Ming (58–75 A.D.) of the Han Dynasty. According to the story:

> One night in a dream Emperor Ming saw a golden deity flying in front of his palace. On the morrow he asked his ministers to explain the identity of this deity. One of them, Fu Yi, replied that he heard there was a sage in India who had attained salvation and was designated the Buddha, who was able to fly, and whose body was of a golden hue. He went on to say that the deity seen in the dream was this Buddha. The ruler accepted his explanation and dispatched envoys abroad to learn more about this sage and his teachings. The envoys returned bringing back with them the *Sutra in Forty-two Sections*, which was received by the emperor and deposited in a temple constructed outside the walls of the capital, Lo-yang.[17]

There might have been some historical facts behind this story of the emperor's dream, but in all probability it was no more than just a pious legend intended to prove and stress the "official" acceptance of Buddhism by Chinese authorities. The mentioning of a flying golden deity in the dream does not lend itself to historical credibility. Besides, the story is anachronistic, for in one version "Chang Ch'ien, who journeyed to Bactria in the second century B.C., appears as one of the envoys"![18] The legendary and apocryphal character of the story apart, the introduction of Buddhism into China "must have taken place between the first half of the first century B.C.—the period of the consolidation of the Chinese power in Central Asia—and the middle of the first century A.D., when the existence of Buddhism is attested for the first time in contemporary Chinese sources."[19]

The beginning of Buddhism in China coincides, interestingly, with the beginning of Christianity in Palestine. The significance of this should not be overlooked by us Christians. The world to the west of the great Asian continent, during the two hundred years between the first century B.C. and the first century A.D., was under the military and political power of the Roman Empire. "In the history of the Roman Empire," writes Toynbee, a British historian, "which was the universal state of the Hellenic World, we find the generation that had witnessed the establishment of the *Pax Augusta* asserting, in evidently sincere good faith, that the Empire and the City that has built it have been endowed with a common immortality."[20] Rome and its empire symbolized the summit of human aspirations for power, glory, and immortality.

A Greek man of letters, Publius Aelius Aristeides, spoke for all when he extolled Rome in these words:

> Let us invoke all the gods and all the children of the gods, and let us pray them to grant this empire and this city life and prosperity world without

> end. May they endure until ingots learn to float on the sea and until trees forget to blossom in the spring. And long live the supreme magistrate and his children likewise. Long may they be with us to carry on their work of dispensing happiness to all their subjects.[21]

Rome held the attention of the world. To it the then civilized world gravitated. Even Jesus, the savior of the world, was born within its jurisdiction. All roads led to Rome.

At the same time, an equally powerful empire on the other side of the colossal Asian continent was claiming the allegiance of the people of the Middle Kingdom. That was the Han Empire (206 B.C. to 221 A.D.). After the collapse of the first centralized empire of the first emperor of Ch'in, Shih Huang Ti, the Han rulers brought stability and prosperity to the people within the Great Wall. The Han Empire covered the whole of North China, warding off the barbarians at its northern frontiers. To the south it included the modern provinces of Szechuan, Hunan, and Kiangshi. To the east the empire reached the coastal areas. And to the west its military power made itself felt in the depth of central Asia, coming into touch with such places as Ta Yüan, the modern Ferghana, and Ta Hsia, or Bactria, countries once conquered by Alexander the Great.

The culture and prosperity of the Han Dynasty at the peak of its power seem reflected in the poem "The Golden Palace" by an unknown poet in the first century B.C.:

> We go to the Golden Palace:
> We set out the jade cups.
> We summon the honored guests
> To enter at the Golden Gate
> And go to the Golden Hall.
>
> In the Eastern Kitchen
> the meat is sliced and ready—
> Roast beef and boiled pork
> and mutton.
> The Master of the Feast
> hands round the wine.
> The harp-players sound
> their clear chords.[22]

The universal state of Han, as Toynbee calls it,[23] could easily have vied with the Roman Empire in power, glory, and culture—and surpassed it.

But it was to Rome and not to Han that the gospel of Jesus Christ was to be carried. And it was to Han and not to Rome that the teachings of the Buddha were to be introduced. Was this due to the formidable mountains and deserts that separated India and China from Palestine and from the world under

Roman control? Perhaps. But the two world empires on the two sides of the great natural barriers were not totally incommunicado. There is some evidence that officers of expedition armies under the command of the famous Han general Pan Chao during the reign of Emperor Ming reached some parts of the Roman Empire called Ta Ts'in (i.e., "big Chinese," Ts'in being a name for the Ch'in Dynasty from which the word China was derived).[24] It is also known that lively trade in silk and spices was carried out between these two parts of the ancient world.

Or could it be explained by historical circumstances? Palestine during that critical period was a Roman colony. The Jews chafed under Roman rule and domination, but they must also have been fascinated by that great city Rome. St. Paul, for instance, toward the end of his missionary career, had his eyes fixed on that "immortal" city. Persecuted by his fellow Jews and brought to trial before the Roman tribunal, he could have been set free if he had not appealed to Caesar in Rome. This was the view of King Agrippa, who said to Festus the governor: "The fellow could have been discharged, if he had not appealed to the Emperor" (Acts 26:32). But Paul was resolute. He declared to Festus: "I appeal to Caesar!" (25:11). He was a Roman citizen by birth (22:27–28). To Rome he now must go to bear witness to the gospel of Jesus Christ.

CHRISTIANITY IN CHINA

Turning to Rome proved to be a momentous decision not only for St. Paul personally but for the religious history of the East and the West in the following centuries. China, that huge Asian land mass, did not have an inkling of what Christianity was about until the seventh century when it was carried to it by Nestorians. Nestorian Christianity enjoyed the imperial tolerance for a while, but its converts remained a very small minority. Caught up in the Buddhist persecution of 845, it began to decline rapidly. "Monks sent in 980 to put the Church in order could find no traces of Christians in the land."[25]

It was not until centuries later that Christianity made another appearance in the Middle Kingdom, toward the end of the sixteenth century. The Jesuits, armed with a knowledge of geography, mathematics, and astronomy, succeeded in winning a number of Chinese scholars and officials. Roman Catholic Christianity even enjoyed the friendship of Emperor K'ang Hsi (1661–1722). Though marred by the so-called rites controversy between the Jesuits and members of other Catholic missions such as the Dominicans over the question of ancestor worship, the Catholic Church could still count about two hundred thousand Christians in 1750.[26]

Later, in the nineteenth century, it was the turn of Protestant Christianity to begin "Christian occupation" of China.[27] This was anything but a peaceful story. The Protestant missions began their work at the time when China was suffering both from internal decay and from external pressures of western powers that virtually reduced it to a semicolonial status. Still, by the third decade of the twentieth century, the Protestant churches could count 567,390 to their membership. The Roman Catholic Church showed even greater numerical strength. In 1947 its membership was recorded as 3,251,347.[28]

But then a great debacle came. The worst fear of western powers and of the Christian churches both in the West and in China came true. The peasant revolution successfully carried out by the Chinese Communist Party against the nationalist government completely changed the fabric of China. From a western-oriented capitalist nation China turned into a communist nation. Western powers that had forced their way into China unceremoniously two centuries earlier were forced out, also unceremoniously. Christianity suffered the same fate. Planted and replanted over a period of a century or so, the Christian churches in China were uprooted. By 1951 all foreign missionaries had left China and the Chinese Christians had to learn the hard lesson of being Chinese first and Christian second.

As China begins to emerge from its self-imposed isolation from the world in the 1970s and 1980s, Chinese Christians too have begun to surface from their underground communities. The Christian churches outside China are of course eager to rejoin with their separated brothers and sisters in the faith, but they do not quite seem to know what to do with Christianity in the People's Republic of China—a strange animal altogether that is not likely to fit in comfortably with the still denominationally divided churches and with the militantly mission-minded Christians in the outside world.

This in brief is the story of Christianity in China. Christianity in the West is a different story. And strangely enough, this different story of Christianity in the western world is matched by the story of Buddhism in China, and for that matter, in Asia as a whole.

We have referred to the legendary dream of Emperor Ming, testifying to the presence of Buddhism in China in the middle of the first century. About the same time St. Paul arrived in Rome as the prisoner of Caesar. Luke, the author of the Acts of the Apostles, seems to indicate that Paul was granted freedom of movement and was able to preach the gospel in the capital city. Paul "stayed there two full years," writes Luke as he concludes his account of the spread of the gospel in the Mediterranean world, "with a welcome for all who came to him, proclaiming the kingdom of God and teaching the facts about the Lord Jesus Christ quite openly and without hindrance" (28:30–31).

But St. Paul's freedom to preach the gospel did not last very long. Rome, the imperial city, came under the tyranny of the notorious Emperor Nero, who blamed Christians for a great fire in Rome for which he himself was responsible in a fit of madness. A terrible persecution of Christians broke out. Tacitus, fifty years after the event, writes in his *Annals* that "some of the Christians were wrapped in the hides of wild beasts and were then torn to pieces by dogs. Others, fastened to crosses, were set on fire to illuminate a circus which Nero staged for the crowds in his own garden."[29] This was just the beginning of attempts on the part of the Roman rulers of the next two centuries to rid the empire of the Christians who refused to bow to Caesar as God. St. Paul, and with him Peter, is said to have died a martyr's death in A.D. 64 during Nero's persecution.[30]

The seed of the gospel, however, did not perish with Paul and Peter. It proved to be much stronger than the sword, fire, and wild beasts of its persecutors. Once planted, it was destined to grow and to go on winning the hearts of the people, conquering the world to the west of the Asian continent.

It even won the heart of a Roman general, Constantine, who defeated his rivals in the struggle for power to become the emperor of the Roman Empire. As Eusebius, the most eminent early church historian and contemporary of Constantine tells it, Constantine won the decisive battle at the Milvian Bridge, near Rome, in 312, with a sign of the cross at the head of his army—a sign he saw in a vision while praying on the eve of the battle. Does this not remind us of the parallel legend of the dream of Emperor Ming about the beginning of Buddhism in China? At any rate, Christianity marched into the next period of development and expansion with imperial blessings. The era of so-called Constantinian Christianity had begun.

BUDDHISM IN CHINA

About the same time as Christianity reached a new stage in its history, having won the patronage of the imperial family, Buddhism had already become an integral part of the religious and cultural scenery in China. Like Christianity, it gained the favor of the ruling princes. Its "monks became political, military and diplomatic advisers, and also gained a great reputation among the people through their skill in thaumaturgical and magical performances."[31] But Buddhism was not only impressing princes with its monks' political advice and the uneducated people with their magical skills. For "by 300," says Hu Shih, a great champion of the Chinese cultural reform in the early part of the twentieth century, Buddhism "was talked about by all Chinese intellectuals as the greatest system of philosophy ever invented by the genius of man."[32]

Having made inroads into the courts of princes and emperors, the studies of scholars, and the hearts of the people, Buddhism made a spectacular expansion in China in the fourth and fifth century and reached the zenith of its influence in the T'ang Dynasty (618–907). It was estimated that "in A.D. 405 . . . nine out of ten families in the northern empire had embraced the Buddhist faith. . . . A hundred years later, in A.D. 500, it is admitted that the whole of China, north and south alike, was Buddhist."[33] Early in the fifth century in Loyang alone, the northern capital, "there were 1,367 temples with a population of half a million."[34] And according to a census taken in 845, followed by the persecution referred to earlier, "there were some quarter of a million monks and nuns, 4,600 temples and over 40,000 lesser shrines."[35]

Even a staunch humanist and severe critic of religion such as Hu Shih could not withhold amazement at this spread of the Buddhist faith in China when he writes:

> Truly has humanist China become fanatically religious under the hypnotism of the Indian religion! When we recall the opening paragraph of

> the Confucian Classic on *Filial Piety* which teaches us that every hair of our body is the sacred heritage from our parents and must not be impaired or injured, then we shall realize that the conquest by Buddhism was really complete.[36]

Hypnotism or not, Buddhism coming from India as an alien religion, conceived and developed in an entirely different cultural and religious milieu, became a most creative force in Chinese life and culture.

This was indeed no small achievement. Buddhism, in a relatively short span of time, conquered the heart and mind of a nation that could boast of a highly sophisticated culture and religious tradition, and this at the time when Europe was entering the Dark Ages, when the Greco-Roman culture was declining and Christianity, "seriously affected by the fatal sickness of the Roman Empire,"[37] was staggering into the peril of "the progressive denaturing of what bore the Christian name by secularization and corruption of many kinds."[38]

While Buddhism was enjoying popular devotion in China, Christianity in western Europe by the middle of the tenth century "was at a lower ebb than it was ever again to be."[39] To the Christianity that was going through agonizing changes within the culture it had penetrated and converted, nations such as China in a faraway region in the East were completely lost to its vision. Those who had embraced the Christian faith in Europe must not have had the slightest notion that what Christianity did for the Greco-Roman world, Buddhism did for Confucianist-Taoist China.

How was Buddhism able to accomplish such a feat in China—a feat that, if not greater than that achieved by Christianity in the West, was certainly no less? The answer, simply put, is: Buddhism, like Christianity, was a religion of salvation, and what the people needed was a way of salvation.

ACCULTURATION OF BUDDHISM

On its arrival on Chinese soil and for some time afterward, Buddhism was one hundred percent a foreign religion. Even at the beginning of the third century, Chih Ch'ien, an Indo-Scythian who became the most prominent translator of Buddhist sutras into the Chinese language,

> realized that the great doctrine was practiced, yet the scriptures were mostly available only in "barbarian" . . . language, which nobody could understand. Since he was well-versed in Chinese and in "barbarian" language, he collected all [these] texts and translated them into Chinese.[40]

A faith that intruded into the Middle Kingdom in a barbarian language must have appeared very "barbarian" to the cultured Chinese in the heyday of the Han Empire.

The foreignness of this new faith was more than just skin deep. It contradicted almost all the traditions deemed sacred by the people. To quote Hu Shih again, who tells it best:

> Buddhism was opposed to all the best traditions of China. Its celibacy was fundamentally opposed to the Chinese society which regarded the continuation of the ancestral line as the greatest duty of every man. Its mendicant system was distasteful to the Chinese political and social thinker who was naturally alarmed by the prospect of large numbers of people turning into parasites on society. Its austere forms of asceticism and self-sacrifice were also against the humanist tradition of the Confucianist School which regarded the human body as the sacred inheritance from one's parents. And its truly wonderful output of abstruse metaphysical thinking, never ending in most ingenious hairsplitting and never failing in beautiful architectonic structure, was almost foreign to the simple and straightforward ways of thinking of the native Chinese.[41]

One would expect that such a faith would have been rejected out of hand soon after its arrival. But the Chinese accepted it, assimilated it into the texture of their society, and digested it to nourish their mind and spirit.

This strange phenomenon of Buddhism's incorporation into Chinese spirituality cannot be explained by a Chinese tolerance for religions. The Chinese are often praised and slighted at one and the same time for the virtue of tolerance of alien faiths and religions. But, as has been mentioned, even Buddhism did not escape persecution when scholars and officials became alarmed by the influence and power it was gaining in society.

Christians should have no illusion about Chinese tolerance either. When the Boxer uprising broke out in 1900, an uprising instigated politically as much as religiously by the crumbling Ch'ing (Manchu) monarchy against foreigners, the Christian churches sustained heavy losses. "The total loss of Roman Catholic missionaries was reported to be five bishops, thirty-one other European priests, nine European sisters, and two Marists. . . . The . . . number of Chinese Catholics who were killed or who died from privation . . . was probably in excess of thirty thousand."[42] The Protestant churches sustained an equally great loss. The number of Protestant missionaries, including their children, who perished is thought to be nearly two hundred. The total number of Chinese Protestant Christians killed amounted to 1,912.[43] Chinese tolerance of other faiths is more a myth than a reality.

It has also been stressed that Buddhism succeeded in shaking off its foreignness by donning the Taoist garb. Taoism, compared with Confucianism which tends to be regarded as a misfit in the family of religions, is a strange mixture of mysticism and popular religion. It may sometimes soar to the metaphysical height of the mystery of mysteries. *Tao Te Ching*, which contains the essence of Taoism in some cryptic five thousand words, begins by saying:

> The Tao that can be told is not the eternal Tao.
> The name that can be named is not the eternal name.
> The nameless is the beginning of heaven and earth.[44]

It is only in the depth of silence that Tao, the Way, can be apprehended. When silence is broken, Tao evaporates. Tao, shrouded in the deep silence of the universe and of the human spirit, moves in the cosmos and touches the human heart, without noise, without taste, without color, and without smell. The Tao that has been compressed into a mere five thousand words defies human speech and is beyond human symbols and metaphors. In silence, therefore, one seeks to lose oneself in the universe of Tao and become one with it.

But for most persons this mysterious silence is unbearable. They live in a noisy world, indulge in the pleasure of the palate, and delight in beautiful colors and fragrant smells. A god who is aloof in supreme silence cannot command their devotion. They need a teaching that answers their problems of life and death. They have to worship a god who speaks. They have to be able to feel and touch God. In short, they must have a religion that chants, sings, and dances. To them Taoism condescends to be a religion of the common people.

Almost by instinct Buddhism sought union with Taoism both at its height and at its commonest. And out of this mutual embrace "Chinese Buddhism" was born—a religion that satisfies the intellectual curiosity of the educated and meets the spiritual needs of the people in the street, while maintaining its distinctness in teaching and practice.

The height of this development of Buddhism in China is Zen Buddhism, which is completely Chinese and yet still Buddhist. "Of all the schools of Chinese Buddhism," says Fung Yu-lan, "the most uniquely Chinese . . . is that of Ch'an [i.e., Zen]."[45] In some aspects its fusion with the teaching of Tao is complete. Listen to the last two stanzas of the poem "Inscribed on the Believing Mind" by Tao-hsin, the fourth patriarch of Chinese Zen Buddhism who died in 606:

> One in all
> All in one—
> If only this is realized,
> No more worry about your not being perfect!
>
> The believing mind is not divided,
> and undivided is the believing mind—
> This is where words fail,
> For it is not of the past, future, or present.[46]

We have come full circle. After having gone through the rigor and hardship of life, we return to the primordial silence. To be embraced by this silence, to be one with it, is enlightenment. There we enjoy nirvana, the Love that gives us peace and fulfillment.

What has taken place here between Buddhism, a totally foreign faith, and Taoism, a totally indigenous religion? One wonders. Do we have here a hybrid that, strictly speaking, is neither Taoist nor Buddhist? Or is Chinese Buddhism a syncretism that betrays the truth of both Taoism and Buddhism? But, then, what culture is not hybrid? What religion is not syncretistic? We in the last decades of the twentieth century are perhaps in a much better position than our ancestors to realize that human beings live, survive, and make progress because of the creative give-and-take between one culture and another, between one nation and another, and between one faith and another. Anthropologists call it "acculturation." The force of acculturation is at work in human society and in the human soul at all times. Because of that force, we are saved from cultural stagnation and spiritual arrogance. And the truth, if it is the truth, stands out and shines forth in the human search for the love of God that comforts, heals, and creates.

KÖYI—METHOD OF EXTENSION

In the technical terminology of Chinese Buddhism, this is called *köyi*, the method of extension, presenting Buddhist teachings in terms of Chinese thought, especially that of Lao Tzu and Chuang Tzu. It is said, for example, in the biography of the fourth-century monk Fa-ya:

> Fa-ya was a native of Ho-chien. . . . As a youth he was skilled in external [non-Buddhist] studies, but as he grew up he came to comprehend the concepts of Buddhism. . . . At this time his disciples were only versed in the non-Buddhist writings, but not in Buddhist principles. So Fa-ya, with K'ang Fa-lang and others, equated the contents of the *sutras* with the external writings, in order to establish examples that would create understanding. . . . In this way external writings and Buddhist *sutras* were alike transmitted, each being expounded in terms of the other.[47]

This is a bold method of exegesis. It goes beyond simply borrowing terms from sources outside Buddhism. Through *köyi*, the method of extension, the Buddhist faith extended itself into Chinese religious and philosophical thought. It penetrated into Chinese spirituality. And this is not a one-way traffic. In turn the Buddhist faith was penetrated by Chinese thought. Chinese ideas and beliefs extended themselves into Buddhism. Had this mutual extension not taken place, Buddhism would have remained an outsider detained at the gates of Chinese intellectual and spiritual fortresses. China would never have acknowledged "her crushing defeat," as Hu Shih puts it, nor would she have been "dazzled, baffled, and conquered," and "millions [would not have] deserted their homes and became monks and nuns."[48]

Buddhism emerged out of this bold acculturation a victor. By extending and penetrating deeply into an alien mind and spirit, the Buddhist faith captivated the hearts and minds of the Chinese people. It lost its "Indianness." It not only changed into Chinese dress and put on Chinese make-up, but also embraced the Chinese spirit in search of truth and salvation. Buddhism came to China to stay not as a guest but as a family member. It went through a blood transfusion and became a part of the blood relationship that binds the people of China as one huge family. Buddhism strengthened and enriched that relationship. Until the communist revolution, "most Chinese lay people were 'occasional Buddhists,' in the sense that, when their parents died, if not on other occasions, they called in Buddhist monks to perform rites of salvation."[49] For the great majority of the Chinese people, Buddhism had become a faith in salvation and a way of life.

To us Christians this history of the change and development of Buddhism in China should not appear strange and incomprehensible. For does Christianity not have a similar history from its early beginning in the Greco-Roman world? It extended itself into the cultures of the Indo-Germanic peoples and the Anglo-Saxon nations. It penetrated deeply into the spirituality of western peoples. It shaped, molded, and created a religious and political culture in the West bearing distinct Christian marks. The roots of western culture are definitely and decidedly Christian. And yet, at the same time, brought up and raised in the cradle of Greco-Roman culture, Christianity also bears strong marks of that culture, from church architecture, art, and language to canon law and theology.

What could be a more striking example of *köyi*, the method of extension, than this history of Christianity in the West? But it is precisely this *köyi*, this method of extension, that has been denied to the Christian churches in Asia and Africa until recently.

Awakened to the seriousness of the cultural and spiritual gap between the Christian community and the community of their own people, Christians in Asia and Africa have taken steps to bridge it. Here is a poem by Setiloane, an African theologian, illustrating how mutual extension and penetration of the Christian faith and indigenous culture and religious beliefs might take place:

They call me African:
African indeed am I:
Rugged son of the soil of Africa,
Black as my father, and his before him;
As my mother and sisters and brothers,
living and gone from this world.

They ask me what I believe . . . my faith.
Some even think I have none
But live like the beasts of the field.

"What of God, the Creator,
Revealed to humankind through the Jews of old,
the YAHWEH: I AM
Who has been and ever shall be?
Do you acknowledge Him?"

My fathers and theirs, many generations before,
knew Him.
They bowed the knee to Him,
By many names they knew Him,
And yet 'tis He the One and only God
They called Him:
UVELINGQAKI:
The First One
Who came ere ever anything appeared.
UNKULUKULU:
The BIG BIG ONE,
so big indeed that no space
could ever contain Him.
MODIMO:
Because His abode is far up in the sky.
They also knew Him as MODIRI:
For He has made all;
and LESA:
The spirit without which
the human breath cannot be. . . .[50]

An adulteration of the God of Abraham, Isaac, Jacob, and Jesus Christ? But in this poem one feels God is close to the African soil, touches the African soul, and embraces the African heart. God has been God to African people since the beginning of time, and he will be their God until the end of the world.

God is the God of extension. God has been reaching all parts of creation and all members of the human community. God's extension knows no bounds. No part of creation is left unpenetrated by God's Spirit. No section of human community remains untouched by God's creating and redeeming hand. To extend to all the world and to penetrate all of creation God makes use of all languages, images, and symbols indigenous to the people of a particular culture and history.

If God is conceived as the Logos by the early Christian Fathers, God is also experienced as Heaven, Lord on High, by the ancient Chinese, UNKULUKULU, the BIG BIG ONE, by Africans. If God is such a BIG BIG ONE, no language and symbol employed in a given cultural setting can be totally adequate to describe God. When we learn how God penetrates the life and spirit of a people in different cultures and nations, we begin to have a more coherent image of God. If God is related to the West in the way most familiar to us Christians, is it not equally conceivable that God has also been related to Asia and Africa, though in ways not so familiar to us?

God extends and extends and extends. . . . God penetrates and penetrates and penetrates. . . . As Christians we bear witness to God's extension and penetration into humanity in the person of Jesus Christ. Jesus Christ is God, the BIG BIG ONE, who becomes reduced—reducing is a form of extending in God's case!—to our human size. From heaven to earth, from divinity to humanity, and from being God into being a human being—this is a big big extension and a deep deep penetration. This is what the incarnation is all about.

If God has made such an extension to the world, is there any reason why we should be afraid of extending ourselves in our faith and theology? Is there any reason why Christianity should remain a one-size religion, Christian theology a one-size system of beliefs, and we Christians one-size religious beings? If God in Jesus Christ speaks our language, why should we shy away from the language of, for instance, the Buddhists? If God in Jesus Christ loves *all* humankind, why should our Christian love be restricted only to like-minded brothers and sisters within the church? And if God in Jesus Christ absorbs all human sufferings, why can we not regard liberation and a sense of purpose that come to people in suffering as part of God's extension in the world? Why can we not encounter God in the struggle of Asian peoples to break the chains of *karma* that chain them to the past and deny them a future?

TO BREAK THE CHAINS OF KARMA

In the beginning was *karma*. This is the basic fact of life experienced by Asians generation after generation. Karma binds life to a chain of cause and effect. It determines who I am and what I am. It makes me a cog in the wheel of birth, death, and rebirth. Nothing in my life and in the world happens by chance. What you were and what you did in a previous life shaped your present life. And what you are and what you do in the present life will affect your lives to come. As the wheel of karma turns and turns, you together with the whole of humanity turn with it. Karma "is action, work, and deed." But it is not an impersonal and amoral principle. It "is moral action which causes future retribution, and either good or evil transmigration. It is also that moral kernel in each being which survives death for further rebirth or metempsychosis."[51]

What a powerful thing karma is! The whole of creation is under "the influence of karma" (*yeh-kan*). The entire realm of the universe breathes karma. The universe moves, changes, prospers, and decays, unable to resist "the power of karma" (*yeh-li*). All things, both living and nonliving, are under "karma-shadow" (*yeh-yin*) that follows our every step and "dogs our steps like a shadow."

What is life, then? Is it not an aggregate of "the fruits of karma" (*yeh-kuo*) inherited from the past and transmitted to the future? What is history? Is it not "the net of karma" (*yeh-wang*) that "entangles beings in the sufferings and rebirth?" And what about the various relations that determine our place in the family, in the community, and in the nation? Are they not formed and controlled by "the binding power of karma" (*yeh-shen*) that ties all humanity in "karma bonds" (*yeh-chieh*)? In short, life is "a vast, deep ocean of karma" (*yeh-hai*), in which all living beings go through endless "karmic suffering" (*yeh-khu*), waiting in vain for salvation.[52]

Because of its close association with religious traditions in the East, karma has been regarded as a product of the typically oriental mind that has lost the power and the will to change life and the world. The whole oriental world bears the burden of karma with stoic resignation. And all oriental peoples sigh and groan with a vain hope that someday, somehow, the wheel of karma will come to a stop.

Life and history viewed and experienced under the magical spell of karma are movements in circles. In these cyclical movements, life loses its color and vitality, and history loses that which makes it history—a sense of time. Life rotates and history evolves in space, not in time. Generations come and go, but they are one and the same generation. Lives are born and pass away, but they are one and the same life. Dynasties rise and fall, but they are one and the same dynasty. All these are like one and the same sun that rises and sets each and every day. In the karmic understanding of life and history, time loses meaning. Life is a vast ocean that ebbs and flows in a timeless motion. History is an enormous emptiness that swallows up all things without leaving traces behind.

This is also the language of the author of that "esoteric" writing called Ecclesiastes in the Old Testament. "Emptiness, emptiness, emptiness," he says, "all is empty. What does man gain from all his labor and his toil here under the sun? Generations come and generations go, while the earth endures forever" (Ecc. 1:2–3). He is an eloquent speaker. The perception of life and world as emptiness makes him eloquent, puts poetry into his heart and enables him to open his lips with an utterance of profound truth. After all, his emptiness might not have been just an "empty" emptiness. It might have been an emptiness filled with truth and meaning. He must therefore go on to mull over what this "full" emptiness might be. And as he muses, his poetic genius rises to its height:

> The sun rises and the sun goes down; back it returns to its place and rises there again. The wind blows south, the wind blows north, round and round it goes and returns full circle. All streams run into the sea, yet the sea never overflows; back to the place from which the streams ran they return to run again [1:5–7].

Is this not mere poetic fantasy? Is this not just projection into nature of a weary and despondent mind that has hoped in everything and become disillusioned in everything? There is fantasy in these words and there is a sense of illusion in these lines. But equally present in them is a penetrating insight into the reality of realities, the truth of truths: life and history are bound in the bonds of karma by the power of karma.

Time seems to have lost its place in the karmic cycles of life and history. In the beginning was karma. This makes it impossible to say: in the beginning was time. In the struggle between karma and time, karma has won.

In the traditional theological view of history, this makes history impossible. History, according to our theology, begins with time and in time. History must be measured with the yardstick of time. It is movement in time. Space is just a receptacle, and a dispensable receptacle at that. In the Christian concept of history, time reigns supreme. Space is a second-rate, or even third-rate, datum in the hierarchy of values built on time. This time-centered theological notion of history pronounces the space-centered orientation of life in Asia as of little theological value. Asian space must be converted to western theological time before it can gain a redemptive meaning in God's scheme of salvation.

But this one-way conversion from space to time in order to join in the march of Christian theology proves difficult not only for the Asian religious mind but also for the writer of Ecclesiastes. As he tells it himself, he neither despised history nor let time slip through his fingers. He "applied his mind to study and explore all that is done under heaven" (1:13). He was not engaged in an esoteric study of nature. Nor did he occupy himself with exploration into the subconscious stratum of the human psyche. He was instead a keen observer of events in society and in the nation. He might even have held a highly responsible position in the government. But all his involvements brought him to the following conclusion:

> What has happened will happen again, and what has been done will be done again, and there is nothing new under the sun. Is there anything of which one can say, "Look, this is new"? No, it has already existed, long ago before our time. The people of old are not remembered by those who follow them [1:9–11].

How true this is! Life is a repetition of the same old things over and over. History is the old tale told and told again. In this endless repetition of old things and old tales, time has not changed. Time as well as space is bound in the bond of karma, repeating itself until the power of karma exhausts itself. What a fascinating insight into the karmic reality of life to be found in the Christian Bible!

But has the modern world constructed by the best possible technological know-how and scientific wizardry of our time defeated karma and broken its chains? Does each moment in the passage of time bring something new to our lives? Do we always live in expectation of new heavens and new earths? Signs around us seem to indicate that this sophisticated world of ours has not escaped the grip of the power of karma. On the contrary, karma has tightened its grip on us and holds us under its power. Let us listen to Eti Sa'aga from the Pacific who, with his fellow islanders, lives in a part of the world remote from the modern technopolis and yet feels threatened by the ominous karmic power of science: thought, action and reaction from scientific progress and technological development. Here is his poem entitled "How It Will Be":

> This is how
> I think it will be
> When the cool
> Virus of Progress
> Spreads slowly over
> These islands,
> Covering the warmth
> Of the healing sun,
> The face of every man:
> That is,
> When the phallic towers
> Pierce the womb
> Of the skies,
> And jets,
> Like mosquitoes,
> Hum my dreams
> Into nightmares
> Of sterile materialism;
> When mountains crumble
> Under a synthetic green,
> Whose serenity
> Will not again chant
> The hymns of the ages,
> But vomit only a sweet fragrance
> Of burnt plastic waste;
> Where seas harvest
> Only shadows
> Of dead fish,
> And dry fingers of coral
> Will be corroded
> Into white sand by acidic waves. . . .
> The aged
> And highly decorated
> For a fake loyalty
> To the country's culture,
> I shall cherish
> These islands
> In the common graveyard
> Of a polluted wilderness.[53]

There is a primitive brutality in comparing nuclear explosion to "the phallic towers piercing the womb of the skies." Is this not obscene? Far from it! The power of *ying* and *yang*, of female and male, engaged in an act of creation—this is sacred, inviolable, and eternal. What is obscene is the human attempt to pollute this sacred act, to secularize it, to display it before the eyes of mammon and demon. This is precisely what modern materialist civilization threatens to do. It threatens to expose the mystery of God's creation to the eyes of the whole world. It threatens to destroy it with the nuclear power that ingenious human beings have succeeded in unleashing from the secret womb of God's creation. This is what is obscene, dangerous, and destructive.

The whole of humanity lives in the shadow of karma that has the power to make an end to all human quests for freedom, justice, and love. It remains to be seen whether human beings, present and future, will win the race against this power of karma. At the conference on Faith, Science, and the Future, at the Massachusetts Institute of Technology in the United States in July 1979, several hundred scientists, engineers, theologians, and members of various religious communities from many parts of the world issued "A Resolution on Nuclear Disarmament," calling on those in power "not to allow science and technology to threaten the destruction of human life, and to accept the God-given task of using SCIENCE FOR PEACE." At last the world is awakening to the fearful grip of karma on the future of humankind.

The shadow of karma is incredibly long. It casts its long shadow over the human race heading for self-destruction. But it also extends its shadow to each individual in this highly structured and complex society of ours. Life in an affluent society is no less stereotyped and devoid of meaning than the life of the poor in slums and in poverty-stricken rural areas.

Individuals move along through the inertia of karma—chains of actions and reactions. They find themselves in a network of relations that force them to make certain decisions, take certain actions, and advocate certain ideas. They are not so free as they think they are. A family to support, obligations to friends, relatives, and colleagues to meet, the necessity to preserve the appearance of happiness and prosperity, the demand to go along with the fashion of the day, not only in clothing and housing, but also in ideas and convictions—all these and a host of other things turn them into prisoners of traditions and conventions. The weight of the past, the burden of the present, and the demand of the future—in a word, the power of karma—make it difficult for them to move freely in this vast universe, to breathe the air contentedly, and to keep their minds and hearts in touch with the signals that come from the depth of God's creation.

The more complicated our society becomes, the more we become captives of the karma of lies. We have to hide our true emotions and lie to others either to protect ourselves or not to hurt them. In a densely populated residential area, people are very close to one another physically, and yet spiritually they are miles apart. Human communication has become such a difficult art. We are always in fear of retaliation from friends and foes alike. We live in constant anxiety of having our hard-won privileges taken away. And so we lie, smiling when we should be weeping, laughing when we should be shedding tears, keeping silent when we should be shouting out loud, being angry when we should be compassionate, becoming hateful when we should be loving. We live with a pack of lies poised precariously on the edge of a high cliff overlooking a deep and dark valley. With all the knowledge and skill that modern learning in so many areas has given to us, we are not able to break out of this net of karma that catches us and holds us hostage against our will.

We human beings are all victims of karma—peoples in the West as well as those in the East, peoples in the present scientific and technological age as well as those in primitive times. Human history bears witness to the hard struggles that persons of all ages and in all places wage against the tyranny of karma. The human spirit soars to its height when it wins a battle, but it sinks to its nadir when it is beaten and retreats in despair.

Battle is thus joined with karma not primarily to win more time, faster time, or more fulfilled time, but to gain a little more space for our overcrowded life, a slightly wider margin to the small area to which we are confined, and an inch or two more of room in our overburdened heart. We need to have more space for our bodies to move and sway with the rhythms of nature. We must create more room in our souls to respond to the compassionate call of God. And we have to enlarge our hearts to accept our fellow human beings regardless of color, race, or creed. This amounts to breaking the chains of karma that bind all human beings in the fate of self-destruction.

Jesus broke the chains of karma with his irresistible power of love. To the men and women who sought in vain to escape the shackles of tradition and convention, Jesus declared: "You have heard that it was said to the people of old. . . . *But* I say to you. . . ."[54] This is a big BUT. It challenged the whole tradition of the law from Moses to his own time. It puts into question the schools of thought established by theologians. And it is a bold charge into the citadel of ecclesiastical power and authority to which those born into Judaism must submit, body and soul. But with that big BUT, Jesus broke them all. He broke the karma of law that shielded the poor and the outcast from the throne of God's grace. Throughout his ministry Jesus joined battle with the karma of religious demands and ethical codes that deprived life of freedom and rendered the spirit numb and morbid. Once a woman caught in an act of adultery was brought to Jesus (Jn. 7:53–8:11). Who else but "the doctors of the law and the Pharisees" (8:2) could have taken her to Jesus? Typically, the man involved in adultery was not mentioned. Only the woman, a member of the despised half of the Jewish community, had to bear the brunt of accusation. How the whole weight of the karma of the law crushed the helpless woman exposed in shame to the public!

The teachers of the law must have thought that they had trapped Jesus, giving him no further excuse to interpret the law in his own outrageous way. But from his mouth came these words: "One of you who is faultless shall throw the first stone" (8:7). Just a short, simple sentence. But it was more than enough. With that all too short and simple a pronouncement on such a grave matter, Jesus broke the karma of the law and tradition. Seeing the karma of their law broken, Jesus' opponents realized that they had lost the contest again this time around. "Where are they?" Jesus asked the terrified and mortified woman. "Has no one condemned you? . . . Nor do I condemn you. You may go; do not sin again" (8:11).

Through his words and actions Jesus has demonstrated that there is no power on earth other than that of love that can break the power of karma. He carried his fight against the karma of sin all the way to the cross. There on the cross the power of karma and the power of love became engaged in a most intense struggle. It looked as if the power of karma was going to shatter the power of love. Jesus was forsaken by God and by his disciples. But Jesus, mustering the strength he had left, offered this final prayer to God: "Father, forgive them" (Lk. 23:34). Again a simple sentence, and perhaps a very feeble one at that. But it was enough. It broke the darkness that threatened the creation with primordial chaos. It rent asunder the chains of karma that bound human beings in sin and death. The power of forgiving love has won the ultimate victory over the power of karma. Three days later, God celebrated the resurrection of Jesus with the whole of humanity liberated from the power of karma by the power of love.

Far from the land of Palestine and several centuries before Jesus the Christ, Gotama the Buddha in ancient India found his way to breaking the karma of suffering after many years of earnest quest. From his enlightened mind came these words:

> In freedom the knowledge came to be: I am freed; and I comprehended: Destroyed is birth, brought to a close is the Brahma-faring, done is what was to be done, there is no more of being thus. This was the third knowledge attained by me in the last watch of the night; ignorance was dispelled, knowledge arose, darkness was dispelled, light arose even as I abided diligent, ardent, self-resolute.[55]

This message of liberation from the bonds of suffering must have reached the hearts of common persons as good news—those who live in fear of going through endless cycles of births and rebirths, and to whom the future does not come as a promise but as judgment of what they have been and done in innumerable lives in the past.

It is this assurance of life freed from the tyranny of fate that has won millions in Asia to the Buddhist faith. For most of them, what is important is not rational comprehension of difficult doctrines or vigorous self-discipline in meditation and asceticism. To them a simple faith in the power that delivers them from the evil karma of pain and suffering is the source of hope. They find this faith and hope in Mahayana Buddhism.

It was this Buddhist faith that moved the hearts of the Chinese at times when they were hard pressed by turbulent social and political changes and natural calamities. The chaotic situations in the post-Han periods described in the following words provided the context for Buddhism to become a popular religion in China:

> The end of Han (206 B.C. to 221 A.D.) was succeeded by a century of internal struggle by short-lived Chinese kingdoms, and the subsequent two centuries and a half unfolded with further disasters. During the fourth and fifth centuries the entire Yellow River basin, the home of Chinese civilization, was completely overrun by invading hordes of Huns, Mongols, Tungusic, and Turkic tribes. . . . The worst burden of the tragic age was borne by the common people, who as conscripts were pawns on the bloody battlefields and as civilians supplied *corvée* labor and paid exorbitant financial levies for the endless wars and for the pleasure of the conquerers. In addition to the continuous destruction of life and property, the luckless common people in these anarchical centuries were struck by a great frequency of floods, droughts and other forms of natural calamities than in more stable periods of Chinese history.[56]

The litany of suffering borne by the common people could go on and on. To whom and to what could they turn for relief from the terrible blows of fate? The state religion of Han—the Confucian teachings on ethical order of society and human relationships—proved to be as helpless as the ruling power. The esoteric practices and magical cults of Taoism offered no way out of the sea of suffering.

It was the Buddhist faith in liberation from suffering that spoke, in God's providence, to suffering humanity in China. "It was against this background," writes C. K. Yang, author of *Religion in Chinese Society*, "of the structural and ideological breakdown of Chinese society that Buddhism, a foreign faith, made its inroad into China and finally spread like an uncontrollable fire, fed by the people's growing helplessness in an increasingly chaotic era."[57]

But why the Buddhist faith and not the Christian faith, some Christians may ask. The answer is frankly: we do not know. All we know is that the Christian faith had been carried to the West by St. Paul and was struggling against all odds to take roots in the Greco-Roman world. Perhaps God, the creator and redeemer of the whole creation, acted, in these particular periods in world history, with the right hand toward Europe by turning Paul to Rome with the faith in Jesus Christ, and with the left hand toward the East by the entry into China of the Buddhist message of liberation from suffering. This is no more than a conjecture in faith, for who knows the mind of God?

Buddhism, besides offering hope and liberation to the suffering, preaches and practices love and compassion. In the Mahayana form of Buddhism is revealed the noblest part of humanity touched by the power of the loving

God. In the Buddhist scriptures we find these words shining like a gem in the darkness of the human heart:

> Listen, you sons of noble family. The Bodhisattva Mahasattva Avalokitesvara is a lamp unto the blind, a parasol for those being burned by the sun's fire, a river unto the thirsting ones; he is a physician to those tormented by illness; to unhappy beings he is mother and father; to those in hell he points out Nirvana. . . . Happy are those beings in the world, who remember his name: they are the first ones to escape samsaric suffering.[58]

In the midst of the sea of suffering humanity, a person who feels called to say such words cannot be a political imposter or a religious charletan. There is something compelling in these words. They have come out of deep compassion for those who suffer. They are a call to the source of love that alone may enable people to see beyond their suffering. In China and in other countries in Asia where Mahayana Buddhism is embraced by the people, Bodhisattvas who preach the message of compassion are messengers of faith, hope, and love.

What are Bodhisattvas? They are the monks and lay persons who have attained the highest form of enlightenment and reached the gate of nirvana but turn around and head for suffering humanity for its salvation. They have broken the chains of evil karma and have ceased to crave for the illusions of the senses that bedevil life. They have taken upon themselves the mission to guide their fellow men and women to the bliss of nirvana. They "remain in the realm of incarnation to save all conscious beings."[59] It is said in the Buddhist scriptures that Bodhisattvas

> with a great loving heart . . . look upon the sufferings of all beings, who are diversely tortured in Avici Hell in consequence of their sins—a hell whose limits are infinite and where an endless round of misery is made possible on account of all sorts of karma [committed by sentient creatures]. The Bodhisattvas filled with pity and love desire to suffer themselves for the sake of those miserable beings.[60]

"The great loving heart" possessed by a Bodhisattva must be a heart that is very close to the heart of God and to the hearts of fellow humans. It is this loving and compassionate heart that unlocks the secret ways of God with all creatures. It is this heart that has the power to lift persons out of the quagmire of strife and suffering.

This Mahayana Buddhist faith at its best is a far cry from preoccupation with desperate schemes to get out of this world as fast as possible. Nor is it a selfish effort of individuals to accumulate merits in order to save their own souls. A Bodhisattva is reported to have vowed solemnly:

> I take the burden of suffering on myself, I am determined [to do so], I endure it. . . . And why? At all cost I must [lift] the burden [of suffering] of all beings. The reason [for this resolve] is not that I find pleasure in that. [Rather] I have [heard] the supplication of all beings for rescue. . . . I am resolved to abide in all the states of woe for uncounted ten millions of world-ages. . . . It is better that I alone be [burdened] with suffering than that all these beings should fall into worlds of woe.[61]

For us Christians the language here sounds a little strange, its pathos seems somewhat foreign. Despite its strangeness and foreignness in form and style, do we not hear something familiar to our ears, close to our hearts, and revealing to our minds? Here in this Bodhisattva we have someone who "has heard the supplication of all beings for rescue." Did not our God in Old Testament times hear the supplication of the Israelites for rescue? Has not God in Jesus Christ borne the burden of all suffering human beings?

If we as Christians feel humbled at hearing such a vow, that is enough. In fact, it is more than enough. As to whether a Bodhisattva is inspired by the loving God or spellbound by the devil, it is an academic question that interests neither God nor persons in suffering. What astonishes us is that in that vow of the Bodhisattva we seem to hear an echo of what Jesus said to the suffering persons of his day:

> Come to me, all whose work is hard, whose load is heavy; and I will give you relief. Bend your necks to my yoke, and learn from me, for I am gentle and humble-hearted; and your souls will find relief. For my yoke is good to bear, my load is light [Mt. 11:28–30].

This is God's invitation to the banquet of salvation issued to all human beings. Jesus Christ is that invitation. God must have sent copies of that invitation to all sorts of persons in all sorts of conditions and places. Although many have ignored the invitation, rejected it, or not understood it, there have been others besides Christians who have accepted it in their own way and extended it to persons within their reach. They have vowed to share the burden of suffering with their fellow human beings in a universal sangha-community of love and compassion. And the world is all the better for them.

In the providence of God, Buddhism won the heart of China. But China is not lost to God. Of course not. Through the rise and decline of Buddhism, through its achievements and failures, the people of China have had to learn, in the long history of their nation, that there is a power that is greater than the power of evil, a power that is greater than the power of destruction: the power of love.

This gives us Christians an important clue to the ways of God with the nations and peoples of the world: it is in this creating and redeeming power of love, and not anywhere else, that human beings from all over the world can learn to live together, to accept one another, and to find one another in the loving embrace of God—the source and power of that love. For "God so loved the world that God gave his only Son . . ." (Jn. 3:16). This is where God begins. Do we also not have to begin here?

CHAPTER TEN

The Tragedy of Taiping Christianity

In its long history, China has not been in short supply of revolts and rebellions carried out by religious societies and sectarian movements. "The Taoist Turban rebellion," writes C. K. Yang, "in the Han period [206 B.C. to 221 A.D.]; the scattered uprisings of Buddhist groups in the period of disunion [221–265]; the sporadic nationalistic resistance led by the Taoist sect Ch'üan-chen Chiao ('Complete Truth Religion') against the Chin [265–316] and Yüan rulers [1280–1368]; the White Lotus rebellion that helped topple the Mongol rule and gave the succeeding dynasty its name, Ming [1368–1644] . . . these are only prominent instances in an endless chain of religious rebellions that spread across the pages of Chinese history for two thousand years."[1]

The commonplace verdict on China as humanist through and through and as indifferent to religious beliefs is just not true. Religion has always been a power to reckon with in Chinese society. It has been a powerful force behind the rise and fall of empires and dynasties.

The period of the Ch'ing (Manchu) rule (1644–1911), shaken to its foundation by the Taiping[2] Rebellion, is no exception. "The reign of Emperor Ch'ien Lung [1796–1820], the climax of the dynasty's power and glory," to quote C. K. Yang again, "was marred by repeated religious rebellions, such as the uprisings of the White Lotus . . . sect in 1774, the Eight Diagrams and the Nine Mansions sects in 1786–1788, the Heaven and Earth Society in 1786–1789, and the reemergence of the White Lotus forces in 1794, which spread over nine provinces and took eight years to suppress, seriously sapping the government's strength and marking the beginning of the dynasty's decline."[3]

A religious faith, politically aroused, could undermine the power of the ruling authority and tear apart the fabric of society. It poses a potential threat to the authoritarian political system that has characterized the history of China from ancient times to the present day.

A BIZARRE HISTORICAL EXPERIENCE

The Taiping Rebellion could have been no more than one of those revolts that challenged the mandate of Heaven held by the Manchu rulers. It could have been just a local political disturbance inspired by the religious fanaticism of its leaders and brutally suppressed by government forces. It could have been only another tragic episode in the history of China already filled with countless tragedies as well as glories. But the Taiping Rebellion turned out to be much more than just an episode. It proved to be far more consequential than just a bad dream. Indeed, it "was certainly the largest internal upheaval of its century and ranks with the greatest uprisings of Chinese history."[4] It in fact "affords us a vantage point for viewing China in transition, going through the throes of adapting herself to the modern world."[5]

The Taiping Rebellion has not become a historical relic in the continuing struggle of the Chinese people for a new heaven and a new earth. True, although "the Taipings failed to create a new society and failed even to establish a new dynasty, their purpose and aim, their ideas and programs, and their passion and devotion to their dynasty to the bitter end have been sources of inspiration to many a revolutionary leader in modern China."[6] Among those revolutionary leaders was Sun Yat-sen, "the archrevolutionalist of the first quarter of the twentieth century" and eventually the founder of Republican China, who "seems in his youth to have had close contact with groups of T'ai P'ing origin."[7] Also among them were Mao Tse-tung and his fellow revolutionaries who considered the Taiping Rebellion "a great revolutionary movement and precursor of the Chinese Communist Party."[8]

The verdict of history on the Taiping Rebellion will no doubt continue to be a subject of debate. It was certainly one of the most controversial phenomena not only in Chinese history but also in world history. It held in breathless suspension the Middle Kingdom, the western powers, and the Christian churches, with its lofty visions and high ideals when it reached the zenith of its success in 1853, having captured Nanking and made of it the capital of a new dynasty. But when "the Heavenly Kingdom of Great Peace" (*T'ai P'ing T'ien Kuo*)—the official name of this short-lived, hapless dynasty—ended in a great bloodbath with its dreams and visions dashed to the ground ten years later, the Manchu monarchy sighed with great relief, though fatally weakened. The western powers lost no time in resuming pressures on the enfeebled Middle Kingdom for their political and commercial gains, while the Christian churches tried to forget it as quickly as possible as a dreadful nightmare.

But the ghosts of the Taipings did not just disappear. They returned from time to time to inspire revolutionaries and to haunt the conscience of the western churches represented in China in the nineteenth century chiefly through the absolutist kind of fundamentalism of their missionaries. Unlike Buddhism before it, Christianity entered China through a wrong door.

What we have in the Taiping Rebellion is an astonishing chapter in the history of modern China, an embarrassing story of the rude imposition of western colonialism on that country, and a tragic marriage of a "Christian" kingdom with that "pagan" land. For us as Christians the Taiping Rebellion holds a special fascination. It was the first time in Chinese history that a political movement, deriving its ideology from an entirely foreign faith, attempted to overthrow the ruling power and establish a kingdom bearing marks of the Christian faith.

Shortly after setting up Nanking as the Taiping capital, some missionaries, among them Thomas T. Meadows, Charles Taylor, and Elijah Bridgman, visited the Taiping leaders at their invitation. And what an astonishing experience their visit turned out to be! "The shock of recognition was great, even overwhelming; the rumors were correct, the rebels professed what was obviously a form of Christianity."[9] They were told that the plan was under way to substitute the Bible for the Confucian classics as the basis of the state examinations. They were ecstatic. Meadows, for example, wrote:

> . . . in a prosperous population of 360 millions of heathens, all the males who have the means, and are not too old to learn . . . will be assiduously engaged in getting the Bible off by heart, from beginning to end. Should the thing take place, it will form a revolution as unparallel in the world for rapidity, completeness, and extent as is the Chinese people itself for its antiquity, unity and numbers.[10]

Ever since it attracted the attention of the West, China had been a great dream not only of western political and economic powers, but particularly of western missionary forces. If China, that vast land with its vast population, could be won for Christ! If it could be converted to Christianity!

This great dream and great wish persisted in the Christian churches and their mission agencies throughout their missionary engagement with China. That dream and that wish still seem to linger on today in some quarters of the Christian world as China has begun to open itself up cautiously and gingerly to the outside world to catch up with the industrially developed nations.

But dream or reality, wish or promise, China, with its population of about four hundred million at the time of the Taiping Rebellion, was a "pagan" nation and its people "heathens." It was this missionary assessment of China despite its long history and culture that partly accounted for the Christian church's failure to captivate the spirit of China. And in the Taiping Rebellion we have a most tragic example of such failure. What a contrast Christianity in China posed to Buddhism in China!

THE VISIONS OF HUNG HSIU-CH'ÜAN

How did it all begin, this Taiping Rebellion? What made it so extraordinary in the annals of history? How did it fail so tragically? Questions such as these are of special interest to us Christians simply because the Taiping leaders claimed that Christianity was the chief source of their political ideology and aspirations. Did they fail Christianity or did Christianity fail them? Did they do a great injustice to the Christian faith through their ideological and political distortions, or did the brand of Christianity they had appropriated render their ideology morbid and their politics disastrous? Or was a vision of a Christian kingdom of God perhaps totally incompatible with the Middle Kingdom deeply entrenched in the Confucian order? Where Christianity succeeded in the Greco-Roman world and in the West, where Buddhism succeeded in Confucian China, the Taiping Christianity failed. How do we, as Christians in this post-western missionary era, account for the phenomenon of Taiping Christianity?

It all began in 1837 with the visions seen by a man by the name of Hung Hsiu-ch'üan, a frustrated candidate for the civil examinations.[11] Born in 1813 in the village of Fu-yüan-shui in Hua-hsien, Kwangtung province, South China, to a small Hakka farmer's family,[12] Hung at an early age was sent to school to learn the Confucian classics in the hope that some day he might pass the state examinations—the only way to enter government service and "bring fame to the family and glory to the ancestor" in traditional China.

Family pressures on this promising lad must have been great. And his repeated failures in the examinations must have deeply disappointed him, his family, and his clan. In 1837 after he failed for the third time, Hung broke down with physical exhaustion and nervous strain. He had to be carried home from Canton and remained delirious for several days. His family believed him to have gone insane and feared for his life. It was during this unusual illness that he was said to have had "a succession of dreams and visions."

In one of those visions in particular, Hung was carried to heaven where he found himself "in company with a great number of old, virtuous and venerable men, among whom he remarked many of the ancient sages." He encountered

> an old woman [who] took him down a river and said—"Thou dirty man, why hast thou kept company with yonder people, and defiled yourself? I must wash thee clean." After the washing was performed, Siu-tshuan [i.e., Hsiu-ch'üan] . . . entered a large building where they opened his body with a knife, took out his heart and other parts, and put in their place others new and of a red color. . . .
>
> A man, venerable in years, with golden beard and dressed in a black robe, was sitting in an imposing attitude upon the highest place. As soon as he observed Siu-tshuan, he began to shed tears, and said—"All human beings in the whole world are produced and sustained by me; they eat my food and wear my clothing, but not a single one among them has a heart to remember and venerate me; what is however still worse than that, they take of my gifts, and therewith worship demons; they purposely rebel against me, and arouse my anger. Do thou not

> imitate them." Thereupon he gave Siu-tshuan a sword, commanding him to exterminate the demons . . . ; a seal by which he would overcome the devil spirits; and also a yellow fruit to eat, which Siu-tshuan found sweet to the taste. . . . Shortly after this, he turned to the assemblage of the old and virtuous saying, "Siu-tshuan is competent to this charge;" and thereupon he led Siu-tshuan out, told him to look down from above, and said, "Behold the people upon this earth! Hundredfold is the perverseness of their hearts." Siu-tshuan looked and saw such a degree of depravity and vice that his eyes could not endure the sight, nor his mouth express their deeds. He then awoke from his trance. . . .[13]

This was the vision that was to play a decisive role in the uprising of the Taipings and in their fanatical pursuits of political power some fifteen years later.

The "venerable old man" in the vision was identified by Hung and his associates as God the Father. In his other visions during his sickness, he also "often met with a man of middle age, whom he called his elder brother."[14] This "Heavenly Elder Brother," as Hung later came to address him, was Jesus Christ. Waking from his visions, Hung was a different man with a divine mission to fight the demons. And in spite of the fact that the people around him were worried about his mental state, they were impressed by the "seriousness, self-control and dignity" with which he began to conduct himself.[15]

What kind of a man are we dealing with in Hung Hsiu-ch'üan? An ambitious young man driven to despair by his unsuccessful bids for fame and wealth? Yes, but instead of fame, he brought shame to his ancestors. In place of wealth, he could not help himself and his family out of poverty. Despair and shame must have wrought havoc on his sensitive mind and driven him to the verge of insanity. After his visions in 1837, Hung seemed no longer in his right mind. He became deranged. This is the conclusion of P. M. Yap, a psychiatrist who put Hung to sleep for analysis. Here is his diagnosis:

> It is clear. . . that Hung's freedom of choice in matters of ideology was circumscribed by a peculiar cast of mind, and that he was the victim of a certain psychic compulsion and of fixed ideas, which, along with a change of personality, resulted from his early mental disturbance.[16]

Yap the psychiatrist may be right. But it seems that Hung's was not simply a deranged mind completely wrecked by schizophrenia or megalomania. For even Yap has to admit that "while his [Hung's] religion ended in rejection, and his revolution in failure, yet, in the light of history, many of the aims he cherished were also those sought by later Chinese leaders in the gradual process of the adaptation of China to the modern world. That is the measure of his genius, and the meaning of his madness."[17]

Whatever the case may be, it is certain that the visions brought a striking change in Hung. Hung Jen-kan, Hsiu-ch'üan's cousin—who, during the last phase of the Taiping movement, was to make valiant but fruitless efforts to save the Taipings from deterioration and doom—told Hamberg, his missionary teacher in Hong Kong, that Hung, after the visions, "was careful in his conduct, friendly and open in demeanor, his body increased in height and size, his pace became firm and imposing, his views enlarged and liberal."[18]

Genius or madman, in Hung we seem to have a mind capable of giving birth to great ideas and bringing them to ruin at the same time. This is often how history is made. The making of history is such a tempting and agonizing enterprise. It tempts certain individuals to stretch their power, energy, and imagination to the utmost. When they have reached the place where nothing higher can be attempted, their mind becomes deranged and bursts, shattering to pieces themselves and what they have achieved. It is the historian in us who tries to pick up bits and pieces scattered on the chaotic stage of history to bring some order to it. And it is the theologian in us who seeks to catch a glimpse of meaning in the shattered history as the testimony to the fragility of human power and to the ultimate power of God in history.

Though very strange, Hung's visions cannot but make us Christians ponder. In point of fact, they have the unmistakable ring of Christian pietism represented, for instance, in *Pilgrim's Progress,* the famous work of John Bunyan (1628–1688), Baptist preacher of Bedford, England, who "had come into a warm Christian faith after a prolonged struggle and deep depression."[19] Bunyan was no placid mind. His spiritual history was no less tumultuous than that of Hung Hsiu-ch'üan. To Bunyan's supersensitive religious mind, the world, in the clutches of Satan, was heading for destruction. "Shaken continually thus by the hot and cold fits of a spiritual ague, his imagination was wrought to a state of excitement in which its own shapings became vivid as realities, and affected him more forcibly than impressions from the external world. He heard sounds, as in a dream; and, as in a dream, held conversations which were inwardly audible though no sounds were uttered, and had all the connection and coherency of an actual dialogue. Real they were to him in the impressions which they made, and in their lasting effect; and even afterwards, when his soul was at peace, he believed them, in cool and sober reflection, to have been more than natural."[20]

This description of John Bunyan could be applied almost word for word to Hung Hsiu-ch'üan. In a greatly agitated and highly charged mind, the line between the real and the unreal, the true and the imaginary, becomes blurred. And in that unusual state of spirituality, one hears, sees, and perceives things veiled from the mortal eye.

The affinity of spirit and content of these men's dreams and visions is indeed striking, although there is no evidence that Hung was acquainted with Christian classics such as *Pilgrim's Progress* before 1837. What amazes us is the unmistakable presence of Christian elements in Hung's visions. The peculiar way in which his visions were told, using the language and symbols available to the Chinese people, should not make us fail to detect Christian evidence in them.

There is, first of all, the washing of Hung in a river by an old woman. Such ritual washing and cleansing is not common to ordinary Chinese people in their religious practices. Initiation into religious fraternities and secret societies consists normally of spilling blood from the fingers or arms of the members, symbolizing a blood tie, inculcating supernatural powers, or making vows to remain loyal and faithful to the new community.[21] But the idea of ritual washing is not a part of Chinese religious traditions. And yet here we have Hung going through the ritual of washing. The ritual clearly refers to baptism. He must be cleansed of all his filth before he is admitted to the presence of "the venerable old man."

How deeply this ritual washing affected the faith and organization of the Taipings can be seen from the important place it came to occupy in their movement later. In 1843 Hung and Li, another cousin of Hung's, "administered baptism to themselves . . . poured water upon their heads, saying, 'Purification from all former sins, putting off the old, and regeneration.' "[22] In that same year Hung "is reported to have baptized his first converts, Feng Yün-shan and Hung Jen-kan, by a sprinkling. The three then went outside their village to a certain Shih-chiao pool where they practiced immersion."[23]

Later, in 1847, Hung sought in vain to be "properly" baptized at a Christian mission station in Canton by Issachar T. Roberts, an American Southern Baptist missionary. His failure to obtain Roberts's baptismal blessing did not reduce the importance of baptism for him and for his movement. For baptism together with observance of the Sabbath "became a part of the Taiping religion . . . and were without doubt a part of the insurgents' religious life."[24]

Hung's vision reveals further a "Christian" religious consciousness at a much deeper level, for the external form of baptismal washing is followed by the replacement of the old heart and other organs with new ones. Again this must have been a very strange experience for Hung, a Chinese. True, Confucianism speaks of the heart as "the seat of the moral faculty itself, the innermost center of the soul, its apex, the locus for man's meeting with God, the source and principle of human freedom and human responsibility."[25] Hung, steeped in Chinese classics for years in preparation for the state examinations, must have been acquainted with all this. But in his visionary experience, he does not refer to the heart as a moral principle or a philosophical precept. Instead he undergoes a change of heart that makes him a "new and different" person. His total being, inner and outer, is transformed. A religious experience such as this clearly goes beyond the Confucianist framework.

The vision undoubtedly points to the Christian Bible as the source of such an extraordinary experience for a Chinese. We recall at once what Ezekiel the prophet said to his fellow exiles in Babylon on behalf of the Lord God: "I will give you a new heart and put a new spirit within you; I will take the heart of stone from your body and give you a heart of flesh" (Ez. 36:26). This is a conversion of a radical kind. At the time of his visions, Hung's understanding of the Christian faith must have been anything but sophisticated. He could experience a religious conversion only in an almost grotesque way, describing it literally and even clinically in language very much like that of a heart transplant. But some kind of strange and fundamental metamorphosis took place in him through his visions.

As a completely changed person Hung met an old man and a middle-aged man whom he identified respectively as God the Father and Jesus Christ. From them he received a mission to save others from the world of depravity and vice. And what a militant mission it was going to be! To carry out his mission, he received from the old man "a sword to exterminate the demons and a seal to overcome the evil spirits." The world—Hung's world was China under the control of the corrupt Manchu rule—inhabited by demons and evil spirits, must be conquered by a sword. As we will see, this missionary militancy was later translated into political militancy. A crusade of a most extraordinary and tragic kind in Chinese history has its beginning in one man's visionary experience not unrelated to Christianity. Without knowing it, Hung with his visions wrote the first chapter of the turbulent history of modern Christian missions in China.

THE BOOK THAT NEARLY TURNED CHINA UPSIDE DOWN

The Christian share in the Taiping movement is an indisputable fact. Hung's visions that alluded to baptism, change of heart, and the mission against this evil world did not come out of the blue. They can be traced to the first Christian tracts called *Ch'üan-shih liang-yen* (Good Words to Admonish the Age) written by a Chinese convert, Liang A-fa.[26] It is these tracts that introduced Hung to a different ethos of Christianity.

The episode took place in 1836 in Canton in the neighborhood of where the state examinations were being held.[27] Despite his previous failures, Hung presented himself once again at the examinations. The place must have been crowded with budding young scholars with "their belly filled with the classics and their teachings" *(man-fu ching-lun)*. In the midst of these anxious youths outside the examination hall, Hung "found a man dressed according to the custom of the Ming dynasty, in a coat with wide sleeves, and his hair tied in a knot upon his head. The man was unacquainted with the Chinese vernacular tongue, and employed a native as interpreter."[28] With his strange appearance the man was drawing a crowd around him. He "must have been a Protestant missionary."[29] This must have been part of missionary efforts to preach the gospel to young Chinese intellectuals and win them to the Christian faith when still at an impressionable age.

The missionary's apparent inability to speak Chinese was in striking contrast to his conspicuous Chinese costume. The contrast is symptomatic of the problems that Christian missions had to face in China. The highly developed culture of China confronted Christian missionaries from the West like the strong Chinese Wall defending China from foreign invasion on the northern borders. Even putting on Chinese costume did not seem to help. It attracted the Chinese only as a curious sight. It could not touch the core of Chinese culture and feel its spirit. As a result, most missionaries turned away from Chinese culture as pagan and un-Christian. It was this preaching of the gospel at the expense of Chinese culture that partially rendered Christianity powerless in a land totally unacquainted with the Christian culture represented by missionaries.

Hung met the two men—the western missionary in Chinese costume and his Chinese interpreter. They gave him the religious tracts *Good Words to Admonish the Age.* According to Hamberg, the missionary from the Basel mission from whom we have one of the earliest accounts of the Taiping movement, Hung, "on his return from the examination, brought them home, and after a superficial glance at their contents, placed them in his bookcase, without at the time considering them to be of any particular importance."[30] As this version of Hung's life has it, Hung did not peruse the tracts seriously until seven years later. The place that these tracts might have played in Hung's visions was thus minimized.

But is this possible? Where did then the ideas of ritual cleansing, change of heart, and mission to fight demons in the visions in 1837 come from? Without some prior knowledge of Christianity, could Hung have encountered such Christian elements in his visions? Totally unexposed to some aspects of the Christian faith, how could these elements have had a lasting impact on him? In any case, the relation between *Good Words to Admonish the Age* and Hung's visions must have been more than superficial. "It is more probable," says Eugene P. Boardman, "that Hung's prior perusal of the pamphlets was more thorough than he would admit and that their reading inspired the visions."[31] If this conjecture is true, the Christian influence on the Taiping Rebellion must be admitted.

Things then begin to take shape and make sense. "A delayed-action bomb," writes Ssu-yü Teng, a Chinese Taiping researcher, "was thrown on a narrow street in Canton in the 1830s in the shape of a small collection of pamphlets, the *Ch'üan-shih liang-yen. . . .*" Liang A-fa, the author of the pamphlets, "gave the Taiping leaders their first and almost their only impression of Christianity."[32]

This time bomb eventually exploded in Kwangsi in South China, on January 11, 1851, when Hung Hsiu-ch'üan declared the inauguration of the *T'ai P'ing T'ien Kuo,* the Heavenly Kingdom of Great Peace, and he himself assumed the title T'ien Wang, Heavenly King. It is a long way from *Good Words to Admonish the Age* to the Heavenly Kingdom of Great Peace. But at the initial stage at least, it looked as if the kingdom of God preached in the first Christian tracts in China had come true. Christianization of China seemed to take an auspicious start. But in the end the whole affair proved to be a great fiasco for the Taipings and also for mission efforts in China.

What kind of Christianity is preached in *Good Words to Admonish the Age?* Why was it able to inspire Hung and his frustrated fellow scholars to rise up in revolt against the Manchu rulers on such a large scale? What fascinated them in the Christianity they had received from early Protestant missionaries and their Chinese converts? What was the power contained in the Christian faith that they appropriated and distorted to suit their political purposes? And a fundamental question: with its message of love and reconciliation of God for humankind in Jesus Christ, how did Christianity become the source of their militant spirit leading them step by step to their destruction?

From the hand of the first Chinese convert, *Good Words to Admonish the Age* was a crude result of an undigested faith. The author's literary style was poor, showing "his lack of a thorough education."[33] He wrote in "hardly respectable idiomatic Chinese," for he "was influenced far more by foreign examples and expressions than by native Chinese influence."[34] It was the work of an enthusiastic convert, having not the slightest idea of having to sort out cultural wrappings of the new faith before putting it into his own native tongue.

Although the ideas in the tracts "are mingled with elements of Buddhism, Taoism, Confucianism, and folk beliefs," they "are predominantly Christian."[35] Liang A-fa wrote about the creation, the flood, the exodus, the Sermon on the Mount, and spoke of Jesus as the Son of God, the savior of the world—all these themes were to appear again and again in Taiping writings.

Liang A-fa envisioned *T'ien Kuo,* Heavenly Kingdom, on the one hand as *t'ien-t'ang,* or paradise, where "the souls of good people enjoy the everlasting happiness after the death of their bodies," and on the other as "a society or a commonwealth (*kung-hui*) where all those who believe in Jesus . . . gather together to worship."[36] It is from the second meaning of Heavenly Kingdom as a commonwealth of believers on earth that the Taipings derived the name of their congregation—Worshiping God Society. The title of their dynasty—*T'ai P'ing T'ien Kuo,* Heavenly Kingdom of Great Peace—came from both meanings of Heavenly Kingdom as paradise and as society of like-minded Christian believers.

In spite of its crude presentation of the Christian faith and its expression of an unrestrained iconoclastic spirit, the "Christian" influence on Hung of *Good Words to Admonish the Age* must not be underestimated. For there are enough indications that Hung himself picked up some important Christian themes in the tracts and developed them with the literary skill at his command. Here is, for instance, a poem on repentance written by him in 1843:

> When our transgressions truly inundate heaven,
> How well to trust in Jesus' full atonement!
> We follow not the demons, but obey the Sacred Commandments,
> Worshiping one God alone; thus we cultivate our hearts.

The heavenly glories people ought to admire;
The miseries of hell I also deplore.
Let us turn back early to the fruits of true repentance!
Let not our hearts be led by wordly customs.[37]

In an expression of faith such as this, one can almost hear echoes of evangelists today in Asia and elsewhere. Repentance of sins, trust in Jesus Christ, hope for the world to come—preachers and evangelists at evangelical rallies under makeshift tents in towns and villages in Asia repeat these themes to their eager audiences over and over again in flowery language, imaginative stories, and ingenious metaphors.

Hung could have become an eloquent evangelist, and nothing more than that. In fact he and Feng Yün-shan, his collaborator from the very beginning, started out as preachers of the newfound faith. It was Feng Yün-shan who, in 1844, founded the God Worshipers Society in Thistle Mountain (*Tzu-ching-shan*), a strategic mountain area in southern Kwangsi—the congregation of the followers of the new faith which was to become "the core of the later rebellion."[38]

"On Reverence for Jesus" in *Ode for Youth* published in 1851, the year the Taipings rose in revolt, is another example of how well the Taiping leaders understood the Christian faith at that stage:

Jesus, His first-born son,
Was in former times sent by God;
To redeem us from sin he willingly gave his life,
Truly must we first acknowledge his merits.

His cross was hard to bear;
The sorrowing clouds obscured the sun.
Heaven honors its noble Son,
Who died for you, the people of the world.

After his resurrection he ascended to heaven;
Resplendent in glory, he wields authority supreme.
In him we know that we must trust,
To secure salvation and ascend to high heaven.[39]

This is the Christian gospel in a pure form! It would be hard to find a better Christology in Chinese verse in the history of Christianity in China! All the essential elements of faith in Jesus the redeemer are there. Each word is carefully chosen and put in the right place. No word is superfluous and no other words need to be added. Though never succeeding in the state examinations, Hung and his comrades-in-arms and comrades-in-faith put their Confucian scholarship to the service of their new faith.

No wonder some missionaries were enthusiastic. Among them was Walter H. Medhurst (1796–1857), a veteran missionary from the London Missionary Society, who spared no words in commending *Ode for Youth* when he wrote:

> The *Ode for Youth* gives some admirable lessons regarding the honor due to God, who is the Creator and Father of all. It sets forth in very clear terms the coming of Jesus into the world for the salvation of mankind by the shedding of His blood on the cross, and then goes on to detail the duties that are required of us as parents and children, brothers and sisters, husbands and wives, relatives and friends; concluding with instructions as to the management of the heart and external senses. Altogether it is an excellent book, and there is not a word in it which a Christian missionary might not adopt, and circulate as a tract for the benefit of the Chinese.[40]

Can we find other examples of missionaries heartily endorsing Christian treatises from the pen of Chinese Christians in the early phase of missionary efforts in China? Hardly. What really astonishes us is that Hung and other Taiping leaders were able to achieve such a clear grasp of the Christian faith with a minimum of instruction and help from western missionaries.

What is unfortunate is the fact that the faith they had grasped so well became adulterated by their fanatical ambition for the imperial throne in the course of their political power struggle. Power blinded them and corrupted them. It confused them and made them take Caesar for God. Despite all this, it would be a mistake to write off Taiping Christianity as nothing but aberration from the true faith, a heresy to be condemned.

How close the Taipings came to the heart of the gospel—and how far they removed themselves from it! If only they had been able to sort out the grain buried in the huge pile of chaff! Liang A-fa's *Good Words to Admonish the Age* contained a lot of chaff that had to be sifted and thrown away. But grains it did have. Liang A-fa "describes Jesus as the son of God, who was sent to earth to be the savior of humankind. He performed miracles, redeemed the sins of humankind by his suffering and death, after three days arose from the tomb and remained on earth for forty days, teaching his disciples to spread the gospel throughout the world, and then ascended to heaven."[41]

This is the grain, the gem, of Liang A-fa's immature theological effort in unpolished Chinese. Hung and the others were able to discover it in the midst of the chaff; they polished it and reclothed it in elegant Chinese idioms. But unfortunately for Hung and for his movement, this kernel of the gospel did not have a chance to make them captives of God's suffering love. Instead, the Taiping leaders became captives of the power of the worldly kingdom and turned God's healing love into violence of a most horrid kind. The work of the first Chinese Christian converted by the first Protestant missionaries in the early nineteenth century came very near to turning China downside up for the God of the cross and the resurrection. But as ill fate would have it, it turned China upside down for the frenzied and insane god of destruction and death.

FANATICAL EXTREMISM

Chaff and grain—it was the chaff that finally overpowered the grain and buried it out of sight. In his *Good Words to Admonish the Age,* Liang A-fa made an indiscriminate charge against religious and cultural traditions of China. It was this charge that caught the imagination of Hung and turned it into a full-scale crusade against idolatry—a crusade that Hung and his fellow crusaders carried to a fanatical extreme.

Boardman summarizes Liang A-fa's tracts:

> A major portion of Liang's attention is devoted to the disparagement of the *San-chiao* or Three Teachings, those of Buddhism, Confucianism, and Taoism. The worship of idols and false gods and the veneration of superstitions likewise arouse his indignation. The examination system itself, he said, was a kind of fetish; Chinese spent their lives futilely trying for a degree. Resentment was directed against the Western Paradise of the Buddhists, the Taoist Trinity, and every kind of idol and Buddhist image.[42]

This was not halfhearted child's play in an unfamiliar playground of Chinese culture. It was an all-out assault on the traditions that had made China and its people what they were. It was a Christian missile aimed at Chinese culture as a whole.

The mention of the examination system as a "futile fetish" was of course directed to young Confucianists competing for a place in the difficult examinations. For frustrated scholars such as Hung, the message must have come as a revelation from heaven. It must have gone right to their hearts.

It is not surprising that a certain missionary and his Chinese interpreter, chose, as mentioned, the examination hall in Canton to distribute their religious pamphlets. Assembled in that hall was the cream of the province, trying to cope with the whole burden of traditional China. If these youths could be liberated from their imprisonment in their own culture and traditions, the fortress of this pagan nation would begin to crumble at the foot of the gospel! A simple missionary strategy! But it backfired.

Hung and his friends must have been impressed. At last they found an answer to their nagging questions, although it was some years before they began to carry out their iconoclasm against Chinese culture in full zest and fury. "It is reasonable," to quote Boardman again, "to assume that iconoclastic practices of the God-Worshipers sprang from the strong impression that these sections of *Good Words to Admonish the Age* made upon Hung

Hsiu-ch'üan; even the anti-Confucian passages seemed to have had their effect."[43]

At one point in his tracts Liang A-fa gave a personal account of his own conversion as a part of his Christian witness:

> Now I not only myself did not go to worship any image of gods, or Buddhas, or Bodhisattvas, but seeing others doing so I pitied their folly in my heart. My heart was exceedingly sorry for them and I wanted to take the holy precepts of the true Scriptures to admonish them and change their foolish heart, to reverence and worship one God, creator of heaven, earth, people, and all things, to reject every image of gods, Buddhas, or Bodhisattvas, and not worship them.[44]

Even to Chinese Christians today such testimony sounds familiar. This has become a stereotyped confession of faith when a Chinese is converted to the Christian faith. On the surface, rejection of idols seems simply rejection of superstition, but in fact it tends to be much more than that. It is all too easy for rejection of idol worship to develop into rejection of Chinese culture as such, as incompatible with the spirit of the Christian gospel.

The ground is thus laid for Hung to launch into a war against idolatry and the cultural heritage of his own nation. The opportunity soon presented itself. It was the lantern festival in the first month of 1844 in his native village of Hua-hsien in Kwangtung. This was a community festivity of great mirth and ceremony. Knowing their talent in literature and poetry, the elders of the village asked Hung and his cousin Hung Jen-kan to compose some odes in praise of the gods. Hung and his cousin refused to comply with the request. The elders must have been baffled, feeling that their hope for these two young men, the pride of the village community, was betrayed. They expressed their confusion and irritation in a poem:

> We, stupid, old, are useless now,
> We thought the young might help us,
> But find today, that we and they
> Have no relation more.
> A man may be of talents great,
> Still comes their use from his own will.
> By listening to much evil talk,
> You stick to private views.[45]

This was not just a matter of what we call today a generation gap. The elders felt that Hung's refusal amounted to rejection of the community and all that the community stood for, not only religiously but culturally. They realized that the new faith embraced by Hung was undermining the very basis of what it meant to be Chinese.

Hung and his cousin must have felt a little uneasy at the sad reaction of their elders. They replied also in verse, in an apologetic tone:

Not because of slanders
  did we disobey the uncle's orders;
We only honor God's commandments
  and act accordingly.
Heaven and hell
  lie on strictly separate roads.
How can we dare muddle vaguely
  through this life?[46]

The conviction in the poem was firm. There was no indication of compromise. But respect for their elders was still there. The recklessness that was to characterize their later iconoclastic activities was not present.

Dialogue in verse—this is what it was at this stage. How one wishes this kind of dialogue could have been further developed! Dialogue in verse is a popular form of dialogue among Chinese persons, literate and semiliterate. Touched by the sight of beautiful birds, majestic mountains, singing streams, or colorful trees, one sings in verse and the other responds in kind. Moved by the glory or disgrace that comes upon life, a person muses or laments in ode and others respond in ode. And when they are merry, inspired by festive occasions or drinking bouts, they sing to one another in poetry. Prose is of no use on such occasions, when life is deeply touched and the heart is profoundly stirred.

It is poetry, the ode, the verse, that conveys the echoes of the heart, the longing of the soul, and the sorrow of a person. There is culture in it. There is life in it. There is a long history in it. And above all there is the community that hands down the desires and aspirations of the elders to the younglings. Here is a point of entry for a new faith into the heart of a culture proud of itself but still needing enrichment. Here is a portal through which the faith that carries a rich message of love can penetrate the fabric of Chinese spirituality, redeeming and renewing it.

But dialogue in verse was abruptly broken off. The faith Hung gained from western missionaries and Chinese converts was an impatient faith. It was in a hurry. In a vast nation such as China with at least three thousand years of written history, it wanted to finish in a matter of a few years, or a few decades, what it had taken the Christian church eighteen centuries to do in the West. Poetry moves too slowly. Nor is it very dependable. It leans too heavily on mood, on inspiration, on the spur of the moment. It cannot be controlled. It cannot be regimented. What is more, Chinese in verse seems a totally alien language not suitable for the faith that has already been encased in the logic and semantic of western culture.

For missionaries the conversion of China allows no cultural detour. Their time is short, though God's time is not. They confront China, a pagan land, intent on conquering it, whereas God is already present in it, redeeming and renewing it. They seek to Christianize China, but God seems to let redeeming love shine through the agonies and victories of a people that heeds the voice of Heaven and gives witness to the *te,* the power that nourishes and sustains humanity and the universe.

Respect for culture is not a virtue cherished by fanatical converts to Christianity. Hung soon confronted the religious and cultural heritage of his own land with fierce anger. In 1847, after his return from his visit to Issachar Roberts, the American Baptist missionary in Canton, he joined Feng Yün-shan in Kwangsi where the latter had made a large number of converts and formed the God Worshipers Society. Then at the temple dedicated to an idol called Kan-yao in the village of Hsiang-chou, Hung engaged in one of his iconoclastic crusades. "Using a large bamboo stick," Hung began to "beat this evil demon, berating it." He then ordered his fellow crusaders "to dig out the eyes of the demon, cut off its beard, trample its hat, tear its embroidered dragon gown to shreds, turn its body upside down, and break off its arms."

This was not a "demythologizing" of superstition. It was a forceful destruction of a people's beliefs. The sense of hilarity and elation experienced by Hung and his companions must have been in striking contrast to the sense of consternation and horror of the simple villagers.

If such an iconoclastic orgy sounds familiar to Christian converts in China and elsewhere in Asia, it is not entirely strange either to Christians in the West, especially to those who know something of the history of the Reformation in sixteenth-century Europe. There iconoclasm ran wild in some places too. The iconoclastic fervor of some Reformed Christians in Geneva is an example that could almost match that of Hung.

"The medieval church," it is said, "seemed to the Reformed like an over-furnished clutter, a shop of antique junk, where the worshiper could not apprehend true holiness because his vision was screened by trinkets, side altars, statues, colored windows, pomp, vestments, saints, and ceremonies, as though the listening ears of prayer were deafened by the clangor of ritual noise."[47] With gusto these idols, images, and accessories were thrown out and the church was made almost entirely naked. The true Calvinist "felt as though he had been present at a cleansing of the Temple, elevated and purged in spirit, conscious of a wind of Hebraic purity rushing through the church, sweeping away squalor and superstition and the ornaments which anchored his soul to the earth."[48]

Since those Reformation days, the spirit of iconoclasm has seldom left Protestant Christianity. Some two hundred years later, that iconoclastic spirit, deeply and firmly embedded in Protestant missionaries, ventured out of the western world, possessed Christian converts, and inspired intense minds such as Hung's to wage iconoclastic warfare against the idols and images of pagan temples. Iconoclastic struggle between the old Catholic faith and the new Reformed faith turned into a battle between Christianity and other religions.

What is more, such Christian iconoclasm was, in the case of Taiping Christianity, transformed into political iconoclasm, resulting in the shedding of the blood of tens of thousands of persons, shaking a "pagan" nation to its roots. Little did the Reformers anticipate that their Reformation was going to have such grave and tragic consequences in the faraway land of the Middle Kingdom.

Iconoclastic warfare seemed to have excited Hung and his friends and brought them to the height of poetic eloquence. Hung wrote a poem on the temple wall after the idol was punished and struck down:

> I write a poem and issue a declaration
> rebuking the demon Kan:
> You deserve annihilation and execution,
> and must no more be spared.
> You killed your mother,
> thus transgressing the law of the state;
> You deceived God,
> and violated the Heavenly Commandments.
> You deluded and enslaved men and women,
> and deserve to be struck by lightning;
> You harmed the people of the world,
> and deserve to be burnt by fire.
> Make haste and hide,
> and return to hell;
> With your filthy body,
> how can you wear the dragon robe?[49]

The false nature of the idol thus exposed, the road was believed to be prepared for the acceptance of the new faith by the people and by the nation.

But it seems far easier to exorcise demons than culture as such. In fact, exorcism of demons and spirits does not belong to the heart of the proclamation of the gospel. Science can also do it, as the secularized world of science and technology testifies. Nowadays there are not many people left in the world who still believe that lightning is caused by an angry god. Exorcism of demons and spirits can also be done by politicians. This seems the case in communist China: except in remote backward areas in that country, very few persons still believe that their life and nation are under the control of the god of fate and must remain unchangeable.

The God of early Christian converts in China and in Asia was by and large an exorcist God. Missionaries came to China to exorcise its people. The early converts were ordained, so to speak, to the ministry of exorcism, exercising the power of the new faith not only on demons and spirits but also on Chinese culture. God cannot tolerate idols and false spirits. But God certainly cares about the Chinese spirituality that expresses its agony and longing through the only means available to it—Chinese culture. But the early missionaries, imbued with the spirit of iconoclastic Protestantism, and their Chinese converts, who only knew the kind of Christianity taught by their missionary teachers, carried their exorcism of demons and spirits into the realm of culture. As a result, war between Christianity and Chinese superstition developed into war between Christianity and Chinese culture.

Exorcism carried to excess is one of the root causes of Christianity's having remained an alien religion to the great majority of persons in Asia. It has remained a guest religion. Its God is a guest God. As a guest, God cannot speak *out of* the heart of the people; God always speaks *to* it.

This Christian phobia of indigenous cultures in Asia is strange and inexcusable. Even a little knowledge of Christianity in Europe would tell us that it was the mutual embracing of Christianity and European cultures that created what is known as Christian culture. Take, for example, the celebration of Christmas:

> Our Christmas has inherited many of its features from pagan festivals. The date is the day of the festival of the Invincible Sun-god, whose worship had been introduced into Rome from Palmyra in Syria by the Emperor Aurelian. . . . A sort of parallelism between Christ and the sun had grown up in the minds of the Christians and . . . it may have developed into the idea that the festival of the Invincible Sun on the twenty-fifth of December was the appropriate date for the celebration of the nativity of Christ, who was the Sun of Righteousness.[50]

Whereas the date of the Christian celebration of the birth of Jesus Christ was derived from the Syrio-Roman cult of the sun-god, various activities related to it came from other sources. It is common knowledge that "it is to the Roman festival of the Saturnalia that most of our Christmas customs go back: e.g., the merriment, the eating and drinking, the exchange of gifts, and the use of candles."[51] Cultural ties of Christianity with its pagan environment are an indisputable fact, but it is this indisputable fact that has been denied to the Christians and churches in Asia.

ASSAULT ON THE CONFUCIAN CITADEL

In "The Taiping Heavenly Chronicle," written by Hung Jen-kan in 1848 but not published until 1862, Hung Hsiu-ch'üan is reported to have witnessed, in one of his visions in 1837, the trial of Confucius conducted at the heavenly court in the presence of "the Heavenly Father, the Supreme Lord and Great God." God initiated the charges against the sage:

> Why did you teach people to carry on their affairs in such a muddled, confused manner, to the point where the people of the world do not even know me, but your reputation on the contrary is greater than mine?

At first Confucius was not put off by the charge and "argued stubbornly, but in the end thought silently and had nothing to say."

Confucius's silence gave "the Heavenly Elder Brother, Christ" the chance to renew the charge:

> You created books of this kind to teach the people, so that even my blood brother [Hung], in reading your works, was harmed by them.

Hearing his name mentioned, Hung thought it was time for him, victim of Confucius's books, to testify to the truthfulness of the accusation. He raised his voice and said:

> You wrote books of this kind to teach the people; have you such ability at writing books?

Confucius was left without defense. Even "all the angels also proclaimed his guilt." Seeing his case lost, Confucius attempted to flee the heavenly court to the safety of his earthly sanctuary. But he was not going to be let off so easily. God sent Hung and the angels in hot pursuit after him and they brought him back, bound and tied. Then the vivid description of the scene of punishment followed:

> The Heavenly Father, the Supreme Lord and Great God, in great anger, ordered the angels to whip him [Confucius]. Confucius knelt before the Heavenly Elder Brother, Christ, and repeatedly begged to be spared. He was given many lashes, and Confucius's sad pleas were unceasing. The Heavenly Father, the Supreme Lord and Great God, then considering that his meritorious achievements compensated for his deficiencies, granted that he be permitted to partake of the good fortune of heaven, but that he never be permitted to go down to the world.[52]

The account has the flavor of a comic drama. It clearly reflects Hung's own frustration at his failures in the state examinations. Having learned the Confucian classics by rote from his childhood but still not being able to pass the examinations based on them, he must have suffered and agonized under the dead weight of those books. How much he had wished to be freed from them! If the account had not been a pure fabrication, he must have enjoyed immensely the scene of Confucius's trial and punishment in his visionary state. And he must have told, with great relish and satisfaction, this vision to his eager listeners, also unsuccessful candidates in the examinations. Just imagine, the most venerated sage of China was found guilty, whipped by God, and begging mercy from Christ! Just think, those revered books were full of errors and evil teachings!

JAMES LEGGE: A VOICE IN THE WILDERNESS

Unfortunately, Hung's antagonism toward Confucian culture reflected the view of most Protestant missionaries in the nineteenth century. They held

Chinese culture at bay if not in outright disdain. One of the rare exceptions was James Legge (1814–1897) from Scotland, who served as a missionary in Hong Kong under the London Missionary Society from 1839–1873. He plunged into the study of Chinese writings and mastered them. His translation of *The Chinese Classics,* with copious and erudite notes, is still unsurpassed today in scholarship. He was one of the few who advocated the use of *Shang-ti* (the Lord on High) for the word "God" instead of *Shen* (Spirit) in the translation of the Bible into Chinese in the prolonged "term controversy."[53]

In 1877 at the first national missionary conference in Shanghai, Legge ventured the view that "Confucianism was defective rather than antagonistic to Christianity" and concluded:

> Let no one think any labor too great to make himself familiar with the Confucian books. So shall missionaries in China come fully to understand the work they have to do; and the more they avoid driving their carriages rudely over the Master's grave, the more likely are they soon to see Jesus enthroned in His room in the hearts of the people.[54]

Legge's paper, read for him in his absence in England, so thoroughly scandalized most of those present that the conference voted to exclude it from its printed record. The uproar and indignation caused by the sympathetic view toward Confucianism in that paper were explosive. "The horror of Confucianism," it is said, "shown at the conference 'fell little short of madness'; no sooner was the doctrine mentioned than someone . . . rose to denounce it."[55]

Legge's was a voice in the wilderness. He remarked, perhaps with sadness, that "the scholars of Confucianism had received a higher intellectual training than those who come to teach them."[56] How evangelical zeal could cause blindness to achievements in another people's culture, deafness to the sound of beauty produced by alien musical instruments, and hardness of heart in the name of faith!

Legge warned too: "The idea that a man need spend no time in studying the native religions, but has only. . . to 'preach the gospel' is one which can only make missionaries and mission work contemptible and inefficient."[57] Legge of course did not find much hearing for his warning. His opponents had no patience for his counsel of reason. It must have been with extreme anguish that Legge watched how the anti-Confucianism of his fellow missionaries was eagerly picked up by the disillusioned candidates for the Confucian examinations. It must have been with a sense of horror that he had to witness how Hung and his fellow iconoclasts brandished their anti-Confucian weapon in their drive to the imperial power.

OVERTHROW OF THE HEAVENLY KINGDOM

It was precisely their anti-Confucianism that proved to be the Taipings' undoing. Recklessly Hung and his fellow insurgents charged into the very citadel of Chinese culture. This made the Taiping Rebellion different from other revolts and rebellions in Chinese history. The challenge of the Taipings to Confucian culture was so strange that it left their fellow Chinese bewildered, confused, and then furious. As their recklessness continued, it became evident that "what Hung propagated was not a traditional rebellion but a religious movement that broke with tradition."[58]

The people realized at last that what was at stake was not the Manchu throne but the culture and tradition of China. Their hope in the Taiping movement to bring about liberation from the long reign of the foreign Manchu barbarians ended in horror on the one hand and anger on the other. It was the Taipings' concentrated effort to demolish the cultural traditions of China, with the aid of Christian faith as they understood it in a most rigid and distorted way, that finally drove the reluctant Tseng Kuo-fan, a powerful Confucian scholar-squire, to the defense of Confucianism by putting down the Taiping Rebellion.

It was the call to the defense of Chinese culture, and not of the crumbling Manchu dynasty, that brought the Taiping Rebellion to its doom. The Taiping demolition of "the moral standards, the conduct of human relations, the classics, and the institutions that had existed in China for several thousand years"[59] was regarded as a far greater catastrophe than rule by the Manchu Tartars.

In his "Proclamation" against the Taipings, Tseng Kuo-fan enumerated the sins that they committed against China, drawing examples from history:

> When Li Tzu-ch'eng reached Ch'ü-fou [Confucius's birthplace], he did not molest the temple of the Sage; when Chang Hsien-chung came to Tzu-tung, he sacrificed to Wen Ch'ang [the god of literature]. But the Yüeh [Kwangsi] rebels [i.e., the Taipings] set the school at Liu-chou on fire, destroyed the tablet of the Sage Confucius, and scattered the tablets of the ten other sages, and the tablets along the two porches, on the ground in confusion. After that the first thing they did was to destroy the temples. Even the temples of ministers of great loyalty and righteousness, such as Kuan-ti and Yüeh-wang, were molested and trampled upon. As to the Buddhist and Taoist temples and altars of the city god, none of them escaped fire and no statues escaped destruction.[60]

The trauma experienced by these defenders of the cultural traditions of China was great. They were confronted with something unprecedented. Foreign invaders into Confucian China never tried to do away with the culture that they found there. Even ruthless rebel leaders and warlords such as Li Tzu-ch'eng and Chang Hsien-chung knew how to respect the Confucian heritage. But the Taipings were totally different. Armed with a new faith from the West, they mounted a fierce attack on what made China "a nation of propriety and righteousness" (*li yi chi pang*). It is no wonder that Tseng Kuo-fan lamented:

> This is not only a tragedy for our Ch'ing dynasty but a great tragedy for the whole Chinese tradition (*ming-chiao*) and causes Confucius and Mencius to weep bitterly in the underworld.[61]

Then came his call to his fellow scholar-squires to rise up in opposition to the Taipings: "How could any educated person remain sitting, hands in sleeves, without doing something about it?"[62]

Tseng Kuo-fan's call went right to the hearts of the people and elicited a response. His Hunan armies besieged Nanking, the Taiping capital, in 1858, and finally captured it in 1864. The Heavenly Kingdom of Great Peace, already plagued and weakened by its own internal corruption and power struggle, collapsed. Hung Hsiu-ch'üan, the Heavenly King, committed suicide when Tseng's victorious army marched into the city on July 19, 1864. A bloody massacre followed. As many as one hundred thousand persons are reported to have perished. The dream of a "Christian" kingdom of God ended in horrible bloodshed.

NOT PEACE BUT THE SWORD

It was tragic that the Christian faith, which could have aided the Chinese people in their search for renewal and revitalization at a time of socio-political and spiritual crises, was used by the Taipings to deepen those very crises. It was a supreme irony that the Heavenly Kingdom, inaugurated to bring about Great Peace to a land without real peace, plunged a great part of China and its population into devastation. Not peace but the sword—a movement that promised every possibility of being different from other revolts and rebellions in Chinese history ended as one ranking foremost among them in the extent of the damage it did to the nation.

The course of destruction pursued by the Taiping movement had not been checked by the arrival in Nanking in April 1859 of Hung Jen-kan, the younger cousin of Hung Hsiu-ch'üan and one of his earliest converts and followers. Hung Jen-kan found the movement torn by power struggles among its leaders and in danger of disintegration. He was promoted at once to the position of founder of the Taiping dynasty, elevated to chief of staff, and designated as Kan Wang (King Kan). He was "a man of strong religious faith, of character, and of great political and strategic vision," and "the first of the Taiping leaders who understood enough of the modern world of his time to see the Taiping movement within the setting of the world of modern national states, and who regarded its Christian beliefs as a basis for a new Chinese national order."[63] He tried to reform Taiping Christianity with the faith he had gained as a catechist for four years with the London Missionary Society in Hong Kong. He attempted to restore the Confucian classics to a place of some importance in the Taiping examination systems. But all his religious reforms and political innovations came too late to have a real impact on the Taiping leaders, including Hung Hsiu-ch'üan. The fate of the Taiping movement was sealed.

One of the strangest and bloodiest chapters in Chinese history had to come to an end. But it has not ceased to haunt the minds of thinking Christians in China and elsewhere. There was not going to be a Chinese Constantine who would succeed in conquering the Ch'ing (Manchu) Empire and establish a "Christian" kingdom in China. There was no Rubicon for Hung Hsiu-ch'üan to cross. The history of Constantinian Christianity on the continent of Europe was not going to be repeated in China.

The Christian faith in the early centuries in the West pacified the barbarians and laid down the foundation on which western culture developed and flourished. But this was not going to happen in China. China remained, after the Taiping rebellion, essentially Confucian in its socio-political systems, Buddhist and Taoist in the people's religious ethos. And a century later when China struggled out of the Sino-Japanese War and the civil war, it was Marxism and not Christianity that became the political ideology and semireligious orthodoxy for the nation and its people.

A militant political ideology from the West such as Marxism could conquer an Asian nation by the sword, but it was not in God's design for Christianity to do the same. The hearts of an Asian people cannot be won by the sword. Horrible stories of killing and uprooting millions of persons in Indochinese nations after communist victories in recent years are eloquent testimonies of this. Only love and compassion can lead a people to the redeeming God and to real peace.

This must remain our assessment of the Taiping Rebellion as a religious or "Christian" movement. Political evaluation of the movement can be something else. Politically it also failed, but it inspired, as has been mentioned, modern Chinese revolutionary leaders to dream about, and to dedicate themselves to, the emergence of a strong, unified China with its dignity and glory restored and expanded. A poem dedicated to the Taiping movement tells it all:

> The twinkling of a star
> And the flash of lightning
> Will never perish.
> The vital spirit,
>   radiant and bright,
> Will survive one hundred,
>   one thousand, *kalpa*. . . .
> Heroic forces overwhelmed
>   four hundred districts,
> Cleansing the disgrace and taking the revenge
>   of our nine generations of ancestors.
> The banners struck terror
>   in the hearts of the Tartars,
> While dragons and tigers
>   established their capital in Nanking.

> The heroes, male and female,
> each an outstanding figure of the time;
> Their essays and poems
> will last for one thousand autumns.
> The kingly air still hovers over Nanking.
> For in sixty years,
> here we have a unified China.[64]

The Taiping Rebellion will be remembered by the Chinese people as a courageous harbinger that led the Han Chinese in revolt against the foreign rule of the Manchu dynasty and failed. Hung was a political messiah whose patriotic dreams and visions had to wait many decades for fulfillment. But he was no religious messiah who could bring about the kingdom of God in China.

There is no passage from the power of God's love to the power of the sword. The love that heals and redeems wages a different kind of revolution. It is the revolution of the cross. The cross negates the crossbearer. But the miracle of God's redeeming love is that, out of such negation, a new life is born, a new light is struck, and a new hope is kindled in the hearts of the people.

This is the politics of God. It is a far more difficult politics than the politics of the sword. It requires patience, self-discipline, and, above all, the power of love. It is this power of love that defeated the power of the sword on the cross. It should be this infinite patience and endless compassion of the power of love that we must pray to God to grant us as we face the principalities and powers of this world.

Christian political wisdom is born not out of the power of the sword but out of God's love. This makes "Christian" politics different from power politics. It is this politics that will strike chords of response in the hearts of the oppressed. It is the politics that heals, redeems and creates. It is this politics that discloses the secrets of God's dealings with nations of the world, including the Third World.

CHAPTER ELEVEN

The Fifth Modernization

Where the Taiping rebellion failed, the communist revolution succeeded. On October 1, 1949, China was declared the People's Republic, with Marxism-Leninism and Mao Tse-tung thought as the state ideology.

The Taiping leaders fought imperial China and lost; the communist leaders fought feudal China and won. The foreign ideology of Taiping Christianity assaulted the Confucian tradition and was defeated by it; the foreign ideology of Marxism-Leninism assaulted the Confucian tradition and replaced it. The Taipings mobilized the peasant masses to fight the corrupt and oppressive Manchu regime, and ended in a bloody fiasco; the communists waged a peasant war against the ruling regime and routed it. The Taiping rebellion sought to turn China into the most populous "Christian" Kingdom of Heavenly Peace on earth, but came to a disastrous end after only fourteen years; the communist revolution has made a socialist political institution out of the most populous nation in the world. A listing of contrasts between the communist revolution and the Taiping rebellion could go on and on, thought-provoking and laden with pathos from beginning to end.

The communist takeover of China has been hard to take for the nationalist regime ensconced in Taiwan for the past thirty years, and for the Christian churches all over the world. For the nationalists, there seems no way to come to terms with chagrin over the fact that the mandate of Heaven has left them and passed to their mortal enemies whose control of the Middle Kingdom has become ironclad. They continue to fight a civil war that belongs to the past. They continue to assert an empty claim over a nation that has become a nuclear power, is recognized by the great majority of the world's nations including the United States, and is seated in the Security Council of the United Nations with veto power. They still refuse to seek reentry into the community of nations—on the basis of the new political reality both inside and outside Taiwan—as a *de facto* autonomous island-state. But the time will soon arrive when they will have to choose between the political welfare of the eighteen million Taiwanese and the hopeless dream to recover the history that has passed them by and will never return.

For Christians outside China, the dilemma posed by the history of modern China, which went through the Opium War from 1839 to 1842, the tragic debacle of Taiping Christianity, and the end of large-scale missionary endeavors in 1951, is equally great. Western Christendom claimed China for God. It sought to win China sometimes rudely, sometimes condescendingly, and sometimes with compassion. But before its very eyes China turned red, rejected missionaries, and drove Chinese Christians underground.

The dilemma is not resolved by the opening of China to the West in the post-Mao era. Despite the fact that contacts with Chinese Christians have once again become possible as a windfall of China's tilt toward the West to counteract "hegemony" by the Soviet Union and to hasten the process of modernization, Christian optimism in the resumption of Christian missions in that land is premature and has no basis in the present socio-political reality of China. As K. H. Ting, president of the China Christian Council, constituted in 1980, has clearly stated:

> We cannot rely on foreigners for the preaching of the gospel and the building up of the Church among the 900 million Chinese people. Let the Church take root today in Chinese soil, so that tomorrow it may blossom and bear fruit. Foreign churches, by doing missionary work in China in unauthorized ways, will be going against the direction chosen by Chinese Christians thirty years ago and will have a damaging effect on three-self [self-government, self-support, and self-propagation].[1]

This is a sober warning to those Christians who cannot bring themselves to seeing God work in ways different from their ways. But it is difficult to believe that the God who refused to have China "Christianized" through the Taiping movement would now permit it to be evangelized by Christian missionaries from the affluent western nations increasingly identified as having much to do with injustice and poverty in the Third World.

What then is God's mission in China and with China? How do we as Christians both inside and outside China respond to that mission? What is God telling us Christians through changes and upheavals in China? Do we still hold onto the vision of a future world with Christianity occupying a central place and calling the shots? Should evangelization of the world with the gospel wedded to western culture still be regarded as God's will at this stage of history? What is the "messianic" ministry of the Christian churches when Third World nations are nudging their way to the center of history? What kind of "messianic" community ought we to be when we as Christians are merely a *part* of human struggle for humanity in this inhuman world?

Questions such as these will engage our minds for many years to come. We have to live with them, wrestle with them, and agonize over them. And the fact that God seems to be putting these questions to us from inside China makes them even more formidable and earthshaking. We seem to be standing at the threshold of an era in which God's mission in the world must be understood differently. It is thoughts such as these that urge us to see and hear how people in China live and hope today, and to become engaged in a most radical kind of revolution—revolution of the heart.

"CHAIRMAN MAO IS A ROTTEN EGG"

Let us listen to a story that describes a human drama of the people living in the post-Cultural Revolution society in China. The repeated hue and cry of that horrendous revolution—the Great Proletarian Cultural Revolution—that raged in China for three years, from 1966 to 1969, was over. Millions of young Red Guards called out from their homes and classrooms to wage war against the revisionism of Liu Shao-ch'i, Mao's heir apparent, and his capitalist allies, to fight the state bureaucracy and to involve China in perpetual revolution toward proletarian dictatorship in a future classless society were "either sent down to the countryside or up to the mountains" to mull over the havoc they had done to their beloved homeland. But the turbulent days were not yet over.

China has now come under the grip of Chiang Ching, Mao's ambitious wife, and her fellow ultra-leftists, who demanded that their followers be "red" rather than "expert." The Gang of Four, as they came to be branded later after their fall from power a mere three weeks after Mao's death in September 1976, now reigned supreme. China was set on a dangerous course toward a completely politicized society in which ideology threatened to reduce people to mere instruments of revolution and victims of class struggle. People were expected to vie with one another in the effort to be loyal to state authorities. They took every precaution not to let their anti-revolutionary thoughts emerge from the depth of their subconsciousness. They eyed each other with anxious looks, smiled at each other with meaningful smiles, and greeted each other with the subdued correctness dictated by the prevailing political climate. In a close community where everyone "protected" everyone else, life was unbearably strained.

One evening in the autumn of 1971, so the story goes, the uneasy peace in one residential community close to a kindergarten in Nanking was disturbed. A school teacher had a visit from Auntie Wang, her neighbor. There was the usual exchange of pleasantries, but Auntie Wang had something else on her mind. Carefully and in a roundabout way, she brought herself to broach her subject:

> "I'll tell you something but you musn't mention it to anyone," Auntie Wang whispered into my ear.
>
> "Of course!" I promised. I closed my door gently, then made her sit down by the desk while I sat on the edge of the bed.
>
> "At ten o'clock last night," she continued in a whisper, leaning close to me so as not to be overheard, "after all the children were asleep, Lao Wang of the political section showed up, bringing with him Lao Shao of

> the broadcasting section and a tape recorder. The director of the kindergarten was with them. They told me to wake up Hsiao Hung [a little girl Auntie Wang was taking care of during her parents' absence]. She was sleeping so soundly I couldn't wake her, so I had to carry her into the dining room and wipe her face with a cold washcloth. . . . Lao Shao turned on the tape recorder. Section Chief Wang closed the door, and then he and the director began to question Hsiao Hung. First they asked her, 'What is your father's name? What is your mother's name?' Then, 'Did anyone teach you to shout reactionary slogans?' Hsiao Hung, whose eyes were still closed, kept shaking her head. After a while the director grew impatient and demanded, 'A little friend of yours said she heard you shouting a reactionary slogan. . . .' " Now Auntie Wang's lips were almost touching my ear. " 'Chairman Mao is a rotten egg. Did you shout that?' Apparently the seriousness of the situation dawned on her, because she opened her eyes . . . and she stared at Section Chief Wang, then at the director, shaking her head over and over.
>
> "They took turns urging her to confess, to tell the truth and be the Chairman's good little girl. . . . Finally the director told her the name of the friend who had reported her. That seemed to jog her memory, and she burst out crying. . . . I thought that would be the end of the matter, but they began to question her again, 'Why did you shout that reactionary slogan? Where did you hear the slogan? Did your daddy say it? Did your mommy say it? Did your teacher say it?' Hsiao Hung just kept shaking her head at every question."[2]

Hsiao Hung was four years of age. As it turned out, children at play called "anyone they could think of a 'rotten egg.' " After shouting "Daddy's a rotten egg! Mommy's a rotten egg!" they came up with "Chairman Mao is a rotten egg!"[3] How could such child's play possibly have anything to do with "reactionary slogans"? In fact the name of Chairman Mao had become so familiar to everyone, even to four-year-olds, by the constant invocation of it and by the omnipresence of his portrait—in public places and in homes—that children thought nothing of including the Chairman in their play, just as they did their daddies and mommies.

But what a commotion it caused in the entire community! From party and school officials to the parents involved, everyone's nerves were on edge. They went about trying to find out who started it all, to discover a possible subversive plot, and to weed out reactionary elements. The sacred name of Chairman Mao cannot be taken in vain with impunity, not even by innocent little children!

When it became evident that most children in the community were using this "reactionary slogan," a frantic effort to extricate oneself from a "reactionary" plot against the state and its Chairman came suddenly to a stop—as suddenly as it had started. The accusing finger was withdrawn and, through a kind of tacit agreement, an ominous truce came to prevail.

For the school teacher, eight months pregnant, all this was too much. She gave premature birth to her second son on the birthday of her first son. Her colleagues "often remark with envy, 'Wen Lao-shih, your two sons have the same birthday,' " and she invariably answers with a smile, "Thanks to Chairman Mao."[4]

DICTATORSHIP BY IDEA

The price of a revolution that has developed into a total regimentation of the whole nation, a total restraint on the whole community, and a total submission of the whole person to state authorities, is very high. A revolution that achieves its cause by losing the people for whom it fought is a sad irony. A revolution that liberates a people from the yoke of oppressors only to put new shackles of suppression on it is a tragic contradiction. And a revolution that promises to bring enrichment to a people's life but only succeeds in impoverishing its spirit is a terrible parody.

Communist revolution in the Soviet Union, in East European countries, in Vietnam, and in Cambodia, is such a sad irony, tragic contradiction, and terrible parody. Is China an exception? The author of "Chairman Mao Is a Rotten Egg," who herself was inspired to go to China to live there and experience the realization of her revolutionary idealism, seems to say *no* after having gone through the trauma of the Great Cultural Revolution and its aftermath.

There are signs that she may be right. Visiting China in the throes of the Cultural Revolution, a group of Japanese reporters said in amazement:

> It is a red country, red to the very core. . . . In the fields, farmers till the soil with a red flag planted beside them. The walls of homes are painted red, and on them are written teachings from Chairman Mao Tse-tung's *Red Analects*.[5]

All of China seemed dyed red. The symbolic power of redness was truly overwhelming. It conditioned your being, defined your thought, and prescribed your activities. And when you saw on the television or in pictures the huge square of the Gate of Heavenly Peace in Peking covered with red flags, swaying with little red books held in the hands of hundreds of thousands of excited young persons, you were overpowered and frightened. There cannot be many parallels that could demonstrate the power of redness. The Chinese people became spellbound by red power.

Red, red, red . . . red everywhere! In the arts, in prose and poetry, as well as in politics, red is the norm and the standard. Peking opera, the classical art that tells the five thousand years of Chinese history in slow movements, elegant gestures, and the human voice conveying endless pathos, was transformed into an angry martial art putting the enemies of the revolution to rout and extolling the revolutionary virtues of fearlessness, vengeance, and heroism. As Chiang Ching, who transformed the theatrical art to serve socialist ideals and ideology and the politics of communist China, put it when speaking at the forum of theatrical personnel during the Festival of Peking Operas on Contemporary Themes in July 1964:

> We stress operas on contemporary revolutionary themes which reflect real life in the fifteen years since the founding of the Chinese People's Republic and which create images of contemporary revolutionary heroes on our operatic stage. This is our foremost task.[6]

She carried out her task with excessive zeal. Not only the Chinese people, even visiting heads of state and foreign dignitaries were treated to the revolutionary operas and ballets such as *The Red Lantern, Raid on the White Tiger Regiment, Red Detachment of Women,* or *The White-haired Girl.*

This was truly an astounding feat to achieve in such a huge and diversified nation as China. The whole Chinese population seemed to have become solidified into a uniformity pressing single-mindedly toward the realization of the socialist goal. In the words of a well informed China scholar, Ross Terrill:

> Information . . . comes from the mountain of authority to the plateau of public consumption. The people all have this official information: they have no other. The whole country, from Canton to the north, from the east coast to Shinkiang, has at least a surface mental unity unmatched in China's history. . . . There is a rule by phrase, a bond in headlines, a solidarity by syntax. In the beginning was the Word. . . .[7]

This mental unity came to be reflected in behaviorial uniformity—blue jackets and baggy pants for women as well as men, simple housing furnished with a bare minimum of practically identical furniture, calisthenics for young and old alike. On the surface at least China seemed to have achieved the most uniform thought-form and lifestyle in the world of the twentieth century. "The individual in China," continues Terrill, "insofar as he reaches beyond the practicalities of life . . . is enveloped by an Idea, the Thought of Mao Tse-tung. The myth of Mao Thought has reached into homes and even spirits (which Leninism or Stalinism hardly did in Russia)."[8] He calls this "dictatorship by idea."

Religions, including Christianity, did not escape this dictatorship by word or by idea. They became the targets of revolutionary iconoclasm, especially at the initial stage of the Cultural Revolution. It was reported that

> . . . the Catholic and Protestant churches in Peking were closed, religious pictures and symbols being defaced or destroyed and replaced by red flags and portraits of Mao Tse-tung. The city's largest mosque was closed two days later. . . . Similar demonstrations in other cities were

> reported from Aug. 25 [1966] onwards. In Canton all churches were closed on Aug. 27, a Catholic church being set on fire, while in Lhasa (the capital of Tibet) the Red Guards sacked the principal temple on Aug. 25 and destroyed all the religious effigies.[9]

What the Taipings did to Buddhist and Confucian temples a little over a century earlier, now Red Guards, armed with a religious fervor inspired by Mao thought, were doing to Chrisitian churches also. A strange reversal of history in modern China!

It seemed as if the Cultural Revolution would put an end to all religions, Christianity not excepted. On August 22, 1966, the following poster was found on the former YMCA building in Peking:

> There is no God; there is no Spirit; there is no Jesus; there is no Mary; there is no Joseph. How can adults believe in these things? . . . Priests live in luxury and suck the blood of the workers. . . . Like Islam and Catholicism, Protestantism is a reactionary feudal ideology, the opium of the people, with foreign origins and contacts. . . . We are atheists; we believe only in Mao Tse-tung. We call on all people to burn bibles, destroy images, and disperse religious associations.[10]

China declared war on God. It created its own god—Mao Tse-tung. The Shanghai correspondent of the *South China Morning Post* (Hong Kong) announced: "The final page of the history of Christian religion in Shanghai was written on August 24 [1966], for on that day all churches were stripped of the crosses, statues, icons, decorations, and all church paraphernalia by the revolutionary students wearing 'Red Guard' armbands and determined to eradicate all traces of imperialist, colonial and feudal regimes."[11]

The announcement of the correspondent was premature, of course. As it turned out, the fanaticism of the Cultural Revolution was, in God's mysterious providence, a preparation for a new chapter in the struggle of the Chinese people for the fulfillment of true humanity. A revolution of the heart already began.

The Cultural Revolution was, in one sense, a final gasp of the revolutionary giant—Mao Tse-tung—who refused to come to terms with his mortality. The giant knew he was nearing the end of his mortal course. He mustered whatever strength left in him to achieve revolutionary immortality. When he reviewed eleven million Red Guards in Peking between August 18 and November 26, 1966,[12] he must have seen in those young men and women his own image—young, vigorous Maos waging revolution against the immortal God who sets a limit to the life and work of human beings. As he saw wave after wave of young persons charging across the length and breadth of the huge continent, savagely celebrating the victory of his words over the Word of God, he must have felt transfigured. Here was a dragon, that Chinese mythological creature, fighting a last battle in assertion of its supremacy over the primordial world of chaos. Out of that chaos the dragon would become incarnated in the dragon-ruler seated on the dragon-throne.

The Cultural Revolution was a deeply religious affair. In Mao and his Red Guards was seen the frenzied intensity of the human spirit trying desperately to transcend its limitations. Destruction of temples, churches, and religious objects, attack on religions, insult to and persecution of religious believers, should be seen in this light. In the Cultural Revolution Mao and his Red Guards unwittingly became engaged in a struggle with the Power that is above every power on earth. In this struggle the human spirit and the divine Spirit became locked in a hard and agonizing combat. This turned out to be too much even for the indomitable spirit of the old revolutionary in his last gamble to subdue gods as well as people. His strength spent and his spirit overpowered, he called in the People's Liberation Army to disperse the Red Guards and called off the struggle.

The horrendous drama of the Cultural Revolution ended and the curtain was drawn over the stage, but a tremendous force dormant inside the people was aroused and released—the force to bring "humanity" back into the revolution to make individual men and women truly human. A new revolution—revolution of the heart—has begun.

DEMOCRACY WALL

Mao Tse-tung is not an isolated case in world history, including the history of Israel in the Christian Bible. We need recall only how God called the Assyrian, King Sennacherib, "the rod that I wield in anger" (Is. 10:5), Nebuchadnezzar, King of Babylon, "my servant" (Jer. 27:6), or Cyrus, King of Persia, "my shepherd" (Is. 44:28) and "my anointed" (Is. 45:1).[13] Mao could have been "the rod God wielded in anger" to shatter the old barriers in Chinese society and religions. He even had to challenge the fortress of the communist party he had helped to build. He had to shake loose the bureaucracy consolidated on the basis of his militant ideology. And above all he had to rekindle the fire of his revolution that had come to a standstill. But precisely in doing so, Mao set the spirit of the people free from the shackles of his ideology, his revolution, and his utopia of a future classless society. Surely this was not what he had anticipated. He strove against God and tried to dethrone God. But he too became an instrument in God's mission with the nations, enabling his fellow Chinese to stare the revolution in the face and to demand from the state authorities the right to be human in a socialist nation.

In fact, Mao started it all—the big-character poster campaign. On August 5, 1966, he put up his big-character poster "Bombard the Headquarters," at a meeting of the central committee of the Chinese Communist Party. It was this big-character poster that launched the Cultural Revolution. Mao "called on the people to smash the 'bourgeois headquarters' of the party [managed] by Liu Shao-ch'i (China's Khrushchev) and to rally to his 'proletarian headquarters.' "[14] It appeared as if Mao was only calling for a revolt against the party and the state authorities who had rejected his authority. But implied in the poster was something much more far-reaching. Among other things, it said:

> Adopting the reactionary stand of the bourgeoisie, they [party leaders from the central down to the local levels] have enforced a bourgeois dictatorship and struck down the surging movement of the great cultural revolution of the proletariat. They have stood facts on their head and juggled black and white, encircled and suppressed revolutionaries, stifled opinions differing from their own, imposed a white terror, and felt very pleased with themselves.[15]

Who was speaking in this poster? Mao Tse-tung, of course! But did he entirely forget the part he played in the "Hundred Flowers" interlude in 1957? In that year he issued a challenge to the intellectuals: "Let a hundred flowers blossom and a hundred schools of thought contend!" But Mao underestimated the intellectuals and their deep-seated dissatisfaction and resentment. In this matter, Mao was no better judge of the people than were kings and emperors in China's past history. The intellectuals responded to the challenge with sharp criticisms of the basic principles of the communist state system and the monopoly of power in the hands of the communist party hierarchy. Mao was horrified and angered. He retaliated by sending his critics to "thought-reform" camps.

In 1957 Mao was still in control. He could not allow a hundred flowers to blossom against him and a hundred schools to contest his authority. But a decade later, in 1966, the situation had changed. He had lost most of his power as party chief and state chairman. The party and the state came under the control of Liu Shao-ch'i, his appointed heir. He found himself as vulnerable as an ordinary citizen in the street. The only way to regain his power and authority was to mobilize public opinion against Liu and his party elites.

How ingeniously and indefatigably he set out to engineer public opinion in order to bring about the downfall of his rivals! All this was self-serving for Mao. But some Chinese must have perceived the situation differently. For them the whole episode of the Cultural Revolution must have been a liberating experience. Their spirit went through the fire of catharsis, painfully leading to the now famous Democracy Wall in Peking—a symbol of the human spirit aspiring to be free and human. Once again we seem to encounter God engaged in a mission with China, this communist nation of almost one billion persons, a quarter of the world population.

Mao Tse-tung's big-character poster in 1966 marked the beginning of the turbulent years of the Cultural Revolution. But it set a precedent for people to air their suppressed opinions and vent their misgivings about the ruling power. It became the only public forum for dissidents. Little did Mao know that wall posters were going to become a most powerful weapon in the hands of the powerless people in their struggle for freedom and democracy! In retrospect the Cultural Revolution turned out to be a preparation for a long and hard revolution for democracy within the totalitarian political system of China. Without knowing it, Mao initiated that revolution, although he had no place in it. He would have nipped it in the bud once he had attained his political purpose, as in the Hundred Flowers movement in 1957. He was removed from this new revolution by death in 1976.

In 1974 there appeared in Canton, that hotbed of revolution in China's history, a twenty-thousand-word wall poster signed "Li I-che," a psuedonym for three youths—Li-Cheng-t'ien, Che I-yang, and Hwang Hsi-che.[16] The poster proposed to discuss the subject of "Democracy and the Rule of Law." It was a truly remarkable document. Here is part of what these three youths, products of Mao's Cultural Revolution, had to say:

> Freedom of speech, freedom of the press, freedom of association, which are stipulated in the Constitution, and freedom of exchanging revolutionary experience, which is not stipulated in the Constitution, have all been truly practiced in the great revolution and granted with the support by the Party Central Committee headed by Chairman Mao. This is something which the Chinese people had not possessed for several thousand years. It is something so active and lively. It is one extraordinary achievement of the revolution.[17]

It is simply not true that the basic freedoms mentioned in the poster had been nonexistent until the Cultural Revolution. But historical accuracy was not particularly important at this point for the three young men. They were perhaps trying to beat the state authorities at their own game. Let us read on:

> But this Great Proletarian Cultural Revolution has not accomplished the tasks of a great proletarian cultural revolution, because it has not enabled the people to hold firmly in their hands the weapon of extensive people's democracy.

"Democracy for the people"—this was what thousands of young persons like the poster authors expected from the Cultural Revolution. They roamed about the country on the rampage, half-believing that democracy would be born out of the ruins they were creating. They were mistaken, of course. When hundreds of thousands of young persons were left to mend their wounds and languish in remote areas far from home, they felt they had been betrayed by the authorities to whom they had dedicated their revolutionary zeal. They realized that they were now facing the moment of truth. They began to ask questions—deep and difficult questions:

> How should the rights of revolutionary supervision of the masses over the leadership at various levels in the party and the state be stipulated? And how should it be explicitly stipulated that when certain cadres . . .

> have lost the trust of the broad masses of people, the people "can dismiss them at any time"?

How could these three youths take the cadres, the core of the party apparatus, to task in this way? They were asserting the power of the ruled over the power of the ruler. It was not surprising, therefore, that when a high-ranking official saw a copy of the wall poster hastily sent to Peking, he wrote on it four Chinese characters with a hand trembling with anger: "Reactionary in the extreme!" (*fan-tong t'ou-ting*)[18]

The authors of the wall poster pressed further their questions. They went straight to the heart of the matter:

> Are the people's democratic rights not written in our Constitution and Party Constitution and Central Committee documents? Yes, they have been written down. Not only that, but there also are the stipulations of "protecting the people's democracy," "not allowing malicious attack and revenge," and "forbidding extracting a confession by torture and interrogation." But these protections have been, in fact, always unavailable, while, on the contrary, fascist autocracy has been "allowed" to be practiced.

Involvement in revolution helped many persons to come of age politically. In the words of the wall poster, "the masses are not A-tou"—nickname of the crown prince of the State of Shu in the period of the Three Kingdoms (A.D. 221–265) notorious for ignorance and good-for-nothingness.[19] There is no greater threat to an authoritarian regime than persons who have their appetite for democracy whetted. The ruling power in Peking was not ready for that. The three young authors of this daring manifesto on the democratic rights of the people were arrested and put in prison. But they kindled the fire of democracy in the hearts of many millions of Chinese people, young and old.

This is how the Democracy Wall in Peking became the symbol of freedom and human rights in post-Mao China. It came to stand for truth in the make-believe world of politics almost totally dictated by the party ideology. It is a testimony to the yearning of the Chinese spirit for what is noble in human nature. It is what the people want to shout from the bottom of their hearts and at the top of their voices. Posters, in big or small characters, were posted on that Democracy Wall in great numbers. The excited crowds attracted to the wall read their own thoughts there, felt their own heartbeats, and pondered the injustices done to them. Democracy Wall is an eloquent witness to the fact that democracy is not the monopoly of the western nations, that freedom of the spirit is just as essential to the Chinese people under the communist rule as to other peoples living in capitalist society. At the Peking Democracy Wall, East and West meet, peoples of different colors come together, and a vision of a human community built on faith, hope, and love appears.

It is there at Democracy Wall that we as Christians catch a glimpse of God's mission to the Chinese people—a mission to fight for room where human beings can move about in freedom and mutual caring within a nation, be it socialist or capitalist. Democracy Wall is God's wall. It does not appear to be as formidable as the Great Wall of China. In fact it is fragile and weak. It cannot defend poster writers when they are arrested. It cannot protect dissidents when they are thrown into prison. But it is a mighty wall, nonetheless, deeply entrenched in the people's mind and heart.

Democracy Wall is linked up with tens of millions of other democracy walls in all parts of China and in Chinese hearts. It is linked up with numerous democracy walls in the nations outside China under a dictatorial or semidictatorial form of government. This makes it strong and great. The mission of Democracy Wall! Christians inside China, and particularly those outside, should be able to see it as a great monument to the whole of humanity. On trial at that wall was no less than the ruling power of the communist party in China. Also on trial is the dictatorial power wielded by oppressive rulers in many nations of our world. In this trial God comes very close to the heart of humanity.

THE FIFTH MODERNIZATION

From the heart of Chinese humanity was heard once again a clear and resolute voice that was to startle party officials and thrill the people in the streets of Peking. It was the voice of Wei Ching-sheng, a thirty-year-old worker from Peking, who in December 1978 put up on Democracy Wall his controversial essay "The Fifth Modernization." This essay showed him in no compromising mood. He must have known what he was in for. As if to forestall retaliation by party and state authorities, he said defiantly:

> Our youth is not the sick man of Asia. Our young do have the courage to paste up wall posters, the courage to read them, the courage to vent all sorts of opinions on taboo subjects. . . . There are some persons who believe that the naivety of the young can be taken advantage of by old tricks. They are wrong. Even if you confiscate everything that is necessary for independent thought, you still cannot stifle the aspirations of the young. . . . Of course, you can put an end to the Democracy Wall, but you cannot help trembling before us, the explorers.[20]

Although Wei Ching-sheng was speaking for young persons, he was in fact voicing the passion of many others as well. In March 1979 he was arrested, and on October 16 of the same year he was sentenced to fifteen years in prison after the first trial of its kind in China in the past thirty years. He was reported to have declared in court that he "did not think he had done anything wrong."[21]

In the eyes of the ruling power, Wei's was the crime of democracy. For the central emphasis of his essay on Democracy Wall is that "China cannot attain the Four Modernizations without first achieving democracy, the theme of his most famous article on 'The Fifth Modernization.' "[22] For advocating democracy as the fundamental condition of China's modernization, Wei was branded a counterrevolutionary and tried as one. But he is reported to have said: "The prevailing current and the one that I espouse in my writing is democracy; . . . those who stand on the opposing side of democratic currents are counterrevolutionaries."[23]

Wei's open advocacy of the Fifth Modernization must have come to the state authorities as a shock. China had just launched the Four Modernizations. The communiqué of the Third Plenary Session of the eleventh Central Committee of the Communist Party of China held in Peking in December 1978 disclosed the decision of the party to set out on the great leap forward to making China a great industrialized nation on a par with the United States and the Soviet Union. In that lengthy communiqué the party decision-makers said:

> . . . the plenary session unanimously endorsed the policy decision put forward by Comrade Hua Kuo-fong on behalf of the Politburo of the Central Committee that, to meet the developments at home and abroad, now is the appropriate time to take the decision . . . to shift the emphasis of our Party's work and the attention of the people of the whole country to socialist modernization. This is of major significance . . . for the modernization of agriculture, industry, national defense, science and technology, and for the consolidation of the dictatorship of the proletariat in our country.[24]

This is a major policy change. After striving to be "red" under Mao and the ultra-leftist "Gang of Four," China seems to have regained its sanity. To be "expert" is now deemed more important than to be "red." In the words of the witty and shrewd vice-premier Teng Hsiao-p'ing, the chief advocate and architect of the Four Modernizations of agriculture, industry, national defense, science, and technology, the main thing for China today is to solve the problem of food. He said: "Black cat or white cat—it's a good cat if it catches mice."[25] For such political pragmatism Teng had earlier been condemned as a hopeless revisionist and held in disgrace. But after the death of Mao, China changed. Teng's political pragmatism now seems to have replaced Mao's revolutionary fanaticism.

Teng drives his point home by saying: "One should not talk of class struggle every day. How can there be so much class struggle? In real life, not everything is class struggle."[26] It is this return to realism that makes it possible for China to be on speaking terms again with western nations. China is now determined to play its role as a great power in the world with its science and technology updated and developed. In terms of the world of the twenty-first century, this is a fascinating thought, but it is also frightening.

Wei Ching-sheng's call for the Fifth Modernization has a profound significance within China and beyond its borders. Wei has raised a basic question: can the Four Modernizations be called "the biggest politics" when people are regarded merely as instruments of state power?[27] Is politics really "big" when people cannot freely express their views? How can politics be called "biggest" when it is carried out at the cost of the inalienable rights of the people to freedom and democracy? Where is the "biggest politics" when there is no relationship of trust and justice between ruler and ruled? The Four Modernizations may enable China to produce enough food for its 966 million people, to become a great industrialized nation, or even to surpass the United States and the Soviet Union in military capabilities. But how can China be great when its people have no independence of thought, cannot enjoy the right of constructive dissent, and are deprived of the power to be free and human?

A politics that belittles the integrity of a people is a "small" politics. This is what Wei is saying. In his view, the politics of the Four Modernizations is a small politics. It will turn the people into an "economic animal" conditioned by historical materialism. It will deprive them of the ability of the spirit to aspire beyond the ideological confinement imposed by the state and the party. In short, Wei raised a challenge to the dictatorial system of government that refuses to allow the future of a great nation to be built on freedom and democracy. He was not rejecting socialism as a viable political system. But his belief was that socialism did not have to be dictatorial, that it could be built on democracy.

That is why Wei questioned the party policy related to the Four Modernizations. A special edition of *Tansuo*—an underground magazine edited by Wei—in January 1979, under the headline "Democracy or New Despotism," had declared pointblank:

> Is Deng [Teng Hsiao-p'ing] worthy of the people's confidence and trust? No leader can be granted the unconditioned trust of the people. If he puts into practice a policy which benefits the people, peace and prosperity, *yes* [. . . otherwise, *no*]. . . . If Deng Xiaoping does not care for the people's plight and for the return of basic rights, if he condemns the spontaneous democratic movement as an opportunity to make trouble, it means he does not want democracy. Why such a lack of confidence in the people? What can democracy mean without freedom of speech, freedom to criticize? Just explain to us what the difference is between that sort of democracy and Mao's despotism?[28]

In his simple and straightforward way Wei equates democracy with a government's confidence in the people. A great government is a government that can trust the people, that has confidence in them. On the contrary, a government that is afraid to trust the people and have confidence in them is a petty government. In the same way, a great politics is the politics that trusts and confides in the people. A politics that manipulates the people with distrust and intimidation is a petty politics; it is despotism.

A big politics and a big government—this is what Wei and his like-minded friends are after. But Teng and his fellow power-holders responded to their plea for democracy and for confidence in the people with arrest and imprisonment. In so doing, China's rulers are in danger of turning their government into a petty government, their party into a petty party, their politics into a petty politics, and themselves into petty politicians. The future of China depends largely on whether it can rise above petty politics and reach for big politics—the politics of democracy.

The deep meaning of the struggle between petty politics and big politics in China today should not be lost on us Christians. The biblical faith tells us that God's politics is a big politics. The prophets in the Old Testament tried very hard to proclaim and practice God's big politics in Israel and Judah. Amos was one of those champions of God's big politics. His words must have rung loud in the ears of the rulers in north and south alike and pricked their conscience:

> Shame on you who live at ease in Zion,
> and you, untroubled on the hill of Samaria,
> people of mark in the first of nations,
> you to whom the people of Israel resort! . . .
> You who loll on beds inlaid with ivory
> and sprawl over your couches,
> feasting on lambs from the flock
> and fatted calves . . .
> you who drink wine by the bowlful
> and lard yourselves
> with the richest of oils [Amos 6:1–6].

Israel at the time of Amos had achieved a measure of success in modernization. The country has become rich. A new class of rich merchants and aristocrats has sprung up. There is plenty of food and wine. It looks as though Israel has achieved the "biggest" politics of bringing economic prosperity to the nation. But Amos denounced all this as petty politics. With his sharp tongue he declared:

> Assemble on the hills of Samaria,
> look at the tumult seething among her people
> and at the oppression in her midst;
> what do they care for honesty?
> who hoard in their palaces
> the gains of crime and violence?
> This is the very word of the Lord [3:9b–10].

Amos was addressing a government that turned a deaf ear to "the tumult seething among the people," a politics that took advantage of those who had no power. There was no record that a democracy wall was created in Samaria or Bethel, or that Amos put up a wall poster on it. He himself was a democracy wall; he himself was a big-character wall poster. He was such a "big" democracy wall and such a "big" wall poster that there was no room for him in the "petty" government and the "petty" politics of the ruling class. He was expelled from Israel with a warning never to return.

Another giant democracy wall and big-character poster was Isaiah. Unlike Amos, who remained a simple farmer, Isaiah was more like a statesman who spoke the mind of the people and was held in respect and awe by the king and his ministers. He engaged in no-nonsense politics. He spoke and acted in the service of the great politics of God. He bluntly told the rulers and lawmakers:

> Shame on you!
> you who make unjust laws
> and publish burdensome decrees,
> depriving the poor of justice,
> robbing the weakest of my people
> of their rights,
> despoiling the widow
> and plundering the orphan [Is. 10:1–2].

This is what a petty government does. It creates petty laws to keep people in check. It fortifies itself with decrees that give the people no breathing space. It thrives on the misery of the powerless. By exposing the crimes of petty politicians against the people, Isaiah became a colossal democracy wall in Israel's history and in world history.

But God's biggest politics is Jesus Christ. Jesus was the democracy wall God built in the world with sweat and blood. Jesus was the big-character poster written with God's own hand. Jesus did not practice power politics; he did not set up God's own government; he did not join any political party. But what a big politics he practiced! He practiced the politics of love and justice. Politics without love, whether practiced by state authorities or by religious authorities, can only be destructive: it destroys the best in humanity, plunders the noblest in human community, and turns people into pawns in the ugly game of power struggle. Politics without justice, whether implemented by individuals or by a group, can only become an instrument of threat and oppression: it suppresses the voice of conscience, does away with dissidents, and hears in a people's cry for justice a conspiracy to rebel and a plot to mutiny. Politics without love and justice is a petty politics in the eyes of which there is "neither law nor heaven" (*wu-fa wu-t'ien* in Chinese).

Jesus as God's biggest politics towered over the petty politics of his day. Before him how petty the politics of Jewish religious leaders and that of the Roman colonial power became! Religious leaders tried to restrict the boundless love of God in Jesus with legalistic iotas—unsuccessfully. The Roman judicial system crumbled when it failed to declare the innocent Jesus not guilty and let him go free. The petty politics of Jewish religious authorities and the petty government of Roman colonialism then combined to put an end to God's biggest politics of love and justice by sending Jesus to the cross. The cross, they thought, was going to be the defeat of God's biggest politics, but it proved, on the contrary, to be the defeat of their own petty politics. The cross has remained, since the day of Jesus' crucifixion on Golgotha, God's biggest "big-character poster" in the world of nations.

From Golgotha to Peking—the distance both in time and in space is great. But are they not brought together under God's politics of love and justice? Surely the Fifth Modernization is a part of God's big politics with the nations. Only if the Fifth Modernization succeeds, will the Four Modernizations also succeed. But if the Fifth Modernization fails, the Four Modernizations will also fail. China, hardened into a dictatorship of materialist ideology despising freedom and democracy, will grieve God's heart to no end. It could also pose a threat to the peace and security of the world. But China, reconstructed on the foundation of the Fifth Modernization, would become a responsible member of the human community. A bridge of understanding and goodwill could be built between such a China and the rest of the world. On this bridge could take place not only commercial, cultural, and political transactions, but more importantly spiritual exchanges. Without such a bridge, all talk of evangelism in China is empty verbiage.

This is a time for enthusiastic Christians outside China to rein in their enthusiasm. They should exercise a "Christian patience"—the patience that comes from God's infinite patience with humanity and with world history. Our mission in the next decade should be that of helping to build a bridge of the Fifth Modernization. We Christians did not start this mission. In today's China it started with persons such as Wei Ching-sheng. But, at a deeper level, we can say in faith that it is God who started it. And it is our task to do our part to help God's mission of the Fifth Modernization grow and develop in China—and in other parts of Asia.

A Chinese Christian from Hong Kong, after his first visit to Christians in China in the early summer of 1979, concludes his report with some elation:

> Thirty years! And finally we see the church in mainland China showing signs of new life. No matter how delicate the signs of life may be, we should feel really happy and treasure it for the glory of God and for the spiritual need of 900 million Chinese. We must support this church which is reawakening by our actions as well as in our prayers so that it will grow free and firm.[29]

Thirty years is very long according to our human time-keeping. It is long enough for a child to turn into a middle-aged person, or a middle-aged person into a gray-haired elderly person. A separation of thirty years from Christians in China seems to many visitors a century and a millennium. They want to put those thirty years behind them and begin thirty new years filled with close and warm "Christian" fellowship. It is understandable that Christian visitors to China today are preoccupied with the state of the churches and the welfare of Chinese Christians.

Thirty long years! We human beings, especially Christians, are very self-centered when it comes to time. We want to measure the course of history with our chronometry. We seek to fathom the mystery of the universe with our chronology. We even try to calculate God's mission in the world with our calendar.

No wonder we get impatient! And we Christians tend to become most impatient of all. Impatience becomes a cardinal Christian virtue.

But this is where we are prone to err. Have we forgotten that "in God's sight a thousand years are as yesterday" (Ps. 90:4), or that "with the Lord one day is like a thousand years and a thousand years like one day" (2 Pet. 3:8)? God has a strange chronometry—a thousand years are as yesterday. God has a curious mathematics—a thousand years are like one day and one day is like a thousand years. But God's mathematics is foundational: it deals with the foundation of the created order, penetrates the heart of the universe, and redeems suffering humanity. No ordinary mathematics of ours can do that. Our mathematics only deals with segments of time and space. But we still try to see the whole of time and the whole of space from our fragmented time and space.

Similarly, God's calendar is the most essential calendar: it has to do with the essence of time—the time of creation, the time of redemption, the time of fulfillment. God's calendar has to stretch from eternity to eternity. Our calendar is not equal to such a formidable task. Our calendar is divided into days, weeks and months. And year after year it repeats these days, weeks and months with monotonous regularity. There are no surprises in our calendar. Our calendar is a poor instrument with which to measure God's plans and work in time and eternity.

Our mathematics must be absorbed into God's mathematics and our calendar fitted into God's calendar. This is what Christian mission must take into account. We cannot forestall God. We must not try to walk in front of God. We should not take a shortcut. Signals and signs from inside China today seem to tell us that Christian concerns for the spiritual welfare of the Chinese people cannot ignore the mission of the Fifth Modernization.

Of course God is concerned that persons in China have enough to eat, warm clothes to put on, and decent housing to rest their bodies and refresh their spirits. But there is something else no less important and fundamental: freedom of the spirit and the power to be human.[30] If a people has these, the food they eat can nourish their spirits as well as their bodies, the clothes they wear can make both their limbs and hearts warm, and their housing can provide peace with their neighbors and with God as well as rest for their bodies. How then can Christians both inside and outside China bypass the mission of the Fifth Modernization in their effort to demonstrate the truth of the gospel? How can they ignore the Fifth Modernization as a sign of God's engagement with China in God's mission of creation and redemption?

DEATH OF A PRESIDENT

There are in fact signs that the call to the Fifth Modernization is a powerful call not only in China but also in other countries in Asia and elsewhere. Asian nations and peoples have entered the stage of their history where crucial and decisive battles will be fought not on the front of economics but on the front of democracy. A powerful and devastating sign of this was the sudden death of South Korean President Park Chung Hee on October 26, 1979, at the hand of one of his most trusted aides, Kim Jae Kiu, director of the Korean Central Intelligence Agency.

The assassination of President Park stunned the world. The shock was great because he fell victim not to the opposition party but to the agency he himself had created to suppress political dissension, intimidate his political opponents, and imprison and torture his political enemies. After eighteen years of rule with an iron fist, he seemed defeat-proof and revolution-proof. But he was not bullet-proof. During the two decades of his authoritarian rule, he had his presidency surrounded by a highly select group of aides whose business was to serve him with absolute loyalty. He demanded their undivided attention to his personal ambitions and unquestioned commitment to his power. But it was one of those aides who raised a deadly weapon against him. What an irony and what a tragedy!

The death of President Park is doubly tragic. His achievements in economic and industrial development cannot be gainsaid. With good reason and with much pride he could point to statistics on his accomplishments:

> Since the Korean War, per capita income has tripled. Exports, principally of manufactured goods, have risen from $41 million in 1961 to nearly $13 billion today. More than 2 million new jobs were created in the industrial sector in this time. . . . With the same population as the Philippines and Thailand, it has a GNP 50 percent larger than the former and 75 percent larger than the latter.[31]

This is all very impressive. President Park was not indulging in fantasy if he was looking forward to 1990 when South Korea under his rule would become a major industrial economy. His was a great economic success story in comparison with many other developing nations in Asia, struggling to survive the unjust world economic system and to withstand capricious nature that mercilessly brings them disasters. An editorial in *The Washington Post* admitted that Park "won a following at home by making South Korea one of the undoubted economic successes of the developing world."[32]

World opinion stemming from the postmortem of the Park regime does not begrudge him remarkable success in his "Four Modernizations." But he made a fatal mistake that was to cost him his life: failure in "the Fifth Modernization." The single-minded President "neutralized the nation's legislature, controlled the judiciary, imposed strict censorship on the press and rewrote the constitution to outlaw criticism of his rule."[33] Economic development that outlaws democratic development—this was the root of Park's personal tragedy and the tragedy of the people under his rule.

The full truth of the political drama of assassination in the secluded chamber of Park's power politics will perhaps be shrouded in darkness for a long time. Whatever was the immediate motive for the assassination is not so important. The more important thing is that President Park, infatuated with his power and blinded by his autocratic instinct, refused to read the signs of the times. He obstinately disregarded the handwriting on the wall. The fact that he was felled in the midst of full-scale student riots in opposition to his regime in the southern cities of Pusan and Masan was indicative of the fundamental malaise inherent in his authoritarian rule. He matched the rioters quickly, measure for measure. He declared martial law, made political arrests and multiplied deaths in the streets. Everyone else, both in Korea and elsewhere, was watching the developments in this confrontation painfully mindful of the student revolution in 1960 that led to the overthrow of his predecessor Syngman Rhee. But Park was undaunted. He was a captive of his own enormous power.

This is the tragedy of human power consolidated and institutionalized in an authoritarian ruler. God's power frees and heals, but authoritarian power enslaves and imprisons. It negates and destroys. It is a violent power, a hating power, a death-making power. God's power takes form in love, but totalitarian power takes form in hate. God's power expresses itself in suffering with suffering humanity, but autocratic power expresses itself in causing suffering for the people.

As a matter of fact, the mission of the Fifth Modernization had been going on for a number of years in South Korea before that fateful day when President Park was gunned down. In the struggle for democracy in Korea, political dissidents and concerned Christians found a common cause for the future of their nation. They saw clearly that the totalitarian rule of the Park regime was going to be the undoing of the nation and its people. It would certainly turn South Korea into a fascist state, losing the people's support and destroying the nation's credibility as the bastion of antitotalitarianism vis-à-vis communist North Korea. The day would come when the political volcano would erupt and bury in the ashes of violence and bloodshed whatever economic prosperity had been achieved. Activists for human rights tried, with courage and foresight, to prevent the arrival of that doomsday. But President Park was not moved. In his tragic shortsightedness and his steadfast faith in the security of his power, he had to be removed violently. His illusion that power and might alone—ruthless and unyielding—could bring stability and strength to his nation died with him.

The death of President Park is a thought-provoking portent for many nations in Asia and in other parts of the world today. The unwillingness of political power to move from the "Four Modernizations" to the "Fifth Modernization" is an ominous sign hovering over them. The refusal of the party in control to build economic development on human development signals an uncertain future for them. Countries such as the Philippines, Taiwan, and Argentina, to mention only three, come dangerously close to the perimeter of the tragic omen of President Park's sudden death.

In comparison with South Korea, the Philippines, by way of example, is no model of economic development and prosperity. Its economy is shaky and its foreign trade runs in deficit. But the government of President Marcos, who ruled the nation under martial law for years, is determined to press toward industrial development. There are elaborate plans for energy development. There are plans to build roads, highways, superhighways, and bridges.[34] But Marcos is faced with a volatile situation, largely due to his own making. "The government," it is reported, "appears to be sacrificing improved welfare in the pursuit of sustained industrial and agricultural development. Impact-oriented measures such as urban renewal, a pilot mass housing program, nutrition programs, and educational benefit schemes are launched one after the other with great fanfare to keep the lid down on mass discontent in the face of the growing chasm between rich and poor, particularly in the urban centers. But how long this strategy will be effective in subduing unrest in the face of new economic hardships remains to be seen."[35]

Yes, how long? What is certain is that as long as President Marcos remains in power, the day when the Philippines would become a modern democratic state with its people enjoying the fruits of economic development in freedom will probably not dawn. On August 21, 1971, Marcos, a virtual dictator, ordered suspension of the writ of habeas corpus. On September 21, 1972, he imposed martial law. His political opponents are either imprisoned, under house arrest, or in hiding, all biding their time. Roman Catholic Christians, accounting for 85 percent of the population, have also grown restless. Even the moderate archbishop of Manila, Cardinal Jaime Sin, finds himself having to warn Marcos of the danger of violence if the regime persists in its oppressive rule.

The battle for the Fifth Modernization is thus fought not only in Peking, the seat of Chinese communist power, but also in Manila, the capital of an Asian nation aligned with the democratic forces in the world.

Taiwan, that island-state of eighteen million persons, sandwiched between Japan and the Philippines and one hundred miles off the coast of China, is another vivid example of the ongoing struggle. The economic miracle achieved in Taiwan is even more spectacular than that in South Korea. The miracle is that Taiwan has achieved its economic success in the face of severe political setbacks. On November 25, 1971, the United Nations General Assembly voted 75 to 36 to expell Taiwan and to seat mainland China. President Nixon's visit to Peking in February 1972 came as a blow to the nationalist leaders in Taipei. The normalization of relations between Washington and Peking on January 1, 1979, seemed to betoken the end of Taiwan's survival. It has not only survived but prospered.

Taiwan seems a curious case of reaping great harvests on the soil of adversity. "In 1977, the real national product had grown by 8.48%. In 1978, growth was 11% in the first quarter, 11.43% in the second and 15.98% in the third. Per capita income went over the US $1,300 mark, compared with US $1,088 in 1977. In fact, almost all indicators of the economy exceeded targets. Agriculture was an exception, but even that was nothing to cry about; rice production has been too high for the amount of granary space, and the government reduced the planted area. Unemployment was under 2%. And after the revaluation of the currency against the US dollar, January–August [1978] consumer prices were held to a gain of 1.1% and wholesale prices to an increase of 2.4% compared with the same period in 1977."[36] This, especially the inflation rate of 1.1% or 2.4%, would make many a Latin American nation stare in disbelief; for them an inflation rate of 100% or 150% is a fact of life. Taiwan, despite its political setbacks, has achieved economic greatness. In spite of its smallness, it has become a major economic power in Asia on a par with South Korea, trailing only behind Japan.

But the question is once again: how long? There has been undeniable evidence that the ruling power in Taipei is beginning to feel the impact of the power of the "Fifth Modernization." Taiwan has excelled in economic development, but not in human development. Political dissidents have suffered the same fate as elsewhere. The national policy set by the ruling Nationalist Party—recovery of mainland China—cannot be questioned with impunity. The Presbyterian Church in Taiwan has come under government pressure because of its stance on human rights and its outspoken view on the future of Taiwan. All this indicates that the nationalist leaders, who have monopolized power for three decades, are making a grave error.

The Presbyterian Church has voiced a warning that could prevent the parable of President Park's tragedy from becoming a reality in Taiwan. It is the expression of an earnest effort to steer the island-state away from the course of violence. And it is an expression of the politics of love that seeks the well-being of *all* people of Taiwan. The Presbyterian Church, together with others awakened to Taiwan's new political reality, domestic and international, has been engaged in a mission of the "Fifth Modernization."[37]

Taiwan will survive the turmoil of power politics played in Asia and other parts of the world, continue its course of economic development, and perhaps reenter the community of nations some day in the future *only if* it succeeds in its "Fifth Modernization." This is a very big "if." The future of Taiwan depends primarily on this "if."

The same story has been repeated in many nations. At this juncture of history, economic and technological modernization and development have led many nations to converge on the crossroads of the "Fifth Modernization." They have striven to outdo one another in expanding trade, raising per capita income, building more highways, manufacturing more color television sets. There are delicate secrets to be guarded in the bosom of technocrats and in government strategy rooms—secrets on how to produce more and faster, how to put better products on the world market.

But on the crossroads of the "Fifth Modernization," there are no more secrets to guard. Each and every one of them is exposed under the searching light of the truth. There the "Four Modernizations" must come to a halt. They must be tested as to whether they have enabled a government to become the government *of* the people, *by* the people, and *for* the people, a government that has confidence in the people. The government that passes the test is a big government; the politics that passes the test is a big politics. It is this big government and this big politics that are government and politics for tomorrow. On this tomorrow ordinary persons stake their hope; in it they retain their faith. And God seems to be leading the nations and peoples of the world toward that tomorrow.

IF TOMORROW . . .

In the first issue in 1979 of the underground magazine *Future,* circulated in Kwangchou, South China, there is a poem entitled "If Tomorrow—Fantasia of Small Citizen No. 1," by someone using the pen name Little Fong. Parts of it follow, translated from the original Chinese:

If tomorrow the boss makes the rounds here,
  I shall change to mended clothes;
If tomorrow I am to see my mother-in-law,
  I shall put on my bellbottom trousers.

If tomorrow inflation were to hit,
  today I would buy up the whole town;
If tomorow there were to be a salary raise,
  I would invite my "enemies" to a bar restaurant.

If tomorrow they allotted me a twelve-meter-square room,
  I would wish to have a little kitchen added to it;
If tomorrow the factory chief's apartment were given to me,
  I would have nothing to furnish it.

If tomorrow I should become a child again,
  I would expose the hypocrisy of grown-ups;
If tomorrow I should turn into a shabby old man,
  I would never order young people around.

But—

If tomorrow nothing happens,
If tomorrow is exactly the same as today,
If on the breakfast table at six o'clock sharp
is still the one-cent rice porridge,
one two-cent steamed roll;
If tomorrow I go to work punctually at seven,
still carrying an old out-of-shape lunch box,
in a crowded trolleybus. . . .
If the adventurous passion and enfeebling fear of tonight
are swept away without a trace tomorrow,
I shall weave each disappointment into a curse,
and each curse
will drive me ever more crazy![38]

It is difficult not to see a wounded heart in this poem, or not to hear a subdued but impassioned cry of the spirit, or not to perceive a human soul trying to transcend a hopeless today and reaching out to a hopeful tomorrow.

For many of us spoiled by the luxury of freedom and abundance of material blessings, tomorrow is just another today, another yesterday. It is just another day that brings us a cocktail party, a steak dinner, and all kinds of drinks, soft and hard. Tomorrow is just another day when we go to a voting booth, join a demonstration with a placard in our hands, or shout in a protest march, protected by police officers and state laws. Tomorrow is just another day when we Christians change to our Sunday best and sit repentantly at an evangelical rally, having our conscience tickled but not challenged, soothed but not turned inside out.

But there are millions of persons in the world today, like "small citizen" Little Fong, whose tomorrow is filled with forebodings. Think of the boat people escaping the harsh life in Vietnam only to find themselves at the mercy of the raging seas and the unpredictable goodwill of their fellow human beings. Are we drifting toward life or toward death? Are we falling into the hands of pirates or rescuers? What is our destination? Do we have a destination at all? These are their questions.

And think of the victims of the insane politics of the Pol Pot regime in Cambodia! Three million persons out of a total population of seven million in that suffering nation are estimated to have perished at the hands of the revolutionaries who promised them a new future—a holocaust comparable in horror, brutality, and inhumanity only to the holocaust of the Jews under the Nazis during World War II. When the emaciated bodies of Cambodian men, women, and children, fleeing to the Thai border for food and shelter, gasping their lives away under the eyes of their helpless fellow victims, are brought to our view on a television set, we feel as if tomorrow has disappeared from human history, as if the future has become synonymous with unreality and futility.

No, tomorrow is not just another day. It *should* not be. Today should not be an extension of yesterday, and tomorrow must not be an extension of today. For those who are in the thick of suffering, it would be too cruel, too senseless, too inhuman. Their tomorrow must be different from today. Their hope must mean a different today and a different tomorrow. All the civilized world must concentrate its effort to make that difference happen. Only when today is not the same as yesterday, and tomorrow is not the same as today, does our time become a living time, active time, creative time, redemptive time—in short, a fulfilled time. This fulfilled time is ours because it is God's.

Little Fong looks for a different tomorrow. He is looking for a surprise, but just a small one—the visit of his mother-in-law, the possibility of just a little more room for his living quarters, two-cent rice porridge for breakfast instead of one-cent porridge, or a new lunch box. But these little surprises are big enough to fill his today with dreams and visions. They give him meaning to live fully today.

What he most looks forward to is a tomorrow when those in power are no longer hypocritical, power-possessed, stifling the voice of small citizens and despising their "little" aspiration to be free and human. Indeed, this is going to be a big tomorrow—a tomorrow in which the human spirit is set free for that which is true and noble, the human soul attains that which is good and uplifting, and human beings discover their humanity in their respect for justice and love. This is Little Fong's tomorrow; it should be our tomorrow as well. To work for and strive toward that tomorrow is the mission of many peoples in many nations in today's world. Is it not also the mission of the churches and of all Christians?

This was the mission of that great prophet Second Isaiah who shared the lot of his fellow Jews in the land of captivity. Listen to his magnificent message that could only have come from a heart deeply possessed by God:

> There is a voice that cries:
> Prepare a road for the Lord
> through the wilderness,
> clear a highway across the desert
> for our God.
> Every valley shall be lifted up,
> every mountain and hill brought down;
> rugged places shall be made smooth
> and mountain ranges become a plain.
> Thus shall the glory of the Lord
> be revealed,
> and all humankind shall see it;
> for the Lord himself has spoken [Is. 40:3–5].

What a message! What a vision! What a tomorrow!

In our world today as in the world of the exiled Jews, there are deep valleys of despair and disillusionment. In our lives in the twentieth century as in the lives of the Jewish community in Babylon in the fifth century B.C., there are mountain ranges of powers intent on enslaving human beings, and rugged places of hate and injustice that threaten humanity. In his prophetic forthrightness, Second Isaiah tells us that this is not the way it should be. He envisions the day when a plain of justice will be made out of these valleys and mountains, and a highway of love will be built on it. According to him, this is the day when God's glory will be revealed in the world.

The developed nations in the world today have made highways of industrialization. With their know-how and hard labor they have leveled the mountains of ignorance and filled the valleys of the feudal past. They have built highways on land, on sea, and in the sky. They have even succeeded in building a highway in space to reach the moon—and beyond.

Many Third World nations are dazzled by this human glory. They feel ashamed of their backwardness in industry and national economy. And so they have made massive construction efforts—construction of highways, factories, commercial centers, power plants, even nuclear power plants. But they have done this in many cases at the cost of human welfare and freedom. The urgent task now is to build a highway of human development. In South Korea, in the Philippines, in Taiwan, and in many other countries, this far more difficult highway building has begun. It has begun even in China.

CHAPTER TWELVE

Communion of Love

In 1865 in the United States, news of the victory of the federal army reached the defeated South. In black slave communities the news was first received with suppressed excitement, then years of pent-up emotion broke out in commotion and jubilation. In the vivid description by Alex Haley in his powerful historical novel *Roots*, Massa Murray, a white slaveowner, "read slowly from the paper in his hand that the South had lost the war. Finding it very hard not to choke up before the black family standing there on the earth before him, he said, 'I guess y'all as free as us. You can go if you want to, stay on if you want, an' whoever stays, we'll try to pay you something.' "

It was a sober moment of truth for both the whites and the blacks. For the whites, history seemed to have ground to a halt—the history they had forged out of black bodies and black life. For the blacks, history was about to resume its course—the history cruelly and mercilessly mutilated, the history from which they had been forcibly uprooted. In response to the anguished words of the slavemaster, the words that sounded so anticlimactic after many years of living from the misery of the black people,

> The black Murrays began leaping, singing, praying, screaming anew, "We's free!" . . . "Free at las'!" . . . "Thank you, Jesus!" The wild celebration's sounds carried through the opened door of the small cabin where Lilly Sue's son, Uriah, now eight years of age, had lain for weeks suffering a delirium of fever. "Freedom! Freedom!" Hearing it, Uriah came boiling up off his cot, his nightshirt flapping; he raced first for the pigpen shouting, "Ol' pigs quit gruntin', you's free!" He coursed to the barn, "Ol' cows, quit givin' milk, you's free!" The boy raced to the chickens next, "Ol' hens, quit layin', you's free!—so's ME!"[1]

The freedom cry of an eight-year-old black boy! This is a picture of the exodus and a vision of a new world in Isaiah 11 combined. Even pigs, cows, and chickens were included in the freedom jubilation.

But the best part came at the end of the boy's apocalyptic ecstacy. He shouted: "so's ME!" This *me* is no longer the slave boy. This *me* no longer lives in fear of his slavemaster. This *me* has come out of the shadow of history. This *me* has become the subject of history. And to step out of the shadow of history, to become the subject of history, is to regain one's humanity—the humanity given by God.

After outbursts of passionate joy and uncontrollable ecstacy, the liberated blacks huddled together to face the inevitable question of the future.

> But that night, with their celebration having ended in their sheer exhaustion, Tom Murray assembled his large family within the barn to discuss what they should do now that this long awaited "freedom" had arrived. "Freedom ain't gwine feed us, it just let us 'cide what we wants to do to eat," said Tom. "We ain't got much money, and 'sides me blacksmithin' an' Mammy cookin', de only workin' we knows is in de fiel's," he appraised their dilemma.

Freedom from bondage brings agony vis-à-vis an uncertain future. This the liberated blacks had to face at once. History begins with an unknown future.

While in bondage blacks did not have to worry about what to eat. Food was handed out to them by their masters. To be sure, it was not food that came with love, enabling them to grow spiritually as well as to preserve them for hard physical labor; but still it was food. It was the food of bondage, the food that kept them chained to their owners and made them totally dependent on them; but at least it was guaranteed food.

With the arrival of freedom, however, that food of bondage, guaranteed and insured, was gone. Freedom could not fill their empty stomachs. They now had to look for their own food—the food of freedom. That food was promised but not guaranteed. It had to be sought, earned, and secured. Faced with this sober reality of freedom, the black Murrays huddled together in their barn that freedom night to begin to build their huge uncertain future on the meager, humble, and next-to-nothing foundation of slavery.

PROMISE, NOT GUARANTEE

With the arrival of freedom, promise comes and guarantee is gone. What a frightening thought! It was so frightening that those Israelites who had made it to the freedom of the wilderness pestered Moses, their leader, to bring them back to the bondage of Egypt. What good is it to have freedom when there is neither food nor drink? They startled Moses by their complaints, which have since become classic for a people caught between freedom with an empty stomach and bondage with food assured: "If we had only died at the Lord's hand in Egypt, where we sat round the fleshpots and had plenty of bread to eat! But you have brought us out into this wilderness to let this whole assembly starve to death" (Ex. 16:23). In the wilderness of freedom where food was not guaranteed, even the leftovers from slavemasters, cold and hardened, seemed bubbling fleshpots and the pitifully small daily ration of bread was remembered as abundant.

Freedom that promises a new future but does not guarantee it brings an optical illusion and mental delusion to the disgruntled people. That mighty pharaoh with his power and malice could not keep them in Egypt. Under the courageous leadership of Moses, they made a daring exodus from that land. When they reached the other shore of the Red Sea, they danced in ecstacy, embracing each other in great joy, and singing with a mighty voice: "Sing to the Lord, for he has risen up in triumph; the horse and his rider he has hurled into the sea" (Ex. 15:21). But lack of food in the wilderness destroyed the heroism of their exodus. The "fleshpots of Egypt" were luring them away from freedom back to enslavement.

The fact, however, is that true history begins with promise and not with guarantee. A guaranteed history is not your own history; it is the history of your slavemaster, of your feudal lord, or your authoritarian ruler. That kind of history begins not with you but with someone else. In its joy and glory you have no share. That history comes to you in rationed food and in the command to submit and obey. That history to you is fleshpots of insults and basketfuls of bread soured with humiliation. That history exploits you, despises you, and makes you into a mere thing. What the Israelites in the wilderness of deprivation should have said was: "Even if we may starve to death in this wilderness of freedom, we *will not* return to the fleshpots of Egypt!"

One thing we must learn with deep agony of spirit is that God cannot be worshiped as a guarantor of our security and prosperity. This can be very frustrating and unsettling. That is why there is always a danger that religion—any religion—may turn idolatrous. Idolatry is not just worshiping images and statues and taking them for the true God; more fundamentally, idolatry is religion turning God into a guarantor of our welfare and our self-interests.

In such religion God is immobilized by our changeable laws. God loses freedom and is obliged to keep to the promises as we understand them. We know each step God must take. God's movement is closely watched by our church authorities and theological experts. We even lay out plans of mission for God and expect God to stick to them. We will not allow God to go behind our backs and carry on saving work without our knowledge.

For such religion, God behaves and acts more like a priest and a Levite than a good Samaritan (Lk. 10:29-37). A priest and a Levite are restricted by their religious laws and regulations. They take these laws with utter seriousness. They are the guardians of these regulations. No deviation from them is permitted for any reason. That is why they have a perfectly good reason for not helping the wounded man. On top of this, they must be very busy people too. They go from one worship service to the next. They hurry from one appointment to the next. Their diaries are filled with important engagements. There is hardly a vacant space left for an emergency.

But Jesus says *no* to this kind of self-serving and self-worshiping religion. His God is the God of promise and not of guarantee. The God of Jesus is more like a good Samaritan than a priest or Levite. Jesus' God does not carry a diary and does not fill the schedule with engagements and appointments. Free from the lifestyle of religious leaders dictated by their crowded schedules, God can stop at any moment when the need arises. God is ready to make a halt when an emergency occurs. God does not have to cover the distance between Geneva and Rome in one jet hour. God takes a train meeting all sorts of persons on the way in twelve long hours. And God walks. From Madras to Bangalore God walks. It takes days and nights. From Singapore to Kuala Lumpur God walks. It takes hours. But God sees *real* persons, meets them face to face. God knows how they live and die. We find God among refugees weakened by lack of food and pained with anxiety. We also find God among the rich, grieved by their luxury and selfishness.

The God of Jesus walks with him, carrying the promise that real history begins in pain and suffering, for even God had to cope with the power of darkness and chaos in the beginning when heaven and earth were created. It is the promise that God is in the midst of suffering history, for did not God bear the suffering of the cross in Jesus Christ? But it is also the promise that there is going to be an end to all this madness that threatens to return the cosmos to chaos. Of course we do not know when that promise will be fulfilled; even Jesus does not know. When his disciples asked him about it, he replied: "But about that day and hour no one knows, not even the angels in heaven, not even the Son; only the Father" (Mt. 24:36).

God knows what it is like in the refugee camps in Malaysia, in Thailand, in Hong Kong. God also knows what was happening in Phnom Penh, the capital of Cambodia that the Pol Pot regime turned into a ghost town by either murdering its inhabitants or driving them to the countryside to starve to death. God knows that the suffering of these Asians is God's own suffering, their anguish is God's own anguish, their misery is God's own misery. God tells us that there is no other promise than the promise of the cross borne by Jesus Christ two thousand years ago. What a costly promise this is!

SENSELESS SUFFERING

The magnitude of human suffering in southeast Asia in recent years is beyond imagination. That some human beings could suffer so much at the hands of other human beings is almost unbelievable. It is as if humanity had gone out of its mind, rejecting the very ability to be human.

When the Indochina War at last came to an end in 1975 with the dubious Nixon-Kissinger "peace with honor," the world sighed with great relief. Asians turned anxiously to a future when they would be left alone in peace for a while to cultivate their little backyard gardens, raise chickens in their front courtyards, and enjoy a variety of inexpensive food at noisy marketplaces and luminous nightstalls. But that was not going to be their lot, especially not for the Vietnamese and Cambodians. A hell was soon to break loose in their midst.

Finding it increasingly more difficult to live under the hostile Hanoi regime, tens of thousands of ethnic Chinese poured out into the South China Sea in small fishing boats and overcrowded sampans, having nothing to rely on except luck. But good luck many of them did not have. Out of some three hundred thousand "boat people," it is estimated that from ten to fifty percent perished in their mass exodus between May 1975 and August 1979.[2]

Horror stories told about these boat people are endless. Here is a typical one:

> The small single-engined lighter KG 0729 left Vietnam in a convoy of three others, but off the Thai coast its waterpump broke down. . . . Then the refugees saw a fishing boat. . . . Mrs. Ta Tich, aged 42, on the KG 0729 with her immediate family of twenty-three said: "We were so happy. We thought help was coming. . . ."

But the fishing boat turned out to be a dreaded pirate boat. The KG 0729 was savagely attacked, and when the long nightmare was over, the pirates left a few survivors: men severely wounded, children soaked in blood, women raped, and all their belongings gone. Their boat was also wrecked. Those who escaped the clutch of death on board the KG 0729

> set to work through their tears. They took off their meager clothes and stuffed the gaping holes in the side of the ship. The children were stripped and finally the women. . . . Using string, bits of timber, knives and any metal they could lay their hands on, they got the engines started as the sun rose. By eight in the morning they were moving again.[3]

An atrocity such as this makes us shudder. It seems as if the power to inflict suffering upon helpless persons has become institutionalized all the way from governments down to groups of ruthless brigands. Demonic forces in southeast Asia seem to have been mobilized to plunder and destroy, to eradicate any vestige of goodness in the human community.

But this is not all. To its horror the world was soon to learn that in the Kampuchea of the Pol Pot regime, which had brought an end to Lon Nol's five-year rule on April 17, 1975, genocide was going on. On January 7, 1979, the Heng Samrin regime, aided by Vietnamese troops, replaced the murderous Pol Pot regime. But the legacy of destruction and death, and the ensuing guerrilla warfare between Heng Samrin's People's Republic of Kampuchea and Pol Pot loyalists, will continue to make that country suffer for many more years to come.

Even a vivid report such as follows cannot fathom the depths of the tragedy that the people of Cambodia has gone through:

> It is a country soaked in blood, devastated by war, and its people are starving to death. Every day numbed witnesses to the appalling tragedy that has consumed Cambodia trek across the border into Thailand. Stumbling on reed-thin legs through the high elephant grass that grows along the frontier, they form a grisly cavalcade of specters, wrapped in black rags. Many are in the last stage of malnutrition, or ravaged by such diseases as dysentry, tuberculosis and malaria. Perhaps the most pathetic images of all are those of tearful, exhausted mothers cradling hollow-eyed children with death's head faces, their bellies swollen, their limbs as thin and fragile as dried twigs. Since early October 1979, an estimated 80,000 Cambodians have made it safely across the border, and perhaps 250,000 others are clustered in the western provinces of the country, waiting for their chance to escape. They are the lucky ones. Relief agencies believe that as many as 2.25 million Cambodians could die of starvation in the next few months unless a vast amount of aid is provided soon.[4]

This staggering picture of human suffering makes us question the sanity of human nature, its goodness and its future. It looks as if an apocalyptic vision of destruction by fire and brimstone has come true.

How can we account for the suffering of the boat people and the tragedy of the Cambodian people? What they have to go through is literally *sense-less*. It is senseless not because it does not make sense, but because it is against all sense and meaning. It exposes the irrationality of human planning. It reveals the darkness that lurks in the depths of the history made by human beings. It becomes a blazing indictment of the ruthlessness of nations in their political ambitions beyond their own borders. This kind of tragedy is a witness against the meaning of history concocted by powerful nations in their conquest of weaker nations. It is an accusation against the world community in which the strong and rich trample upon the weak and poor.

In the suffering of these Asian peoples we further see how the *sense* upheld by the powerful becomes *nonsense* to the powerless. The suffering of the boat people and the tragedy of the Cambodians cry out for the rewriting of history, the replanning of human community, and the reformulating of human destiny—a history, human community, and human destiny that would make sense not only to ex-colonizers and neo-colonizers, to ex-dictators and neo-dictators, but more importantly to the colonized, the exploited, the victims of power politics in Asia and elsewhere in the world.

We cannot but remind ourselves of what the authors of *East Asia, The Modern Transformation* call "the age of imperialism." They tell us that "the rapid acceleration of European expansion in the 1880s created an 'age of imperialism' in the basic sense of one people's domination, by whatever means, over another. Most of the peoples of east and southeast Asia experienced this European domination in heightened form rather suddenly in the late nineteenth and early twentieth centuries."[5] The fact is that the non-western world capitulated to the forceful advance of western powers.

British expansion into Africa and Asia, for instance, enabled Great Britain to cover "a fifth of the globe."[6] In 1900 the youthful Winston Churchill wrote:

> What enterprise that an enlightened community may attempt is more noble and more profitable than the reclamation from barbarism of fertile regions and large populations? . . . What more beautiful ideal or more valuable reward can inspire human effort? The act is virtuous, the exercise invigorating, the result often extremely profitable.[7]

An eloquent apologia for colonial expansion! The whole enterprise certainly was "extremely profitable" to the European nations, but for the colonized nations it proved "extremely humiliating." There was nothing noble about colonialism; on the contrary, it was utterly ignoble, for it was an imposition of power upon an unwilling people. There was of course nothing virtuous about it either; on the contrary, it was totally immoral, for it created a cultural and spiritual inferiority complex in the spirit and soul of the colonized people.

The ideology of colonialism expressed above was in fact one of the root causes of the suffering and tragedy that assault the peoples in southeast Asia today. How could a man of foresight such as Churchill have failed to foresee that the "extremely profitable" colonial enterprise was to explode into human tragedies of such massive magnitude in Asia several decades later?

Endless suffering caused by both external and internal forces seems the fate of the peoples in Indochina. Their liberation from colonialism and their struggle for independence in the post-World War II period were not allowed to bear fruits of peace and prosperity. They soon found themselves involved in fierce internal political and ideological struggles. And before they knew it, they discovered too late that Indochina had become the battlefield where the great powers—the United States, the Soviet Union and China—were fighting a bloody proxy war.

South Vietnam was the first Indochinese nation to fall victim to this proxy war. The Vietnam War, which lasted a decade, left Vietnam shattered and weakened. But the war spilt over into Cambodia. Laos came next. As the proxy war finally drew to its painful end, the world had to accept the fact that the geopolitical struggle in Indochina had turned decidedly in favor of the communist powers. With the exception of Thailand, Indochina came under the domination of the communist ideology and political system.

But then a curious thing happened. Vietnam and Cambodia, which had already gone communist, became further torn and devastated by the proxy war between the two communist giants—China and the Soviet Union. Vietnam, backed by Russia, and Cambodia, backed by China, became engaged in utterly senseless killing that resulted in wave after wave of terrified refugees desperately seeking to survive the merciless onslaught of inhumanity. In them and in the boat people, we see how those who hold power in East and West have conspired to devastate humanity for the sake of political, economic, and ideological gains.

GOD'S CASE BEFORE THE NATIONS

However we may try to understand and explain suffering in southeast Asia today—geopolitically, power-politically, or historico-ideologically—we have to say *theologically* that it is the case that God lays before the conscience of the nations. No nation, East or West, that has had to do with southeast Asia since the eighteenth century can plead not guilty of the bloody chaos in Indochina. All these nations are responsible for the fact that "the age of imperialism" turned into "the age of suffering." No government can defend itself against the accusation of complicity in this horrendous human tragedy. The whole southeast Asian tragedy cries out to us that humanity is threatened with its own inhumanity, that human beings are their own worst enemies. Human capacity to destroy humanity seems limitless. And God seems helpless watching in horror and pain the destruction that human beings are inflicting upon themselves.

The immense suffering of the peoples in Indochina is in fact the crisis of humanity—not just the part of humanity living in southeast Asia, but the whole of humanity inhabiting the earth. The destruction of human lives in Indochina is the destruction of human lives in the other parts of the world. The contempt for human values in southeast Asia amounts to contempt for human values in the rest of the world.

This destruction and this contempt have stretched the fragile moral fabric of humanity to a breaking point. When that breaking point is reached and the moral texture of humanity is torn to pieces, any vestige of humanity will disappear. All of humankind will find itself at the mercy of its own insatiable greed, bestial power, and uncontrollable insanity. The boat people are humanity on trial. The Cambodian holocaust is humankind before the judgment seat of the cosmic moral order.

But if humanity has been frantically working toward its own destruction, God seems also working frantically toward redeeming that humanity. In the refugees' faces distorted with agony, someone must have perceived the face of God distorted with pain. In the disfigured bodies of the children fallen victim to hunger and bullets, someone must have seen God disfigured with horror. And in this whole senseless suffering of the Indochinese peoples, someone must have realized the meaning of God's suffering on the cross.

The crisis of humanity is the crisis of God. But if the crisis of humanity is despair for the world, the crisis of God is hope for the world. God in crisis is the world in hope. God who senses no crisis as humanity faces its own crisis is a hope-*less* God—God without hope. But God who faces the crisis of humanity as God's own crisis is a hope-*ful* God—God with hope.

God & suffering

It must have been this hope-*ful* God who has restrained the world from total moral bankruptcy. In July 1979, an international conference on refugees was convened in Geneva to face the humanitarian issues posed by nearly four hundred thousand Indochinese refugees and displaced persons. The conference, attended by delegates from sixty-five nations, still found it possible to be moved to a spontaneous applause by the speech of Mr. Walter Mondale, vice-president of the United States. He "called the world's response to the fate of refugees not only a matter of human lives, but a test of 'the decency and self-respect of the civilized world.' The last time, he said, civilization was put to the test at the Evian conference on refugees from Germany in 1938, it failed. Too few wanted to take any of the Jews fleeing Hitler's persecution."[8] In the course of human history civilization failed such a test many a time. But this time it cannot and must not fail.

The Geneva conference did not solve all the problems, but at least it seemed to accept the turmoil in southeast Asia as God's case before the nations. What must be given highest priority is not politics, not economic gain, not ideological victory, but humanity itself. Humanity comes before politics and all the rest! This must be the starting point for the reconstruction of world community in the next century. A realignment of nations must take place. A regrouping of peoples must be accepted. The ordering of a future world must be based on a reordering of nations and peoples firmly rooted in respect for humanity—the humanity bearing the image of God.

A small beginning of this future world community seems to have been made. According to some statistics, more than 323,000 Indochinese refugees had been resettled in the following countries by the middle of 1979:[9]

United States:	223,000
France:	62,000
Australia:	13,781
Hong Kong:	13,516
Canada:	9,500
Malaysia:	1,500
New Zealand:	362
Japan:	3

It was further expected that from 1979 to 1980 still more Indochinese refugees would find new homes in the following countries: United States, 35,000, at the rate of 7,000 per month; Australia, 20,000; New Zealand, 600; Japan, 300.

Statistics can be mere numbers and percentages. But they can also be the measure with which the conscience of a people and the moral decency of a nation are measured. These statistics on the resettlement of Indochinese refugees are such a measure.

Of course resettlement of refugees is only a part of the solution of the human problems in Indochina. An extraordinary effort must be made to bring lasting peace to that war-torn subcontinent. A massive relief work has to be carried out. Efforts have been made by the World Council of Churches, the Christian Conference of Asia, the United Nations, and various other organizations to enable the Cambodian people to stand on their feet again. Only unselfish efforts on the part of the international community can achieve such a gigantic task. It is not just a rebuilding of one particular nation, a rescuing of one particular society, but the construction of a human community that will never again be subject to the whims of insane powers determined to put politics and ideology ahead of humanity.

What humanity needs most is a little room—room in God's creation, room in this world, room in a nation, room in a society, and, above all, room in the hearts of a people. Can the nations of the world, confronted with horrible devastation in Indochina, make enough room in their society for these victims of human tragedy? Can persons in both East and West, faced with the disastrous plight of the Indochinese people, open their hearts to receive them with love and compassion?

The Chinese community in Hong Kong is said to have an infinite capacity to absorb refugee relatives and friends who pour into the tiny space of "the crown colony" in great numbers. It always seems to have room for one more! The department stores in Hong Kong are overcrowded, but there is always room for one more. Streets in Kowloon are filled with a "mountain of people and sea of people" (*jen-shan jen-hai* in Chinese), but there is always room for one more. In the small space of one or two rooms, serving as living room, bedroom, and kitchen, for a family of four or five—even in that congested tiny family space—there seems room for one more!

Always room for one more! Could what is true of the Chinese community in Hong Kong also be true of communities in other parts of the world, and especially the Christian community, in Germany, Switzerland, Britain, or Japan? Can there not always be room for one more refugee from Indochina, a boat person from the South China Sea, a displaced Asian from India, in a prosperous village in Scandinavia? Can there not always be room in the hearts of Japanese, British, French, or German citizens for the victims of power struggle between East and West?

What about Christians and Christian churches in the West? For a long time Christian churches in the West have striven to bring the gospel of salvation to faraway lands in Asia. Missionaries, great and small, farsighted and nearsighted, all worked to make known the love of Christ to Asian peoples. As for the Christians who stayed at home, it was their prayers and material gifts that made the vast missionary enterprise possible.

But the churches in the West are no longer so pressed as in the past to carry out their missionary calling in remote parts of the world through missionaries. The very persons they wanted to lead to Christ are coming to them, badly shaken by recent events in southeast Asia. Most of them are not Christians. They are Buddhists, Confucianists, and ancestor worshipers. Will the Christian communities in the West have room for them? Can the Christian peoples in the West embrace them with love? Do they realize that it is their *Christian* mission to enable these displaced persons to find a new hope in their society? Do they agree that it is their *Christian* task to help their fellow citizens to accept these Asians as their brothers and sisters? Do they see in these persons from the "Far" East children of God like themselves? In a totally unexpected way, God has brought the mission of the church back to the West. Can the churches in the West respond to this mission with grace and vigor?

As a matter of fact, this is the way God started out the mission with humanity two thousand years ago. In the city of Bethlehem where Joseph and the pregnant Mary had gone to be registered, "there was no room for them to lodge in the house" (Lk. 2:7). No innkeeper was willing to take them, making room—just a little room—for the expectant mother to pass the night. No family opened its door to the weary travelers from the north. It was only after a long and desperate search that they finally found a little space in, of all places, a manger. This is how Jesus was born—the one destined to be the savior of the world. He was born in the company of cattle and horses, not in the company of the human beings he had come to save. What an irony! John, the author of the Fourth Gospel, summarized it all in a terse statement: Jesus "entered his own realm, and his own would not receive him" (1:11). God in Jesus Christ had first of all to make room in peoples' hearts and in the human community.

This amounts to God's mission of salvation—that is, the mission of making room in this world. Is it believable that in this whole universe created by God there can be no room for God? Can anyone come to terms with the fact that there is no room for God in the hearts of the persons considered God's own children? In Jesus God goes about creating room, opening closed doors, and breaking down human barriers.

For God salvation is not an earthshaking thing. It is not converting a whole "pagan" tribe and a whole "gentile" nation to a religion called Christianity. Salvation for God seems the unassuming but extremely difficult task of making room, creating room for one more. When room for one more is created, there God's salvation is, there persons are liberated from fear, set free from starvation, and delivered from homelessness. It is there that they will find the love of God coming to them in the love of those who live with God in Jesus Christ.

It seems that the plight of displaced Asians has made God quicken the pace of the mission to make room for one more. There will be more refugees landing on foreign shores and at the airports of big cities. There will be more mothers and children in refugee camps stretching out their hands for help. And there will be more persons in many parts of Asia pleading with their sad eyes and weakened bodies for the futility of power politics and ideological conflict to cease. Through these persons God seems to be saying that the time has come for the emergence of a new human community built not on nationalism and racism, but on our common destiny as human beings created in God's image and for God's glory. This is a mission that endeavors to bring about a new life and a new humanity out of the debris of human atrocity and hatred. Do the Christian churches consider taking part in this mission of God to be their paramount task in this stage of world history?

THE VALLEY OF DRY BONES

In the midst of great human tragedies God is engaged in the evangelism of hope. Do we as Christians believe in God's mission of re-creating human community? Do we have enough faith in God's evangelism of hope? Is our faith strong enough to follow God's lead in this formidable mission of re-creation and redemption?

Perhaps it is no longer a question of whether we have such faith or not. It is not a matter of whether our faith in God's mission is strong or weak, nor whether the churches are equipped to carry out God's evangelism or not. What is at stake is not our "Christian" faith, but the future of humanity. What is of utmost concern is not the survival of a particular religious community, but the bankruptcy of the whole human community. And in the midst of world crisis, we are faced with dangerous forces at work to undermine the survival of human community in the name of God—forces embodied in religious dogmatism hardened into political fanaticism. How is the world, in the midst of all this, to encounter the God of life and hope?

The prophet Ezekiel encountered this God of hope and life in his vision of the valley of dry bones nearly twenty-six hundred years ago in the land of exile. It was a very strange vision, and its strangeness makes as strong an impact on us today as on the people of Judah taken into captivity in Babylonia. An extraordinary event demands an extraordinary explanation. The extraordinary debacle of the Babylonian captivity cried out for an extraordinary justification. Common sense and common reasoning failed to account for the great national disaster. An extraordinary message was disclosed to Ezekiel.

"The hand of the Lord was upon me" (Ez. 37:1)—this is how Ezekiel's vision begins. He comes under the powerful influence of God. To rise above human limitations, to see beyond present predicaments, and to discern the promise of the future in the deadlock of the present, human beings are singularly ill-equipped. We must confess our impotence over the future. Our present is filled with the past and has no room for the future. Prophets are no exception. That is why the hand of God must come upon Ezekiel. God's hand must lift him out of the present, set him free from the past, to enable him to live the future in the present.

What an extraordinary vision Ezekiel saw as he went into an ecstatic trance! It was a vision of dry bones turning into living human beings! As he recounts it:

> . . . he [the Lord] carried me out by his spirit and put me down in a plain full of bones . . . they covered the plain, countless numbers of them, and they were very dry. He said to me, "Man, can these bones live

> again?" I answered, "Only thou knowest that, Lord God." He said to me, "Prophesy over these dry bones and say to them, 'O dry bones, hear the word of the Lord. This is the word of the Lord God to these bones: I will put breath into you, and you shall live. I will fasten sinews on you, bring flesh upon you, overlay you with skin, and put breath in you, and you shall live; and you shall know that I am the Lord.' " I began to prophesy as he had bidden me, and as I prophesied there was a rustling sound and the bones fitted themselves together. As I looked, sinews appeared upon them, flesh covered them, and they were overlaid with skin. . . . They came to life and rose to their feet, a mighty host [37:1-10].

Ezekiel must have been shocked into speechlessness when he woke up from his trance. But can there be a future that does not shock us? The past does not shock us any more, for it is a *fait accompli*. Nor can the present shock us, for it is already here. It is the future, unknown and unforeseen, that can shock us.

It must have taken Ezekiel and his fellow exiles a while to recover from their shock and to begin to ponder upon the parabolic power of the vision. They have not yet quite recovered from the trauma of the fall of Jerusalem and the painful journey to the land of exile. Israel and its people have become dry bones. The little adjective "dry" forcefully portrays the complete hopelessness of the situation. The bones are dry because they are completely dead. They are dead to the very core. No slightest sign of life can be detected in them.

The fall of Jerusalem seemed to have signaled the absolute, categorical death of Israel as a nation and as a people. In utter despair the Jews in exile lamented: "Our bones are dry, our thread of life is snapped, our web is severed from the loom" (37:11). Israel as a nation is finished. Israel as a people has become dry bones scattered over the desert plain.

The first lesson of the vision of dry bones cannot be more devastating. It suggests that no power on earth can bring these dry bones back to life again. It is beyond human beings to generate hope out of utter despair. They just do not have the power to bring life out of death. The power to bring ultimate hope to a despairing nation, to create a new life for dying and decaying humanity, just is not part of being human. That power belongs to God, and to God alone. It must come from God. God is that power. In their deep national crisis, Ezekiel the prophet realized that his task was to direct his dejected and demoralized nation to this God who is the power of life and the power of future.

This must also be the task and mission of Christians in the bleak world of boat people and Cambodian refugees today. It is nothing less than a valley of dry bones we see in Indochina. These victims of human greed and malice give us no illusion about humanity's ability to redeem itself and to bring a lasting hope to the world. We have to confess that our human promises are poisoned with self-interest and controlled by demonic forces both inside and outside us. From the midst of suffering people in Asia and elsewhere, God must be asking us as God asked Ezekiel a long time ago: "Can these bones live again?" Perhaps God asks us no question more important at this juncture of human history.

This is the question of the survival of humanity. This is the question about the future of the world. But God has not just thrown the question at us, leaving us puzzled and at a loss. God does not wait for our answer, knowing that our answer would be in the negative. Immediately following the question, God comes to us with an order, a command: "Prophesy over these bones!" What can we prophesy over these dry and dead things? What is there to prophesy about them?

But this time God seems for once to be in a hurry. God is not walking any more, waiting for our puzzlement to subside. God is picking up speed and running. In rapid succession God's words come to us in short, powerful sentences: "Prophesy to these bones and say to them: I will put breath into you, and you shall live!" This is a command that does not allow a negative response. To prophesy to our world of dry bones the message of life, the good news of God's power of love—this is the mission of the Christian church today.

No more division, political or religious; no more exploitation, economic or social; no more discrimination, racial, sexual, or cultural—this is the message of life and the church must proclaim it in word and in deed. This is our mission today.

This mission began a long time ago with the prophet Ezekiel. It took on a new start with Peter and his fellow apostles on that momentous day of Pentecost.

COMMUNION OF LOVE

Fifty days after the resurrection of Jesus, the terror of the cross has been turned into the excitement of Pentecost. Transformed by the power of the risen Lord, the disciples have become the courageous witnesses to the marvelous acts of God's salvation in Jesus Christ. They lost no time in putting their transformation into action. And on that bright morning of Pentecost we find Peter and the other disciples standing before a large crowd of persons "drawn from every nation under heaven" (Acts 2:5). The phrase "every nation under heaven" is of course a metaphor. It refers to that part of the Mediterranean world that gave birth to the great centers of civilization in ancient times. These great civilizations seemed now converged in Jerusalem in the crowd made up of "Parthians, Medes, Elamites, inhabitants of Mesopotamia, Judea and Cappadocia, of Pontus and Asia, Phrygia and Pamphylia, Egypt and the districts of Libya around Cyrene, and visitors from as far as Rome" (2:9–10). This was not all. Not all these persons were diaspora Jews having come to Jerusalem, their holy city, for the great feast of Pentecost. Among them were also "proselytes, Cretans and Arabs" (2:10–11). Jerusalem has become a metropolitan city to which people of different religions and tongues are drawn by some mysterious power.

This is the setting of that glorious day of Pentecost when the Christian community came into being. From the very inception of the church, the nations were there. At the outset of its history, peoples speaking different languages were present. It was in such a miniature world community that Christian witness to the saving love of God began. It was to that international community that Peter preached his first sermon in a language understood by all who heard him. The crowd said in amazement: "Why, they are all Galileans, are they not, these men who are speaking? How is it then that we hear them, each of us in his own native language? . . . We hear them telling in our own tongues the great things God has done" (2:7–8, 11).

This was not an instance of glossolalia, speaking in tongues, a gift of the Spirit acknowledged by St. Paul but not encouraged by him. For Paul the important thing is that the message of salvation be intelligible to those who hear it. Glossolalia, an ecstatic utterance that is not intelligible, that does not communicate, is useless. Paul, who could boast of being more gifted in glossolalia than many Christians in the church of Corinth, had to say to them: ". . . in the congregation I would rather speak five intelligible words, for the benefit of others as well as myself, than thousands of words in the language of ecstasy" (1 Cor. 14:19).

Clearly, the sermon preached by Peter on the day of Pentecost could not have been "thousands of words in the unintelligible language of ecstasy," because everyone present understood his message and came to experience "the great things God has done." The birthday of the new community could not have been inaugurated with an ecstatic language meaning little to those who were present.

What kind of language is it, then, that drove the message of God's salvation home to the hearts of men and women on that memorable day? What kind of communication took place between Peter and the crowd? What is the secret of this "instant interpretation" and "spontaneous intelligibility"? We can only speculate. But as it has been put so well:

> Could it be that lips so prepared spoke that day to hearts prepared, with speech so pure, that sincere people felt an intimacy of understanding, a correspondence in what was uttered to the pattern of their deepest longings, in a way so beyond their experience that each could truly say that the speakers, or some of them, spoke "in his own tongue"?[10]

The statement deserves our deep reflection.

Let us take note first of the "lips prepared." This is a relatively easy part of communication. There are people whose lips are always prepared. Dishonest politicians campaigning for public office have their lips always prepared. In their waking hours their mouths, once opened, never close. They speak about their ambitions for society, make promises for the nation, and pledge to be the best occupants ever to fill that office. But somehow others are not totally convinced. The latter sense hollowness in their eloquence and feel uneasy about their easy promises. Communication from "lips prepared" often remains superficial.

And how always prepared the lips of a dictator are! He has a vision for the country he has taken by violence. He has a dream for the people he has conquered by force. He paints the glory of a future society for which he demands his people to give up their freedom and integrity. In a country ruled by ideological dictatorship and martial law, *only* the lips of the ruler move. His lips move in newspapers, on radio and television. His lips also move in signs and slogans flooding public places. But the people's lips are closed tight. They are reduced to inaction. The people are silent and speech-*less*. Between the always prepared lips of the ruler and the tightened lips of the people there is no communication. It is a savage and shameless world of dictatorship by the tireless lips always prepared to intimidate, to frighten, and to dehumanize.

Peter's lips, of course, have nothing in common with the false politician's lips and the dictator's lips. That is why we must next take note of "the hearts prepared." This is, we should admit, the most difficult part of human communication. There is no true communication when hearts are not prepared. That is why the dictator's lips fail to communicate. That is why the false prophet's lips also fail to communicate.

But Peter's heart, as well as his lips, was prepared. It was prepared by the agony of Jesus' death on the cross. It was further prepared by the glory of Christ's resurrection. His heart thus prepared, his lips move in harmony with it. His lips move because his heart moves first. His mouth opens to speak because his heart first opens up to speak. His heart and his lips become the prisoner of the power of God's Spirit.

Not only Peter's heart has been prepared for that great day of Pentecost; the hearts of the people too have been prepared. Their hearts have been prepared as they seek to fulfill their deepest longings, to find light in the darkness of their hearts, and to grope for God in this capricious world of impermanence. It is to these hearts prepared that Peter addresses the words of God's saving love from his heart prepared.

How then could Peter fail to communicate? How then could the people fail to understand? A prepared heart crosses the boundary of race, nationality, and language. It crosses the barrier of religions too. It crosses the frontier of hatred and enters the territory of love. In making all such crossings, hearts intoxicated with God's love set about building a communion of love.

Is all this a hopelessly utopian kind of illusion that cannot be realized in the real world of naked power politics? Are we dealing here with a language that differs little from wishful thinking? The answer is decidedly *no*. We must say *no* even when the world—while suffering in Indochina goes on—is beset with one crisis after another: the crisis of the confrontation between the United States and Iran and the crisis of world peace created by the Russian invasion of Afghanistan. Insofar as the Iranian crisis is concerned, it is of such a critical nature that it was said to be "the most serious international crisis for the U.S. since Vietnam."[11] This was said before the brutal military intervention of the Soviet Union in Afghanistan took place—the crisis that sent détente between East and West to a limbo.

The Iranian crisis was triggered by the sudden arrival of the shah of Iran on October 22, 1979, in the United States for medical treatment from Mexico where he had found a temporary refuge since he had been deposed, in January 1979, by the Islamic revolutionary leader Ayatollah Khomeini. After thirty years of despotic rule, the shah left a legacy of hatred in Iran. It was the hatred that breeds further hatred. Under the Islamic Republic of Khomeini, in which the ancient code of retaliation of an eye for an eye is ruthlessly carried out, the shah became the most wanted criminal; he had to be brought back to Iran to face Islamic justice. This is how the seige of the American embassy in Teheran began. In violation of international law, militant students took American embassy personnel hostage, demanding that the shah be extradited to Iran in exchange for the hostages. This was a demand that the United States found impossible to grant.

As time went on, the crisis deepened. All diplomatic means explored by the Carter administration to secure the release of the hostages met the blunt refusal of Khomeini and his fanatical followers. Would all this lead to a military confrontation between the United States and Iran? What implications would such a confrontation have for the world?

As the world watched this drama with great apprehension and with a sense of helplessness, it was James Reston, a veteran American journalist, who appealed to religious leaders of the world to come to the rescue of this endangered world. He pointed out one thing that needed to be said much earlier by religious leaders themselves: "In an effort to liberate the hostages in Iran, President Carter has mobilized with the utmost care every temporal and political force in the world—from the United Nations and the World Court to the Kremlin, which is quite a distance. What is odd is that Carter, a deeply religious man, has not yet mobilized the spiritual leaders of the world to appeal to the Ayatollah Khomeini in the name of Islam and the principles of the Koran."[12]

The principle to which Reston refers here is not the principle of justice and law, but the principle of mercy and compassion. Political language seemed inadequate to break through this political deadlock. This is what Reston, a political commentator himself, was saying. Diplomatic maneuvering provided no magic solution that might defuse this dangerous confrontation. But the crisis must be defused, the American hostages must be released, and confrontation between the United States and the Islamic Republic of Iran must be averted. Reston told us that mercy and compassion might achieve what politics and military force failed to achieve.

Reston is not alone in appealing to human spiritual resources for the solution of a great political crisis. He in fact quotes Herbert Butterfield, the

Cambridge philosopher, who helped us see the deep spiritual dimension of the Iranian crisis when he said:

> Here is a spacious and comprehensive human issue, at what may well be one of the epic stages in the world's history. It is a matter not to be settled in routine consultations between governments and their military experts who are always bent on going further and further in whatever direction they have already been moving. At such a crisis in the world's history, even those of us who never had any superstitious belief in human rectitude will have some faith in humanity to assert—some heartthrob to communicate—so that, across all the Iron Curtains of the world deep may call unto deep.[13]

Butterfield has shown his philosophical and religious grasp of human realities. Underneath religious fanaticism, political fury, and military threats, there is "some heartthrob to communicate." This must be the heartthrob yearning for love and understanding. This must be the heartthrob of humanity aspiring to the noble purpose for which it has been created.

Butterfield further calls this heartthrob "deep calling unto deep." Is there any other way by which human beings can really meet each other, understand each other, and embrace each other? We human beings have erected all sorts of iron curtains in the world—political iron curtains, ideological iron curtains, racial iron curtains, sexual iron curtains, and, last but not least, religious iron curtains. How then do we get to those on the other side of whatever curtains? By military conquest? By political treachery? By religious dogmatism? Such measures have never really worked. They have only served to fortify the curtains more and more and to render communication more and more difficult. It is only deep calling unto deep, love calling unto love, heart calling unto heart, that can break the iron curtains that separate human beings. It is in sparing no effort in building a communion of love that the future of humanity lies.

This communion of love must be the vision of God as God moves on in fulfillment of the divine purpose for human history. This communion of love is communion in life and communion in hope.

A founder of an independent African church seems to share this vision of God for the communion of love when he tells us what he saw in his dream:

> I saw the world. A giant snake, enormously powerful, was coiling itself around the globe. The globe seemed too weak to withstand the pressure. I could see the first cracks in it. Then I saw a light at the center of the world. Enter into this light, I was told, but I resisted. I wanted to remain outside watching the drama. I was afraid, too, thinking the light would burn me to ashes. But the light was irresistible. I went towards it and, as I did so, I saw many others moving towards it, too. And the snake's grip gradually began to loosen.[14]

Who would not be afraid when confronted with a powerful snake encircling the world to destroy it? Who would not lose heart when humanity comes under the painful grip of satanical powers?

The world has in fact begun to crack. The moment of truth for humanity seems to have arrived. We seem destined for destruction at our own hands. But behold, miracle of miracles, out of the cracks a light shines. The venomous snake has not crushed the light. The light burns. It gives warmth. It gives hope. And as the dreamer timidly advances toward the light, he discovers that there are many, many others who are also moving toward it from different directions—from behind iron curtains, from across human barriers, from behind the walls of our own frightened souls. Yes, we all need that light, for that light is the only hope—we, the poor and the rich, the oppressed and the oppressors, the theists and the atheists, Christians, Muslims, Jews, Buddhists, and Hindus. We all must get to that light, for it is the light of love and life, the light of hope and future. The movement of persons toward that light must have constituted a formidable power, for the snake, the demon, begins to loosen its grip on the globe. Its power is broken. Its threat is removed.

And so God moves on. God moves from the Tower of Babel to Pentecost, from Israel to Babylon. God moves in Europe, in Africa, in the Americas, in Asia. As God moves, God suffers with the people, sheds tears with them, hopes with them, and creates the communion of love here and there. God moves on and on until the time when a seer sees "a new heaven and a new earth," and "the holy city, the new Jerusalem, coming down out of heaven from God, made ready like a bride adorned for her husband." We are encouraged to move on with God, through all the tragedies and crises, until we hear with that seer a loud voice proclaiming from the throne:

> Now at last God has his dwelling among people! He will dwell among them and they shall be his people, and God himself will be with them [Rev. 21:1–3].

Until the time when the communion of love is firmly established in the world of strife and conflict, of pain and suffering, God moves on in compassion. We have no alternative but to move on with God toward that vision of a community of compassion and communion of love.

NOTES

NOTES

INTRODUCTION

1. See *The Life of Sri Ramakrishna*, 6th edition (Almora: Advaita Ashram, 1948), pp. 253ff, quoted by Richard V. Taylor in *Jesus in Indian Paintings* (Madras: Christian Literature Society, 1975), pp. 75–76. For Sri Ramakrishna's religious thought, see M. M. Thomas, *The Acknowledged Christ of the Indian Renaissance* (London: SCM Press, 1969), pp. 112–17, 327.

2. Swami Nikhilananda, *The Gospel of Ramakrishna* (New York, 1942), quoted in M. M. Thomas, *The Acknowledged Christ,* p. 113.

3. Swami Ghanananda, *Sri Ramakrishna and His Unique Message*, 3rd edition (London: Ramakrishna Vedanta Centre, 1970), pp. 91–92, quoted in Richard V. Taylor, *Jesus in Indian Paintings,* pp. 77–78.

4. "Mongoloid is a term used to designate one of the hypothetical major racial stocks or ethnic divisions of mankind, the others being Caucasoid and Negroid. . . . Their facial features are moulded more smoothly than those of Europeans or Africans. . . . The cheekbones jut forward, neither the chin nor the brow ridges are prominent, and the bridge of the nose is rather low" (*Encyclopaedia Britannica*, London, 1962, Vol. 15, p. 716C).

5. Gayraud Wilmore, "Black Theology—Its Significance for the Christian Mission Today," in *Bangalore Theological Forum*, Vol. IV, No. 1, 1974, pp. 41f, quoted in Richard V. Taylor, *Jesus in Indian Paintings,* p. 7.

6. Richard V. Taylor, *Jesus in Indian Paintings*, p. 77.

7. See Masao Takenaka, *Christian Art in Asia* (Tokyo: Kyo Bun Kwan, 1975), Plate 10, pp. 36–37.

8. Ibid., Plate 26, p. 59.

9. Ibid., Plate 27, p. 60.

10. *Webster's Third International Dictionary* (Chicago: Lakeside, 1966), p. 2431.

11. See Walter Bühlmann, *The Coming of the Third Church* (Slough: St. Paul Publ., 1976), p. 20. According to Bühlmann, "The First Church . . . will be the oriental Church, possessing the right of the firstborn (the first eight ecumenical councils were held on eastern soil) but now become, in large measure, the Church of silence. The Second will be the western Church, which in the course of history has more and more come to be thought of as *the* Church without qualification and, by this token, as mother of her offspring in the new world. Finally, the Third Church will be that of the new nations, now entering as a new element into world history and into the history of

the Church, which will be the 'surprise packets' of the near future" (pp. 3–4).

12. Dietrich Bonhoeffer, *Letters and Papers from Prison*, enlarged edition, Eberhard Bethge, ed. (London: SCM Press, 1970), p. 360.

13. Chow Tse-tsung, *The May Fourth Movement* (Harvard University Press, 1960), p. 13. This book is still the best exposition in English of the tumultuous events that led to and developed after the May Fourth Movement.

14. Ibid., p. 14.

15. From Gayraud S. Wilmore, *Black Religion and Black Radicalism* (Garden City, N.Y.: Doubleday, 1972), pp. 212–13.

16. James Cone, *Black Theology and Black Power* (New York: Seabury, 1969), pp. 39–40.

17. Gayraud Wilmore, *Black Religion and Black Radicalism*, p. 297.

18. See Clare Benedicks Fischer, Betsy Brenneman and Anne McGrew Bennett, eds., *Women in a Strange Land: Search for a New Image* (Philadelphia: Fortress, 1975), pp. 7–8.

19. Agnes Loyall, "Asian Women: A New Image," in Kiran Daniel and Lee Soo Jin, eds., *Asian Woman* (Special issue of *Asia Focus*, Singapore: Christian Conference of Asia, 1977), p. 9.

CHAPTER ONE

1. Gerhard von Rad, *Genesis* (Philadelphia: Westminster, 1961), p. 144.

2. Ibid., p. 146.

3. S. R. Driver, *The Book of Genesis*, quoted by John Skinner in *A Critical and Exegetical Commentary on Genesis* (Edinburgh: Clark, 1930), p. 229.

4. In his *Salvation in History* (London: SCM Press, 1967), Cullmann still considers "salvation history" as a linear movement. As he puts it in the Preface of that book: "To understand better the essential features of the unique salvation history which is so strange to us, *in retrospect* I so to speak sifted out of it a conception tacitly assumed by the New Testament writers which I designated 'linear' " (p.15). But he replaces the concept of a straight line with that of a fluctuating line. In his words: "Though I still use the figure of the *line* as a general direction for salvation history, it is now important for me to stress that I did not mean a straight line, but a fluctuating line which can show wider variation" (ibid.). But a fluctuating line is only a variation of a straight line.

5. Oscar Cullmann, *Christ and Time*, rev. ed. (Philadelphia: Westminster, 1964), p. 177.

6. Ibid., p. 109.

7. Ibid., p. 179.

8. Ibid.

9. Ibid., pp. 117–18.

10. John S. Mbiti, *Introduction to African Religion* (New York: Praeger, 1975), p. 61.

11. Christopher Dawson, *The Dynamics of World History*, John J. Mulloy, ed. (New York: Mentor Omega, 1962), pp. 232–33.

12. Von Rad, *Genesis*, p. 154.

13. Michael Collins Reilly, S. J., *Spirituality of Mission* (Maryknoll, N.Y.: Orbis, 1978), p. 124.

14. Walther Eichrodt, *Theology of the Old Testament* (Philadelphia: Westminster, 1961), Vol. I, p. 51.

15. The prophecy goes on to say how Assyria "becomes intoxicated with conquest and presumes not only to bestride the world in pride but to assert that the God of Israel is a helpless idol like the rest. Thus, when Assyria has served God's purpose, she will suffer the penalty of her impiety and arrogance and it will be made clear who is it that determines the course of history" (R.B.Y. Scott, *The Book of Isaiah, Chapters 1–39* [*The Interpreter's Bible*, Vol. V], Nashville: Abingdon, 1956, p. 240).

16. See Ernst Ludwig Ehrich, *A Concise History of Israel* (New York: Harper Torchbooks, 1962), p. 44.

17. John Bright, *A History of Israel* (Philadelphia: Westminster, 1959), p. 324.

18. Ibid., p. 325.

19. Ibid., p. 416.

20. Nicholas Berdyaev, *The Meaning of History* (New York: Meridian, 1962), p. 98.

CHAPTER TWO

1. Although apocalypticism is chiefly "pessimistic concerning the present age of human history, which is evil and corrupt," it is not a wholesale negation of history. In the case of Judaism and Christianity, it "strengthened both Jews and Christians in times of persecution, when the former were persecuted by the Syrians and both were persecuted by the Romans" (*The Interpreter's Dictionary of the Bible*, Nashville: Abingdon, 1962, Vol. I, p. 161).

2. As to the authorship of the Book of Daniel, there is agreement among most scholars that " . . . the book seems to be a collection of once isolated mini-works brought together by some unknown editor or redactor who despite his work as compiler could hardly claim the title of author of the whole book" (Louis F. Hartman and Alexander A. DiLella, *The Book of Daniel* [*Anchor Bible*], Garden City, N.Y.: Doubleday, 1978, p. 9).

3. Norman W. Porteous, *Daniel, A Commentary* [*Old Testament Library*] (Philadelphia: Westminster, 1965), p. 25.

4. See E. Schürer, *The History of the Jewish People in the Age of Jesus Christ 175 B.C. to A.D. 135,* rev. ed. (Edinburgh: Clark, 1973), p. 147, quoted by Hartman and DiLella, *The Book of Daniel*, p. 40.

5. Hartman and DiLella, op. cit., pp. 41–42.

6. James Barr, "Daniel," in *Peake's Commentary on the Bible* (London: Nelson, 1962), p. 591.

7. G. W. Anderson, "The Historical Books of the Old Testament," in *Peake's Commentary on the Bible*, p. 285.

8. J. N. Shofield, "Judges," in *Peake's Commentary on the Bible*, p. 304.

9. See the so-called Servant Songs in Isaiah 42:1–4, 49:1–6, 50:4–9, 52:13–53:12.

10. James Muilenberg, *The Book of Isaiah Chapters 40–66* [*Interpreter's Bible*, Vol. V] (Nashville: Abingdon, 1956), p. 413.

11. Ibid., p. 449. Claus Westermann also holds that Cyrus is meant here (*Isaiah 40–66*, London: SCM Press, 1969, p. 63). But there are others who think differently. Douglas E. Jones, for instance, believes that Moses is primarily the one meant here and that allusion to Cyrus is secondary and derivative ("Isaiah II and III," in *Peake's Commentary on the Bible*, p. 518).

12. Westermann, ibid., p. 65.

13. Ibid., p. 184.

14. It should be noted that the Priestly version of the creation story concludes with

the sentence: "These are the generations (*tolᵉdoth*) of the heavens and the earth when they were created" (Gn. 2:4a, RSV). The word *tolᵉdoth* means "family tree," "genealogy," or literally "generations." The same word is used in Genesis 5:1, which begins the account of Adam and his descendants: "This is the book of the generations (*tolᵉdoth*) of Adam." It may not be too farfetched to say that the creation is thought of as something like the genealogy of God, although Gerhard von Rad remarks that "one can translate the word *tolᵉdoth* in Genesis 2:4a only in the very extended sense of 'history of the origin' " (*Genesis, A Commentary*, Philadelphia: Westminster, 1961, p. 68).

15. See *The Interpreter's Dictionary of the Bible*, Vol. I, p. 89.

16. The *Bhagavad Gita*, the best known and most important religious classic of India, is a poem of seven hundred stanzas in eighteen sections describing the dialogue between Arjuna and Krishna before the commencement of the battle between Arjuna and his kinsfolk.

17. See *A Source Book in Indian Philosophy*, Sarvepalli Radhakrishnan and Charles A. Moore, eds. (Princeton University Press, 1957), p. 141.

18. See M. C. Chang, *Chinese Literature: Popular Fiction and Drama* (Edinburgh University Press, 1973), p. 166.

19. Wolfhart Pannenberg, *Basic Questions in Theology*, Vol. I (Philadelphia: Fortress, 1970), p. 42.

20. Ibid., p. 15.

21. Ibid., p. 159.

22. See James M. Robinson, "Revelation as Word and History," in *Theology as History*, James M. Robinson and John B. Cobb, Jr., eds. (New York: Harper & Row, 1967), p. 63.

23. Carl E. Braaten, *History and Hermeneutics* [*New Directions in Theology*, Vol. II] (Philadelphia: Westminster, 1966), pp. 29–30.

24. Oscar Cullmann, *Salvation in History* (London: SCM Press, 1967), p. 57.

25. Westermann's translation of this verse is used here because it conveys a much clearer meaning than that in NEB. See his *Isaiah 40–66*, p. 11.

26. T. K. Thomas, "Bad Language," in *One World* (Geneva: World Council of Churches), No. 40, October 1978, p. 11.

CHAPTER THREE

1. James Barr, "Daniel," in *Peake's Commentary on the Bible*, Matthew Black and H.H. Rowley, eds. (London: Nelson, 1962), p. 591. The historical accuracy of the story can be questioned. In fact the subject of it could have been Nabonidus (556–539 B.C.) rather than Nebuchadnezzar (604–562 B.C.); see Louis F. Hartman and Alexander A. DiLella, *The Book of Daniel* [*Anchor Bible*] (Garden City, N.Y.: Doubleday, 1978), p. 153.

2. Nicholas Berdyaev, *The Meaning of History* (New York: Meridian, 1936), p. 37.

3. Nebuchadnezzar's dream is similar to Daniel's vision of the four beasts in chapter 7: a lion with eagle's wings, a bear, a leopard, and a terrible monster with ten horns. These four beasts are interpreted to mean a series of kingdoms. Eventually the beast-kingdoms are destroyed and "the Son of Man" then appears, to receive the kingdom. This vision is considered to be later in origin than the account in Daniel 2.

4. See James A. Montgomery, *The Book of Daniel* [*International Critical Commentary*] (Edinburgh: Clark, 1927), p. 171.

5. As John Bright points out, "application of this title to Nebuchadnezzar was apparently offensive in some circles. LXX omits or alters it on each occurrence in the Jeremiah book. . . . Here some manuscripts of LXX omit, and others read, 'to serve him' " (*Jeremiah* [*Anchor Bible*], Garden City, N.Y.: Doubleday, 1965, p. 200).

6. Montgomery, *The Book of Daniel*, pp. 177–78.

7. *Basileia* essentially means "reign rather than realm." This reign "cannot be a realm which arises by a natural development of earthly relationships or by human efforts, but is one which comes down by divine intervention" (*Theological Dictionary of the Bible*, Gerhard Kittel, ed., Grand Rapids: Eerdmans, 1964, Vol. 1, p. 582).

8. Ans van der Bent, *What in the World is the World Council of Churches?* (Geneva: World Council of Churches, 1978), p. 60.

9. Ibid., p. 61.

10. Bryan Wilson, *Religion in Secular Society* (London: Watts, 1966), p. 2.

11. London: Edinburgh House, 1964.

12. Ibid., p. 101.

13. Ibid., p. 419.

14. Ibid.

15. Ibid.

16. Ibid., p. 420.

17. Ibid., p. 18.

CHAPTER FOUR

1. As Seiich Yagi, a Japanese New Testament scholar, succinctly puts it in the preface of his book *Kiristu to Yiesu* (Christ and Jesus) (Tokyo: Kodansha International, 1969), p. 3: "The resurrection is the key to understanding the New Testament. Jesus proclaimed the Kingdom of God, but the apostles proclaimed Jesus as Christ. 'Resurrection' constitutes the turning point here" (my translation of the Japanese text—C.S.S.).

2. See Oscar Cullmann, *Jesus and the Revolutionaries* (New York: Harper & Row, 1970), pp. 3–4.

3. Ibid., p. 58.

4. T. W. Manson, *The Servant-Messiah* (Cambridge University Press, 1953), p. 36.

5. Ibid.

6. W. F. Albright and C. S. Mann relate darkness before Jesus' death to "the darkness over Egypt" and to the darkness mentioned in Amos 8:9 (see *Matthew* [*Anchor Bible*], Garden City, N.Y.: Doubleday, 1971, p. 353).

7. Here Luke did not follow Mark's and Matthew's account. In Luke's version, darkness was followed immediately by the rending of the temple curtain (see Lk. 23:44–45). Jesus' death occurred after these extraordinary phenomena.

8. Pierre Benôit, *The Passion and Resurrection of Jesus Christ* (New York: Herder & Herder; London: Darton, Longman & Todd, 1969), p. 201.

9. Ibid.

CHAPTER FIVE

1. Werner G. Kümmel, *The Theology of the New Testament* (Nashville: Abingdon, 1973), p. 116.

2. Jürgen Moltmann, *Theology of Hope* (London: SCM Press, 1967), p. 165.

3. We can accept the explanation that Mary of Magdala did not recognize Jesus

because he had been transformed. Raymond Brown observes: "John's report should be joined to the other Gospel instances of failure to recognize the risen Jesus because he had been transformed" (*The Gospel According to John XIII-XXI* [*Anchor Bible*], Garden City, N.Y.: Doubleday, 1970, p. 989).

4. Ibid., p. 1026.

5. R. V. G. Tasker, *The Gospel According to John* [Tyndale New Testament Commentaries] (London: The Tyndale Press, 1960), p. 230.

CHAPTER SIX

1. The root of the Hebrew word for holiness is *qds*. It is found in several Semitic languages. "In all cases, the meaning of 'separation' is paramount . . . and suits the major association of the word both in the history of religions . . . and in the Old Testament and New Testament" (*The Interpreter's Dictionary of the Bible*, Nashville: Abingdon, 1962, Vol. E-J, p. 617). Further, "the biblical understanding of holiness includes the large and diversified sphere of dread, terror, awe, reverence and *fear*" (ibid., p. 618).

2. G. van der Leeuw, *Religion in Essence and Manifestation* (New York: Harper & Row, 1963), Vol. I, pp. 43–44.

3. S. Mowinckel, *He That Cometh* (Oxford: Blackwell, 1959), p. 34.

4. On the concept of the mandate of Heaven see chapter 8 of this book.

5. Kim Chi Ha, *The Gold-crowned Jesus and Other Writings* (Maryknoll, N.Y.: Orbis, 1978), p. 118.

6. Ibid., p. 120.

7. Ibid., pp. 122–23.

8. Ibid., p. 126.

9. See Joachim Jeremias, *New Testament Theology I: Proclamation of Jesus* (London: SCM Press, 1971), pp. 276–99.

10. Ibid., p. 283.

11. Ibid., p. 284.

12. Ibid., p. 277.

13. Ibid., p. 293.

14. Quoted by Joachim Jeremias in *The Parables of Jesus* (London: SCM Press, 1963), p. 142.

15. Ibid., p. 132.

16. Norman Perrin, *Rediscovering the Teaching of Jesus* (London: SCM Press, 1967), p. 102.

17. Jeremias, *New Testament Theology I*, p. 115, note 2.

18. Ibid., p. 115.

19. Ibid., p. 290.

20. *One Baptism, One Eucharist, and a Mutually Recognized Ministry*, Faith and Order Paper No. 73 (Geneva: World Council of Churches, 1975), p. 20.

21. Jeremias, *The Parables of Jesus*, p. 126.

CHAPTER SEVEN

1. Johannes Munck, *Paul and the Salvation of Mankind* (London: SCM Press, 1959), p. 276.

2. Krister Stendahl, *Paul among Jews and Gentiles* (London: SCM Press, 1977), p. 9.

3. Ibid., p. 11.

4. Ibid., p. 22.

5. The five basic relations valued in Chinese society are those between: ruler and ruled, parents and children, siblings, spouses, and friends.

6. Norman Perrin, *Rediscovering the Teaching of Jesus* (London: SCM Press, 1967), pp. 123–24.

CHAPTER EIGHT

1. *The Book of Poetry,* VV.v.iii.1, in James Legge, *The Chinese Classics* (Hong Kong University Press, 1960), Vol. 4, p. 336.

2. *The Book of Historical Documents*, V.i.ii.3, in *The Chinese Classics*, Vol. 3, p. 290.

3. Ibid., p. 295.

4. *The Works of Mencius*, VII.ii.xiv.1, in *The Chinese Classics*, Vol. 2, p. 483. We have rendered *she chi* as "the land and its products," replacing Legge's literal translation: "the spirits of the land and grain."

5. *The Book of Historical Documents*, p. 290.

6. Ibid., p. 292.

7. This prayer is by W. S. Rendra from Indonesia. It is included in *Suffering and Hope*, Ron O'Grady and Lee Soo Jin, eds. (Singapore: Christian Conference of Asia, 1978), p. 30.

8. *The Book of Historical Documents*, p. 158. Legge notes that it would more correctly be called "The Songs of Five Brothers" because "the singers were the brothers of T'ae-k'ang, bewailing in these strains his evil course and evil fate" (*The Chinese Classics*, Vol. 3, p. 156).

9. *The Book of Historical Documents*, pp. 268 and 271.

10. See C. P. Fitzgerald, *China, A Short Cultural History* (London: Cresset Press, rev. ed., 1950), p. 16. Chou Hsin's cruelty was almost beyond description. "When his uncle, the prince Pi Kan, remonstrated with him for his bad government, he exclaimed: 'Men say you are a sage, and I have always heard that a sage has seven openings to his heart.' Thereupon he slew Pi Kan and tore out his heart to see if this was in fact the case" (Fitzgerald, ibid., p. 15).

11. D. Howard Smith, *Chinese Religions* (London: Weidenfeld and Nicolson, 1968), p. 17. The term *T'ien-ming* can also refer to destiny or fate, but in the *Classics* it has on the whole the connotation of God's will; see Julia Ching, *Confucianism and Christianity* (Tokyo: Kodansha International, 1977, p. 122).

12. *The Book of Historical Documents*, pp. 188–90.

13. Ibid., p. 183.

14. Ibid., pp. 89–90.

15. Ibid., pp. 213–14.

16. D. Howard Smith, *Chinese Religions,* p. 24. This makes Liang Chi-chao (1873–1929), a renowned scholar, say: "In the Shang and Chow dynasties, humility and reverence to God was extreme. The chapters of *Shang Shu* [*The Book of Historical Documents*] on these periods read exactly like Deuteronomy in the Old Testament" (*History of Chinese Political Thought during the Early Tsin Period*, London: Kegan Paul, 1930, p. 148).

17. *The Works of Mencius*, p. 167.

18. Kuo-cheng Wu, *Ancient Chinese Political Thought* (Shanghai: Commercial Press, 1928), p. 322.

19. *The Works of Mencius,* p. 318. On another occasion Mencius said to King Hsüan of Ch'i: " 'If the prince has great faults, they [the ministers] ought to remonstrate with him, and if he does not listen to them after they have done so again and again, they ought to dethrone him.' The king on [hearing] this looked moved, and changed countenance. Mencius said, 'Let not your Majesty be offended. You asked me, and I dare not answer but according to truth' " (ibid., pp. 392–93).

20. *The Book of Poetry,* p. 598.

21. *The Works of Mencius,* pp. 125–26. Legge rendered *jen* as "benevolence," but "human-heartedness" or simply "love" is more appropriate.

22. Ibid., p. 132.

23. Ibid., p. 133.

24. H. H. Rowley, *Prophecy and Religion in Ancient China and Israel* (London: Athlone, 1956), p. 56.

25. *The Analects,* VII. 22, in *The Analects of Confucius* (London: Allen & Unwin, 1938), p. 127.

26. Ibid., p. 139.

27. See Arthur Waley's textual notes on IX. 5 in *The Analects of Confucius,* p. 257.

28. Legge's rendering of *wen* as "the cause of truth" is to be preferred to Waley's "culture"; see Legge, *The Chinese Classics,* Vol. 1, pp. 217–18.

CHAPTER NINE

1. Daisaku Ikeda, *The Living Buddha* (New York/Tokyo: Weatherhill, 1976), p. 50.

2. *Majjhimanikaya,* Pali Text Society (London) edition, 36, I, p. 247, quoted by Hans W. Schumann in *Buddhism, An Outline of its Teaching and Schools* (London: Rider, 1973), p. 19. *Dhamma* (Pali) in Sanskrit is *dharma,* meaning "system, doctrine, law, truth, cosmic order (according to the context), the Buddhist teaching" (see the Glossary in Christmas Humphreys, *Exploring Buddhism,* London: Allen & Unwin, 1974, p. 186).

3. Schumann, *Buddhism,* p. 20.

4. From *Samyutta Nikaya,* 5.421ff (Pali Text Society edition), quoted in William T. de Bary, ed., *The Buddhist Tradition in India, China and Japan* (New York: Vintage, 1972), pp. 16–17. We have replaced "sorrow" with "suffering" for *dukkha* in the quotation.

5. *Mahavagga* of the *Vinayapitaka* (Pali Text Society edition), II, I, Vin I, p. 21, quoted in Schumann, *Buddhism,* p. 22.

6. The Pali word *dukkha* is usually translated "suffering," but as C. Humphreys points out: "no word in English covers the same ground as *Dukkha* in Pali. Originally set in opposition to *Sukha,* ease and well-being, it signifies dis-ease in the sense of discomfort, frustration or disharmony with the environment." Furthermore, *dukkha* is one of the three marks of existence or "signs of being . . . with *Anicca,* impermanence, and *Anatta,* unreality of self. *Dukkha* is largely the effect of man's reaction to *Anicca* and *Anatta.* It follows that existence cannot be wholly separated from *Dukkha* and that complete escape from it is possible only by liberation from the round of birth and death" (Christmas Humphreys, *A Popular Dictionary of Buddhism,* London: Arco Publ., 1962, p. 70).

7. Eka Darmaputera, "An Indonesian Comment," in Yap Kim Hao, ed., *Asian Theological Reflections on Suffering and Hope* (Singapore: Christian Conference of Asia, 1977), p. 65.

8. Victor Weisskopf, "Nuclear Fission—A Peril and a Hope," in *Anticipation* (Geneva: World Council of Churches), No. 26, June 1979, p. 58.

9. Ikeda, *The Living Buddha,* p. 19.

10. *The Book of Poetry,* pp. 325–26.

11. Trever Ling, *The Buddha* (London: Temple Smith, 1973), p. 112.

12. *The Threefold Lotus Sutra* (New York/Tokyo: Weatherhill/Kosei, 1975), pp. 325–26.

13. Joseph Kitagawa, *Religions of the East* (Philadelphia: Westminster, 1960), p. 210.

14. Fung Yu-lan, *A Short History of Chinese Philosophy,* Derk Bodde, ed. (New York: Macmillan, 1948), p. 241.

15. Kitagawa, *Religions of the East,* pp. 211–12.

16. Hu Shih, "Religion and Philosophy in Chinese History," in Sophia H. Chen Zen, ed., *Symposium on Chinese Culture* (Shanghai: China Institute of Pacific Relations, 1931), p. 51.

17. See Kenneth K. S. Ch'en, *Buddhism in China* (Princeton University Press, 1972), pp. 29–30. See Also E. Züricher, *The Buddhist Conquest of China* (Leiden: Brill, 1972), p. 30. All accounts of the dream of Emperor Ming derive from the preface to "The Sutra in Forty-two Sections."

18. Ch'en, *Buddhism in China,* p. 30.

19. Züricher, *The Buddhist Conquest of China,* p. 23.

20. Arnold J. Toynbee, *A Study of History* (London: Oxford University Press, 1954), Vol. 7, pp. 7–8.

21. P. Aelius Aristeides, *In Romam,* B. Keil, ed., *Aelii Aristidis Quae Supersunt Omnia* (Berlin: Weidmann, 1898), Vol. II, p. 124, quoted by Toynbee, *A Study of History,* Vol. 7, p. 10.

22. Arthur Waley, *A Hundred and Seventy Chinese Poems* (New York: Knopf, 1919), p. 49.

23. Toynbee, *A Study of History,* abridgement of volumes I-VI by D. C. Somervell (London: Oxford University Press, 1946), p. 21.

24. See C. P. Fitzgerald, *China,* pp. 194–201.

25. Kenneth S. Latourette, *A History of Christianity* (London: Eyre & Spottiswoode, 1954), p. 325.

26. Ibid., p. 941.

27. "A General Survey of the Numerical Strength and Geographical Distribution of the Christian Forces in China Made by the Special Committee on Survey and Occupation of the China Continuation Committee 1918–1921" bears the title *The Christian Occupation of China,* Milton T. Stauffer, ed. (Shanghai: China Continuation Committee, 1922).

28. Latourette, *A History of Christianity,* p. 1447.

29. Ibid., p. 85.

30. See Floyd V. Filson, *A New Testament History* (Philadelphia: Westminster, 1964), p. 289.

31. D. Howard Smith, *Chinese Religions,* p. 115.

32. Hu Shih, "Religion and Philosophy in Chinese History," p. 47.

33. Fitzgerald, *China,* p. 280.

34. Smith, *Chinese Religions,* p. 120.

35. Ibid., p. 123.

36. Hu Shih, "Religion and Philosophy in Chinese History," p. 50.

37. Latourette, *A History of Christianity,* p. 269.

38. Ibid., p. 330.

39. Ibid.

40. "Biography of Chih Ch'ien," in *Ch'u san-tsang chi chi,* quoted by Züricher, *The Buddhist Conquest of China,* p. 46.

41. Hu Shih, "Religion and Philosophy in Chinese History," pp. 48–49.

42. Kenneth S. Latourette, *A History of Christian Missions in China* (London: Society for Promoting Christian Knowledge, 1929), pp. 512–13.

43. Ibid., pp. 516–17.

44. *Tao Te Ching* (New York: Vintage, 1972), p. 1.

45. Fung Yu-lan, *A History of Chinese Philosophy* (Princeton University Press, 1952–53), Vol. II, pp. 386–87.

46. See Daisetz Suzuki, *Essays in Zen Buddhism* (London: Rider, 1949), Vol. I, p. 201.

47. From *Kao Seng Chuan* (Biographies of Eminent Buddhist Monks). This work is the most important source dealing with the early history of the Buddhist community in China. It "was probably compiled around 530 A.D. Hui-chiao [497–554] and contains 257 major and 243 subordinate biographies of eminent monks from the middle of the first century to the year 519 A.D." (Züricher, *The Buddhist Conquest of China,* p. 10).

48. Hu Shih, "Religion and Philosophy in Chinese History," p. 49.

49. Holmes Welch, "Buddhism in China Today," in Heinrich Dumoulin and John C. Maraldo, eds., *Buddhism in the Modern World* (London: Collier Macmillan, 1976), p. 164.

50. Gabriel M. Setiloane, "I Am an African," in *Giving Account of the Hope that Is in Us,* a collection of accounts of Christian hope for the Faith and Order Commission meeting in Accra, Ghana, July 22 to August 5, 1974, p. 55. The phrase "the human breath" replaces "the breath of man."

51. *A Dictionary of Chinese Buddhist Terms,* compiled by William E. Soothhill and Lewis Hodous (London: Kegan Paul, 1937), p. 403.

52. For these and other composite concepts of karma, see *A Dictionary of Chinese Buddhist Terms,* pp. 403–404.

53. *Song of the Pacific,* an issue of *Risk* (Geneva: World Council of Churches), Vol. 12, No. 1, 1976, p. 42.

54. Matthew 5:21, 27, 33 (RSV), etc.

55. *Majjhima Nikaya* (Pali text), I, 27f. See *Middle Length Sayings,* I, pp. 27–29, quoted by Trever Ling, *The Buddha,* p. 108. The first knowledge, obtained at the first watch of the night, was the knowledge and recollection of the Buddha's own former existences; the second knowledge, gained at the second watch of the night, was the knowledge of the waking of the law of karma.

56. C. K. Yang, *Religion in Chinese Society* (University of California Press, 1961), pp. 115–16.

57. Ibid., pp. 116–17.

58. *Karandavyuha,* P. L. Vaiya, ed., in *Mahayanasutra-sangraha,* Part I, Buddhist Sanskrit Texts, Vol. 17 (Darbhanga, 1961), pp. 258 ff, quoted by H. W. Schumann, *Buddhism,* p. 128.

59. *A Dictionary of Chinese Buddhist Terms,* p. 389.

60. Daisetz Suzuki, *Outline of Mahayana Buddhism* (New York: Schocken, 1963), p. 293.

61. *Siksasamuccaya* (of *Santidera*), P. L. Vaiya, ed., *Buddhist Sanskrit Texts,* Vol. 11, quoted by Schumann, *Buddhism,* p. 110.

CHAPTER TEN

1. C. K. Yang, *Religion in Chinese Society* (University of California Press, 1961), pp. 218–19.

2. In this chapter the more common form *Taiping* is used in place of *T'ai-p'ing,* the correctly Romanized term.

3. Yang, *Religion in Chinese Society,* p. 219.

4. Eugene P. Boardman, *Christian Influence upon the Ideology of the Taiping Rebellion 1851–1864* (University of Wisconsin Press, 1952), p. 3.

5. Vincent Y. C. Shih, *The Taiping Ideology* (Seattle and London: University of Washington Press, 1967), p. xiii.

6. Ibid., p. 498.

7. Kenneth S. Latourette, *The Chinese, Their History and Culture* (New York: Macmillan, 1959), p. 292.

8. Stuart R. Schram, *The Political Thought of Mao Tse-tung* (New York: Praeger, rev. ed., 1969), p. 273, note 3.

9. Donald W. Treadgold, *China 1592–1949* [Vol. 2 of *The West in Russia and China*] (Cambridge University Press, 1973), p. 48.

10. Thomas T. Meadows, *The Chinese and their Rebellions* (London: Smith Elder, 1856, reprinted by Stanford University Press, 1953), p. 446.

11. The state examinations, or civil service examinations, began during the reign of Wu Ti (140–87 B.C.) of the Han Dynasty and continued until their abolition in 1905. They were the means by which civil officials were recruited. The elaborate and gruelling system of examination was based largely on the literature of the Confucian school. See Latourette, *The Chinese, Their History and Culture,* pp. 462–65.

12. Hung Hsiu-ch'üan and his followers were mostly Hakkas, "guests"—that is, "members of a distinct linguistic group descended from North Chinese migrants who had settled many centuries earlier in large communities in South China and still retained their cultural identity. They were not fully assimilated and sometimes became involved in local friction with the 'native' population" (John K. Fairbank, et al., *East Asia, The Modern Transformation* [Vol. 2 of *A History of Asian Civilizations*], Boston: Houghton Mifflin, 1965, p. 158). The Taiping Rebellion began as an armed conflict with the Puntis—the native population—but later developed into a revolt of the Han Chinese against the foreign Manchu dynasty of Ch'ing.

13. Theodore Hamberg, *The Visions of Hung Siu-Tshuen* (Hong Kong: China Mail Office, 1854, reprinted by Yenching University Library, 1935), pp. 10–11. Hamberg was a missionary of the Basel Evangelical Society working in Hong Kong during the Taiping Rebellion. His account was based on information given him by Hung Jen-kan, a cousin and follower of Hung Hsiu-ch'üan, who played a crucial role in the effort to reform the Taiping movement during its last phase of struggle.

14. Ibid.

15. Boardman, *Christian Influence upon the Ideology of the Taiping Rebellion,* p. 13.

16. P. M. Yap, "The Mental Illness of Hung Hsiu-ch'üan, Leader of the Taiping Rebellion," in *Far Eastern Quarterly,* I, 3 (May 1954), pp. 287–304. See also Franz Michael and Chung-li Chang, *The Taiping Rebellion* (Seattle and London: Washington University Press, 1966), Vol. 1, p. 23, note 4.

17. Quoted in Shih, *The Taiping Ideology,* p. 449.

18. Hamberg, *The Visions of Hung Siu-Tshuen,* p. 14.

19. Kenneth S. Latourette, *A History of Christianity* (London: Eyre & Spottiswoode, 1954), p. 825. See also Michael, *The Taiping Rebellion,* Vol. 2, pp. 151–52.

20. "The Life of John Bunyan," in *Pilgrim's Progress* (Chicago: Belford Clarke, 1889), p. 20.

21. See C. K. Yang, *Religion in Chinese Society,* pp. 62–64.

22. Hamberg, *The Visions of Hung Siu-Tshuen,* p. 19.

23. Boardman, *Christian Influence upon the Ideology of the Taiping Rebellion,* p. 76,

24. Ibid.

25. Julia Ching, *Confucianism and Christianity* (Tokyo: Kodansha International, 1977), p. 91.

26. Liang A-fa was converted by William Milne of the London Missionary Society and employed by Robert Morrison, also of the London Missionary Society and the first Protestant missionary to set foot on China in 1807; see Lindesay Brine, *The Taiping Rebellion in China* (London: John Murray, 1862), p. 66. As to *Good Words to Admonish the Age,* it "consists of nine small books . . . published in 1832 . . . at the expense of the Religious Tract Society, Canton, China. . . . There are 470 pages, about 111,000 words" (Ssu-yü Teng, *Historiography of the Taiping Rebellion,* Harvard University Press, 1962, pp. 1–2).

27. Some maintain that it was in 1833 that Hung first received the Christian tracts, but 1836 seems more accurate; see Michael, *The Taiping Rebellion,* Vol. 1, p. 24, note 10.

28. Hamberg, *The Visions of Hung Siu-Tshuen,* p. 8.

29. Brine, *The Taiping Rebellion in China,* p. 66.

30. Hamberg, *The Visions of Hung Siu-Tshuen,* p. 9.

31. Boardman, *Christian Influence upon the Ideology of the Taiping Rebellion,* p. 30, note 21; see also John Foster, "The Christian Origins of the Taiping Rebellion," in *International Review of Missions* (London: Edinburgh House, 1951), Vol. 40, p. 160.

32. Ssu-yü Teng, *Historiography of the Taiping Rebellion,* p. 10.

33. Ibid., p. 2.

34. Boardman, *Christian Influence upon the Ideology of the Taiping Rebellion,* p. 110.

35. Ssu-yü Teng, *Historiography of the Taiping Rebellion,* p. 2.

36. Ibid., p. 4.

37. Michael, *The Taiping Rebellion,* Vol. 2, p. 21.

38. Ibid., Vol. 1, p. 29.

39. Ibid., Vol. 2, pp. 163–64. The word "people" replaces the word "men" in the second stanza.

40. Walter H. Medhurst, in *Parliamentary Papers,* 1853, enclosure 10 in No. 6, p. 41; see Michael, *The Taiping Rebellion,* Vol. 2, p. 162. The word "humankind" replaces the word "men" in the quotation.

41. See Ssu-yü Teng, *Historiography of the Taiping Rebellion,* p. 2. The word "humankind" replaces the word "mankind" in the quotation.

42. Boardman, *Christian Influence upon the Ideology of the Taiping Rebellion,* p. 112.

43. Ibid.

44. Quoted by John Foster, "The Christian origins of the Taiping Rebellion," p. 166.

45. Translated by Hamberg, *The Visions of Hung Siu-Tshuen,* p. 25.

46. Translated by C. T. Hu, in Michael, *The Taiping Rebellion,* Vol. 2, p. 22.

47. Owen Chadwick, *The Reformation* (Middlesex: Penguin, 1964), pp. 184–85.

48. Ibid., p. 185.

49. This poem and the account of Hung's iconoclastic expedition are found in "The Taiping Heavenly Chronicle," in Michael, *The Taiping Rebellion,* Vol. 2, pp. 74–75.

50. Gordon J. Laing, "Roman Religious Survivals in Christianity," in John T. McNeill, et al., eds., *Environmental Factors in Christian History* (Port Washington, N.Y./London: Kennikat, 1939), p. 84.

51. Ibid.

52. Michael, *The Taiping Rebellion,* Vol. 2, p. 57.

53. The so-called term controversy—like the rites controversy in the seventeenth century, which divided the Catholic missions and badly affected their work—was a sad story in the history of Protestant missions in China in the nineteenth century. It concerned especially the proper Chinese term to convey the Christian notion of God. "The Protestants found it difficult to agree as to which term has a sufficiently theistic significance to be taken over by the Christian church. . . . The debate called forth a flood of articles and pamphlets, but led to no unanimity" (Latourette, *A History of Christian Missions in China,* London: Society for Promoting Christian Knowledge, 1929, p. 262).

54. James Legge, "Confucianism in Relation to Christianity," in *Morrison Pamphlets* (Shanghai and London, 1877), Vol. 90, No. 1205, quoted by Treadgold, *China 1582–1949,* p. 43.

55. Treadgold, *China 1582–1949,* p. 43.

56. James Legge, *The Nestorian Monument of Hsi-an Fu in Shen-Hsi, China* (London, 1888), p. 58, quoted by Treadgold, *China 1582–1949,* p. 44.

57. Helen E. Legge, *James Legge: Missionary and Scholar* (London, 1905), quoted by Treadgold, *China 1582–1949,* p. 44.

58. Michael, *The Taiping Rebellion,* Vol. 1, p. 32.

59. Ibid., Vol. 1, p. 101.

60. Quoted in Shih, *The Taiping Ideology,* pp. 28-29.

61. Quoted by Michael, *The Taiping Rebellion,* Vol. 1, p. 101.

62. Ibid.

63. Michael, *The Taiping Rebellion,* Vol. 1, pp. 136–37.

64. Poems by Yü Yu-jen and Li Chi-sen in Lo Yung's *Shih-wen ch'ao,* quoted by Vincent Y. C. Shih, *The Taiping Ideology,* pp. 495-96.

CHAPTER ELEVEN

1. K. H. Ting, "A Call for Clarity: Fourteen Points from Christians in the People's Republic of China to Christians Abroad," in *Ching Feng* (Hong Kong: Tao Fong Shan), Vol. XXIV, no. 1, March 1981, p. 46.

2. "Chairman Is a Rotten Egg," in Chen Jo-hsi, *The Execution of Mayor Yin and Other Stories from the Great Proletarian Cultural Revolution* (London: Allen & Unwin, 1979), pp. 42-43. Lao Wang—*Lao* (literally "old") is used with a person's family name to express familiarity or friendship. Hsiao Hung—*Hsiao* (literally "little") also expresses familiarity, referring especially to children.

3. Ibid., p. 47.

4. Ibid., p. 66. *Lao-shih* means "teacher."

5. Robert Trumbull, ed., *This is Communist China* (New York: David Mackay,

1968), p. 1.

6. Quoted in Jack Chen, *Inside the Cultural Revolution* (London: Sheldon, 1975), p. 161.

7. Ross Terrill, *800,000,000, The Real China* (Boston: Little, Brown, 1971), p. 17.

8. Ibid., p. 227.

9. *The Cultural Revolution in China,* Kessing's Research Report (New York: Scribner's, 1967), p. 19.

10. Quoted in *Current Scene,* May 31, 1967, p. 2. See Richard C. Bush, Jr., *Religion in Communist China* (Nashville: Abingdon, 1970), p. 257.

11. Quoted in Bush, ibid., pp. 164–65.

12. See *The Cultural Revolution in China*, p. 20.

13. See Chapters 2 and 3 of this book.

14. Adrian Hsia, *The Chinese Cultural Revolution* (London: Orbach & Chambers, 1972), back cover.

15. Ibid.

16. Li I-che: from *Li* Cheng-t'ien, Chen *I*-yang, and Hwang Hsi-*che.*

17. Quotations from Li I-che's wall poster are taken from Ross Terrill, *The Future of China after Mao* (New York: Dell, 1978), pp. 288–91.

18. See *Ming Pao Monthly,* Hong Kong, Vol. 14, No. 6, June 1979, p. 24.

19. See Terrill, *The Future of China after Mao,* p. 289.

20. See *Far Eastern Economic Review,* Hong Kong, November 2, 1979, p. 23.

21. *International Herald Tribune,* Paris, October 17, 1979, p. 1.

22. See *Far Eastern Economic Review,* November 2, 1979, p. 23.

23. Ibid.

24. *Peking Review,* No. 52, December 29, 1978, p. 10.

25. Terrill, *The Future of China after Mao,* p. 266.

26. Ibid.

27. An editorial in *Renmin Ribao* (Peking) is entitled: "Carrying Out the Four Modernizations Is the Biggest Politics." The editorial appears in an abridged form in *Beijin Review,* No. 17, April 17, 1979, pp. 10-13.

28. See *Far Eastern Economic Review,* May 11, 1979, p. 27.

29. Andrew K. H. Hsiao, "The Reawakening of the Church in China," in *Information Letter* (Geneva: Lutheran World Federation), No. 26, October 1979, p. 16.

30. See my *Third Eye Theology* (Maryknoll, N.Y.: Orbis, 1979), especially "Religion in Communist China," in Chapter 12.

31. Jonathan Power, "Economic Progress in Seoul," in *International Herald Tribune,* November 1, 1979, p. 4.

32. See the *Washington Post* editorial "Park Chung Hee," reproduced in *International Herald Tribune,* October 29, 1979, p. 6.

33. *Newsweek,* November 5, 1979, p. 21.

34. See *Asia Yearbook 1979,* pp. 286–87.

35. *Far Eastern Economic Review,* April 6, 1979, p. 21.

36. *Asia Yearbook 1979,* p. 303.

37. Since the writing of these lines, situations in Taiwan have grown worse. The government surpressed the Human Rights Day Rally on December 10, 1979, tried opposition politicians and Presbyterian Church leaders at martial law court and sentenced them to various terms of imprisonment.

38. The translation is mine—C.S.S. The original Chinese text can be found in *Ming Pao Monthly,* Vol. 14, No. 6, June 1979, p. 10.

CHAPTER TWELVE

1. Alex Haley, *Roots* (Garden City, N.Y.: Doubleday, 1976, p. 548; London: Pan Books, 1977, p. 644).
2. "How Many Died?" in *Far Eastern Economic Review,* October 26, 1979, p. 34.
3. "The Tragedy of the KG 0729," in *Far Eastern Economic Review,* December 22, 1978, p. 13.
4. *Time* (European ed.), November 12, 1979, p. 18.
5. John K. Fairbank, et al., *East Asia, The Modern Transformation* (Boston: Houghton Mifflin, 1965), Vol. 2, p. 408.
6. Ibid., p. 413.
7. Winston Churchill, *The River War* (London, 1900), quoted in *East Asia, the Modern Transformation,* Vol. 2, p. 413.
8. *Far Eastern Economic Review,* August 1979, p. 19.
9. See *CCA News* (Christian Conference of Asia), Vol. 14, No. 5, May 15, 1979, p. 16.
10. E. M. Blaiklock, *The Acts of the Apostles and Historical Commentary* (London: Tyndale, 1959), p. 57.
11. *Time* (European ed.), October 10, 1979, p. 16.
12. James Reston, "Khomeini and the Koran," in *International Herald Tribune,* Paris, December 6, 1979, p. 4.
13. Ibid.
14. From an unpublished private source.

INDEX

INDEX

Compiled by William E. Jerman

OTHER ORBIS TITLES

ANDERSON, Gerald H.

ASIAN VOICES IN CHRISTIAN THEOLOGY

"Anderson's book is one of the best resource books on the market that deals with the contemporary status of the Christian church in Asia. After an excellent introduction, nine scholars, all well-known Christian leaders, present original papers assessing the theological situation in (and from the viewpoint of) their individual countries. After presenting a brief historical survey of the development of the Christian church in his country, each author discusses 'what is being done by the theologians there to articulate the Christian message in terms that are faithful to the biblical revelation, meaningful to their cultural traditions, and informed concerning the secular movements and ideologies.' An appendix (over 50 pages) includes confessions, creeds, constitutions of the churches in Asia. Acquaintance with these original documents is imperative for anyone interested in contemporary Asian Christian theology." *Choice*

ISBN 0-88344-017-2 *Cloth $15.00*
ISBN 0-88344-016-4 *Paper $7.95*

APPIAH-KUBI, Kofi & Sergio Torres

AFRICAN THEOLOGY EN ROUTE

Papers from the Pan-African Conference of Third World Theologians, Accra, Ghana.

"If you want to know what 17 Africans are thinking theologically today, here is the book to check." *Evangelical Missions Quarterly*

"Gives us a wonderful insight into the religious problems of Africa and therefore is well worth reading." *Best Sellers*

"This collection of presentations made at the 1977 Conference of Third World Theologians reveals not a finished product but, as the title suggests, a process. . . .On the whole, the book is well written and, where necessary, well translated. It adds to a growing literature on the subject and is recommended for libraries seriously concerned with theology in Africa." *Choice*

ISBN 0-88344-010-5 *184pp. Paper $7.95*

BALASURIYA, Tissa

THE EUCHARIST AND HUMAN LIBERATION

"Balasuriya investigates. . .the problem of why people who share the Eucharist also deprive the poor of food, capital, and employment. . . .For inclusive collections." *Library Journal*

"I hope Christians—especially Western Christians—will read this book, despite its blind impatience with historical and ecclesial details and balance, because its central thesis is the gospel truth: eucharistic celebration, like the faith it expresses, has been so domesticated by feudalism, colonialism, capitalism, racism, sexism, that its symbolic action has to penetrate many layers of heavy camouflage before it is free, before it can be felt." *Robert W. Hovda, Editorial Director, The Liturgical Conference*

ISBN 0-88344-118-7 *184pp. Paper $6.95*

BURROWS, William R.

NEW MINISTRIES: THE GLOBAL CONTEXT

"This is an exciting, informed, thoughtful, and ground-breaking book on one of the most vital and threatening issues facing the contemporary church. Father Burrows seeks effectively to show that the older forms of church and clerical life, developed in the West, are both irrelevant and stultifying when transferred *in toto* to the Third World, and that as a consequence, new forms of church and clerical life, forms still within the Catholic heritage to which he belongs and which he affirms, must be developed if the church is long to survive in that new World. Burrows makes crystal clear the need for more open attitudes towards the forms of church and clergy if the newer churches are to become genuinely creative forces in the Third World rather than lingering embassies from the First World. I found the work exceedingly stimulating and the approach fresh and open." *Prof. Langdon Gilkey, University of Chicago Divinity School*

ISBN 0-88344-329-5 *192pp. Paper $7.95*

CABESTRERO, Teofilo

FAITH: CONVERSATIONS WITH CONTEMPORARY THEOLOGIANS

"This book shows what an informed and perceptive journalist can do to make theology understandable, inviting, and demanding. These records of taped interviews with fifteen European and Latin American theologians serve two major purposes: we are allowed to eavesdrop on well-known theologians in spontaneous theological conversation, and we are introduced to new and stimulating minds in the same way." *Prof. D. Campbell Wyckoff, Princeton Theological Seminary*

Conversations include Ladislaus Boros, Georges Casalis, Joseph (José) Comblin, Enrique Dussel, Segundo Galilea, Giulio Girardi, José María González Ruiz, Gustavo Gutiérrez, Hans Küng, Jürgen Moltmann, Karl Rahner, Joseph Ratzinger, Edward Schillebeeckx, Juan Luis Segundo, Jean-Marie Tillard.

ISBN 0-88344-126-8 *208pp. Paper $7.95*

CLAVER, Bishop Francisco F., S.J.

THE STONES WILL CRY OUT

Grassroots Pastorals

"Bishop Claver is the gadfly of the Philippine Catholic hierarchy who persistently buzzes in the ears of President Fernando Marcos and all his toadies. The bishop's book is a collection of fighting pastoral letters to his congregation after martial law closed the diocesan radio station and newspaper." *Occasional Bulletin*
"His gutsy strength has made him a prophet against the repressive regime. Some of his U.S. colleagues could learn from him." *National Catholic Reporter*

ISBN 0-88344-471-2 *196pp. Paper $7.95*

COMBLIN, José

THE CHURCH AND THE NATIONAL SECURITY STATE

"The value of this book is two-fold. It leads the readers to discover the testimony of those Latin American Christians who are striving to be faithful to the gospel in the midst of a most difficult situation characterized by the militarization of society, the consequent suppression of public freedom, and violation of basic human rights. It also invites the readers from other cultural and historical contexts to seek in their own situations the inspiration for a real theology of their own." *Theology Today*

ISBN 0-88344-082-2 *256pp. Paper $8.95*

JESUS OF NAZARETH

Meditations on His Humanity

"This book is not just another pious portrait of Christ. Its deeply religious insights relate the work of Jesus as modern scholarship understands it to the ills of our contemporary world." *Review of Books and Religion*

ISBN 0-88344-239-6 *Paper $4.95*

THE MEANING OF MISSION

Jesus, Christians and the Waytaring Church

"This is a thoughtful and thought-provoking book by a Belgian theologian and social critic, who has lived and taught in Latin America for 20 years. His rich background in evangelization, both in theory and in practice, is evident throughout his book." *Worldmission*

ISBN 0-88344-305-8 *Paper $4.95*

SENT FROM THE FATHER

Meditations on the Fourth Gospel

"In a disarmingly simple and straightforward way that mirrors the Fourth Gospel itself, Comblin leads the reader back to biblical basics and in doing so provides valuable insights for personal and community reflection on what it means to be a disciple of the Lord, to be 'sent' by him." *Sisters Today*

ISBN 0-88344-453-4 *123pp. Paper $3.95*

FABELLA, Virginia, M.M. & Sergio Torres

THE EMERGENT GOSPEL

Theology from the Underside of History

"*The Emergent Gospel,* I believe, is an expression of a powerful and barely noticed movement. It is the report of an ecumenical conference of 22 theologians from Africa, Asia and Latin America, along with one representative of black North America, who met in Dar es Salaam, Tanzania, in August 1976. Their objective was to chart a new course in theology, one that would reflect the view 'from the underside of history,' that is, from the perspective of the poor and marginalized peoples of the world. Precisely this massive shift in Christian consciousness is the key to the historical importance of the meeting. The majority of the essays were written by Africans, a smaller number by Asians and, surprisingly, only three by Latin Americans, who thus far have provided the leadership in theology from the developing world." *America*

ISBN 0-88344-112-8 *Cloth $12.95*

FENTON, Thomas P.

EDUCATION FOR JUSTICE: A RESOURCE MANUAL

"The completeness of the source material on the topic and the adaptability of the methodology—stressing experiential education—to groups at the high school, college, or adult levels make this manual a time and energy saving boon for most anyone having to work up a syllabus on 'justice.' This manual would be a worthwhile addition to any religion and/or social studies curriculum library." *Review for Religious*

"The resource volume is rich in ideas for a methodology of teaching Christian justice, and in identifying the problems. It is also very rich in the quality of the background readings provided. The participant's volume is a catchy workbook with many illustrations. It encourages the student (young or adult) to look at the problems as they are experienced by real live persons." *The Priest*

"Replete with background essays, tested group exercises, course outlines and annotated bibliography, this manual should give any teacher or seminar leader plenty of material to launch a thorough study program—and plenty of strongly stated positions for students to react to." *America*

ISBN 0-88344-154-3 *Resource Manual $7.95*

GUTIERREZ, Gustavo

A THEOLOGY OF LIBERATION

Selected by the reviewers of *Christian Century* as one of the twelve religious books published in the 1970s which "most deserve to survive."

"Rarely does one find such a happy fusion of gospel content and contemporary relevance." *The Lutheran Standard*

ISBN 0-88344-477-1 *Cloth $7.95*

ISBN 0-88344-478-X *Paper $4.95*

HENNELLY, Alfred

THEOLOGIES IN CONFLICT

The Challenge of Juan Luis Segundo

"This is another, and a significant, addition to the growing literature on liberation theology. Hennelly's intent is to initiate a dialogue with Latin American theologians and thus foster an indigenous North American liberation theology. After two introductory chapters in which he situates and overviews this new movement, he focuses on Segundo's articulation of some central liberation themes: the relation between history and divine reality, the role of the church, theological method, spirituality, and the significance of Marxism. Throughout, he draws heavily on material not available in English. Hennelly does not write as a critic of but as a spokesperson for Segundo; yet his own convictions are evident when, at the end of each chapter, he extracts challenging questions for North Americans. He voices a growing awareness: the impossibility, the sinfulness, of carrying on theology detached from social-political realities. Definitely for most theology collections." *Library Journal*

"Father Hennelly provides an excellent introduction to Juan Segundo's thought and a helpful guide to the voluminous literature, presenting the theology not as 'systematic' but as 'open': methodological principles allowing for growth and development take precedence over systematic organization of concepts." *Paul Deats, Professor of Social Ethics, Boston University*

ISBN 0-88344-287-6 *224pp. Paper $8.95*

HERZOG, Frederick

JUSTICE CHURCH

The author, Professor of Systematic Theology at Duke Divinity School, continues the pioneering work he began with *Liberation Theology* (1972). *Justice Church* presents the *first* North American methodology of liberation theology while also critically analyzing what is and what should be the function of the Church in contemporary North America.

"Herzog refuses to do an easy or obvious theology, but insists on raising difficult questions which require theology to be done with some anguish. He has seen more clearly than most that we are in a crisis of categories, which must be reshaped in shattering ways." *Walter Brueggemann, Eden Theological Seminary*

"For us in Latin America, the question of how North Americans do theology is critically important. Besides its intrinsic value for the United States and Canada, this book should stimulate theological conversation across the North-South divide." *Jose Miguez Bonino, Dean of the Higher Institute of Theological Studies, Buenos Aires*

ISBN 0-88344-249-3 *176pp. Paper $6.95*

RAYAN, Samuel

THE HOLY SPIRIT

Heart of the Gospel and Christian Hope

"*The Holy Spirit* by Samuel Rayan, an important Indian theologian, gives a bold interpretation of the New Testament and of the central role of the Holy Spirit, a role which western Christianity has often neglected." *Cross Currents*

"This work has a freshness and vitality that is captivating and thought-provoking. It should be read slowly because Rayan speaks truth so simply and beautifully that I found my reading moving easily to reflection and prayer. It is a book not to be easily forgotten because it so well integrates the action of the Spirit with the call to do justice in the world. I hope it will have wide circulation since it can easily be a source for personal spiritual growth, a teaching resource for prayer communities and parish education groups, and a means of formation of Christian leaders." *Catholic Charismatic*

ISBN 0-88344-188-8 *Paper $5.95*

REILLY, Michael Collins, S.J.

SPIRITUALITY FOR MISSION

Historical, Theological, and Cultural Factors for a Present-Day Missionary Spirituality

"Reilly's thesis is that, since the nature of missionary work has changed in recent years and since the theology of mission is now in a state of development, the motivation and spirituality for the modern missionary must also change. *Spirituality for Mission* synthesizes much of the current discussion on mission work and the concerns related to missionary work. Much recent literature deals with missions, but the significance of this book is that it treats the person who is involved in missionary work. It sets forth the importance and value of the missionary vocation." *Theological Studies*

"The book is a rich one. Reilly's statements on evangelization and development, on the aims of mission, and other questions are clearer than many other statements published in recent years." *Philippine Studies*

ISBN 0-88344-464-X *Paper $8.95*